MISTÉRIOS NÓRDICOS

MIRELLA FAUR

MISTÉRIOS NÓRDICOS
Deuses. Runas. Magias. Rituais.

Editora
Pensamento
SÃO PAULO

Copyright © 2006 Mirella Faur.

Copyright da edição brasileira © 2007 Editora Pensamento-Cultrix Ltda.

1ª edição 2007.

8ª reimpressão 2022.

Todos os direitos reservados. Nenhuma parte deste livro pode ser reproduzida ou usada de qualquer forma ou por qualquer meio, eletrônico ou mecânico, inclusive fotocópias, gravações ou sistema de armazenamento em banco de dados, sem permissão por escrito, exceto nos casos de trechos curtos citados em resenhas críticas ou artigos de revistas.

A Editora Pensamento não se responsabiliza por eventuais mudanças ocorridas nos endereços convencionais ou eletrônicos citados neste livro.

Capa: Desenho de Suzana Riedel Dereti baseado na pedra datada de 400-600 a.C. que foi encontrada em Smiss at När e está atualmente no museu da Ilha de Götland, Suécia.

Dados Internacionais de Catalogação na Publicação (CIP)
(Câmara Brasileira do Livro, SP, Brasil)

Faur, Mirella
  Mistérios nórdicos : deuses, runas, magia, rituais / Mirella Faur. – São Paulo : Pensamento, 2007.
  Bibliografia.
  ISBN 978-85-315-1493-7

  1. Deuses 2. Magia 3. Mitologia nórdica 4. Rituais 5. Runas I. Título.

07-2284   CDD-293.13

Índices para catálogo sistemático:
1. Mistérios : Mitologia nórdica : Religião   293.13

Direitos reservados EDITORA PENSAMENTO-CULTRIX LTDA.
Rua Dr. Mário Vicente, 368 – 04270-000 – São Paulo, SP
Fone: (11) 2066-9000
http://www.editorapensamento.com.br
E-mail: atendimento@editorapensamento.com.br
Foi feito o depósito legal.

DEDICATÓRIA

Dedico este livro a todos os sinceros buscadores da sabedoria, da magia e dos mistérios da antiga Tradição Nórdica.

Que eles possam trilhar esse caminho com pureza de intenções, lealdade no coração e mente aberta para as verdades milenares preservadas no sussurro dos sábios de outrora.

AGRADECIMENTOS

Agradeço à deusa Saga por ter-me permitido beber de sua fonte sagrada. Agradeço às Nornes pelo consentimento em divulgar os conhecimentos adquiridos. Aos deuses Odin e Freyja, agradeço pela orientação e proteção em minhas práticas oraculares e mágicas.

Sou grata às mulheres dos grupos de estudos rúnicos pelas vivências e experiências compartilhadas, pela dedicação e pelo empenho em estudar e aplicar o que lhes foi revelado.

Minha gratidão a Ester, Nane e Thaís, pelo árduo trabalho de digitação; a minha filha Romina, pelo zelo na revisão e pela criatividade da arte gráfica; a Claudio, meu companheiro desta e de outras vidas, pelo apoio permanente, pelos comentários sensatos e pela oportunidade de ver as pedras rúnicas no hábitat nórdico.

SUMÁRIO

Prefácio 13

Capítulo I — História 17
A Tradição Nórdica 17
Origem das runas... 19
Os alfabetos rúnicos 21
Evolução histórica das runas: declínio e renascimento 24
Retrospecto histórico e religioso dos povos nórdicos 28

Capítulo II — Cosmogonia 37
A criação do mundo... 37
Análise do mito da criação................................... 40
Ragnarök, o fim dos tempos: "O Crepúsculo dos Deuses" 42
Yggdrasil, a Árvore Cósmica 45
Os Nove Mundos de Yggdrasil 47

Capítulo III — Teogonia 53
Arquétipos da mitologia nórdica 53
Seres sobrenaturais.. 55
    Gigantes.. 55
    Elfos 58
    Anões... 60
Divindades... 62
Deuses — Æsir e Vanir 64
Deusas — Asynjur e Vanes 91
Informações sucintas sobre outras deusas nórdicas 129

CAPÍTULO IV — RUNAS	139
Definição	139
A divisão em Ættir	141
Futhark Antigo	143
O primeiro Ætt	143
O segundo Ætt	177
O terceiro Ætt	215
Símbolos rúnicos adicionais	256
Futhork Anglo-Saxão	256
Runas adicionais	258
Futhork de Northumbria	270
Runas complementares regidas por divindades antigas	279
CAPÍTULO V — USO ORACULAR DAS RUNAS	293
Confecção do oráculo rúnico	296
Consagração do oráculo	299
Ativação e dedicação do oráculo	302
Preparativos para o uso oracular	304
Cartas rúnicas	305
CAPÍTULO VI — DIVINAÇÃO RÚNICA	307
Métodos de leitura	310
Seleção aleatória	311
Lançamento das runas — *Rune casting*	311
Lançamento dos dados — *Dice casting*	315
Seleção intencional	317
Uma única runa — *Rune lot*	317
Número variável de runas — *Rune spreads*	317
a. Perguntar às Nornes	318
b. A cruz rúnica	319
c. A roda das direções	320
d. O arranjo de Yr (ou Calc)	321
e. O pilar cósmico	321
f. Hagalaz, o floco de neve	322
g. A cabeça de Mimir	323
h. O arranjo de Kenaz	323
i. *Vé*	324
j. O colar de Freyja	324
k. A flecha de Tyr	325
l. A roda do ano	326
m. Viagem ao redor dos mundos	327
n. Os nove mundos de Yggdrasil	327
o. A fonte de Urdh	329
p. O portal de Heimdall	330

q. A mandala de Odin 331
r. A roda rúnica 332
s. O arranjo dos Ættir 333
t. A mandala de Frigga 335

Capítulo VII — Uso mágico das runas 339
Princípios e definições 339
A estrutura psicofisicoespiritual do ser humano 342
Preparação magística individual 349
Tipos de meditação 354
 Utiseta 356
 Meditação rúnica 358
 Meditação dirigida ou imaginação ativa 360
 Projeção astral 364
 Meditação xamânica 367
 Shapeshifting ou metamorfose 368
Preparação do ambiente 370
 Criação do espaço sagrado 370
 Círculo rúnico 372
 Altar 373
 Tempo mágico 374
Objetos mágicos 375
Vestimentas cerimoniais 375
Facas ritualísticas 376
Bastões mágicos 377
Outros objetos 378
Objetos pessoais 379

Capítulo VIII — Tradições mágicas 381
Troth — A Magia Cerimonial 382
 Blot 383
 Sumbel 385
 Roda do Ano 386
 Outras datas do calendário *asatrú* 395
Magia Rúnica 397
 Runagaldr, *Galdr magic*, Galdor — A Magia dos Sons 397
 Stadhagaldr — A Magia das Posturas e dos Sons 399
 Taufr — A Magia Talismânica 400
 Runas combinadas — *Bandrunar*, *Bind runes* 402
Sigilos mágicos — *Insigils* 406
Simbolismos rúnicos 407
 Números 407
 Cores 409
 Simbolismo pictográfico 410

Magia Xamânica 411
    Seidhr 413
    Spæcraft 419
    Cura 422
O Princípio Feminino na Tradição Nórdica 425

CAPÍTULO IX — RITUAIS RÚNICOS 433
Auto-iniciação e dedicação a uma divindade 435
Banimento 443
Purificação pessoal 445
Conexão com as oito direções 445
Conexão com os nove mundos de Yggdrasil 446
Proteção 447
    Escudo de Algiz 448
    Estrela de Holda 448
    Martelo de Thor 449
Ativação dos vórtices energéticos 450
Abertura e fechamento ritualístico 453
Confecção e imantação de talismãs 455
Ritos de Passagem 462

PALAVRAS FINAIS 463

ADENDO — CORRESPONDÊNCIAS 465
I — As deusas e os deuses associados às runas 465
II — Classificação das divindades nórdicas de acordo com seus atributos 467
III — Correspondências das runas 473

Guia de pronúncia 477

Glossário 479

Bibliografia 487

Índice Remissivo 490

PREFÁCIO

O meu interesse pelas lendas e pelo folclore nórdico surgiu ainda na infância, ouvindo histórias sobre gigantes e anões, deuses e heróis, contadas pela minha babá alemã. Posteriormente, li e reli todos os livros dos irmãos Grimm e de Selma Lagerlöf, uma escritora sueca, que escreveu, entre outros, *A Viagem Maravilhosa de Nils Holgersson através da Suécia* — o meu predileto.

Imaginava-me viajando como o menino Nils, nas asas dos gansos selvagens, sobrevoando florestas e geleiras, fugindo, assim, pelo menos na imaginação, da difícil realidade do meu cotidiano. Vivendo em uma pequena cidade da Transilvânia, oprimida por uma educação rígida e pelas dificuldades socioeconômicas de um país mergulhado no caos pós-guerra, eu procurava nos livros refúgio e satisfação.

Fui filha única durante nove anos e minha natureza introvertida e sensível foi exacerbada pela criação austera: horários fixos para tudo, sem permissão para brincar com outras crianças. Eu vivia sobressaltada, com medo não do desconhecido, mas de situações concretas, como o confisco de propriedades pelo regime comunista, a prisão de meu pai, a permanente ameaça da perseguição política e a falta de recursos materiais. Assim, eu buscava, por meio do desenho e da leitura, vislumbrar outra realidade.

Sempre tive uma conexão muito profunda com a Natureza; caminhava pelos campos para colher plantas para os meus herbários, cuidava da horta e do pomar, escondia-me para ler entre os galhos das macieiras. Acompanhava a passagem das estações pelo desabrochar das flores, pela colheita das frutas e pelo jogo multicolorido das folhas no outono. Alegrava-me com a dança dos flocos de neve, passava horas olhando as figuras formadas pelas nuvens no céu e conversava com as árvores e os animais, meus únicos amigos. Ao analisar essas vívidas memórias infantis, percebo o quanto contribuíram para preservar meu passado "pagão", para que, posteriormente, eu tivesse acesso aos arquivos de minhas vidas passadas, com todo o seu conteúdo de realizações, sofrimentos, alegrias e aprendizados.

Na adolescência, morando em uma cidade maior, assisti a todas as óperas de Wagner e li obras de Goethe no original para não esquecer a língua alemã, proibida após a guerra. Apesar da contínua lavagem cerebral marxista e materialista à qual fui submetida (estudo obrigatório no colégio e na faculdade), não abri mão do meu misticismo inato e jamais pude aceitar a supremacia da matéria ou a inexistência do espírito (axiomas irrefutáveis da doutrina comunista). Eu me refugiava nos sonhos, quando sobrevoava o oceano (lembrança de devaneios da infância) ou ficava invisível, para fugir das perseguições, entrando nas profundezas da terra, onde era acolhida por seres desconhecidos. Em um país onde a religião era considerada o "ópio do povo", onde tinham ameaçado me expulsar da faculdade caso eu continuasse a freqüentar a igreja (onde me recolhia, não para assistir às missas, mas para orar antes das provas), não podia nutrir nem compartilhar com ninguém meus anseios e questionamentos espirituais. Desconhecia qualquer filosofia além do materialismo dialético, mas tinha, interiormente, convicção de que existiam forças poderosas e misteriosas em outras dimensões, que um dia iriam me socorrer.

E foram essas forças que ajudaram minha família a sair da Romênia, em 1964, e, sobrevoando o oceano, como em meus sonhos, vir para o Brasil, que se tornou para mim uma terra protetora e nutriz, que me ofereceu, além da liberdade, trabalho, calor humano, leveza e beleza, os meios para mitigar minha sede espiritual.

Durante muitos anos percorri vários caminhos espirituais, procurando aquele que mais tocasse a minha alma. Encontrei no Centro de Umbanda Esotérica, do falecido professor e escritor W. W. Matta e Silva, "algo" que me parecia familiar, mesmo que, racionalmente, nada fizesse sentido para a minha maneira cartesiana de interpretação. A simplicidade dos rituais, das oferendas e manifestações mediúnicas cativaram meu interesse e, por muitos anos, fui uma praticante dessa tradição.

Continuei com meus estudos e pesquisas, pois queria compreender, não somente ver e crer. Surpreendi-me com algumas semelhanças entre os mitos e os arquétipos das divindades iorubas e escandinavas; todavia, incomodavam-me a orientação patriarcal e a supremacia masculina (divina e humana) de ambas as tradições. Eu contestava e discordava, mas tinha que aceitar os conceitos e as normas vigentes, na falta de outra opção ou orientação filosófica.

Na década de 80, caiu-me nas mãos um livro sobre runas. Não era um livro simples ou fácil; muito pelo contrário, seus comentários e idéias eram complexos e bastante desafiadores. Na época, eu estava pesquisando e aplicando a magia talismânica, utilizando a grafia sagrada dos sinais riscados dos Orixás (a "Lei de Pemba"). Comecei a fazer um estudo comparativo entre os dois alfabetos sagrados, ambos antigos e misteriosos, originários de países e culturas muito diferentes, mas com conceitos e objetivos bem semelhantes.

Então passei a utilizar as runas, não apenas para fins mágicos, mas principalmente oraculares. O estudo desse oráculo me fascinava. Apesar da diversidade e complexidade dos significados, o aprendizado fluía rápida e facilmente. Parecia-me algo conhecido, lembrava-me os sinais que na infância eu riscava na neve ou entalhava no tronco das árvores.

Acrescentei as leituras rúnicas (eu *leio* e não *jogo* runas) à minha prática de aconselhamento psicoespiritual, como um complemento rápido e preciso para os mapas astrológicos e o tarô.

Entusiasmada com a eficiência das runas para responder e orientar, sem rodeios ou floreios, resolvi passar adiante o que eu havia aprendido. Promovi alguns cursos, sempre dando ênfase à importância do conhecimento teórico antes da prática oracular. Porém, as pessoas não estavam muito interessadas em aprender mitos, arquétipos, correspondências; elas queriam começar logo a "ler a sorte". Por discordar totalmente dessa motivação, desisti dos cursos, pois respeito e honro demais a sacralidade das runas para considerá-las um simples meio de responder a perguntas triviais ou banais.

Foi assim que (re)descobri a Tradição da Deusa, sintonia perfeita entre aquilo que eu pensava, buscava, desejava e acreditava. Toda a minha busca espiritual tinha chegado ao fim, pois a Mãe me acolheu nos seus braços e deu-me a paz de que eu precisava. Dediquei-lhe, então, todo meu empenho, tempo, energia, fé, serviço missionário e amor, realizando rituais, ensinando, falando e escrevendo sobre Ela.

No ano 2000, decidi ensinar runas para um dos grupos de estudos mais avançados do meu Círculo de Mulheres. Nesses grupos, o aprendizado teórico e prático é pautado na reverência à sacralidade feminina, expressa pelas deusas de diferentes culturas e tradições.

Para adequar a esse perfil o conhecimento rúnico, era preciso adaptar os conceitos e transcender a estrutura tradicional que enfatiza os deuses e seus mitos, relegando as deusas a um plano secundário.

Era um desafio e tanto tentar "feminilizar" a tradição, sem deturpar ou distorcer seus significados primitivos. Adiei o projeto de um outro livro, centrado nas deusas e suas manifestações, e iniciei a árdua tarefa de procurar a verdade primeira, soterrada sob a poeira dos tempos e fragmentada pelas interpretações tendenciosas dos monges cristãos e dos historiadores e pesquisadores do sexo masculino.

Além da supremacia masculina, havia outra barreira a vencer. Segundo os pesquisadores puristas das tradições nórdicas e os praticantes dos cultos odinistas, somente os descendentes dos escandinavos e teutões eram herdeiros legítimos do legado ancestral.

Ora, se eu, uma européia, não havia tido nenhum problema em assimilar e praticar a tradição ioruba, também não via nenhuma razão para que os brasileiros não pudessem ter acesso às chaves arquetípicas que lhes abririam os portais dos mistérios rúnicos. Acredito piamente que a "Ponte do Arco-Íris" pode ser transposta por qualquer buscador que, firme em seu propósito de estudar e compreender a cosmologia nórdica e as mensagens das runas com respeito, honestidade e lealdade, queira beber do poço do conhecimento antigo.

À medida que pesquisava, meditava e me projetava astralmente para o passado que ainda vibra em minha memória espiritual, eu fui "descobrindo" ou confirmando a fortíssima e abrangente presença feminina nesse panteão, conhecido por ser predominantemente guerreiro e masculino. Nesse período tive alguns presságios e sonhos, um deles muito significativo. Ao andar pelos corredores de uma casa muito antiga, repletos de prateleiras com muitos livros, encontrei uma linda e altiva mulher, com longas tranças louras formando uma coroa no topo da cabeça, vestida com uma túnica verde bordada com símbolos e um faiscante colar de âmbar. Sem nada falar, ela pegou a minha mão e conduziu-me por uma ponte multicolorida. Quando cheguei no meio da ponte, parei e olhei para o rio, onde vi refletidas não as árvores das margens, mas imagens fugazes de pessoas e lugares. Compreendi que, além de procurar nos livros as informações de que precisava, eu deveria também atravessar a Ponte do Arco-Íris, que separa os mundos e os tempos, para seguir o rio das lembranças e trazê-las de volta ao presente.

Foi assim que, da intenção inicial de preparar uma apostila para o grupo de estudos, vi-me levada — melhor dizendo, arrastada — para um projeto muito mais amplo e diversificado. Ainda que tenha tentado não me expandir demais, senti que uma força maior orientava a escolha e a seqüência dos assuntos. Percebi que o objetivo do livro deveria ser a revelação da complexidade de um sistema oracular e mágico, fundamentado em profundas verdades cosmológicas e mitológicas. Por mais estranhos que sejam, para nossa cultura, os conceitos, atributos, imagens e mitos de um povo tão antigo e longínquo, essas verdades representam o valioso legado de uma civilização já desaparecida e esquecida. Preservado no gelo nórdico, esse legado é ativado pelo fogo sagrado da alma dos buscadores e seguidores e torna-se acessível e compreensível a todos aqueles que silenciarem os questionamentos da mente e se deixarem tocar pelos segredos suavemente sussurrados pelos sábios e profetisas de outrora.

CAPÍTULO I

HISTÓRIA

A TRADIÇÃO NÓRDICA

Antes de dar início ao estudo das runas, precisamos compreender os fundamentos filosóficos da cultura que lhes deu origem, conhecida como a **Tradição Nórdica**. Nela se encontram os aspectos básicos da espiritualidade nativa dos povos antigos que habitavam o norte da Europa (Holanda, Alemanha, Países Bálticos, Escandinávia), as Ilhas Britânicas, as Ilhas Faroé e a Islândia. Originária da pré-história, a essência dessa tradição foi preservada até hoje pela transmissão oral de mitos, lendas, contos de fadas, sagas, crenças e costumes folclóricos; pelas práticas xamânicas e pela medicina popular. Os países nórdicos — os escandinavos, principalmente — foram cristianizados em um momento posterior ao dos demais países da Europa, o que resguardou da perseguição cristã o legado ancestral pagão.

Centrada na reverência à Natureza, a Tradição Nórdica baseava-se na interação entre as forças externas (clima, paisagem, ciclos anuais, ritmos naturais) e as vivências humanas, individuais e coletivas, resultando, assim, em um sistema de crenças que facilitava a harmonização do homem com seu hábitat.

O universo físico era visto como uma manifestação externa e cíclica dos processos de criação e destruição. As manifestações múltiplas da Natureza — mineral, vegetal, animal, humana, elemental e espiritual — eram aspectos diversos oriundos de uma só Fonte Criadora. Não havia uma separação entre o início e o fim, a vida e a morte, o frio e o calor, a luz e a sombra, o masculino e o feminino. Por não existir a visão dicotômica da realidade, esses pólos não eram considerados opostos, mas complementares, interagindo e se metamorfoseando, em um perpétuo movimento cíclico ou alternado.

Sabendo que as forças existentes na Natureza (interna e externa) podiam ser direcionadas, fosse para a criação, fosse para a destruição, os antigos povos nórdicos procuravam viver em equilíbrio: interior — com os demais — e exterior — em relação a tudo mais que os cercava. Eles conheciam, respeitavam e honravam os ciclos naturais, os ritmos cósmicos, os pontos de mutação na trajetória do Sol ou da vida humana. Praticavam a liberdade de expressão, a democracia, a igualdade entre homens e mulheres, o companheirismo, a lealdade e a honestidade, agindo com coragem e nobreza em quaisquer circunstâncias da vida.

Acima de tudo, acreditavam no poder supremo de *Orlög*, cuja força modelava o universo e definia o destino dos deuses e dos seres humanos, bem como o de toda a Natureza. *Orlög* representa a combinação de fatores e acontecimentos que determina o presente, em função do passado, e cria o futuro, a partir do presente.

Em norueguês arcaico, *Or* significa "primal" e *lög*, "leis" (ou "camadas"). *Orlög*, portanto, simboliza as leis ou camadas primais que estruturam e movimentam o universo. Embora semelhante à noção de "destino" ou *karma*, *Orlög*, não tem a conotação de predestinação ou fatalidade. Cada ser tem seu livre-arbítrio, embora este seja condicionado pelas influências planetárias e espirituais. Com base nessas influências e nas opções e ações pessoais, o homem cria seu *wyrd*, ou destino pessoal. Para compreender melhor o conceito de *wyrd*, pode-se imaginá-lo como uma imensa teia de fios sutis, que se estende através do tempo e do espaço, exatamente como o conceito de "teia cósmica" dos nativos norte-americanos. A palavra nórdica *wyrd* tem relação com a alemã *Werden* — "vir-a-ser" — e ao termo arcaico saxão *Wirt* (ou *Wirtel*) — "fuso" (instrumento utilizado para fiar).

Em muitas culturas, os verbos fiar e tecer são usados como metáforas do tempo e do destino. Fiar é um ato criador, que transforma uma massa informe em um fio único e uniforme. A rotação do fuso se assemelha ao movimento cíclico das estrelas e à sucessão das estações, sendo o fuso um modelo em miniatura do universo. Na mitologia nórdica, a constelação de Órion era chamada de "o fuso da deusa Frigga", que fiava o fio cósmico e o passava para as Nornes, que teciam com ele o *wyrd* de cada pessoa.

As **Nornes**, também conhecidas como as Deusas do Destino, não eram regidas por nenhuma divindade, somente pelo poder de Orlög, que tudo controlava e determinava, até mesmo a existência dos deuses. Seus nomes — Urdh, Verdhandi e Skuld (ou Urdh, Werthende e Scyld) — significam "aquilo que foi, aquilo que está sendo e aquilo que virá a ser". As Nornes ensinavam a humanidade a compreender as lições do passado e usá-las bem no presente para assim evitar transtornos no futuro.

Frigga era a senhora do céu e do tempo, que tudo sabia, mas nada falava. Ela apenas fiava os fios que depois seriam tecidos pelas Nornes, em uma grande teia que se estendia sobre a Terra, de leste a oeste (acompanhando a trajetória do Sol), e formava a chamada "tessitura da vida".

Tudo acontecia dentro da teia de *wyrd*: seus fios interligavam os eventos, os objetos, os seres, os pensamentos, as emoções e as ações. Tudo que era feito reverberava ao longo dos fios de *wyrd* e afetava todo o resto. Por isso, toda e qualquer ação dos homens tinha retorno, como influência positiva ou negativa, e sua sorte ou infortúnio eram criados em função do teor energético que os tinha originado.

Ao analisarmos esse modelo celeste formado pelo fuso, pelos fios e pela teia fiada e tecida por essas deusas, constatamos que elas eram protagonistas do processo de criação dos destinos individuais, sem nenhuma participação ou interferência masculina.

O modelo básico primordial do universo nórdico também se origina de um arquétipo feminino, a chamada "Runa-Mãe", a nona runa do alfabeto Futhark, cujo nome é Hagalaz, ou Hagal. Graças à sua forma hexagonal, ela é considerada "a Mãe", da qual todas as outras runas podem ser criadas. Representação gráfica do granizo e da estrutura cristalina do floco de neve, no nível esotérico Hagalaz simboliza o padrão estrutural de todas as coisas, a base do universo físico, a matriz arquetípica que encerra vários mistérios numéricos e simbólicos.

Figura 1: Representação gráfica da forma alternativa de Hagalaz, a "Runa-Mãe" ou cristal primordial e do floco de neve (segundo SZABÓ, Zoltán).

Figura 2: Mandala rúnica que engloba todas as runas (segundo SZABÓ, Zoltán).

As runas eram consideradas padrões energéticos que vibravam e reluziam sobre os fios de *wyrd*. O conhecimento das runas permitia que se descobrissem os efeitos e as influências do *wyrd* individual e dos meios para se viver em sintonia com seu fluxo, de modo a evitar circunstâncias prejudiciais e ter atitudes e ações equilibradas e benéficas.

ORIGEM DAS RUNAS

Não se sabe com certeza **onde** ou **quando** as runas apareceram pela primeira vez. Sua origem é envolta em mistério, cercada de segredos e permeada de muitas suposições, interpretações e teorias e poucas comprovações.

O próprio nome confirma esse mistério: a raiz indo-européia *ru* significa "algo misterioso"; a palavra *run*, em norueguês arcaico, significa "segredo"; a palavra *runa*, em alemão antigo, significa "sussurro"; os termos saxões e góticos *roun, rown, roon* e *raunen*, significam "segredo ou mistério sussurrado" ou "sussurro misterioso". Essa indicação de algo "misterioso", somente sussurrado, sugere a transmissão oral de um conhecimento sagrado e ancestral, uma forma secreta de iniciação.

Assim, pode-se concluir que as runas, ainda que tenham sido classificadas como um alfabeto, representavam, na verdade, um complexo sistema espiritual pelo qual sacerdotes e xamãs ensinavam seus mistérios. Mitologicamente, as runas são associadas ao deus Odin que, no entanto, não as inventou, mas obteve-as por meio de um sacrifício voluntário, uma auto-imolação semelhante às iniciações xamânicas. O mito de Odin será descrito com mais pormenores no capítulo que trata especificamente dos deuses.

Quanto à origem histórica das runas, também há várias teorias, das quais quatro são as mais relevantes: a latina, a grega, a etrusca e a nativa, todas elas alvo de controvérsias acadêmicas.

A teoria mais antiga (1874) é a **latina** ou **romana**, que atribui o surgimento das runas à adaptação do alfabeto latino feita pelas tribos germânicas. A semelhança de algumas runas com as letras F, R, M e B parece comprovar essa teoria, mas a data atribuída — em torno de 300 d.C. — é incorreta, pois existem inscrições rúnicas anteriores.

Em 1899 surgiu a teoria **grega**, segundo a qual os godos adaptaram a escrita cursiva grega e a disseminaram do Mar Negro até a Escandinávia, dando origem ao alfabeto rúnico. Embora tenham sido encontradas várias inscrições rúnicas antigas na Rússia e na Romênia (como o famoso colar de ouro de Pietroasa, que traz uma fórmula de poder gravada com runas), mais uma vez as datas são contraditórias, o que invalida a hipótese.

Uma teoria interessante é a da origem **etrusca** das runas. Os etruscos eram um povo enigmático que vivia no norte da Itália e tinha uma civilização e uma cultura avançadas. Criada em 1928 e aperfeiçoada em 1937, essa hipótese tem a seu favor a descoberta arqueológica, na Áustria, de 26 elmos de bronze, datados do século IV a.C. e gravados com palavras alemãs grafadas com caracteres etruscos (semelhantes às runas). Sabe-se também que no Tirol usavam-se varetas com esses caracteres para adivinhação e que os cantos folclóricos tiroleses — *jodl* — assemelhavam-se às melodias *yoik* dos sami, reminiscências das tradições xamânicas. De acordo com os autores dessa teoria, a escrita etrusca teria sido adaptada e difundida por várias tribos teutônicas, indo além do Mar do Norte.

A última teoria — e a que tem maior respaldo histórico — apóia-se na semelhança das runas com **antigas inscrições rupestres** encontradas em vários lugares da Europa, ao longo da Idade do Bronze e do Ferro (1300-800 a.C.).

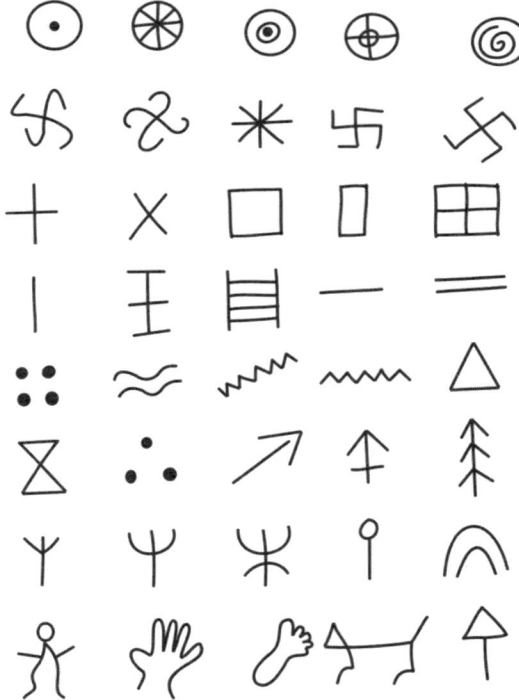

Figura 3: Petróglifos pré-históricos de Hallristinger.

Chamada Hallristinger, essa escrita consiste em símbolos pictográficos de significado religioso, como figuras variadas de círculos, rodas solares, suásticas, espirais, triângulos invertidos, árvores, mãos espalmadas, marcas de pés, barcos e ondas — símbolos atribuídos aos cultos neolíticos da Deusa Mãe e da adoração ao Sol (considerado pelos povos nórdicos uma divindade feminina). Alguns autores afirmam que esses petróglifos teriam sido a origem de uma linguagem simbólica e mágica utilizada pelos xamãs do período neolítico. O povo etrusco, um dos herdeiros dessa tradição, teria adaptado os símbolos e os incorporado à sua linguagem escrita, ensinada também aos seus vizinhos, as tribos teutônicas.

A suástica tem uma origem muito antiga e é encontrada em várias culturas do mundo, como a hindu, a chinesa, a escandinava, a islandesa, a celta, a nativa norte-americana e a asteca. A palavra *swastika* é de origem sânscrita e significa "tudo está bem". Acredita-se que ela seja uma variante da roda solar, um símbolo muito freqüente na escrita Hallristinger; ela é relacionada às runas por estar sempre gravada junto a elas, em inscrições sobre pedras e em estelas funerárias.

A suástica foi adotada pelo Partido Nacional Socialista Alemão como um símbolo importante da raça indo-européia. Hitler acreditava fervorosamente que os alemães descendiam dos arianos, vistos como nobres guerreiros de uma raça superior. Na verdade, os arianos são os ancestrais dos povos grego, romano, eslavo, celta, saxão e nórdico, e responsáveis pela diversidade racial da família européia. Eles eram tribos nômades do ramo indo-iraniano, criavam cavalos e gado e reverenciavam deuses e deusas que personificavam as forças da Natureza. Porém, na visão de Hitler, eles eram um povo semilegendário, que habitava um vale desconhecido no Himalaia. Essa tribo mítica e misteriosa serviu de modelo para a "Grande Fraternidade Branca", considerada pelos teosofistas do século XIX como a dirigente dos destinos da humanidade.

Além das teorias **exotéricas** sobre a origem das runas, existem diversas explicações **esotéricas**, dadas principalmente por algumas correntes ocultistas alemãs. Segundo essas correntes, as runas são códigos cósmicos do povo teutônico, formulados e utilizados por uma poderosa cultura antidiluviana desaparecida, associada às lendas sobre Atlântida, Thule e Hiperbórea.

Dos pesquisadores e runólogos alemães, mencionarei apenas as obras de Guido Von List e de Friedrich Bernard Marly, citados também nos próximos subcapítulos.

Segundo List, os arianos eram nórdicos com uma elevada cultura espiritual, que se deslocaram do norte europeu para colonizar a Europa, levando consigo as runas. Esses símbolos seriam a expressão física de mistérios profundos originários de uma linguagem primal (Ursprache), esquecida ao longo das eras.

Marly, em contrapartida, sustenta que as runas foram criadas na "Terra Mãe" (Mutterland), ou Thule, que afundou no Mar do Norte há doze mil anos.

OS ALFABETOS RÚNICOS

Do ponto de vista histórico e exotérico, as runas eram um sistema fonético e gráfico usado até o século XIV na Suécia, até o XVII na Islândia e até o XIX nas regiões remotas da Noruega. Apesar do seu uso contínuo, esse sistema sofreu várias modificações.

Do ponto de vista esotérico, as runas não são somente um alfabeto, embora também possam ser usadas para transcrever palavras de outras línguas. Essa característica é muito importante já que possibilita o uso das runas na magia talismânica e nos selos de nomes próprios. As runas consistem, na verdade, numa "metalinguagem", ou seja, num sistema simbólico complexo que permite a transmissão de outros significados, além dos normalmente expressos por uma língua. Nesse sentido, elas guardam certa semelhança com a poesia, que muitas vezes foi um meio usado pelos leigos para preservar e transmitir conhecimentos místicos.

Em razão da grande diversidade de locais em que foram encontradas inscrições rúnicas, é difícil precisar quais povos as gravaram. A maior quantidade de achados foi feita nos sítios arqueológicos do sul da Noruega e da Suécia, bem como nos pântanos da Dinamarca. Foram também descobertas inscrições e objetos gravados na Polônia, na Hungria, na Romênia, na Iugoslávia e na Rússia. Na Escandinávia, foram encontradas inúmeras bracteatas — discos de ouro gravados com símbolos pictográficos e runas —, utilizadas como amuletos até o fim da Idade Média, apesar da perseguição cristã, e provas preciosas da existência dos alfabetos rúnicos.

As runas eram gravadas em uma grande variedade de objetos: armas, fíbulas (espécie de broche), amuletos, ferramentas, anéis, chifres para beber, pulseiras, anéis e medalhões. A maioria tinha função mágica (mesmo se usadas no vestuário ou no ambiente doméstico) e visava atrair a sorte, afastar o mal, consagrar ambientes, possibilitar o intercâmbio com os espíritos ancestrais e pedir a ajuda ou a proteção das divindades.

As línguas usadas eram a protogermânica e a protonórdica, que depois deram origem aos dialetos norueguês, sueco, dinamarquês, holandês, alemão, inglês e frísio. Nas fórmulas rúnicas era utilizada, no entanto, ora a forma arcaica, ora uma linguagem cifrada ou secreta.

O primeiro sistema rúnico conhecido é o **alfabeto Futhark** (chamado **Futhark Antigo**), composto de 24 runas, divididas em três famílias de oito, chamadas *Ættir*. Seu nome deriva das primeiras seis runas que o compõem e supõe-se que seu surgimento tenha ocorrido em torno de 200 a.C. Esse alfabeto serviu como base para inúmeras inscrições encontradas na Europa, das quais, infelizmente, apenas poucas foram preservadas. As inscrições mais antigas, que datavam dessa época, eram feitas sobre pedras e metais; posteriormente começaram a ser utilizados osso e madeira que, por serem materiais perecíveis, não sobreviviam à passagem do tempo.

No início do século VII surgiu um novo sistema rúnico denominado **Futhark Novo**, uma variação do original. O surgimento desse novo alfabeto se deu na Escandinávia, de onde se espalhou para outros países. A reforma, provocada por modificações lingüísticas e conceitos mágicos, reduziu o número de runas, embora tenha preservado os elementos tradicionais e a seqüência original. Alguns símbolos desapareceram, outros surgiram; criou-se, assim, um sistema escandinavo, composto de dezesseis runas, também divididas em três famílias, sendo a primeira com seis runas e as outras duas com cinco cada. Devido ao número reduzido de runas, nesse alfabeto cada uma delas correspondia a dois ou mais sons, o que dificultou a interpretação das inscrições encontradas.

Ao passar da Noruega e da Suécia para a Dinamarca, o Futhark Novo foi simplificado, dando origem à versão dinamarquesa, utilizada entre os séculos IX e XI. Essa versão se tornou o modelo para dois desenvolvimentos posteriores. O primeiro, uma versão ainda mais simples, surgiu em torno de 850 d.C. e ficou conhecido como a **série Rök** ou a série das "runas de traços curtos". No século X foi criado o segundo, a **escrita Hälsinge**. Nessa versão foram eliminados os traços verticais e as letras passaram a ser escritas entre duas linhas, separadas por sinais de pontuação, como os usados na estenografia. Foram encontradas poucas inscrições com esse estilo de escrita, o que indica um uso local, apenas para assuntos profanos e comerciais. No final do século X, algumas runas começaram a ser marcadas com pontos, com o intuito de criar novos caracteres para corresponder ao alfabeto latino, cada vez mais utilizado na Dinamarca. Essa escrita foi desaparecendo aos poucos, e as suas últimas inscrições foram registradas em 1020. No período entre 1050 e 1450, surgiram as chamadas **runas medievais**, cuja modificação posteriormente levou à criação do alfabeto **gótico**, utilizado até o século XVIII, principalmente em cartas e manuscritos de conteúdo tanto religioso quanto profano.

As runas também eram utilizadas no lugar dos números nos antigos calendários escandinavos, chamados *clog almanaks* ou *runestocks*, confeccionados tradicionalmente em madeira. Para possibilitar a anotação dos ciclos solares e lunares — que exigiam dezenove números —, o Futhark Novo foi acrescido de mais três runas, com uma gama dos sons também maior.

Ainda que os druidas irlandeses tivessem seu próprio alfabeto — o **Ogham** —, eles também utilizavam os sistemas rúnicos, em especial o dinamarquês, o sueco e as runas marcadas com pontos.

Apesar de sua utilização na Escandinávia por todo o período viking (800—1100 d.C.), os alfabetos rúnicos mencionados não são "símbolos viking", como fontes mal informadas costumam denominá-los. As runas não somente têm uma origem anterior, muito mais antiga, como são arquétipos atemporais, oriundos dos registros sutis, e servem como portais de percepção para a expansão da consciência humana.

Paralelamente às modificações escandinavas — que, ao reduzirem o número de caracteres, deram origem a novos alfabetos —, as mudanças fonéticas ocorridas em outros dois países levaram ao acréscimo de novos símbolos aos alfabetos tradicionais.

No litoral do Mar do Norte, na antiga Frísia (constituída pela atual Holanda e pelo oeste da Alemanha), havia, desde 650 d.C., um novo dialeto que modificara a pronúncia da vogal *a*, dando origem a três sons diferentes: *a*, *æ*, *o*. Para representar essa mudança fonética, duas runas novas surgiram — Os e Æsc — e a runa Ansuz (que correspondia à letra *a*) passou do quarto para o vigésimo sexto lugar e foi substituída por Os (que representa a letra *o*). O novo alfabeto foi denominado de Futh**o**rk e serviu de base para uma nova expansão.

Ao ser levado por emigrantes para o leste da Inglaterra, as diferenças fonéticas e a ampliação do vocabulário exo e esotérico introduziram novos caracteres ao Futhork original, dando origem a um sistema mais complexo, de 29 símbolos, denominado **Futhork anglofrísio** ou **anglo-saxão**.

Esse Futhork foi bastante utilizado na gravação de moedas, em inscrições mágicas, em epitáfios de pedras funerárias, bem como em manuscritos profanos e religiosos. Sua existência foi comprovada com a descoberta de uma espada de cobre, bronze e prata, com inscrições gravadas em alto-relevo com caracteres rúnicos, datada de 700 d.C. e encontrada no século XX no rio Tâmisa, em Londres.

Por volta de 800 d.C., no norte da atual Inglaterra e ao sul da atual Escócia (que formavam então o reino de Northumbria), foi criado o sistema com o maior número de caracteres — 33 — chamado de **alfabeto de Northumbria**. Dividido em quatro grupos, com oito símbolos cada e mais um central, esse alfabeto revela os intercâmbios e influências recíprocas entre os mestres rúnicos e os bardos celtas, comprovados pela semelhança entre alguns dos nomes e significados e os caracteres correspondentes do alfabeto oghâmico.

A existência desse sistema também é atestada por um importante achado arqueológico: um baú de osso de baleia com cenas mitológicas e cristãs e inscrições no alfabeto de Northumbria. Além desse baú (chamado *Franks Casket*), muitas inscrições semelhantes também foram encontradas em cruzes de pedra, estelas funerárias e monumentos históricos.

Existem também outros caracteres rúnicos antigos que foram pouco utilizados e quase totalmente esquecidos. Eles não pertencem a nenhum sistema específico. Seus nomes e conceitos relacionam-se a antigas divindades nórdicas. Esses caracteres foram usados, na Idade Média, para cura e proteção mágica, e acreditava-se, na época, em seu uso ritualístico, na invocação dessas divindades. Alguns estudiosos defendem a existência de um quinto grupo (Ætt) de runas, formado por esses caracteres e pela runa central do alfabeto de Northumbria (o quarto Ætt), constituindo um sistema mais amplo e complexo de 38 caracteres. Eu, pessoalmente, endosso essa teoria e tenho usado, com sucesso, na minha prática mágica e oracular, todas as 38 runas.

Além dos alfabetos citados, também existem runas pontilhadas, interligadas, ramificadas ou em ziguezague, que não fazem parte de um sistema organizado. Elas são apenas adaptações criptográficas dos sistemas anteriores, criadas para ocultar ou dificultar a compreensão das mensagens, que poderiam ser lidas somente por aqueles que conheciam seu código secreto.

Independentemente do tipo de alfabeto, o traçado das runas é sempre angular, sem cantos arredondados ou traços horizontais. A peculiaridade de suas formas, que se mantêm inalteradas até os dias de hoje, é atribuída ao material (pedra, metal, osso e madeira) e aos instrumentos utilizados na gravação (flecha, machado e faca).

Além dos quatro sistemas rúnicos considerados fiéis às verdades tradicionais (Futhark Antigo, Futhark Novo, Futhork anglo-saxão e alfabeto de Northumbria), outros alfabetos foram criados em épocas mais recentes. Desses, somente o sistema Armanen, criado por Guido Von List, tem um complexo embasamento filosófico e mágico. Esse alfabeto é, na verdade, uma extensão do Futhark Novo, baseado nas dezoito estrofes do poema épico "Havamal", da coleção dos *Eddas*. Contrariando a teoria de Marly, que defendia a autenticidade do alfabeto de 33 caracteres, List afirma que seu sistema é o original, do qual os outros derivaram.

Apesar de ter sido combatido e desacreditado pelos historiadores e filósofos, o sistema armânico foi — e continua sendo — amplamente utilizado pelos magos e runólogos alemães. Popularizado por Karl Spiesberger, Siegfrid Kummer e Edred Thorsson, ele serviu de base para a criação das posturas rúnicas (a chamada "ioga teutônica").

Houve outras tentativas, que propunham novos pseudo-sistemas ou distorciam os antigos (invertendo, por exemplo, a ordem das runas), porém todas elas careciam de fundamentação esotérica e mágica. Para os pesquisadores puristas, não há nenhuma dúvida de que o Futhark de 24 runas é o mais antigo e tradicional de todos os sistemas, afirmação que não invalida o uso dos outros quatro sistemas para práticas mágicas e oraculares.

EVOLUÇÃO HISTÓRICA DAS RUNAS — DECLÍNIO E RENASCIMENTO

A evolução do sistema rúnico abrange quatro épocas históricas:

1ª) O período antigo, dos primórdios até o século VIII de nossa era: início do uso sistematizado do Futhark Antigo.
2ª) De 800 a 1100 d.C.: criação e difusão do Futhark Novo (período viking).
3ª) Início do período de declínio no uso das runas: substituição pelo alfabeto latino, que levou ao seu gradual esquecimento e à deturpação do seu significado mágico.
4ª) Períodos de renascimento, em diferentes épocas.

Essa classificação refere-se apenas aos sistemas de escrita rúnica. A origem arquetípica será amplamente descrita na seção dedicada à Cosmogonia.

Ainda que se acredite que a utilização das runas tenha se iniciado no século II da era pré-cristã, o ano 50 d.C. — data da inscrição rúnica do broche de Meldorf — é considerado a data oficial a partir da qual as runas passaram a constituir uma tradição contínua de mais de mil anos, que só sofreu uma transformação com o surgimento do Futhark Novo, aproximadamente na metade desse ciclo.

A adaptação do Futhark Antigo para o Novo acompanhou o desenvolvimento da cultura viking (792–1066 d.C.), mas, desde o ano 600 de nossa era, já eram utilizadas varetas gravadas com os novos caracteres. O Futhark Novo é um fenômeno puramente escandinavo, independentemente de terem sido encontradas inscrições em outros lugares, pois todas elas são da autoria de mestres nórdicos. A mudança de um alfabeto para outro se deu em razão de fatores lingüísticos (modificações na pronúncia de algumas vogais e surgimento de novos sons) e mágicos. Mesmo assim, a continuidade simbólica se manteve, o que comprova o profundo conhecimento mitológico e mágico dos mestres responsáveis pelas modificações.

No fim do domínio viking, por volta do ano 1000, a cristianização já havia sido concluída na Dinamarca; a Noruega e a Suécia, no entanto, permaneceram pagãs até o início do século XII. Nessa transição religiosa, a tradição do culto rúnico foi destruída, restando apenas resquícios, nas regiões mais afastadas. A Igreja incorporou a escrita rúnica em seus manuscritos e monumentos, mas sobrepôs sua doutrina aos antigos conceitos religiosos. Inúmeras inscrições rúnicas dessa época são de orações cristãs que associam motivos pagãos a figuras bíblicas e comparam o sacrifício de Jesus ao do deus Odin. As pedras funerárias e memoriais — chamadas de *Bauta Stones* — continuavam sendo gravadas com runas, mesclando antigos símbolos ideográficos com dizeres cristãos. A cruz substituiu a insígnia de Odin (o *valknut*, formado por três triângulos entrelaçados), mas era desenhada com braços iguais e uma roda solar no centro, como nos antigos petróglifos.

Os talismãs rúnicos — *taufr* —, em forma de medalhas ou placas metálicas, não perderam sua popularidade e continuaram sendo utilizados até o período medieval, apesar das proibições cristãs (assim como o martelo de Thor, antes de sua substituição pelo crucifixo).

Além do uso sagrado ou mágico das runas, elas também eram utilizadas de modo profano, em mensagens inscritas em varetas de madeira (*runakefli*) ou manuscritos (como o famoso *Codex Regius*, do século XIV). O conhecimento rúnico foi preservado na prática mágica do *galdr*, sons mântricos que correspondiam às runas, cujo conhecimento era transmitido pelos xamãs aos seus discípulos.

O movimento reformista que deu início ao protestantismo (em 1527, na Suécia, e em 1536, na Noruega), desencadeou uma onda de intolerância, sucedida pela perseguição às antigas práticas e crenças. Fanáticos destruíram monumentos com inscrições rúnicas, praticantes dos costumes antigos foram considerados pagãos e hereges, sendo perseguidos e aprisionados. Por fim, o alfabeto rúnico foi oficialmente substituído pelo latino; seu uso, inicialmente desaconselhado, terminou por ser definitivamente proibido. As runas e os símbolos antigos tornaram-se "provas de idolatria nociva à alma cristã"; o uso oracular ou mágico das runas, um sinônimo de práticas de magia negra. Para erradicar em definitivo o antigo culto pagão, as celebrações da Roda do Ano (*Blot* e *Sumbel*) foram substituídas pela Igreja por festas cristãs, de modo semelhante ao que sucedeu aos Sabbats celtas.

Na Islândia, no entanto, o povo continuou usando as runas abertamente para fins mágicos até o século XVII, quando a Igreja instaurou a pena de morte para qualquer um que fizesse uso delas. Mesmo assim, a magia rúnica islandesa sobreviveu na clandestinidade, e é nesse país que se encontram ainda registros valiosos dessa arte, ocultos nas lendas e nos costumes populares.

Por toda a Idade das Trevas, os tribunais da Inquisição condenaram à fogueira aqueles que fizessem uso das runas ou em cujos pertences elas fossem encontradas. Difamadas e proibidas, as runas foram mergulhando, aos poucos, nas brumas do esquecimento e as antigas tradições sendo reinterpretadas pela ótica cristã.

Todavia, o mais interessante é que as runas subsistiram nos emblemas e brasões dos artesãos e comerciantes. Os antigos símbolos continuaram a ser utilizados para marcar animais, carroças, barcos e moinhos; desenhados com o arado na terra antes do plantio; pintados ou entalhados nas vigas das casas; tecidos nas tapeçarias; gravados em vidros, metais e jóias; e usados para decorar cruzes e pedras funerárias.

Muitos desses símbolos eram de origem rúnica; outros foram desenvolvidos a partir deles. Os mais místicos foram usados pelas lojas franco-maçônicas e pelas congregações de artesãos das cidades medievais.

Para a decoração e proteção das casas, empregavam-se as chamadas *hof und haus marks*, combinações de runas com ideogramas de ferramentas e objetos, como chaves, escadas, flechas, relógios e moinhos.

Nessa época, cada família tinha um emblema, que distinguia o fundador da dinastia e seus descendentes. Ao contrário da heráldica, cujas regras para a criação de brasões eram mais rigorosas, esses emblemas familiares ou pessoais eram criados livremente, ainda que se procurasse utilizar símbolos sagrados para imbuir de significados mágicos o entrelaçamento de traços e formas.

Foram encontrados, em inúmeras casas antigas da Alemanha, da Suíça e da Suécia, caracteres rúnicos camuflados no cruzamento das vigas e nos desenhos dos pisos.

Também datam dessa época as mandalas germânicas, pintadas em cores vivas sobre discos de madeira e cerâmica, e colocadas nas casas para proteção ou utilizadas como amuletos. Essas mandalas, confeccionadas ritualisticamente, baseavam-se em um padrão hexagonal, como a estrela ou a cruz de seis braços, chamada *sechszeichen* (símbolo sêxtuplo).

No século XVII, emigrantes alemães levaram essa tradição medieval para os Estados Unidos — mais especificamente, para a Pensilvânia —, onde ela ficou conhecida como *hexencraft* (magia, feitiçaria). Essa arte sobrevive até os dias de hoje, em objetos de cerâmica ou motivos decorativos, sem que se dê destaque ao seu significado mágico, conhecido e utilizado apenas pelos neopagãos.

O primeiro sinal de um despertar rúnico, depois da sua proibição e aparente esquecimento, ocorreu no século XVI, na Suécia. Por intermédio das obras de Johannes Bureus, os adeptos de uma corrente ideológica conhecida como *Storgoticism* (o culto da mitologia gótica) passaram a estudar e aplicar os conhecimentos e símbolos rúnicos, ainda que dentro do cabalismo cristão. Perseguido pela igreja cristã e pelas autoridades, aos poucos o movimento foi declinando. O alfabeto rúnico, no entanto, apesar da perseguição, conseguiu sobreviver clandestinamente até os séculos XVIII e XIX, nas práticas rúnicas de grupos fechados, em localidades remotas da Suécia, da Noruega e da Islândia.

No século XIX, paralelamente ao surgimento do espiritismo, do ocultismo e da teosofia, nasceu um movimento neo-romântico com um crescente interesse pelas antigas crenças e valores germânicos. Foi assim que emergiu, na Alemanha e na Áustria, o "Movimento Teutônico", cujo propósito era levar a sociedade de volta às suas raízes pré-cristãs, reavivando a mitologia e a ética germânicas.

O representante mais importante desse movimento foi Guido Von List (1848—1919). Estudioso e praticante de várias doutrinas místicas, List teve uma profunda experiência iniciática, na qual perdeu temporariamente a visão. Considerando sua recuperação como um sinal divino, ele dedicou a vida aos mistérios germânicos e, principalmente, ao estudo das runas. Escreveu vários livros e criou um novo sistema de dezoito caracteres, baseado na estrutura hexagonal dos cristais e na forma e simbologia da runa Hagalaz. Esse sistema foi denominado alfabeto Armanen, que serviu como base para a criação de uma organização oculta, a *Armanen Orden*.

Após a morte de Von List, vários outros grupos neogermânicos continuaram a praticar e expandir seus ensinamentos, preservando sua ideologia e filosofia religiosa. Dois outros pesquisadores, Friedrich Marly e Siegfrid Kummer, criaram a "ioga teutônica" ou "rúnica", constituída de uma série de posturas (chamadas *stödhur*) que expressam fisicamente o traçado das runas, de modo a canalizar seu poder para a vida do praticante. Marly escreveu alguns livros e fundou a Liga de Pesquisas Rúnicas para coordenar as investigações e organizações mágicas.

Na década de 20 do século passado, membros de uma sociedade secreta chamada Thule —*Thule Gesselschaft* —, fundada em 17 de agosto de 1918 e tendo uma suástica cravada por uma adaga como símbolo, começaram a desvirtuar a simbologia rúnica, dando-lhe uma acentuada conotação ultranacionalista, pangermânica e ariosófica. Essa sociedade, na verdade, foi a real e oculta criadora do Partido Nazista, que ela usou como artifício para disseminar sua filosofia no meio político. Ironicamente, porém, esse partido só começou a ganhar destaque quando adotou a suástica usada pela Thule e as runas de forma desvirtuada, para expandir o seu poder.

Hitler era um convicto seguidor da ariosofia (doutrina esotérica racista criada por Jörg Lanz Von Liebenfels), fervoroso admirador dos símbolos teutônicos e obcecado pela ideia da supremacia da raça ariana, predestinada segundo ele a dominar o mundo e eliminar os não arianos. Ele escolheu a runa solar da vitória (Sowilo ou Sigel) como emblema da juventude hitlerista, duplicando-a para a *Schutzstaffel*, a temida SS, e a suástica invertida e inclinada como seu estandarte e principal símbolo. A suástica era um antigo símbolo indo-europeu que representava a roda solar e a energia vital, e supostamente atraía sorte e prosperidade. No entanto, em vez da vitória almejada pelo nazismo, a alteração da suástica e o uso desvirtuado dos antigos símbolos sagrados canalizaram as forças sombrias da destruição contidas nesses símbolos e aceleraram o fim da tenebrosa e mortífera campanha e ditadura hitleristas.

Depois do fim da guerra, em 1945, a associação negativa das runas e dos valores teutônicos com o nazismo desencadeou, tanto nos países escandinavos quanto nos anglo-saxões, uma onda de pavor e rejeição por tudo o que podia lembrá-los, relegando ao ostracismo símbolos, mitos e práticas mágicas ancestrais. O nazismo certamente atrasou muitas décadas o real renascimento teutônico e tornou tabu qualquer interesse ou estudo nessa área.

Foram necessários alguns anos para que alguns escritores e estudiosos ousassem tocar novamente nesse assunto, considerado tabu. Em 1955, Karl Spiesberger publicou dois livros nos quais o estudo das runas recebeu uma interpretação universalista, sem nuances nacionalistas. Em 1969, Adolf e Sigrun Schleipfer reativaram a *Armanen Orden* e assumiram a direção da sociedade Guido Von List, orientando sua atividade para o estudo do misticismo alemão e da magia rúnica. A partir de 1970, o interesse pelo simbolismo e uso mágico das runas ultrapassou as fronteiras da Alemanha, país onde até então eram conhecidas e praticadas, e alcançou a Inglaterra e os Estados Unidos. Foram criados vários grupos de cultos odinistas e jornais das assembléias religiosas Asatrú passaram a ser publicados.

Asatrú foi aceita como religião oficial na Islândia e passou a ser reconhecida como a continuação da antiga tradição étnica dos povos nativos do norte da Europa. Uma das organizações mais importantes na divulgação e no ensinamento das práticas mágicas é a Rune Gild, fundada e dirigida por Edred Thorsson, cujos numerosos e excelentes livros são responsáveis pela revelação dos verdadeiros e profundos mistérios rúnicos e a expansão do seu uso esotérico.

Outros grupos e publicações também têm divulgado as práticas rúnicas e informações mitológicas. O grupo Hrafnar, dirigido pela escritora e pesquisadora Diana Paxson e sediado em San Francisco, nos Estados Unidos, é reconhecido pela remodelação e divulgação da prática xamânica *seidhr* (transe profético), antigamente reservada apenas às sacerdotisas e aos xamãs do norte europeu, mas atualmente divulgada nas celebrações e encontros da comunidade neopagã norte-americana.

RETROSPECTO HISTÓRICO E RELIGIOSO DOS POVOS NÓRDICOS

O termo "povos nórdicos" engloba os antigos habitantes da Islândia, da Noruega, da Suécia, da Dinamarca, da Alemanha, da Holanda e das ilhas Orkney, Shetland e Faroé. Apesar das diferenças geográficas, climáticas, lingüísticas e culturais, eles têm a mesma origem indo-européia e compartilham mitos, crenças, conceitos religiosos e costumes folclóricos semelhantes.

Pouco se sabe da pátria dos indo-europeus. Supõe-se que, há seis mil anos, eles tenham vivido nas estepes ao norte do Mar Negro e falassem uma língua denominada proto-indo-européia, que deu origem às línguas sânscrita, iraniana, grega, latina, celta, germânica e escandinavas.

A ocupação da Europa pelas tribos indo-européias resultou apenas em uma mudança cultural, não racial, uma vez que os povos indígenas da Europa se caracterizavam pela diversidade e mescla heterogênea de tipos físicos. O que diferenciava os nômades das estepes de seus vizinhos ocidentais eram a língua e a cultura; seus meios de sobrevivência eram semelhantes: caça, pesca, agricultura e criação de gado. Além disso, por ser nômade, o povo da estepe deslocava-se em cavalos e carroças, e era muito habilidoso na confecção e no uso das armas.

A sociedade indo-européia era patrilinear; o papel essencial da mulher era dar à luz varões para garantir a sobrevivência e a proteção da comunidade. A religião era centrada no culto aos mortos, na adoração do Deus do Fogo (realizada diariamente pelas famílias ao pé da lareira) e na reverência ao Deus do Céu (reservada unicamente aos sacerdotes) e aos poderes da Terra (realizada pelos chefes da família e seus filhos). Os indo-europeus também adoravam o Deus da Tempestade, que era também o senhor da guerra e protegia o povo de seus inimigos. O inimigo do Deus da Tempestade era o dragão, antigo símbolo das energias telúricas das culturas matrifocais, considerado uma criatura perigosa que se lançava das nuvens durante as tempestades e destruía a vegetação. Outras divindades celestes eram a Deusa Solar, filha do Pai Celeste, e seus irmãos, os Gêmeos Divinos, que representavam as Estrelas Matutina e Vespertina. A Lua era personificada como um touro branco, que era sacrificado na fase cheia e renascia, na lua nova, como um bezerro. Seu sêmen se espalhava pela terra e dava origem a cogumelos alucinógenos e ao orvalho que, colhido pelas abelhas, se transformava em mel.

O caráter patriarcal do panteão indo-europeu se estendia até mesmo aos poderes telúricos e aquáticos, sempre regidos por um casal — um Pai e uma Mãe.

Nas oferendas, além da carne e do sangue dos animais sacrificados, acrescentava-se uma bebida alcoólica fermentada. Não existem provas da existência de práticas xamânicas indo-européias.

As ondas de migração indo-européia começaram a partir do quarto milênio a.C. e se propagaram pela Europa central até a Escandinávia, que, depois de ficar totalmente coberta pelo gelo durante a Idade da Pedra Lascada, tornou-se o último território europeu habitável. Os mais antigos assentamentos humanos nessa região datam de 9000 a.C., mas só há registros do aumento da densidade demográfica alguns milênios depois.

Por dependerem de fatores climáticos e de ciclos cósmicos e naturais, no período Paleolítico os povos nórdicos nativos reverenciavam todas as manifestações da Natureza. As inscrições rupestres, que retratam suas crenças e seus cultos religiosos, foram entalhadas nas rochas ao longo do litoral e dos fiordes; nas proximidades de rios, cachoeiras, lagos e geleiras; nas paredes das grutas e em lugares distantes, até mesmo inacessíveis. Esses petróglifos reproduzem, com traços primitivos, figuras de ursos, alces, renas, peixes, pássaros, barcos, trenós, árvores, círculos, ondas e espirais. Algumas figuras humanas têm traços grotescos; outras participam de danças ou rituais, muitas vezes adornadas com chifres de animais. Supõe-se que as inúmeras marcas de pés representassem as divindades, que não podiam ser retratadas como figuras humanas em razão de sua sacralidade. As concavidades circulares escavadas ao lado das figuras serviam de receptáculo para o líquido das oferendas.

Assim como em outras partes do mundo, os ancestrais dos povos nórdicos também praticavam o xamanismo, e a conexão com o mundo animal e espiritual era feita por meio de danças ritmadas e rituais extáticos. A dança ritual, ao som do tambor, servia para induzir o transe, estado propício para a invocação das divindades e para o contato com a alma grupal dos animais que seriam caçados ou pescados.

No período Neolítico, os cultos adquiriram uma estrutura mais organizada: as festividades acompanhavam a Roda do Ano (solstícios e equinócios) e comemoravam datas importantes do calendário agrícola (preparação da terra, plantio e colheita). Os rituais para os mortos passaram a ser mais importantes; por volta de 3500 a.C., começaram a ser construídas câmaras mortuárias, cobertas de blocos de pedras (*cairns*) nas quais os ossos dos cadáveres, depois de descarnados ao ar livre pelas aves de rapina, eram enterrados juntamente com vasilhas de comida e bebida, armas, objetos e jóias. Os túmulos eram cercados de pedras no formato de círculos ou barcos, com uma dupla finalidade: impedir que os espíritos dos mortos vagassem sobre a terra e para protegê-los de entidades espirituais maléficas. Para encaminhar os espíritos após a morte, os familiares e os xamãs faziam cerimônias especiais e longas vigílias, atuando como mensageiros e condutores das almas na transição entre os mundos.

O culto aos ancestrais desempenhava um papel fundamental na cultura neolítica, pois os antepassados eram vistos como protetores e guias da comunidade e deviam ser honrados. As pessoas pediam o auxílio de um ancestral passando a noite sobre seu túmulo, à espera de uma mensagem ou visão. Esse costume (chamado *utiseta*) estava tão arraigado às crenças populares que, apesar de proibido, continuou a ser usado mesmo após a cristianização.

A divindade principal era a Mãe Terra, que assegurava a sobrevivência de todos os seres e recebia em seu ventre sagrado os mortos à espera do renascimento. Os estreitos corredores que conduziam às câmaras subterrâneas (com formas uterinas) reproduziam o canal vaginal materno. Ao lado das ossadas eram intencionalmente depositadas urnas quebradas, que simbolizavam a deterioração do corpo físico e a libertação do espírito. Colocavam-se também estatuetas femininas e colares de âmbar, preciosos não apenas por serem jóias, mas também por serem oferendas para a Deusa Criadora e Ceifadora da Vida. A sociedade nórdica era matrilinear e matrifocal e a mulher, vista como a representante da Deusa na Terra, era sempre respeitada e honrada.

Todavia, a partir de 2800 a.C., os costumes funerários se modificaram: em vez de túmulos coletivos, as covas tornaram-se individuais, diferenciadas de acordo com o sexo. Os homens passaram a ser enterrados em barcos de madeira ou em caixões de pedra (*cists*), tendo ao lado machados de pedra, flechas e amuletos em forma de animais; as mulheres, em troncos ocos de carvalho ou nos mesmos caixões de pedra, junto aos homens, com vasilhas, potes, tecidos, peles, jóias de âmbar e tambores primitivos de argila.

Na Idade do Bronze (1800—500 a.C.), as oferendas depositadas nos túmulos e nos lugares sagrados tornaram-se mais complexas: ao lado dos equipamentos de guerra, ferramentas, provisões de comida, bebidas e ervas sagradas, objetos de prata e ouro também acompanhavam seus donos. As riquezas enterradas despertavam a cobiça dos saqueadores de túmulos, que por séculos destruíram preciosos vestígios do passado, dificultando assim os estudos arqueológicos e antropológicos.

Datam desse período inúmeras inscrições rupestres encontradas ao longo do litoral sueco e norueguês. As imagens mais comuns são de barcos, carruagens, arados, cavalos, peixes, alces, ferramentas e armas (como o martelo, o machado e a flecha), ostentados por homens de falo ereto e adornos de chifres. O machado e o martelo eram associados ao deus regente do céu, do trovão e do relâmpago, ao passo que a flecha identificava o deus da guerra. As mulheres, caracterizadas pelos longos cabelos e o esboço de seios, eram representadas sem armas, em pé na proa dos barcos, com os braços levantados, num gesto que lembrava uma oração ou uma bênção. Muitas vezes, elas tinham as pernas separadas, e, entre elas, um círculo em baixo-relevo, que provavelmente simbolizava o útero. Também foram encontradas gravadas nas rochas muitas peças em baixo-relevo em forma de taça, as chamadas *alfkvarnar* ou *elfcups* ("taças dos elfos"), supostos receptáculos para oferendas de leite, hidromel, sangue menstrual ou gordura animal.

Tanto as figuras femininas quanto as cavidades para oferendas nas pedras comprovam o culto das divindades arcaicas Vanir, regentes da fertilidade da terra e da água, ao passo que os homens armados representam a classe mais recente dos deuses guerreiros Æsir, trazidos pelos invasores indo-europeus e sobrepostos ao pacífico panteão nativo.

A profusão de gravuras de homens com falo ereto deu origem a vários debates acadêmicos, nos quais prevaleceu a teoria de que se tratava de símbolos da fertilidade. Por mais estranha e incongruente que pareça essa atribuição norte-européia da fertilidade ao sexo masculino — divino ou humano — (em todas as outras culturas antigas, a fertilidade era um atributo exclusivamente feminino), ela é conseqüência do mito nórdico da criação, no qual os progenitores da humanidade eram descritos como sendo gigantes e deuses (conforme se verá no capítulo sobre o mito da criação). As interpretações tendenciosas, que eliminaram o elemento feminino do processo de criação (que passou a ser representado apenas pela vaca Audhumbla), decorrem do enfoque cristão dos monges e historiadores responsáveis pela tradução e pela deturpação dos textos originais. A literatura atual oferece explicações muito mais verossímeis sobre esse suposto "culto fálico" dos povos nórdicos.

Essas figuras fálicas prevalecem nos petróglifos da Idade do Bronze para enfatizar o vigor masculino, mas sem que, para tanto, seja excluída a Deusa, representada de maneira velada nos símbolos a ela associados: concavidades nas pedras, rodas solares, discos, mãos espalmadas (em posição de bênção), marcas de pés (que assinalam sua presença), barcos e carruagens (para procissões e para a viagem das almas), ondas, triângulos (símbolos púbicos), cestos, espirais, olhos, vulvas e seios (realçados com pigmento vermelho das próprias formas naturais das rochas).

A presença constante de barcos mostra a importância do mar, tanto como fonte permanente de alimento, quanto como meio de transporte e intercâmbio comercial. Os barcos e seu equivalente em terra, as carruagens, também eram associados à idéia da viagem do espírito para o "outro mundo". Ambos eram veículos usados nas procissões dos cultos Vanir, e eram descritos, nos mitos, transportando o disco ou a roda solar.

Há provas conclusivas de que os povos nórdicos consideravam o Sol uma divindade feminina, assim como os japoneses, os sumérios, os eslavos, os bálticos, os egípcios, os celtas, os nativos norte-americanos e os australianos. Um dos mais valiosos achados arqueológicos é uma estatueta em bronze, de uma mulher com discos de ouro no lugar dos olhos, ajoelhada, com os cabelos trançados, usando apenas uma saia curta de franjas e um colar. Uma de suas mãos segura o seio e a outra, levantada, sugere o uso de rédeas. Próximo a ela foi encontrada uma serpente, supostamente sua montaria.

Outro achado importante data de 1400 a.C. e também é relacionado ao culto solar: uma carruagem de bronze, com seis rodas, puxada por um cavalo, leva um enorme disco de ouro, gravado com intrincados desenhos de círculos e espirais. Esse motivo — carruagens e barcos levando discos e rodas solares — pode ser encontrado em inúmeras inscrições rupestres em rochedos e grutas, tanto desse período quanto do anterior — o Neolítico.

A carruagem simboliza a jornada do Sol, que deslizava pelo céu durante o dia e desaparecia dentro da água, ou da terra, ao entardecer. Os antigos acreditavam que a deusa solar descansava durante a noite e reaparecia para cumprir sua missão no dia seguinte. No mito da eterna jornada solar, conta-se que, ao amanhecer, um peixe retirava o Sol do Barco Noturno, passando-o para o Barco Matutino, no qual ele percorria o Céu. Ao meio-dia, um cavalo assumia o controle do Barco Diurno até o entardecer, quando uma serpente ocultava o Sol e o barco com seu corpo, auxiliando em seu mergulho no Mundo Subterrâneo, de onde o peixe iria retirá-lo, novamente, na manhã seguinte. A associação do Sol com a água e com a terra reforça os significados de vitalidade, sustentação da vida e fertilidade desses elementos, considerados atributos da Deusa. A roda solar era o emblema da viagem do Sol pelo dia e pela noite, pelo verão e pelo inverno; a cruz solar representava os momentos cruciais, o nascer e o pôr-do-sol, o meio-dia e a meia-noite; a espiral reproduzia a eterna trajetória solar.

Os discos solares são semelhantes às rodas, introduzidas na Escandinávia pelos invasores indo-europeus. Com muita freqüência eles podem ser vistos nos petróglifos, adornados às vezes com pés, mãos ou asas, transportados por barcos ou carruagens, entre as pernas das mulheres ou nas mãos dos homens. Existia uma misteriosa relação entre o Sol e os cisnes e gansos selvagens, que podiam voar e também nadar, ambivalência representada por asas e pés.

Além das figuras humanas e dos símbolos isolados, também foram encontrados pares — tanto de homens quanto de animais ou pássaros. Acredita-se que as figuras geminadas estavam ligadas ao culto dos Gêmeos Celestes, representados pelos Alcis (ou Aclis), por Frey e Freyja, pelo Sol Nascente e o Poente, pela Estrela Matutina e a Vespertina. Ainda que um número reduzido de estatuetas femininas tenha sido encontrado, é evidente sua finalidade como objetos ritualísticos sagrados, nas práticas de cura e nos ritos de passagem para o Outro Mundo.

Alguns poucos petróglifos retratam casais abraçados, que simbolizavam, além do amor humano, o casamento sagrado do Pai Celeste e da Mãe Telúrica, conceito presente em todas as culturas xamânicas. Uma famosa gravação encontrada em uma pedra na Dinamarca retrata um homem de falo ereto e uma mulher ao lado de uma árvore. O casal, emoldurado por uma guirlanda de folhagens, estende os braços um para o outro, numa descrição perfeita do encontro entre o Deus da fertilidade e a Deusa da terra.

O arado também aparece em algumas inscrições, puxado por homens também com o falo ereto, cena que lembra os antigos ritos sexuais para fertilizar a terra durante as cerimônias da primavera. As danças rituais são representadas tanto por gravações quanto por estatuetas de mulheres com saias de franjas, representadas em poses acrobáticas dentro de barcos ou em posições que se assemelham à atual dança do ventre; essa suposição é reforçada pela presença de discos de bronze no ventre das mulheres.

Até o advento do cristianismo, o xamanismo era amplamente difundido e muito valorizado nas regiões do norte da Europa. Atribuem-se aos habitantes nativos — chamados sami — as características matrilineares e matrifocais das sociedades antigas, bem como as práticas xamânicas, curativas e proféticas.

Apesar de serem um povo muito antigo, os sami são pouco estudados e praticamente desconhecidos. Eles habitam o norte da Escandinávia e da Finlândia e a península Kola, e têm parentesco com os finlandeses, os samoiedos e as tribos siberianas. Pesquisadores supõem que eles descendam das civilizações neolíticas européias — construtoras dos enigmáticos monumentos megalíticos de Malta, da França e das Ilhas Britânicas —, ou de uma tribo de pigmeus africanos — em razão de sua baixa estatura e pele escura —, que teria emigrado para o norte da Europa antes da era glacial.

Atualmente existem somente cerca de setenta mil *sami*, que vivem na reserva de Sapmi, preservando muito de suas crenças, seus costumes e seu artesanato. Antigamente eles viviam em comunidades matrifocais e cultuavam a Grande Mãe, que se manifestava nas florestas, grutas, pedras, rios e animais. Eles reverenciavam suas personificações como a Mãe Terra, a Mulher do Sol e da Lua, a Mãe Ursa, as Mães das Florestas e as Akkas (avós), que moravam no céu e na terra e supervisionavam a formação dos fetos e os nascimentos. Os sami consideravam os espíritos da Natureza seus ancestrais e se comunicavam com eles por intermédio dos *noajddes* ou *näjder* — "aqueles que enxergam no escuro" —, ou seja, os xamãs. Mesmo após sua cristianização forçada no século XVI, eles continuaram a praticar o xamanismo e seus cultos. Objetos sagrados, deles confiscados pelos missionários e atualmente exibidos em museus, testemunham suas crenças e práticas religiosas — absorvidas pelos povos nórdicos, seus vizinhos.

Existem provas da existência de uma extensa e antiga cultura xamânica ao redor do Pólo Norte, que inclui, além dos sami, os inuits (esquimós) da Groenlândia, do Canadá e do Alasca. Autodenominados "o primeiro povo", esses povos nativos afirmam sua antigüidade nessas regiões — onde afirmam residir desde o fim da era glacial, há cerca de nove mil anos — e se recusam a ser chamados de lapões ou esquimós — para eles um termo pejorativo. Assentamentos *sami* datados de 6000 a.C. comprovam a veracidade dessas afirmações. Recentemente, foram descobertos na Suécia, perto do rio Namforsen, petróglifos datados de 4000 a 3000 a.C. Em uma viagem recente à região, pude comprovar pessoalmente a existência de vestígios de assentamentos neolíticos em Jokkmokk, na Lapônia, com um relevante conteúdo simbólico e religioso, associado a um antigo culto xamânico à "Mãe Ursa" (simbolizada pelas constelações da Ursa Maior e Ursa Menor, reverenciadas como divindades pelos povos nórdicos e utilizadas como marcos na navegação).

Uma interessante e ousada teoria, proposta pelo casal de pesquisadores suecos Gunnel e Goran Liljenroth (citada pela escritora Monica Sjöo), afirma a existência de dois povos — kosma e fosna — descendentes das tribos paleolíticas, que teriam migrado do sul da França para o norte da Europa. Ambos os povos eram matrifocais e cultuavam a deusa Hel, considerada a personificação do poder protetor das montanhas, contra as geleiras e as enchentes. Acreditando-se "filhos da deusa Hel", eles acreditavam na existência de um "outro mundo" dentro das montanhas, para onde iriam, após a morte, aguardar o renascimento, recebendo amor, cura, comida e calor. As palavras suecas *helig* e *hel* significam "sagrado" e "pleno" e descrevem atributos da deusa Hel mas, distorcidas pelos monges cristãos, passaram a ser sinônimo de "inferno" na teologia cristã (*hell*), a despeito dos inúmeros nomes de pessoas e lugares que têm esse prefixo.

Por mais expressivos que sejam os achados arqueológicos e as teorias a eles ligadas, faltam, infelizmente, registros escritos que expliquem o verdadeiro significado das inscrições e dos rituais por eles sugeridos.

As primeiras informações escritas, bastante tendenciosas, pertencem a fontes romanas. Apesar dos povos nórdicos nunca terem sido conquistados pelos romanos, muitos soldados teutões serviam em suas legiões. Ao longo das fronteiras entre os dois países houve uma mescla de crenças e um sincretismo de divindades integrantes dos dois panteões. Graças a esse intercâmbio, informações valiosas foram resguardadas, como os rituais para a deusa da terra Nerthus, o culto das "Matronas" — respectivamente as Disir ou Idises —, as ancestrais protetoras, a correspondência entre os dias da semana e as divindades, e as oferendas votivas.

O historiador romano Tácito e o próprio Júlio César escreveram profusamente sobre os chamados "bárbaros", mencionando aspectos e costumes que consideravam bizarros ou antagônicos aos preceitos de sua sociedade. Devemos a eles o conhecimento dos cultos escandinavos ao Sol, ao fogo (equiparado por eles ao culto de Vulcano, o deus romano da forja), a Odin (equivalente a Mercúrio), a Tyr (identificado com Júpiter), às deusas Nerthus e Nehelennia (assemelhadas a Gaia e Ísis) e aos Gêmeos Celestes, semelhantes a Castor e Pollux.

Apesar dos comentários tendenciosos e da ênfase dada aos sacrifícios de animais (e algumas vezes de escravos e prisioneiros), Tácito, em seu livro *Germania*, descreve de forma acurada os padrões morais e éticos dos nórdicos, apelidados de "puritanos", em comparação aos depravados romanos. Admirado com o *status* social elevado das mulheres nórdicas, Tácito menciona o papel importante por elas exercido na sociedade, nas batalhas e na religião; cita nomes de mulheres famosas (sacerdotisas e profetisas) e descreve o uso oracular das runas e as invocações aos deuses antes das batalhas.

Com o declínio e a desintegração do Império Romano (350—550 d.C.), inicia-se um período histórico conhecido como "Migração", no qual tribos celtas e teutônicas se deslocaram para o oeste e o norte da Europa, disseminando seus cultos, símbolos e mitos. Floresce o culto a *Wodan* — ou Odin —, o poderoso deus da guerra e da morte, patrono da inspiração poética e da magia. Trata-se de um período de lutas e conquistas, enaltecidas e louvadas em *sagas* (histórias) e canções. Os teutões viviam em pequenas tribos guerreiras, chefiadas por aristocratas, na busca constante por novas terras para conquistar ou saquear. Eles tinham orgulho das façanhas de seus reis e guerreiros, eram corajosos e leais com os chefes e companheiros, respeitavam suas mulheres e valorizavam as leis tradicionais atribuídas às divindades que veneravam. Essas deidades eram aquelas que regiam as batalhas, garantindo a vitória em troca de sacrifícios de sangue e oferendas de armas e jóias, bem como aquelas que regiam os fenômenos celestes (raio, trovão, tempestade, chuva e neve) ou propiciavam a prosperidade das colheitas e das comunidades. Eles reverenciavam também o Mundo Subterrâneo, morada de gigantes e monstros e abrigo das almas dos ancestrais, temido pelas forças desconhecidas que era capaz de desencadear.

A realidade desses povos era permanentemente obscurecida por guerras, saques e mortes, ameaçada por tempestades, ondas gigantes, invernos longos e gelados, granizo e inundações, mas também alegrada por festas, comemorações e uma permanente admiração pela beleza — da Natureza e das mulheres. Por isso, sua visão do mundo divino e sobrenatural era permeada pelos reflexos da sua realidade cotidiana, da eterna dança de luz e sombra, verão e inverno, vida e morte.

Ao final das migrações (séculos VI e VII), após longa resistência, os alemães continentais e os anglo-saxões foram vencidos "pela cruz e pela espada" e finalmente convertidos ao cristianismo — inicialmente assimilado pelos nobres, posteriormente imposto ao povo. Na Escandinávia, no entanto, os cultos pagãos resistiram ainda por mais alguns séculos, florescendo ao longo de todo o período viking (792—1066 d.C.). A maioria das inscrições rúnicas data dessa época, bem como alguns tesouros de arte sacra, como os valiosos chifres de Gallehus — confeccionados em ouro maciço e gravados com cenas de mitos — encontrados em um pântano na Dinamarca, e um grande colar de ouro, de cinco voltas, ornamentado com intrincados berloques e figuras de homens e animais. O famoso caldeirão de Gündestrup, de nítida influência celta, também foi encontrado na Dinamarca, mas sua confecção é anterior aos vikings. Inspirados pela arte romana, artesãos escandinavos começaram a confeccionar medalhões de ouro — chamados bracteatas —, que eram gravados com runas, figuras míticas e símbolos sagrados, e usados como talismãs de poder e proteção.

À medida que os guerreiros vikings se aventuravam para longe da sua pátria, em busca de comércio, conquistas e pirataria, eles também levavam consigo crenças, mitos e costumes, e os transmitiam àqueles que venciam. Ao mesmo tempo, eles assimilaram alguns hábitos cristãos e passaram a usar o martelo de Thor à guisa de crucifixo, a erguer pedras funerárias com inscrições rúnicas e a construir templos pagãos de madeira, a exemplo das igrejas cristãs.

Em contrapartida, ao entrarem em contato com as tribos sanguinárias das estepes russas, os vikings aumentaram os sacrifícios feitos para os deuses (principalmente Odin, Thor e Tyr) e substituíram os animais por seres humanos — prisioneiros e escravos. Embora alguns episódios possam ser verídicos, devemos nos lembrar de que os relatos macabros que descreviam a fúria assassina dos vikings eram feitos por monges cristãos, que obviamente deturparam ou omitiram os verdadeiros significados dos cultos pagãos. Diga-se de passagem, o termo latino *paganus* designava a população rural que continuava a cultuar as antigas divindades, mesmo após a conversão da nobreza. Os termos *heathen* (inglês) e *heiden* (alemão), que significavam "oculto, escondido", passaram a ser sinônimos de "pagão" no sentido pejorativo da palavra, identificando um herege perigoso para a doutrina cristã.

Os poucos testemunhos escritos do período pagão consistem em curtas inscrições rúnicas sobre metal, pedra e osso, redigidas de forma abreviada ou criptográfica, com alusões a seres míticos, encantamentos, maldições ou elogios aos heróis mortos em combates.

As evidências de cultos antigos pré-cristãos provêm principalmente dos achados arqueológicos, dos nomes dos lugares e das crenças a eles ligados, dos costumes folclóricos e dos poemas e narrativas colecionadas por historiadores, poetas e etnógrafos. Destes, devemos citar o dinamarquês Saxo Grammaticus e o islandês Snorri Sturluson.

Saxo Grammaticus escreveu nove livros sobre a historia pagã, mas seu estilo é confuso e seus comentários mostram-se parciais e tendenciosos. Ele considerava "inapropriado" o comportamento dos deuses para a moral cristã e retirava as "cenas promíscuas" dos mitos.

Snorri Sturluson (1179—1241), por sua vez, poeta e historiador brilhante, escreveu um compêndio sobre os mitos nórdicos como orientação aos futuros poetas, fazendo referências exatas a nomes e fatos. Apesar de cristão, Snorri compilou lendas e histórias com muita dedicação, formando uma coletânea chamada *Prose Edda* (posteriormente denominada *Younger Edda*) e algumas sagas.

Em 1643, na Islândia, em uma antiga fazenda em ruínas, foi encontrado um manuscrito atribuído ao sacerdote e mago islandês Saemundr, "o Sábio", possivelmente escrito no século XIV. Constituído de poemas e relatos mitológicos, ele passou a ser conhecido como o *Codex Regius*, ou *Poetic (Elder) Edda*, principal fonte de informação dos estudiosos atuais.

As sagas islandesas (contos da original tradição oral, destruída pelo cristianismo), escritas nos séculos XIII e XIV, preservaram muito da riqueza pagã, apesar dos acréscimos, omissões ou interpretações posteriores, feitas pelos tradutores.

Com o passar dos tempos, o interesse pelo passado religioso pré-cristão foi gradualmente diminuindo. Lamentavelmente, foi somente no século XIX, com o movimento nacionalista alemão, que foi despertada a curiosidade popular pela herança ancestral. Os livros de contos de fadas dos irmãos Grimm e as óperas de Richard Wagner, inspiradas nas tradições nórdicas e germânicas, ofereceram contribuições importantes para o aparecimento de grupos místicos e seitas ocultistas. Inicialmente interessadas na divulgação dos mitos e dos símbolos mágicos do passado, culminaram, como visto, com a distorção e o mau uso da sabedoria sagrada do passado feito pelo nazismo.

Atualmente, vários grupos de estudo odinistas e Asatrú estão reavivando, em vários países, o paganismo germânico, apresentado como um movimento ecológico empenhado em divulgar e honrar a sacralidade das forças da Natureza e os arquétipos divinos a elas associados. Portanto, independentemente da nacionalidade e das crenças políticas ou religiosas, todos aqueles que querem resgatar as antigas práticas de conexão, reverência e uso sábio dos recursos mágicos da natureza, vão encontrar, no estudo aprofundado dos arquétipos divinos nórdicos e dos símbolos rúnicos, ferramentas valiosas e poderosas para a transformação e renovação individual, coletiva, planetária, desde que para o bem do Todo e de todos aqueles envolvidos, em total respeito à sutil tessitura do *wyrd*.

CAPÍTULO II

COSMOGONIA

A CRIAÇÃO DO MUNDO

> "Uma völva entoa a canção do cosmo, desde a sua criação, até a destruição."
>
> **"Völuspa", As Profecias da Grande Vala**

> "No início dos tempos, o grande caos rugia.
> Não havia mar, nem água, nem areia,
> Nenhuma terra abaixo, nenhum céu acima,
> Somente um vão profundo, em que nada existia."
>
> ***Poetic Edda***

A história da criação do mundo, segundo a Tradição Nórdica, é relatada no poema épico islandês "Völuspa", que faz parte da coletânea de textos antigos *Poetic Edda*.

Edda significa "avó" e é sinônimo de Erda, a Mãe Terra ancestral. "Völuspa" foi traduzido como "As Profecias — ou a Visão — da Grande *Vala*" (vidente, profetisa). Acredita-se que o poema tenha sido escrito por uma mulher, em torno do ano 1000, quando as pessoas temiam o fim do mundo, devido à sucessão inexplicável de três tenebrosos invernos que poderiam ser o prenúncio do "inverno sem fim" (Fimbul), precursor do Ragnarök ("fim dos tempos").

A cosmogênese nórdica é permeada de beleza, mistério e drama, e centrada no perpétuo conflito entre as forças benevolentes e maléficas da Natureza, representadas pelo fogo e pelo gelo.

Na visão da profetisa, o universo nasceu da união dessas energias opostas: a expansão, pela força ígnea, e a contração e a cristalização, pelo gelo.

No início dos tempos, não existia nada: céu, terra ou oceano; existia somente um abismo incomensurável, um enorme buraco negro chamado Ginungagap. Nesse vazio primordial, sem forma, cor ou vida, após incontáveis éons (divisão do tempo geológico) surgiram duas regiões distintas: uma situada no sul, regida pelo fogo cósmico, chamada Muspelheim; e outra no norte, imersa na escuridão, dominada pelo frio e pelo vento, chamada Niflheim. Esses mundos antagônicos foram se aproximando um do outro e, após milênios, se encontram no meio de Ginungagap.

No centro de Niflheim jorrava sem parar a fonte Hvergelmir, que alimentava doze grandes rios chamados Elivagar; à medida que a água recebia as lufadas do vento gélido, ela congelava, transformando-se em imensos blocos de gelo que rolavam ruidosamente para dentro do abismo.

Muspelheim, ao contrário de Niflheim, era banhado pela luz e seu fogo perpétuo era guardado por Surt, um gigante, dono de uma espada flamejante. Fagulhas que saíam das chamas e da espada eram levadas pelo vento e caíam sobre os blocos de gelo no fundo do abismo, derretendo alguns. O vapor criado se condensou e, ao se depositar em camadas sobrepostas, preencheu o espaço central do abismo. Pelo seu movimento, as forças primevas do fogo e do gelo criaram a fricção necessária para ativar o potencial não-manifesto de Ginungagap e o impregnaram com a centelha geradora da vida.

Surgiram assim dois seres primordiais: uma vaca gigantesca — Audhumbla — e um gigante hermafrodita — Ymir, a personificação do oceano congelado e o ancestral de todos os Hrim, Thurs ou Rimethursar (gigantes do gelo). No início, os dois seres encontravam-se longe um do outro, mas Ymir sentiu-se só e faminto e começou a perambular, até encontrar Audhumbla. Ela o recebeu com carinho e permitiu-lhe se alimentar do leite que saía de suas nove tetas.

Movida também pela fome, Audhumbla começou a lamber um bloco de sal congelado, até que dele formou-se um ser sobrenatural com feições humanas, chamado Buri.

Enquanto isso, Ymir adormeceu deitado na beira da geleira e, aquecido pelas lufadas de ar quente que chegavam de Muspelheim, começou a suar. Do suor que brotou de suas axilas nasceram uma moça e um rapaz e, das virilhas, um ser gigante com seis cabeças — Thrudgelmir — que, por sua vez, gerou Bergelmir, o progenitor de todos os gigantes de gelo.

Quando os gigantes perceberam a presença de Buri e de seu filho Bor (que pode ter sido gerado apenas por Buri, um hermafrodita, ou com a moça nascida da axila de Ymir), partiram para a luta, pois, como deuses e gigantes representavam as forças opostas do bem e do mal, não havia a possibilidade de um convívio pacífico. A batalha durou muito tempo, sem que houvesse vencedores, até que Bor casou com Bestla (filha do gigante Bolthorn). Eles geraram três filhos poderosos — Odin (espírito), Vili (vontade) e Vé (sagrado) — que se uniram ao pai na luta contra os gigantes, matando, por fim, o mais temido e sagaz deles — o grande Ymir.

O sangue que jorrou dos ferimentos de Ymir provocou um dilúvio, no qual todos os gigantes pereceram, exceto Bergelmir, que conseguiu escapar com sua mulher em um barco e se refugiou em uma região chamada Jötunheim ("A Morada dos Gigantes"). Lá, eles procriaram, multiplicando-se, e geraram descendentes que continuaram a ser inimigos de deuses e humanos, perpetuando assim a disputa original.

Odin, Vili e Vé, satisfeitos com a morte de Ymir, decidiram melhorar o aspecto desolado de seu hábitat e modelar um mundo novo e melhor. O corpo do gigante foi utilizado como matéria-prima, triturado no grande "Moinho Cósmico" e, de seus tecidos, Midgard ("o Jardim do Meio"), a própria Terra, foi construída. Posteriormente, Midgard foi colocada no centro do espaço vazio e cercada por baluartes feitos das sobrancelhas de Ymir. Do sangue e do suor do gigante formou-se um grande oceano ao redor de Midgard; de seus ossos, foram modeladas montanhas e colinas; de seus dentes, elaborados rochedos e, de seus cabelos cacheados, surgiram árvores e o resto da vegetação. Os deuses, ao final, ao admirarem sua obra, ainda suspenderam o crânio de Ymir sobre a terra e o oceano, como uma abóbada celeste, e salpicaram seu cérebro no céu, formando as nuvens.

Como sustentação do pálio celeste, foram colocados nos quatro pontos cardeais — Nordhri, Sudhri, Austri e Vestri — quatro anões, cujos nomes significavam Norte, Sul, Leste e Oeste.

Para iluminar esse lindo mundo novo, os deuses pegaram centelhas de luz de Muspelheim e as fixaram como estrelas no firmamento celeste. Duas grandes faíscas foram transformadas no Sol e na Lua e colocadas em vistosas carruagens, uma dourada e outra prateada. A carruagem solar era puxada por dois cavalos: Arvakr ("o madrugador") e Alsvin ("o veloz"), protegidos do intenso calor por selas recheadas de ar gelado. Para evitar que o calor e o brilho do Sol queimassem a terra e os seres que nela iriam habitar, os anões confeccionaram o escudo Svalin ("o resfriador") e prenderam-no à frente da carruagem. A carruagem lunar, de prata, era puxada por um único cavalo, Alsvidar ("o ligeiro"), e dispensava o escudo, pois a luz da Lua era fria.

Para conduzir os dois luminares em sua viagem pelo céu, os filhos do gigante Mundilfari, Mani e Sol — cujos nomes significavam Lua e Sol —, foram escolhidos pelos deuses. Em seguida, para conduzir uma carruagem preta puxada pelo cavalo Hrim-faxi ("crina de gelo"), que enquanto corria espalhava gotas de orvalho e granizo sobre a terra, foi escolhida uma giganta, Nott ("a noite"), filha de Norvi. Outra carruagem ainda foi providenciada para Dag, filho de Nott (cujo nome simbolizava a luz do dia), puxada pelo cavalo Skin-faxi ("crina brilhante"), que fazia com que seus raios luminosos fossem distribuídos para todos os recantos da terra.

No entanto, o equilíbrio entre o bem e o mal, o começo e o fim, deveria ser mantido. Por isso, os ferozes lobos Skoll ("repulsa") e Hati ("raiva") perseguiam o Sol e a Lua, que de vez em quando eram abocanhados, provocando os eclipses. Assustados com o barulho dos tambores e com os gritos dos homens, para eles fenômenos inexplicáveis, os lobos largavam suas presas e se escondiam, até recomeçar suas eternas perseguições, que se encerrariam somente no Ragnarök, quando os lobos finalmente engoliriam o Sol, prenúncio do fim, fazendo a Terra mergulhar na escuridão.

Para finalizar sua obra, a tríade Odin, Vili e Vé criou também a Manhã e a Tarde, o Meio-Dia e a Meia-Noite, o Verão e o Inverno, o Crepúsculo e a Alvorada.

Enquanto os deuses se ocupavam da criação da Terra, do corpo esfacelado de Ymir começaram a sair inúmeras criaturas minúsculas e rastejantes, que posteriormente foram divididas pelos deuses em duas classes de gnomos.

Os seres escuros, ladinos e traiçoeiros, foram levados para Svartalfheim ("morada dos gnomos escuros"), um reino subterrâneo de onde não podiam sair, sob o risco de petrificarem se expostos à luz. De nomes variados — *trolls*, *kobolds*, míneros, gnomos e anões —, sua tarefa era explorar as entranhas da terra e extrair dali os metais e pedras preciosas, transformando-os em jóias para os deuses.

Os seres claros, bons e prestativos, foram chamados de Fadas e Elfos e enviados para Alfheim ("morada dos elfos claros"), situada entre o céu e a terra, onde eles podiam se locomover à vontade, cuidando das plantas e voando com os pássaros, as abelhas e as borboletas. Pessoalmente, atribuo a uma interpretação posterior, influenciada pelos conceitos arianos (dos invasores indo-europeus), a dicotomia entre escuro — símbolo do "mal" — e claro — sinônimo de "bom". Além do poder letal da espada, esses povos trouxeram consigo o sistema de divisão em castas, próprio da sociedade hindu, e a humilhação e inferiorização das tribos indígenas (os sami, de estatura baixa, pele morena e cabelos escuros), transformados em escravos.

Apesar de Midgard ter sido projetado, desde o início, para ser a morada da humanidade, os seres humanos ainda não existiam. Um dia, Odin e seus irmãos Vili e Vé (ou Hoenir e Lodhur, conforme a fonte) passeavam à beira-mar, quando acharam dois troncos de árvores semelhantes à forma humana.

Após contemplá-los por um breve instante, decidiram dar-lhes vida: do freixo criaram o homem — Askr — e do olmo, a mulher — Embla. Odin conferiu-lhes o espírito e a consciência; Vili, os movimentos e a capacidade mental; Vé, a fala, a circulação do sangue e os sentidos. Assim dotado — com pensamentos e a capacidade de falar, amar, trabalhar, viver e morrer —, o primeiro casal humano foi instalado em Midgard, aos poucos povoado pelos seus descendentes e protegido dos ataques dos gigantes pelos seus criadores divinos.

ANÁLISE DO MITO DA CRIAÇÃO

Ultrapassadas as metáforas e as descrições confusas e incongruentes, esse mito revela uma complexa simbologia metafísica.

Ginungagap é um espaço preenchido de "proto-energia" e representa, na visão feminista, o próprio útero primordial da Deusa Mãe. O fogo de Muspelheim é a manifestação da vibração máxima da energia luminosa, ao passo que o gelo de Niflheim representa a solidificação da energia escura do sal e do vapor.

Do encontro dos dois forma-se uma "proto-semente", que se polariza em "protomatéria" (Ymir) e "proto-energia" (Audhumbla). Uma parte da proto-semente cai de volta em Ginungagap e é recristalizada na forma de sal congelado. Ao lamber esse bloco de sal, Audhumbla, a personificação da proto-energia, modela *Buri*, um ser hermafrodita, ao mesmo tempo deus e gigante, ancestral dos deuses Odin, Vili e Vé.

Ymir, que representa a matéria cósmica bruta, é sacrificado pela tríade de deuses Odin, Vili e Vé, gerados por uma fonte tripla: a mescla do fogo, do gelo (Ymir) e do princípio feminino (Audhumbla). Essa tríade simboliza a tríplice manifestação da consciência.

Os três deuses dissolvem Ymir, e de sua matéria remodelam o cosmo estático, transformando-o em um sistema vivo e dinâmico, do qual faz parte também a humanidade. É interessante observar que os seres humanos não foram criados diretamente pelos deuses; eles já existiam como formas orgânicas mais simples (árvores) e tornaram-se humanos quando receberam dons divinos: o espírito, a mente e as funções do corpo físico. A metáfora das árvores transformadas em seres humanos pode ser considerada uma teoria precursora das atuais teses da evolução das espécies, segundo as quais ela partiu das moléculas mais simples para as mais complexas.

Segundo a autora Monica Sjöo, Ymir era a representação da terra congelada, enquanto Audhumbla era a deusa solar que derreteu o gelo, surgido na terra havia quinze mil anos. Por alimentar Ymir com seu leite, Audhumbla tornou-se sua mãe e, portanto, co-participante no processo de Criação.

Algumas passagens desse mito assemelham-se a personagens e histórias presentes na cosmogonia de outros povos. Podemos citar o assassinato da deusa criadora suméria Tiamat pelo seu filho Marduk, que usou o corpo da mãe para criar a terra e o céu antes de se apoderar de seu trono. No mito greco-romano, Gaia surgiu do caos e, ao se unir com o céu (Urano), criou os titãs (gigantes) e os deuses. Tanto na mitologia egípcia quanto na pré-védica, a Deusa Criadora é representada como uma "Vaca Celestial", cujo leite sagrado formou a Via Láctea e o corpo serviu de morada das almas antes de seu nascimento. Os egípcios acreditavam que, no início, existia apenas um vasto oceano, do qual se originaram o céu, a terra e tudo que neles passou a habitar.

O nome de Ymir é associado ao sânscrito *yama*, cujo significado é "hermafrodita"; enquanto Asa (ou Æsir) está ligado ao lugar de origem dos invasores indo-europeus (Ásia) e a uma subclasse de divindades pré-védicas chamadas Asuras, ligadas à guerra e à magia.

No poema "Rigstula", da coletânea *Poetic Edda*, percebemos também uma nítida influência do sistema de castas hindu, baseado na cor da pele.

O poema conta a peregrinação do deus Heimdall — ou *Rig* — entre os mortais, em Midgard. Na primeira noite, ele pernoitou na casa de Edda ("avó") e Æ (nomes comuns entre os sami), que eram pobres e ignorantes. Rig fez sexo com Edda, que veio a gerar um filho negro chamado Tral ("escravo"). Ele era feio, deformado e tinha a pele escura, mas era forte e trabalhador, cuidava da terra e dos animais e se alimentava de pão preto e frutas. Na segunda noite, Rig se hospedou na casa dos camponeses Ave e Amma ("ama"), pessoas respeitáveis e trabalhadoras; ela, tecelã e ele, entalhador de madeira. Rig também teve relações sexuais com Amma, e esta deu à luz Karl, um menino forte, de cabelos ruivos e olhos e pele claros. Quando adulto, Karl passou a arar a terra e a construir casas, enquanto sua mulher cuidava da horta e do pomar. Rig, na terceira noite, entrou na casa de um casal rico: Fadir ("pai") e Modir ("mãe"). Eles não trabalhavam, somente se divertiam: o homem caçava e a mulher cuidava da sua pele branca como a neve e se enfeitava com jóias. Rig ficou com eles e copulou com a mulher, que teve um lindo filho chamado Jarl. Ele era alto, tinha pele branca e olhos azuis; vestia-se de seda e veludo e comia carne em pratos de ouro. Jarl foi treinado pelo próprio Rig para ser guerreiro e dirigente, tendo também aprendido os mistérios das runas. Jarl lutou e conquistou muitas terras, acumulou riquezas e glórias e foi morar em um castelo, onde um de seus filhos tornou-se rei e o outro, sacerdote de Odin.

É evidente a conotação racista desse poema. O enaltecimento das qualidades dos aristocratas altos e de pele branca (descendentes dos indo-europeus) e a opressão dos nativos sami (baixos e de pele escura), obrigados a trabalhar como escravos. Os arianos chamavam todos os nativos (sami, inuits e esquimós) de *skraelings*, ou "selvagens deformados".

A escritora Monica Sjöo acredita que os "gigantes" simbolizavam os habitantes nativos ancestrais, que sobreviveram à Idade do Gelo e foram oprimidos e escravizados pelas tribos indo-européias. Estas se apossaram de suas terras e sobrepuseram suas divindades guerreiras ao pacífico panteão indígena, em cuja língua nem sequer existia uma palavra equivalente a "guerra".

Diana Paxson, escritora e divulgadora dos "Mistérios Nórdicos", desenvolveu uma teoria muito interessante sobre o conflito mítico entre deuses e gigantes, considerados por tradição representantes das forças do bem e do mal, da ordem e do caos.

Em sua visão, endossada por pesquisadores e estudiosos, os gigantes *(Jötnar)* representavam os poderes naturais dos elementos e do ambiente em que viviam (montanhas, rochedos, geleiras, mar). Eles regiam os reinos da Natureza e os espíritos elementais. Sua natureza era feminina, pois os povos antigos, embora venerassem o princípio feminino, temiam-no, pois ele simbolizava tanto a vida quanto a morte. Esse temor veio a se manifestar posteriormente na perseguição cristã das magas, profetisas, sacerdotisas e xamãs, detentoras de habilidades psíquicas e poderes espirituais misteriosos.

Os deuses são a manifestação da evolução da consciência. A interação entre deuses e gigantes pode ser vista, portanto, como o domínio das forças da Natureza, em prol do desenvolvimento da consciência e da sobrevivência humanas. Esse equilíbrio, porém, entre controle e poder é extremamente delicado: se o poder for utilizado de forma destrutiva, a ordem natural é invertida e o mundo retorna a seus elementos primordiais. Os povos antigos temiam o poder das forças naturais (por eles chamadas de "gigantes"), que deveriam ser controladas a qualquer preço pelos deuses para evitar o desastre simbolizado pelo Ragnarök.

Em nosso mundo, esse desastre é interpretado de modo diferente, ainda que pautado pela mesma analogia. Se a ação do homem desvirtuar ou desequilibrar os ciclos e as forças naturais, a destruição também será inevitável. "Necessitamos da benevolência dos gigantes, além da proteção dos deuses", afirma Diana Paxson. Sem menosprezar o intelecto e a tecnologia, é imprescindível conviver pacificamente com os "gigantes". Reconhecê-los como aliados significa honrar e respeitar seu hábitat, zelar pelos espíritos e elementos da Natureza, evitando, assim, a poluição, a destruição e a degradação da terra, que podem ocasionar um real e verdadeiro Ragnarök.

RAGNARÖK, O FIM DOS TEMPOS — "O CREPÚSCULO DOS DEUSES"

"O Sol fica escuro, a Terra afunda no mar.
As estrelas somem da abóbada celeste,
O vento e o fogo entrelaçam-se enraivecidos,
Até que as chamas gigantescas alcancem o céu."

"Völuspa"

Uma das características marcantes da mitologia nórdica é a antiga crença de que os deuses eram mortais. Por terem nascido da união de elementos opostos, fogo e gelo (respectivamente gigantes e deuses), as divindades nórdicas não eram perfeitas nem eternas, sendo submetidas às mesmas leis naturais que os outros seres da criação.

A cosmogonia nórdica tem um perfil dramático, pois se desenvolve em etapas até alcançar um clímax. Encerra-se com um fim trágico, permeado, porém, de justiça, castigo e recompensa, antecipando assim o começo de uma nova era.

Os versos mais impressionantes do poema "Völuspa", do manuscrito islandês *Poetic Edda*, são os que descrevem um apocalíptico fim dos tempos, chamado **Ragnarök**, cuja narrativa resumida é descrita em seguida.

Prenunciado por um inverno sem fim, chamado Fimbul, e iniciado após a trágica morte do deus solar Baldur, filho de Odin (descrita no capítulo sobre os deuses), o mundo tornou-se palco de guerras, ódio e violência entre os homens. Catástrofes naturais acompanharam a degradação humana; a neve caía sem parar, os ventos sopravam das quatro direções e a terra estava imersa na escuridão. Os lobos Hati e Skoll, que perseguiam o Sol e a Lua, conseguiram enfim alcançá-los e os devoraram. A terra estremeceu, as estrelas caíram da abóbada celeste e a serpente Jormungand saiu de seu esconderijo marinho, causando maremotos e dilúvios. O deus Loki e os monstros Fenrir e Garm conseguiram se soltar das amarras que os mantinham em cativeiro e saíram sedentos de vingança em busca de seus acusadores. O dragão Nidhogg conseguiu roer as raízes de Yggdrasil, estremecendo assim todos os nove mundos. Os galos de Valhalla e Midgard e o pássaro vermelho da deusa Hel alertaram com seu canto o deus Heimdall, que soou sua corneta dando o temido aviso: "Ragnarök estava começando." Imediatamente, todos os deuses e a tropa de elite de Odin (Einherjar) sacaram suas armas, montaram seus cavalos e galoparam pela Ponte do Arco-Íris para a planície de Vigrid, palco da grande batalha final.

Ao mesmo tempo chegavam os gigantes: alguns conduzidos por Surt, brandindo sua espada flamejante; outros vindo com o navio Nagilfar (construído com as unhas de todos os mortos), chefiado por Loki, que trazia reforços do fogo de Muspelheim. Surt e seu bando foram atear fogo nos palácios dos deuses de Asgard, despedaçando, em sua passagem, Bifrost, a Ponte do Arco-Íris.

Os deuses sabiam que seu fim estava próximo e lutaram com todas as suas forças, mas em vão. Odin tinha somente um olho; Tyr, apenas um braço; Frey, em vez de espada, estava armado apenas com chifres de alce — mesmo assim, eles se colocaram calmamente na frente dos gigantes, que soltavam chamas e nuvens de fumaça.

O embate foi catastrófico: Odin não sobreviveu ao ataque do lobo Fenrir; Thor venceu a "Serpente do Mundo", mas sucumbiu ao seu veneno; Tyr dominou o cão infernal Garm, mas não resistiu aos ferimentos. Loki cruzou armas com Heimdall, seu velho inimigo, e ambos caíram mortos. Nenhum dos outros deuses ou guerreiros Einherjar sobreviveu ao massacre. Somente os filhos de Odin — Vali e Vidar — escaparam, após terem vingado a morte do pai, matando o lobo Fenrir. Os filhos de Thor, Magni e Modhi, ficaram feridos, mas foram salvos por Vidar.

Surt, vitorioso, brandiu novamente sua espada flamejante e os nove mundos de Yggdrasil, juntamente com a própria árvore, pereceram nas chamas. Tudo foi reduzido a cinzas e a Terra, totalmente queimada, afundou lentamente no mar revolto.

A tragédia tinha chegado ao fim: Ragnarök cumpriu sua missão, levando o mundo de volta ao caos.

No entanto, os antigos nórdicos acreditavam na regeneração e no renascimento, e essa crença se refletiu na continuação do mito.

Passado um certo tempo, a Terra, purificada pelo fogo e pela água, emergiu vagarosamente do oceano. A escuridão deu lugar ao Sol, puxado por uma nova carruagem, conduzida pela filha da deusa Sunna, nascida um pouco antes de o lobo ter devorado sua mãe. Os raios solares não eram mais tão causticantes, o que permitiu que a terra renovasse seu manto verde em pouco tempo, cobrindo-se de flores e frutos. Um casal — Lif e Lifthrasir — apareceu de seu refúgio, uma gruta (ou os galhos de Yggdrasil), onde tinham ficado desmaiados durante toda a catástrofe. Seus descendentes povoaram novamente a terra e veneraram os novos deuses, descendentes dos antigos: os filhos de Thor — Modhi e Magni — salvos no campo de batalha; a filha da deusa solar Sunna; os filhos de Odin — Vidar, Vali e Baldur (este ressuscitado e de volta do reino dos mortos) —, juntamente com Hodur, seu outro irmão, e Hoenir. Unidos, eles reconstruíram sua habitação celeste, de onde iriam vigiar e proteger a nova humanidade. Eles designaram moradas também para os anões e os gigantes, por não terem sido eles os responsáveis por algo que já tinha sido programado pelos desígnios das Nornes, desde o começo dos tempos.

Alguns estudiosos consideram a descrição do Ragnarök um plágio do Apocalipse bíblico. É possível que a transcrição dos manuscritos originais — feita por monges cristãos, algum tempo após a cristianização — tenha recebido adaptações e retoques que distorceram o mito original. A linguagem do poema é confusa, muitos trechos são obscuros, dando margem a diferentes interpretações. Porém, a teoria de que se trata de um plágio é tendenciosa, pois em todas as religiões existe "o mito do eterno retorno", conforme definiu, de maneira brilhante, o historiador e escritor romeno Mircea Eliade, a alternância entre o começo e o fim, a vida e a morte.

Várias das imagens do Ragnarök existiam nas lendas escandinavas muito antes da cristianização. Existem pedras antigas na Suécia gravadas com cenas do Ragnarök, que, depois da cristianização, receberam crucifixos (colados ou riscados) e reinterpretações do mito original, sincretizando Baldur com Cristo, Loki com o Diabo e a corneta do Heimdall com a trombeta do anjo.

Também existem semelhanças com mitos de outras culturas: a iraniana (o inverno que antecede o fim do mundo) e a celta (a batalha final entre deuses e gigantes). Porém, "Völuspa" descreve as catástrofes mais temidas pelos povos nórdicos: a destruição da vida pelo frio e o dilúvio causado pelas inundações do degelo, entremeados com explosões vulcânicas, eclipses, quedas de meteoritos, ataques de animais e invasões.

Na Islândia, é comum a coexistência do fogo e do gelo (vulcões cobertos de neve ao lado de gêiseres, geleiras e fontes termais); assim, compreende-se a profunda sabedoria dos povos antigos, que basearam seus conceitos cosmológicos em fatores geográficos e condições climáticas.

Quanto aos mitos e nomes dos deuses citados anteriormente, eles serão amplamente descritos no capítulo sobre os deuses.

Da mesma maneira que o mito da criação, a descrição do Ragnarök foi feita pela ótica masculina, fato compreensível tendo em vista a época e os autores que redigiram os poemas e transcreveram os textos dos **Eddas**. Atualmente, algumas mulheres — pesquisadoras, antropólogas, arqueólogas, historiadoras, escritoras e estudiosas — vão além das metáforas, buscando significados originais e as verdades ocultadas pelas interpretações cristãs.

Da análise atenta do poema, pode-se observar que apenas duas deusas — Sunna (ou Sol) e Hel — são mencionadas durante o desenrolar dos acontecimentos do Ragnarök. Sunna é morta pelo lobo que a perseguia há milênios, tendo, pouco antes de sua morte, dado à luz uma filha que, no Novo Mundo, irá continuar sua missão. Não se fala nada sobre Hel, somente sobre seu galo; supõe-se que ela tenha desaparecido nas chamas ateadas por Surt, que incendiaram todos os nove mundos de Yggdrasil. Nenhuma outra deusa, nem mesmo as Valquírias, é mencionada na grande batalha final. Esse fato é surpreendente, dando margem a suposições e indagações. O que aconteceu com as grandes Asynjur, como Frigga e Freyja, dotadas de visão profética e habilidades mágicas? E com a deusa Nerthus, a regente da Terra, ou com as Nornes, Senhoras do Destino? E com todas as demais deusas? Nada é mencionado a seu respeito, lacuna incompreensível em razão da riqueza de detalhes da narrativa.

Essas ausências podem ter várias razões, além da omissão voluntária dos colecionadores e tradutores dos poemas: entre as várias hipóteses, a mais plausível é a que sustenta a continuidade da existência das deusas. Por serem elas expressões e manifestações diversas da Grande Mãe, elas jamais poderiam ser aniquiladas pela ação de deuses, gigantes ou seres humanos. A comprovação está na preservação do planeta Terra que, purificado pelo fogo, renasceu renovado. O casal que sobreviveu escondido em uma gruta (útero da Terra), ou nos galhos de Yggdrasil (a Árvore do Mundo), de acordo com outras fontes, representa os seres humanos dotados de consciência expandida, protegidos e abençoados pelas forças da Terra e do céu, a quem certamente respeitavam e honravam.

E, acima de tudo, **temos a certeza de que a guerra e a destruição jamais foram provocadas ou sustentadas por manifestações do princípio sagrado feminino**, pois nenhuma deusa provocou o Ragnarök, participou dele ou colaborou para que ele ocorresse.

YGGDRASIL, A ÁRVORE CÓSMICA

"Conheço um freixo chamado Yggdrasil,
Uma árvore imensa no meio da névoa branca.
Dela escorre o orvalho que cai nos vales.
Firme, mantém-se sempre verde,
Acima da sagrada fonte de Urdh."

"Völuspa"

Definimos o *cosmo* como a totalidade da criação, incluindo uma variedade e diversidade de planos, níveis, dimensões, mundos e camadas. Enquanto o cosmo é o Todo, o universo representa uma parte, uma esfera com atividades e influências diferenciadas e específicas. Existem muitos universos, mas há somente um cosmo, que transcende a noção de tempo e espaço, pois suas camadas se interpenetram e entrelaçam, estendendo-se para dentro e para fora de sua estrutura básica.

Na mitologia nórdica, o cosmo multidimensional era representado por Yggdrasil, a Árvore do Mundo, com três raízes que correspondiam às três dimensões — deuses, homens e mortos — e interligavam os nove mundos.

O conceito de uma Árvore da Vida, do Mundo, ou uma Coluna, Pilar ou Eixo Cósmico, existe em outras culturas e religiões. No Ocidente, a mais conhecida é a Árvore Cabalística da escola mística judaica, dividida em quatro planos e dez esferas (*sephiroth*).

Nas tradições xamânicas, a **Árvore do Mundo** ou o **Eixo Cósmico** é uma imagem conhecida, apresentada com riqueza de detalhes nos mitos das tribos siberianas (samoiedos, iacutos, tungues, tártaros, altais e mongóis), dos povos fino-úgricos, turcos e celtas. Em todos esses mitos, a Árvore sustenta diferentes mundos (dos deuses, seres sobrenaturais, homens, ancestrais), que podem ser alcançados pelos xamãs em estado alterado de consciência.

Os xamãs "sobem" na árvore por degraus "cortados" no tronco, por uma escada, ou levados por um pássaro aliado. Eles atravessam vários portais ou mundos, subindo (para o mundo divino) ou descendo (para o mundo dos mortos). Os galhos dessa Árvore (encontrados em lugares determinados, por indicações transmitidas nos sonhos) eram utilizados pelos xamãs na confecção da moldura de seus tambores, chamados de "cavalos dos xamãs", cujas batidas induziam o estado de transe xamânico.

Os detalhes da Árvore diferem de uma cultura para outra, mas há características comuns, como os galhos que tocam o céu, as raízes que mergulham no mundo subterrâneo, o tronco que sustenta vários mundos e as folhagens que abrigam diversos animais.

As representações da Árvore normalmente ostentam uma águia pousada no topo e uma serpente enrolada ao seu redor; às vezes, percebem-se entre os galhos figuras indefinidas — que representam as almas à espera do renascimento — ou animais ferozes — que simbolizam as forças contrárias que tentam destruir a Árvore. Porém, a Árvore se regenera continuamente. O número de galhos varia entre sete, nove ou treze, e o dos mundos pode chegar até 33 ou 99 (todos múltiplos de números sagrados).

No poema islandês "Völuspa", a *völva* (profetisa) enumera nove mundos intercalados no espaço e separados por montanhas, desertos, vãos escuros, rios e pontes, das quais a mais famosa é Bifrost, uma estrutura metálica que brilha com as cores do arco-íris. Os mundos, reinos ou moradas eram habitados por seres com identidades e funções diferentes, mas complementares dentro do Todo.

Alguns autores consideram Yggdrasil um freixo; outros, um teixo ou carvalho — ambas, árvores sagradas para os povos nórdicos.

Sob cada uma de suas raízes, brotam as nascentes de Urdh, Mimir e Hvergelmir. A nascente de Urdh brota sob a raiz superior de Yggdrasil. Ela é a "fonte do destino", a morada das Nornes. Diariamente, elas tiram água da fonte e molham as raízes, cobrindo-as em seguida com argila branca para manter a umidade, cuidados indispensáveis para conservar e renovar a Árvore, ameaçada de destruição pelo dragão Nidhogg. As divindades Æsir se reúnem ao redor da fonte de Urdh para seus conselhos diários, à espera das orientações e dos presságios das Nornes para os eventos futuros.

Sob a segunda raiz de Yggdrasil jorra a fonte de Mimir, considerada a "fonte do conhecimento rúnico", repositório da sabedoria e da memória ancestrais. Nela se encontra a cabeça decapitada do deus Mimir, preservada por Odin com ervas e encantamentos rúnicos e que o aconselha em suas decisões e ações. Essa nascente guarda também as runas, que são a própria essência da sabedoria universal. A fonte de Mimir representa, portanto, o conhecimento, a sabedoria e a magia de todas as épocas, dimensões e universos, fornecendo informações e auxílio àqueles que nela vão beber, sejam eles deuses ou humanos com consciência expandida.

Hvergelmir é a terceira nascente, que jorra da raiz inferior de Yggdrasil; dela fluem os doze rios que se espalham sobre Midgard, a morada da humanidade. Em seu espelho d'água, nada um casal de cisnes, em perfeita harmonia e beleza, representando a união do feminino e do masculino. Perto da nascente abriga-se o aterrorizante dragão Nidhogg, que rói incessantemente a raiz da árvore, auxiliado nessa tarefa destruidora por inúmeras serpentes — ou dragões. Nidhogg representa a força destrutiva que busca a exterminação do todo, querendo impedir o nascimento de novos mundos e espécies, enquanto Hvergelmir simboliza os processos de criação e nascimento.

Para cada uma das raízes corresponde um grupo de três mundos, formando um conjunto de nove planos, interligados e acessíveis aos xamãs em estado de transe.

Um imenso gramado verde cobre as fontes, as raízes e o mundo subterrâneo, separando a Árvore dos outros planos e níveis. Enxames de abelhas se alimentam do orvalho retido na grama, transformando-o em mel, que será usado pelos deuses na preparação do hidromel.

O tronco de Yggdrasil sustenta e atravessa vários mundos, que serão detalhados no próximo capítulo. Entre suas folhagens pastam quatro cervos, um bode e uma cabra — cujo leite é puro mel e de cujos chifres pingam gotas de orvalho sobre o gramado ao redor.

No topo da Árvore fica Aar, uma águia que a tudo enxerga e em cuja testa se apóia um falcão, seu mensageiro. Um esquilo, Ratatosk, corre sem parar para cima e para baixo do tronco, levando recados da águia para o dragão Nidhogg e vice-versa, incentivando ou apaziguando a discórdia entre os dois. O combate entre a águia (criatura celeste) e o dragão (telúrico) reflete o conflito entre os pólos opostos. O esquilo representa o xamã, viajante entre os mundos, que atua como intermediário entre o céu e a Terra, assim como a própria Árvore. Essas imagens são comuns nos antigos mitos iranianos, gregos, mesopotâmicos e indonésios.

Entre o mundo divino (Asgard), humano (Midgard) e a fonte de Urdh estende-se a ponte Bifrost, ou a Ponte do Arco-Íris, com uma estrutura sutil, de aparência metálica, construída de fogo, ar e água, que cintila com chamas multicoloridas e serve de passagem para as divindades, com exceção de Thor. Ele era proibido de atravessá-la para não fazê-la ruir com seus passos estrondosos e seus gritos trovejantes. Bifrost era guardada pelo deus Heimdall, dotado de audição e visão extraordinárias; sua corneta anunciaria o início do Ragnarök e a destruição da ponte pelos gigantes de fogo.

Na ponte Bifrost há um portal, Helgrind ou Valgrind, que separa o plano dos vivos do reino dos mortos e que se abre tanto para a passagem dos espíritos dos xamãs quanto para o retorno dos mortos que visitam a Terra, em datas específicas.

O significado do nome Yggdrasil é objeto de controvérsias, mas a maioria das fontes o traduz como "cavalo de Odin", sendo *Ygg* um dos nomes de Odin e uma referência à sua auto-imolação, descrita no capítulo sobre os deuses.

Outros sinônimos — como *Leradr*, "abrigo" e *Hoddmimir* ou *Mimameidr*, "tesouro, pilar de Mimir" — reforçam o simbolismo oculto de Yggdrasil como uma fonte eterna de sabedoria.

Um dos aspectos mais importantes de Yggdrasil é sua capacidade de gerar e sustentar a vida, simbolizada pelo orvalho, transformado em mel pelas abelhas, e que servia para a preparação do elixir da juventude e da sabedoria. Por servir de abrigo para as Nornes, a Árvore é ligada também ao destino dos homens, que apareciam escritos em runas em suas folhas e tornavam-se visíveis aos xamãs, profetas e sacerdotes.

Um equivalente de Yggdrasil é Irminsul, o Pilar Cósmico dos saxões, associado ao culto dos deuses celestes Irmin e Tiwaz.

No cristianismo, a Árvore personifica o bem e o mal, depois transformada na cruz do sacrifício, da dor e do sofrimento.

OS NOVE MUNDOS DE YGGDRASIL

É bastante complexo — e às vezes difícil de compreender — o mapa exato da localização espacial dos nove mundos de Yggdrasil. Devemos lembrar que a base da sua simbologia é a ligação entre o céu (ou o mundo superior), a terra (ou o mundo mediano) e o mundo subterrâneo (ou inferior). Esses mundos — ou níveis energéticos — estão presentes nas tradições xamânicas, com variações nos detalhes visuais, na espécie dos habitantes, nos nomes dos mundos e no número de raízes ou galhos. No caso de Yggdrasil, existem três raízes: a celeste, a terrestre e a subterrânea; e nove mundos, dos quais o mais central pertence aos homens. Os mundos são considerados parte da Árvore ou níveis diferentes que se estendem para além dela, mas que permanecem conectados entre si.

Para compreender os significados ocultos por meio de metáforas, apresentarei uma descrição linear dos mundos, mas lembrando que eles se interpenetram e entrelaçam, sem uma estrutura geométrica definida.

No centro de Yggdrasil, para onde convergem todas as linhas de comunicação entre os planos, está Midgard, o Jardim do Meio, o próprio planeta Terra, que reúne e mescla o poder dos outros mundos, aos quais Midgard se conecta pelas raízes, pelos galhos e pelo tronco de Yggdrasil. Ao seu redor, nas profundezas do mar que o cerca, enrosca-se a Serpente do Mundo, Midgardsomr, que morde sua própria cauda (símbolo universal do ouroboros).

Midgard é o mundo da ação física, das experiências sensoriais, do crescimento intelectual e do início da expansão espiritual. Nesse nível, cada aspecto do ser está interligado, em uma permanente influência mútua, condicionada pelo tempo e pelo espaço. As forças do bem e do mal estão presentes e têm a mesma intensidade; cada ação é conseqüência de uma escolha ou decisão. Seus aspectos negativos — raiva, cobiça, violência, estagnação — o aproximam de outro mundo, o de Jötunheim. Porém, Midgard resulta da interação entre o fogo de Muspelheim e o gelo de Niflheim, simbolizando, dessa maneira, o início da vida no universo.

Midgard está localizado acima da raiz terrestre de Yggdrasil, embaixo da qual nasce a fonte de Mimir. Ela é a sede da humanidade, visitada pelas divindades e os seres sobrenaturais das outras dimensões que passam pela ponte Bifrost.

A runa correspondente a Midgard é Jera, cuja palavra-chave é "a passagem do tempo", o movimento da Roda do Ano. Seu elemento é a terra, suas cores, as da terra e da vegetação. É regido pelas deusas da terra e seu simbolismo representa a mudança e o desenvolvimento gradativo de todos os aspectos do Ser que favoreçam sua evolução espiritual.

Acima de Midgard, no eixo vertical, encontra-se **Ljossalfheim** (ou Alfheim), a morada dos elfos claros. Mesmo não sendo percebido pelos seres humanos como uma dimensão real, esse plano lhes é familiar porque representa o universo mental. Os elfos claros raramente são visíveis por causa de sua sutil estrutura etérica, mas seus efeitos sobre a mente humana são percebidos pelo desenvolvimento intelectual e artístico. Ljossalfheim é o reino da expansão mental, da imaginação e da criatividade e, além de abrigar os pensamentos conscientes, pode transformá-los em ações positivas. É regido pela deusa solar Sunna (ou Sol) e por **Frey**, o deus da fertilidade. Suas cores são amarelo, azul e verde-claro; seus elementos, o ar e a luz solar; seu guardião, Delling, o elfo da aurora, consorte de Nott, a deusa da noite.

As runas correspondentes a Ljossalfheim são Sowilo e Sol, a potência da energia solar que permite revelar e compreender aquilo que está oculto. Alfheim representa a iluminação da mente e é vista como uma emanação — ou reflexo — da alma. Por ele flui a energia de Asgard transmitida para Midgard, mesclando as freqüências mais elevadas dos seres humanos com as vibrações mais acessíveis das divindades, facilitando assim o intercâmbio.

Abaixo de Midgard situa-se o reino de **Svartalfheim**, oposto de Ljossalfheim. Habitado pelos elfos escuros e pelos anões, e guardado pelo anão Modsognir, é o plano da modelação e transmutação da matéria bruta telúrica em materiais mais refinados, como os metais, os cristais e as pedras preciosas. Por temerem a luz que pode petrificá-los, os elfos escuros se escondem em grutas e florestas. Tanto eles quanto os anões vivem em comunidades solidárias e protegidas contra qualquer tipo de aproximação humana.

Esses seres representam a inteligência primária que plasma tudo o que será manifestado posteriormente em Midgard. Svartalfheim, portanto, é o plano onde o futuro é criado a partir das formas-pensamento do presente. Nele coexistem as vibrações mais densas de Midgard e as mais elevadas de Hel.

A runa correspondente é Eihwaz, símbolo do eixo que sustenta o corpo, o caule ou o tronco. Seus elementos são a terra, os cristais e os metais. Svartalfheim representa o aspecto subconsciente da psique, colocado a serviço do Eu consciente.

Na base de Yggdrasil, em seu nível mais profundo, conhecido como o "Mundo Subterrâneo", existe o reino de **Hel**, associado aos mortos e governado pela deusa de mesmo nome. Os mortos que ali estão não morreram heroicamente nos campos de batalha, mas de velhice ou doenças. Hel é um plano onde reina o silêncio e uma aparente inércia, mas é ali que as almas repousam à espera do renascimento. Por isso, é considerado o portal para a regeneração e a recriação da vida após a morte. Chamado também Nifelhel (diferente de Niflheim), está situado exatamente em oposição a Asgard, em uma analogia entre a base e a coroa. Hel também é alcançado por meio de uma ponte, que atravessa o escuro e gelado rio Gjoll. Diferente de Bifrost — estreita e flamejante —, essa ponte é larga e escura, guardada pela auxiliar da deusa Hel, Mordgud (ou Modgudr).

No nível psicológico, Hel simboliza o inconsciente, a sede dos impulsos e dos instintos atávicos, dos aspectos sombrios e ocultos do Ser.

Hel tem a natureza dupla da própria deusa, que é metade uma linda e jovem mulher, metade uma caveira em decomposição. Por isso, Hel é a síntese dos dois portais: o túmulo (da morte) e o útero (da vida).

A runa correspondente é Hagalaz, o potencial da semente cósmica. Os elementos correspondentes são o granizo, o frio e a escuridão; suas cores, o marrom, o cinza e o preto. Hel descreve o potencial de transição, de um estado para outro, infinitamente.

No topo da coluna vertical de Yggdrasil está **Asgard**, o reino celeste, moradia das divindades Æsir, regido por Odin e Frigga. Aparentemente localizado em um plano elevado, quase inacessível, Asgard na realidade está próximo a nós, pois representa as aspirações elevadas, o Eu Superior, a evolução da consciência, a própria centelha divina que assume diferentes roupagens carnais ao longo de sua peregrinação. Sinônimo de Céu, Plano Divino ou Mundo Superior, Asgard poderá ser alcançado somente por um esforço consciente e persistente por meio de determinação e fé, com a orientação e ajuda de um Mentor, guia espiritual, de uma Disir ou Valquíria.

Os espíritos dos guerreiros mortos em combate eram levados pelas Valquírias para Valhalla, um dos muitos salões e palácios existentes em Asgard. Interpretamos essa imagem como uma descrição metafórica da evolução do Eu Superior que, vencidos os aspectos sombrios do Ser, eleva-se aos níveis espirituais, em busca de sua regeneração.

Asgard corresponde à raiz superior de Yggdrasil, denominada "raiz espiritual" (que abriga a fonte de Urdh), situada no centro e acima de Midgard, por onde se chega pela ponte Bifrost.

As runas correspondentes são Gebo e Ansuz, as dádivas da fala e da inteligência dadas pelos deuses aos seres humanos. Seu elemento é o éter; suas cores, o ouro, a prata e o branco; seu guardião, o deus Heimdall e o seu simbolismo é o do crescimento espiritual, recebido como recompensa pelas atitudes elevadas e pelas ações positivas.

Os outros quatro mundos de Yggdrasil podem ser visualizados em eixos horizontais, na diagonal sobre o tronco, conforme esta representação esquemática:

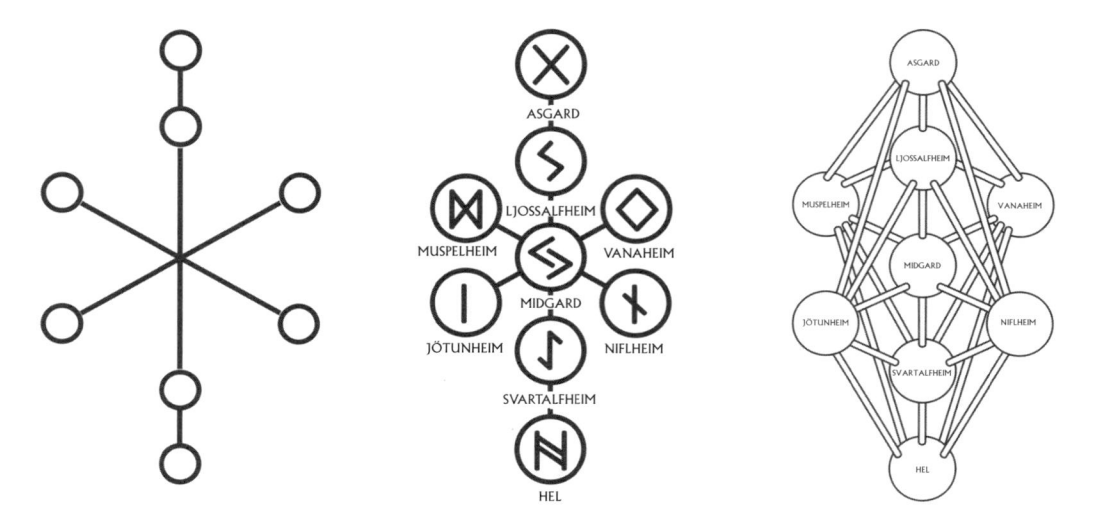

Figura 4: Yggdrasil, conforme THORSSON, Edred (1987); MEADOWS, Kenneth (1996); THORSSON, Edred (1987).

Na direção Norte, no eixo horizontal, acima da raiz mais profunda — a "raiz subterrânea" —, está situado o reino de **Niflheim**, um mundo frio e coberto de névoa. Local onde a água surge da condensação da neblina aquecida pelas brisas quentes de Muspelheim. Niflheim participou juntamente com Muspelheim da criação de Midgard, do vazio primordial de Ginungagap; é dali que sai, no Ragnarök, o navio dos mortos, Naglfari, conduzido por Loki.

A névoa faz de Niflheim um mundo de ilusão, um estado indefinido entre o tangível e o intangível, o real e o irreal, o repouso antes do começo.

A runa correspondente é Naudhiz; os elementos, o gelo, a névoa e a água; as cores, o cinza e o preto; seu guardião, o dragão Nidhogg. Niflheim representa o espaço vazio da mente e do corpo, à espera das sementes fertilizadoras dos pensamentos e da própria vida.

Para o Sul, encontra-se **Muspelheim**, o reino do fogo, pólo oposto e complementar de Niflheim, co-criador de Midgard. Sua energia é expansiva, intensa e luminosa, porém, quando em excesso, torna-se explosiva e calcinante. Aqui habitam os Thursar e Etins, seres gigantes e antigos, dotados de imenso potencial transformador ou destruidor. Desse plano partem os gigantes conduzidos por Surt, o guardião da espada flamejante, para iniciar a destruição dos mundos pelo poder do fogo no Ragnarök. Desaconselha-se "viajar" para essa dimensão.

A runa correspondente é Dagaz; o elemento, o fogo; as cores, o vermelho e o laranja; o poder é de destruição e regeneração e seu regente é o gigante Surt.

Também no eixo horizontal, na direção Leste, acima da fonte de Mimir e de Midgard, porém na diagonal, localiza-se **Jötunheim** ou **Utgard**, reino dos Jötnar ou Thursar, os gigantes inimigos e oponentes dos deuses Æsir, dirigidos por Thrym. Diferente de Midgard, esse é um mundo estagnado, desprovido de crescimento mental e espiritual. Os gigantes encontram-se tão ocupados em roubar e guerrear que não têm tempo para expandir sua consciência ou aumentar seus conhecimentos. Metaforicamente, eles simbolizam o perigo da desmotivação, que leva à acomodação e à estagnação, impedindo o pleno desenvolvimento dos recursos existentes em cada ser. Uma exceção é representada pelas gigantas, que vão além das limitações e dos bloqueios, conseguindo por seu empenho obter o *status* de "deusas", sinônimo de sua evolução espiritual.

A runa correspondente é Isa; os elementos, o gelo, as rochas e o vento; as cores, o cinza e o vermelho-escuro; sua energia é de inércia, caos e transformação.

Também conectado com Midgard, mas do lado oposto a Jötunheim, na direção Oeste, situa-se o reino de **Vanaheim**, a morada das divindades ancestrais Vanir. Como regentes da fertilidade, da sexualidade e do amor de Midgard, os Vanes imprimem também em seu mundo essas qualidades. Vanaheim era considerado um "lugar de paz e plenitude", sede das forças modeladoras dos processos orgânicos, das qualidades de prosperidade e de abundância e do potencial mágico.

A runa correspondente é Ingwaz; os elementos, a terra e a água; as cores, o verde, o azul-escuro e o vermelho-dourado; seus regentes, Frey e Freyja; e seu poder é de geração e desenvolvimento.

Os nove planos ou mundos existem também no nosso universo interior, além do exterior, considerados como realidades subjetivas e objetivas, conhecidas e ocultas.

Do ponto e vista esotérico, são conhecidos 24 caminhos — ou pontes — que permitem o deslocamento entre os mundos. Cada uma dessas pontes tem um portal que se abre ou se fecha, caso tenham ou não permissão aqueles que desejam penetrar nos mistérios rúnicos. Os selos dos portais são representados pelas nove runas que não podem ser invertidas. São elas: Gebo, Hagalaz, Isa, Naudhiz, Jera, Eihwaz, Sowilo, Ingwaz e Dagaz (vide Adendo III). Os caminhos só podem ser alcançados por meio da projeção astral ou pela viagem xamânica. A consciência é deslocada da realidade "comum" para a "incomum" por meio das batidas de tambor, conforme será descrito no Capítulo VII.

Podemos fazer uma comparação entre as raízes de Yggdrasil (que penetram profundamente até as fontes subterrâneas) e o buscador, centrado em sua realidade, mas precisando mergulhar em seu mundo interior para obter informações que auxiliem em sua transformação, e oferecendo, em troca, o "sacrifício" de sua dedicação.

Até mesmo Odin sacrificou um olho — símbolo da razão — para poder beber da fonte de Mimir e ampliar, assim, a visão interior, representada pelo olho remanescente.

Para que o buscador sincero possa beber da fonte da sabedoria ancestral, ele precisa trazer à luz da consciência as emoções, as imagens e as lembranças de seu arquivo inconsciente, bem como as memórias de vidas passadas. A fonte de Mimir é o equivalente nórdico do chamado "registro akáshico" das doutrinas orientais, que guarda "o livro das vidas" de cada um.

A água da fonte de Urdh, que impede o ressecamento da raiz, continuamente roída pelo dragão Nidhogg, pode ser comparada à capacidade de alimentar nosso espírito com a compreensão e a aceitação do nosso *wyrd*, tecido pelas Nornes, mas alterado por nossas ações, decisões, atitudes e pensamentos. O dragão simboliza a passagem do tempo, que consome tudo o que passou, abrindo espaço para aquilo que existe e que virá a existir. Apesar de Yggdrasil ser descrita genericamente apenas como a Árvore do Mundo, uma análise mais profunda revela em seus atributos diferentes representações de vários níveis, conhecidos e ocultos, materiais e espirituais. Yggdrasil é uma metáfora de todos os aspectos da vida, interior e exterior, dos próprios ciclos e fases da existência, como o nascimento, o crescimento, a estagnação, a morte, a transformação, a criatividade, a sabedoria, a magia e a regeneração.

Na **ótica feminina**, Yggdrasil representa a Deusa Mãe, doadora da vida e da morte, senhora do rejuvenescimento, da expansão, do declínio e da renovação. As fontes simbolizam sua criação, fertilidade, sabedoria, magia, e o destino de todos os seres por Ela criados. As raízes dão sustentação aos mundos, bem como oferecem aos buscadores os caminhos para alcançar os níveis mais elevados de consciência, em troca de sua dedicação, reverência, fé e gratidão.

É nossa a escolha de permanecer em Midgard, ficar estagnados em Jötunheim, mergulhar no inconsciente de Hel ou nos elevar às riquezas de Asgard. Os caminhos existem, precisamos encontrar as portas e merecer a permissão de abri-las, oferecendo algo em troca. Ao beber da fonte da antiga sabedoria, aprendendo a usar os conhecimentos adquiridos — buscando o bem de todos —, tornar-nos-emos dignos do título de iniciados e praticantes nos mistérios da Tradição Nórdica.

CAPÍTULO III

TEOGONIA

ARQUÉTIPOS DA MITOLOGIA NÓRDICA

> "O homem se esqueceu de que todos os deuses ainda moram no seu coração."
>
> **William Blake**

> "Os arquétipos são como os leitos dos rios, que secam quando a água deles se esvai e renascem quando o rio a eles volta novamente. Podemos assemelhar um arquétipo a um córrego antigo, em que a água da vida fluiu durante séculos, cavando um profundo canal e a ele voltando, mais cedo ou mais tarde, dependendo da intensidade do seu fluxo."
>
> **C. G. Jung — "Wotan"** (citado por Edred Thorsson)

O panteão das tradições antigas resultou na interação dos dois princípios cósmicos universais: o masculino, representado pelo Pai Céu, e o feminino, personificado pela Mãe Terra. O casamento sagrado desses pólos gerou formas energéticas secundárias, polarizadas pela influência das forças telúricas, cósmicas, planetárias e dos fenômenos da Natureza. Quando modeladas pela egrégora mental de um conjunto racial, tribal ou grupal, essas energias se manifestam como arquétipos divinos, imbuídos de características e atributos específicos e com apresentações e nomes que variam conforme o lugar de origem.

A existência e a sobrevivência dos arquétipos de determinado panteão dependem da intensidade com que são cultuados e da duração desse culto. Sem essa conexão e nutrição recíproca, as matrizes etéreas enfraquecem-se e acabam desaparecendo com o passar do tempo.

Apesar de as divindades dependerem da egrégora humana, elas não são mero fruto de nossa imaginação; são expressões reais de poderosos campos energéticos e vórtices de energia cósmica. Elas existem em uma realidade diferente do mundo tridimensional, chamada pelos xamãs de *nagual* ou "realidade incomum" (ou extrafísica), e têm o poder de existir e agir independentemente da vontade humana.

Esses centros de energia cósmica, sutis e inteligentes, denominados **divindades** (sejam elas deuses, vibrações originais, devas ou orixás), supervisionam o livre-arbítrio coletivo e auxiliam nas decisões tomadas pelos indivíduos, dentro dos limites, valores e regras do ambiente ao qual pertencem. Isso significa que elas não interferem no livre-arbítrio, nem agem contra os interesses do agrupamento humano que as "criou" e que continua "alimentando-as" por meio de invocações, oferendas, cultos e rituais. Existe uma necessidade de intercâmbio energético permanente entre a origem e o resultado da criação, entre o Criador e a criatura.

Uma divindade deixará de existir apenas quando não tiver mais nenhum ser humano que invoque sua presença ou acredite em sua existência. Quando isso ocorrer, o campo energético por ela representado não se extingue no espaço, mas se desloca ou volta à sua origem, podendo servir como substrato para a criação de um novo arquétipo, em lugar ou tempo diferente.

Os deuses e as deusas não são arquétipos estáticos, eles evoluem e se modificam de acordo com o progresso cultural e tecnológico e a trajetória espiritual humana. As mudanças na percepção e interpretação de suas manifestações e a compreensão expandida de seus atributos e funções levam à readaptação dos mitos e a sua adaptação às novas necessidades mentais, psicológicas e sociais da comunidade à qual pertencem. São as projeções e as formas mentais humanas que determinam a "metamorfose" das divindades, que acompanham, de maneira simbiótica, o desenvolvimento de seu povo e o surgimento de novos valores e hábitos comportamentais, morais e sociais. Compreende-se, assim, o porquê das diferenças nos mitos de um mesmo deus ou deusa e os variados nomes a eles atribuídos.

Os arquétipos divinos da Tradição Nórdica refletem as qualidades, os atributos e os valores específicos e essenciais para a sobrevivência dos povos da antiga Escandinávia (atual Noruega e Suécia), da Islândia, da Dinamarca e da Alemanha. Os mitos dessas culturas revelam não somente uma habilidade em contar histórias e a exuberância dos relatos épicos e dos poemas, mas a luta permanente do homem contra as forças hostis da Natureza, a necessidade de viver e agir conforme os ciclos naturais, bem como o respeito temeroso pelos poderes cósmicos. Em decorrência das condições climáticas desafiadoras, as fronteiras entre a vida e a morte, a luz e a escuridão, a paz e a guerra eram extremamente frágeis e a existência humana dependia não apenas da coragem e da inventividade dos homens, mas, acima de tudo e sempre, da ajuda e da proteção divinas.

Invocar uma divindade era uma ação real para canalizar o auxílio de uma fonte de poder sobrenatural, que iria atender ao pedido na medida da necessidade e do merecimento do pedinte. Os rituais favoreciam o desenvolvimento de qualidades e habilidades necessárias ao fortalecimento físico, moral e social do indivíduo, bem como o aprimoramento de seus dons extra-sensoriais (pré-cognição, profecia, cura, magia).

Diferentes das divindades de outros panteões — como o grego, o romano, o celta e o egípcio —, as deusas e os deuses nórdicos tinham características, manifestações e missões determinadas pelo clima, pelo hábitat e pela estrutura social peculiar desse povo.

Com base em sua origem e antigüidade, o panteão nórdico era dividido em seres sobrenaturais (gigantes, elfos e anões) e divindades: Vanes (ou Vanir) e Ases (ou Æsir).

Os **gigantes** — do fogo, do gelo e das montanhas — representavam as forças da Natureza em seu estado bruto, primitivo. Acredita-se que, originariamente, eles tenham sido as divindades ancestrais, veneradas pelos primeiros habitantes que se estabeleceram no norte da Europa. Os povos que os sucederam eram caçadores e pastores, cuja sobrevivência dependia dos ciclos e da benevolência das forças naturais. Por temerem suas manifestações hostis, eles as transformaram em gigantes, representadas nos mitos como os inimigos dos deuses, que sempre venciam as batalhas. Os **elfos** eram considerados seres da Natureza, de origem etérea, intermediários entre os homens e os deuses. Dependendo do seu estado vibratório e nível de consciência, eles eram classificados como elfos claros (mais sutis) ou elfos escuros (mais densos), e habitavam reinos diferentes. Os **anões** (ou gnomos) personificavam as forças telúricas elementares e as habilidades mágicas e manuais.

Os **Vanes**, cultuados pelos povos pastoris, eram deuses e deusas da terra, da vegetação, da água e da fertilidade. Outros povos vindos do oeste da Europa e do norte da Índia (chamados de indo-europeus ou arianos) conquistaram essas tribos pacíficas nativas e introduziram o culto de seus deuses, regentes do fogo, do vento, dos raios e dos trovões. São essas as divindades que constituíram a classe dos **Ases,** mais recentes e, por isso, mais conhecidos e estudados.

Com relação às eras, pode-se considerar que os gigantes pertencem à Idade da Pedra; os Vanes, ao período Neolítico; e os Ases, às Idades do Bronze e do Ferro.

SERES SOBRENATURAIS (WIGHTS)

GIGANTES (Risi, Etins, Thursar, Jötnar, Jätte)

O termo comum "gigantes" pode designar três tipos diferentes de seres:

- *Risi* eram os verdadeiros gigantes, de grandes proporções, que simbolizavam os habitantes pré-históricos dos países nórdicos. Tinham uma aparência bonita e natureza benevolente; podiam casar e gerar filhos com os seres humanos.
- *Etins* ou *Jötnar* (plural de *Jotunn*) se caracterizavam pela força fora do comum, a idade avançada e as dimensões variáveis; podiam ser enormes, como Ymir, ou muito pequenos. Tinham uma vasta sabedoria adquirida ao longo de milênios. Por serem "neutros", alguns se aliavam aos Æsir, outros aos Thursar. Eles não se modificavam com o passar do tempo, permanecendo sempre os mesmos. Odin e Thor escolhiam suas amantes entre eles.
- *Thursar* (plural de *Thurs*) representavam as forças brutas inconscientes, antagônicas às forças conscientes que eles tentavam destruir. Também tinham idade avançada e não podiam ser considerados maus; eram somente arquétipos das forças naturais que agiam sem consciência daquilo que faziam. Podiam se manifestar como gigantes do gelo ou do fogo, como os habitantes de Muspelheim, cujo dirigente era Surt.

Conforme já foi mencionado, desde a criação dos mundos os gigantes eram considerados os eternos inimigos dos deuses. No entanto, nenhum mito dá uma explicação plausível ou um motivo para as eternas batalhas, sempre vencidas pelos deuses, independentemente da força ou astúcia dos gigantes. A maior incógnita é o assassinato de Ymir, o gigante primordial, pelos deuses Odin, Vili e Vé. Descrito como um ser hermafrodita, de seu corpo despedaçado foi criada a Terra. Esse é um indício de que o ser chamado "gigante" representava o poder telúrico original, sem o qual não existiria a Terra nem os outros seres vivos.

A competição entre os deuses e os gigantes pode ser vista como uma alegoria da conquista e submissão da sociedade e dos valores matrifocais e geocêntricos pelos povos e deuses patriarcais, guerreiros e estrangeiros (de outras terras). Na Tradição Nórdica, a **Terra** também era feminina, sempre disputada e conquistada, segundo contam todos os mitos que exaltam a vitória dos deuses sobre os gigantes e seu desejo pelas gigantas. Estas eram cobiçadas por sua beleza, força física ou poder mágico. Muitas se tornaram amantes ou esposas dos deuses e algumas conquistaram *status* divino graças a essas alianças. Os deuses jamais subjugavam ou maltratavam as gigantas; pelo contrário, elas eram respeitadas, desejadas e adoradas, e seus conselhos e auxílio sempre valorizados.

A posição privilegiada das gigantas na mitologia nórdica explica por que Ymir foi considerado hermafrodita e teve seu corpo mutilado e transformado na própria Terra. Enquanto em outros mitos, em outras culturas, a versão patriarcal da criação louvava os feitos heróicos de deuses que matavam a Deusa (por vezes, a própria mãe — como no mito da deusa sumeriana Tiamat) e criavam de seu corpo o universo ou a Terra, o mito nórdico combina, no ato cósmico da criação, o sacrifício do princípio gerador masculino e a metamorfose do feminino. Assim, Ymir, por ser hermafrodita, continha em si as duas polaridades: a geradora e a criadora.

É interessante observar que, apesar dos eternos combates travados entre deuses e gigantes, alguns dos deuses mais famosos — como Odin, Tyr e Heimdall — eram descendentes de gigantes.

O deus Odin — assim como seus irmãos Vili e Vé — era filho dos gigantes Bestla e Bor, descendentes de Ymir, e manteve relacionamentos amorosos com gigantas (como Rind, Skadhi, Jord e Gunnlud), com as quais gerou vários filhos. Tyr era neto de uma giganta e enteado de um gigante; Heimdall era filho das Donzelas das Ondas, filhas da giganta Ran.

O mais ferrenho adversário dos gigantes foi Thor, que os massacrava com seu martelo mágico; com as gigantas, ele mantinha um relacionamento ambíguo, ora de ódio, ora de paixão. Um dos mitos descreve como Thor matou a giganta Gjalp, atirando uma pedra em sua vagina, quando descobriu que a cheia do rio, que ele tentava em vão atravessar, tinha sido provocada por seu fluxo menstrual. Essa metáfora sintetiza — de maneira cruel, mas verídica — o desprezo e o medo masculinos, arcaicos e atávicos, diante dos "mistérios do sangue" da mulher.

Outros deuses, como Njord, Frey e Baldur, também se casaram com gigantas. Os dois primeiros são deuses mais antigos e ligados aos valores da terra, enquanto Baldur era um deus solar jovem, bondoso e amoroso, filho de Odin e Frigga.

As gigantas são descritas nos mitos como lindas e atraentes mulheres, corajosas e dotadas de poderes mágicos. Em razão de conhecerem o *wyrd* (o destino), algumas delas foram cultuadas com fervor mesmo depois da cristianização. Esperando receber proteção nas batalhas, os reis da Islândia ergueram templos para Thorgerd Holgabrudr e Irpa; Skadhi, considerada "madrinha" da Escandinávia, era reverenciada por sua sabedoria; e Hyrokkin, pela força física; Goi era a padroeira do festival de purificação no fim do inverno, equivalente ao *Sabbat* celta *Imbolc*.

A seguir, são relacionados alguns gigantes e gigantas mais importantes.

Angrboda — Amante do deus Loki, gerou com ele três filhos: o feroz lobo Fenrir, a serpente do mundo Jormungand e a deusa Hel.

Aurboda — Giganta das montanhas, mãe de Gerd, a linda giganta cobiçada pelo deus Frey.

Bergelmir — Junto com sua mulher, Bestla, gerou todos os gigantes após terem sobrevivido ao dilúvio causado pelo derramamento do sangue de Ymir.

Bestla — Uma giganta ancestral do gelo, filha de Bolthorn e descendente de Ymir. Casada com Bor, gerou os deuses Odin, Vili e Vé.

Bor — Um ser sobrenatural, filho de Buri, juntamente com Bestla gerou Odin.

Buri — O ser sobrenatural que apareceu do gelo após ser lambido pela vaca primordial Audhumbla; avô dos deuses.

Fenia — Juntamente com sua irmã Menia, personificava o poder destruidor da água salgada. Dotadas de enorme força física, eram duas das Donzelas das Ondas.

Gerd — Linda giganta, filha de Aurboda, que após se casar com o deus Frey adquiriu o *status* de Deusa.

Gialp — Jovem giganta que tentou impedir o deus Thor de encontrar seu pai, Geirrod. Com o poder mágico de seu sangue menstrual, ela provocou a cheia de um rio que Thor tentava atravessar. Enfurecido, Thor lançou uma pedra em sua vagina, o que provocou sua morte. Em seguida, Thor também esmagou sua irmã Greip, quebrando-lhe a coluna com seu bastão mágico.

Giganta da floresta de ferro — Os descendentes dessa giganta podiam se metamorfosear em lobos. Dois deles — Skoll e Hati — perseguem as carruagens da deusa Sol e dos deuses lunares Mani e Bil, alcançando-os e devorando-os no Ragnarök.

Grid — Personificação da ordem e da força física, Grid tornou-se amante de Odin e gerou com ele Vidar. Ela emprestou seus objetos de poder — cinto mágico, luvas de ferro e bastão invencível — para Thor lutar contra o gigante Geirrod, tornando-se, assim, responsável pela morte das gigantas Gialp e Greip — atitude inexplicável, uma vez que Grid também era uma giganta.

Groa — Conhecida pelas suas habilidades de cura, usava encantamentos e poções mágicas nas curas; era reverenciada, pelos curandeiros e xamãs, como sua padroeira.

Gunnlud ou **Gunnlod** — Filha do gigante Suttung, Gunnlud era a guardiã do "elixir da inspiração". Foi seduzida por Odin, metamorfoseado em serpente, que, para se apossar do elixir, passou com ela três noites.

Hel ou **Hella** — Filha de Angrboda e Loki, Hel recebeu de Odin o controle do mundo subterrâneo e tornou-se uma deusa, cujos atributos e características serão descritos no subcapítulo sobre as deusas.

Hindla — Renomada feiticeira, conhecida por sua sabedoria e poder profético. Aparecia cavalgando um lobo, vestida com peles e segurando um bastão.

Hymir — "O escuro", era um gigante do gelo em cujo enorme caldeirão ele preparava o hidromel, roubado por Thor.

Hræsvelg — Giganta com o dom da metamorfose, Hræsvelg assumia a forma de uma águia que, ao bater as asas, produzia um vento tão forte que sacudia a Árvore do Mundo e assolava Midgard e os outros oito mundos.

Hrungnir — O mais poderoso dos gigantes do gelo. Adversário de Odin em uma corrida, foi morto por Thor em uma violenta batalha na qual teve a cabeça esmagada.

Hyrrokkin — Conhecida por sua extraordinária força física, Hyrrokkin era regente das tempestades de inverno. Foi a única que, cavalgando um lobo e usando serpentes como cordas, conseguiu mover o barco funerário encalhado do deus Baldur.

Iarnsaxa — Apelidada de "Alfanje de Ferro", era amante de Thor, com quem gerou Magni.

Jord — Amante de Odin, mãe de Thor e filha de Nott, Jord é uma das manifestações da Mãe Terra, semelhante a Fjorgyn e Hlodyn (descritas no subcapítulo sobre as deusas).

Skadhi — Filha de Thjatsi, quis vingar a morte da mãe, causada por Thor, e terminou por se casar com o deus Njord, tornando-se, assim, uma deusa. Seu mito, características e atributos encontram-se descritos no subcapítulo sobre as deusas.

Surt — Era considerado o adversário dos deuses no Ragnarök, quando confrontou e acabou por matar Frey, sendo o responsável pela destruição dos Nove Mundos. Senhor de Muspellheim, Surt era o gigante do fogo e da lava incandescente e possuía uma espada de chamas ardentes e refulgentes, com a qual incendiou os mundos. Era casado com Sinmara que, com a espada flamejante que também possuía, iria matar os pássaros que avisariam os deuses sobre o início do Ragnarök.

ELFOS (Alfar, Alben, Elfen, Elves)

As mitologias nórdica, teutônica e celta são repletas de descrições de seres da Natureza, que agiam de forma benévola ou malévola em relação aos homens. Chamados de elfos, eles eram seres etéreos, intermediários entre os seres humanos e as divindades. Podiam ser vistos pelos clarividentes entre rochedos ou árvores e se comunicavam telepaticamente com as pessoas sensitivas e com as crianças.

O historiador Snorri Sturluson classifica os elfos em duas categorias, definidas por uma série de oposições: claros–escuros, celestes–telúricos, bons–maus, feios–bonitos.

Os **elfos claros**, ou Ljossalfar, apresentavam-se com feições suaves, formas graciosas e cores claras; apreciavam a música e a dança e moravam em Alfheim (Ljossalfheim), perto de Asgard. Mantinham um bom relacionamento com os deuses e auxiliavam os seres humanos — fazendo, por exemplo, a vegetação crescer. Habitavam no espaço entre o céu e a terra e flutuavam no meio dos pássaros e das borboletas. Adoravam dançar e deslizavam pelos raios do luar para rodopiar nas clareiras. Ali deixavam marcas circulares, identificadas pela grama mais verde e pelas flores ou cogumelos que as cercavam, chamadas *fairy rings* ("anéis das fadas"). Ao contrário dos elfos escuros, os elfos claros amavam a luz e, nas celebrações das deusas Ostara ou Sunna, apareciam, nas colinas, em forma de mulheres vestidas de branco. Eram representados, na maioria das vezes, com formas femininas e considerados os mestres e guardiães da inspiração e sabedoria. Os elfos claros apareciam, para os seres humanos que consideravam merecedores de seu auxílio, como lampejos de luz ou raios coloridos que ativavam a inspiração e a criatividade.

Frey era o senhor do reino de Alfheim, que recebeu de presente quando lhe nasceram os dentes definitivos (por tradição, as crianças nórdicas recebem nessa ocasião um presente, chamado *teething gift*). Seu assistente era Skirnir, um elfo cujo nome significava "brilhante", e o próprio Frey tinha uma beleza radiante e encantadora. A Rainha dos elfos era a deusa Sunna, por eles chamada de Alfrodul, "A luz dos elfos", saudada diariamente, no raiar e no pôr-do-sol.

Os elfos claros gostavam de receber oferendas de mel, leite, manteiga, cristais de quartzo, pedras brancas, metais (ouro, prata, bronze, cobre), essências e óleos aromáticos (tomilho, manjericão, pinheiro), flores (calêndula, lírio-do-vale, violetas), poemas e canções.

Os elfos claros mais conhecidos eram Billing, o elfo do crepúsculo; Delling, o elfo da aurora, marido da deusa Nott e pai de Dag, o dia; e Skirnir, amigo e assistente de Frey, que o ajudou a se casar com a linda deusa Gerd.

Os **elfos escuros**, Svartalfar ou Dvergar, que se originaram das larvas surgidas da decomposição do cadáver do gigante Ymir, tinham aparência grotesca, pele escura, feições grosseiras, barbas longas e estatura baixa. Sua morada era o sombrio reino de Svartalfheim. Por temerem o contato com a luz solar — que podia queimá-los ou petrificá-los —, eles se refugiavam sob a terra, em grutas, cavernas, frestas de rochedos ou câmaras funerárias subterrâneas. Muito semelhantes aos gnomos, eram até mesmo confundidos com eles nas lendas por causa de seus atributos e manifestações — sempre masculinas, mostrando mau humor ou acessos temperamentais —, sendo muito irascíveis e maliciosos.

Dos deuses, apenas Frey e Sunna possuíam alguma conexão com eles. Frey era um deus da fertilidade da terra e os elfos escuros eram considerados guardiães das riquezas subterrâneas. Frey pertencia à raça mais antiga dos deuses Vanir e os elfos escuros eram vistos como os representantes da memória dos ancestrais, absorvida e guardada no plano etéreo da terra. A ligação da deusa Sunna com os elfos escuros se dá pela crença dos povos nórdicos de que ela, após passear com sua carruagem pelo céu durante o dia, continuava sua jornada embaixo da terra durante a noite, emergindo ao alvorecer.

Pode parecer paradoxal a associação dos deuses Frey e Sunna com os elfos escuros, mas não se deve esquecer que, na mitologia original nórdica, inexiste a dualidade luz–sombra, bem–mal, céu–terra. Para os povos antigos, só existiam diferentes formas e modos de percepção e manifestação; os pólos opostos interagiam e se complementavam, sem conflitos ou cisões. A visão dicotômica e conflituosa das polaridades pertence à doutrina cristã.

As oferendas para os elfos escuros incluíam pedras semipreciosas, metais (ferro, cobre, prata, ouro), temperos e especiarias. Antigamente, no outono, os camponeses nórdicos celebravam o Alfblot, um festival dedicado aos elfos escuros, que também incluía sacrifícios de animais. Eles eram invocados na mineração e na metalurgia, principalmente para a confecção de armas e jóias.

Além dos elfos claros e escuros, as lendas e os contos escandinavos e saxões descrevem outros tipos de elfo, dos quais se destacavam as "Mulheres-elfo". Esses seres etéreos, femininos em suas formas, apareciam somente para os homens, atendiam aos seus pedidos e depois desapareciam. Às vezes, geravam filhos após esses encontros, como no caso do nascimento dos reis noruegueses Olaf e Magnus, ambos filhos de *Elf Women*, conforme afirma a escritora Sheena McGrath.

Kveldulf Gundarsson, por sua vez, menciona, em *Teutonic Magic*, outra classe de elfos, os Dokkalfar, semelhantes às Disir (espíritos femininos ancestrais) e considerados suas contrapartes masculinas. Moravam nas colinas e não eram nem divinos nem humanos — ainda que próximos a ambos os planos. Grandes magos e sábios mestres, eles apareciam no crepúsculo como seres de lindas feições, pálidos, às vezes muito velhos e vestidos como nobres cavalheiros ou sábios. Se devidamente invocados e honrados (com oferendas), eles se aproximavam dos seres humanos e apareciam em seus sonhos e visões para ensiná-los e ajudá-los.

ANÕES (Svartalfar, Dwarfs, Zwerge)

Nas lendas e nos mitos nórdicos, são inúmeros os episódios em que são descritas aparições e atividades dos anões, conhecidos como **gnomos** nas mitologias celta e eslava.

Os anões eram seres telúricos, que moravam nos subterrâneos de Midgard, no reino de Svartalfheim, e se deixavam ver pelos homens na proximidade de grutas, minas e montanhas. Simbolizavam os poderes mágicos, detinham habilidades manuais e artísticas e conheciam os tesouros escondidos. Também personificavam a força elementar telúrica, pois tinham qualidades como tenacidade, destreza, laboriosidade e longevidade, mas também eram egoístas, mesquinhos, ladinos e ávidos por riquezas.

Os mitos atribuem sua origem à decomposição do cadáver do gigante Ymir, do qual emergiram como larvas, recebendo depois dos deuses a forma humanóide, a inteligência e as habilidades manuais. No poema "Völuspa", sugere-se que tenham surgido do sangue e dos ossos de gigantes. Não há relatos de anões do sexo feminino, por isso são comuns as cópulas dos anões com deusas e mortais, em troca das jóias por eles fabricadas. Foi assim que quatro deles conseguiram fazer amor com a deusa Freyja, cedendo-lhe depois o famoso colar mágico Brisingamen.

Os anões são descritos como homenzinhos de cabeça grande, longas barbas grisalhas, tronco atarracado, pernas curtas e rosto muito enrugado. Vestiam-se com roupas de couro, aventais com bolsos onde guardavam suas ferramentas, e gorros que lhes conferiam o dom da invisibilidade (eles podiam subitamente desaparecer no meio de uma névoa). Podiam ser prestativos e amáveis, ajudando os humanos a moer grãos, fazer pão, preparar cerveja, ajudar na colheita e na armazenagem dos produtos. Seus nomes indicavam suas atribuições: os *tomte* cuidavam dos cavalos; os *tusse*, das fazendas; os *haugbo*, da terra; os *nisse*, dos barcos; os *gruvra*, das minas; e os *nokk*, dos rios. Se fossem humilhados ou agredidos, vingavam-se dos agressores prejudicando-os, escondendo objetos ou pregando peças.

Sua função era de criação ou modelagem, podendo plasmar a intenção ou o desejo de uma divindade, mago ou xamã. No nível sutil, eles representam os registros etéreos das habilidades e dos dons dos ancestrais.

Algumas fontes não diferenciam os anões dos elfos escuros, atribuindo-lhes a mesma origem, com características, habilidades e nomes idênticos. Habitavam ora a terra — nos rochedos e grutas — ora o reino de Nidvelir.

Tanto os anões quanto os elfos escuros confeccionavam objetos ou armas mágicas para as divindades — como a flecha encantada Gungnir, que jamais errava o alvo; o anel mágico Draupnir, de Odin, que se multiplicava nove vezes a cada nona noite; o poderoso martelo Mjollnir, de Thor, que voltava às mãos de quem o arremessava; o javali de ouro Gullinbursti, que brilhava no escuro; o barco mágico de Frey, Skidbladnir, que podia ser diminuído até caber no bolso; o cabelo de ouro da deusa Sif; o palácio inacessível da curandeira Mengloth, e, por fim, Brisingamen, o colar mágico de Freyja.

Além de suas habilidades mágicas e manuais, atribuía-se aos anões o dom da onisciência, da premonição e da sabedoria. Foram eles os responsáveis pela preparação do elixir da inspiração Odhroerir, feito do sangue de Kvasir misturado com mel, frutas e ervas.

Os anões continuam sendo personagens das fábulas e dos contos de fada e recebem nomes e descrições diferentes conforme o país de origem (gnomos, míneros, *tomte, kobolds, goblins ou brownies*). Segundo uma crença, que persistiu por muito tempo, o eco era criado pelos gnomos da montanha, que imitavam a voz humana.

As oferendas para atrair a proteção e a boa vontade dos gnomos incluíam pedaços de metais, pedras semipreciosas, cristais, moedas ou pirita, leite com mel e gengibre, manteiga e ervas aromáticas, principalmente tomilho e manjericão. Como os gnomos têm pavor de objetos de ferro pontiagudos, nos rituais a eles dedicados jamais devem ser apontados para eles o punhal ou a espada. Eles também temem as figuras grotescas — como as carrancas ou gárgulas —, o que levavam os vikings a remover as figuras de dragões e serpentes de seus navios ao se aproximar do litoral.

Os povos antigos honravam e respeitavam os *land-vættir* ("espíritos da terra") por acreditarem que deles dependia sua sorte, prosperidade e bem-estar. Eles se assemelhavam aos gnomos, mas não eram confundidos com eles. Os *land-vættir* correspondiam aos seres da Natureza, guardiães ou protetores do hábitat (florestas, rochedos, rios, cachoeiras, lagos). Auxiliavam os seres humanos que respeitavam e cuidavam de seus reinos e que lhes ofereciam um pouco de comida, antes de tocá-la (como no costume brasileiro, originado da reverência aos Orixás africanos, de derramar um pouco de bebida no chão "para o Santo").

Os *land-vættir* abominavam o derramamento de sangue e se afastavam dos lugares onde homens ou animais eram mortos. Atualmente, eles só podem ser encontrados nos poucos lugares puros da Terra, longe da poluição e da violência urbana, aparecendo em sonhos às pessoas sensitivas ou em círculos de menires, perto das cachoeiras ou no meio das árvores, nas florestas de carvalhos ou bétulas.

Alguns dos anões mais conhecidos são relacionados abaixo:

Andvari — colecionador de ouro, rei dos anões e guardião do famoso "ouro dos Nibelungen". Ao ser forçado por Loki a lhe entregar seu tesouro, lançou sobre ele uma maldição, suposta causa do castigo ao qual Loki foi submetido posteriormente.

Brokk e **Sindri** — exímios ferreiros e ourives, filhos de **Ivaldi**, um famoso artesão. Responsáveis pela confecção dos objetos mágicos e das jóias já citadas.

Dain e **Dvalinn** — irmãos muito sábios, ensinavam os mitos e as magias para os elfos e os outros anões.

Fjalarr e **Galarr** — irmãos que mataram Kvasir e de seu sangue fizeram Odhroerir, o elixir da inspiração poética e artística. Presos pelo gigante Suttung, entregaram-lhe o elixir em troca de suas vidas (Odhroerir também era conhecido como "o barco dos anões"). Suttung encarregou sua filha, Gunnlod, de guardar o precioso elixir, mas ela o entregou a Odin, após ser seduzida por ele.

Na alquimia, os gnomos são interpretados como o mercúrio e o enxofre, os dois elementos responsáveis pela criação da pedra filosofal e do elixir da longevidade. Outra interpretação lhes atribui a conotação de matéria e espírito, e sua união e harmonização eram o verdadeiro objetivo do trabalho e da arte alquímica.

DIVINDADES

Os deuses e as deusas da Tradição Nórdica eram vistos como individuações da inteligência sutil existente nas forças da Natureza e nos processos universais de criação, manifestação e desintegração. Para que a expressão dessas forças invisíveis pudesse ser compreendida pelos homens, foram-lhes atribuídos personalidade e comportamentos semelhantes aos dos seres humanos. Assim, as divindades se tornaram reais e tangíveis, possibilitando um contato mais próximo com os homens.

As divindades têm uma realidade **subjetiva** (na psique do indivíduo) e outra **objetiva** (no universo exterior). A realidade objetiva pode se manifestar, na totalidade, em toda a humanidade, ou, parcialmente, em uma nação, tribo ou comunidade. Dessa forma, a criação de uma divindade pode ser interpretada como a de uma entidade viva: surge da psique coletiva ou individual, mas adquire existência independente quando alimentada com energia psíquica (mitos, rituais, invocações e orações).

Cada um dos deuses ou deusas personifica atributos, qualidades, defeitos e características facilmente compreendidos e aceitos pelos seres humanos. Os povos antigos os viam como pais, mães, avós, irmãos, irmãs, amigos, companheiros, conselheiros ou mestres, a quem podiam apelar ou recorrer em caso de necessidade. A humanidade percebia a empatia e a proteção demonstradas pelas divindades como o resultado de suas próprias trajetórias e aprendizados, semelhantes às vivências humanas.

Nenhum deles era imortal; no entanto, os deuses recebiam, diariamente, as maçãs encantadas da deusa Idunna, o que lhes garantia juventude e longevidade. Mesmo assim, eles morriam no Ragnarök, embora o deus Baldur, ressuscitado, conduzisse os novos deuses (filhos dos antigos) e construísse um novo mundo.

O historiador Snorri Sturluson relata a existência de duas famílias divinas — os Vanir (Vanes) e Æsir (Ases) —, ambas poderosas e capazes de lutar entre si. No entanto, ele cita somente Njord, Frey e Freyja (Nerthus foi omitida), os três Vanir que foram entregues aos Æsir em troca de Hoenir e Mimir, para cumprir o pacto que pôs fim à prolongada guerra entre os dois clãs. Existem poucas referências históricas ou literárias sobre o restante do clã dos Vanir (com exceção dos cultos e invocações para as deusas da terra Nerthus e Erce, citadas pelo historiador romano Tácito). Esse fato comprova seu esquecimento e substituição pelo panteão mais recente dos Æsir.

Os **Vanir** representam os arquétipos divinos mais arcaicos e próximos da existência e das necessidades das sociedades primitivas. Eram eles os doadores do poder gerador e fertilizador por meio do qual nasciam as crianças e os animais e a terra podia produzir. Esse dom da vida era indispensável para a sobrevivência: não bastavam a vitória nas batalhas e a prudência nas negociações, pois, sem colheitas e sem descendentes, a comunidade estaria fadada à extinção. Cada agrupamento ou tribo reconhecia e venerava as forças geradoras e fertilizadoras, dedicando-lhes cerimônias, festividades, oferendas e sacrifícios. Não se sabe, ao certo, se os Vanes tinham sua morada no céu, no mar, ou na terra; o mais provável é que morassem em todos esses lugares. Na Árvore Cósmica, seu hábitat era o reino de Vanaheim, caracterizado pela paz, plenitude e prosperidade.

Para atrair a boa vontade dessas divindades, realizavam-se ritos de fertilidade que, conforme o atual conceito de moralidade, seriam considerados "orgias". Os Vanir eram "amorais", no sentido da inexistência da dualidade bem–mal, certo–errado; seu único propósito era criar e proteger a vida que, nas terras por eles governadas, era permanentemente ameaçada por intempéries, aridez e condições precárias de sobrevivência.

Conforme menciona o historiador e escritor Mircea Eliade, a "orgia" tinha como finalidade preencher os homens e a natureza com uma nova e potente energia, capaz de ativar e manifestar o potencial latente da vida. Por isso, a religião dos Vanir incluía elementos orgiásticos, como ritos sexuais, magia, êxtase, sacrifícios e o culto aos mortos. Seus fiéis lembravam e veneravam os ancestrais, bem como a terra que os abrigava. O distante reino dos céus não fazia parte de suas preocupações, enquanto o elemento ctônico, telúrico, era o destaque principal em seus mitos e rituais. Os próprios deuses Vanir procuravam esposas entre as gigantas (representantes dos poderes brutos da terra), enquanto suas deusas tinham como atributos qualidades telúricas e sensoriais, como riqueza e beleza (como Nerthus e Freyja).

Foram os Vanir que também legaram aos homens a habilidade de viajar, por meio das profetisas e sacerdotisas oraculares, para outros níveis de consciência em busca dos conselhos e da sabedoria dos mortos, dos ancestrais e das divindades.

Os espíritos da terra e do mar eram regidos pelos Vanir, que assistiam às profetisas em suas jornadas xamânicas para os outros planos e ajudavam-nas a encontrar e dividir com os demais os conhecimentos ocultos e os poderes de cura. O mar tinha uma importância fundamental para os povos do noroeste europeu e aparece como cenário em vários dos seus mitos. Como o mar era, para eles, meio de transporte e fonte de alimento, os povos antigos cultuavam e veneravam permanentemente as divindades do mar, assim como as da terra.

Somente com a invasão das tribos guerreiras e nômades, vindas do leste da Sibéria e das estepes russas, os valores geocêntricos foram substituídos por novos conceitos, mitos e comportamentos, baseados na ideologia e na mitologia dos conquistadores. Surge assim, uma nova classe de deuses, representados pelos Æsir, cuja morada é Asgard.

A guerra prolongada entre os Vanir e os Æsir descreve, por meio de metáforas, o que de fato aconteceu quando as tribos pacíficas nativas lutaram contra as tribos invasoras (que possuíam armas de fogo) para preservar suas terras e tradições. Os mitos relatam que nenhum dos clãs venceu; após uma prolongada batalha, eles viram-se obrigados a fazer um armistício.

Esse acordo simbolizou a gradativa substituição das divindades e tradições Vanir — ligadas à terra e à fertilidade — pelos novos arquétipos dos deuses Æsir — senhores do céu, do trovão e do relâmpago, das trapaças e da justiça, da comunicação e da sabedoria e, principalmente, da guerra.

Acima de todos reinava Odin, o Pai Todo-Poderoso, senhor das batalhas e dos mortos, doador da vitória ou cobrador das almas. Ele se tornou o centro das lendas, dos interesses e das súplicas da nova sociedade, centrada nos valores da guerra e da conquista.

Além dele, existiam vários outros arquétipos divinos, que serão descritos a seguir, separados segundo o sexo.

A pessoa que se conecta com uma divindade **entra em ressonância somente com o aspecto, o atributo ou a qualidade invocada**. O Deus e a Deusa devolvem e amplificam a intenção e o impulso da conexão — desde que o objetivo visado esteja de acordo com as características do arquétipo. Por isso, será mencionado um número maior de divindades, mesmo as menos conhecidas, para que o leitor tenha acesso a uma ampla gama de informações sobre o panteão nórdico e disponha de várias opções.

DEUSES — ÆSIR E VANIR

ÆGIR (ÄGIR, EAGOR, HLER) — "Aquele que Preparava o Hidromel"

Deus Vanir do mar, Ægir era casado com a giganta Ran e pai das nove "Donzelas das Ondas". Ele controlava os ventos e as ondas e representava o poder do oceano, que tanto podia beneficiar quanto prejudicar os seres humanos. Inúmeros poemas escandinavos lamentam a perda de vidas humanas devoradas pelas "mandíbulas de Ægir", como era designado antigamente o mar. Os piratas saxões sacrificavam um décimo de seus prisioneiros atirando-os ao mar, para fazerem um "agrado" a Ægir e serem protegidos das tempestades e dos naufrágios. Descrito como um velho com barba branca, olhos penetrantes e sorriso benevolente — mas com dedos em forma de garras —, Ægir surgia do mar para anunciar a tempestade e os naufrágios.

Assim como Ran, Ægir também usava uma rede para recolher os afogados, que receberiam sua generosa hospitalidade, regada a hidromel — desde que tivessem nos bolsos pepitas ou moedas de ouro.

O objeto mágico de Ægir era o caldeirão, no qual era preparado o hidromel servido aos deuses. O caldeirão também era associado ao mar, como receptáculo arcaico da transmutação, da criação e da destruição da vida.

Há uma certa controvérsia sobre a origem de Ægir, pois algumas fontes consideram-no um gigante, e não um deus. Como os gigantes — do mar ou da terra — foram os precursores das divindades Vanir, esse detalhe deixa de ser importante. O que realmente conta é a antigüidade do culto a Ægir e o temor e respeito que inspiraram nos homens, ao longo das eras, seus poderes de destruição ou proteção.

Elemento: água.
Animais totêmicos: gaivota, foca, leão-marinho, baleia.
Cores: verde, azul, preto.
Plantas: algas.
Pedras: corais, água-marinha, pirita.
Metal: ouro (chamado de "o fogo de Ægir").

Datas de celebração: 13/01.
Símbolos: barco, caldeirão, hidromel, leme, rede.
Runas: Raidho, Peorth, Ior, Laguz, Ehwaz, Ear.
Rituais: para movimentar energias estagnadas, remover bloqueios, ter proteção nas viagens marítimas (oferecer moedas ou pedaços de pirita antes de viajar).
Palavra-chave: movimento.

BALDUR (BALDER, BALDR) — "O Brilhante", "O Belo", "O Luminoso"

Filho de Odin e Frigga, marido de Nanna e pai de Forseti, Baldur é um deus misterioso e enigmático. Há poucos indícios da existência de um culto organizado a Baldur; sua importância parece resumir-se à sua morte e ressurreição no Ragnarök.

No mito, ele é descrito como um deus belo e radiante, amado por todos os deuses, com exceção do invejoso Loki. Devido aos pesadelos em que Baldur pressente a própria morte, Frigga pede a todas as criaturas sobre a Terra — deuses, homens, animais, plantas ou minerais — que façam um voto de não prejudicar seu filho. Frigga esqueceu-se, no entanto, do visco: quando Loki descobriu essa omissão, ele confeccionou uma flecha de visco e a entregou a Hodur, o irmão cego de Baldur. No teste da invulnerabilidade de Baldur, no qual todos os deuses tentaram, em vão, feri-lo, a flecha atirada por Hodur atingiu-o mortalmente. A pedido de Frigga, o deus Hermod atravessou o rio Gjoll, entrou no reino dos mortos e pediu à deusa Hel que deixasse Baldur voltar. Ela concordou, com a condição de que todas as criaturas deveriam lamentar sua morte e implorar por sua volta. Mas Loki novamente interferiu; disfarçado como a velha Thokk, recusou-se a chorar por Baldur, o que impediu sua volta para Asgard. Assim, o corpo inanimado de Baldur foi colocado sobre a pira funerária acesa em seu próprio barco, junto ao de sua esposa, Nanna, que morrera de dor e tristeza. Odin colocou na pira flamejante, como último presente ao filho, seu precioso anel Draupnir, e a giganta Hyrokkin empurrou o barco para o mar. Quando os deuses descobriram que a maldade de Loki ocasionara a morte do lindo e bondoso deus, decidiram que era chegado o momento de acabar, em definitivo, com suas ações maléficas. Após várias manobras, conseguiram finalmente prendê-lo e mantê-lo em cativeiro, até o Ragnarök.

Existem muitas variantes desse mito, assim como diferentes interpretações dos atributos e funções de Baldur. Ele é visto ora como deus da vegetação; ora como deus solar, que morre anualmente no solstício de verão e renasce no solstício de inverno; ora como o mensageiro da "Idade de Ouro", o Novo Mundo que surgirá após a purificação provocada pelo Ragnarök. Descrito como um jovem esguio, louro e de olhos azuis brilhantes, Baldur segurava um escudo dourado e irradiava bondade e harmonia ao seu redor.

Elementos: fogo, ar.
Animais totêmicos: águia, galo, cavalo.
Cores: amarelo, vermelho, dourado, branco.
Árvore: acácia branca, tília.
Plantas: camomila, dente-de-leão, girassol, hipericão.
Pedras: âmbar, topázio, diamante, feldspato da Islândia.
Metais: ouro, platina, prata.

Datas de celebração: nos solstícios (Yule, de inverno, e Midsommar, de verão).
Símbolos: luz, brilho, beleza, cavalo, escudo, roda solar, barco, pira funerária, anel.
Runas: Wunjo, Raidho, Sowilo, Dagaz, Cweorth.
Rituais: para aumentar a capacidade de tolerância e aceitação, para despertar compaixão, para perdoar, para morrer e renascer (terapias de renascimento, vidas passadas).
Palavra-chaves: suavidade, ternura.

BRAGI (BRAGAR) — "O Poeta"

Filho de Odin — de quem recebeu as runas da oratória na língua e a maior parte do hidromel da inspiração — e de Frigga — ou Gunnlud, dependendo da fonte —, marido da deusa Idunna, Bragi era o deus regente da poesia. Sua função era receber os guerreiros mortos, recém-chegados aos salões de Valhalla, com poemas nos quais enaltecia seus atos de heroísmo. Descrito como um velho com barbas brancas — apesar de ser casado com a guardiã das maçãs da juventude —, Bragi era o padroeiro dos poetas (*skalds*), dos menestréis, dos músicos e dos artistas. Antigamente, nos funerais dos reis e dos chefes guerreiros, eram feitos brindes e juramentos solenes sobre uma taça de bebida. A taça era chamada de *bragarfull*, ou "A taça de Bragi", enquanto *bragarmal* significava o dom poético dado por Bragi a seus escolhidos.

Muito devotado à esposa, Bragi passa parte do ano junto a ela, no reino de Hel, período em que Idunna adoece, vai para Niflheim e é incapaz de voltar para sua morada em Brunnakr (metáfora usada para descrever a morte da vegetação durante o inverno).

Como não há indícios de um culto dedicado a Bragi, supõe-se que ele tenha sido um personagem histórico famoso, elevado posteriormente à condição divina graças ao seu casamento com a deusa Idunna.

Elementos: ar, água.
Animais totêmicos: pássaros canoros.
Cores: branco, azul.
Árvores: frutíferas.
Plantas: cevada, trevo.
Pedras: berilo, fluorita.
Símbolos: taça, harpa, brinde, poema, canção, hidromel.
Runas: Ansuz, Raidho, Mannaz, Laguz, Os, Calç.
Rituais: para melhorar a expressão verbal, para superar as dificuldades de comunicação e os bloqueios criativos, para ampliar a percepção.

FORSETI (FORSETE) — "Aquele que Preside", "O Justo"

Filho de Baldur e de Nanna, Forseti era descrito como um jovem louro, amistoso e luminoso, parecido com o pai, que vivia em Glitnir, salão resplandecente, com pilares de ouro e telhado de prata. Ele era responsável pela justiça feita aos deuses e aos homens, por isso era considerado o regente das leis, dos julgamentos, das negociações, da arbitragem, da reconciliação e da paz. Seu equivalente frísio era **Fosite**, reverenciado no templo da ilha de Helgoland, onde os juramentos e os acordos eram selados perto de sua fonte sagrada. Acredita-se que Forseti significasse "Aquele que preside", pois ele era sempre invocado nos conselhos e nas assembléias, sendo conhecido por seu senso de justiça.

Elemento: ar.
Animais totêmicos: coruja.
Cores: púrpura, dourado.
Árvores: carvalho, nogueira.
Plantas: cinco-folhas, dedaleira.
Pedra: diamante.
Metais: ouro, prata, estanho.
Símbolos: machado duplo de ouro (com duas lâminas), balança, Irminsul (o pilar cósmico).
Runas: Gebo, Tiwaz, Raidho, Wunjo.
Rituais: para promover justiça, facilitar reconciliações, na elaboração e aplicação das leis, para objetividade e imparcialidade.
Palavra-chave: justiça.

FREY (FREYR, FRODHI, FRO, YNGVI, ING) — "O Senhor", "O Fértil"

Filho de Nerthus e Njord, irmão gêmeo de Freyja e marido de Gerda, Frey era o regente de Alfheim, o reino dos elfos claros responsáveis pelo crescimento e florescimento da vegetação. Frey era um deus da fertilidade, da abundância e da paz, cujo título era "O Senhor" (*The Lord*), enquanto o de Freyja era "A Senhora" (*The Lady*). Ele tinha também uma simbologia solar por ser o dirigente dos elfos claros e senhor da luz.

Junto a Njord e Freyja, Frey tinha sido cedido pelos Vanir para o clã dos Æsir, como parte do tratado de paz e colaboração que pôs fim à prolongada guerra entre as divindades.

Frey era um deus extremamente benéfico para a Natureza e a humanidade, sendo invocado para trazer tempo bom, calor, fertilidade, prosperidade e paz. Seu culto persistiu muito tempo após a cristianização, sendo chamado de Veraldar God, "O deus do mundo". Outro título de Frey era Inn Frodhi, "O fértil"; também outorgava-se o nome de Frodhi aos reis para indicar sua ligação com os atributos do Deus. Seu equivalente na Dinamarca era **Frodhi**, enquanto os anglo-saxões o reverenciavam com o nome de **Ing** ou **Yngvi.**

Em alguns mitos, Frey aparece como consorte de Freyja e herdeiro dos atributos e características da sua mãe, Nerthus, a Mãe Terra ancestral. Assim como Nerthus, Frey era cultuado com procissões anuais, quando sua estátua era levada em uma carruagem para abençoar os campos, os animais e as pessoas. Em seus templos, não era permitida a entrada de homens armados e, durante as procissões, todas as batalhas e hostilidades deveriam ser interrompidas.

No templo de Uppsala, na Suécia, Frey era reverenciado no solstício de inverno com um grande festival chamado Fröblot, que incluía sacrifícios (no tempo dos Vikings, até mesmo humanos). Os sacerdotes encenavam dramas rituais, tocavam sinos, batiam palmas e dançavam, atitudes vistas com certo desdém pelos guerreiros, que preferiam adorar Odin e Thor. Do culto de Frey faziam parte os ritos de fertilidade, cujo objetivo era "despertar" a terra e incentivar fartas colheitas e a procriação dos animais.

Conforme relatam vários historiadores, é possível que a morte cíclica e misteriosa de um grande número de reis suecos fosse decorrência de sacrifícios humanos. Assim como os celtas, os povos nórdicos acreditavam que a missão do rei era trazer paz e prosperidade para a terra e o povo; se falhasse, deveria ser submetido a um sacrifício ritual.

Frey era também associado ao culto dos cavalos, que eram a ele consagrados, fosse nas contendas ou em sacrifícios. São muitos os relatos em que o cavalo era enterrado ou queimado junto com o dono, quando este morria em combate.

Outro animal sagrado de Frey era o javali. Tanto ele quanto Freyja tinham javalis encantados; o de Frey, criado pelos anões Brokk e Sindri, chamava-se Gullinbursti. Tinha pêlos que brilhavam no escuro e corria mais rápido do que qualquer cavalo veloz. Os guerreiros nórdicos e anglo-saxões usavam figuras de javalis nos elmos, nos escudos e nos objetos cerimoniais, acreditando nos poderes mágicos e protetores desse animal. Máscaras de javali eram também usadas pelos sacerdotes de Frey, bem como pelos guerreiros suecos. Apesar de Frey não ser um deus da guerra, a proteção que oferecia aos fiéis não se limitava aos períodos de paz; o emblema do javali em elmos, escudos e máscaras evocava os dons protetores e inspiradores desse deus.

Além dos animais sagrados, o símbolo de Frey era o barco mágico Skidbladnir, construído pelos anões e com o dom de atingir, sozinho, qualquer destino desejado. Apesar de ser grande o suficiente para abrigar todos os deuses, ele podia ser dobrado e reduzido até caber no bolso de Frey. O barco era um dos símbolos religiosos mais antigos dos povos nórdicos. Desde a Idade do Bronze, o barco era usado nas cerimônias fúnebres e nos rituais sagrados. Mesmo após a cristianização, até a Idade Média, eram utilizados barcos nas procissões religiosas realizadas para abençoar as lavouras e os animais.

Havia uma conexão entre Frey e as câmaras mortuárias das colinas (*burial chambers, mounds*). Acreditava-se que o próprio Frey jazia em um túmulo em uma colina. Colocavam-se oferendas no túmulo por uma porta, pela qual os espíritos dos mortos entravam e passavam a morar com Frey. Essa crença confirma o conceito dos cultos de fertilidade, nos quais se dá ênfase à veneração e celebração dos ancestrais, com festivais e oferendas nos túmulos. Havia uma antiga prática, chamada *utiseta,* na qual as pessoas pernoitavam sobre os túmulos dos ancestrais em busca de sabedoria e inspiração.

Frey também era associado à idéia da peregrinação da alma pelo mar. Várias lendas relatavam a chegada de um rei pacificador, do "além-mar", que, após governar por um período de paz e prosperidade, desapareceria no mar e deixaria o reino para um sucessor escolhido por ele. Essas lendas realçam a importância dos antigos mitos e das tradições das divindades Vanir, nas quais se valorizavam mais o renascimento e os valores ancestrais do que as promessas cristãs de ressurreição dos mortos, em um mundo divino, diferente e longínquo do dos homens e reservado apenas àqueles que preenchem certos requisitos.

Frey possuía uma espada flamejante que desferia golpes apenas com o comando da voz, a única arma capaz de deter os avanços de Surt, o gigante do fogo destruidor. Frey cedeu-a, juntamente com seu cavalo, à deusa Gerd — ou a seu pai — como dote, para que ela aceitasse se casar com ele. Por isso, no Ragnarök, Frey luta contra Surt armado apenas com um par de chifres de alce (seu atributo, que mostra a sua semelhança com Cernunnos, o deus chifrudo celta, e com o grego Pã), pois o pai de Gerd havia dado a espada mágica ao primo Surt.

Frey é representado nu, com um chapéu pontudo, sentado e com um enorme falo ereto (prova de sua associação com a fertilidade e a procriação). Também pode ser retratado como um homem forte e ágil, com barba e cabelos ruivos, olhos verdes, usando túnica e calça brancas, botas e cintos de couro preto e várias pulseiras de prata nos braços. Às vezes, ele se apresenta nu sobre seu javali de pêlos dourados, com um adorno de chifres de cervo na cabeça e empunhando uma espada luminosa.

O grande destaque da vida de Frey, descrito em um dos poemas dos *Eddas*, é seu amor por Gerd, a linda filha do gigante Gymir. Após avistá-la do trono de Odin (no qual havia se sentado por um dia), Frey adoeceu de paixão. Seu assistente, Skirnir, tentou convencer Gerd a desposar Frey, oferecendo-lhe uma dúzia de maçãs douradas e o anel mágico Draupnir. Gerd, no entanto, recusou a proposta; somente veio a aceitá-la depois de ter sido ameaçada por Skirnir com feitiços de runas malignas que lhe tirariam a beleza e a saúde. Frey conseguiu realizar seu sonho de amor, mas perdeu a espada e o cavalo. Por isso, no Ragnarök, ele é derrotado por Surt que, armado com a espada flamejante de Frey e cheio de ódio contra Asgard, passa a destruir os Nove Mundos, junto com os gigantes de fogo de Muspelheim.

Elementos: terra, água.
Animais totêmicos: javali, cavalo, touro, alce, cervo.
Cores: verde, dourado.
Árvores: aveleira, nogueira, pinheiro.
Plantas: alho-porró, alfineiro, narciso.
Pedras: esmeralda, pedra-do-sol.
Metais: cobre, bronze, prata.
Dia da semana: sexta-feira.
Datas de celebração: 30/04, 28/08, 27/12.
Símbolos: Sol, luz, calor, espada, elmo, barco, chifres, pulseiras, carruagem, sino, elfos, colina, câmara subterrânea, emblemas de javali, símbolos fálicos, adornos de chifres.
Runas: Fehu, Raidho, Gebo, Jera, Sowilo, Ingwaz, Ac.
Rituais: para atrair prosperidade e paz, abençoar a terra, trazer tempo bom e calor, proporcionar fertilidade e crescimento, lembrar e reverenciar os ancestrais, aumentar a virilidade e a potência.
Palavra-chave: fertilidade.

HEIMDALL (RIG, GULLINTANNI) — "O Deus Branco da Luz"

A origem desse deus é misteriosa e vaga, pois o poema que relatava sua história se perdeu. Sabe-se, no entanto, que ele é filho de nove mães, as "Donzelas das Ondas", e possivelmente de Odin, amante delas.

Imbuído de grande e enigmático poder, Heimdall não se enquadra em um arquétipo definido e pode ser considerado tanto um deus solar quanto lunar; representa a arte do silêncio e da observação e personifica ora Yggdrasil (o eixo de sustentação dos Nove Mundos), ora Bifrost (o acesso para o mundo dos deuses). Sua principal missão é guardar Bifrost, a Ponte do Arco-Íris, e anunciar, com sua corneta Gjallarhorn, qualquer aproximação dos inimigos, bem como avisar às divindades sobre o início do Ragnarök.

Dotado de visão e audição aguçadas (enxergava claramente de noite e ouvia até mesmo a grama crescer), Heimdall não precisava de sono e permanecia sempre alerta para perceber qualquer ameaça a Asgard. Por guardar um de seus ouvidos na fonte de Mimir, ele ouvia também tudo o que se passava nos Nove Mundos. Era descrito como um homem alto e forte, com o rosto vincado e os cabelos escuros, queimados pelo sol e o vento; usava uma túnica branca, botas de pele de foca e pulseiras de ouro e prata nos braços; segurava, nas mãos, uma pesada espada.

O título de "Deus Branco" liga Heimdall ao progenitor da humanidade das lendas fino-úgricas, chamado "O jovem branco", que se alimentava de leite e morava na Árvore do Mundo. Em "Rigspula", um dos poemas dos *Eddas*, Heimdall é associado ao herói **Rig**, o pai dos seres humanos e das castas, intermediário entre os deuses e os homens.

Em suas viagens pela terra, Rig se hospeda na casa de três famílias típicas (uma humilde, outra abastada e outra muito rica) e dorme na mesma cama que o casal, entre o marido e a mulher. Passados nove meses, uma criança nasce em cada família, futuro ancestral de cada uma das castas: servos pobres, camponeses donos de terra e nobres e chefes de tribo (descrição detalhada no capítulo anterior).

Há uma semelhança entre esse mito e a lenda celta do deus do oceano **Manannan mac Lir**, chamado "Filho do Mar" — o mesmo título atribuído a Heimdall, por ser filho das "Donzelas das Ondas". Consideradas gigantas do mundo subterrâneo, as nove mães de Heimdall sugerem uma origem muito antiga, ligada aos Vanir — e não aos Æsir.

Não há nenhuma referência a cultos associados a Heimdall, o que dificulta a compreensão de seus diferentes aspectos, mas confirma a suposição de que ele pertence aos Vanes — por sua ligação com o mar, a Árvore do Mundo, a ponte Bifrost, a proteção de Asgard e os mistérios do mundo subterrâneo.

No Ragnarök, quando soar a corneta de Heimdall para conclamar os deuses para a batalha final, ele enfrentará Loki, seu eterno inimigo — mas, após matá-lo, Heimdall sucumbirá também, em razão dos ferimentos causados pelo embate.

Elementos: água, fogo.
Animais totêmicos: carneiro, foca, golfinho.
Cores: branco brilhante, as cores do arco-íris.
Árvores: álamo, abeto, abrunheiro.
Plantas: angélica, lírio-do-vale, trombeta.
Pedras: água-marinha, labradorita.
Metais: prata, ouro, bronze.
Símbolos: corneta, chifre de soprar (berrante), elmo, espada, portal, ponte, mar, arco-íris, a Via Láctea, a estrela Regulus.
Runas: Kenaz, Raidho, Algiz, Mannaz, Dagaz.
Datas de celebração: 24/03, 29/09.
Rituais: para proteção nas viagens; para aumentar a capacidade de ver, ouvir, observar e perceber; para entrar em contato com o mestre interior; para as viagens astrais e jornadas xamânicas (pedindo-se permissão para atravessar Bifrost ou acessar Yggdrasil).
Palavra-chave: vigilância.

HERMOD — "O Bravo"

Filho de Odin e Frigga, Hermod era o irmão menos conhecido de Baldur e Hodur. A pedido da mãe, ele empreendeu com coragem a perigosa jornada ao reino da deusa Hel para dela obter a libertação de Baldur, morto pela maldade de Loki.

Apesar de ter conseguido negociar com Hel a saída de seu irmão do mundo dos mortos (desde que todos os seres chorassem sua morte), o retorno de Baldur não se concretizou por uma nova interferência maldosa de Loki que, disfarçado de uma velha mulher, recusou-se a lamentar a morte de Baldur. Desesperado, Hermod realizou sozinho a longa e difícil viagem de volta, atravessando a ponte sobre o rio Gjoll e saindo do mundo sombrio de Hel para levar a triste notícia para Asgard. Ele trazia também o anel mágico Draupnir, enviado por Baldur de volta para Odin, que o tinha colocado na pira funerária como última homenagem ao filho.

Hermod personifica virtudes como a coragem, a lealdade, a dedicação a um ideal e a tenacidade para realizá-lo, a despeito dos obstáculos e perigos.

Elementos: fogo, ar.
Animais totêmicos: cavalo, lobo.
Símbolos: bandeira, ponte, anel.
Runas: de modo geral, Raidho, Gebo, Nauthiz, Eihwaz, Peorth, Tiwaz, Ehwaz — nenhuma em particular.
Palavras-chave: lealdade, tenacidade.

HODUR (HÖDUR, HODR) — "O Deus Cego"

Filho de Odin e Frigga, irmão de Baldur e Hermod, Hodur foi o instrumento usado por Loki para matar Baldur. Valendo-se da cegueira e da boa-fé de Hodur, Loki o incentivou a lançar uma flecha feita de visco para provar a invulnerabilidade de Baldur. Porém, de todos os seres de todos os reinos, o visco era o único que não tinha feito o juramento pedido por Frigga para que não machucassem seu filho. Embora a sua participação na morte de Baldur não tenha sido intencional, o conselho dos deuses puniu Hodur com a morte instantânea, com uma flecha do arco de Vali. Ele foi enviado para o reino de Hel para fazer companhia ao irmão e aguardar o fim do Ragnarök, quando ambos irão ressuscitar e contribuir para a criação do novo mundo.

Por sua efêmera aparição nas lendas, não há maiores detalhes ou correspondências associadas a Hodur. Seu nome significa "batalha" ou "luta" e ele teria sido um famoso arqueiro antes de ficar cego. No entanto, não há nada no mito que justifique um atributo guerreiro. Pelo contrário, Hodur personifica as atitudes passivas e ingênuas, pois deixou-se enganar pelas maquinações de Loki, sem opor resistência e nem ao menos desconfiar de sua intenção, apesar da sua fama de trapaceiro.

HOENIR (HÖNIR) — "O Deus Silencioso"

Hoenir, juntamente com Mimir, foi um dos dois deuses cedidos pelos Æsir para os Vanir, como confirmação do armistício entre as duas famílias de divindades. Apesar de sua aparência bela e imponente, Hoenir era muito calado, aparentemente por ser muito simplório, indeciso e tolo.

Enfurecido com seu silêncio, os Vanes decidiram se vingar e, inexplicavelmente, mataram o companheiro de Hoenir, o sábio Mimir, enviando a cabeça deste como presente a Odin.

Esse fato torna-se ainda mais incompreensível se confrontado com um trecho do poema "Völuspa" em que Hoenir participa, juntamente com Odin e Lodur, da criação do primeiro casal humano — Askr e Embla —, dando-lhes o dom da inteligência e da locomoção. Em outra versão sobre a criação dos homens, citam-se como criadores Odin, Vili e Vé, de onde se poderia deduzir que Hoenir, juntamente com Lodur, poderia ser um dos aspectos de Odin e descrever, de forma metafórica, a ampla gama das funções de Odin.

Em outros mitos, no entanto, Hoenir aparece como companheiro e amigo de Odin e Loki, participando com eles de algumas aventuras. Descrito como o mais tímido dos Æsir, ele ressuscitará depois do Ragnarök e reinará no Novo Mundo, juntamente com os filhos dos outros deuses, tornando-se o "Mestre das Runas" — sucessor, portanto, de Odin.

Os nórdicos consideram o silêncio uma prova de sabedoria — é possível que seja essa a explicação do aspecto enigmático e calado de Hoenir. Infelizmente, também não há muitas referências a seu respeito, somente as suposições e especulações dos estudiosos. O escritor Edred Thorsson considera Hoenir e Mimir aspectos de Odin, pois as raízes dos seus nomes — *hugr* e *minni* —, são as mesmas de Huginn e Muninn, os corvos mensageiros, representações metafóricas das habilidades de cognição e intuição de Odin.

KVASIR — "O Sábio"

Considerado o detentor da sabedoria divina, conhecedor das respostas para todas as perguntas, Kvasir surgiu de maneira muito inusitada. No armistício que pôs fim à guerra entre os Vanes e os Ases, todas as divindades cuspiram dentro de uma vasilha para assim firmar o pacto. Por mais estranho que pareça esse procedimento, ele é um antigo costume para selar acordos — assim como também era o "pacto de sangue". Da fermentação da saliva conjunta dos deuses nasceu um ser chamado Kvasir, renomado pela sabedoria procurada por todos. Querendo se apossar de sua inteligência, dois anões invejosos — Fjalarr e Gallar — mataram-no. Eles coletaram seu sangue e o misturaram com mel e suco de frutas, guardando-o em três recipientes. Esse estranho líquido recebeu o nome de Odhroerir e ficou conhecido como o "elixir da inspiração". O mito sobre seu roubo, por Odin, é descrito no verbete da deusa Gunnlud.

LOKI (LOKE, LOKJE, LODUR) — "O Trapaceiro"

Loki é a figura mais misteriosa, complexa e de difícil compreensão do panteão nórdico. Tem características ambíguas, atuando ora como embusteiro ou ator cômico em histórias divertidas, ora como uma força motivadora e fator catalisador de intrigas, conluios e tragédias. Em relatos mais recentes, influenciados pelos valores e dogmas cristãos, Loki adquire características muito negativas, tornando-se uma figura demoníaca, equivalente a Lúcifer (*Lukifer*), em contraposição à figura benévola e crística de Baldur.

Nas descrições do historiador Snorri Sturluson, apesar da ênfase dada aos aspectos negativos, é fácil notar que Loki é um personagem travesso, astuto, maldoso e pernicioso, mas sem ser total ou permanentemente ruim, maléfico ou perverso. Sua ambivalência aparece nos mitos dos quais ele participa, tanto dos processos criativos (ajudando a construir o muro de defesa de Asgard), quanto dos destrutivos (provocando a morte de Baldur e o início do Ragnarök). Suas ações provocam sofrimento e prejuízos aos deuses, como no episódio em que ele rouba as maçãs da imortalidade, o colar de Freyja e o cinto de Thor, ou quando corta os cabelos de Sif. Mas Loki também ajudou os deuses em várias ocasiões, como no resgate do martelo de Thor, nas aventuras de Odin e Thor e na recuperação do barco de Frey.

Mesmo que muitas das histórias sobre sua maldade sejam complementações tardias feitas pelos escritores medievais (monges cristãos, em sua maioria), o elemento presente em todos os mitos antigos de Loki é sua costumeira conduta como ladrão, trapaceiro, sabotador e fofoqueiro (suas calúnias sobre as escapadas extraconjugais das deusas tinham sempre uma base real).

São essas contradições no comportamento desse companheiro temido e respeitado dos deuses, irmão de sangue de Odin e morador de Asgard, que indicam as semelhanças de Loki com o "Trapaceiro" *(Trickster)* sobrenatural, personagem comum dos mitos e das lendas dos índios norte-americanos. O trapaceiro é egoísta, traiçoeiro, invejoso; ele aparece em histórias cômicas ou trágicas, com formas e atributos de animais — ora como homem, ora como mulher —, podendo gerar e ter filhos. Ele costuma pregar peças nos seres humanos, embora também tenha lhes trazido a dádiva do fogo e da luz solar. Às vezes, é uma figura grotesca ou hilária; outras vezes, é um herói, meio xamã ou adivinho, que ensina pela farsa ou pelo disfarce, pelas brincadeiras ou pelas armadilhas.

Da mesma forma, Loki era um dos heróis favoritos de muitas lendas e histórias, contadas por mera diversão ou usadas como fábulas educativas. Ele é uma figura sociável (participa de aventuras junto com os deuses); sente-se à vontade no meio das divindades, dos gigantes e dos monstros (tendo até mesmo gerado alguns, como o lobo Fenrir, a serpente do mundo Jormungand e a deusa Hel) e é dotado de poderes mágicos e da capacidade da metamorfose.

Loki muda de forma conforme a necessidade. Para afastar o gigante construtor do muro de Asgard, que tinha pedido a deusa Freyja como pagamento, Loki se transformou em égua e seduziu o cavalo do gigante, do qual este dependia para carregar as pedras. Nessa manifestação como égua, Loki pariu Sleipnir, o cavalo de oito patas, que se tornou a montaria mágica de Odin, usado por ele e por outros deuses para se deslocar entre os mundos. Sleipnir, portanto, foi uma dádiva de Loki para os deuses. Para resgatar as maçãs da imortalidade (roubadas por ele mesmo e entregues, com a própria deusa Idunna, ao gigante Thjazi), Loki se transformou em pássaro e trouxe de volta, em seu bico, as maçãs e a deusa, em tamanho reduzido e escondidas dentro de uma noz. Para pegar de volta o martelo de Thor (roubado, enquanto ele dormia, pelo gigante Thrym), Loki "pegou emprestado o manto de penas de falcão de Freyja" — o que, em linguagem xamânica, significa desdobrar-se no astral em forma de pássaro. Para roubar o colar de Freyja, Loki metamorfoseou-se em pulga; para atrapalhar os gnomos ferreiros que confeccionavam o martelo de Thor, Loki, disfarçado de mosca varejeira, ferrou o chefe dos artesãos, que errou no tamanho do cabo do martelo; para impedir a ressurreição de Baldur, Loki apareceu como Thokk, uma velha giganta; para escapar da fúria dos deuses, que o perseguiam para colocá-lo no cativeiro, Loki assumiu a forma de um salmão. Apesar de suas metamorfoses, Loki é finalmente preso, amarrado em uma gruta, embaixo da boca de uma serpente venenosa que despeja, sem parar, veneno sobre sua cabeça. Esse castigo — que irá durar até o Ragnarök — foi a conseqüência da maldição lançada sobre ele por Andvari, o rei dos gnomos, de quem Loki tinha roubado um tesouro, o famoso "Ouro dos Nibelungen".

Em certas ocasiões, Loki agia de maneira imprevisível e impulsiva, fosse para se livrar dos gigantes que o prendiam, fosse para reparar os erros por ele cometidos contra os deuses. Outras vezes ele se comportava como um menino arteiro (quando cortou os cabelos de Sif, falava mal das deusas ou debochava dos deuses).

Loki personifica os poderes destrutivos do panteão nórdico, mas não pode ser considerado um deus do fogo, conforme afirmam equivocadamente alguns autores, com base apenas na semelhança de seu nome com Loge, que significa "fogo" e era o nome de um deus arcaico do fogo. Ele não se comporta como um espírito ígneo e fica à vontade tanto na terra, quanto na água e no ar.

É possível que ele tenha sido um deus muito antigo, anterior às dinastias Æsir e Vanir, pertencente aos gigantes. De acordo com seu mito, ele era filho dos gigantes regentes do raio e da tempestade, Farbauti e Laufey, o que indica sua ligação com as forças destrutivas e incontroláveis da Natureza. Sucedidos e denegridos pelos deuses, os gigantes passaram a ser descritos como figuras monstruosas e maléficas, o que explicaria a ênfase dada às características negativas de Loki, descendente dos gigantes. Sua captura final pelos deuses — que o amarraram junto a uma serpente venenosa, que despejava veneno continuamente sobre sua cabeça — assemelha-se a uma cena recorrente nos mitos antigos, retratada no período viking em várias gravuras sobre pedras. Posteriormente, as descrições de gigantes e monstros capturados pelos heróis passaram a ter nuances cristãs, culminando com a identificação de Loki com o Diabo — apesar da idéia do "gigante amarrado" ser pré-cristã. Após a captura, Loki permanece amarrado até o Ragnarök, quando ele consegue se libertar e assume o comando do navio macabro, Nagelfari, que transporta criaturas maléficas incumbindas de espalhar destruição e morte pelos Nove Mundos. Ao encontrar seu principal inimigo, o deus Heimdall, Loki o desafia para um duelo mortal, no qual ambos sucumbem.

Loki pode ser visto como o aspecto escuro de Odin, sua "sombra", ou como uma paródia dos aspectos criadores divinos (em vez de uma força contrária a eles). Ele é um agente catalisador que provoca mudanças, sem ser afetado por elas; ele se apropria de coisas, mas as devolve aos donos, sem guardar nada para si. Sua ligação com o mundo subterrâneo é evidente, pois gerou Hel, Fenrir, Jormungand e Sleipnir, além de conduzir o barco que leva os mortos no Ragnarök. Vários elementos de seus mitos indicam sua origem ctônica, como um deus arcaico, ligado ao mundo dos mortos e representante dos poderes destrutivos, impulsivos e inconscientes da natureza humana. Ele deve ser respeitado e reconhecido, porém **jamais** invocado ou reverenciado. Desconhece-se qualquer culto ou homenagem antiga a Loki — algumas fontes nem mesmo o reconhecem como um deus, apenas como um espírito do fogo.

Sua consorte é Sigyn, a única que permaneceu a seu lado, no cativeiro, até o fim; ela recolheu incessantemente, em uma vasilha, o veneno que vertia continuamente sobre a cabeça de Loki, procurando aliviar seu sofrimento. Com Sigyn, Loki teve dois filhos: Ali e Narfi. Com sua amante, a giganta Angrboda, ele gerou Hel, o lobo Fenrir e a serpente Jormungand.

Loki era descrito como um homem bonito, galante e de maneiras encantadoras, que enganava a todos e seduzia as mulheres.

Elementos: fogo (descontrolado), terra, ar, água.
Animais totêmicos: cavalo, raposa, lobo, pulga, mosca varejeira, serpente-aquática, salmão.
Cores: furta-cor.
Árvores: espinhentas.
Plantas: venenosas, alucinógenas.
Pedras: vulcânicas e radioativas.
Metal: chumbo.
Símbolos: fogueiras, queimadas, terremotos, incêndios, erupções vulcânicas, explosões atômicas. Mentiras, espertezas, fraudes, enganos, trapaças, máscaras, armadilhas, roubos, sagacidade, vingança, destruição, magia negra, morte.
Runas: Thurisaz, Kenaz, Hagalaz, Nauthiz, Peorth, Dagaz, Ior, Ear, Cweorth, Wolfsangel.
Palavras-chave: trapaça, sombra.

MAGNI e MODHI

Filhos de Thor e da giganta Jarnaxa, Magni e Modhi eram irmãos de Thrud e Uller. Poucos dados existem sobre eles; sabe-se apenas que irão sobreviver ao Ragnarök e se tornarão os guardiães de Mjollnir, o martelo mágico de Thor. Seus nomes personificam atributos de Thor: *Magni*, "força"; *Modi*, "raiva".

MANI (MAN) — "O Deus da Lua"

Irmão de Sunna, Mani era filho do gigante Mundilfari, que deu a seus filhos os nomes do Sol e da Lua. Esse fato enfureceu os deuses, que seqüestraram as crianças e tornaram-nas condutores das carruagens dos luminares celestes — dos quais se tornaram, posteriormente, regentes.

Mani ficou conhecido como deus lunar e Sunna (ou Sol), como deusa solar. Em certa ocasião, Mani condoeu-se de duas crianças maltratadas pelo pai e roubou-as, levando-as para morar junto dele, na Lua. A menina, Bil, foi elevada à condição divina por Odin, tornando-se, assim, uma deusa lunar, que dividia a regência da Lua com o deus Mani.

Mani regia os calendários, as marés e as fases lunares. Os antigos escandinavos e teutões usavam calendários lunares, mas não viam uma oposição entre o Sol e a Lua, nem entre o sexo feminino e o masculino. O simbolismo das regências baseava-se nas qualidades revitalizantes e nutrizes dos raios solares, atribuídas a uma deusa, e não a um deus. Por outro lado, o deus Mani conciliava a intuição lunar com o pensamento linear e o raciocínio lógico (qualidades solares). Na visão teutônica, a Lua não era associada ao subconsciente ou às emoções, mas à razão e ao ato de medir.

Em algumas lendas, conta-se que Mani consolava as mulheres que eram maltratadas pelo marido, tornando-se seu amante misterioso e invisível nas noites de lua cheia. Podemos interpretar essa crença como o encontro com o subconsciente e o posterior fortalecimento da alma feminina.

Elemento: água.
Animais totêmicos: lebre, lobo, coruja, caracol, ostra.
Cor: branco prateado.
Árvore: choupo, salgueiro, vidoeiro.
Plantas: alho-porró, cinerária, orelha-de-lebre.
Pedras: pedra-da-lua, cristal leitoso, selenita.
Símbolos: calendário, inconsciente, marés, ciclos, intuição, ilusão, névoa.
Dia da semana: segunda-feira (*Montag*, "o dia da Lua")
Runas: Peorth, Mannaz, Laguz, Yr.
Rituais: plenilúnios, regressão de memória, resgate da alma, projeção astral.
Palavra-chave: o desconhecido.

MIMIR (MIMR, MIMI) — "O Mais Sábio"

Conhecido como o mais sábio dos deuses Æsir, Mimir era guardião de uma das fontes que brotava das raízes de Yggdrasil. Seu mito é incompreensível, sendo evidente a mistura de alguns elementos de tradições mais antigas com acréscimos mais recentes.

Após o armistício entre os deuses Vanir e Æsir, que colocou fim a uma batalha que parecia interminável, Mimir foi enviado como refém para os Vanir, junto com o silencioso Hoenir. Apesar de sua afamada sabedoria, Mimir jamais a compartilhava. Porém, foi o silêncio de Hoenir que enfureceu os Vanir que, inexplicavelmente, se vingaram cortando a cabeça de Mimir.

Com ervas e encantamentos com runas, Odin embalsamou sua cabeça e colocou-a dentro da fonte de Yggdrasil. Por meio de invocações e símbolos rúnicos, Odin conseguia fazer a cabeça falar e, por meio dela, buscava orientação e conselhos sábios quando precisava. Para adquirir a essência mágica das runas e obter mais sabedoria, Odin se auto-imolou por nove noites e nove dias e sacrificou até mesmo um de seus olhos para beber da fonte encantada guardada pela cabeça de Mimir. Segundo alguns autores, era nessa fonte que se encontravam as runas, "as muitas verdades desconhecidas aos homens".

A descrição de uma guerra entre duas dinastias de deuses é, em várias mitologias, um tema comum que relata, de maneira metafórica, a rivalidade entre religiões e a substituição de uma religião por outra, com a conseqüente perseguição e difamação das antigas divindades e dos valores dessa tradição.

Há uma certa confusão acerca do verdadeiro detentor da sabedoria: um mito a atribui a Kvasir; outro, a Mimir — nos dois mitos, os donos originais são eliminados e Odin adquire seus dons. O que é relevante é o fato de a sabedoria ter sido adquirida pelos Æsir após o armistício firmado com os Vanir. Mimir descendia dos gigantes, enquanto Kvasir teria sido criado pela mistura da saliva das divindades pertencentes aos dois clãs.

Hoenir e Mimir podem ser interpretados como aspectos de Odin, e seus nomes indicavam a chave de sua enigmática apresentação: Hoenir se origina de *hugr*; Mimir, de *minni*, raízes dos nomes de *Huginn* e *Muninn*, os corvos totêmicos de Odin, que representam suas habilidades intuitiva e cognitiva. Mimir simbolizava, portanto, a memória de Odin, cujos ancestrais eram os gigantes. A consulta de Odin à cabeça de Mimir simboliza o acesso ao conhecimento oculto, vedado aos novatos e permitido aos iniciados, que deveriam usar recursos mágicos. Ao entregar um olho para Mimir, Odin direciona sua visão para os dois mundos

— o real, que enxerga com o outro olho, e o transcendental, no qual penetra com o olho doado e guardado no fundo da fonte de Mimir. Nesse poço sagrado, Heimdall também guarda um de seus ouvidos, o que lhe possibilita a audição ampla de tudo o que se passa no mundo de cima e no de baixo.

Na visão feminista, Mimir é visto como a representação de Madr, a Mãe cósmica, ou Miming, um aspecto das Deusas do Destino. No entanto, independentemente de seu gênero, o importante é ver Mimir como guardião da fonte da inspiração e sabedoria ancestral, na qual o buscador e o iniciado nos mistérios podem mitigar sua sede por conhecimentos — pagando um preço por sua obtenção e uso.

Elementos: ar, água, éter.
Animais totêmicos: coruja.
Cores: branco, amarelo, tons transparentes.
Árvores: freixo, olmo, salgueiro.
Plantas: artemísia, confrei, madressilva.
Pedras: cristais arquivistas, fósseis.
Símbolos: fonte, poço, lago, cabeça, memória, estudo, olhos, artes, poesia, música, ciência, magia.
Runas: Ansuz, Gebo, Peorth, Mannaz, Laguz, Othala, Dagaz, Os.
Rituais: para estudos ocultos, aumenta a concentração, a assimilação e a memorização; conexão com os fios do *wyrd* (os registros *akáshicos*), com a memória ancestral e para ativar as lembranças inconscientes.
Palavra-chave: sabedoria.

NJORD (NJORDRH) — "O Deus da Riqueza"

Casado primeiro com Skadhi e depois com Nerthus, pai dos gêmeos Frey e Freyja, Njord era um deus do clã dos Vanir, por eles cedido aos Æsir como parte do acordo que pôs fim à batalha entre eles. Seu título esotérico era "O Irrepreensível Condutor dos Homens".

Regente do mar e dos ventos, Njord morava em Noatun, "O recinto dos barcos", e concedia, aos que o honravam e veneravam, abundância nas pescas, bom tempo, ventos favoráveis e sucesso nas viagens marítimas. Ele era reverenciado ao longo do litoral da Noruega (conforme comprovam os inúmeros lugares nomeados em sua homenagem) e na embocadura de rios, nos fiordes, nos lagos e nas ilhas. Um dos locais dedicados a seu culto era a ilha de Njardalog (atual Tysnesoen), que significava "O banho de Njord", situada dentro de um lago. Isso confirma os rituais conjuntos de Njord e Nerthus (descritos no subcapítulo sobre as deusas), vistos ora como irmãos, ora como cônjuges. Um mito mais recente atribui a Njord um breve casamento com a deusa Skadhi, que o escolheu pensando tratar-se de Baldur, como recompensa oferecida pelos deuses em razão da morte de seu pai. Skadhi, porém, não agüentou morar à beira-mar e voltou para as montanhas geladas de sua terra natal, onde se casou com Ullr, deus arqueiro e seu conterrâneo, enquanto Njord casou-se com Nerthus, a deusa da terra. Njord era descrito como um marinheiro de traços rudes, barba e cabelos grisalhos revoltos, pele marcada por cicatrizes, olhos azuis, peito nu, calças de cânhamo, descalço e carregando nas mãos um gancho e uma rede.

A associação de Njord com barcos e abundância é o vestígio de um padrão comum nas antigas tradições, que relacionavam as divindades da paz, do bem-estar e da prosperidade com a simbologia do barco. Havia uma ligação evidente entre os Vanir e o mar, visto que a subsistência dos povos nórdicos provinha principalmente da pesca.

Antigamente, pedia-se às divindades Vanir uma colheita dupla — da terra e do mar — e suas bênçãos eram invocadas para consagrar os barcos ou os campos antes da semeadura.

Njord era considerado o padroeiro das riquezas e da abundância da terra e do mar, enquanto Skadhi era uma deusa do inverno, das montanhas geladas e da terra árida, características que explicam sua irremediável incompatibilidade.

Elementos: água e vento.
Animais totêmicos: aquáticos: gaivota, baleia, golfinho, peixes.
Cores: azul, verde, cinza, índigo, violeta.
Metais: chumbo, ouro.
Pedras: ágata esverdeada, água-marinha, pérola, estrela-do-mar fossilizada (astéria).
Plantas: junco, musgo, algas, plânctons.
Símbolos: barco, leme, vela (de barco), machado, tridente, anzol, rede, arado, a marca do pé descalço no campo arado (para atrair a fertilidade), estrelas usadas na navegação (Polar, Arcturus, Vega).
Runas: Fehu, Wunjo, Eihwaz, Mannaz, Laguz, Othala, Erda.
Rituais: para prosperidade, abundância, sucesso na agricultura ou piscicultura, proteção nas viagens marítimas, para a construção de barcos, para acalmar situações turbulentas.
Palavra-chave: abundância.

ODR (ODHR, ODHROD) — "O Viajante"

Marido de Freyja, Odr é pouco mencionado nos textos antigos. Sabe-se apenas que ele desaparecia por alguns meses do ano, quando Freyja o procurava sem parar, vertendo lágrimas de ouro e âmbar. Juntos tiveram duas filhas, tão belas que receberam o nome de Hnoss, "tesouro", e Gersemi, "jóia".

Não se conhecem nem o motivo de seu afastamento, nem seus atributos e funções. Houve quem supusesse que ele seria apenas um aspecto de Odin, pois o nome Odhr indicava o poder mágico da inspiração e das palavras, buscado tanto por Odin quanto por Freyja. Odr também foi considerado um disfarce de Odin — que seria, nesse caso, casado com Freyja e com Frigga e ambas as deusas constituiriam, na verdade, dois aspectos de uma só deusa. Estudos mais profundos, no entanto, comprovaram que as deusas tinham características e atributos diferentes e levantaram a hipótese de que a ligação de Odin com Freyja existia apenas no nível mágico, nos rituais de *seidhr* nos quais ela o iniciou — que provavelmente incluíam sexo ritual. Algumas autores vêem uma semelhança na busca de Freyja por Odr com a da deusa Ishtar por Tammuz. No entanto, a busca de Freyja não se refere à fertilidade da terra e o desaparecimento de Odr não representa os meses do declínio da vegetação, como acontece no mito sumeriano.

ODIN (ODHINN, WOTAN, WODANAZ, WODE) — "O Pai Supremo"

A maior parte dos mitos e lendas nórdicas coloca em evidência a figura complexa e poderosa de Odin, Alfadhir, "O Pai Supremo", chefe dos outros deuses, o *omnideus*.

Odin era conhecido por vários nomes, títulos e apelidos, como Grimnir, o encapuzado; Ganglery, o andarilho; Har, o caolho; Svipal, o que mudava de forma; Fjolnir, o que se escondia; Sigfadhir, o pai das vitórias; Galdrfadhir, o pai das canções mágicas; Harbardr, o barbudo grisalho; Offlir, o estrangulador; Svafnir, o que adormecia os escolhidos; Hangatyr, o Deus dos enforcados; Valfadhir, o Pai dos caídos na batalha; Svithur, o sábio; entre outros. Odin recebeu características e aspectos diferentes, de acordo com o país em que era cultuado. Apesar de alguns autores afirmarem que cada nome era a indicação de um deus diferente, a maior parte dos pesquisadores acredita na existência de um único arquétipo, fosse ele chamado Wodanaz ou Wotan, na Alemanha; Wodan, na Holanda; Woden, na Inglaterra, ou *Odin*, na Escandinávia. Wodanaz é o nome mais antigo, contemporâneo de Thurisaz e Teiwaz, os precursores de Thor e Tyr.

Existem algumas diferenças entre Wotan e Odin que devem ser consideradas nos rituais a eles direcionados. Enquanto o elemento de Odin é primeiro o ar e depois o fogo, a Wotan correspondem a água e a terra, em virtude de sua antiga conexão com o tempo e a colheita. Apesar do arquétipo de Odin ser único e muito antigo, com o passar do tempo ocorreram mudanças sociais e culturais nos povos que o cultuavam que se refletiram, também, nas definições de seus atributos e funções.

Wodanaz surgiu como a figura arcaica de um gigante furioso, regente da tempestade, inicialmente conhecido por Wode, palavra equivalente a "raiva" (*wütte* e *wodjan*, em alemão moderno e arcaico). Gradativamente, ele passou a ser associado à magia e à sabedoria das runas, evoluindo para um arquétipo mais sofisticado, mas que ainda preservava o elemento da raiva e continuava sendo o condutor das almas (assim como Wode).

Odin sobrepujou Tyr como Pai Celeste e absorveu deste algumas características. Somente mais tarde lhe foi atribuída, também, a regência das guerras, como reflexo das mudanças nas sociedades nórdicas. Surge assim a figura guerreira de Odin, armado com sua lança mágica, o elmo dourado e o escudo luminoso, aparecendo de maneira inesperada nos campos de batalha, infundindo temor e confiança em seus protegidos e pânico e desorientação nos inimigos. Originariamente um deus do povo, aos poucos Odin foi elitizado e considerado o padroeiro exclusivo de reis, chefes, heróis e guerreiros, que veneravam Odin em vida e continuavam a servi-lo após a morte. Valhalla, o palácio de Odin, não era um paraíso para todos, somente para os aristocratas e os nobres guerreiros escolhidos por Odin para fazerem parte de Einherjar, seu exército de elite. Odin aparecia para seus favoritos para lhes aconselhar e até mesmo dar armas durante as batalhas, mas exigia em troca seus serviços leais, mesmo após a morte.

Possivelmente nessa época originaram-se as histórias sobre o comportamento traiçoeiro de Odin, reflexo da própria corrupção humana e da indignação de certos reis ou chefes que, ao perderem as batalhas, sentiam-se enganados por Odin, que havia lhes "prometido" a vitória, em sonhos ou visões.

A natureza de Odin é misteriosa e paradoxal — ele constrói a muralha de Asgard para a proteção das divindades, mas perambula por vários meses pelos Nove Mundos, disfarçado de poeta, xamã e guerreiro, para adquirir e repartir conhecimentos e informações. É, ao mesmo tempo, um deus dos juramentos e das traições; torna seus heróis invencíveis — até lhes tirar pessoalmente a vida. Não participa das batalhas, mas promove e incentiva as disputas, sendo um mestre na arte do disfarce.

Para compreender melhor a atuação de Odin como deus da guerra, é necessária uma breve descrição dos valores e costumes das antigas sociedades nórdicas.

No período patriarcal pré-cristão, os povos do norte da Europa necessitavam de um deus da guerra, pois estavam permanentemente envolvidos em batalhas, invasões, disputas ou conquistas. A sociedade estava acostumada à violência e à pouca longevidade; os conflitos entre as pessoas eram resolvidos pela força bruta ou pelas armas. O herói das sagas era o guerreiro e seu leal exército, pronto para lutar e morrer defendendo ou conquistando terras, bens, casas, mulheres, gado. Para garantir a vitória ou a sobrevivência, os homens veneravam deuses que poderiam protegê-los, mas que exigiam em troca algum tipo de sacrifício.

Surgem, assim, os terríveis ritos sacrificiais dedicados a Tiwaz, Wotan e depois a Odin. Há muitos relatos na antiga literatura escandinava sobre ritos, associados a Odin, nos quais era necessária uma morte tripla: pela lança, pela forca e pela fogueira. Os seguidores dessas práticas alegavam que repetiam o exemplo do deus ao qual se dedicavam, pois o mito de Odin narra sua auto-imolação, ferido pela lança e enforcado em Yggdrasil por nove dias e nove noites, para que pudesse alcançar a sabedoria e, assim, fosse aceso o fogo sagrado da inspiração.

Até o século XI encontram-se evidências — como no famoso templo de Uppsala, na Suécia — de sacrifícios de prisioneiros e animais em honra a Odin, em seu aspecto de "arremessador de lanças" e "deus dos enforcados" (a forca era conhecida como "corcel de Odin"). As vítimas, empaladas com uma lança e enforcadas, eram queimadas com todos seus pertences. Acreditava-se que todos os bens oferecidos no sacrifício iriam com o dono para Valhalla. Compreende-se, assim, a destruição de inúmeras armas, escudos, armaduras e jóias dos inimigos, mesmo em uma época em que cada um desses objetos tinha grande valor e era difícil de obter.

Aqueles que morriam de maneira heróica nos campos de batalha eram queimados em piras funerárias ou lançados em barcos depois incendiados, juntamente com armas, cavalos e mulheres. Por mais cruéis e bárbaras que pareçam as mortes sacrificiais das mulheres, elas não eram impostas, mas voluntárias. Referências a suicídios ou mortes "repentinas" de esposas, nos funerais do marido, podem ser encontradas, na Suécia, até o século X. Tal fato é explicado pela crença de que as mulheres somente iriam para Valhalla se morressem de forma sacrificial ou heróica. Para entrar no reino de Odin, elas também deveriam ser empaladas, enforcadas e depois queimadas com o marido. Atualmente, em Gamla Uppsala, ainda podem ser encontrados alguns enormes *burial mounds*, colinas artificiais sob as quais supostamente estão centenas de ossadas (animais e humanas) das vítimas dos antigos sacrifícios feitos a Frey e Odin, ao longo dos séculos. Em vez de uma egrégora lúgubre, como era de se esperar, pude perceber, enquanto caminhava e meditava no local, um enorme vazio, preenchido pela algazarra dos turistas que compram lembrancinhas no Odinsborg, restaurante e loja de suvenires erguido no lugar do antigo templo de Odin, ao lado de uma capela cristã. Procurei entender a real motivação das sangrentas oferendas seculares e percebi claramente que elas eram uma forma de retribuição dos homens para a Terra, que precisava ser nutrida com a energia vital do sangue (antigamente representada pelo sangue menstrual das mulheres), para que produzisse e sustentasse as comunidades assoladas pela escassez de recursos naturais. Para os povos antigos, a vida e a morte eram apenas fases do mesmo ciclo eterno; sem apego à primeira ou temor à segunda, eles honravam e aceitavam igualmente a ambas.

O salão de Valhalla era um lugar extremamente masculino, repleto de armas, escudos e armaduras; tinha um telhado feito de lanças e centenas de portas que facilitavam a entrada e a saída dos guerreiros. Estes, chamados de *einherjar* ("lutadores solitários"), passavam o dia guerreando, morrendo e sendo ressuscitados, para à noite festejar com Odin, comendo carne de javali encantado (que renascia milagrosamente todos os dias, depois de ser sacrificado) e bebendo o infindável hidromel de seu chifre de auroque, com inscrições rúnicas.

Apesar de Valhalla parecer um lugar bastante lúgubre e sem nenhuma conotação transcendental, o sonho e o desejo de todo guerreiro nórdico era morrer no campo de batalha, ser levado pelas Valquírias para o palácio de Odin e ali permanecer, treinando e festejando até a batalha final do Ragnarök.

Um fenômeno muito difícil de compreender é o dos Berserkers, guerreiros consagrados a Odin que lutavam em estado de fúria extática. Descritos às vezes como monstros sanguinários, eles eram guerreiros de uma classe especial, totalmente livres, que não estavam sujeitos a nenhuma lei social ou moral e lutavam em estado alterado de consciência, sem se importar com o perigo ou com os ferimentos. Imbuídos de uma fé inabalável em Odin, que lhes dava esse poder extático, eles lutavam nus, cobertos apenas com peles de animais (*berserk* significava "camisa de urso", ou "pele de lobo"), cujas qualidades eles adquiriam ao longo do treinamento xamânico. Os Berserkers eram os herdeiros de uma longa linhagem de antigas companhias européias de guerreiros; eles viviam reclusos, estavam sujeitos a uma disciplina árdua e rigorosa e submetiam-se a severos testes de iniciação e dedicação ao deus a quem iriam oferecer a vida e os serviços.

Dos guerreiros mortos nos campos de batalha, eram escolhidas as almas daqueles que mais haviam se destacado pela coragem e nobreza. Estas eram escoltadas pelas Valquírias e conduzidas aos salões de Odin ou de Freyja (que dividiam entre si os heróis mortos). Nas lendas mais antigas, as Valquírias tinham uma atuação maior e desfrutavam de livre-arbítrio, conforme relatado no texto a elas dedicado no subcapítulo sobre as deusas. Nos mitos mais recentes, principalmente do período viking, enfatiza-se seu aspecto bélico e sanguinário. Existem alguns relatos celtas e nórdicos sobre entidades femininas vistas na véspera das batalhas, despejando sangue nos campos ou tecendo teias fúnebres com entranhas e caveiras. Elas apareciam nos sonhos dos homens e anunciavam quem iria vencer ou perder. Suas representantes na terra eram as "sacerdotisas da morte", mulheres encarregadas dos ritos sacrificiais e da preparação das vítimas que iam "ao encontro de Odin" pelo ritual da morte tripla.

Indo além dessa apresentação mais recente e conhecida de Odin, em sua simbologia mais profunda e complexa, ele é visto como um **deus tríplice** de aspectos múltiplos (conforme revela um dos nomes pelo qual era conhecido: "Aquele que muda de forma").

A estrutura básica de Odin é representada pelas tríades Wodhanaz—Wiljon—Wihaz, Odin—Hoenir—Lodur ou Odin—Vili—Vé, que resumem seus atributos de guerreiro, xamã e psicopompo, ou suas qualidades de inspiração, poder mágico e transformação.

A escritora Freya Aswynn dá uma interpretação mitológica à **transição de Odin de guerreiro a xamã.** A guerra entre os Æsir e os Vanir teria sido conseqüência da decisão de

Odin de queimar a giganta Gullveig, que apareceu repentinamente em Asgard e despertou nos deuses a cobiça pelo ouro. Apesar de representar um aspecto sombrio da Deusa (a cobiça), o ato de queimá-la três vezes deu origem às Nornes e deu início a uma série de eventos irreversíveis. Odin ainda não tinha adquirido suas habilidades mágicas e ampla sabedoria, que acabaram por transformá-lo em xamã, depois de se auto-imolar na Árvore do Mundo, com o sacrifício de um olho na fonte de Mimir, e de ter aprendido a arte *seidhr* com a deusa Freyja. Ao transcender a morte durante seu sofrimento, ficando empalado e pendurado na Árvore do Mundo por nove dias, Odin adquiriu a habilidade de atravessar as fronteiras entre a vida e a morte e assumiu a condição de xamã, conforme descrito no poema "Havamal" (transcrito no início do capítulo sobre as runas).

Odin "entrega seu ser a ele mesmo" (*Odhinn gives his self to himself*): ele mergulha no escuro reino de Hel (o inconsciente, a morte xamânica) e, num lampejo de consciência expandida, alcança o mistério das runas. **É nessa fusão da luz com a escuridão, do consciente com o inconsciente, que nasce a essência supraconsciente de Odin, que transpõe a sabedoria assim alcançada para o código rúnico.** Sua dádiva para a humanidade foi tornar compreensíveis os mistérios cósmicos aos quais ele teve acesso, revelados nos símbolos das runas, no dom da poesia, na eloqüência da linguagem e na habilidade artística. Odin torna-se, assim, o **Mestre da Inspiração**, o **Senhor da Sabedoria Mágica**, que ele revela aos buscadores ao conduzi-los pelos vários estados de consciência.

Para nossa mentalidade racional e tendo em vista diferentes valores espirituais, parece muito difícil compreender e aceitar a jornada iniciática de Odin como mero aprendiz e não como um deus.

Devemos, no entanto, lembrar que os deuses nórdicos eram mortais (não fossem as maçãs mágicas da deusa Idunna) e seus mitos descreviam experiências e conquistas inerentes à existência humana, servindo de exemplo para os homens. Odin não nasceu deus onisciente e poderoso; ele foi se aperfeiçoando e progredindo, saindo de uma posição inferior na hierarquia divina e se elevando, por meio de sua determinação e dos sacrifícios feitos para alcançar a sabedoria. Passou, assim, da condição de **Odin** para a de **deus Odin**.

Odin personifica o arquétipo universal e eterno do **xamã**, que adquiriu sua sabedoria de três maneiras:

- Pelo sacrifício iniciático na Árvore do Mundo, por nove dias e noites;
- Pelo sacrifício de seu olho (da razão) para beber da fonte de Mimir (sendo que Mimir representa a memória ancestral e sua fonte é o repositório de todos os conhecimentos dos antepassados, obtidos pela intuição e pela visão interior);
- Pela ingestão diária de Odhroerir, o elixir da inspiração, essência da consciência divina dos Ases e Vanes, roubado da giganta Gunnlud (conforme descrito no subcapítulo sobre as deusas).

Odin busca também outras fontes de informação: seus dois corvos — Huginn (pensamento) e Muninn (memória) — simbolizam a expansão permanente de suas habilidades perceptivas e cognitivas, além das fronteiras conhecidas. Ele aprendeu com Freyja a arte da magia *seidhr*, prática baseada em rituais sexuais, transe divinatório e metamorfose. Cavalgando Sleipnir, o cavalo com oito patas (que representa os carregadores que levam um féretro), Odin desloca-se para o mundo subterrâneo, até o portal do reino de Hel (exemplo clássico de viagem xamânica, na qual se assume a forma de um animal), para obter informações de uma sacerdotisa morta (prática denominada necromancia). Um dos poemas antigos descreve a insistência com a qual Odin obriga a relutante *völva* (ou *vala*) a lhe responder.

O fascínio que Odin exerce sobre a mente dos homens lhe confere o poder de criar e soltar amarras (como o medo da morte ou o fluxo da inspiração). Os símbolos desse poder são o *trefot*, o *valknut*, os nós triplos, a serpente (forma que assumiu para perfurar a montanha onde era guardado o "elixir da inspiração" e, copulando com Gunnlud, para obter permissão para beber o elixir), a lança e a espada.

Na qualidade de xamã, Odin desempenha a missão de **psicopompo**, ou seja, condutor das almas, por ele encontradas, recolhidas e conduzidas durante as peregrinações pelos mundos nas quais cavalga Sleipnir. Essa missão foi distorcida e apresentada nos contos medievais como "A Caça Selvagem" (*Wilde Jagd*), e Odin, chamado de Grimnir, "O encapuzado", foi equiparado ao diabo pela igreja cristã.

Como **patrono da inspiração e da sabedoria**, Odin se apresentava como um sábio idoso, com longos cabelos grisalhos, um manto azul-escuro, capuz ou chapéu de abas largas cobrindo a órbita vazia do olho perdido, um dos corvos pousado no ombro e o outro voando ao redor. Ele usava um cajado inscrito com runas e falava somente em versos, usando palavras bonitas e tocantes.

O culto de Odin contém inúmeros elementos e influências do xamanismo siberiano e ártico, exceto o uso do tambor, das danças e das curas. É evidente, em todos os seus mitos, sua importância como mago, mestre iniciático, catalisador de expansão de consciência e psicopompo.

Odin era filho dos gigantes Bestla e Bor, irmão de Vili e Vé, marido de Frigga e amante de Fjorgyn, Grid, Gunnlud, Huldra, Jord, Rind, Skadhi e das "Donzelas das Ondas". Seus filhos eram Baldur, Bragi, Hodur, Hermod, Heimdall, Thor, Thorgerd, Tyr, Vidar, Vali e as Valquírias, e era considerado, junto com Frigga, o progenitor do clã dos Æsir (de onde deriva seu título de "Pai de Todos os Deuses"). Sua participação na criação de Midgard foi descrita no "Mito da criação". Ele possuía três palácios: Valaskialf, com teto de prata, onde se localizava seu trono mágico; Valhalla (ou Wal-Halla), em cujos salões ele recebia os guerreiros mortos em combate; Gimle, que resistirá à destruição do Ragnarök e sediará a nova raça de deuses.

Em algumas gravuras antigas, Odin — como **Deus Pai, o Senhor Todo-Poderoso** — aparecia sentado em seu trono e cercado de seus acompanhantes e objetos mágicos. Odin tinha como auxiliares os corvos Huginn e Muninn, os lobos Geri e Freki e o cavalo Sleipnir; como objetos mágicos, levava Gungnir — a poderosa lança de três lâminas, com a ponta em forma de corvo e que jamais errava seu alvo —, a espada Brimir, o elmo de ouro com chifres, o escudo branco e o anel Draupnir. No Ragnarök, Odin, em sua representação de **deus da guerra** — armadura de couro e metal, elmo ornado com chifres, tapa-olho de metal e equipado com todas as suas armas —, conduzirá deuses e guerreiros mortos para a batalha final, na qual sucumbirá, devorado pelo lobo Fenrir, mas será vingado pelo filho Vidar.

Elementos: ar, fogo.
Animais totêmicos: cavalo, corvo, lobo, serpente e águia (as formas nas quais se metamorfoseou para obter o elixir da inspiração).

Cores: azul, índigo e cinza.

Arvores: cedro, freixo, teixo.

Plantas: amaranto, cogumelos sagrados, mandrágora, sangue-de-dragão.

Pedras: turquesa, esmeralda, sardônica, opala de fogo, rubi-estrela, ônix.

Metais: ouro, prata, ferro, mercúrio.

Símbolos: lança, espada, escudo, cajado, anel, manto azul-escuro com capuz, *valknut* (três triângulos entrelaçados), nós em movimentos serpentilíneos, *fylfot*, a cruz de Wotan e a suástica (símbolos quádruplos), *trefot* (símbolo tríplice), bastão em forma de serpente, as estrelas Capella, Corona Borealis e a constelação Ursa Maior.

Dia da semana: quarta-feira (antigamente chamada *Wodenstag* — dia de Woden — e depois cristianizada como *Mittwoch* — meio da semana), para invocar o dom da inspiração; sábado, para as práticas xamânicas.

Datas de celebração: 30/04 (*Walpurgisnacht*), 18/08, 2/11, 6/12.

Runas: Ansuz, Gebo, Wunjo, Eihwaz, Othala, Dagaz, Os, Yr, Ear, Gar.

Rituais: para obter conhecimento oculto, sabedoria, poder mágico, usar e ler runas, para se tornar invisível, ganhar competições, livrar-se dos inimigos, deslocar-se entre os mundos, nas viagens xamânicas, terapias de vidas passadas, resgate de alma, ritos funerários.

Palavras-chave: domínio, poder, magia, sabedoria.

Para invocar Odin é fundamental conhecer bem toda sua simbologia, mitos e atributos. Atualmente, sua função mais importante é a de conduzir o buscador para sua transformação interior e integração pessoal. O complexo e paradoxal arquétipo de Odin é um modelo para a expansão da capacidade mágica daqueles que ousam enfrentar os desafios e os sacrifícios, as sombras e as ilusões, para alcançar seu próprio poder de xamã e mago, tornando-se Senhor da vida e de si mesmo.

THOR (ASA-THOR, THUNOR, DONAR, DONNER, PUNOR, PERKUN) — "O Deus do Trovão"

O arquétipo desse deus tem uma certa complexidade, retratada nos mistérios da runa Thurisaz. Seu culto é muito antigo e persistiu até o século XI. Foi considerado o principal adversário de Jesus durante a cristianização. Os amuletos com seu símbolo sagrado — o martelo — coexistiram por longo tempo com o crucifixo, até finalmente serem por ele substituídos.

Ao contrário de Odin — visto como o deus dos nobres —, Thor era o padroeiro dos trabalhadores braçais, fazendeiros, viajantes, camponeses e até mesmo dos escravos.

Descrito como um deus celeste, regente do trovão e do relâmpago, Thor era muito popular e largamente reverenciado, tendo sido encontrados mais altares e templos dedicados a ele do que a qualquer outra divindade. Ele era o protetor dos vários aspectos da vida humana, defendia as comunidades dos cataclismos naturais, ajudava no cultivo da terra (como filho de Jord, a Mãe Terra), criava leis, protegia os viajantes e abençoava os nascimentos, os casamentos e os enterros.

Seu mito o descreve como "defensor de Asgard", atento às investidas dos gigantes, e zeloso do bem-estar e da segurança das divindades. Para a humanidade, ele era o grande protetor de suas humildes moradias e de suas colheitas contra as tempestades e o frio. Thor era invocado pelos viajantes e por todos aqueles que juravam em seu nome, precisavam tomar uma decisão ou ganhar uma causa.

Como sucessor do antigo deus celeste Tiwaz, dele recebeu alguns atributos. Seu nome arcaico era **Thursaz** — (*thurs*, "gigante", e *az*, "deus"), que descrevia perfeitamente Thor como o "deus gigante", semelhante aos Jötnar em aparência, tamanho, força, apetite e atitudes primitivas.

Senhor dos raios e do trovão, Thor atravessava o céu em uma carruagem flamejante, puxada por dois bodes, cujo ruído anunciava a chegada da tempestade. Parecido com um herói viking, Thor tinha uma grande barba ruiva (da cor do fogo que ele produzia), olhos faiscantes, estatura e força colossais e apetite extraordinário. No mito que descreve a recuperação do seu martelo mágico, Mjollnir, roubado pelo gigante Thrym enquanto ele dormia, Thor segue a sugestão de Loki e se disfarça de mulher para se passar por Freyja, cobiçada pelo gigante, que se dispôs a trocá-la pelo martelo. Coberto com um véu, Thor consegue enganar o gigante até o jantar, quando consome um boi, oito peixes e vários copos de hidromel. Astutamente, Loki explica ao noivo atônito que a fome da "noiva" era causada pela ansiedade para se casar logo. Quando o martelo é trazido para selar a união, Thor se apodera imediatamente dele, matando Thrym sem dificuldade.

Visto como um grandalhão — não muito inteligente, mas facilmente irritável —, Thor representava o defensor ideal dos deuses, pois obedecia sempre às suas ordens e tinha força similar à dos gigantes, seus eternos adversários. Sua imagem era a de um gigante, corpulento, com barba e cabelos vermelhos e penetrantes olhos azuis. Usava túnica e botas de pele de urso, cinto e luvas de ouro e um elmo de ferro, e era conduzido por uma carruagem pesada, puxada por enormes bodes pretos.

Muitas lendas descrevem, de forma jocosa ou cômica, as aventuras e as batalhas com os gigantes que matou, sem pensar muito. Seu inimigo mais terrível, no entanto, é Jormungand, a Serpente do Mundo, que ele consegue pescar uma vez, mas deixa escapar. Em outro episódio, Thor é hóspede de um rei (um gigante disfarçado), que testa sua proverbial força e lhe pede que esvazie um enorme chifre de hidromel e levante um gato cinza. Por mais incrível que pareça, Thor não consegue, descobrindo depois que a ponta do chifre estava presa no fundo do mar e que o gato era a própria "Serpente do Mundo" disfarçada.

O apetite de Thor era compatível com a sua grande vitalidade e força física; ele matava e devorava até os bodes de sua carruagem, devolvendo-lhes a vida em seguida, ao impor seu martelo sobre eles. Seu martelo era mágico: após ser arremessado, voltava sozinho às suas mãos. O martelo tinha sido confeccionado pelos gnomos ferreiros, mas, por interferência maldosa de Loki (que, metamorfoseado em mosca varejeira, ferrou o chefe deles durante a fundição), o cabo do martelo ficou muito curto. Chamado de Mjollnir, esse martelo era a arma mais preciosa de Asgard, juntamente com Jarngreip, as luvas de ouro, e Megingjardar, o cinto mágico de Thor. O martelo era usado pelos povos nórdicos para definir fronteiras (ao ser arremessado, o lugar onde caía estabelecia o limite nas disputas de terras), selar juramentos, abençoar casamentos e promover a fertilidade da noiva (quando colocado em seu colo).

Outro símbolo de Thor era um bracelete (*armring*) — uma pulseira, na realidade — sobre o qual se faziam os juramentos nos templos.

Em todos os templos de Thor existiam pilares ou troncos de carvalho cheios de pregos, nos quais se batia com um martelo para produzir faíscas e acender o fogo ritual. Os pilares simbolizavam o domínio de Thor sobre o céu e o tempo, uma reminiscência das épocas em que seu culto era realizado nos bosques de carvalhos. O predecessor de Thor na Alemanha era **Donar** que, assim como Zeus, era associado ao relâmpago e aos carvalhos, as árvores mais atingidas pelos raios. O carvalho e depois o pilar eram vistos como canais que atraíam o poder do deus celeste para a terra, tornando-se, por isso, sagrados. O pilar era usado em locais onde não havia carvalhos (ou em que haviam sido extintos), em lugar do antigo mastro do templo (chamado "a árvore feliz"), considerado a garantia da felicidade e da sobrevivência da comunidade. Essa é a origem de um antigo costume germânico no qual se fincava um galho na cumeeira da casa logo que ela ficava pronta, enquanto os donos festejavam, oferecendo bebidas a Thor e aos operários. Acreditava-se que assim a casa não seria atingida pelos raios, sendo protegida por Thor, cujo símbolo — o martelo — era colocado acima da porta.

Thor era filho de Jord, a Mãe Terra, o que explica sua atuação fertilizadora nos campos, pelas chuvas e pelas descargas elétricas das tempestades. Sif, sua linda esposa de cabelos dourados, era a manifestação de uma antiga deusa da fertilidade; ao fazer amor com ela, nas noites de verão, a virilidade de Thor se manifestava pelos relâmpagos que ativavam o amadurecimento das espigas de trigo (que simbolizavam os cabelos de Sif). Com sua amante, a giganta Iarnsaxa, ele gerou uma filha — Thrud — e dois filhos: Magni ("O forte") e Modhi ("O furioso"), que sobreviverão ao Ragnarök e se tornarão, no Novo Mundo, os guardiães de Mjollnir.

Os atributos de Thor — que tanto podiam ser **destrutivos** (com relação aos gigantes, aos perigos e aos inimigos) quanto **protetores** —, eram representados por seu martelo, que ora matava, ora abençoava.

O martelo como símbolo sagrado também está presente em outras culturas. Originado na Idade do Bronze, foi preservado nos templos da Grécia e do Império Romano e pode ser encontrado gravado nos tambores dos xamãs da Lapônia. Associado a ele está a roda solar e a suástica, símbolos também atribuídos a Thor e presentes em várias tradições.

Uma interpretação interessante sobre o mito em que Thor, disfarçado de mulher, resgata seu martelo, é dada pela escritora Freya Aswynn. Ela afirma que, somente ao assumir sua *anima* (indicada pelas roupas femininas), Thor consegue resgatar sua verdadeira masculinidade (simbolizada pelo martelo que, como a runa Thurisaz, é uma figura fálica).

Elementos: fogo, terra, chuva.
Animais totêmicos: bode, touro.
Cor: vermelho.
Árvores: castanheira, carvalho, espinheiro.
Plantas: barba-de-bode, cardo, tojo.
Pedras: jaspe-sanguíneo, ágata-de-fogo, hematita, tectito, moldavita, amonite, belemnite.
Metais: ferro, estanho.
Símbolos: martelo, luvas, cinto, carruagem, raio, trovão, tempestade, anel de ferro, roda solar, suástica, pilar, pregos, as estrelas Aldebaran, Antares e Rigel.
Dia da semana: quinta-feira (em alemão *Donnerstag*, "dia de Thor"; equivale, em inglês, a *Thursday*).

Datas de celebração: 19/01, 20/05, 28/07, 01/08.
Runas: Raidho, Thurisaz, Uruz, Sowilo.
Rituais: de proteção e defesa, para aumentar a força física, a fertilidade e a virilidade, para melhorar o tempo, preservar a ordem, vencer os inimigos. Thor representa a força da vontade que impulsiona, direciona e conduz, que derruba barreiras e vence empecilhos e dúvidas, mas que também alerta para a impaciência, a irritação e a imprudência
Palavra-chave: força.

TYR (TIW, ZIO, ZIU, TEI, TIUZ, DIEUS, TUÍSCO) — "O Deus da Batalha"

A origem de Tyr se perde nos tempos: foi venerado sob o nome de **Tiwaz** ou **Teiwaz** (o supremo deus celeste) pelas tribos indo-européias e depois foi adotado pelos povos nórdicos e teutônicos como Pai Celeste e Senhor da Guerra.

O nome Tei, ou Ziu, tem como origem a palavra indo-européia *djevs*, que simbolizava "céu" ou "luz" e que também originou o latino *dieus* e o grego *Zeus*, também uma forma antiga para *ass* ou *oss* — que, nas línguas protogermânicas, também significava "deus". Teiwaz, portanto, representa o deus celeste associado ao poder solar e à luz do dia, transformado posteriormente em deus da guerra, conforme se comprova pela inscrição da palavra *Teiwa* em elmos e espadas.

Apesar de reger as batalhas, Teiwaz não possuía um aspecto sanguinário; ele era associado ao Thing, a assembléia do povo que estabelecia as leis e solucionava as disputas. Teiwaz era, ao mesmo tempo, o deus protetor das leis e da ordem na comunidade e o regente da guerra.

Era invocado por ocasião dos *holmganga*, duelos oficiais vistos como augúrios divinos e que definiam culpados (nos litígios interpessoais) ou vencedores (antes das grandes batalhas, quando lutavam um representante da tribo que ia atacar ou se defender e um prisioneiro da tribo inimiga).

O sucessor de Teiwaz, **Tyr**, também era invocado para conceder coragem, justiça e vitória. Era em seu nome que se faziam os juramentos solenes sobre a espada, que não podiam ser quebrados, sob risco de castigo divino. A vida dos guerreiros dependia de suas armas e jurar sobre elas era a prova máxima de sua sinceridade.

Tiw era tão importante para os saxões quanto Odin era para os nórdicos. Os romanos estabeleciam semelhanças entre ele e Marte, seu patrono da guerra, embora haja uma grande diferença entre eles: enquanto Marte era o patrono dos soldados, Tiw era o Pai Celeste (como Zeus), padroeiro dos juízes e conselheiros, regente das leis e da ordem. As modificações posteriores de seu arquétipo é que introduziram os sacrifícios sangrentos, realizados para que Tiw concedesse a vitória nos embates, e o transformaram em um deus sedento de sangue, a quem se ofertavam as cabeças dos inimigos vencidos.

O mito mais conhecido de Tyr relata sua coragem ao colocar a mão na boca do feroz lobo Fenrir, como garantia da boa-fé das divindades — que, na realidade, usaram esse artifício para tentar amarrar Fenrir com uma corda mágica, confeccionada pelos gnomos, única forma de impedir a crescente fúria destrutiva do lobo. Porém, ao perceber a cilada dos deuses, Fenrir decepou a mão de Tyr como vingança. Ao perder a mão nas presas do lobo, Tyr demonstrou, de forma dolorosa, que o perjúrio — sob qualquer pretexto — é castigado. É esse paradoxo que ressalta a nobreza de caráter de Tyr: ele, o padroeiro da lei, da honestidade e da verdade, prestou um falso juramento e pagou o preço por essa transgressão. Enquanto Odin sacrificou um olho para obter conhecimento, Tyr não almejou nenhum benefício pessoal: seu sacrifício foi um ato altruísta. Mesmo assim, ele cometeu perjúrio e teve que arcar com as conseqüências de seu ato.

Nos mitos mais recentes, o lobo Fenrir é o adversário mortal de Odin, mas, nas antigas lendas, é Tyr que mede forças com o lobo no Ragnarök. O historiador islandês Snorri Sturluson descreve o confronto final entre Tyr e o cão Garm, o guardião do mundo subterrâneo (morada de Hel, irmã de Fenrir); pode ser apenas uma mudança de nomes, já que o símbolo lobo/cão permaneceu o mesmo. Tyr foi morto no embate, após matar o cão; Fenrir, após matar Odin, é vencido pelo filho deste, Vidar.

A imagem do "deus que amarra", descrita no mito de Tyr, originou o costume de amarrar as vítimas que seriam sacrificadas aos deuses da guerra (tanto Wotan, quanto Odin e Tyr).

Supõe-se que **Saxnot**, a divindade máxima dos saxões, seja o equivalente de Tiw, em cuja honra eram feitos sacrifícios humanos e oferendas das espadas dos guerreiros vencidos. Na Inglaterra, Tiwaz era reverenciado sob o nome de Tiw e Tig e possuía atributos semelhantes.

Inscrições rupestres da Idade do Bronze, na Escandinávia, retratam figuras masculinas com apenas um braço, empunhando uma arma. Esses vestígios comprovam a antiguidade do culto de Tiwaz, transformado depois em Tyr, "o Deus com um braço". Ele era descrito como um homem alto, forte, de cabelos louros trançados e olhos azuis; usava um elmo com chifres, a espada gravada com a runa Tyr, um manto, botas de pele de lobo, e, em lugar de cinto, uma corda com nós. Faltava-lhe a mão direita e um olho — por isso o tapa-olho de couro preto.

Além desse mito no qual Tyr aparece como símbolo do auto-sacrifício em prol da comunidade, são poucas as referências que existem sobre ele; sabe-se mais de sua atribuição como padroeiro da justiça. O dia de terça-feira recebeu seu nome, seja como *Tuesday*, em inglês, ou *Dienstag*, em alemão (derivado de *Thinstag*, o dia da assembléia legal Thing).

A escritora Freya Aswynn faz referência a um antigo conceito sobre a possível androginia de Tyr. Nessa representação, seu nome — descrito em outras fontes como um arcaico deus celeste saxão — era **Zio** ou Ziu, e o de sua contraparte feminina, **Ziza**.

Considerado filho de Odin e da deusa Nerthus, Tyr era conhecido também pelo nome de **Tuísco**, pai de Mannaz, e teve três filhos: Ingvio, Irmio e Istvio, os progenitores das três tribos germânicas primordiais, ancestrais de todas as outras, e também deram origem às castas.

Como deus celeste, Tyr é associado a várias estrelas, principalmente Sirius, cujo nome em persa arcaico era *tir* e significava flecha, a forma da runa dedicada a Tyr, Tiwaz. No poema rúnico de origem anglo-saxã, a estrela polar é descrita como Tyr, a estrela-guia dos navegadores nórdicos, tão vital para a navegação noturna quanto o Sol durante o dia. Nesse contexto, a runa Tiwaz, que representa a flecha a apontar o caminho, é muito apropriada e confirma o aspecto luminoso de Tyr.

Elementos: fogo, ar.
Animais totêmicos: lobo, cão.
Cores: vermelho-escuro, púrpura.
Plantas: espinheiro, carvalho, verbena, zimbro, pinheiro.

Pedras: granada, topázio, rubi, safira-estrela, diamante.
Metais: estanho, bronze.
Símbolos: escudo, elmo, flecha, espada, juramentos, leis, ordem, a estrela Polar e Arcturus, Sirius e as Plêiades
Dia da semana: terça-feira.
Palavras-chave: luta, vitória e garantia do cumprimento de compromissos.
Runas: Gebo, Algiz, Tiwaz, Sowilo, Mannaz, Dagaz, Ac, Ear, Wolfsangel, Ziu.
Rituais: para atrair a justiça e a manifestação da verdade, em disputas legais e processos jurídicos, para conseguir vencer nas batalhas justas, para selar juramentos e compromissos.

ULL (ULLR, ULLER, WULDER, WULTHER) — "O Deus Arqueiro"

Pouco se sabe sobre esse antigo deus que representava uma divindade arcaica da antiga Escandinávia, regente da morte. Acredita-se que, em alguma época da história dessa região, o culto de Ull foi tão importante quanto o de Odin, pois era ele que chefiava Asgard nos meses de inverno, na ausência de Odin. Um mito antigo descreve essa punição de Odin pela violência perpetrada à giganta Rind (que com ele gerou Vali). Por causa dela, ele foi obrigado a se afastar de suas funções de chefe das divindades e transferi-las a Ullr, conhecido por sua honra e integridade.

Conhecido como o senhor do inverno, da neve e do gelo, Ull era um deus arqueiro cujo nome significava "O brilhante" ou "O majestoso", adjetivo que confirma sua importância como deus celeste das antigas tribos nórdicas. Ele deixou seu nome — como Ullr e Ullin — impresso em vários lugares da Escandinávia. É associado também à aurora boreal, enquanto sua consorte, Skadhi, representa o aspecto sombrio do inverno, sendo também uma deusa da morte. Alguns autores atribuem a Uller uma irmã gêmea chamada Ullin, deusa da neve, equivalente a Holda.

Ull era filho da deusa Sif; não se sabia quem era seu verdadeiro pai — presumivelmente um antigo deus chamado Orvandel, amante da bela Sif —, mas era enteado de Thor e meio-irmão de Magni, Modi e Thrud. Era descrito como um homem forte, moreno, que usava roupas, botas e manto de peles de animais; nas mãos segurava um escudo e um arco. Considerado um hábil arqueiro e excelente esquiador, possuía atributos bastante paradoxais. Se por um lado é um deus invernal — que representa a escuridão e a morte da vegetação —, por outro lado é associado à fertilidade dos campos e ao "esplendor" (o equivalente gótico do seu nome *Wulther*) do céu claro.

Ull regia a administração da justiça e seu anel servia de testemunho e selo nos juramentos; era também invocado nos duelos e nas disputas.

Sua morada passou a ser em Ydalir, "O vale dos teixos", depois de ter sido obrigado a sair de Asgard por causa do ciúme de Odin por sua impecável atuação durante sua ausência. Ull é uma figura misteriosa e indefinida, vestígio de cultos antigos, perdidos nas brumas dos tempos. Foi seu nome que originou a runa Ul.

Elementos: água (neve, gelo), terra.
Animais totêmicos: rena, raposa e urso-polar.
Cores: branco, verde, amarelo.

Árvores: teixo, pinheiro prateado.
Plantas: musgo, *snow-drop* ("pingo-de-neve", a primeira planta que brota da neve).
Pedras: obsidiana floco-de-neve, celestita.
Metal: prata.
Símbolos: arco, esquis, trenó, escudo, barco, aurora boreal, anel para juramentos.
Runas: Wunjo, Eihwaz, Yr, Ear, Ul.
Rituais: para assistir aos juramentos, para proteger os duelos, as disputas, as viagens, os esportes de inverno e as competições de arco-e-flecha.

VALI (WALI, BOUS, ALI) — "O Vingador"

Filho de Odin e da giganta Rind, Vali é conhecido apenas como o vingador de Baldur e Odin, sendo um dos poucos deuses que sobreviverão ao Ragnarök e que irão governar o mundo na "Idade do Ouro".

Sabe-se que ele era corajoso, astuto e prudente. Tinha jurado que, até que vingasse a morte de Baldur, não iria pentear os cabelos ou lavar as mãos (um suplício, pois os povos nórdicos prezavam a higiene pessoal e os cuidados com os cabelos e a barba). Foi sua flecha que matou Hodur, como punição pela morte de Baldur. Seu mito é uma metáfora do "ressurgimento da luz após a escuridão do inverno", pois ele sobrevive ao caos final e reina no Mundo Novo, junto com seus irmãos Baldur e Vidar.

VIDAR (WIDARR) — "O Deus Silencioso"

Vidar também era filho de Odin. Sua mãe, após ouvir a profecia de que Vidar iria matar a giganta Grid e o lobo Fenrir no Ragnarök, confeccionou-lhe calçados especiais para proteger seus pés. Graças a esses sapatos, feitos de pedaços das botas dos guerreiros mortos, Vidar escapará ileso das garras e presas do lobo, arrancando-lhe as mandíbulas depois que este matar Odin. Ele era silencioso e solitário e morava sozinho em um palácio, no meio da floresta.

Vidar personificava as forças indestrutíveis da Natureza e a capacidade de enfrentar — e vencer — o mal. Junto com seu irmão Vali, sobreviverá ao Ragnarök.

WELAND (WIELAND, WAYLAND, VOLUND) — "O Deus Ferreiro"

Weland, deus germânico adotado pelos saxões, era conhecido como exímio artesão, hábil na arte da metamorfose. Era filho de Wade, rei dos finlandeses que possuía um barco mágico; sua avó Wachilt era uma misteriosa "mulher do mar", possivelmente uma sereia, dotada de poderes sobrenaturais. Junto com seus dois irmãos, Egil e Slagfid, Weland se encontrou na margem de um rio com três cisnes, que se transformaram em lindas donzelas e começaram a fiar linho. Os três irmãos se apaixonaram imediatamente por elas, roubaram-nas e esconderam-nas sob os mantos de penas, levando-as para a casa deles, onde viveram felizes por sete anos. No oitavo ano, as donzelas se entristeceram, com saudades de sua terra. No nono ano, desapareceram e reassumiram a forma de cisnes. Após uma série de aventuras, nas quais foi capturado e encarcerado em uma ilha distante (por um rei que exigiu que o ferreiro trabalhasse exclusivamente para ele), Wayland escapou do cárcere voando com um par de asas, que confeccionou na tentativa de escapar e encontrar sua mulher.

Conhecido como "forjador de espadas mágicas", Wayland confeccionou armas para os deuses Æsir e para o herói anglo-saxão Beowulf, para que este matasse um dragão. Assim como seu equivalente grego Hefaísto, Wayland era manco (deficiência que adquiriu quando torturado pelo rei), mas forte, calado e soturno.

Na Inglaterra, no White Horse Valley (vale do Cavalo Branco), em Uffington, existe um círculo de pedras neolíticas conhecidas como *Wayland's Smithy* (a "Ferraria de Wayland"). Segundo a lenda, se alguém deixasse ali, à noite, um cavalo e uma moeda de prata, no dia seguinte encontraria o cavalo com uma ferradura nova, feita pelo "ferreiro sobrenatural".

Elementos: metais (ferro, aço, prata, bronze), fogo.
Animais totêmicos: cavalo, cisne.
Cores: metálicas.
Árvores: abeto, bordo, junípero.
Plantas: cominho, tomilho, urze.
Pedras: hematita, magnetita.
Metal: ferro.
Símbolos: martelo, forja, bigorna, anel, asas, ferradura, cravos, espada.
Runas: Algiz, Tiwaz, Eihwaz, Ingwaz.
Rituais: para trabalhar com metais (deve-se pedir a ajuda de Wayland e dos gnomos ferreiros); para aumentar a força e a resistência nas circunstâncias adversas; para invocar sua bênção na consagração da espada.

DEUSAS — ASYNJUR E VANES

BERCHTA (BERTHA, FRAU BERCHTE, PERCHTA) — "A Senhora Branca"

Nas lendas da Alemanha, Áustria e Suíça encontramos descrições dessa antiga Deusa que, junto com sua irmã gêmea Holda, foi ridicularizada como a caricatura da bruxa malvada que voava sobre uma vassoura. Enquanto o mito e os atributos de Holda foram preservados em todos os seus detalhes, Berchta ficou conhecida apenas como a "Mulher Elfo" ou a "Senhora Branca", que flutuava sobre os campos, coberta com seu manto cinzento de neblina.

Berchta era uma deusa da fertilidade — dos campos, das mulheres, do gado — cujo nome significava "brilhante". Regia os arados, a tecelagem, a fiação, os fusos e as rodas de fiar. Assim como Holda, Berchta também regia o tempo e trazia a névoa e a neve.

Era representada como uma mulher velha e desleixada, com cabelos brancos desgrenhados e roupas velhas, coberta por um manto branco. Seu rosto era enrugado, seus olhos de um azul vivo, sendo ora gentil, ora raivosa — quando punia as tecelãs preguiçosas, arranhando-as ou espetando-as com seu fuso.

Berchta regia os "doze dias brancos" que se iniciavam na "noite da Mãe", em 20 de dezembro, e se encerravam em 31 de dezembro, comemorado com panquecas, leite e mel. Após a cristianização, esse período de repouso e comemoração foi alterado; seu início mudou para a noite de Natal e seu final, para a véspera da Epifania (5 de janeiro). Nesse período, ela percorria o mundo em uma carruagem puxada por um bode, sendo proibido o uso de qualquer veículo com rodas ou movimentos giratórios. Acreditava-se que, quando penteava os cabelos, o Sol brilhava, e, quando sacudia seus travesseiros, a neve cobria a terra.

Em seu aspecto de "Senhora Branca", Berchta protegia as almas das crianças não-nascidas, que, à espera de renascimento, ajudavam-na a cuidar dos brotos das lavouras e dos jardins, regando-os.

Assim como Holda, Berchta pode ser invocada em rituais para aumentar a fertilidade (vegetal, animal ou humana), para melhorar as condições do tempo, no momento do plantio ou da colheita e para abençoar qualquer atividade artesanal que utilize lã, linho ou fios.

Alguns autores consideram Berchta a precursora do arquétipo de Papai Noel (versão cristã da lenda de Odin e das experiências xamânicas). Ela representava a face escura da Anciã, do inverno e dos medos que as pessoas sentiam. Mas, ao mesmo tempo, sua comemoração, no solstício de inverno, mostra que ela também trazia na sacola as promessas do aumento da luz e do renascimento da Natureza, mostrando-se uma Mãe Antiga dadivosa.

Elementos: ar, terra, vento, neve.
Animais totêmicos: ganso, aranha, urso, cabra, bode, gado.
Cores: branco, dourado, amarelo.
Árvores: sabugueiro, pinheiro prateado.
Plantas: alfineiro, linho, *snow-drop* ("pingo-de-neve", a primeira planta que brota na primavera), quenopódio.
Pedras: calcita, dolomita, celestita, astéria ("pedra-estrela").
Metais: prata, estanho.
Datas de celebração: 11, 20 e 31/12; 5/01.
Símbolos: roda de fiar, fuso, carruagem, berço, travesseiros de penas, fios, pente, vassoura de galhos, sacola, lã, linho, leite, mel, panquecas.
Runas: Peorth, Eihwaz, Berkana, Erda.
Rituais: de fertilidade, para abençoar o plantio e agradecer a colheita; para orientar, inspirar e abençoar os trabalhos de tecelagem e as atividades artesanais com lã, linho ou fios; para melhorar o tempo; para purificar (casas, objetos, pessoas, animais).
Palavra-chave: zelo.

BIL — "A Deusa da Lua"

Bil era a deusa condutora da carruagem da lua crescente no céu noturno, continuamente perseguida pelo lobo Hati. No final dos tempos, no Ragnarök, o lobo finalmente alcançará a carruagem e engolirá Bil. Segundo as profecias, três deusas estavam destinadas a morrer no Ragnarök e Bil, por sua origem, era uma delas. Na verdade, ela tinha sido uma jovem mortal, oprimida e forçada por seu pai a carregar baldes d'água toda noite, junto com o irmão Hjuk. O deus lunar Mani viu o sofrimento das crianças e seqüestrou-as, levando-as consigo para a segurança de seu lar na Lua. Odin posteriormente conferiu a Bil o *status* de Deusa, que recebia diariamente as maçãs da imortalidade oferecidas pela deusa Idunna. Os povos nórdicos acreditavam ver as duas crianças desenhadas no relevo lunar e achavam que o Sol e a Lua eram governados por deusas (no caso da Lua também havia um co-regente, o deus Mani, conforme relatado em seu verbete).

Bil era a Deusa invocada por artistas e poetas que lhe pediam inspiração. Aparecia envolta em uma luz prateada e espalhava palavras luminosas.

Elemento: água.
Animais totêmicos: lobo, coruja, lebre.
Cores: branco, prateado, azul-claro.
Pedras: pedra-da-lua, opala, cristal de rocha.
Árvores: bétula, macieira, murta.
Plantas: cinerária, lírio-do-vale, goivo.
Metal: prata.
Símbolos: carruagem, disco prateado, crescente lunar, objetos de prata, crianças, balde com água, maçãs, poesias, canções.
Runas: Raidho, Laguz, Berkana.
Rituais: para receber inspiração; harmonizar-se com os ciclos lunares; para ativar a intuição.
Palavra-chave: inspiração.

DISIR (HAGEDISES, IDISES) — "As Mulheres Sobrenaturais"

Chamadas de "mulheres sobrenaturais", as Disir eram os espíritos das ancestrais que protegiam seus descendentes, preservando a continuidade da linhagem familiar. Elas consideravam todos os indivíduos a elas ligados por laços de sangue como seus filhos e zelavam por eles, desde o nascimento até a morte. No entanto, nem todas as Disir atuavam de maneira positiva ou facilitavam a vida de seus "filhos", trazendo circunstâncias adversas e lições necessárias para a evolução. Esses fatos são considerados azares ou infortúnios, mas fazem parte do destino de todas as pessoas. São esses chamados "azares" que às vezes acabam por se transformar em sorte; muitas vezes o que se idealiza como "bom" — fazer uma viagem, obter um emprego específico, concretizar uma compra ou manter uma relação — nem sempre é para "o bem".

As Disir são consideradas as Nornes individuais e se encontram presentes em todos os acontecimentos familiares — nascimentos, casamentos, funerais. Ao contrário das Nornes, elas andavam a cavalo e são homenageadas em festividades chamadas Disirblot, com muita comida, bebida, música, histórias e poemas.

Elementos: terra, ar.
Animal totêmico: cavalo.
Cores: cinza, preto.
Árvores: velhas, cobertas de musgo e líquens.
Plantas: todas que servem para chás.
Pedras: obsidiana, ônix, hematita, pedras furadas naturalmente (*hagstones*).
Símbolos: fios, teia, retratos de família, árvore genealógica, objetos das ancestrais, lendas, laços de sangue, histórias, poemas.
Runas: Berkana, Othala, Stan, Erda.
Datas de celebração: 01/02 (*Disting*), 14/10, 31/10 (*Disablot, Idisblessing*).
Rituais: comemoração das ancestrais; compreensão e aceitação das circunstâncias difíceis da vida; reforço dos laços familiares; ritos de passagem.
Palavra-chave: ancestralidade.

DONZELAS-CISNE (Swan Maidens, Schwanenjungfrauen)

O cisne é um arquétipo universal que aparece em vários mitos e simboliza o casamento entre mortais e divindades. As lendas escandinavas descrevem seres aéreos — metade sobrenaturais, metade humanos — que têm a capacidade de se manifestar ora como mulheres, ora como cisnes. A metamorfose depende da posse de uma roupagem de penas de cisne, de um par de asas, de uma coroa, de uma corrente ou anel de ouro. Esses seres sofrem os efeitos de um encantamento que afeta seu relacionamento com os seres humanos. Quando retiram o manto de penas ou os outros símbolos mágicos, transformam-se em lindas donzelas. Se algum homem lhes rouba o manto, elas concordam em se casar com ele, desde que faça algum tipo de juramento. Se a promessa não é cumprida, elas recuperam as penas e vão embora para sempre.

Uma outra versão conta como as Donzelas-Cisne tiravam seu manto de penas às margens de lagos tranqüilos para poder nadar e dançar à vontade. Surpreendidas por homens, que depois escondiam seus mantos, elas os seguiam docilmente para que morassem juntos — porém, sempre procurando suas penas, mesmo que fossem felizes e tivessem filhos. Achado o manto, elas o vestiam imediatamente e voavam, sem jamais voltar.

Acredita-se que essa lenda descreva como a deusa da aurora tira sua roupa de neblina e é seduzida pelo deus da vegetação. Quando a deusa se afasta, o verão termina.

Alguns autores equiparam as Donzelas-Cisne às Valquírias, atribuindo-lhes as mesmas características.

Elementos: ar, éter, água, terra.
Animal totêmico: cisne.
Cores: branco, preto, cinza.
Plantas: aquáticas, junco.
Pedras: cristais com "fantasmas".
Símbolos: penas, asas, manto, coroa, corrente, anel.
Runas: Gebo, Peorth, Algiz, Laguz.
Rituais: de mudança e transição.
Palavra-chave: transformação.

DONZELAS DAS ONDAS (*Wave Maidens, Meerjungfrauen*)

Os deuses do mar Ægir e Ran tiveram nove filhas, todas muito bonitas, invocadas e reverenciadas pelos marinheiros que desejavam proteção e orientação nas viagens. Quando as Donzelas estavam contentes com as oferendas recebidas, elas demonstravam seu bom humor cantando e brincando na espuma branca das ondas e indicando o rumo certo a seguir. Elas também eram as guardiãs do "Moinho do Mundo", no qual foi triturado o corpo do gigante Ymir para se construir o Universo. Em sua morada no fundo do mar, elas também "moíam" as mudanças das estações, a harmonia universal e a fertilidade da terra.

Sob o nome de Vana Mutter ("As Mães Vana"), com a participação de Odin (de quem eram amantes), geraram, em conjunto, o deus Heimdall. Seus nomes eram Angeyja, Atla, Bylgja, Bara, Drafn, Fenya, Hronn, Kolga e Ulfrun — ou outras variantes, conforme os autores, como Eistla, Eyrgjafa, Greip, Himinglæva, Imdr, Jarnsaxa, Sindur, Unn. A tribo indígena dos sami reverenciava as Saiva-Neidda, "Virgens do Mar", que tinham as mesmas características e atributos das Donzelas das Ondas.

Elementos: água, ar, vento.
Animais totêmicos: cavalo-marinho e serpente-marinha, cisne, gaivota, borboleta.
Cores: verde, cinza, branco.
Plantas: algas aquáticas.
Pedras: ágata, água-marinha, jaspe, coral.
Símbolos: barco, moinho, roda, canções, ondas, Roda do Ano, viagens marítimas, tempestades.
Runas: Raidho, Algiz, Jera, Laguz, Ior.
Rituais: para proteção nas viagens marítimas; para nadar e mergulhar com segurança; celebrações das mudanças das estações.
Palavra-chave: movimento ondulante.

EIR (EIRA) — "A Curadora Silenciosa"

Eir era uma das doze acompanhantes de Frigga e morava em Lyfja, a Montanha da Cura. Chamada "A Curadora Silenciosa", ela errava de um lugar para outro, levando uma sacola cheia de ervas, raízes, sementes e cogumelos, uma faca, um pilão e varetas com inscrições rúnicas. Ela atendia a todos que necessitavam de suas habilidades curativas e lhe pediam ajuda. Suas práticas incluíam o uso de purificações, ervas, encantamentos, sons e talismãs rúnicos.

Era cultuada como a padroeira das curandeiras, parteiras, raizeiras e benzedeiras; suas devotas foram perseguidas pela Inquisição e pelos médicos, o que levou ao esquecimento das antigas práticas e métodos naturais de cura, cujo resgate cabe às xamãs modernas.

Segundo o mito, Eir nasceu de uma das tetas da vaca primordial Audhumbla e se apresentava como uma mulher séria, mas compassiva e atenciosa. O historiador Snorri Sturluson denominou-a "a melhor das médicas", e seu nome significava "curar, salvar".

Temida pelos deuses — mas protegida por Frigga —, Eir exigia que as pessoas se purificassem antes de atendê-las. As purificações incluíam jejuns, banhos, saunas sagradas, chás depurativos, abstinência sexual, reclusão, silêncio e oração.

Eir também aparece em um mito como uma das nove companheiras da princesa Mengloth — a representação humana da deusa Frigga —, que morava no topo da montanha Lyfjaberg, para onde as mulheres iam em busca de cura para todos os males que as afligiam.

Em um dos textos dos *Eddas*, Mengloth foi descrita como uma importante sacerdotisa, cujos poderes de cura e profecia eram honrados por deuses e mortais. A casa na qual morava seguia a marcha do Sol e em seu jardim havia uma árvore milagrosa que devolvia a fertilidade às mulheres estéreis e a saúde às doentes. Ela recebia oferendas dos camponeses para lhes garantir saúde e proteção.

Também se chamava Eir uma das Valquírias, responsável por mitigar o sofrimento de guerreiros feridos e estancar seus sangramentos com uma pedra mágica.

Elementos: terra, ervas.
Animais totêmicos: rã, sapo, galo, galinha.
Cores: verde, branco.

Árvores: bétula, salgueiro, pinheiro.
Plantas: todas as ervas e cogumelos medicinais.
Pedras: ágata musgosa, nefrita, malaquita, jaspe-sangüíneo, bunofite (pedra formada na cabeça de sapos).
Datas de celebração: 6/05.
Símbolos: almofariz, pilão, número nove, montanha, sauna sagrada, banhos e emplastros de ervas, chás depurativos, fontes curativas, jejum, reclusão, silêncio, encantamentos e talismãs rúnicos (que podem ser usados em rituais para a saúde).
Runas: Uruz, Ansuz, Berkana, Laguz, Erda.
Rituais: colheita de ervas, terapias naturais, práticas xamânicas, purificações, peregrinações para locais de poder (fontes, grutas, montanhas, florestas, círculos de menires, pedras rúnicas).
Palavra-chave: cura.

ERCE (ou ERDA) — "A Mãe Terra"

Uma antiga e quase esquecida deusa da Terra, Erce simbolizava a fertilidade e a abundância. Para os povos nórdicos, o planeta Terra era todo o Universo, do qual dependiam suas vidas e seu sustento. Era em função de seus ciclos que eles viviam e se movimentavam, garantindo assim sua nutrição e proteção. Os antigos reconheciam e honravam tanto a vida quanto a morte, pois era a própria Natureza que lhes ensinava a promessa da regeneração.

Erce representava a Mãe Terra, descrita de forma semelhante a Fjorgyn e reverenciada nos plantios, nas colheitas, na mudança das estações e nos momentos de transição da vida humana.

Elemento: terra.
Animais totêmicos: gado, cavalo.
Cores: verde, amarelo, marrom, preto.
Árvores: todas.
Plantas: todas.
Pedras: ágata, madeira fossilizada, azeviche.
Metais: todos.
Símbolos: sementes, plantio, colheita, implementos agrícolas, árvores, plantas, pedras, Roda do Ano.
Runas: Fehu, Uruz, Jera, Othala, Stan, Erda.
Rituais: para semear, plantar e colher; para centramento e enraizamento; para entrar em sintonia com as energias da Natureza; ritos de passagem; celebrações da Roda do Ano.
Palavra-chave: nutrição.

FJORGYN (JORD, HLODYN, HERTHA) — "A Deusa da Terra"

Também uma deusa da terra — como Erce, Erda, Jord, Hertha e Hlodyn —, Fjorgyn é a personificação da terra primeva, não-cultivada e não-habitada. Filha de Nott (a noite) e Anar (a água), Fjorgyn gerou, com Odin (em sua representação como Jord), Thor e Frigga (manifestada como Fjorgyn). Era cultuada no alto das montanhas e colinas, onde se unia ao céu, imagem que simboliza o mito universal do casamento sagrado da Mãe Terra com o Pai Céu. Considerada a guardiã do sagrado caldeirão do renascimento, era representada cercada de vasos de barro com formas humanas e de cestos de frutas, ou ainda como uma mulher grávida que emerge da terra, do ventre jorrando as águas da vida; os seios e joelhos formando as colinas; e os cabelos, a vegetação. Às vezes aparece segurando um filho e uma filha no colo, símbolos dos dois mundos: o poder masculino e a receptividade feminina. Sob os nomes de Hlodyn, Hertha ou Erda, essa deusa é conhecida como a protetora do lar, da lareira e da ancestralidade da terra.

Elementos: terra, fogo.
Animais totêmicos: ursa, loba, lebre, corça, vaca, égua, porca.
Árvores: carvalho, cedro, fruteiras.
Plantas: ervas, raízes e tubérculos comestíveis.
Cores: marrom, verde, laranja.
Pedras: madeira petrificada, fósseis, ágata, serpentina.
Símbolos: vasos de barro, argila, cestos com frutas, lareira, caldeirão, montanha, colina, rochas, musgo e bolotas de carvalho, árvores, plantas, sementes, raízes, pedras, *lingam* e *yoni* (símbolos masculino e feminino).
Datas de celebração: 1/05 (*Majfest*), 1/08 (*Erntefest*, a festa da colheita).
Runas: Uruz, Kenaz, Berkana, Othala, Erda, Stan.
Rituais: de plantio e de colheita; de proteção e ajuda nas jornadas xamânicas; para atividades e projetos agrícolas, pecuários e ecológicos; rituais de casamento, nascimento, morte; culto dos ancestrais.
Palavra-chave: centramento.

FREYJA (FRIJA, FROWE, FREA, FRO, VANADIS, VANABRUDR, MARDÖLL, HÖRN, SYR, GEFN) — "A Senhora"

Segundo Snorri Sturluson, Freyja era "a mais gloriosa e brilhante" das deusas nórdicas. Alguns autores consideravam Freyja e Frigga aspectos de uma mesma Deusa — porém, as diferenças são óbvias. Enquanto Frigga é a padroeira da paz e da vida doméstica e protetora da família, Freyja é a regente do amor e da guerra, da fertilidade, da magia e da morte. Chamada de "Afrodite nórdica", Freyja era considerada "A Senhora" e seu irmão Frey, "O Senhor", ambos invocados para atrair a fertilidade da terra e a prosperidade das pessoas.

Filha da deusa da terra Nerthus e do deus do mar Njord, Freyja fazia parte das divindades mais antigas, Vanir, e foi cedida junto com o pai e o irmão ao clã dos Æsir, como parte do acordo firmado entre os dois clãs de deuses. Da análise de seu arquétipo, podem ser feitas algumas comparações com deusas de outras culturas e identificadas semelhanças.

Como **Perséfone**, Freyja também se ausentava da terra por alguns meses, causando a queda das folhas e a chegada do inverno.

Da mesma forma que **Hécate**, Freyja ensinou as artes mágicas às mulheres e era a padroeira das magas e das profetisas (*völvas* e *seidhkonas*).

Assim como **Afrodite,** Freyja regia o amor e o sexo e teve numerosos amantes (segundo os comentários de Loki, todos os Æsir, todos os elfos, quatro gnomos e alguns mortais), sendo considerada adúltera e promíscua pelos historiadores e cristãos. Era casada com Odr, mas, em razão de seu desaparecimento por alguns meses do ano, Freyja chora lágrimas de âmbar e ouro, procura-o e lamenta sua ausência. As duas deusas são aficionadas por ouro e jóias: Afrodite tem seu cinto mágico, Freyja usa o famoso colar Brisingamen e o nome de suas duas filhas — Hnoss e Gersemi — significam, respectivamente, "tesouro" e "jóia".

Cibele, em seu mito, era servida por sacerdotes eunucos; os magos nórdicos que usavam as práticas *seidhr* eram considerados efeminados e vistos com desdém pelos guerreiros, que os apelidaram de *ergi*. Enquanto a carruagem de Cibele era puxada por leões, a de Freyja era conduzida por gatos.

Também são citadas as deusas celtas **Maeve, Morrigan** e **Macha**, pois Freyja tanto era guerreira, quanto sedutora, e usava a magia ou a astúcia para atingir seus objetivos. Ao contrário das deusas celtas, que sobrevoavam os campos de batalha metamorfoseadas em corvos, Freyja podia assumir a forma de um falcão ou usar um manto feito com suas penas.

Outras deusas correlatas são **Anat, Ishtar** e **Inanna**, que têm em comum com Freyja os traços guerreiros, a licenciosidade amorosa, as habilidades mágicas e a morte e renascimento (ou retorno) de seus amados.

A escritora Sheena McGrath compara Freyja não apenas a essas deusas, mas também a Odin, pois ambos se valiam do sexo para atingir seus propósitos. Ambos são adúlteros e ardilosos, viajam metamorfoseados entre os mundos e recebem as almas dos guerreiros mortos em seus salões.

Freyja possuía um colar mágico — Brisingamen —, obtido de quatro gnomos ferreiros, em troca do qual ela dormiu uma noite com cada um. Odin, com inveja dos poderes mágicos do colar, enviou Loki para que o roubasse. Ele se transformou em uma pulga e mordeu o pescoço de Freyja que, ao se coçar, soltou o colar, permitindo que Loki o roubasse. Para reavê-lo, Freyja teve que fazer algumas concessões para Odin com relação à disputa sobre os ganhadores nas batalhas (cada um deles queria a vitória para seus protegidos).

Freyja vivia na planície de Folkvangr ("campo de batalha"), em um palácio chamado Sessrumnir ("muitos salões"). Diariamente, ela cavalgava — como condutora das Valquírias — e recolhia metade dos guerreiros mortos em combate. Nesse aspecto, seu nome era **Val-Freyja**. Como recompensa por ter iniciado Odin na prática da magia *seidhr*, Freyja podia escolher quais heróis desejava — os demais cabiam a Odin. Ela também recebia as almas das mulheres solteiras.

Como **Vanadis**, Freyja era a regente das **Disir**, que personificavam aspectos das forças da natureza (sol, chuva, fertilidade, abundância e proteção) e eram as matriarcas ancestrais das tribos, reverenciadas com o festival anual Disirblot, na noite de 31 de outubro.

A escritora Monica Sjöo considera Freyja e Frigga deusas gêmeas ou, juntamente com Hel, parte de uma tríade —, embora tivessem atributos totalmente diferentes.

Freyja também tinha seu aspecto solar: chamada de "Sol brilhante", ela chorava lágrimas de ouro e âmbar, que eram também os nomes de seus gatos, chamados por Diana Paxson de Tregul ("ouro da árvore") e Bygul ("ouro da abelha"). Sua busca por Odr seguia a trajetória do Sol, conforme a mudança das estações, o que também a ligava à terra. Com o nome de **Mardal** ou **Mardöll**, Freyja era reverenciada como "o brilho dourado que aparece na superfície da água iluminada pelos raios do Sol poente". Supõe-se que Gullveig (a enigmática giganta que disseminou a cobiça entre os deuses Æsir) tenha sido um disfarce usado por Freyja, enfatizando sua paixão pelo ouro. E foi como a maga **Heidhr**, "A Brilhante", que ela ensinou a magia *seidhr* a Odin.

Outras de suas manifestações são **Hörn**, "A fiandeira", regente do linho; **Syr**, representada como "A porca", protetora dos animais domésticos, e **Gefn**, "A generosa" —, mas sempre como "A Senhora", real significado de seu nome (*Frowe, Fru* ou *Frau*).

Atributos — representação da feminilidade, do amor, do erotismo, da vida, da prosperidade e do bem-estar. Também era a regente das batalhas, da guerra e da coragem. Era a senhora da magia, a padroeira das profecias e das práticas xamânicas *seidhr* ou *seidr* (compostas por transe, necromancia, magia e adivinhação). Suas sacerdotisas eram as *völvas* e *seidhkonas*. Freyja era a deusa nórdica mais cultuada e conhecida; seu nome deu origem à palavra *fru* — que significa "mulher que tem o domínio sobre seus bens" —, que acabou por se tornar, com o passar do tempo, o equivalente a "mulher". Renomada pela beleza extraordinária e pelo poder de sedução, ela tinha formas exuberantes e aparecia com os seios desnudos, o manto de penas de falcão nos ombros e inúmeras jóias de ouro e âmbar.

Elementos: fogo, água e terra.

Animais totêmicos: gato, falcão, porca, lince, felinos, cisne, cuco, aves de rapina, doninha, javali (considerado a metamorfose do seu amante Ottar), joaninha ("*lady's bug*").

Cores: dourado, verde, vermelho-escuro.

Árvores: sabugueiro, giesta, macieira, cerejeira, sorveira, tília.

Plantas: avenca, *catnip* (espécie de valeriana), *lady's slipper* ("sapato-de-vênus"), rosa vermelha, lágrimas-de-nossa-senhora, mandrágora, verbena.

Pedras: âmbar, olho-de-gato e de falcão, pedra-do-sol, esmeralda, calcopirita, granada, safira, azeviche (chamado de "âmbar negro").

Metais: ouro, cobre.

Dia da semana: sexta-feira (*Freitag* ou *Friday*, dia de Freyja).

Datas de celebração: 8/1, 19-30/4, 25/6, 28/8, 15-31/10, 27/12.

Símbolos: o colar mágico Brisingamen, o manto de penas de falcão, as luvas de pele de gato, gnomos, carruagem solar, o ciclo das estações (símbolo da busca por seu marido Odr), jóias (de ouro e âmbar), mel, veludo, linho, seda, formas de coração, caldeirão, as estrelas Vega e Spica.

Runas: Fehu, Kenaz, Wyn, Peorth, Berkana, Laguz, Inguz e Cweorth.

Rituais: de amor, para aumentar a sensibilidade e o poder de sedução; para ativar a intuição e o poder mágico, nas práticas de magia *seidhr*, no uso do oráculo rúnico, nas iniciações e celebrações femininas, no culto das Disir.

Palavras-chave: poder de sedução, magia.

FRIGGA (FRICKA, FRIA, FRIGE, FRIGG, FRIJJA, FREKE, FRAU GODE) — "A Amada"

Filha da deusa da terra Fjorgyn e irmã do deus Thor, Frigga herdou da mãe as qualidades telúricas e a sabedoria. Frigga, cujo nome significa "a amada", era a rainha das divindades celestes e guerreiras Æsir, esposa do deus Odin e mãe dos deuses Baldur, Bragi, Hermod, Hodur e Idunna. Apesar de sua origem telúrica, era também uma deusa celeste; observava, de seu trono acima das nuvens, tudo o que se passava nos nove mundos e compartilhava suas visões com Odin. Também supervisionava os salões para onde eram levadas as almas dos guerreiros protegidos por Odin. Era considerada um modelo de fidelidade, apesar de ter sido acusada por Loki de ter vivido com os irmãos de Odin — Vili e Vé — durante sua ausência. Alguns autores justificam o modelo de esposa virtuosa representado por Frigga afirmando que esses deuses eram simples aspectos de Odin.

Frigga vivia em seu castelo Fensalir, "os salões dos mares", com um séquito de doze deusas, suas auxiliares. Era considerada "A Grande Mãe" nórdica, e a constelação de doze deusas podia ser vista como a representação de seus aspectos, ou *personas*, que ela adotava para desempenhar múltiplos papéis. Essas deusas eram "virgens", no sentido de auto-suficientes, e também foram interpretadas como entidades separadas, simbolizando diferentes arquétipos da psique feminina. As acompanhantes de Frigga são Eir, Fulla, Gefjon, Gna, Hlin, Lofn, Saga, Sjofn, Snotra, Syn, Var e Vor. Frigga era descrita como uma mulher madura e muito bonita, com longos cabelos prateados trançados com fios de ouro; usava um manto azul bordado e muitas jóias de ouro e pedras preciosas.

Sentada em seu palácio, Frigga tecia com seu fuso de ouro as nuvens e o fio do destino, que ela depois passava aos cuidados das Nornes. Extremamente inteligente e habilidosa, Frigga tudo sabia, mas nada revelava. Como Freyja, ela também amava o ouro (também tinha um colar precioso), usava às vezes um manto de penas de falcão e ficava separada por alguns meses de Odin, que perambulava pelo mundo. Muitas das deusas germânicas — como Berchta, Eostre, Holle, Holda, Huldra, Ostara e Wode (ou Gode) — seriam nomes alternativos de Frigga. Assim como as Nornes, as Disir e Freyja, ela era invocada nos partos e para a proteção dos bebês, bem como em todos os ritos de passagem femininos.

Algumas lendas relatam a competição de Frigga com as amantes de Odin (Jord, Rind, Skadhi, as gigantas Gunnlod, Grid e as nove Donzelas das Ondas), tentando reduzir a grandiosidade de seu *status* ao de uma consorte ciumenta e implicante (réplica nórdica da grega Hera e da romana Juno). Porém, por ter o dom da profecia, como tudo sabia, Frigga acompanhava as aventuras de Odin com condescendência e tranqüilidade, sem jamais se vingar. É fácil compreender essa atitude considerando-se a igualdade existente entre homens e mulheres nas antigas sociedades nórdicas e na liberdade que caracterizava os relacionamentos, bem diferentes dos padrões greco-romanos. Frigga aconselhava Odin usando sua precognição e sabedoria e, às vezes, agia de forma contrária a ele (favorecendo seus heróis preferidos e dando-lhes a vitória nas batalhas).

Para compreender a multiplicidade dos aspectos de Frigga, o melhor é considerá-la a representação dos três estágios da trajetória da mulher e também do ciclo de criação, destruição e renascimento.

No **aspecto juvenil**, era a deusa da primavera — conhecida pelos anglo-saxões como **Eostre** ou **Ostara** — a quem eram ofertados, no equinócio da primavera, flores e ovos coloridos para propiciar a fertilidade e a renovação.

No **aspecto maternal**, Frigga era a padroeira das mulheres, dos mistérios de sangue, dos casamentos, da maternidade, da família e do lar. Representava a percepção intuitiva e a sabedoria feminina, a paciência, a tolerância e a perseverança, bem como a prudência e a lealdade.

Sua **manifestação guerreira** era **Val-Fria**, a senhora dos campos de batalha, que acompanhava o espírito dos guerreiros a seu local de repouso. Também era a guardiã da fonte do renascimento e unia o espírito dos maridos e das esposas devotados e leais nos aposentos de seu palácio.

Em sua manifestação como **Holda** ou **Mãe Holle**, era a **Anciã, a padroeira do tempo**, que criava nuvens com o tecido das roupas estendidas para secar. Ela deu o linho como presente à humanidade e ensinou as mulheres a fiarem e tecerem, incentivando as que trabalhavam e castigando as preguiçosas.

Atributos: Rainha do Céu, padroeira dos casamentos, das parcerias, da vida familiar, dos nascimentos, da maternidade, da fidelidade conjugal, das crianças, da agricultura, do lar e das tarefas domésticas, da preparação da comida, das donas de casa, da tecelagem e da terra. Ela tem o conhecimento dos destinos, porém guarda silêncio e não faz profecias.

Elementos: ar, água (névoa, nuvens).

Animais totêmicos: falcão, garça, coruja, ganso selvagem, cegonha, pintassilgo, águia aquática, aranha, carneiro (puxa sua carruagem), caracol, bicho-da-seda.

Cores: cinza-prateado, azul, branco.

Árvores: ameixeira, macieira, paineira, nogueira.

Plantas: teixo, cânhamo, hera, linho, rainha-dos-prados, verônica.

Pedras: âmbar, cristal de rocha, calcedônia, calcita, crisólita, safira.

Metais: ouro, cobre.

Dia da semana: sexta-feira (junto com Freyja) e quinta-feira (junto com Thor). Nesses dias não se podia fiar, nem tecer. Como chefe das matronas e guardiã das parturientes, das mães e das crianças, Frigga era reverenciada juntamente com a deusa Nerthus, na noite de 24 de dezembro, a assim chamada *Modranicht*, a "Noite da Mãe".

Datas de celebração: 11/01, 24/05 (equinócio da primavera, lua cheia de maio), 01/08, 24 e 27/12.

Símbolos: fuso (ela fia a matéria-prima que será tecida pelas Nornes), a constelação de Órion (chamada *Frigge rocken*, "o fuso de Frigga"), a constelação Ursa Menor ("o carro de Frigga"), roca de fiar, tear, chaves, manto (o céu noturno salpicado de estrelas era seu manto), cinto e colar de ouro, penas de garça (símbolo do conhecimento guardado em silêncio) e de falcão (para seu manto), nuvens, lã, linho, taça de chifre de boi, chaves da casa.

Runas: Fehu, Ansuz, Eihwaz, Perthro, Berkana, Laguz, Inguz, Ac, Yr.

Rituais: menarca, gravidez, parto, menopausa, busca da visão, contemplação, viagens astrais, precognição, ritos de passagem, encantamentos com fios.

Palavras-chave: percepção psíquica, silêncio.

FULLA (VOLLA) — "A Deusa da Plenitude"

Considerada a representação da abundância da terra fértil, Fulla era a acompanhante de Frigga (ou um de seus aspectos) que levava seu cofre com riquezas. Era descrita como uma mulher pálida, jovem, com longos cabelos dourados, presos nas têmporas por uma tiara de ouro. Irmã de Eir, a deusa da cura e padroeira das curandeiras, seu nome equivalia a "cheio, pleno". Por isso, supõe-se que Fulla representasse a lua cheia, enquanto a deusa lunar Bil regia a lua crescente e a deusa Hel, a lua minguante e negra. Sendo acompanhante de Frigga, ela compartilhava de seus segredos e cuidava de suas coisas. Sob o nome de Abuntia e Habondia, ela sobreviveu na literatura medieval como sinônimo de abundância e "fada das riquezas" (cultuada pelas bruxas).

Fulla é considerada a guardiã dos "Mistérios Femininos". A mulher pode pedir a ela que, da mesma maneira que abre o cofre de Frigga, ajude-a a ter acesso a seu tesouro oculto, revelando todo seu potencial inato. Para invocar o poder de Fulla, deve-se antes refletir sobre o que se deseja descobrir ou revelar e qual a ajuda ou orientação específica que se deseja receber dela.

Elementos: terra, metais.
Animais totêmicos: lebre, esquilo, vaca.
Cores: verde, dourado, prateado.
Árvores: frutíferas.
Plantas: jacinto, mil-folhas, rododendro.
Pedras: pedra-da-lua, jade, pedra-do-sol.
Datas de celebração: 6/08, 31/12.
Símbolos: jóias, pedras preciosas, ouro, cofre com moedas, cornucópia, lua cheia, potes com mantimentos, vasilhas cheias, colheita, caixa de música, caixa de jóias.
Runas: Feoh, Jera, Peorth, Berkana.
Rituais: para atrair a abundância e realizar suas aspirações materiais; para revelações e orientações; para desenvolver o potencial inato e latente.
Palavra-chave: abundância (interna e externa).

Uma maneira tradicional de invocar suas bênçãos é deixar o armário de mantimentos e a caixa de jóias abertos para que, ao visitar sua casa, Fulla possa comer, beber e se enfeitar, garantindo assim a prosperidade e bem-estar da família.

FYLGJA (plural FYLGUKONA ou FYLGJUR) — "A Guardiã"

Fylgja não é uma deusa, mas um espírito guardião feminino que se conecta, no momento do nascimento, à alma da criança, incorporando-se a uma parte do corpo etéreo. Ela permanece ao lado da pessoa por toda a vida, muitas vezes tomando atitudes protetoras ou defensoras e servindo como intermediária entre os ancestrais e seus descendentes. Percebida somente pelos clarividentes, Fylgja torna-se visível no momento da morte, quando se afasta e abandona o morto. Às vezes, ela assume uma representação abstrata ou a forma de um animal que melhor represente a personalidade e o caráter da pessoa falecida; nesse caso, seu nome é *vardoger* ou *vard*. Seu afastamento repentino causa doenças, insanidade ou morte. Fylgja não se confunde com **Hamingja,** outro espírito feminino, cujo propósito é assistir o indivíduo, atrair a boa sorte ao longo de sua existência terrestre e servir como Anjo da Guarda.

Elemento: éter.
Animais totêmicos: todos.
Cores: transparentes.
Pedras: cristal de rocha, safira, topázio, labradorita.
Data de celebração: 29/09.
Símbolos: escudo, flecha, ectoplasma, metamorfose (*shapeshifting*), animais aliados e familiares.
Runas: Peorth, Algiz, Dagaz, Calc, Ear.
Rituais: pedir proteção, orientação e conexão com a sabedoria ancestral.
Palavra-chave: defesa.

GEFJON (GEFN) — "A Doadora"

Considerada uma deusa da agricultura e associada ao ato de arar a terra, Gefjon era a deusa das dádivas e seu nome significava "a doadora".

Sua origem é controvertida, considerada ora uma virgem — padroeira das moças que morriam sem casar —, ora uma giganta — que conseguiu a ilha nórdica Zeeland por fazer amor com o rei Gylfi —, ora um aspecto de Freyja — conhecida também como Gefn, "A Dadivosa". Há uma semelhança com Freyja no aspecto sexual e no fato de recolher os mortos (Freyja, os guerreiros; Gefjon, as solteiras) e possuir um colar de ouro ou âmbar.

Sua discutível virgindade pode ser atribuída a suas funções como guardiã da terra intacta e da soberania. Em sua representação mais conhecida como giganta, teve quatro filhos com um gigante, que depois ela transformou em bois para ajudarem-na a arar a terra ganha do rei Gylfi. Em outro mito, aparece como companheira do deus Heimdall, o guardião da Ponte do Arco-Íris.

Seu simbolismo mais arcaico representa a conquista da terra retirada do mar primordial e o uso mágico dos quatro elementos. Com a ajuda de Gefjon, um simples campo tornava-se uma terra tribal, abençoada pelo casamento sagrado da Deusa (manifestada em uma sacerdotisa) e do rei (como representante do deus dos grãos e, portanto, abundante em colheitas). Era representada como uma mulher bonita e forte que segurava um chicote e arava a terra com seu arado puxado por quatro bois.

Como outras deusas, Gefjon também foi acusada por Loki de ser leviana, pois obteve o colar de ouro dos gnomos em troca de favores sexuais. Loki roubou o colar, posteriormente resgatado por Heimdall (suposto amante de Gefjon). Geralmente esse mito se atribui a Freyja, de quem Gefjon podia ser um aspecto.

Gefjon pode ser considerada uma Deusa intermediária entre os atributos de Freyja e Frigga, cujos poderes proporcionam a todos que a invocam os meios necessários para sua sobrevivência. Ela é a "Deusa Dourada" e sua cornucópia guarda a riqueza interminável dos recursos da terra. Hoje em dia, ela pode ser invocada nas cerimônias de *give away*, nas bênçãos para ativar a fertilidade (da terra, das mulheres ou dos animais, dos projetos e das criações) e para a proteção das mulheres solteiras.

Atributos: determinação para ir além das limitações, vontade para conseguir realizar objetivos, soberania, conquistas, realizações, abundância.
Elementos: terra, bens como a água, o ar e o fogo.
Animais totêmicos: boi, vaca.
Cores: castanho, verde, dourado.
Árvores: frutíferas.
Plantas: cereais, raízes, tubérculos.
Pedras: epídoto, jaspe, ágata, âmbar.
Data de celebração: 14/02.
Símbolos: cornucópia, sementes, produtos da terra, arado e ferramentas agrícolas, metais, pedras preciosas, expressões da riqueza material e intelectual.
Runas: Fehu, Uruz, Gebo, Othala, Erda.
Rituais: para ativar a fertilidade; para agradecer as dádivas; para garantir e fortalecer as fronteiras, no último rito de passagem (a morte) das mulheres solteiras.
Palavra-chave: conquista.

GERD (GERDA, GERDI, GERTH) — "A Deusa Luminosa"

Pertencente à raça dos gigantes, filha de Gymir e Aurboda, Gerd era a deusa da luz que, ao caminhar, deixava um rastro de fagulhas e, quando levantava os braços, irradiava uma luminosidade brilhante sobre o céu, a terra e os mares (alguns autores interpretaram essa luminosidade como a aurora boreal). Frey, ao vê-la, apaixonou-se perdidamente e, para pedi-la em casamento, mandou Skirnir, seu auxiliar, como mensageiro, para que lhe oferecesse as maçãs da juventude e o anel mágico Draupnir. Mas Gerd não queria se casar com um deus e recusou. O mensageiro ameaçou-a, então, com maldições rúnicas que a tornariam doente, feia e devassa. Após nove noites, ela acabou cedendo, mas pediu em troca o cavalo e a espada de Frey (que, por isso, luta no Ragnarök armado apenas com chifres de cervo).

Esse mito pode ser visto como a representação do casamento sagrado entre o deus da fertilidade e a deusa da terra (celebrado, anualmente, como o *Sabbat* celta Beltane, e as comemorações nórdicas do dia 1º de maio), uma vez que o nome de Gerd significaria "campo". Mesmo assim, é evidente a presença do conceito machista de conquistar a mulher à força ou pela astúcia, sem respeitar sua vontade. Uma outra interpretação do mito o vê como uma exemplificação do ciclo anual, da transformação da terra congelada — árida pelos rigores do inverno nórdico (simbolizado pelas nove noites) — no desabrochar da vegetação na primavera — conquistada pelo vigor do deus da fertilidade. O calor dos raios solares derreteu o gelo e permitiu o renascimento da Natureza, da mesma forma que a insistência de Frey derreteu a frieza de Gerd. Antes de casar, Gerd habitava em uma casa simples de madeira, cercada de montanhas, de onde saiu para morar em Alfheim, junto com Frey.

Gerd pode ser invocada nas situações em que é preciso vencer a oposição ou a resistência, das pessoas ou das circunstâncias, e para ativar os brotos tênues de novos projetos.

Elementos: terra, fogo.
Animais totêmicos: corça, gansa, cabra, andorinha, galinha.
Cores: verde, vermelho, branco.
Árvores: acácia, bordo-dos-campos, macieira.
Plantas: flores do campo, margaridas, prímula.
Pedras: jaspe-verde e sanguíneo, espinélio, peridoto.
Datas de celebração: 22 e 30/04 (*Sabbat* Beltane, *Walpurgisnacht*), 1/05 (*Majfest*).
Símbolos: espada, fagulhas, luz solar, maçã, brotos, guirlanda de flores, aurora boreal, primavera, pulseira e anel de ouro, o número nove.
Runas: Gebo, Wunjo, Ingwaz, Dagaz, Cweorth.
Rituais: de embelezamento, para aumentar a sensualidade e o poder de sedução; para vencer oposições e resistências; para ativar e reforçar projetos.
Palavra-chave: cautela.

GNA — "A Mensageira"

Conhecida como a "Mensageira de Frigga", Gna representava o poder divino que transcendia todos os mundos. Ela era uma das doze acompanhantes de Frigga e sua tarefa era observar e relatar à deusa tudo o que se passava nos Nove Mundos. Gna sobrevoava a terra e o mar, cavalgando um corcel alado, e se apresentava como uma mulher forte e radiante. Seu nome era sinônimo de "mulher" e derivava de *ganaha* — que significava abundância (atributo também de Fulla, outra das auxiliares ou dos aspectos de Frigga). Outro significado de Gna é "planar, elevar-se ou ascender", sendo considerada a representação da brisa refrescante.

Seu mito relata como ajudava os casais que queriam ter filhos, levando seus pedidos para Frigga e depois jogando uma maçã no colo do marido, que devia comê-la de maneira ritual, junto com a esposa.

O simbolismo mais sutil de Gna aponta para a liberdade interior que pode ser alcançada por todos aqueles que se elevam acima das limitações mentais, materiais, existenciais ou conceituais. Ela representa o poder da oração que alcança a Deusa e que resulta em sua ajuda aos pedidos sinceros dos necessitados. É por intermédio de Gna que podemos nos conectar com a Deusa e receber suas mensagens e orientações. Gna simboliza também a viagem e a projeção astral, o desdobramento, a meditação xamânica e o estado de transe.

Para honrá-la, não se deve somente reverenciá-la no refúgio do próprio lar, mas levar suas palavras, imagens e ensinamentos ao mundo, para despertar e ajudar os outros, e assim elevar suas consciências. Se Frigga for colocada no centro do altar ou círculo sagrado, pode-se pedir a Gna que ajude nos deslocamentos e atividades, indo além do hábitat costumeiro, e que ensine a sobrevoar os tumultos da realidade, alçando vôo para as alturas do espírito.

Elementos: ar, terra, água.
Animais totêmicos: cavalo alado, cuco, cegonha, águia.
Cores: branco, verde, azul.
Árvores: aveleira, ameixeira, macieira.
Plantas: artemísia, cogumelos sagrados, papoula.
Pedras: crisoprásio, topázio, berilo.
Símbolos: asas, maçã, tambor, vôo, vento, gravidez, casal, montanha, número nove, viagem (física ou xamânica).
Runas: Raidho, Gebo, Berkana, Ehwaz, Ac, Os.
Rituais: pedir orientação e ajuda divinas, práticas de oração, meditação, desdobramento e a expansão da consciência; para favorecer a concepção e a gravidez; proteção nas viagens.
Palavra-chave: oração.

HEL (HELLE, HELA, HELJAR) — "A Senhora do Mundo Subterrâneo"

Hel era a regente nórdica do reino subterrâneo, a senhora do mundo dos mortos e do além (Nifelhel), cujo nome foi usado pelos missionários cristãos como sinônimo do inferno. Mas o real significado de seu nome é "aquela que esconde ou cobre", pois em seu reino, formado por nove círculos, ficavam as almas daqueles que faleciam de velhice ou doenças. Os que morriam de maneira heróica eram levados pelas Valquírias para os salões de Freyja e de Odin, as moças solteiras iam para Gefjon e os afogados para Ægir e Ran.

Hel era filha da giganta Angrboda e do deus Loki, irmã dos monstros Jormungand e Fenrir. Aparecia como uma mulher metade branca, metade preta e metade viva, metade morta. Sua morada era um palácio sombrio e gelado, chamado Elvidner (miséria), onde ela se alimentava de um prato chamado "fome", usando um garfo denominado "penúria", servida por seus auxiliares "Senilidade" e "Decrepitude", e defendida pelo cão infernal Garm. O caminho que levava a sua morada, chamado "provação", atravessava o "rio dos ecos", Gjoll, guardado pela giganta Mordgud, e passava pela "Floresta de Ferro", com árvores metálicas cujas folhas cortavam como punhais. A cidade de Hel, Valgrind, era povoada por Trolls, encarregados de levar os inimigos das divindades para serem "cozidos" no borbulhante caldeirão Hvergelmir. Perto desse caldeirão e da fonte que o alimentava, encontrava-se a raiz "infernal" de Yggdrasil e escondia-se o dragão Nidhogg, que a roía sem cessar.

Hel tem um pássaro vermelho-escuro que irá anunciar, com seu canto, o início do Ragnarök, quando ela ajudará seu pai, Loki, a destruir as divindades Æsir. Porém, Hel também morrerá depois do Ragnarök, junto com as deusas Bil e Sol.

Hel aparecia cavalgando uma égua preta de três patas e quando visitava Midgard espalhava fome, miséria e doenças (segundo a reinterpretação cristã das pragas, originadas pelas guerras e epidemias). Apesar dessa recente descrição sombria, o antigo significado do reino de Hel era o mundo subterrâneo da tradição xamânica, para onde se podia chegar pelo transe profundo, a projeção astral ou o uso de plantas alucinógenas. Quando as *völvas* e os xamãs iam "visitar" seu reino, eles usavam uma máscara mágica (representando sua *fylgja* ou animal de poder), ou um manto astral (*helkappe*) que os tornasse "invisíveis" e os protegesse em seu deslocamento pela "realidade não comum" (xamânica).

Hel representa a lua negra, a face escura da Deusa, a Ceifadora, a Mãe Devoradora, o aspecto sombrio de Frigga, enquanto Nifelhel simboliza a parte profunda do inconsciente, a sombra, a sede dos conflitos, dos traumas e das fobias. *Halja* era o termo nórdico para "limbo", o plano sutil onde as almas esperavam a vez para encarnar, transformado pela igreja cristã em um lugar de danação e expiação.

Elementos: terra, lama, gelo.
Animais totêmicos: corvo, égua preta, pássaro vermelho, cão, serpente.
Cores: preto, branco, cinza, vermelho.
Árvores: azevinho, amoreira preta, teixo.
Plantas: cogumelos sagrados, meimendro, mandrágora.
Pedras: ônix, azeviche, quartzo enfumaçado, fósseis.
Dia da semana: sábado.
Símbolos: foice, clepsidra, caldeirão, ponte, portal, espiral de nove voltas, jornada xamânica, máscara de animais, manto com capuz, xale, gruta, ancestrais, ossos, morte e transformação, o planeta Saturno, a "Caça Selvagem", a lua negra e nova.
Runas: Wunjo, Hagalaz, Nauthiz, Isa, Eihwaz, Yr, Ear.
Rituais: último rito de passagem (morte, vigília, funerais), auxílio nas doenças, despedidas, perdas, finalizações, lua negra, culto dos ancestrais, viagens xamânicas para o "mundo subterrâneo", trabalhos mágicos com "a sombra", terapia de regressão de memória, transe oracular, necromancia.
Palavras-chave: desapego, libertação.

HLIN (HLYN) — "A Protetora"

Considerada um dos aspectos de Frigga, ou uma de suas acompanhantes, Hlin era a protetora daqueles que corriam perigo. O termo *hleinir* simbolizava "refúgio" e ela era invocada nas caçadas e também por aqueles que eram perseguidos ou eram fugitivos. Era considerada uma "consoladora", pois enxugava as lágrimas de sofrimento e de luto.

Sua ação é ativa — ao contrário de Syn, que é apenas defensora. Ela luta em favor de seus protegidos e empenha-se para livrá-los dos perigos; sua energia é igual à da fêmea que defende ferozmente os filhotes.

Para as mulheres, Hlin torna-se a protetora por excelência, defendendo-as daqueles que querem se aproveitar de sua vulnerabilidade física ou emocional. Junto com Vor, ela ativa a percepção sutil das mulheres para que pressintam os perigos, evitando-os ou sabendo como se livrar das armadilhas, das investidas ou dos aproveitadores.

Para invocá-la, a mulher deve praticar visualizações nas quais se vê usando um elmo, uma armadura e um escudo, ou mesmo usando uma arma adequada. Sua lição, portanto, é aprender as táticas de autodefesa psíquica (visualizações, afirmações) ou física (artes marciais).

Elementos: terra, fogo.
Animais totêmicos: ursa, leoa, loba, onça.
Cores: preto, roxo, violeta.
Árvores: azevinho, espinheiro-branco, sorveira.
Plantas: arruda, manjericão, sálvia.
Pedras: hematita, ametista, cristal enfumaçado.
Data de celebração: 31/01.
Símbolos: espada, escudo, elmo, bastão, talismãs rúnicos, amuletos de proteção.
Runas: Algiz, Tiwaz, As, Yr, Wolfsangel.
Rituais: de defesa e proteção; para ativar a intuição; visualizações e afirmações para criar e reforçar uma aura protetora.
Palavra-chave: autodefesa.

HNOSS e GERSEMI — "As Deusas do Amor"

As duas filhas de Freyja, consideradas a continuidade ou aspectos da beleza materna, eram reverenciadas como deusas do amor. Elas, no entanto, representavam também a continuação da vida em todos os planos de existência, revelando aos homens que a beleza da Deusa está presente sempre, em todos os lugares, em todos os momentos, em todos os seres. Hnoss e Gersemi simbolizam a centelha divina que existe dentro de nós, mesmo quando não temos consciência disso.

Hnoss significava "tesouro"; *Gersemi*, "jóia", e a Deusa recebia ricas oferendas para conferir beleza, sexualidade e amor aos seus adoradores. Seu dom era o de despertar amor e aumentar a capacidade de entrega das pessoas.

Elementos: água, fogo.
Animais totêmicos: pomba, gato.
Cores: rosa, vermelho.
Árvores: frutíferas e floridas.
Plantas: genciana, glicínia, ranúnculo, rosa alpina.
Pedras: rodocrosita, rubi, granada.
Símbolos: jóias, tesouros, metais, centelha divina, canções e poemas de amor, hinos à beleza.
Runas: Gebo, Cweorth.
Rituais: para aumentar a capacidade de amar e ser amado; superar o medo de entrega; encontrar seus "tesouros" interiores.
Palavra-chave: beleza.

HOLDA (HOLLE, HULLA, HULDA, HULDR, FRAU HARKE) — "A Tecelã"

Conhecida por vários nomes, Holda era uma Deusa de múltiplos aspectos. No verão, ela aparecia como uma mulher radiante que se banhava em um lago durante as tempestades, conduzia sua carruagem no céu repleto de nuvens escuras e, nos meses de inverno, provocava as nevascas.

Em seu aspecto benevolente (seu nome significa "a gentil"), ela tem características solares, faz aparecer o Sol quando penteia seus cabelos longos e louros e sua carruagem é dourada e puxada por joaninhas. Em seu aspecto sombrio, faz chover, quando lava suas roupas, e nevar, quando sacode seus travesseiros. Holda conduz a "Caça Selvagem" infantil, quando recolhe os espíritos das crianças mortas antes de serem batizadas e as leva para a gruta onde mora. Como guardiã das crianças, ela assumia também um aspecto luminoso: chamada de "A Senhora Branca", ela se manifestava como uma mulher bonita que cuidava de uma fonte, de onde saíam as almas das crianças para encarnarem.

Irmã de Berchta, Holda era uma deusa regente do tempo, padroeira da Holanda, da tecelagem e das fiandeiras (ajudava as mulheres que trabalhavam e punia as preguiçosas). Como padroeira da tecelagem, ela ensinou às mulheres o cultivo e o uso do linho. Ela aparecia ora como uma avó benevolente e sorridente, vestida de branco; ora como uma velha brava e feia, com roupas pretas, um pé deformado pela roda de fiar e um fuso comprido com o qual espetava as tecelãs preguiçosas. Para os povos nórdicos, a tecelagem era de suma importância; durante os longos meses de inverno as mulheres, desde a mais tenra idade, passavam seu tempo fiando, tecendo, cantando e contando histórias.

Atualmente, Holda pode ser invocada para encantamentos relacionados ao tempo (mas respeitado o equilíbrio ecológico e somente em benefício da Natureza), na celebração do solstício de inverno, para abençoar e conduzir atividades artesanais e criativas e para proteger as crianças (antes e depois de nascerem).

A deusa **Huldr** ou **Hulla** — que podia ser um aspecto ou uma irmã de Holda — era a mãe das deusas Thorgerd e Irpa. Aparecia ora como uma ninfa da floresta, ora como uma jovem de roupas azuis e véu branco, ora como uma velha vestida de cinza, acompanhada pelos espíritos das montanhas e florestas chamados Huldrefolk ("O povo de Huldr"). Uma das apresentações do "povo de Huldr" era como Skogsfru, lindas mulheres quando vistas de frente, mas cujas costas eram formadas por troncos ocos de árvores.

Apesar das apresentações diferentes, Huldr tinha os mesmos atributos e características de Holda e era invocada por lenhadores, caçadores e viajantes.

Elementos: vento, água, ar, terra.
Animais totêmicos: ganso, joaninha, cegonha, tentilhão, aranha.
Cores: branco, cinza, preto.
Árvores: aveleira, sabugueiro, sorveira.
Plantas: cânhamo, junco, linho, flores em forma de estrela, com seis pétalas (*sterneblummen*).
Pedras: aragonita, dolomita, obsidiana, floco de neve, astéria ("pedra estrela").
Metal: prata.
Datas de celebração: 17/11, o solstício de inverno, os doze dias após o solstício de inverno ("os dias brancos"), 1 e 5/01.

Símbolos: fuso, roda de fiar, tear, berço, rio, ponte, transição, gruta, véu, floco de neve, estrela de seis pontas, a flor azul do linho e suas sementes, mingau de aveia, troncos ocos de árvores.
Runas: Nauthiz, Hagalaz (em sua forma alternativa de floco de neve — *Hexestern* ou *Hexefuss* — usada como símbolo de proteção), Ac, Ear.
Rituais: para proteger as crianças, abençoar atividades artesanais, restabelecer o equilíbrio ecológico, encaminhar os espíritos das crianças mortas ou abortadas, conexão com a Natureza, encantamentos com fios.
Palavra-chave: mutabilidade.

IDUNNA (IDUN) — "A Guardiã das Maçãs Encantadas"

Filha da deusa Frigga, Idunna simbolizava o frescor dos ventos e das flores da primavera. Era a deusa da vegetação e da eterna renovação, guardiã das maçãs douradas que mantinham o vigor e a juventude das divindades. *Id* significava "muito"; *unna*, "amar"; Idunna era representada como uma jovem donzela, gentil e suave, porém ingênua, facilmente ludibriada pelos gigantes que a raptaram, auxiliados por Loki (veja em seu mito), para se apoderar das maçãs. Idunna era responsável pela imortalidade dos deuses: sem suas maçãs, eles envelheciam e podiam morrer.

Junto com o marido Bragi, deus da poesia, Idunna vivia no palácio Brunnaker, de onde saía com sua cesta de maçãs mágicas para distribuí-las diariamente aos deuses. Em um de seus mitos, ela aparece sentada na Árvore do Mundo quando, de repente, adoece e cai no reino de Hel. Incapaz de voltar, ela recebe os cuidados do marido, que a cobre com uma pele de lobo e fica ao seu lado durante meses, até seu restabelecimento. Em outro mito, descreve-se seu nascimento sobrenatural caindo de Yggdrasil, para onde volta no Ragnarök.

Esse mito é uma metáfora da morte da vegetação nos meses de inverno e seu renascimento na primavera. Por esse motivo, os mortos eram enterrados cercados de maçãs (ou ovos tingidos de vermelho), na esperança do seu renascimento.

Idunna se assemelha a Hebe, a deusa grega que servia ambrosia ou hidromel (o elixir da imortalidade) às divindades do Olimpo. O tema "maçã" é uma constante na mitologia celta, um símbolo de renascimento: Avalon (ou Avalach) significava "A ilha das maçãs" e era para lá que as almas iam para repousar e se curar, à espera de uma nova encarnação.

No Ragnarök, Idunna mergulha na terra, desaparece nas raízes da Árvore do Mundo (Yggdrasil) e reaparece na "Idade do Ouro" para alimentar as novas divindades com as maçãs da imortalidade.

Elemento: terra.
Animais totêmicos: andorinha, águia, cuco, lobo.
Cores: verde, dourado, vermelho.
Árvores: aveleira, macieira, sorveira.
Plantas: crocus, madressilva, roseira silvestre.
Pedras: crisoprásio, jaspe-verde e sanguíneo.
Data de celebração: equinócio da primavera.
Símbolos: cesta com maçãs, suco de maçã, primavera, baú dourado, harpa, lua crescente, ovos tingidos de vermelho, raízes, Árvore do Mundo.

Runas: Gebo, Jera, Berkana, Laguz, Cweorth.
Rituais: ativação da energia vital, rejuvenescimento, regeneração, renovação, comemoração da primavera, bênção de novos projetos e começos.
Palavra-chave: renovação.

LOFN (LOF) — "A Intercessora"

Acompanhante de Frigga, Lofn era tão bondosa e compassiva que sua missão era interceder junto à Deusa e lhe pedir permissão para as uniões ilícitas ou ocultas, entre homens e mulheres. *Lof* significava, em norueguês arcaico, permissão, e o verbo *lofat* era usado para descrever um desejo ou pedido intenso. Porém, o conceito de permissão tinha uma conotação muito mais ampla, não se restringia apenas à esfera amorosa. Lofn pode ser invocada para permitir a remoção de amarras e de bloqueios mentais e psíquicos, para ultrapassar as limitações auto-impostas ou criadas pela educação e as normas sociais. Ela também permite a realização dos sonhos e a expansão do potencial espiritual, e abre o caminho para a liberdade, alegria e paz.

Antigamente, era por seu intermédio que se solicitava, a Odin e Freyja, a permissão para as uniões proibidas pela sociedade. Atualmente, Lofn pode ser considerada a padroeira dos relacionamentos homossexuais, masculinos e femininos.

Para as mulheres, Lofn é a Deusa que lhes permite seguir — e auxilia — todos os anseios e desenvolver e exercitar o poder pessoal, profissional e espiritual.

Como seu símbolo é uma chave de ouro, pode-se criar um talismã pessoal usando uma chave imantada com encantamentos, depois de deixada de molho em uma infusão de nove ervas (alga marinha ou musgo, arruda, artemísia, louro, manjericão, milfolhas, sálvia, samambaia, verbena) e destinada a um objetivo específico. Ela pode ser visualizada como uma Deusa sorridente e gentil, com as mãos estendidas para abençoar seus protegidos.

Elementos: fogo, água.
Animais totêmicos: alce, pomba.
Cores: dourado, cor-de-rosa.
Árvores: bétula, faia, cerejeira, salgueiro.
Plantas: amor-perfeito, madressilva, verbena.
Data de celebração: 14/02.
Pedras: pedra-do-sol, quartzo rutilado e rosa, kunzita, rodocrosita.
Símbolos: porta, chave, tesoura, pipa, asas, sonhos, aliança, anel, ninho de pássaros.
Runas: Gefu, Wunjo, Ingwaz, Yr, Calc, Stan.
Rituais: para remover amarras e bloqueios; para se permitir a expressão e a realização afetiva, material, pessoal e espiritual; para paz interior.
Palavra-chave: permissão.

NEHELENNIA (NEHALENNIA) — "A Protetora dos Viajantes"

Reverenciada como a protetora dos marinheiros e viajantes no mar, Nehelennia pode ser considerada uma versão mais suave de Hel. Era representada acompanhada por cachorros (símbolos do mundo subterrâneo), segurando um cesto de maçãs (simbolizando a vida) e tendo ao lado a imagem de um barco. Nehelennia era cultuada antigamente em uma ilha perto da Holanda e invocada antes das viagens. Infelizmente, seu culto foi esquecido e muito pouco se sabe a seu respeito, apesar de seu nome ter dado origem a Netherlands, os Países Baixos.

Escavações arqueológicas revelaram centenas de menires e altares com inscrições a ela dedicadas, comprovando a permanência de seu culto no litoral do Mar do Norte até os primeiros séculos desta era. Foi encontrado, também na Holanda, um altar intacto, datado do século I a.C. e coberto pela areia, com uma estátua de Nehelennia sentada em um trono, segurando uma cesta com maçãs e acompanhada por um cachorro. Nehelennia era invocada pelos marinheiros e todos aqueles que viajavam no mar. Mas ela era também uma Deusa da abundância e da plenitude, conforme comprova a cesta com frutas em seu colo.

Elementos: água, terra.
Animais totêmicos: cachorro, cavalo-marinho, gaivota.
Cores: verde, azul.
Árvores: frutíferas.
Plantas: cereais, tubérculos.
Data de celebração: 6/01.
Pedras: malaquita, turquesa, água-marinha.
Símbolos: maçã, barco, vegetação, cesto, mar, ilha, círculos de menires (chamados *hunnebeds*).
Runas: Raidho, Hagalaz, Laguz e Yr, sendo que as três primeiras podem ser usadas em talismãs de proteção para viagens no mar.
Rituais: proteção em viagens marítimas; para atrair abundância e melhorar a produtividade.
Palavra-chave: plenitude.

NERTHUS — "A Mãe Terra"

Segundo o historiador romano Tácito, a principal divindade dos povos nórdicos era a Mãe Terra, conhecida por vários nomes (Erce, Erda, Ertha, Fjorgyn, Jord, Hlodyn ou Nerthus), de acordo com o lugar do seu culto.

Nerthus era a esposa do deus do mar Njord e mãe dos gêmeos Frey e Freyja. Seu nome tem vários significados, principalmente o de "força"; sua morada era uma ilha do Mar do Norte, de onde saía anualmente, coberta por véus, em uma carruagem puxada por bois, para pacificar a terra. Em seus templos eram proibidos o porte de armas e os objetos de ferro. Suas bênçãos eram invocadas durante as procissões anuais, quando todas as batalhas eram interrompidas e as pessoas comemoravam a paz e a colheita. Uma vez por ano suas estátuas eram retiradas dos templos e levadas, em carruagens cobertas, para serem lavadas no mar. Acreditava-se que os escravos que as banhavam eram mortos depois, pois "ninguém que visse o rosto da Deusa podia sobreviver".

Elementos: terra, água.
Animais totêmicos: boi, cavalo.
Cores: verde, marrom, preto.
Árvores: frutíferas.
Plantas: cereais, raízes e tubérculos.

Pedras: peridoto, ágata, turmalina.
Metais: todos.
Símbolos: carruagem, arado, véu, manto verde, ilha sagrada, bosque, procissão, colheita, campos de cultivo, propriedade, comunidade, herança.
Runas: Raidho, Inguz, Othala, Stan, Erda.
Data de celebração: 20/12 (*Modranicht,* "A Noite da Mãe").
Rituais: para pacificar ambientes e pessoas; para abençoar a terra nos plantios e colheitas.
Palavra-chave: paz.

NORNES — "As Deusas do Destino"

Nas lendas, sagas e mitos nórdicos, as Nornes aparecem, às vezes, como profetisas (*völvas*) e videntes (*valas*). Todavia, elas são as deusas que fiam e tecem os fios do destino de todas as criaturas dos Nove Mundos, inclusive das divindades. Suas ações não seguem suas preferências pessoais, mas a determinação de um poder maior, chamado Orlög, que abrange todos os seres, em todos os mundos, os próprios mundos e até mesmo o Universo.

As Nornes não são subordinadas a ninguém, nem aceitam nenhuma ordem dos Deuses. Sua responsabilidade é regar a Árvore do Mundo e colocar em suas raízes argila branca para prevenir que elas sejam destruídas pela ação do tempo. As divindades Æsir visitam as Nornes diariamente, buscando aconselhamento e reunindo-se na fonte de Urdh, localizada sob uma das raízes da árvore.

As três "Senhoras do Destino" detêm o poder de moldar o *wyrd,* ou seja, o destino da humanidade, das divindades e de todos os seres. Inicialmente, elas não fiavam nem teciam, somente regiam a passagem do tempo, personificavam o *wyrd* e representavam o passado, o presente e o futuro, conceito arcaico simbolizado pelos seus nomes, analisados a seguir. **Urdh**, cujo nome originou o da runa Uruz, significa "primal" ou "origem", é a mais velha e rege o passado ("aquilo que já foi"); **Verdandhi** controla o presente ("aquilo que está sendo") e **Skuld** rege o futuro ("aquilo que poderá vir a ser"). Vistas como a representação da Deusa Tríplice, Urdh é a Anciã que detém a sabedoria e o poder das ancestrais, Verdandhi é a Mãe que confere a fertilidade, enquanto Skuld é, ao mesmo tempo, a Virgem velada e a Destruidora. Urdh também é guardiã da fonte que leva seu nome, repositório da memória coletiva e do conhecimento arcaico.

Não se sabe muito a respeito da origem das Nornes, exceto que elas simplesmente apareceram, da mesma forma que a vaca Audhumbla. Fontes mais antigas mencionam um número maior de Nornes (até treze, correspondendo a um ano lunar), que estavam presentes em todas as transições dos indivíduos e dos mundos, algumas delas se confundindo com as Disir e as Valquírias. No entanto, para a melhor compreensão dos conceitos do passado, presente e futuro, são levadas em consideração somente as "Três Irmãs *Wyrd*".

Urdh, a mais velha, representa o passado e simboliza o destino, ou seja, o resultado das ações e escolhas. Ressalta-se, assim, a importância de nossas decisões e opções individuais, que moldam — até um determinado ponto — as circunstâncias do presente. Sua missão é "fiar".

Verdandhi representa o conceito do "aqui e agora", ou seja, o presente. É a força que nos conduz aos resultados das opções do passado, é a reação às nossas ações ou desistências. Ela caracteriza tudo o que fizemos no passado e lhe dá a forma física, mental, emocional e espiritual. O presente é algo passageiro e fugaz, que escorrega das nossas mãos e torna-se o desconhecido futuro, por isso seu nome também é "Ser".

Skuld é a mais jovem Norne e simboliza diversos conceitos: futuro, necessidade, culpa, dívida, o que dá origem a sua definição como "dever". Ela representa o que vai acontecer no futuro se a ação presente for mais consciente, retificando assim os erros do passado. Skuld aparece velada, segurando um pergaminho, para mostrar as possibilidades ocultas das mudanças. O conceito de culpa é ligado às dívidas para com outros seres e à omissão em relação à preservação do hábitat e das tradições dos ancestrais, que representam o legado do passado. Skuld também é dirigente das Valquírias e padroeira dos seres da Natureza.

Elemento: éter.
Animais totêmicos: corvo, coruja, porca.
Cores: preto, vermelho, branco.
Árvores: amieiro, freixo, teixo.
Plantas: bistorta, heléboro, mirtilo.
Pedras: obsidiana ou turmalina, granada ou rodonita, calcita ou aragonita.
Símbolos: fios, teia, cordas, punhal, tesoura, véu, pergaminho, relógio, clepsidra, argila, raízes de árvore, as manchas brancas das unhas dos recém-nascidos (a "assinatura" de suas bênçãos), gruta, fonte, as estrelas centrais da constelação de Órion ("As Três Marias").
Runas: Hagalaz (Urdh), Nauthiz (Skuld), Isa (Verdandhi), Peorth (Nornes), Calc (Nornes).
Datas de celebração: 2/01, 14/07, 30/10 (*Disablot*), 31/12.
Rituais: para compreender o traçado do seu destino, libertar-se das amarras do passado, receber orientação nas decisões do presente, obter aceitação, desapego e sabedoria no futuro; para redimir-se de culpas passadas e atrair situações melhores no futuro, modificando assim o *wyrd* pessoal.
Palavra-chave: destino.

NOTT (NAT, NIORUN) — "A Senhora da Noite"

Nott era conhecida como a deusa da noite, que percorria o céu noturno em uma carruagem puxada por um cavalo preto chamado "Crina de Gelo" que, ao espumar ou sacudir a crina, formava a geada ou o orvalho. Nott aparecia como uma mulher velha, de pele escura e trajes pretos. Ela teve três maridos — Naglfari (crepúsculo), Anar (água) e Delling (alvorada) — com os quais gerou seus três filhos: Audr (espaço), Jord (terra) e Dag (dia). A carruagem de Nott era ornada com pedras preciosas, que brilhavam como estrelas no céu escuro, permanentemente seguida por Dag, que assumia a condução da carruagem pela manhã, quando a mãe ia repousar.

O significado mais profundo de Nott é sua representação como o ventre primordial do vazio cósmico, à espera da fecundação pela energia vital.

Devido à cor escura de sua pele (dissonante em uma cultura que valorizava os padrões da raça branca, ariana), Nott pode ser reverenciada atualmente como a protetora das minorias e dos menos favorecidos pelo destino. Ela ensina a aceitação a todos, indiferentemente de raça, sexo, crença, idade ou posição social, evitando-se a discriminação e os preconceitos.

Nott pode ser considerada uma avó bondosa, que ensina amor e respeito por todas as formas de vida. É por seu intermédio que se mergulha no sono reparador, que proporciona os sonhos que podem se tornar as sementes de um novo dia, de uma nova realidade.

Na meditação ou visualização, pode-se imaginar a energia de Nott como a de uma manta macia com a qual a mãe ou a avó envolve, afastando com sua presença protetora e seu abraço carinhoso os pesadelos e o medo da escuridão.

Nott era invocada pelos poetas e músicos para dar-lhes inspiração e pelos místicos e magos para abrir sua visão e ajudá-los a desvendar e compreender os mistérios e os presságios.

Elementos: ar, água.
Animais totêmicos: cavalo, coruja, lebre, dragão do ar e da água, unicórnio, cavalo alado.
Cores: preto, azul-escuro.
Árvores: mogno, nogueira, zimbro.
Plantas: anis-estrelado, dama-da-noite, jasmim-estrela.
Pedras: obsidiana, floco de neve, ônix, safira, zircão, diamante.
Metais: prata, estanho.
Data de celebração: 26/10.
Símbolos: Lua, estrelas, noite, carruagem, pedras preciosas, metais, manto, xale, manta de lã, poesias, canções, sonhos, mistérios, rituais e cerimônias mágicas.
Runas: Raidho, Peorth, Yr.
Rituais: para desenvolver o amor universal, demonstrar aceitação e respeito por todos os seres; aprofundar e lembrar os sonhos; para abrir a intuição e a visão.
Palavras-chave: visão, aceitação.

RAN (RAHANA) — "A Rainha do Mar"

Deusa nórdica do mar, Ran era também a rainha das ondinas e das sereias, reverenciada por seu poder mágico e profético e admirada por sua beleza, seu talento musical e o dom de sedução. Ela era a protetora das moças e das mulheres solteiras, mas também a padroeira dos afogados — portanto, uma deusa da morte.

Ran era descrita como uma mulher forte, com cabelos de algas marinhas e colares de ouro e que segurava, com uma das mãos, o leme do barco, e com a outra, recolhia, em sua rede mágica, os afogados, levando-os depois para seu reino encantado no fundo do mar, para além do redemoinho do Mar do Norte. Se os mortos levassem ouro consigo, eram tratados com muitas regalias, por isso os marinheiros colocavam sempre pepitas ou moedas de ouro (o ouro era denominado "A chama do mar") em seus bolsos, antes de viajar, para garantir a boa acolhida nos salões de Ran. Como havia a crença de que os afogados recebiam de Ran a permissão para assistir a seus enterros, as famílias acreditavam que, se vissem seus fantasmas no sepultamento, isso significava que eles estavam bem, sob os cuidados da Deusa, em seu palácio escuro, mas faustoso.

O mar, que era chamado de "O caminho de Ran", tinha um regente masculino também, o deus Ægir, marido de Ran, com o qual ela teve nove filhas, as Donzelas das Ondas. Assim como a mãe, as filhas podiam aparecer em forma de sereias, que se aproximavam nos meses frios de inverno das fogueiras dos acampamentos dos pescadores e assumiam corpos e trajes de mulheres para seduzir os homens. Após fazerem amor com eles, as sereias sumiam e os homens adoeciam de tristeza e saudade, definhando até morrer.

Elemento: água.
Animais totêmicos: gaivota, ganso, golfinho, foca, peixes.
Cores: verde, azul, branco, preto.
Plantas: algas marinhas.
Pedras: corais, água-marinha, serpentina, espato azul.
Símbolos: barco, rede, ondas, redemoinhos, mares, sereias, moedas de ouro, medo (do mar, das profundezas, do desconhecido), inconsciente (pessoal, coletivo).
Data de celebração: 23/07.
Runas: Raidho, Isa, Nauthiz, Peorth, Laguz, Yr, Ior, Ear, Calc.
Rituais: proteção nas viagens marítimas, para acalmar as tempestades, diminuir o enjôo, para vencer o medo de água; nas terapias de regressão de memória (para explorar os registros do inconsciente, descobrir e curar fobias); práticas oraculares (vidência na água).
Palavra-chave: profundezas.

RANA NEIDDA — "A Deusa da Primavera"

Cultuada pelos nativos sami, do extremo norte da Escandinávia, Rana Neidda era a personificação do desabrochar da primavera e se manifestava como uma jovem coberta de folhas e flores que conduzia as renas para os lugares ensolarados. Acreditava-se que ela transformava os campos cobertos de neve em pastos verdes, para alimentar as renas e favorecer sua reprodução. Ela escolhia, principalmente, as colinas voltadas para o Sul, onde apareciam os primeiros brotos. Para obter seus favores, os sami ofereciam-lhe uma roda de fiar ou um fuso coberto de sangue e colocado em seu altar de pedras. O sangue originariamente era menstrual, substituído depois pelo de algum animal sacrificado.

Elemento: terra.
Animais totêmicos: rena, alce.
Cores: branco, verde, amarelo.
Árvores: álamo, bétula, faia.
Plantas: grama, musgo, *snow drop* ("pingo-de-neve", a primeira planta que brota na primavera).
Pedras: pedra-do-sol, calcopirita, berilo.
Símbolos: roda de fiar, fuso, pedras, brotos, neve, sangue menstrual.
Runas: Isa, Jera, Sowilo, Tiwaz, Berkana, Sol.
Data de celebração: 17/04.
Rituais: da menarca e da menopausa; para abençoar novos começos; para proporcionar fertilidade; auxílio nas transações e mudanças.
Palavra-chave: desabrochar.

RIND (RINDR) — "A Deusa da Terra Congelada"

Rind era descrita nas lendas escandinavas como uma linda princesa russa, a quem tinham profetizado a concepção de um filho que, ao se tornar herói, vingaria a morte do deus solar Baldur. Porém, Rind recusava-se a se casar, demonstrando uma glacial indiferença a todos os seus pretendentes. O deus Odin tentou seduzi-la assumindo, primeiro a figura de um soldado, depois, de um hábil artesão, capaz de fazer lindas jóias e, por fim, a de um cavalheiro, mas Rind continuava recusando seus avanços. Finalmente, Odin se metamorfoseou em uma jovem curandeira, que foi aceita como a camareira da princesa quando esta adoeceu (segundo consta, em razão de um feitiço maligno feito pelo próprio Odin). Ao curá-la, Odin revelou quem era e conseguiu, finalmente, derreter o coração congelado da princesa, tornando-a mãe do seu filho Vali, o vingador da morte de Baldur, concedendo-lhe também a condição de Deusa.

Essa lenda é a adaptação cristã de um antigo mito da terra congelada pelos rigores do inverno, personificada por uma giganta, que resistia ao abraço caloroso do Sol, semelhante à história da deusa Gerda. Possivelmente o mito era o mesmo, diferindo apenas os nomes, conforme a localização geográfica dos cultos.

Outras fontes descrevem Rind como uma deusa solar, que saía da sua morada cada manhã e só voltava ao anoitecer, permanecendo isolada até a manhã seguinte — simbolizando, portanto, tanto a abertura quanto o isolamento, tanto o dia quanto a noite.

Elementos: terra, gelo.
Animais totêmicos: urso-polar, loba, foca, andorinha.
Cores: branco, verde.
Árvores: choupo, pinheiro, tuia, amieiro.
Plantas: arnica, bálsamo, sálvia, *snow drop* ("pingo-de-neve").
Pedras: calcedônia, calcita, malaquita.
Símbolos: floco de neve, gelo, raios solares, escudo, ervas curativas, jóias.
Runas: Isa, Jera, Hagalaz, Sowilo, Cweorth, Sol.
Rituais: para descongelar (ou esfriar) situações, remover barreiras e obstáculos, abrir (ou fechar) o coração, atrair (ou repelir) pessoas, colaborar ou se isolar.
Palavras-chave: abertura, isolamento.

SAGA — "A Mãe da Sabedoria"

Conhecida como a "Deusa Onisciente", Saga é considerada por alguns autores como um aspecto da deusa Frigga, representando as memórias do passado. De fato, ela fazia parte da constelação de doze deusas que auxiliava e acompanhava Frigga. Sua genealogia exata é desconhecida, tendo sido perdida ou esquecida ao longo dos tempos. Supõe-se que ela tenha pertencido a uma classe de divindades muito antigas, anterior aos Æsir e Vanir, e personificava os registros da passagem do tempo.

Saga era descrita como uma mulher majestosa. Vivia no palácio Sokkvabek, às margens de uma cachoeira, cujas águas frias desapareciam em uma fenda para dentro da terra. Para aqueles que a procuravam em busca de inspiração e sabedoria, ela oferecia a água cristalina do "rio dos tempos e dos eventos", em um cálice de ouro. Era para lá que, diariamente, também ia Odin, para trocar histórias e conhecimentos, e ouvir as canções de Saga sobre os tempos antigos.

Saga e *segja* significam "história, conto, lenda". Quando a tradição oral dos antigos começou a ser esquecida por causa das perseguições cristãs, algumas pessoas mais instruídas começaram a transcrever as lendas e criaram, assim, os primeiros relatos escritos ou *sagas*. Essas histórias não eram novas, mas recebiam detalhes ou nuances diferentes, de acordo com quem as redigia. "Contar histórias" é um antigo costume dos povos nórdicos, tendo sido, durante milênios, o passatempo nas longas noites de inverno e o ponto central das festividades, reuniões e cerimônias. O contador de histórias era o *sögumadr* (*saga man*), ou a *sögukona* (*saga woman*), respectivamente um homem sábio ou uma mulher sábia.

O arquétipo de Saga é o das contadoras de histórias, das mulheres idosas e sábias que conhecem fatos e dados do passado e que relembram e preservam as tradições dos antepassados. Invocar Saga ajuda a compreender e relembrar o passado, descobrir e aprender fatos culturais e históricos das culturas antigas e preservar o legado dos nossos ancestrais.

Saga era reverenciada como a padroeira dos poetas, escritores, historiadores, arqueólogos, antropólogos, contadores de histórias e educadores.

Elementos: água, ar.
Animais totêmicos: coruja, salmão.
Cores: transparentes, pátinas, prateados, dourados, cinza.
Árvores: antigas, florestas seculares.
Plantas: perenes e sempre-vivas.
Pedras: seixos rolados, madeira petrificada, ágata listada ou com inclusão de musgo, fósseis, estalactites e estalagmites, cristais arquivistas (cristais de quartzo com características especiais — sinais triangulares — que os fazem arquivar melhor informações e formas mentais), âmbar, azeviche, ossos.
Metais: ouro, prata, estanho.
Símbolos: cálice, xale prateado, pente de prata, tranças, cachoeira, gruta, manuscritos, livros de histórias, mapas antigos, pena de escrever, caneta, palavras (escritas ou faladas), poço, nascente, inconsciente coletivo.
Runas: Ansuz, Laguz, Othala, Os, Calc, Erda.
Rituais: para relembrar e reavivar o passado; para preservar, honrar e transmitir o legado dos antepassados; culto dos ancestrais; círculos para ler ou contar histórias.
Palavras-chave: passado, história.

SIF (SIFJAR, SÍBIA) — "A Deusa Dourada'"

Conhecida como a "Deusa Dourada", Sif era uma linda mulher, famosa por sua longa e farta cabeleira loura. Usava roupas simples de camponesa, mas seus cabelos dourados e seu cinto de ouro e pedras preciosas revelavam sua condição divina. Regia a beleza, o amor, a fertilidade, a vegetação e, principalmente, os campos de trigo maduro. Era casada com Thor e com ele gerou Ullr e Thrud. Assim como outras deusas, foi acusada de ser leviana e adúltera por Odin e Loki.

Uma alusão à sua possível infidelidade é sugerida pelo fato de Loki ter cortado seus lindos cabelos enquanto ela dormia (cortar os cabelos era o castigo infligido às adúlteras), o que levou Sif ao desespero, forçando-a ao isolamento. Mas Thor ficou a seu lado e ameaçou matar Loki se ele não reparasse a maldade. Loki providenciou uma cabeleira de fios de ouro confeccionada pelos gnomos e Sif a aceitou. Loki pode ser visto como o fogo repentino ou o calor da seca, responsáveis pela destruição das colheitas no verão.

Sif é considerada uma deusa da colheita e acredita-se que, nas noites quentes de verão, quando Thor e Sif fazem amor, raios caiam sobre os campos e acelerem o amadurecimento dos grãos. Sif representa, portanto, a riqueza, a colheita, o bem-estar familiar e a paz entre as tribos.

Fontes mais antigas consideram-na parte da raça ancestral dos deuses Vanir e representante de elevados valores sociais e morais, bem como códigos de lealdade e coragem que predominavam na sociedade nórdica. O corte de seus cabelos por Loki seria uma metáfora da conseqüência negativa das intrigas e das calúnias, que levam à discórdia e à destruição.

Elementos: terra, fogo.
Animais totêmicos: cisne (a forma em que Sif se manifesta), corça, lontra, lebre.
Cores: amarelo, dourado.
Árvores: acácia "chuva-de-ouro", giesta.
Plantas: cereais, *kornblume* (uma flor azul que cresce nos trigais), senécio.
Pedras: âmbar, pedra-do-sol, topázio, pirita.
Metal: ouro (chamado de "O cabelo de Sif").
Data de celebração: 20/05, solstício de verão (*Midsommar*, *Sabbat Litha*).
Símbolos: espigas e campos de trigo, trança, pão, colheita, objetos de ouro, cabelos louros, espelho, enfeites, tudo que representa a beleza.
Runas: Jera, Sowilo, Berkana, Ingwaz, Ziu, Sol.
Rituais: para atrair bem-estar e paz grupal, incentivar a lealdade e coragem, combater a discórdia e as intrigas; para amadurecer, apressar e agradecer a colheita.
Palavra-chave: colheita.

SJOFN — "A Afetuosa"

Seu nome (que se pronuncia *Chofn*) significa "afeição", mas sua atuação vai além de voltar a mente das mulheres e dos homens para o amor. Seu poder abrange toda a gama de relacionamentos que mantêm a unidade familiar, incluindo o amor por filhos, irmãos, pais, parentes e colaboradores. Pode ser invocada para reavivar ou fortalecer os laços afetivos, curar ressentimentos e mágoas, apaziguar discórdias e rixas, abrir o coração para perdoar e transmutar lembranças dolorosas.

Para entrar em contato com seu arquétipo, a pessoa deve identificar sua maneira de dar e receber amor e ampliar sua capacidade de compreensão e aceitação dos outros. Sua missão é ensinar a dar e receber amor, pessoal e incondicional, passional e transcendental. Sjofn era também a padroeira das festividades anuais da primavera, quando fogueiras eram acesas nas colinas para aquecer e despertar as sementes de amor e crescimento, humano e vegetal, avivando as esperanças para uma boa união e colheita.

Seu símbolo é um coração de quartzo rosa pendurado em uma corrente de ouro e, no tarô, equivale ao ás de copas.

Elemento: água.
Animais totêmicos: pomba, cisne, lontra.
Cores: rosa, lilás.
Árvores: limeira, magnólia, tília.
Plantas: erva-doce, lilás, rosa alpina.
Pedras: kunzita, quartzo rosa, rodocrosita.
Data de celebração: 14/02, equinócio da primavera.
Símbolos: cálice, coração, sementes.

Runas: Gefu, Wunjo, Berkana, Cweorth, Calc.
Rituais: para promover a unidade familiar; para aprender a dar amor; para reconciliar e harmonizar casais e parceiros.
Palavra-chave: afeição.

SKADHI (SCATHE, SKATHI) — "A Senhora do Inverno"

Deusa do inverno, dos esquis, dos trenós e da caça, Skadhi, cujo nome significava "a sombra", simbolizava também a morte. Era reverenciada por sua coragem, força, honra, combatividade e resistência perante as adversidades e os desafios. Supõe-se que fizesse parte das divindades nórdicas ancestrais, e seu nome foi escolhido para designar a Escandinávia — *Skadhinauja*.

Filha de gigantes, Skadhi morava no palácio Thrynheim — que herdara de seu pai — e era uma mulher extremamente bonita, conhecida como "a noiva brilhante dos deuses". Ela costumava aparecer envolta em peles brancas, deslizando sobre esquis e segurando um arco e flechas. Tentou vingar a morte do pai, morto pelos deuses Æsir, mas acabou fazendo as pazes e se casando com um deles. Skadhi cobiçava o lindo deus solar Baldur, mas, ao escolher seu futuro marido (podia olhar apenas os pés dos deuses) se deixou enganar pelas aparências e escolheu Njord, o deus do mar. Em breve, o casal tornou-se incompatível por causa de suas preferências: Njord sentia falta do mar, no palácio gelado de Skadhi nas montanhas, e ela odiava o barulho das ondas e os sons estridentes das gaivotas, na morada dele à beira-mar. Após a separação, Skadhi casou-se com Ullr, o deus arqueiro que andava sobre esquis, regente do inverno e da morte também.

Assim como aconteceu com outras deusas, ela foi acusada por Loki de ser infiel e de ter sido amante de Odin. Quando Loki foi julgado e condenado por suas maldades pela assembléia dos deuses, Skadhi se ofereceu para colocar a serpente venenosa sobre sua cabeça. O veneno que escorria ininterruptamente era recolhido por Sigyn, a leal esposa de Loki, para evitar que caísse em seus olhos. Sigyn é considerada um modelo de lealdade conjugal e de solidariedade perante as adversidades, enquanto Skadhi representa a coragem de abrir mão de um relacionamento inadequado e procurar um parceiro compatível.

Atributos: Skadhi rege a caça, a guerra, a destruição pelo frio e a escuridão. Foi associada à deusa guerreira celta *Scatach* ou *Scota* e transformada posteriormente na "Rainha da Neve" dos contos de Andersen.
Elementos: neve, gelo.
Animais totêmicos: urso e raposa polar, lobo, alce, foca, leão-marinho, serpente.
Cor: branca.
Árvore: pinheiro.
Pedras: obsidiana, floco-de-neve, calcedônia, opala, mármore.
Plantas: líquens, musgo.
Metais: prata, ferro.
Datas de celebração: 10/07, 30/11.
Símbolos: arco-e-flecha, esquis, trenó, patins, casaco de pele com capuz, botas e luvas, floco de neve, estalactite de gelo, montanhas, noite, inverno.
Runas: Hagalaz, Isa, Eihwaz, Ior, Ziu.

Rituais: proteção nas viagens e esportes de inverno; para esfriar os conflitos, aumentar a resistência nas adversidades, reconhecer e honrar suas necessidades, renunciar ao desnecessário, reconhecer, transmutar ou integrar "a sombra".
Palavra-chave: renúncia.

SNOTRA — "A Virtuosa"

Snotra era uma das acompanhantes de Frigga, descrita como uma mulher jovem, vestida com uma túnica branca, de feições e gestos delicados e suaves, reservada, de maneiras elegantes e fala mansa.

Seu nome significa "senhora" e ela era sábia e gentil. Em norueguês arcaico, a palavra *snotr* indicava uma "pessoa sábia ou equilibrada", enquanto *snot* designava uma "senhora ou noiva". O historiador Sturluson a considerava uma protetora das mulheres, a quem ensinava moderação, lealdade, nobreza e sabedoria.

Snotra mostra como superar as dificuldades físicas e sociais nos relacionamentos, pois sempre sabe a atitude certa. Tem uma profunda compreensão da natureza humana e das relações sociais; não somente conhece as regras de comportamento, mas entende a motivação que as condiciona. Sua energia transmite coragem com nobreza e lealdade, sem fanfarronice; ela torna as pessoas corretas e as auxilia a terem atitudes adequadas. A missão de Snotra é criar a harmonia grupal, incentivar a nobreza de caráter e as boas maneiras.

Para invocar Snotra é preciso fazer uma avaliação séria e correta das normas e das regras necessárias ao bom convívio entre as pessoas. Sem precisar abrir mão de suas reais necessidades, as mulheres podem agir com cortesia, polidez e gentileza, dando assim um exemplo para as outras pessoas e merecendo, de fato, o título de "senhoras".

Elementos: ar, terra.
Animais totêmicos: falcão, raposa, cisne, abelha.
Cores: branco.
Árvores: ornamentais, madeiras nobres.
Plantas: íris, lavanda, tuberosa, lírio branco.
Pedras: alabastro, mármore, marfim, calcita.
Data de celebração: 30/09.
Símbolos: balança, estandarte, lenço de linho bordado, cinto, brasão, boas maneiras, trajes de época, retiro, silêncio, contemplação, tradição.
Runas: Gebo, Wunjo, Othala.
Rituais: para adquirir sabedoria, no rito de passagem da menopausa ("coroação da mulher sábia"); para agir com discernimento, equilíbrio e responsabilidade; para harmonizar os componentes de grupos.
Palavra-chave: virtude.

SUNNA (SUNNU, SUNNIVA, SOL) — "A Senhora Sol"

Chamada de "A noiva brilhante do céu" e "Senhora Sol", irmã do deus lunar Mani, Sunna carregava o disco solar durante o dia, em uma carruagem de ouro. Horas antes do Sol nascer, ela ficava sentada sobre uma rocha e fiava com seu fuso dourado. Sua carruagem era puxada por dois cavalos: "O Madrugador" e "O Poderoso", sob cujas selas havia sacos com vento para mantê-los frescos. Sunna se apresentava envolta por uma luz dourada cujos raios formavam seus cabelos; ela conduzia sua carruagem e segurava um chicote e um escudo chamado Svalin (frio), para proteger a terra do calor destrutivo. Sunna protegia também os humanos das ações dos gigantes e dos anões malévolos, petrificando-os com seu olhar.

Por ocasião do Ragnarök, ela será vencida e devorada pelo lobo Skoll, mas, antes de morrer, dará à luz uma filha, que no alvorecer do Novo Mundo irá assumir sua missão e seu nome. É possível que sua morte se deva ao fato de ela ter nascido como uma mortal e divinizada por Odin por sua estonteante beleza. Esse fato é semelhante à elevação da moça Bil à condição de deusa lunar, ambas condenadas a morrer no Ragnarök.

Sunna era venerada pelos povos nórdicos como a doadora da luz e da vida e, em sua homenagem, muitos menires e círculos de pedras foram erguidos e destinados a seus rituais. Seu símbolo — a roda solar — é encontrado em inúmeras inscrições rupestres.

Elementos: fogo, ar.
Animais totêmicos: cavalo, águia, dragão (do fogo e do ar), lobo.
Cores: amarelo, laranja, vermelho, dourado.
Árvores: acácia "chuva de ouro", giesta, tília.
Plantas: camomila, dente-de-leão, girassol, hipericão.
Pedras: âmbar, topázio, citrino, pedra-do-sol, diamante.
Metal: ouro.
Datas de celebração: 9/02, 14/05, solstício de verão (Midsommar), 8/07, solstício de inverno (Yule).
Dia da semana: domingo.
Símbolos: carruagem, círculo mágico, círculo de pedras, colar, cristais, dança circular, disco, chicote, escudo, espelho, fogo, *fylfot* (suástica), mandala, movimento giratório, objetos dourados, roda solar e sagrada, Sol, solstícios.
Runas: Raidho, Sowilo, Sol.
Rituais: saudação ao Sol, rituais solares, danças circulares e giratórias, práticas de energização e vitalização, preparação da água solarizada, cura com cristais, alinhamento dos chacras, celebrações dos solstícios com fogueiras.
Palavra-chave: auto-realização.

SYN — "A Defensora"

Em Fensalir, o palácio celeste de Frigga, Syn era a guardiã das entradas e negava passagem àqueles que não tinham permissão ou merecimento para entrar. Syn, portanto, é considerada a protetora das fronteiras e a defensora dos limites. Seu nome significa "negação" e ela era chamada nas assembléias e nos conselhos para defender aqueles que deveriam negar pedidos ou colocar limites.

Era uma deusa justa, que tudo via e sabia — por isso os povos nórdicos pediam sua presença nas disputas judiciais para assegurar o triunfo da justiça e o cumprimento dos juramentos e das promessas.

Na atualidade, pode-se invocá-la para defender as portas e fechaduras, sejam as físicas — de casa, do local de trabalho ou do carro —, sejam as fronteiras do espaço pessoal, psíquico ou astral. Ela dá o poder necessário para conhecer e expressar a verdade de cada um e concede a força de dizer "não" a tudo o que possa enfraquecer ou prejudicar. Syn fortalece e protege, por isso deve-se sempre pedir sua proteção para a casa, para o altar ou espaço sagrado, ou para a criação de escudos e egrégoras de proteção psíquica.

Ela se apresenta como uma mulher séria, vestida com uma túnica violeta e com uma tiara nos cabelos; nas mãos, um bastão inscrito com runas, uma chave, um escudo ou uma vassoura de galhos de bétula e sinos. Esses símbolos podem ser colocados atrás das portas de casa, na entrada do espaço sagrado ou círculo mágico, pedindo sempre a proteção de Syn e visualizando sua presença como um escudo protetor.

Elemento: ar.
Animais totêmicos: dragão-do-ar, gavião, falcão.
Cores: branco, azul, violeta, preto.
Árvores: bétula (pode ser substituída por eucalipto), sorveira, teixo.
Plantas: arruda, erva-das-feiticeiras, vetiver.
Pedras: ametista, cristal de rocha, safira.
Metais: prata, ferro.
Data de celebração: 2/06.
Símbolos: porta, portal, entrada, soleira, fechadura, chave, cadeado, escudo, bastão, vassoura de galhos com sinos, galho de árvore com formato da runa Algiz, sinete, talismãs com olhos, balança, promessa, compromisso, aliança, contrato, juramento.
Runas: Algiz, Dagaz, Yr.
Rituais: para a proteção das fronteiras e dos limites; para a defesa do espaço e proibição de aproximações e interferências; para criar e proteger o círculo mágico; para a defesa pessoal e dos bens.
Palavra-chave: negação.

THORGERD HOLGABRUD — "A Deusa Flecheira"

Essa deusa já foi considerada, em lendas mais recentes, uma mortal deificada por sua extraordinária habilidade nas artes oraculares e mágicas. Mas Thorgerd era, na verdade, filha de Odin e de Huldra, a Senhora das Colinas, líder das ninfas das florestas e protetora dos animais. Thorgerd costumava ser representada como uma mulher bonita, alta e forte, vestida com peles de animais, usando jóias de ouro e cercada de cofres com pedras preciosas. Juntamente com sua irmã Irpa, ela protegia a Islândia, onde as duas recebiam oferendas nos antigos templos de pedra. Thorgerd era uma deusa guerreira que, para defender o povo dos inimigos, lançava flechas mortíferas de cada um de seus dedos. Além disso, ela manipulava as forças da Natureza e era invocada para dar sorte no plantio, na caça e na pesca. Seu culto foi o último vestígio da antiga tradição das deusas e perdurou até muito tempo depois de a ilha ter sido cristianizada. Para denegri-la, os padres católicos a chamavam de Thorgerd Holga Throll, atribuindo-lhe os poderes maléficos dos *troll*, seres "sinistros" da Natureza que, na realidade, nada mais eram que os gigantes e os gnomos dos antigos mitos, reduzidos a grotescas e aterrorizantes figuras nas interpretações cristãs.

Elementos: terra, água.
Animais totêmicos: peixes, gado, animais selvagens.
Cores: verde, marrom.
Árvores; azevinho, espinheiro, pilriteiro.
Plantas: cardo, tojo, verbasco.
Pedras: ágata, esmeralda, cornalina.
Símbolos: flecha, alvo, anzol, garras e peles de animais, florestas, plantios, colheitas, pedras preciosas, cofre, jóias de ouro, seres da Natureza, ninfas.
Runas: Tiwaz, As, Yr, Gar, Wolfsangel.
Rituais: de defesa pessoal e grupal; para atrair a boa sorte; para "abrir" os oráculos e proteger as práticas mágicas.
Palavra-chave: sorte.

THRUD — "A Regente do Tempo"

Filha de Sif e Thor, Thrud era conhecida tanto como deusa quanto como Valquíria. Famosa por sua extraordinária beleza, foi admirada e desejada por muitos homens: mortais, heróis, deuses e até mesmo gnomos, dos quais um, Alvis, foi petrificado por Thor para que se afastasse de sua filha. O nome *Thrud* significava "semente" e ela era considerada uma deusa regente do tempo cuja raiva trazia as nuvens escuras de chuva e as tempestades, e o bom humor deixava o céu da cor de seus lindos olhos azuis.

Thrud também era considerada uma padroeira dos curadores, pelo fato de ter sido, ela mesma, uma curadora, que, em seu aspecto de Valquíria, aliviava o sofrimento dos feridos nos campos de batalha.

Hoje em dia, Thrud pode ser invocada nos encantamentos para mudar o tempo (chuva ou Sol) — porém, somente se forem feitos com discernimento e para o benefício da Natureza (vegetal e animal). Como curadora, ela auxilia na cicatrização das feridas (físicas ou emocionais) e na cura dos distúrbios e disfunções.

Elementos: ar (vento), água, fogo.
Animais totêmicos: pássaros (falcão), cisne, cavalo.
Cores: azul, dourado.
Árvore: amieiro, nogueira, sabugueiro.
Plantas: borragem, lavanda, lobélia.
Pedras: topázio, cristal rutilado, quartzo azul.
Símbolos: sementes, vento, nuvens, céu azul, pedras, cristais, ervas e práticas curativas, talismãs em forma de olhos.
Runas: Raidho, Tiwaz, Laguz, Dagaz, Ac, Ul.
Rituais: de cura, encantamentos para mudar o tempo, bênção dos plantios.
Palavra-chave: harmonia.

VALQUÍRIAS (VALKYRJA, VALMEYJAR, VALKYRJUR, ALAISIAGÆ, IDISI) — "As Deusas Guerreiras"

Consideradas assistentes de Odin, as Valquírias eram descritas como jovens bonitas, altas, fortes e guerreiras, que serviam comida e bebida para Odin e para os espíritos dos guerreiros mortos em combate, cuidadosamente escolhidos para compor a guarda pessoal de Odin. Quando não estavam cuidando dos feridos nos campos de batalha ou levando almas para os salões de Valhalla, as Valquírias supervisionavam as batalhas de Midgard (o mundo dos homens) e protegiam seus guerreiros favoritos.

No entanto, existe um significado muito mais profundo e antigo na verdadeira natureza e nos reais deveres das Valquírias, cuja simbologia é das mais complexas na mitologia teutônica. Elas não só acompanhavam os espíritos dos guerreiros mortos, mas escolhiam, antecipadamente, quem iria ganhar ou perder a batalha. Seu nome significava "as que escolhiam os mortos" e, mesmo quando era o próprio Odin que pedia às Valquírias para levarem um determinado herói ao seu salão, nem sempre elas o atendiam. Eram conhecidas como protetoras dos guerreiros por elas escolhidos e discordavam abertamente das ordens de Odin. Mitos mais recentes descrevem a eventual punição de Valquírias rebeldes; porém, os mais antigos relatam que a vontade delas sempre prevalecia.

Quando uma Valquíria escolhia um mortal como seu favorito, ela o protegia sempre, ensinando-lhe também as artes mágicas e permanecendo como guardiã por toda a vida. As Valquírias tinham o dom da profecia e, às vezes, mostravam em sonhos ou visões os perigos que os protegidos deveriam evitar. Aqueles que soubessem o nome de uma Valquíria específica poderiam chamá-la, pois ela sempre aparecia, para proteger ou para ensinar. Seus nomes eram Brynhild (malha de aço), Geirahod (flecha), Göll (grito de batalha), Gunnr (luta), Göndul (bastão mágico), Herfjötur (algemas), Hildr (batalha), Hlökk (tumulto), Hrist (terremoto), Kara (voragem), Mist (névoa), Randgridr (escudo), Reginleif (herança divina), Svava (golpe), Rota (turbilhão), Skeggjöld (machado de combate), Sigrdrifa (raio da vitória), Sigrun (vitória), Skögul (combate), Radgridr (conselho de paz) e Thrundr (poder). Outras fontes também mencionam Alvitr, Geirabol, Goll, Hladgudr, Herja, Judur, Ölrun, Prudr, Reginleif e Svipul. As líderes eram Gundr, Rota e a Norne Skuld ("a que está sendo"); o grupo podia ser composto de nove, treze ou vinte e sete Valquírias.

Às vezes, as Valquírias podiam aparecer metamorfoseadas em cisnes ou corvos. Consideradas as filhas de Odin com Erda (ou Jord), elas eram subordinadas à Freyja e às Nornes, assemelhadas à Fylgja e às Disir e atuavam como entidades protetoras. O maior desejo de um iniciado (*vitki*) era casar-se "com sua Valquíria", ou seja, alcançá-la conscientemente para poder aprender e ser conduzido por ela. Para as iniciadas, o objetivo era fundir-se com suas Valquírias, em coragem e sabedoria.

Os vikings acreditavam que a visão das Valquírias cavalgando seus fogosos corcéis era um espetáculo impressionante e inesquecível. Vestidas com armaduras e armadas de flechas, espadas e escudos, elas emergiam subitamente das nuvens, em meio aos relâmpagos e trovões provocados por seu galope. Apesar das qualidades guerreiras, elas também eram consideradas deusas da fertilidade, pois o orvalho que umedecia a terra se originava do suor de seus cavalos e a aurora boreal se formava do reflexo da luz em seus escudos. Atualmente, elas podem representar o aspecto guerreiro do ser, que nos orienta — mesmo através de lugares sombrios — e defende das batalhas do cotidiano.

As Valquírias foram exaustivamente descritas em diversos relatos épicos, poemas e histórias sobre heróis. Uma das Valquírias mais famosas, Brynhild, foi a heroína da lenda do rei Sigurd. Em vez de cumprir a ordem de Odin e deixar que o rei morresse, Brynhild lhe deu a vitória do combate. Enfurecido com sua desobediência (em especial por se tratar da filha preferida), Odin prendeu Brynhild a uma muralha de fogo, onde ela ficou adormecida até que Sigurd, montado em seu cavalo mágico, atravessou as chamas e a acordou com um beijo.

Outra Valquíria, Svava, a protetora do herói Helgi quando criança, encarnou como a princesa Sigrun e posteriormente se casou com Helgi, acompanhando-o quando ele morreu. Essa lenda descreve uma crença antiga que considerava as Valquírias espíritos guardiães de algumas famílias, permanecendo ligadas a certos heróis por toda a vida, recebendo sua alma após a morte e encarnando depois, na mesma família, para auxiliar e proteger os descendentes.

Lendas anglo-saxônicas também relatam aparições de figuras femininas sobrenaturais do meio da neblina, que auxiliavam os guerreiros nos combates. Às vezes, elas se revelavam mulheres de extraordinária beleza, tornavam-se amantes dos guerreiros mais valentes e depois desapareciam.

Uma versão mais recente — e bastante tenebrosa — descrevia as Valquírias como espíritos femininos ferozes, auxiliares do deus da guerra, que se regojizavam com o derramamento de sangue, teciam teias com caveiras e entranhas e, metamorfoseadas em abutres, se alimentavam dos cadáveres. Na Idade Média, os escritores românticos transformaram-nas em lindas princesas, que escoltavam os mortos para Valhalla e brindavam com hidromel, servido em taças de chifres.

Elementos: ar, água.
Animais totêmicos: cisne, corvo, gavião, cavalo alado.
Cores: branco, prateado, furta-cor.
Árvores: freixo, sorveira, teixo.
Plantas: acônito, cólquico, centáurea.
Pedras: labradorita, opala, safira.
Metais: ferro, bronze.
Datas de celebração: 31/01, 16/02.
Símbolos: armadura, escudo, elmo, corrente de metal, objetos de poder, escudos fluídicos de proteção, aurora boreal, penas de cisne, corvo e gavião, múltiplos de três, talismãs rúnicos de proteção mágica, "A Cavalgada das Valquírias" (música de Wagner).
Runas: Algiz, As, Calc, Ziu.
Rituais: de proteção em situações de perigo; conexão com seu Anjo de Guarda ou mentor espiritual; para vencer o medo de morte e auxiliar os espíritos na sua transição; para confeccionar e imantar escudos ou símbolos de proteção.
Palavra-chave: proteção.

VAR (VARA, WAR) — "A Guardiã dos Juramentos"

Seu nome é relacionado às palavras norueguesas *varda*, "garantir"; *varar*, "contratos e juramentos"; e *vardlokur* — "canção de proteção". Em alemão, *wahr* significa "verdadeiro", enquanto que em inglês *aware* indica "percepção consciente". Var, portanto, representa a deusa nórdica cujas funções eram semelhantes às da grega Héstia, (que ouvia todos os juramentos e garantia seu cumprimento) e personaliza o conceito idealizado da verdade e da justiça. Seu título era "A Cautelosa" e ela ensinava prudência e lealdade.

Var testemunha os contratos e os juramentos, principalmente entre homens e mulheres. Ela também pune os transgressores e os perjuros: sua missão é fazer respeitar a verdade. Sua proteção é mais moral do que física, pois ela zela pela integridade do espírito. Seu poder se manifesta nas palavras que usamos para expressar nossas intenções, decisões, promessas e afirmações, pois a energia dos sons se concretiza no mundo material pelas ações. Ela recomenda cautela ao se assumir qualquer tipo de compromisso, pois sua tarefa é castigar aqueles que traem seus juramentos.

Acreditava-se que Var residia no calor e no brilho das lareiras; era descrita como uma aparição fugaz e luminosa, invocada em todos os acordos e compromissos familiares e tribais. Para atrair sua bênção, eram ofertadas ao fogo guirlandas de ervas aromáticas trançadas com fitas, nas quais eram inscritos os compromissos. Para selar o acordo, depois eram entoados cânticos e se brindava com hidromel em chifre de boi.

Elemento: fogo.
Animais totêmicos: águia, dragão do fogo (*firewyrm*).
Cores: amarelo, laranja, vermelho.
Árvores: macieira, sabugueiro.
Plantas: aromáticas, hera.
Pedras: cornalina, ágata, citrino, topázio, granada.
Data de celebração: 13/11.
Símbolos: lareira, chama do fogo, aliança, contratos, juramentos, guirlanda de fitas, chifre de boi, hidromel, ervas aromáticas para queimar nas brasas.
Runas: Kenaz, Gebo, Tiwaz, Othala, Cweorth, Ziu.
Rituais: para fazer honrar compromissos e juramentos; para atrair a verdade e a justiça; para assistir os acordos; para fortalecer a união familiar e grupal.
Palavra-chave: lealdade

VOR (VÖR) — "A Deusa da Consciência"

O nome Vor significa "consciência" ou "fé" e essa deusa conhece todos os segredos, pois nada pode ser escondido dela. Vor detém o poder da precognição, a habilidade de descobrir, saber e silenciar sobre as coisas. Ela confere às mulheres a intuição, a capacidade de entender os sinais e de descobrir o que se passa, sem precisar de palavras.

No plano sutil, ela permite a expansão da consciência, sendo guia dos mundos desconhecidos, de tudo o que foi esquecido, reprimido ou que ficou preso no subconsciente, por medo de saber. Vor revela o que é escondido, ensina como interpretar a linguagem simbólica dos sonhos e levantar os véus, em estado de meditação ou transe. Ela aparece velada ou vestida com um pesado manto com capuz, que encobre suas feições, podendo, ou não, segurar nas mãos um pergaminho ou o símbolo adequado ao buscador.

Vor é a deusa nórdica que pode ser invocada para o desenvolvimento da intuição e da habilidade de perceber os sinais (e compreender, assim, o que se passa, de fato, na vida das pessoas). Ela auxilia na interpretação dos sonhos e dos oráculos, nas práticas de meditação e de magia *seidhr*.

Elemento: éter.
Animais totêmicos: coruja, corvo.
Cores: prateado, roxo, preto.
Árvores: sabugueiro, sorveira.
Plantas: artemísia, papoula, verônica.
Pedras: ametista, turmalina, opala.
Data de celebração: 10/02
Símbolos: véu, poço, gruta, pergaminho, manto, oráculos, espelho negro, bola de cristal, meditação, viagem xamânica, transe, projeção astral, magia, sonhos, visões, presságios.
Runas: Ansuz, Raidho, Peorth, Laguz, Dagaz, Os.
Rituais: para descobrir a verdade, compreender sinais e sonhos e revelar seu verdadeiro significado; para desenvolver a intuição, interpretar oráculos e presságios.
Palavra-chave: conscientização.

WALPURGA, WALBURGA, WÆLHIRGA, WÆLBYRGA — "A Renovadora"

O nome Walburga é atribuído a uma santa cristã, de origem inglesa, que, no século XVIII, na Alemanha, se tornou abadessa de um convento chamado Heidenheim ("lar dos pagãos"). Sua vida não foi marcada por nenhum evento especial; porém, após sua morte, um óleo milagroso começou a brotar de sua lápide e, por ter efeitos curativos, passou a ser recolhido pelos monges e distribuído aos necessitados. A igreja considerou o fato milagroso e Walburga foi canonizada.

Da análise de alguns detalhes — como a atribuição à santa do nome de uma das celebrações da Roda do Ano do calendário teutônico (*Walpurgisnacht*, equivalente ao *Sabbat* celta Beltane) —, pode-se perceber os acréscimos e as distorções cristãs feitas aos antigos arquétipos e comemorações da Deusa.

O óleo começou a brotar no primeiro dia de maio (*Majtag*), data da antiga celebração pagã da primavera chamada *Majfest*. A igreja tentou dissociar o óleo da data pagã, mas, como não conseguiu, deu especial ênfase ao aspecto "demoníaco" das festividades realizadas na noite anterior, a chamada *Walpurgisnacht* ("noite de Walpurga"), quando eram acesas fogueiras e realizados rituais de purificação dos resíduos do inverno e de renovação da terra. Apesar de fazer parte do calendário agrícola europeu, reminiscência dos antigos ritos de fertilidade pagãos, *Walpurgisnacht* foi caracterizada como "noite das bruxas", na qual elas montavam em suas vassouras e voavam para as orgias realizadas na montanha Broken, na região alemã de Harz, antigo local sagrado da Mãe Terra teutônica. A campanha difamatória da igreja infundiu nos cristãos o horror a essa noite ao afirmar que todos aqueles que participassem das festas seriam condenados a dançar até morrer de exaustão e seriam depois levados para o "inferno" (reino da deusa Hel) pelos fantasmas da "Caça Selvagem", conduzida por Wotan (Odin), Frau Gode (Freyja), Frau Berchte e Frau Harke (Holda).

É difícil saber, com certeza, se Walburga ou Walpurga era realmente o nome de uma deusa teutônica; existem, todavia, inúmeras provas da anterior existência de seu culto. Os nomes Walburga e Wælbyrga significam "colina dos mortos" ou "túmulo dos ancestrais", enquanto a variante Waldburga significa "protetora da floresta". A montanha sempre simbolizou a morada das deusas e o refúgio dos ancestrais; várias deusas — como Berchta, Holda e Nehalennia — tanto regiam a vida e a fertilidade, quanto cuidavam e protegiam os espíritos à espera do renascimento.

A incongruência mais relevante é a associação de uma santa cristã a símbolos universais da Deusa. Na lenda de Walburga, relata-se que ela tinha sido vista correndo pelos campos, vestida com uma túnica branca e sapatos vermelhos flamejantes, usando uma coroa de ouro sobre seus longos cabelos louros, segurando nas mãos um espelho triangular (que mostrava o futuro), um fuso, três espigas de trigo e, às vezes, acompanhada por um cão. Outras vezes, ela era perseguida por um bando de cavaleiros brancos e pedia abrigo aos fazendeiros, deixando-lhes, em troca, pepitas de ouro. É fácil perceber nessa descrição o antigo mito da deusa da terra, que sobrevoava os campos e trazia prosperidade ou fugia dos rigores do inverno, representados pela "Caça Selvagem". Os itens mencionados, longe de serem cristãos, fazem parte da simbologia de várias deusas — como as Nornes e Nehalennia (o cão, o fuso e o espelho), Berchta, Frigga e Holda (o fuso, a roupa branca esvoaçante, o espelho), Sif e Nerthus (o trigo).

A antiga comemoração de *Walpurgisnacht* representava a transição das vicissitudes do inverno (afastado pelo calor das fogueiras e das danças) para os alegres desfiles de crianças e moças enfeitadas de flores e a bênção dos casais. Existe uma dualidade entre as celebrações noturnas de 30 de abril — com encantamentos para afastar o inverno e as tempestades e garantir a fertilidade (vegetal, animal e humana) — e a leveza primaveril das festas do dia seguinte. Realça-se, assim, a dupla natureza da Deusa: sombra e luz, morte e vida. Por ser um momento mágico de transição, quando as barreiras entre os mundos tornam-se permeáveis, era possível na noite de Walpurgis "enxergar no escuro", ou seja, ter visões, receber presságios ou comunicar-se com o "outro mundo" (dos ancestrais, seres da Natureza e elementais). Às vezes, essa transição do inverno (morte) para a primavera (renascimento) era ritualisticamente encenada, como uma batalha entre o Rei ou a Anciã do inverno (perdedores e em farrapos) e o Rei ou a Rainha de Maio, vencedores e vestidos com folhagens e flores. Enfatizava-se, assim, a energia de renovação, fertilidade, beleza e alegria dessa data.

O arquétipo de Walburga pertence às deusas da fertilidade da terra e a suas antigas festividades. Mesmo que seu nome original tenha se perdido ou tenha sido esquecido, a lembrança de seus símbolos e atributos foi preservada na interpretação cristã e está sendo resgatada por todos aqueles que, indo além das aparentes contradições e distorções históricas e religiosas, ouvem a verdade do próprio coração.

Elementos: ar, terra, fogo.
Animais totêmicos: cão, lobo, pássaros noturnos, gado (que era passado entre duas fogueiras para purificação).
Cores: branco, verde, amarelo, vermelho.
Árvores: coníferas, tília.
Plantas: linho, trigo.
Pedras: quartzo-verde, rodonita, selenita.
Metal: ouro.
Datas de celebração: 30/04 (*Walpurgisnacht*), primeiro de maio (*Majfest*).
Símbolos: espelho triangular, fuso, vassoura, sapatos vermelhos, túnica branca, fogueira, espigas de trigo, mastro enfeitado com guirlandas de folhagens, flores e fitas, montanha, óleo terapêutico.

Runas: Fehu, Kenaz, Jera, Berkana, Dagaz, Erda.
Rituais: exorcizar os fantasmas do passado, fogueiras para purificação, encantamentos para fertilidade, bênção da união, danças ao redor do "mastro de maio", renovação dos compromissos (afetivos, parceria).
Palavras-chave: purificação e renovação.

INFORMAÇÕES SUCINTAS SOBRE OUTRAS DEUSAS NÓRDICAS

AARVAK

Deusa escandinava regente da aurora e do dia, Aarvak era chamada de "A Senhora da Estrela Matutina", representação do planeta Vênus. Era a equivalente da deusa lituana Saule Meita, da deusa eslava Ausrine e da deusa grega Eos ou Aurora. Aarvark acendia diariamente o fogo celeste para despertar e aquecer a deusa Sol.

AKKAN (ou AKKAS)

Formavam um grupo de deusas da fertilidade, reverenciadas somente por mulheres. As Akkas recebiam oferendas de comida, bebida e animais para conferir fertilidade, paz e prosperidade. Desse grupo faziam parte Sarakka, Jukskka e Uksakka, filhas de Maddarakka e padroeiras da gestação, dos partos e das crianças recém-nascidas.

AKKRUVA (AVFRUVVA ou HAVFRU)

Padroeira dos peixes e dos pescadores, Akkruva se apresentava como uma sereia, com longos e belos cabelos e cauda de peixe. Ela podia ajudar os pescadores, aparecendo no meio da neblina para avisar sobre a aproximação da tempestade. Se fosse por eles devidamente honrada, subia os rios até a nascente e levava consigo os cardumes de peixes, favorecendo sua captura. No entanto, quando ficava enfurecida por causa da falta de respeito ou de oferendas, provocava afogamentos — mas levava o corpo dos afogados de volta para casa.

ASKEFRUER ("Mulheres-Freixo")

São as Ninfas dos Freixos, dotadas de poderes curativos e mágicos. O freixo é uma árvore sagrada para os povos nórdicos: representa a Árvore do Mundo, Yggdrasil, e é a matéria-prima para a criação de Ask, o primeiro homem. Essas Ninfas aparecem como mulheres peludas, com cabelos de raízes, seios volumosos e vestidas de musgo. Eram celebradas em três de agosto com oferendas de bebida, mel, perfume, flores e frutas.

BEIWE e BEIWE-NEIDA

Na cosmologia do povo sami, a deusa solar Beiwe e sua filha Beiwe-Neida percorriam o céu em uma carruagem feita de chifres e peles de renas. Elas providenciavam a brotação da vegetação ártica na primavera e favoreciam o crescimento das plantas para que as renas pudessem se alimentar e reproduzir. Nos solstícios, a carne de animais sacrificados (fêmeas) era cortada em rodelas, colocada em bastões, enfeitada com fitas coloridas e ofertada às deusas. Beiwe era invocada para curar a depressão (provocada pela ausência do Sol durante o longo inverno ártico) e os casos de loucura (possivelmente em razão da subnutrição e da falta de vitaminas). Para atrair sua bênção, os sami besuntavam as portas das casas com manteiga, acreditando que, pela ação dos raios solares, Beiwe dela se alimentaria e ficaria feliz.

No solstício de verão, as casas eram enfeitadas com guirlandas de galhos verdes amarrados com fitas coloridas e um mingau tradicional era feito com manteiga e aveia e compartilhado ritualisticamente entre Beiwe, sua filha e toda a comunidade, como agradecimento pelas dádivas trazidas pela luz do Sol.

BUSHFRAUEN ("Mulheres-Arbusto")

Eram as guardiãs das florestas seculares da Europa central, protetoras dos viajantes. Um grupo das Bushfrauen também cuidava das árvores frutíferas, mas somente se fossem devidamente homenageadas e as pessoas tratassem as árvores com amor e respeito. Apareciam como mulheres com o corpo feito de troncos de árvore (às vezes oco nas costas), seios caídos, pele enrugada, cabelos esbranquiçados ou dourados e pés cobertos de musgo. Para se protegerem dos predadores, elas viviam dentro do tronco das árvores velhas, mas podiam revelar o segredo das ervas curativas para aqueles que as honrassem e presenteassem. Sua rainha era **Bushgrossmutter** ("A Avó dos Arbustos"), que era um elfo feminino com cabelos brancos e pés de musgo. Antigamente, no dia treze de janeiro, elas recebiam oferendas de sidra, maçãs assadas com mel e especiarias, fitas coloridas e moedas.

GRID, GRIDR

Grid é a giganta que, junto com Odin, gerou Vidar, cuja missão era vingar a morte de seu meio-irmão Baldur. Para protegê-lo das garras e dentes do lobo Fenrir, que Vidar enfrentará na batalha final, Grid lhe confeccionou calçados especiais de proteção, feitos de pedaços das botas dos guerreiros mortos em combate. Em um dos mitos de Thor, relata-se a ajuda que Grid lhe deu, emprestando-lhe suas próprias luvas, seu cinto e seu bastão mágicos, para lutar contra o gigante Geirrod, pai das gigantas Gialp e Greip, mortas por Thor. É difícil compreender esse paradoxo: Grid, uma giganta, torna-se cúmplice de Thor, o eterno inimigo dos gigantes, e contribui para a morte de seus semelhantes. A explicação dessa incongruência está na sobreposição de vários mitos, em que distorceram a história original, na qual Grid, por ser amante de Odin, havia sido obrigada (ou enganada) por ele a entregar seus objetos mágicos a Thor.

GULLVEIG, "A Dourada"

Descrita no poema "Völuspa" como maga e vidente, a deusa Gullveig é um arquétipo enigmático e controvertido que dá margem a inúmeras especulações. O poema relata a súbita aparição de Gullveig (uma deusa Vanir) em Asgard, despertando com suas palavras a cobiça pelo ouro — antes considerado apenas um metal destinado à confecção de objetos mágicos. Enfurecido, sem nenhuma razão aparente, Odin a atravessa com sua lança e os deuses a queimam três vezes — mas Gullveig se mantém viva, e o mal por ela representado permanece eternamente. Por pertencer aos Vanir, estes se sentem ofendidos com o tratamento dado a uma de suas deusas e declaram guerra aos Æsir. A guerra termina com o armistício, no qual são trocados reféns de ambas as partes e é criado Kvasir (descrito no respectivo verbete). No entanto, a explicação para a hostilidade dos Æsir com relação a Gullveig está na metáfora usada para representar o confronto entre as antigas divindades da Natureza (os Vanes) e a nova ordem patriarcal estabelecida pelos Ases. Supõe-se que Gullveig fosse a própria Freyja disfarçada, cuja fúria pelos maus-tratos recebidos é que terminou por desencadear o começo da guerra. Na interpretação patriarcal, Gullveig foi considerada a causadora da discórdia, pois foi o próprio Odin que inexplicavelmente agrediu-a, mesmo sabendo que esse gesto iria provocar a fúria dos deuses Vanir. O escritor Edred Thorsson afirma que, na terceira vez em que Gullveig foi queimada, ela renasceu como Heidhr ou Heidhe, "A Brilhante", um dos títulos de Freyja. É nessa manifestação de Heidhe — também o nome de uma *völva* que Odin ressuscitou do mundo dos mortos para se consultar — que Freyja ensina a Odin a arte da magia *seidhr*. Esses detalhes isolados, oriundos de vários mitos, terminam por nos fazer concluir que Gullveig foi um disfarce usado por Freyja que, ao renascer por três vezes, revelou sua tríplice essência e seus poderes mágicos.

GUNNLUD (GUNNLOD)

Filha do gigante Sutung, Gunnlud estava encarregada de zelar pelo elixir da inspiração Odhroerir, conseguido, por seu pai, dos gnomos que o haviam preparado do sangue de Kvasir. Capturados por Sutung, os gnomos lhe entregaram o elixir em troca de suas vidas. Gunnlud morava em uma gruta, dentro de uma montanha inacessível; porém, um dia, um lindo homem (que era o próprio Odin) apareceu na sua frente e a seduziu. Após passar três noites dormindo com ela, Odin obteve a permissão para tomar um gole do Odhroerir mas, usando de astúcia, esvaziou em três goles os três recipientes nos quais era guardado o elixir e fugiu, metamorfoseando-se em águia e levando o elixir para Asgard. Para atravessar a montanha, Odin assumiu a forma de serpente, metáfora que reforça a conotação sexual desse mito, um dos muitos que descrevem os artifícios usados por Odin para seduzir gigantas e deusas e apoderar-se de objetos ou atributos mágicos.

HORSEL (ORSEL, URSEL, URSULA)

Horsel era uma deusa eqüina, padroeira dos cavalos e dos animais domésticos e associada à Lua. É reverenciada pelos teutões, que batizaram em sua homenagem vários lugares na Alemanha, como *Horselberg* ("A Montanha de Horsel").

Ursula era uma antiga deusa escandinava, associada à Lua, que vivia cercada por onze mil virgens (as estrelas). Posteriormente, foi cristianizada como Santa Úrsula, comemorada no dia 21 de outubro.

ILMATAR (ou LUONATAR)

Ilmatar era a deusa finlandesa da água, filha virgem do ar e da Natureza. Reverenciada como "Mãe dos Céus" e "Mãe d'Água", ela tinha organizado o caos e criado a Terra. Segundo a lenda, Ilmatar desceu do céu e flutuou sobre as ondas do mar primordial. Com o sopro do vento, engravidou — mas não conseguia dar à luz porque não havia terra para se apoiar. Com seu poder mágico, dos ovos postos em seus joelhos por um pássaro celestial e de suas cascas, ela criou o Sol, a Terra, as nuvens e a abóbada celeste. Seus três filhos foram os precursores da humanidade. Um deles, o herói Wainamoniem, foi um grande feiticeiro e xamã, inventor da cítara.

JUKS-AKKA (ou JUKSAKKA)

Chamada de "A Velha Arqueira", essa deusa era reverenciada pela tribo nativa dos sami como a padroeira dos nascimentos e a protetora das crianças pequenas. Era filha de Madder-Akka e irmã de Sar-Akka e Uks-Akka. Para atrair sua bênção, lhe era oferecido um mingau, no qual se colocava a miniatura de um arco. As mães pediam sua proteção para defender seus filhos de qualquer mal e confeccionavam amuletos em forma de arco, ou talismãs de teixo, gravados com a runa Yr.

Juksakka recebia as almas dos meninos de sua mãe Maddarakka e os colocava no ventre das mães, cuidando depois para que fossem bons caçadores.

KALTES

Antiga deusa lunar venerada pelos povos úgricos do oeste da Sibéria, de onde seu culto se difundiu para o norte da Escandinávia, Kaltes representava a capacidade de metamorfose, manifestando-se como uma lebre, seu animal sagrado. Esse fato comprova sua natureza lunar, pois em muitas culturas acreditava-se que era possível ver uma lebre no relevo misterioso da Lua. A lebre era o intermediário entre a Deusa e os seres humanos e sua aparição, durante um ritual ou oferenda, indicava a presença benevolente de Kaltes e a realização do pedido, simbolizando também fertilidade e o poder de multiplicação.

Kaltes era uma deusa de rejuvenescimento e de fertilidade, invocada no começo de novos ciclos e no nascimento das crianças e dos filhotes. Era reverenciada por sua sabedoria e orientação compassiva nas transições e etapas da vida.

MADDAR-AKKA (ou MADDARAKKA)

Mãe das deusas Juksakka, Sarakka e Uksakka, Maddarakka era a Mãe Terra finlandesa, deusa da fertilidade, da cura e padroeira dos partos e dos embriões. Ela cuidava das almas dos fetos até que estivessem prontos para nascer, entregando-os depois para Sarakka (caso fossem meninas) ou para Juksakka (no caso de meninos).

Essas deusas transferiam a alma das crianças para as mães no momento do parto e Uksakka podia mudar o sexo da criança antes de ela nascer. Maddarakka recebia a alma dos fetos da deusa celeste Serque-edne, guardiã da imortalidade.

Um aspecto de Maddarakka era Jabnie-akka, a "Mulher Velha", senhora do mundo dos mortos e regente das doenças. Para apaziguá-la, eram feitas oferendas de galos e gatos pretos, principalmente antes dos nascimentos.

MERE-AMA (MIER-IEMA ou VETE-EMA)

A "Mãe do Mar" finlandesa, protetora das plantas, dos animais e dos peixes, Mere-ama representava a essência da água, principalmente do oceano, mas também residia em rios e córregos. Aparecia como uma mulher madura, com longos e sedosos cabelos prateados. Em suas cerimônias, aspergiam-se as pessoas com água para receber sua bênção. Quando uma noiva se mudava para uma nova casa, a primeira coisa que fazia era levar oferendas de pão, queijo, pano e lã para a Deusa, no córrego mais próximo de sua nova morada. Orando para a Deusa, ela lavava o rosto e as mãos, mesmo no inverno, quando eventualmente precisava quebrar o gelo para molhar a mão.

Mere-ama regia a reprodução humana, animal e vegetal e cuidava da saúde de seus protegidos. Para atrair sua proteção e assegurar o sucesso nas pescas, os pescadores despejavam bebidas fortes no mar e oravam para que Mere-ama conduzisse os peixes para suas redes. No entanto, temendo serem seduzidos por ela, evitavam pescar ou se banhar no mar perto do meio-dia (a hora mágica da Deusa).

MIELIKKI

A deusa finlandesa protetora das florestas e dos animais selvagens se assemelhava à grega Ártemis ou à romana Diana. Seu animal totêmico também era a ursa, cujos filhotes ela protegia até que se tornassem adultos. Na Finlândia, sobreviveu a tradição de colocar um crânio de urso como totem protetor na entrada das florestas, ou de oferecer uma pele para Mielikki, de modo a atrair sua bênção e proteção. Seu parceiro era Tappu, o deus verde da vegetação, ambos invocados para atrair a fertilidade humana, animal e vegetal.

MODGUD, MODGUDR, MORDGUD

Conhecida como guardiã e auxiliar da deusa Hel, Mordgud vigiava a ponte sobre o rio congelado Gjoll, impedindo o acesso daqueles que não tinham sido autorizados a entrar no reino subterrâneo da deusa. Hel morava em uma gruta sob as raízes de Yggdrasil, cercada por um abismo, no qual o rio Gjoll serpenteava, fazendo um barulho assustador. A ponte era pavimentada com blocos dourados e Mordgud aparecia como uma mulher alta, magra e extremamente pálida. Ela questionava aqueles que queriam entrar no reino de Hel sobre sua motivação, caso eles fossem vivos, e sobre seu merecimento, se fossem mortos, pedindo também algum tipo de oferenda (geralmente moedas de ouro que os mortos levavam consigo nos túmulos).

NANNA

Deusa da vegetação e do florescimento, Nanna era considerada o símbolo da devoção e da lealdade conjugal. Ao contrário de outros casais de divindades nórdicas, Nanna e Baldur (o deus solar) formavam um casal unido, fiel e devotado um ao outro. No mito mais antigo, Nanna é uma linda e jovem deusa amada pelos irmãos Baldur e Hodur, que lutam eternamente por seu amor. No mito mais recente, é esposa de Baldur e, quando ele foi morto, ela também morreu de tristeza, sendo cremada juntamente com ele, em um barco incendiado e lançado ao mar. A pedido de Frigga, ela recebeu de Hel a permissão para voltar para a terra, porém recusou-se a se afastar de Baldur e enviou, como agradecimento, um tapete de flores para Frigga e um anel para Fulla, pedindo-lhes que zelassem por seu filho Forseti.

NIXEN (NIXY, NIKKER, NOKK, KELPIES)

Os espíritos ribeirinhos dotados de dons proféticos aparecem como sereias, que cantam com vozes maviosas; às vezes, elas assumem formas de mulheres e dançam junto dos homens. Caso gostem de algum ser humano, podem raptá-lo, mas o devolvem se receberem oferendas de ouro e prata. As Nixen ficam sentadas nas pedras próximas ao rio, penteando seus longos cabelos louros e cantando lindas canções. Às vezes, quando irritadas, podem se tornar maldosas e afogar as pessoas. Quando se metamorfoseiam em mulheres, são altas e belas, com seios pontudos, traindo-se apenas pela barra molhada de suas saias. Podem casar com os mortais — desde que eles se comprometam a jamais perguntar-lhes sobre sua origem. Excelentes dançarinas, gostam de bailar com os homens, porém, se um deles roubasse uma de suas luvas (metáfora para a perda da virgindade), a Nixie morria no dia seguinte, tingindo com o vermelho do seu sangue o rio onde vivia.

OSTARA e EASTRE (ou EOSTRE)

Chamada de "Madrugada Radiante", Ostara — e sua equivalente anglo-saxã Eostre — simbolizava a aurora, o renascimento da vegetação na primavera e a fertilidade vegetal, animal e humana. Era celebrada, no equinócio da primavera, com canções, danças, procissões de pessoas enfeitadas com guirlandas de flores, folhas e tocando sinos. As pessoas levavam oferendas de ovos tingidos, pintados ou decorados, brotos, flores e roscas doces, em forma de lebres ou confeitadas com rodas solares.

Seus nomes deram origem à denominação da Páscoa (*Ostern*, em alemão, e *Easter*, em inglês), e ao hormônio feminino da fertilidade, o estrógeno. Seu animal totêmico era a lebre; suas cores, as das flores e das folhas. Para invocar sua proteção e bênção eram acesas fogueiras nas colinas (na madrugada de seu festival ou na véspera do equinócio), oferecido um *Blot* ou um *Sumbel*, e, depois, abençoadas as sementes para os plantios e realizados rituais de fertilidade (vegetal, animal, humana).

PAIVATAR (PAIVE)

Descrita no poema finlandês "Kalevala" como a "Virgem resplandecente, que fiava à luz do dia, no tear do arco-íris", Paivatar era uma deusa solar fiandeira. Ela aparecia vestida com uma túnica dourada, levando nas mãos um fuso de ouro, uma roda de fiar e um pequeno tear. O tecido que ela tecia para si era de ouro; para sua irmã Suvetar, a deusa da primavera, era de prata.

Seu mito se assemelha ao da deusa solar japonesa Amaterasu e descreve a libertação de Paivatar, pelo herói Wainamoniem, da escura gruta na qual a deusa tinha sido aprisionada pela bruxa malvada Louhi. Assim como na lenda japonesa, forjou-se um espelho de metal para captar a luz do Sol e atraí-la — porém, o método não deu resultado. A determinação e a coragem de Wainamoniem, no entanto, permitiram que a deusa fosse libertada, após a derrota do exército negro da bruxa.

RAUNI (ROONIKA, RAVDNA ou RAUDNA)

A deusa finlandesa do trovão tinha vários nomes, mas, em todos os lugares e tribos, ela era reverenciada como uma deusa muito poderosa. Casada com Ukko, o deus dos raios, ela gerou, fazendo amor com o marido, todas as plantas que existem na terra. Mas sua árvore sagrada era a sorveira, concebida durante o ciclo menstrual, cujas frutinhas vermelhas lhe eram ofertadas para atrair sua benevolência e poupar as pessoas, as casas e os animais dos perigos dos relâmpagos. Os sami, tribo indígena do norte da Noruega, faziam sacrifícios de renas para honrar essa deusa. A sorveira era uma árvore sagrada, usada para a confecção dos talismãs mágicos. Pela semelhança das frutas da sorveira com pequenas maçãs, alguns autores assemelham Rauni a Idunna.

SAR-AKKA (ou SARAKKA)

Filha de Madder-Akka, irmã de Juks-Akka e Uks-Akka, Sar-Akka era considerada pelos nativos sami a divindade suprema, criadora do mundo. Seu mito conta como ela criou o corpo físico para abrigar uma alma humana recebida de sua mãe. Compreendem-se, assim, seus atributos como padroeira do processo de gestação e nascimento. Sua tarefa era criar o corpo embrionário dentro do útero, e depois zelar por ele até seu nascimento. Por isso, ela era chamada de Skile-Ovinde, a "Mulher que Divide", por seu papel de separar o feto do corpo da mãe. Nos tambores dos sami, Sarakka era representada segurando uma forquilha, símbolo da divisão.

Sar-Akka era invocada para abrir o ventre da mãe para que a criança pudesse nascer. Para ajudar no parto, os homens rachavam lenha do lado de fora da casa da parturiente, enquanto a mãe bebia aguardente antes do parto e comia mingau depois. Oferendas de mingau e bebidas fortes eram dedicadas à Deusa e colocadas sobre uma pedra. No mingau da parturiente eram colocados três pauzinhos: um branco, outro preto e um terceiro com um sinal. Pela forma como eles apareciam no prato da mãe, a parteira lia o futuro do bebê, revelado a ela por Sarakka.

Sarakka também era a protetora das casas, dos homens e das mulheres, padroeira da fiação e dos partos das renas. Com a cristianização, ela foi sincretizada com a imagem de Maria, de forma que sua verdadeira natureza pagã fosse esquecida e permanecessem somente suas qualidades maternas.

TAVA-AJK (GANIS, SGOGSJUNGFRU ou VIR-AVA)

Os lapões, os sami e os antigos habitantes da Noruega e da Suécia reverenciavam "os espíritos, as donzelas e as mães das florestas" com nomes e descrições bem diferentes. Porém, o traço comum dessas divindades era sua apresentação como mulheres — lindas de frente, mas com as costas feitas de troncos ocos, com rabos ou pés em forma de raízes, ou como figuras femininas com cabelos de musgo dourado ou chapéus de agulhas de pinheiros, mantos de líquens azuis e vestidos de folhas.

Elas ajudavam a agrupar as renas para que fossem ordenhadas e cuidavam delas durante o inverno. Às vezes, aproximavam-se dos caçadores e os seduziam — porém, sempre fugiam após fazerem sexo com eles.

TUONETAR (ou MANATAR)

Conhecida como a "Rainha dos Mortos" finlandesa, Tuonetar morava em Tuonetala, uma selva escura separada da terra dos vivos por um rio de águas escuras. Ela conduzia a barcaça negra que levava as almas para seu reino, no qual muitos entravam, mas poucos saíam. Se algum herói se atrevesse a ir para Tuonetala sem estar morto, ele tinha que percorrer, durante sete dias, um emaranhado de arbustos espinhentos, depois perambular por mais sete dias por pântanos e, finalmente, atravessar uma floresta escura durante outros sete dias. Ao chegar, enfim, às margens do rio que cercava Tuonetala, o herói era recebido por Kipu-Tytoo, Kivutar, Loviatar e Vanmatar, as filhas da deusa, metamorfoseadas em cisnes negros, que poderiam, se quisessem, conduzi-lo à presença de Tuonetar. Porém, eram poucos os que sobreviviam, pois o rio era repleto de perigos e as filhas de Tuonetar espalhavam dores e doenças terríveis. Elas também podiam se apresentar como mulheres muito feias, de pele escura cheia de marcas, com corpos deformados. Loviatar gerou os monstros chamados câncer, colite, gota, lepra, sarna, tuberculose, varíola, úlcera e inveja. Somente o herói Wainamoniem, filho da deusa Ilmatar, conseguiu escapar, metamorfoseado em peixe, nadando por baixo da rede de ferro que cercava o rio e recusando a beberagem mágica oferecida por Tuonetar. Se ele tivesse aceitado, seu retorno à terra dos vivos seria impossível.

UKS-AKKA (ou UKSAKKA)

Era "A Velha Senhora da Porteira" que dava as boas-vindas ao bebê, logo após seu nascimento. Essa filha de Madder-Akka formava uma tríade com suas irmãs Juks-Akka e Sar-Akka. Ela era invocada quando se saía de casa e seu altar era escondido próximo à entrada da tenda, de onde ela protegia e abençoava as crianças e os familiares.

Enquanto suas irmãs Sarakka e Juksakka tomavam conta das almas das meninas e dos meninos, respectivamente, Uksakka tinha a permissão de mudar o sexo das crianças, transformando meninas em meninos (o que representa o verdadeiro processo biológico do desenvolvimento fetal). Era a protetora dos recém-nascidos e das crianças pequenas, que ela vigiava de sua morada, embaixo da soleira da porta, quando as mães se ausentavam de casa.

VITTRA (ou HULDER, SKOGSRÁ, SKOGSSUVA, TALH)

No folclore sueco, existem muitas histórias que descrevem criaturas mitológicas associadas à Mãe Terra, que se apresentam como guardiãs e espíritos da floresta, mulheres selvagens que seduziam os homens ou que eram consideradas responsáveis pelos acontecimentos bons ou ruins das comunidades. Muitos escritores e artistas foram por elas inspirados e acrescentaram detalhes de sua imaginação às lendas antigas. Porém, a origem delas é muito antiga, sendo conhecidas desde a época em que o Norte da Europa passou milênios coberto pelo gelo ou quando a força criadora e destruidora da Natureza foi reverenciada na figura da Grande Mãe.

A força feminina primordial tinha características eróticas, era selvagem e livre e, como a própria Natureza, não podia ser controlada nem dominada. Ela assumia várias manifestações e recebia diversos nomes em função da área onde era cultuada.

Vittra aparecia perto da água, escondida no meio das bétulas, com corpo de mulher, olhos de gato e rabo de raposa, nua ou vestindo uma túnica com as cores da Natureza (verde, azul, amarelo, branco). Sensual e sedutora, ela atraía os homens para fazer sexo com eles e, se fossem de seu agrado, recompensava-os ou os ajudava. Mas, se alguém a desrespeitasse ou desagradasse, sua fúria ou vingança traria conseqüências perigosas.

Para preservar esse patrimônio ancestral, artesãos da Suécia confeccionam, até os dias de hoje, artigos de vidro e cerâmica representando Vittra, acompanhados de folhetos que relatam sua origem.

ZIZA (ou ZYTNIAMATKA)

"A Mãe dos Grãos" (Kornmutter) da antiga Alemanha era conhecida como Ziza, Zizi ou Zytniamatka, possível consorte do deus celeste Ziu ou Tiwaz. Ziza representava o espírito das espigas de milho e sua essência ficava retida na última espiga colhida. Essa espiga era vestida com roupas de mulher, reverenciada como se fosse a própria Deusa, guardada durante o inverno e enterrada ritualisticamente na primeira semeadura para atrair as bênçãos da Deusa para a colheita. Na visão feminista, Ziza é considerada co-regente do terceiro Ætt de runas do Futhark Antigo, junto com Tyr (sucessor de Tiwaz).

ZORYAS (ZÓRILE)

Deusas celestes da mitologia báltica e eslava, elas aparecem como duas irmãs: Zorya Utrennyaya, a regente da aurora, e Zorya Vechernyaya, a regente do crepúsculo. Às vezes, há uma terceira, a regente da meia-noite. Elas protegem o universo e impedem que o deus amarrado à constelação da Ursa Maior se liberte, sinal do fim do mundo. Na Romênia, Zórile representavam as três Senhoras do Destino, assemelhadas às Nornes ou às eslavas Rodjenice.

CAPÍTULO IV

RUNAS

DEFINIÇÃO

> " Suspenso na Árvore assolada pelo vento,
> Durante nove dias e nove noites fiquei.
> Trespassado por uma lança, uma oferenda para Odin,
> Eu mesmo me sacrificando e oferecendo-me a mim.
> Amarrado e suspenso estive naquela Árvore,
> Cujas raízes têm uma origem desconhecida aos homens.
> Ninguém me deu pão para comer,
> Ninguém me deu algo para beber.
> Ao espreitar as profundezas abaixo de mim,
> Agarrei avidamente as runas,
> E apossei-me delas, dando um grito feroz.
> Depois caí da Árvore, perdendo os sentidos.
> (...)
> Bem-estar eu alcancei com as runas, Sabedoria também.
> Amadureci e alegrei-me com o meu crescimento.
> Cada palavra conduziu-me a novas palavras,
> Cada ato proporcionou-me novos atos e escolhas."
>
> **"Havamal", estrofes 138 e 139**

No Capítulo I foram mencionadas as teorias relativas à origem histórica das runas, sendo as mais plausíveis a etrusca e a nativa (das inscrições rupestres).

Supõe-se que a combinação dessas teorias tenha criado a base estrutural da escrita rúnica, à qual foram acrescentados conceitos metafísicos e simbólicos arcaicos, oriundos das tradições e mitos dos antigos povos europeus. O significado dos mistérios rúnicos é descrito no poema "Havamal", como uma revelação iniciática obtida com intenso sofrimento por Odin.

Para descobrir a sabedoria das runas, Odin submeteu-se a uma auto-imolação, sacrificando-se e oferecendo-se a si mesmo, empalado e suspenso na Árvore do Mundo, por nove dias e nove noites. Somente podemos compreender esse sacrifício iniciático de Odin se o considerarmos um ser humano mortal (xamã ou mago), e não um deus onisciente.

Sabemos que as tribos nativas do leste e do norte da Europa praticavam o xamanismo, sendo comuns as práticas de iniciação do isolamento, do jejum, da flagelação, do desdobramento e da projeção astral para entrar em contato com outros níveis de consciência (espíritos da Natureza, ancestrais, divindades).

Segundo alguns autores, o Odin original teria sido um xamã indo-europeu que emigrou da Ásia para o norte da Europa, onde fundou um culto baseado na simbologia das runas e que se fundiu posteriormente aos cultos de divindades das tribos locais.

Por ter passado por uma profunda iniciação, o "xamã" Odin teve a visão do "deus" Odin e a revelação dos mistérios rúnicos, que ele transmitiu e ensinou a outros xamãs. Após sua morte, ele foi divinizado e sua experiência assimilada e integrada no mito do deus Odin; as nove noites foram interpretadas como os Nove Mundos de Yggdrasil e seu suplício serviu como modelo para os cultos e rituais odinistas.

Para que se possa alcançar uma expansão de consciência por meio das runas, como é sugerido nos últimos versos citados pelo próprio Odin — *"bem-estar eu alcancei, sabedoria também, amadureci e alegrei-me com o meu crescimento"* — devemos oferecer um "sacrifício" e passar por uma iniciação (descrita no Capítulo IX). Como diz outro verso do mesmo poema "Havamal", **o "sacrifício" necessário para que o neófito possa "se apossar das runas" implica no encontro e na leitura de seus mistérios**. Isso significa esforçar-se para adquirir o conhecimento — fator indispensável para a compreensão e a interpretação dos poderosos símbolos e conceitos rúnicos — e somente depois passar para seu uso oracular.

Somente após muito estudo e prática é que o praticante poderá usar a magia rúnica, quando "cairá da Árvore" e saberá encontrar os caminhos misteriosos entre as raízes de Yggdrasil e os Nove Mundos.

As runas representam imagens e símbolos arquetípicos que atuam como uma linguagem sutil entre os vários aspectos do Ser. Elas despertam o potencial latente da percepção intuitiva e alinham o buscador com um fluxo de energia mágica e espiritual.

O conhecimento e a prática das runas favorecem e ampliam o autoconhecimento, permitindo também a transmissão da sabedoria adquirida. No entanto, devemos ter em mente que as runas são "**mistérios sussurrados**", ocultos por metáforas e enigmas, mas que assinalam e oferecem ferramentas preciosas de transformação.

A aquisição de um conjunto de runas não garante que se saiba usá-lo. O iniciante precisa entrar em sintonia e ressonância com as imagens primordiais que as representam e que se originaram do sistema de crenças dos antigos povos europeus. Cada um dos caracteres rúnicos possui uma imagem arquetípica, um simbolismo complexo e vários significados, tanto no nível físico, quanto no espiritual. Sua simbologia reflete as condições ambientais e existenciais dos povos que lhes deram origem. Apesar de sua simplicidade e aparente valorização dos assuntos materiais, as runas contêm também uma oculta riqueza e profundeza espiritual. Os povos antigos não viam uma separação entre a matéria e o espírito (a dicotomia é um conceito cristão), por isso sua visão do mundo era holística. Para eles, todas as formas de vida do planeta estavam interconectadas, em uma perfeita unidade física e espiritual.

Quando lidamos com as runas, entramos em contato com potentes forças elementais (sejam elas arquétipos de divindades, de seres sobrenaturais ou de forças da Natureza) que têm um enorme poder quando interagem com nossa psique. As runas tornam-se, assim, um foco para o mergulho no subconsciente. Por isso, **a leitura das runas deve ser feita com respeito e intenções sérias, sem leviandade, jamais por diversão ou brincadeira, com plena consciência de seus efeitos e de suas conseqüências**, tanto para o consulente quanto para o próprio leitor.

A DIVISÃO EM *ÆTTIR*

Ætt (singular de *Ættir*) significa em norueguês arcaico "família, tribo ou clã". Esse termo foi usado para criar um código numérico usado na divisão das runas em subgrupos de oito caracteres, chamados *Ættir*.

O **Futhark Antigo** é formado por três *Ættir*, cada um tendo certas características comuns e sendo regido por um deus e uma deusa. Já o **Futhork Anglo-saxão** (de 29 caracteres) tem um grupo suplementar formado por cinco runas, enquanto o **Futhork de Northumbria** (de 33 caracteres) é constituído de quatro *Ættir*, mais uma runa central.

O sistema mais conhecido, estudado e utilizado é o Futhark antigo, constituído de 24 runas, cuja estrutura básica será analisada em seguida. Cada uma dessas runas tem uma simbologia própria. Essas simbologias estão interligadas, porém, em diferentes níveis de interpretação (horizontal, vertical, numérico e mitológico). Seu código numérico é binário, representando o número do *Ætt* e a numeração da runa na seqüência do Futhark; a contagem é feita da esquerda para a direita. Cada *Ætt* é regido por um casal de divindades e leva seu nome.

O **primeiro** *Ætt,* regido por **Frey** e **Freyja** (deuses da fertilidade), governa os assuntos materiais e define as qualidades que o iniciado deve adquirir, como energia, tenacidade, ação, comunicação e inspiração, força de vontade, conhecimento, generosidade e companheirismo.

O **segundo** *Ætt*, regido por **Heimdall** e **Mordgud** (deuses guardiães), governa os assuntos emocionais e é subdividido em duas metades: a primeira descreve a superação de obstáculos objetivos e a colheita dos resultados, enquanto que a segunda define os conflitos subjetivos e os caminhos para o sucesso.

O **terceiro** *Ætt*, regido por **Tyr** e **Ziza** (divindades arcaicas), rege os aspectos mentais e espirituais e mostra os níveis nos quais o iniciado deve trabalhar para tornar-se auto-suficiente e alcançar a iluminação.

A seqüência das runas no Futhark Antigo representa um desenvolvimento progressivo e coerente; cada runa pode atuar em todos os níveis. As runas se entrelaçam e criam uma intricada e complexa teia de imagens, símbolos, significados, sons, números, cores, formas e alusões míticas.

Na descrição de cada runa, serão indicados o seu nome nas várias línguas (protogermânica, gótica, islandesa, norueguesa e inglesa arcaicas), um verso do antigo poema rúnico inglês (*The Old English Rune Poem*) e outros aspectos da runa, como: o valor fonético, um princípio, a polaridade, o elemento e a cor, a interpretação ideográfica (da forma) e a esotérica, o som (*galdr*), a postura (*stadha*), vários significados oraculares e efeitos mágicos.

Além da complexidade simbólica das runas, o aprendiz de língua portuguesa vai enfrentar o desafio de pronunciar o nome de cada uma delas corretamente. Toda a tradição e prática mágica rúnica eram transmitidas antigamente por via oral, na qual os poemas, encantamentos e canções desempenhavam um papel importante. A palavra norueguesa para "magia" — *galdr* — era a mesma que designava "som" e "encantamento mágico" e se originava do verbo *gala*, que descrevia o grito do corvo. A sistematização conceitual e gráfica do Futhark consiste na transposição das fórmulas vocálicas arcaicas e da sabedoria oculta nas metáforas dos poemas. De acordo com essa sistematização, a cada runa corresponde uma **letra** (vogal ou consoante) e um *galdr*, o som (ou mantra) que representa o significado essencial da runa, codificado pela vibração sonora. Os sons individuais podem ser considerados como "sementes", que, combinados com as vogais, expandem a gama vibratória. Cada **vogal** representa um elemento — ou essência básica —, e cada **consoante** uma qualidade básica, que pode modificar a essência. No Futhark Antigo, existem seis vogais e dezoito consoantes; juntas, elas formam o conjunto das chaves vibratórias do sistema rúnico. O guia de pronúncia das vogais e consoantes encontra-se no Adendo.

Acrescentei à classificação tradicional outras correlações, fundamentadas em minhas pesquisas e práticas pessoais, como divindades e seres sobrenaturais associados, atributos positivos e negativos, animais totêmicos, árvores, plantas, pedras, símbolos, palavras-chave e desafios, celebrações, rituais, bem como comentários e sugestões específicas para as mulheres.

Como as runas têm um aspecto construtivo, luminoso (*bright stave*) e outro negativo, sombrio (*murk stave*), enumerei as qualidades positivas, para a leitura da posição normal de cada runa; e as negativas, para sua posição invertida. Cabe ao praticante estudar e praticar muito para saber como interpretar as nuances sutis das combinações dos significados, encontrando assim o "tom" correto da leitura.

Além das runas pertencentes ao Futhark Antigo, são também descritas as que constituem o Futhork Anglo-saxão e o de Northumbria, bem como as complementares, que são menos conhecidas e não formam um sistema propriamente dito, mas estão, mesmo assim, imbuídas de simbolismos importantes, associados a divindades arcaicas.

À medida que o buscador estudar e assimilar os atributos e qualidades das runas, elas vão lhe abrir portais novos para os mistérios dos Nove Mundos e para os níveis arquetípicos do seu próprio consciente, subconsciente e supraconsciente. Ao "despertarem" sua consciência espiritual, elas poderão ser meios valiosos de cura do corpo, da mente e do espírito, contribuindo, dessa maneira, para a integração do Ser.

O estudo e as práticas rúnicas expandem e iluminam nossa mente e nossa consciência, clareiam a percepção, aumentam nossa sabedoria e nos proporcionam os meios para atrair bem-estar, saúde, energia e prosperidade.

É com essa intenção e visão que coloco à disposição dos buscadores o estudo a seguir, com a permissão e a bênção das Divindades e com a certeza de que ele será recebido e utilizado com respeito, honestidade, lealdade, prudência, sabedoria e gratidão. *Ká!*

FUTHARK ANTIGO

PRIMEIRO ÆTT — REGIDO POR FREY E FREYJA

FEHU

FEOH, FAIHU, FEIH, FA, FÉ

FORMAS ALTERNATIVAS:

VALOR FONÉTICO: F
PLANETAS ASSOCIADOS: Vênus, Lua, Júpiter, o asteróide Ceres.
"A riqueza é um conforto para todos, mas deve partilhá-la aquele que espera sua sorte no julgamento diante dos Deuses."
PRINCÍPIO: Poder móvel, realização e distribuição.
INTERPRETAÇÃO IDEOGRÁFICA: Os chifres do gado.
INTERPRETAÇÃO ESOTÉRICA: Bens, propriedades, riqueza, recursos.
DIVINDADES RELACIONADAS: As deusas Freyja, Frigga, Fulla, Erce, Gullveig, Nott, Walburga, os deuses Frey e Njord e a vaca primordial Audhumbla.
SERES SOBRENATURAIS: Dragões do fogo (*firewyrm*); gigantes do fogo (Surt e Sinmara); Tol-Ava, a "Mãe do Fogo"; Poza Mama, a "Senhora do Fogo"; Ot e Ponike, os espíritos das chamas.
ATRIBUTOS POSITIVOS: Prosperidade, abundância.
ATRIBUTOS NEGATIVOS: Cobiça, inveja, apego, compulsão.
ELEMENTOS: Fogo primordial (criador/destrutivo), a terra.
POLARIDADE: Feminina.
SÍMBOLOS: Colar de âmbar, espada flamejante, objetos de ouro, moedas, chamas.
ANIMAIS TOTÊMICOS: Vaca, javali, cavalo.
CORES: Dourado, vermelho-vivo.
ÁRVORES: Bétula, sabugueiro.
PLANTAS: Linho, milefólio, lírio-do-vale.
PEDRAS: Cornalina (atrai a boa sorte); turmalina verde (fortalece o poder pessoal); ágata de fogo e âmbar (aumentam a energia vital).
METAL: Ouro (chamado "o fogo da cama do dragão").
RITUAIS: Oferendas com velas vermelhas, moedas, manteiga salpicada com purpurina, leite fervido com especiarias; talismãs e encantamentos para atrair a prosperidade, imantar e usar um colar dourado ou de âmbar.

PALAVRAS-CHAVE:

* Força móvel, ciclo nascimento–morte–renascimento.
* Energia, fertilidade, nutrição, vitalidade, libido.

* Dinheiro, prosperidade, investimentos, realização, distribuição.
* Satisfações, alegrias, plenitude, sucesso.
* Ganhos pelo próprio esforço, lucros.
* Conquistas emocionais, realização afetiva, troca de energias.
* Saber guardar o que já tem (recomenda vigilância e atenção).
* Aproveitar a sorte e dividi-la com os menos favorecidos.
* Avaliar e ajustar a escala de valores.

EFEITOS MÁGICOS:

* Fortalece a força psíquica.
* Canal para projetar a força retirada do Sol, da Lua e dos planetas para o indivíduo.
* Promove a evolução pessoal e social.
* Governa a força básica da fertilidade e da transformação.
* Recomenda o despertar espiritual pelo desapego do plano material.

DESAFIO: Ter certeza daquilo que realmente se quer e se empenhar para consegui-lo.
STADHA: Em pé, olhando para o Sol, braços estendidos à frente, o braço direito um pouco mais elevado.
GALDR: fehu fehu fehu
   fu fa fi fe fo   of ef if af uf
   ffffffff (assovio, como o crepitar do fogo)

FEHU INVERTIDA:

* Fase temporária de azar, perdas financeiras, instabilidade material: a cobiça e o apego demasiado criaram desequilíbrios, equilibre seus valores.
* Dificuldades e frustrações em assuntos financeiros, ausência de iniciativa.
* Aborrecimentos e problemas emocionais (discórdias e separações, passageiras ou não), dificuldade para compartilhar.
* Em um jogo positivo, indica atrasos ou uma época imprópria para a concretização dos planos.
* Esforços que falham, perdas, impasses, reviravoltas, falta de eficiência, rendimento precário.
* Examine os fatos e as pessoas com cuidado e procure manter sua serenidade e autocontrole.
* Não desperdice, nem arrisque; seja vigilante; modifique seus conceitos e suas atitudes.
* Desânimo, problemas de saúde, vitalidade e libido enfraquecidas.
* Não desanime: use sua força interior e procure consolidar sua posição, apesar dos reveses.

COMENTÁRIOS:

Feoh é a runa primária do primeiro *Ætt* e representa todo tipo de começo, a habilidade de transferir energias, o poder de trocar e gerar recursos. A riqueza por ela indicada não é da possessão estática, mas de sua multiplicação pelo movimento e pela atividade, que deve beneficiar a todos, pois somente assim seu possuidor dela usufruirá.

Simbolismo

O significado clássico de Fehu é o gado ou a riqueza, especialmente os bens móveis. A vaca detinha um papel importante no mito nórdico da criação, no qual Audhumbla, a vaca primordial, ao lamber um bloco de sal, dá à luz Buri, o pai da raça. Nas antigas sociedades do norte da Europa (berço das runas), a riqueza era representada pelo gado, que era usado não somente como fonte de alimentação, tração e locomoção, mas como "moeda" nas trocas de produtos. Com o passar do tempo, a riqueza e o *status* da pessoa na comunidade não eram mais medidos pela quantidade de gado, mas pelos objetos materiais, pelo ouro e pela prata.

Simbolicamente, portanto, Feoh representa a origem primal da humanidade, enquanto, do ponto de vista mágico, significa riqueza móvel, poder, meios de subsistência. A posse de bens implica em responsabilidade ao lidar com eles. Nos poemas rúnicos anglo-saxão e norueguês, dá-se ênfase à necessidade de desapego e da divisão da riqueza com os demais para que seu *wyrd* ("destino") melhore e sejam evitadas contendas e desentendimentos familiares.

Num **nível esotérico** mais profundo, Feoh representa o fogo sagrado da criação, mas também da destruição, quando a energia ígnea é bloqueada ou reprimida. O funcionamento harmonioso desses dois extremos leva à força evolucionária dinâmica, manifestada ora como a energia criadora e fertilizadora da deusa Freyja, ora como a espada flamejante de Surt, o gigante guardião do fogo negro da destruição. Uma outra imagem que retrata essa dualidade é o fogo primordial criador, que jorra ininterruptamente do reino de Muspelheim e que se torna devastador no Ragnarök (fim dos tempos), ao ser usado pelos gigantes conduzidos por Surt para destruir o mundo. É o fogo de Muspelheim que impregna o gelo primordial e cria a vaca Audhumbla (a representação da Grande Mãe, que gera tanto os gigantes quanto as divindades Æsir). Audhumbla tem inúmeras tetas e alimenta indiscriminadamente gigantes e deuses. É essa ambivalência criadora que confere a essa runa sua polaridade feminina.

Feoh sintetiza o eterno ciclo de nascimento–morte–renascimento, ou seja, aparecer–ser–evoluir–reaparecer, tornando-se, assim, um símbolo da perpétua transformação.

No **nível psicomágico,** o conceito da força móvel é relacionado à noção de *önd* (mana, prana, chi, axé), o poder mágico móvel e transferível projetado por um indivíduo. Ao ser devidamente dominado e direcionado, esse poder favorece a projeção do corpo astral e a transferência da força mágica de uma pessoa para outra, ou para objetos.

Há relatos reais e lendários do "fogo do outro mundo", o brilho luminoso que aparece em certos lugares de poder, ou ao redor das colinas "encantadas" habitadas por seres sobrenaturais.

Uso mágico

Feoh é usada em encantamentos para adquirir poder, para canalizar toda a energia necessária na realização de um objetivo. É de suma importância avaliar as conseqüências do uso desse poder, assumindo conscientemente a responsabilidade pessoal e analisando cautelosamente as implicações. Um verso do poema rúnico norueguês alerta para isso: *"A riqueza provoca disputas entre os familiares, enquanto o lobo fica à espreita na floresta."*

Feoh é o impulso inicial necessário para qualquer trabalho mágico, pois o elemento fogo proporciona o aumento da energia vital e da força criativa, enquanto a terra favorece a abundância e o poder.

Usa-se Feoh para agilizar projetos, proteger bens, aumentar os recursos e catalisar o desejo para a finalidade escolhida.

Combinada com Uruz melhora a saúde, com As ou Os promove ganhos ou sucesso por meio de atividade intelectual, junto com Othala traz recompensas pela perseverança, e associada a Erda proporciona abundância.

Como precaução, convém mencionar que o efeito de Feoh é temporário, o ritual precisa ser renovado periodicamente. Lembre-se sempre de sua lição essencial, ou seja, *"dividir os ganhos com os demais"*.

Mitologicamente, Fehu é associada às deusas que representam a riqueza, como Freyja, Frigga, Fulla, Erce, Gullveig, Nott, Walburga, os deuses Frey e Njord e a vaca primordial Audhumbla, que originou toda a criação a partir do vazio cósmico.

Significado oracular

Feoh assinala a motivação e movimentação que leva a pessoa a adquirir riqueza, seja no nível material, intelectual ou espiritual.

Feoh representa também o potencial interno, os recursos ocultos que devem ser acionados para a realização das ambições (materiais, intelectuais, espirituais). Sua presença aconselha a avaliação daquilo que se possui e de seu uso de forma equilibrada e altruísta. Para ser benéfica, a riqueza assinalada por Feoh deve ser utilizada de maneira criativa e positiva, para manter assim **o equilíbrio entre o receber e o dar. Seu poder, se utilizado de forma errada, traz conseqüências desastrosas.**

No **nível material**, Fehu simboliza os recursos que podem ser ganhos ou perdidos de acordo com as circunstâncias e a expectativa da recompensa após a realização de trabalho árduo. Feoh indica os bens ganhos pelo esforço pessoal, pela conquista e não como presente; algo pelo qual a pessoa batalhou e investiu tempo, energia, dedicação e perseverança, para vencer oposições e alcançar o sucesso. As oposições podem vir por meio de um oponente específico ou podem ser criadas por circunstâncias adversas. Feoh mostra a superação delas, principalmente quando estiver localizada na posição do resultado.

Como Feoh é regida por Vênus, pode revelar também algum ganho ou sucesso afetivo ou uma conquista amorosa. Devido à conexão com a Lua e com o asteróide Ceres, recomenda-se ao consulente a preservação e a conservação dos ganhos obtidos para consolidar sua posição e evitar, assim, possíveis oscilações. A recomendação da cautela aplica-se também aos investimentos ou à falta de cuidados com a família, com os filhos e com a própria saúde.

Quando acompanhada por runas negativas, Feoh adverte o consulente para não desistir de seus planos, nem perder a confiança diante dos obstáculos. Se persistir, poderá vencer!

Invertida, Feoh aponta para dificuldades e frustrações financeiras, desentendimentos e decepções afetivas. Quando for cercada de runas positivas, mesmo invertida, Feoh indica somente atrasos e contratempos temporários. Porém, em uma leitura negativa, recomenda-se desistir dos planos para evitar fracassos e perdas maiores.

No **contexto feminino**, Feoh pode ser vista como o preço pago para manter, ou para mudar, uma determinada situação (familiar, afetiva, profissional), levando em conta a segurança material e os sacrifícios exigidos para preservá-la. Recomenda-se a análise e o reconhecimento das situações de co-dependência, avaliando-se a relação entre custo e benefício, e a possibilidade de uma mudança — ou o preço pago para evitá-la.

URUZ

URAZ, UR

FORMAS ALTERNATIVAS: ᚢ ᚢ ᚺ ᚴ ᚴ ᚪ

VALOR FONÉTICO: U
PLANETA ASSOCIADO: Marte
"O auroque é destemido, com grandes chifres apontando para o alto. Um feroz lutador que pisa os pântanos bravamente."
PRINCÍPIO: Força vital, a energia da manifestação.
INTERPRETAÇÃO IDEOGRÁFICA: Os chifres do auroque (uma espécie de touro selvagem europeu, atualmente extinto), a chuva fertilizadora (garoa).
INTERPRETAÇÃO ESOTÉRICA: A força primal, o espaço primordial, a essência fertilizadora.
DIVINDADES RELACIONADAS: A vaca sagrada Audhumbla, a Norne Urdh, as deusas Eir, Erce, Fjorgyn, Gefjon, Jord, o deus Thor e "As Mães do Lago de Leite" (as deusas eslavas Ajysit e Khotun).
SERES SOBRENATURAIS: As Ninfas dos Carvalhos (Drudh), as Mulheres-Musgo (Mossfrauen), os anões ancestrais (Dokkalfar) e os gigantes (Jötnar), Sibilja e Hulle, as protetoras do gado.
ATRIBUTOS POSITIVOS: Força, tenacidade, manifestação, defesa, vigor físico.
ATRIBUTOS NEGATIVOS: Fraqueza, obstinação, submissão, inconsistência, doença.
ELEMENTOS: Gelo primordial, terra.
POLARIDADE: Masculina.
SÍMBOLOS: O cinto de Thor, chifre, chuva.
ANIMAIS TOTÊMICOS: Auroque, animais com chifres, touro, bisão.
CORES: Verde, vermelho, marrom.
ÁRVORES: Carvalho, bétula.
PLANTAS: Musgo da Islândia, anêmona.
PEDRAS: Olho de tigre, olho de falcão, granada (ativam a força, a coragem e a confiança), cristal de quartzo leitoso.
RITUAIS: Oferendas de leite, hidromel servido em um chifre de boi, uma vasilha de barro ou cabaça com terra, tendo ao lado um copo com gelo e uma vela; práticas de centramento e exercícios físicos, provas e testes de iniciação.

PALAVRAS-CHAVE:

* Poder primal, força formadora, potencial ilimitado.
* Força vital, saúde e energia, sexualidade feminina e masculina, poder indômito.
* Transformação natural, evolução positiva.
* Crescimento, progresso, renascimento físico e espiritual, renovação.
* Força de vontade, determinação; teste de força e de resistência.

* Mudanças (na profissão ou relacionamentos), novo ciclo.
* Capacidade para arcar com novas responsabilidades (promoção).
* Renovação à custa de trocas e esforços, vencendo obstáculos e desafios.

EFEITOS MÁGICOS:

* Modificar as circunstâncias pela vontade.
* Curar e manter a saúde (harmonização orgânica).
* Iniciar novas condições na vida.
* Induzir as correntes telúricas positivas.
* Conquista da natureza inferior pela força de vontade; transformação.
* Desligar-se do passado e recomeçar.
* Colocar as idéias em prática.

DESAFIO: Ter coragem para desapegar-se daquilo que não é mais necessário.

***STADHA*:** Dobrar o corpo, com as costas paralelas ao chão, dedos esticados apontando para a terra.

GALDR: uruz uruz uruz
   uuuuurrrrr
   uuuuuuuuu (forte como um mugido)

URUZ INVERTIDA

Representa uma advertência para não recuar diante das dificuldades e desafios do momento. As transformações são sempre precedidas por um período de escuridão, de medos e frustrações. Isso faz parte do eterno ciclo de renovação, representado na natureza pelo processo de "morte–decomposição–fertilização–gestação–nascimento".

Aprenda as lições que o momento lhe traz. Anime-se; tudo tem um começo, um meio e um fim, que dá origem a um novo começo. Não recue. Entre em contato com seu Eu Superior e, fortalecendo seu espírito, caminhe corajosamente, enfrentando os desafios e testes que o Destino colocou à sua frente.

* Diminuição da virilidade e da potência; fraqueza; desânimo.
* Reviravolta infeliz dos acontecimentos; desapontamentos; separações.
* Mudanças que contrariam as expectativas; obstáculos, bloqueios, opressões.
* Força de vontade, vitalidade e resistência enfraquecidas.
* Atitudes agressivas, controladoras, dominadoras (do consulente ou de alguém ao seu redor).
* Evite as mudanças ou se conforme com elas.

COMENTÁRIOS

A segunda runa do primeiro *Ætt* também é associada ao gado, desta vez representando os chifres do auroque, uma espécie extinta de bisão selvagem do norte europeu, não domesticável, conhecido por sua força e ferocidade. Os nobres utilizavam os chifres do auroque, encastoados em prata, para se servirem de hidromel, acreditando que poderiam absorver junto com a bebida a força desse temido e indômito animal.

Outras fontes afirmam que Uruz simboliza os chifres da vaca primordial Audhumbla e seus poderes de nutrição e sustentação da vida.

Simbolismo

Uruz é a canalizadora do poder telúrico primal, o impulso de ser, a energia inesgotável da Natureza que sobrevive às tentativas de destruição. A energia de Uruz é primordial, primitiva, bruta, indestrutível e extremamente poderosa. Ela também se transforma em outros padrões quando os antigos estão desgastados.

Uruz representa o poder que existe no início de tudo, o potencial para tudo o que poderá se manifestar, a essência vital existente no espaço primordial, chamado *ginnung* em norueguês arcaico. Esse espaço, delimitado pelo fogo e pelo gelo cósmicos, é a origem e o início de tudo. É nesse espaço que o poder magnético de atração cria uma descarga elétrica entre as duas polaridades, resultando numa enorme força que possibilita a manifestação visível da vida.

Como "Mãe da Manifestação", Uruz detém o poder de modelação e formulação do Universo, o mistério da formação do Ser. É a força formadora (mas não a forma em si), a própria semente cósmica, o reservatório dos arquétipos. Mesmo assim, sua polaridade é considerada masculina, devido a suas características energéticas.

O poder de Uruz é associado à terra, e suas qualidades incluem força, perseverança, resistência e a adaptação às mudanças ambientais.

Uruz é considerada uma runa de cura por sua associação com as correntes magnéticas e as linhas de força da terra superficiais e subterrâneas (*ley lines* ou "veias do dragão") e pela capacidade de promoção e manutenção da saúde física e mental. Ela promove a força vital, a virilidade, o fortalecimento físico e a harmonização orgânica.

No **nível psicomágico**, Uruz ensina o correto uso da força, controlada pelo autodomínio e pela disciplina para lutar, resistir e sobreviver em circunstâncias adversas. Por ser o instinto primal de "ser e viver", Uruz se manifesta no esforço feito para superar obstáculos, vencer desafios, expressar sua verdade, ser assertivo nas suas afirmações, defender seu espaço, criar limites. Porém, por ser uma força instintiva, ela deve ser controlada pela vontade, transformando assim as forças psíquicas inferiores e os baixos instintos em recursos de energia criativa e regeneradora.

Nas antigas sociedades — nórdica e teutônica —, os jovens guerreiros tinham sua força e virilidade testadas em um confronto com o auroque, que deveria ser vencido sem armas, apenas com a força das mãos; e seus chifres, trazidos como troféu.

Uso mágico

Uruz é usada em encantamentos para amenizar a fraqueza, as dúvidas, os medos e aumentar a força, a vitalidade e a virilidade. Favorece o movimento e a mudança, a manifestação, a resistência e a cura física. Traçar Uruz com o dedo indicador sobre um copo com água, visualizando-a em vermelho-brilhante ou verde-esmeralda possibilita a transferência de seu poder magnético e fortalecedor para a água.

Uruz proporciona a base e a sustentação energéticas para qualquer trabalho mágico. No entanto, a aquisição do poder não deve ser usada para fins egoístas, deve-se sempre levar em consideração o aviso *"que seja para o bem de todos"*.

Por sua polaridade masculina, Uruz promove o vigor físico, a potência sexual e a virilidade. Se for combinada com Feoh atrai a força criativa polarizada — masculina e feminina —, com Ul melhora a saúde, com As e Os fortalece o intelecto, e com Raidho fornece a força necessária para realizar mudanças. A associação de Uruz com Stan aumenta a força, enquanto Uruz e Ziu juntas conferem poder e sucesso aos trabalhos mágicos.

Mitologicamente, Uruz é associada à vaca primordial Audhumbla, à Norne Urdh, às deusas da terra Erce, Fjorgyn, Gefjon, Jord, à curadora Eir e ao deus Thor. Nas lendas xamânicas são mencionadas as "Mães do Lago de Leite" (as deusas eslavas Ajysit ou Khotun), protetoras dos partos e dos recém-nascidos.

Significado oracular

Uruz representa a força de vontade, a força física, a energia vital e a boa saúde. Para realizar seus desejos, ou para favorecer as mudanças, o ser humano deve lançar mão de sua determinação, perseverança e força de vontade. Às vezes é necessário combatividade para defender seus interesses, bem como coragem para assumir riscos e perseverar nos objetivos. Uruz prenuncia também mudanças, às vezes repentinas ou inesperadas, cujos efeitos dependem do significado de outras runas presentes no jogo.

Muitas vezes, Uruz assinala uma promoção ou um acréscimo de responsabilidades, mostrando também que a pessoa possui tanto a energia quanto a habilidade necessárias para fazer frente à situação. É possível, todavia, que seja necessário algum tipo de sacrifício, sem que haja prejuízo, para a troca de um bem menor por outro maior. Assim, algo, que já foi importante ou útil na vida do consulente, que já cumpriu com sua finalidade, deverá ser substituído por condições novas e melhores. A nota-chave dessa runa é **mudança**, por isso é importante não opor resistência a ela.

Por ser uma runa regida por Marte, Uruz indica qualidades marcianas, como energia, força de vontade, determinação, coragem, vitalidade e vigor. É vista como um ótimo presságio para a saúde, nas situações de combate ou nos testes de resistência.

Para fins terapêuticos, a presença de Uruz recomenda práticas de revitalização e energização (imposição de mãos, reiki, hipnose, artes marciais, programação neurolingüística, acupuntura, ioga, exercícios ao ar livre e práticas xamânicas).

Uruz representa o parceiro masculino em uma relação, ou a intensidade do desejo sexual do consulente.

Nos negócios, Uruz promete melhoras, desde que a pessoa use sua vontade e persevere na busca aos objetivos.

Invertida, Uruz aponta contratempos ou atrasos e aconselha que se faça uma avaliação correta antes de decidir continuar ou desistir. Nos assuntos de saúde, indica pouca vitalidade, diminuição do desejo ou da potência sexual. Associada a Gebo ou Wunjo invertidas, o alerta é na área do relacionamento; recomenda-se evitar a dominação ou a exploração pelo parceiro.

No **contexto feminino**, Uruz simboliza algum obstáculo (ou pessoa) que bloqueia ou restringe a afirmação pessoal (marido, sogra, mãe, filhos, namorados, parentes idosos, chefe ou colegas), bem como os medos, a insegurança e a baixa auto-estima decorrentes. A lição é analisar e reconhecer a natureza do obstáculo (interno ou externo) e mobilizar seus recursos interiores para ultrapassar as barreiras, livrar-se dos impedimentos, melhorando sua imagem e expressão pessoais.

ThURISAZ

THORN, THURS, THIUTH

FORMAS ALTERNATIVAS: ᚦ ᚦ

VALOR FONÉTICO: Th
PLANETAS ASSOCIADOS: Marte, Urano, Lilith (Lua negra).
"Os espinhos são pontiagudos e machucam. Eles podem ferir terrivelmente aqueles que vêm descansar no meio deles."
PRINCÍPIO: Energia ativa (interna ou externa).
INTERPRETAÇÃO IDEOGRÁFICA: Espinho, o martelo de Thor.
INTERPRETAÇÃO ESOTÉRICA: Thor, o inimigo das forças adversas; Thurs, o gigante de gelo; defesa e ataque.
DIVINDADES RELACIONADAS: Os deuses Thor e Loki, as gigantas Skadhi e Gerd, as deusas Thrud e Rauni, a regente do trovão.
SERES SOBRENATURAIS: Thursar, gigantes do gelo, da tempestade e do caos primordial, da natureza feroz; Louhi, a guardiã dos ventos; Percunatele, "a Mãe do Trovão".
ATRIBUTOS POSITIVOS: Força reativa, catalisador da regeneração, impulso erótico.
ATRIBUTOS NEGATIVOS: Agressividade, compulsão, bloqueios, barreiras, impulsos.
ELEMENTOS: Fogo, libido.
POLARIDADE: Masculina.
SÍMBOLOS: Martelo de Thor, relâmpago, bastão.
ANIMAIS TOTÊMICOS: Bode, porco, javali, cuco.
COR: Vermelho-vivo (cor de sangue).
ÁRVORES: Espinheiro-preto, piracanta, sarça.
PLANTAS: Framboesa, alho-porró, tojo, urtiga.
PEDRAS: Jaspe-sangüíneo (confere coragem), hematita (fortalecimento), ágata (proteção contra os raios, os venenos, a bruxaria)
RITUAIS: Procissão com tochas, danças ao redor do fogo (para purificação, catarse), combate ritual (vencer os "demônios"), visualização de uma cerca de espinhos de fogo para proteção, oferendas de "sangue mineral" (a resina "sangue-de-dragão", ocre vermelho).

PALAVRAS-CHAVE:

* Ação (poder direcionado).
* Defesa (força de destruição), proteção, alerta.
* Regeneração após a destruição, novo começo.
* Teste para comprovar a força e vencer os medos, sair da inércia, remover barreiras.
* Controlar os contratempos do dia-a-dia, sem reagir demasiadamente.
* Consolidar posições antes de dar novos passos; observar, analisar, avaliar; ser cauteloso, não se precipitar; praticar a contemplação.
* Procurar o autoconhecimento e o autodomínio para obter a sabedoria e a vitória.

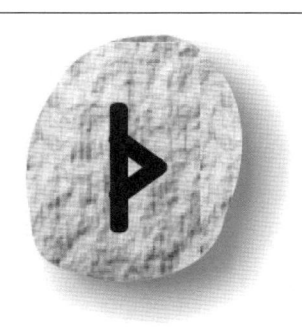

EFEITOS MÁGICOS:

Thurisaz representa a força cósmica direcionada para a defesa e para o ataque. Portanto, lembre-se sempre da lei da "ação e reação" antes de querer usá-la para fins negativos. Pode ser vista como um "portal", indicando a necessidade de se fazer uma pausa para rever o passado, libertar-se dele e, por meio do contato com o plano transcendente, iluminar o momento. Assim preparado, o Portal poderá ser cruzado.

Advertência: Por despertar forças sombrias e ocultas do subconsciente, é extremamente perigoso utilizar essa runa para fins mágicos, pois ela pode se voltar contra aquele que a enviou com a rapidez do relâmpago. Todo cuidado é pouco.

DESAFIO: Cortar o supérfluo, guardar o essencial. Agir com ponderação, sem se precipitar.
***STADHA*:** Corpo ereto, braço direito caído ao longo do corpo, braço esquerdo dobrado em ângulo, a palma apoiada no quadril. Rosto voltado para o Sul.

GALDR: thurisaz thurisaz thurisaz
  thur thar thir ther thor   thu tha thi the tho
  thu thu thu (som gutural, curto, explosivo)

THURISAZ INVERTIDA

* Representa uma advertência para não deixar que a agitação, a pressa e a irritação interfiram no cotidiano; decisões apressadas podem trazer arrependimentos. Não avance demais, não reaja.
* Observe a causa de seus problemas e sofrimentos, procure entender suas atitudes e intenções; reflita, contemple e procure deixar-se guiar pela Vontade Divina pelo contato com seu Eu Superior.
* Oposições e interferências prejudicam suas atividades e seu progresso.
* Problemas e decepções com parentes, sócios, colaboradores e subordinados, que procuram restringir sua atuação.
* Tempere os impulsos, controle a impaciência, vença a fraqueza.
* Calma, paciência, cautela, prudência, ponderação.
* Não se deixe pressionar; pratique a contemplação e a entrega.
* Lide com os desafios sem se deixar desviar dos seus propósitos.

COMENTÁRIOS

A terceira runa do primeiro Ætt descreve o mistério do martelo mágico do deus Thor, o poder do relâmpago que atravessa as barreiras, sejam elas materiais ou espirituais.

Seu nome tradicional — *Thurisaz* — definia antigamente o deus Thor e significava "gigante", mostrando assim a semelhança com o deus no que diz respeito à sua força física. Na mitologia nórdica, os gigantes representam as forças do caos, que Thor mantém sob controle com sua arma mágica e seu poder.

A reinterpretação cristã dos textos originais distorceu o antigo significado de Thurisaz e atribuiu-lhe a conotação de "demônio" e o símbolo do espinho (*thorn*, em inglês, e *dorn*, em alemão).

Simbolismo

Thurisaz representa a força cósmica direcionada para a defesa ou para a destruição. É a vontade instintiva arquetípica sem a consciência do Ego, a força propulsora, destruidora dos poderes hostis à ordem cósmica e prejudiciais à vida humana e planetária.

Por conter a polaridade **vida-morte**, Thurisaz é uma força que assimila a energia potencial desses dois extremos, tornando-se um catalisador de poder e ação. Essa energia pode se manifestar de forma ativa, no exterior, ou passiva e contida, no interior, sendo ao mesmo tempo positiva e negativa. Por sua ambivalência energética, torna-se extremamente perigosa, pois pode inverter rapidamente a intenção, ou seja: ataque/defesa, ação/reação, destruição/regeneração, ordem/ desordem.

No **nível psicomágico**, Thurisaz opera no plano inconsciente, subconsciente e supraconsciente. Ela canaliza a energia criativa masculina, simbolizada por sua forma fálica. O espinho antigamente era atribuído à mortalidade do homem, ao passo que a rosa — que é defendida pelo espinho — era a imagem da imortalidade do princípio feminino, responsável pelo eterno processo de criação. Thurisaz não é a força vital, mas seu agente transmissor, que atravessa as barreiras e libera a energia que fertiliza os novos começos (alegoria do pênis projetando o sêmen para o útero). Portanto, Thurisaz é a força do despertar, da ativação, da organização e da conscientização.

Uso mágico

Thurisaz deve ser utilizada com extremo cuidado, pois pode se tornar uma arma perigosíssima. Sua energia é facilmente alcançada pela emoção, principalmente se o teor emocional for de natureza inferior (ódio, raiva, vingança), os aspectos sombrios inconscientes vindo à tona com muita intensidade e sem direção ou controle. Thurisaz atua no limiar da consciência, no domínio do subconsciente, onde representa as sombras, as fobias e os complexos psíquicos ocultos.

Uma versão adaptada do poema rúnico resume muito bem essa advertência: "*O espinho é algo pontudo que machuca, podendo ferir terrivelmente o homem que nele se apoiar.*"

Thurisaz deve ser encarada com muito respeito e extremo cuidado. Quando a pessoa estiver suficientemente treinada no controle mental, possuindo o equilíbrio e a disciplina interior necessários para evitar a interferência de seus processos subconscientes ou a atuação das "sombras", Thurisaz poderá ser usada com cautela e discernimento para impedir agressões e injustiças, devolvendo as energias negativas à sua origem. Porém, essa é uma medida a ser tomada somente em casos de extrema necessidade, quando se tem a consciência de que foram tomadas todas as precauções para evitar o "choque de retorno".

O *vitki* (iniciado) fará uso de Thurisaz somente para se defender, quando tiver certeza de que foi agredido ou injustiçado. Senão, em vez de devolver a agressão, ele se tornará seu próprio agressor, sujeito à lei de ação e reação.

Com conhecimento profundo, discernimento e responsabilidade, Thorn pode ser utilizada para catalisar mudanças, ativar o poder de regeneração e proteção, remover obstruções, despertar a fertilidade e a virilidade. Um poderoso símbolo de proteção é obtido combinando Thorn com Eoh e Algiz, ao passo que a associação com Ziu atrai o sucesso rápido.

Advertência: Jamais use Thurisaz quando estiver emocionalmente alterado, nem canalize-a diretamente para uma pessoa. Use-a somente se tiver sido atacado primeiro e precisar se defender, ou quando for vítima de uma injustiça grave ou de um abuso. Mesmo nesses casos, medite bastante antes de recorrer a esse "bumerangue".

Mitologicamente, Thurisaz é associado ao deus Thor, o eterno inimigo dos gigantes; ao deus Loki; aos gigantes do gelo, da tempestade e do caos; às gigantas Skadhi e Gerda; às deusas Thrud, filha de Thor; e Rauni (ou Raudna), a regente finlandesa do trovão.

Significado oracular

Assim como o espinho, Thorn significa defesa ativa pela proteção e pelo afastamento das influências ameaçadoras. Representa o poder de resistência das árvores espinhosas e a força defensiva ou de ataque dos gigantes. Como representação do martelo de Thor, indica a defesa; como símbolo do relâmpago, alerta sobre um acontecimento repentino ou uma mudança inesperada. Antes de tomar uma decisão — apontada por Thurisaz —, é recomendável refletir para não agir de maneira imprudente ou precipitada. A energia canalizada por essa runa indica o poder de remover obstáculos, atravessar barreiras e repelir interferências negativas.

Em uma leitura positiva, Thorn prenuncia uma mudança favorável, uma ajuda inesperada de amigos ou parentes, ou a sorte de "estar no lugar certo, na hora exata".

No entanto, o presságio mais comum de Thorn é de **alerta**, principalmente se o consulente estiver passando por um período positivo, para poder consolidar sua situação, evitando assumir riscos. O conselho é tentar manter as condições favoráveis, sem iniciar mudanças ou fazer inovações. Se a pessoa estiver sendo pressionada para tomar uma decisão, deverá agir com prudência, sem precipitação, buscando ajuda especializada.

O aspecto negativo de Thurisaz é expresso pelas oposições criadas contra o consulente, por aqueles que são mais fortes ou superiores no nível político, financeiro ou moral.

Na vida diária, Thurisaz aponta para pequenos aborrecimentos, contrariedades, irritação e impaciência (os "espinhos do cotidiano").

Invertida, Thurisaz mostra atitudes precipitadas ou intempestivas, que podem levar a conseqüências desastrosas, conflitos ou brigas provocadas pelos impulsos ou as atitudes "espinhentas".

Sua associação com Hagalaz, Isa ou Nauthiz indica bloqueios e oposições, recomendando medidas de proteção e fortalecimento, sem ultrapassar os limites. O período é crítico e requer cautela, paciência e reflexão, evitando insistir nos erros cometidos, desperdiçar energia ou reagir às provocações alheias.

No **contexto feminino**, representa as questiúnculas domésticas, os contratempos profissionais, o desgaste familiar, as chateações e irritações provenientes do dia-a-dia, as injustiças ou os comentários maldosos de parentes, cônjuge, filhos, chefe, colegas ou amigos. Para evitar "compensações" (cigarro, doces, bebidas, compras) ou somatizações, é importante compreender Thurisaz como um alerta para não perder o equilíbrio e saber como proceder para se defender, prevenindo o acúmulo de ressentimentos ou raiva.

Em uma interpretação mais profunda, Thurisaz indica bloqueios (da energia criativa) ou conflitos profundos do subconsciente, de natureza psicológica ou sexual.

ANSUZ

AS, ÁSS, ASA, AESC, OS, ÓSS

FORMAS ALTERNATIVAS:

VALOR FONÉTICO: A
PLANETAS ASSOCIADOS: Mercúrio, o asteróide Pallas Athena.
"O deus é a fonte de toda a linguagem, fundamento da sabedoria; traz conforto ao sábio, esperança e felicidade aos nobres guerreiros."
PRINCÍPIO: Ordem, comunicação, compreensão, consciência divina.
INTERPRETAÇÃO IDEOGRÁFICA: O manto de Odin soprado pelo vento, o pinheiro.
INTERPRETAÇÃO ESOTÉRICA: Odin, o nome ancestral de Deus (Os ou As). Boca, linguagem, palavras, sinais, sons.
DIVINDADES RELACIONADAS: O deus Odin em sua tríplice manifestação (Odin, Vili, Vé), os deuses Bragi e Mimir, as deusas Frigga, Saga, Gunnlud, Eir, Vor e Kajsa, a deusa sueca regente do vento.
SERES SOBRENATURAIS: Elfos da floresta (cobertos com musgo, coroados de folhas, cavalgavam cervos e grifos), Ninfas da floresta ou as "Mulheres Selvagens" (voavam com o vento ou cavalgavam corvos), Ljossalfar (os elfos claros do ar), Aslog ou Krahe (espíritos do ar), Veja Mate, a "Mãe do Vento" dos povos eslavos e protetora dos pássaros.
ATRIBUTOS POSITIVOS: Inteligência, razão, comunicação, arte, consciência.
ATRIBUTOS NEGATIVOS: Falta de compreensão, falsidade, erros, aprendizado difícil.
ELEMENTOS: Ar, vento.
POLARIDADE: Masculina.
SÍMBOLOS: Lança, Yggdrasil (a Árvore do Mundo), Irminsul (o Pilar Cósmico), chifre com hidromel.
ANIMAIS TOTÊMICOS: Corvo, coruja, víbora, lobo.
CORES: Azul-escuro, índigo, violeta.
ÁRVORES: Freixo, aveleira, tília
PLANTAS: Cogumelos sagrados (*Agaricus* e *Amanita Muscaria*), lavanda, perpétua.
PEDRAS: Lápis-lazú (para abertura mental e espiritual), esmeralda (eloqüência), fluorita, sodalita.
RITUAIS: Oferendas de incenso, essências, bebidas fermentadas (hidromel, cerveja, sidra), uso ritual de sons, sino dos ventos, ventarola, pipa, bolhas de sabão, bandeiras de oração, poemas, canções. Comunicações com outros níveis de consciência, viagem xamânica, invocações, encantamentos com runas.

PALAVRAS-CHAVE:

* Mensagens, sinais, avisos, testes, entrevistas.
* Conhecimento profano e sagrado; aprendizado.
* Sabedoria, despertar interno; poesia, música.

* Respiração, inspiração, comunicação.
* Recepção-transformação-expressão.
* Comunicação com o Mestre Espiritual, aprendizado direto da Fonte Divina.
* Conselhos, invocações, expressão criativa, percepção sutil.
* Viagens, novas experiências.

EFEITOS MÁGICOS:

* Aumento das faculdades clarividentes e dos poderes mágicos.
* Aquisição de sabedoria, criatividade, novas habilidades.
* Fala magnética, facilidade para comunicação.
* Aumento da inspiração; êxtase.
* Sucesso nos testes e provas; eloqüência; boa memória.
* Invocação do poder divino.
* Afasta o medo da morte.
* Libera bloqueios (físicos, mentais, espirituais).

DESAFIO: Aprender a habilidade de comunicação com todos os seres, em todos os níveis.

STADHA: Corpo ereto, pernas juntas, com os braços estendidos paralelamente para a frente, apontando para baixo, sendo o esquerdo mais baixo. Rosto voltado para o Leste.

GALDR: ansuz ansuz ansuz
       aaaaaaaa (modulado, como o som do vento)
       aaannnsssuuuzzz

ANSUZ INVERTIDA

* Problemas no uso da fala (bloqueios de expressão, idéias erradas, memória falha, dificuldades de comunicação).
* Falta de comunicação, de clareza, de entendimento.
* Interferências e conselhos prejudiciais ou tendenciosos.
* Problemas nos estudos, nas viagens.
* Fraudes, mentiras, informações erradas, ignorância, grosserias.
* Recusa em aprender as lições da vida, insistência em repetir os mesmos erros.
* Remoção das barreiras pelo autoconhecimento e pela renovação interior.
* Procura de novos contatos, novas soluções, novas oportunidades. Não desanimar, mas se transformar.

COMENTÁRIOS

Enquanto Thurisaz representa as forças do caos, Ansuz é a manifestação da ordem, cujos defensores são as divindades Æsir. Na mitologia nórdica, no mito da criação, relata-se que, após a criação do gigante Ymir (o caos), outro ser foi criado, chamado Buri, que se tornou o ancestral dos Æsir (a ordem). Buri era o pai de Borr, que se casou com Bestla e de cuja união nasceram Odin, Vili, e Vé, vistos às vezes como a tríplice manifestação do Deus. Esse mito revela a cooperação entre as forças opostas, do caos (os gigantes) e da ordem (Æsir), e explica a dualidade da personalidade de Odin (apesar de ser um Deus da ordem, ele tem comportamentos caóticos e atitudes trapaceiras, pouco confiáveis).

Atenção: no Futhork Anglo-saxão, o lugar de Ansuz é ocupado por **Os**, cuja forma é ᚩ, tendo os mesmos atributos e significados. Ansuz passa a se chamar **As**, mas mantém sua forma ᚨ, é colocada no vigésimo sexto lugar e simboliza o freixo e suas qualidades.

Simbolismo

Ansuz representa a razão, a inteligência, a consciência e a comunicação. Como seu elemento é o ar, seu veículo é o som e seu poder mágico se expressa pelas palavras, canções, exercícios respiratórios e *galdrar*. Ansuz simboliza dois dos dons espirituais concedidos ao primeiro casal humano (Ask e Embla), pelo aspecto tríplice de Odin: o princípio vital (espírito, respiração) e a atividade mental (inspiração). Ela é considerada o receptor (ou receptáculo) e transformador (ou expressão) do poder e do conhecimento espiritual, recebidos dos Deuses e transferidos para a humanidade, que os expressa novamente em atos religiosos e práticas mágicas.

O conceito **receptáculo-conteúdo** é ilustrado pelo mito da auto-imolação de Odin, condição para receber a sabedoria rúnica e transmiti-la, posteriormente, à humanidade. Como imagem singela dessa alegoria utiliza-se o chifre (ou o cálice) e o hidromel que ele contém.

Além de representar o som, a palavra, a poesia, a inspiração e as invocações, Ansuz revela o poder mágico ancestral, que passa de uma geração para a outra por herança genética. Por meio dela pode-se recuperar a conexão com os Deuses e a sabedoria dos ancestrais.

No **nível sutil**, Ansuz é a energia vital, o prâna, *ki* ou *chi* dos orientais, o *önd* dos nórdicos, o mana dos polinésios ou o axé dos iorubas. Na língua islandesa, o termo empregado para respiração (*önd*) é o mesmo para sopro vital. As ou Os significa tanto Deus quanto boca, a dádiva de Odin, portanto, é o *"dom de abrir a boca e expressar a essência espiritual pelo sopro vital"*.

O poder de Ansuz remove os bloqueios na passagem da energia, permitindo o movimento que leva às mudanças. Essa runa abre, assim, os canais da auto-expressão e permite a manifestação da energia criativa do espírito.

Ansuz era considerada pelos mestres rúnicos a *"**runa do conhecimento sagrado**"*, que formava o elo com a sabedoria ancestral e permitia sua transmissão e seu aprendizado. Como uma ponte entre a mente consciente e inconsciente, integrando os hemisférios direito e esquerdo, Ansuz promove a manifestação da energia vital em pensamentos e inspiração criativa.

Uso mágico

Ansuz facilita a expressão mental e verbal, a inspiração e a eloqüência, aumenta a consciência espiritual e a sabedoria, fortalece o potencial mágico e a capacidade de percepção extra-sensorial. Sendo regidas por excelência por Odin, as runas As e Os são essenciais nos encantamentos vocalizados, para ativar e nutrir a centelha divina da inspiração e do poder mágico, principalmente quando combinadas com Wunjo.

Ao contrário de Thurisaz, que amarra ou bloqueia, Ansuz é indicada para remover restrições e bloqueios (bloqueios psicológicos, traumas emocionais, distúrbios comportamentais, fobias).

Ansuz é a runa que promove a ordem e facilita a conexão com o plano espiritual; é utilizada, portanto, em todos os rituais que visam esses objetivos.

Usa-se em talismãs e encantamentos para ajudar nas provas, concursos, entrevistas, palestras, apresentações públicas, discursos, bem como para redigir, compor, escrever, cantar, tocar ou falar. Combinada com Feoh, facilita os ganhos por meios intelectuais; com Laguz, reforça a inspiração; com Peordh, abre o portal dos conhecimentos ocultos; com Mannaz, promove sabedoria; com Ziu, fortalece o poder mental. Unida a Gebo, forma o sinal *Gibu Auja*, que atrai a boa sorte.

Como elo de ligação com a sabedoria ancestral, Ansuz favorece a busca das informações das antigas tradições e a conexão com os ancestrais.

É útil para os terapeutas que utilizam hipnose, terapia de vidas passadas, regressão de memória ou resgate da alma para acessar os registros ocultos e auxiliar na superação de bloqueios, medos e distúrbios psíquicos.

Mitologicamente, Ansuz pertence a Odin e à sua tríplice manifestação (pai, guerreiro, sábio), bem como a seus corvos Huginn (pensamento) e Muninn (memória), que sobrevoam o mundo para trazer-lhe informações. Outros deuses regentes são Bragi, filho de Odin e padroeiro dos poetas, músicos e artistas, e Mimir, guardião da fonte de inspiração e do conhecimento. As deusas associadas a Ansuz são Frigga, Saga, Eir, Vor e a giganta Gunnlud.

Significado oracular

Ansuz é regida por Mercúrio em sua forma passiva, que indica a busca de conhecimentos e o aprendizado de várias maneiras e em vários níveis: cultural, profissional, moral ou espiritual. Indica também a necessidade de buscar e se deixar conduzir por uma figura que represente um conhecimento superior, ou uma especialização que permita ensinar ou orientar (de acordo com a necessidade do momento). A presença de Ansuz em uma leitura aconselha reflexão e ponderação antes de agir e recomenda a busca de conselhos qualificados.

Como a atuação de Mercúrio é passiva, Ansuz não indica viagens, a não ser aquelas cujo objetivo é estudar ou conhecer novos lugares. Ansuz pode assinalar visitas de parentes ou amigos, principalmente se em associação a Berkano ou Othala.

De acordo com a pergunta feita pelo consulente, Ansuz revela resultados favoráveis nos assuntos ligados a comunicação, estudos, comércio e orientação espiritual. Ansuz define a atividade intelectual, a comunicação e a busca da sabedoria. Pode indicar estudos — cursos extracurriculares ou não — para aumentar a auto-expressão e o reconhecimento pessoal e profissional, ou para a aquisição de conhecimento sagrado e mágico.

Outras runas ao redor podem revelar as influências e circunstâncias, os mestres ou conselhos que atuam na vida do consulente. Como significador, Ansuz é a runa do professor, mestre, sábio, advogado, conselheiro, ocultista, terapeuta ou xamã. Recomenda ter cuidado com aquilo "que sai da sua boca", ou seja, observar se suas palavras expressam a verdade e se tem teor construtivo ou destrutivo.

Invertida, Ansuz alerta para conselhos falsos, orientação equivocada ou julgamentos parciais ou preconceituosos. Pode indicar também possíveis mentiras, enganos, traições ou informações erradas. Chefes ou familiares podem interferir nos planos do consulente ou prejudicá-lo, ou parentes idosos podem criar problemas e encargos pesados.

Com relação às viagens, Ansuz invertida aconselha prudência ou cancelamento (principalmente se vier acompanhada de outras runas negativas). Existe a possibilidade de contratempos, frustrações ou até mesmo enganos e roubos.

No **nível sutil** e em perguntas de ordem espiritual, Ansuz invertida define a condição de *puer eternus* do consulente, aquele que está sempre em busca do conhecimento, mas não o aplica, não evolui e nem aprende com seus erros.

No **contexto feminino**, Ansuz é um alerta que recomenda questionar a forma pela qual se está lidando com o poder das palavras: ora falando demais, ora de menos, dando conselhos que não são solicitados ou somente sendo ouvintes e suportando as queixas e reclamações dos outros. O assunto **comunicação** é muito importante: deve-se ouvir e compreender aquilo que está sendo dito, mas também é necessário pensar para dizer com consciência e calma aquilo que se quer expressar. Um lembrete extremamente sério para as mulheres: **o silêncio é tão importante para o aprendizado e a evolução quanto a expressão verbal adequada**. Portanto, preservar a energia (física, mental, espiritual) sem se desgastar com palavras desnecessárias é um aprendizado mágico, ainda mais para as mulheres modernas, que estão tentando compensar seu silêncio milenar pela tagarelice fútil e desnecessária, falando alto ou utilizando um vocabulário tipicamente masculino.

Ansuz representa a conexão com a Deusa, as matriarcas e as ancestrais. Segundo o mito original, o hidromel era preparado com mel e sangue menstrual. A sabedoria era um atributo da deusa Saga, padroeira da história e da memória ancestral, que a absorvia ao beber do "rio do tempo e das lembranças". As canções e encantamentos invocavam as múltiplas manifestações e atributos das deusas, que foram transferidos e incorporados posteriormente ao panteão masculino.

RAIDHO

RAD, RAEDH, REIDR, REID

FORMAS ALTERNATIVAS: R R R

VALOR FONÉTICO: R
PLANETAS ASSOCIADOS: Mercúrio e o Nodo Lunar Norte.
"É fácil para um herói manter-se na sela no saguão seguro. Muito mais difícil é cavalgar em disparada e permanecer firme nas longas caminhadas."
PRINCÍPIO: Ação rítmica e dinâmica, jornada, ação correta, ordem.
INTERPRETAÇÃO IDEOGRÁFICA: Roda, biga.
INTERPRETAÇÃO ESOTÉRICA: Charrete de Thor, carro solar. Viagens. União e reunião. Caminho, movimento, busca. Viagem xamânica, aconselhamento.
DIVINDADES RELACIONADAS: As deusas Bil, Frigga, Gna, Nerthus, Nott, Sunna, Thrud, as Donzelas das Ondas e as Valquírias; os deuses Ægir, Baldur, Bragi, Forseti, Frey, Heimdall, Odin e Thor.

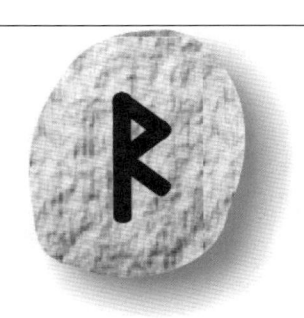

SERES SOBRENATURAIS: Disir (espirituais ancestrais femininos); Laumas (fadas benévolas ou malévolas, guardiãs das rodas de fiar); Radien Akka, "A Senhora dos Tambores" dos nativos sami; Freitag, "A Tecelã", reverenciada nas sextas-feiras.
ATRIBUTOS POSITIVOS: Movimento, centramento, controle, ação correta.
ATRIBUTOS NEGATIVOS: Rigidez, estagnação, perda de controle, injustiça, irracionalidade.
ELEMENTO: Ar.
POLARIDADE: Masculina.
SÍMBOLOS: Carruagem, charrete, cavalo, roda, estrada, tambor xamânico, Roda do Ano, carro e roda solar.
ANIMAIS TOTÊMICOS: Cavalo, gavião, sabiá.
COR: Vermelho-claro.
ÁRVORES: Carvalho, viburno.
PLANTAS: Azevinho, artemísia, boca-de-leão.
PEDRAS: Turquesa (para proteção nas viagens), jacinto (para atrair amizades e favorecer as associações), malaquita (proteção contra energias negativas).
RITUAIS: Procissão no labirinto, viagem xamânica ao som do tambor, dança circular sagrada, roda de cura, celebrações da Roda do Ano, andar a cavalo, meditação em movimento, práticas de centramento, círculos de homens ou mulheres, círculos de pedras.

PALAVRAS-CHAVE:

* Viagens de todos os tipos (de prazer, de negócios, em busca de si mesmo).
* Conexão entre dois lados, união e reunião.
* Auxilia debates e negociações, compras e vendas.
* Recebimento de mensagens; novidades.
* Favorece o pensamento lógico (planejamento) e as decisões certas.
* Autoconhecimento, automodificação, expansão da consciência.
* Final de contratempos, bons resultados.
* Ritmo e ritual; renovação.
* Proteção em viagens.

EFEITOS MÁGICOS:

* Fusão com os ritmos universais.
* Elevação da consciência que propicia a transformação do Ser.
* Contato com o "conselheiro interior" em busca da autotransformação.
* Favorece os rituais e a comunicação com o Mundo dos Mortos (transcomunicação, *spæ craft*, *seidhr*, canalização, contato com os espíritos ancestrais).
* Representa a jornada iniciática da alma através dos Nove Mundos de Yggdrasil, a união do Céu e da Terra.

DESAFIO: Assumir as rédeas da sua vida, ter equilíbrio e agir corretamente.
***STADHA*:** Corpo ereto, braço esquerdo dobrado, a palma apoiada no quadril esquerdo. A perna esquerda levantada acima do chão e esticada lateralmente. Rosto virado para o Sul.

GALDR: raidho raidho raidho
ru ra ri re ro   or er ir ar ur
rudh radh ridh redh rodh
rrrrrrrrr (som gutural, como o ronco de um motor)

RAIDHO INVERTIDA

* Movimentos errados ou confusos; perda de controle ou de direção.
* Possibilidade de rompimentos nos relacionamentos. Cultivar as amizades, ser tolerante e atento.
* Contratempos ou perdas nas transações comerciais (fraudes, imprevistos, incompetência). Falta de organização, avaliação errada.
* Atrasos, obstáculos, frustrações. Deve-se manter a calma e procurar novos caminhos e novas soluções.
* Viagens difíceis, situações complicadas, erros de julgamento, desordem, confusão.
* Perda da fé, intuição falha. Invocar a ajuda Divina e encarar esse período como um teste para pôr à prova a sua força e adquirir mais experiência, sem perder as esperanças.

COMENTÁRIOS

A quinta runa do primeiro *Ætt* representa o movimento ordenado e a direção, exemplificados pelas leis universais que governam o deslocamento dos planetas, a mudança das estações, a alternância do dia e da noite, os ciclos biológicos e a passagem do tempo. Raidho mostra qual é o **caminho certo a ser seguido: uma jornada de transformação e evolução permanente, em harmonia com as leis divinas.** Ela canaliza as forças cósmicas de acordo com as leis naturais, simbolizando o desenvolvimento em espiral. Uma vez alcançado o objetivo, isso não significa o fim do movimento e da busca, mas o início de uma nova fase de crescimento ou expansão.

Simbolismo

Raidho ensina a manter as energias sob controle e a direcioná-las para um objetivo específico. A imagem associada a esse conceito é a do cavaleiro que controla as rédeas, a direção e a velocidade de seu cavalo, conduzindo-o com segurança. Assim Raidho torna-se a "runa do equilíbrio perfeito". Mais do que ser apenas a regente da viagem comum, Rad simboliza a jornada da alma e sua busca por significado, propósito e realização espiritual.

As palavras *rat* (alemão), *raat* (holandês), *raiht* (gótico) significam "conselho", por isso Raidho é considerada a indicação dos conselhos certos e das decisões adequadas. Os termos *recht* (holandês) e *right* (inglês), que significam "certo", confirmam a recomendação das atitudes e ações corretas.

No **nível sutil**, o poder de Raidho pode ser sentido no ritmo compassado do tambor xamânico, que "transporta" o buscador em uma jornada visionária pelo espaço. Por isso Raidho é associada ao cavalo, pois nas tradições xamânicas o tambor é chamado de "cavalo do xamã".

Como representação do movimento repetitivo, Raidho também rege os rituais aos quais, além da movimentação, acrescenta-se a ação correta e ordenada. É chamada **a runa da ação correta e do resultado certo.** O ritual ocupava um lugar muito importante na Tradição Nórdica; era usado como ferramenta psicológica para "desligar" a mente consciente e conduzi-la a níveis de percepção mais sutis. Por ser um procedimento de controle mágico, é fácil compreender a associação dos rituais com Raidho.

Uso mágico

Raidho confere a habilidade de perceber e preservar os próprios limites, bem como o poder para tomar, conscientemente, uma decisão e segui-la com coragem e determinação. É utilizada, portanto, em procedimentos mágicos para adquirir controle sobre as circunstâncias da própria vida, para ordenar as coisas e fazer valer a própria vontade, desde que seja "para o bem de todos". Inerente a Raidho é o conceito de responsabilidade e o conhecimento do certo e errado. Para usar na magia a força de Raidho, a pessoa deve estar no comando de sua vida, ser capaz de "cavalgar e não ser arrastada", ter consciência plena de suas decisões e assumir a responsabilidade pelas conseqüências de suas opções. O resultado dependerá da força de vontade, do domínio e do equilíbrio pessoal; da disciplina e da coragem em assumir as rédeas de sua vida. **Se a pessoa se deixar controlar ou dominar pelos fatores externos ou pelas fraquezas internas, o efeito de Raidho em encantamentos será nulo ou até mesmo contrário.** Geralmente Raidho acelera o movimento das runas com as quais é combinada: com Kenaz, ativa a criatividade; com Uruz, fortalece e protege nas viagens; com Tiwaz, acelera os processos judiciais (desde que a causa seja justa).

Raidho poderá também ser usada como um portal para viagens xamânicas, projeções astrais ou canalização de informações de outros níveis de consciência. Por ser uma runa protetora, os xamãs usavam um escudo ou amuleto com seu grifo como proteção em viagens e em rituais.

Mitologicamente, Raidho é ligada a Thor, senhor dos relâmpagos e padroeiro dos fazendeiros, mercadores e viajantes; a Heimdall, protetor das viagens entre os mundos; a Odin, em seu aspecto de "Mensageiro" e "Senhor da Caça Selvagem", bem como a Ægir, Baldur, Bragi, Frey e Forseti.

No **contexto feminino**, Raidho é associada às deusas condutoras de carruagens, como Bil, Nerthus, Nott, Sunna, Thrud, e às padroeiras das viagens, como Gna, as Disir, as Donzelas das Ondas e as Valquírias. Em razão da conexão com a roda, podemos fazer uma associação entre Frigga e Freitag, uma desconhecida deusa tecelã, cujo nome significa "sexta-feira". Essa deusa pode, portanto, ser descrita como um aspecto da própria Frigga, reverenciada nas sextas-feiras.

Significado oracular

Assim como Ansuz, Raidho é regida pelo planeta Mercúrio e o Nodo Norte, a "cabeça do dragão". Essa combinação enfatiza as características de movimento e comunicação (mensagens verbais, telefônicas, escritas, virtuais ou espirituais).

No **nível mundano**, Raidho é uma indicação de viagens curtas (fins de semana, excursões, férias), atividades intensas, visitas, decisões a serem tomadas, planos e projetos a serem realizados. Ela recomenda manter o equilíbrio, ponderar antes de agir ou buscar o conselho de pessoas mais experientes.

Em um nível mais profundo, Raidho aconselha que a vida seja colocada em ordem, tomando-se a atitude correta para que as mudanças se processem no tempo certo e tragam progresso. Para isso, deve-se evitar perder tempo com conversas desnecessárias ou coisas fúteis e ser objetivo.

Raidho mostra que qualquer ação escolhida pelo consulente deve ser feita **imediatamente**, sendo um bom presságio para sua realização. Pela associação de Mercúrio com o comércio, Raidho incentiva compras, vendas ou viagens de negócios.

Todavia, o lado ambíguo de Mercúrio também chama a atenção para a possibilidade de enganos, fraudes ou falsificações. Tanto Mercúrio quanto Odin eram os patronos dos ladrões e mentirosos, e este último ainda era agraciado com o dom da metamorfose, que lhe permitia aparentar algo que não era. Por isso, quando acompanhada por runas adversas, Raidho é um alerta para se desconfiar das palavras e ter muito cuidado ao assinar documentos, contratos, e compromissos.

Rad pode indicar também uma indecisão ou ambivalência. Associada a Ansuz, ela reforça a importância da educação, dos estudos, do aprendizado ou do ensinamento e das viagens de estudo.

Raidho refere-se também ao aconselhamento sábio, à responsabilidade moral, à habilidade em conhecer e respeitar seus próprios limites.

No **nível espiritual**, indica a viagem astral ou xamânica, a busca de um caminho espiritual e a necessidade de viver de acordo com as leis e os ciclos cósmicos, celebrando os pontos de mutação da Roda do Ano (solstícios, equinócios, datas agrícolas, *Blots*, *Sabbats*, *Sumbels*).

Invertida, Raidho confere uma conotação negativa a todas as áreas por ela regida. Em caso de viagens, ela pode ser inoportuna ou trazer problemas (atrasos, perda de dinheiro ou bagagem, confusões com papéis ou pessoas). Quanto às negociações, elas podem fracassar ou trazer prejuízos a longo prazo, recomendando uma assistência especializada ou conselhos de pessoas competentes.

Como talismã de proteção, Raidho pode ser pintada, gravada, bordada e colocada no carro ou na mala. Se tiver dúvidas sobre uma atitude ou escolha, as meditações que utilizam Raidho como portal ou caminho simbólico vão favorecer as orientações adequadas ou oferecer o "empurrão" necessário para que as mudanças se realizem.

No **contexto feminino**, Raidho aconselha a mudança da rotina, pela substituição das novelas na televisão, das revistas de moda, das conversas fúteis e dos mexericos por atitudes construtivas e atividades saudáveis e relevantes. As mudanças requerem coragem, mas somente assim há crescimento pessoal e expansão espiritual.

KENAZ

KANO, KEN, KAUN, CEN, KUSMA

FORMAS ALTERNATIVAS: ᚠ ᚳ ᛇ ᛁ ^

VALOR FONÉTICO: K, C
PLANETAS ASSOCIADOS: Marte, Sol e o asteróide Vesta.
PRINCÍPIO: Fogo transmutador, cuja luz elimina as sombras.
"A tocha tem uma chama viva, clara e brilhante, que sempre arde onde as pessoas nobres estão estabelecidas."
INTERPRETAÇÃO IDEOGRÁFICA: Tocha, archote, chama.
INTERPRETAÇÃO ESOTÉRICA: Fogo controlado, fogo interno, luz. Abertura. Claridade.
DIVINDADES RELACIONADAS: As deusas Freyja, Fjorgyn, Var e Walburga, os deuses Baldur, Heimdall, Loki e Wielund.
SERES SOBRENATURAIS: Gnomos ferreiros, Panike (espíritos femininos do fogo com feições felinas), gnomos protetores das lareiras; Tabiti, a "Senhora do Fogo"; Matergabia e Gabja, as guardiãs da lareira e do fogo sagrado.
ATRIBUTOS POSITIVOS: Abertura, habilidade, verdade, conhecimento, luz interior.
ATRIBUTOS NEGATIVOS: Vazio, escuridão, falta de recursos, sombras.
ELEMENTO: Fogo.
POLARIDADE: Feminina.
SÍMBOLOS: Fogueira, lareira, forja, tocha, vela, raio de luz, espelho.
ANIMAIS TOTÊMICOS: Falcão, gato, lince, serpente.
COR: Vermelho-alaranjado.
ÁRVORES: Pinheiro, arando, aveleira.
PLANTAS: Prímula, *catnip* (uma espécie de valeriana), roseira silvestre.
PEDRAS: Ágata e opala de fogo (para ativar a criatividade e a sexualidade), citrino, sílex (domínio sobre o fogo), quartzo enfumaçado (purifica o chakra básico), granada, jaspe-sangüíneo, olho-de-falcão.
RITUAIS: Meditar olhando para as chamas, dançar ao redor da fogueira, queimar bloqueios, ativar a chama interior, procissão com tochas, atividades criativas, rituais de fogo (para purificação, renovação e celebração), oferendas para as divindades protetoras da lareira e do fogo acendendo velas laranja e vermelha e jogando sal nas chamas.

PALAVRAS-CHAVE:

* Energia, força, poder, positivismo.
* Paixão, desejo, sensualidade, intensidade, libido.
* Recuperação da saúde, vitalidade.
* Sair da escuridão rumo à luz (fim das adversidades, novos começos).

* Novo relacionamento emocional (possibilidade de casamento); relacionamento positivo.
* Circunstâncias positivas, abertura.
* Energia criativa (física ou mental).
* Proteção, iluminação, regeneração.
* Enxergar com clareza o que precisa ser mudado em sua vida.

EFEITOS MÁGICOS:

* Transformação e regeneração.
* Inspiração criativa, habilidades artesanais.
* Favorece o amor (principalmente sexual).
* Gera o fogo do entusiasmo.
* Promove a clareza mental e melhora a compreensão.
* Ajuda a recuperação da energia vital e a cura.
* Aumenta a autoconfiança.

DESAFIO: Cuidar dos detalhes para não se "queimar" (desgaste energético ou precipitação).
***STADHA*:** Corpo ereto de perfil, braço direito elevado em um ângulo de 45° e braço esquerdo abaixado no mesmo ângulo. A palma direita voltada para cima puxa a energia e a força. Os dedos abertos da mão esquerda servem para projetá-la, apontando para baixo.

***GALDR*:** kenaz kenaz kenaz
   ku ka ki ke ko   ok ek ik ak uk
   kun kan kin ken kon
   keh keh keh (som curto, metálico)

KENAZ INVERTIDA

* Preparar-se para um período de escuridão e vazio. Aconselha-se procurar o equilíbrio interior e esperar o fim dessa fase. Empenhar-se em mudar, deixando para trás velhos esquemas, condicionamentos e relacionamentos, preparando-se para mudanças internas e externas, aceitando o novo.
* Bloqueio energético, falta de energia vital, perda do entusiasmo; "queimas" energéticas.
* Fim de um relacionamento amoroso ou de uma amizade.
* Perdas ou atrasos, obstáculos e separações.
* Cancelamento de ofertas, perda de posição e prestígio.
* Falta de sintonia nas relações ou associações; exageros.

COMENTÁRIOS

A sexta runa do primeiro *Ætt* representa o poder do conhecimento e a habilidade em usá-lo. Kenaz é a energia ígnea que queima e cria novas formas, é o poder de análise, a clareza do pensamento e o fogo do entusiasmo que transformam as idéias em manifestações físicas.

Simbolismo

Kenaz representa a tocha que ilumina a escuridão, o impulso que proporciona o conhecimento e leva à iluminação. É o fogo da forja, no qual o ferro é modelado em uma nova forma pela vontade e habilidade do ferreiro. Kenaz é a runa que conecta o xamã com o mistério da transformação, usando a consciência para ordenar a matéria.

A tocha sempre foi considerada um símbolo de conhecimento, intelecto e consciência. Em inglês arcaico, *ken* significa "saber"; em alemão e holandês, *kennen* é "conhecer", "aprender", "ser capaz". Portanto, Kenaz indica a habilidade de procurar, achar, aplicar, reconhecer; símbolo do processo de aprendizado e ensino.

O termo anglo-saxão *kin* designa os membros de uma mesma família ou tribo, enquanto que em inglês arcaico, *cyning* era o rei. Na tradição esotérica nórdica, o rei era o portador da tocha da consciência do seu povo, considerado um descendente de Odin. No conceito atual, os iniciados nos mistérios rúnicos são os descendentes espirituais de Odin, responsáveis por levar adiante a tocha do conhecimento e da iluminação espiritual. Por isso, Kenaz simboliza a luz interior e a responsabilidade de transmitir a tocha do conhecimento para a próxima geração.

No **nível psicológico**, Kenaz representa clareza e abertura mental, conhecimento inato (herdado), confiança na intuição, concentração, determinação e consciência do próprio Eu.

Mitologicamente, Kenaz é ligada ao deus Heimdall, conhecido como o "Æsir Brilhante", guardião da Ponte do Arco-Íris, que ensinou os mistérios das runas à humanidade de Midgard. Outras associações são feitas com o deus Wielund, artesão e ferreiro, hábil na arte de forjar metais; com o deus solar Baldur e também com Loki (devido a sua energia criativa).

Na **visão feminina**, Kenaz pertence à Deusa em seu aspecto de Criadora; e a tocha (simbolizando o fogo vital) era o ponto central das procissões feitas antigamente para abençoar os campos, os animais e os humanos. Como o ensino é um dos atributos de Kenaz, Freyja também a rege, por ter ensinado a Odin um tipo de magia chamada *seidhr* (que incluía ritos de fertilidade). Também pode ser relacionada às deusas Fjorgyn, em seu aspecto de protetora da lareira e guardiã do caldeirão do renascimento; Var, regente do brilho e do calor das lareiras; e Walburga, padroeira das fogueiras de transmutação.

Uso mágico

Por simbolizar "abertura", Kenaz pode ser usada em diversos trabalhos e rituais mágicos para despertar habilidades latentes e estimular a criatividade. Possibilita o acesso ao conhecimento oculto e à descoberta de soluções. O uso mais óbvio é a busca do conhecimento; portanto, Kenaz possibilita a investigação da fonte dos problemas que surgem em uma leitura ou situação, bem como a descoberta de soluções para remediar suas conseqüências. Combinada com Ansuz, Raidho, Wunjo, Algiz e Os, facilita as atividades criativas; com Sigel, Ziu e Sol, favorece a iluminação espiritual; junto de Cweorth, seus aspectos positivos são ampliados.

Kenaz serve como uma tocha, que ajuda na exploração do território desconhecido dos mundos interiores, e como uma ferramenta poderosa para repelir influências negativas (assim como um facho de luz dissipa as trevas). Para o buscador, Kenaz é um precioso aliado na descoberta, durante a meditação, de aspectos desconhecidos, ocultos ou ignorados de seu próprio Ser. Para facilitar a jornada de exploração interior, pode ser usada em combinação com outras runas (Raidho, Ehwaz e Hagalaz), de modo a servir como escudo de proteção ou como espelho fluídico para a visualização.

Assim, Kenaz pode ser utilizada em rituais, meditações, jornadas xamânicas ou na auto-hipnose, para afastar influências negativas, energias dissonantes, formas mentais ou astrais perturbadores, pensamentos obsessivos ou doenças. Kenaz é um antídoto contra pessoas de baixa vibração, ambientes densos e confusões, serve até para clarear nossos próprios processos mentais, sendo um ótimo talismã para favorecer os estudos e atrair a sorte. Para encontrar soluções, respostas ou decifrar enigmas, ela é usada juntamente com Raidho.

Significado oracular

Por ser regida pelos planetas Marte e Sol, Kenaz canaliza a combinação das energias ígneas de ambos e torna-se, assim, um significador de vitalidade, recuperação, força e atitudes positivas.

Nos relacionamentos, representa o parceiro do sexo masculino ou a pessoa que tem uma posição de maior poder ou autoridade (pai, professor, chefe, dirigente).

Sendo uma runa do fogo, Kenaz dá energia, proteção ou capacidade de resistência. Além do fogo terrestre, ela simboliza também o fogo primal, que se manifesta como criatividade ou fertilidade (física ou mental).

Kenaz simboliza a habilidade de compartilhar as idéias de maneira criativa, tanto pelo ensino quanto por atividades artísticas ou artesanais. Também indica os processos de mudança e nascimento — de uma criança, uma idéia ou um projeto. Como a fecundidade é uma palavra-chave, essa energia pode ser utilizada tanto no plano erótico, quanto no mental ou material.

Associada a Berkano, Ingwaz ou Hagalaz, o presságio é de um nascimento físico, ao passo que a combinação com Ansuz, Raidho, Wunjo e Eolh indica um trabalho criativo inesperado.

No **nível espiritual**, Kenaz representa uma abertura para estudos ocultos, para contato com mentores ou para a canalização da energia do desejo e da vontade em projetos ou mudanças. É um bom presságio em uma leitura, apontando para novas oportunidades, novos começos ou soluções. Ela pode ser usada nas meditações como um portal astral, para "levantar os véus" e obter conhecimento oculto, ou para buscar uma orientação acerca de uma questão específica.

Invertida, Kenaz sugere uma perda: de um amor, de um amigo, de um negócio, de uma posição, do emprego ou de poder. Na presença de runas positivas, a perda será transitória, mas junto a Naudhiz, Isa ou Othala invertida, prenuncia-se uma perda definitiva.

Quanto aos relacionamentos, Kenaz invertida mostra o esfriamento ou o distanciamento do parceiro, amigo ou sócio, e dificuldades ou bloqueios na área sexual.

Às **mulheres**, Kenaz recomenda confiança em sua voz interior para encontrar respostas e soluções. Mas, para "ouvir" de fato a voz da intuição, sem que ela seja confundida com devaneios da imaginação, são necessárias a disciplina mental, a prática da introspecção e o treinamento constante para silenciar o "tagarelar" da mente. Kenaz não é um canal de profecias ou previsões, mas uma chave energética para o afloramento do conhecimento oculto e das memórias ancestrais. Para poder usá-la com segurança, recomenda-se uma prática diária de meditação e contemplação da chama de uma vela. Como indicador da criatividade, Kenaz incentiva que se experimentem várias formas de expressão literária ou artística, até que se encontre o canal apropriado.

GEBO

GYFU, GIFU, GIBUR, GIBA, GIÖF

FORMAS ALTERNATIVAS: ᚼ ᚾ ᚵ ᚵ

VALOR FONÉTICO: G
PLANETAS ASSOCIADOS: Vênus, o asteróide Juno.
"A oferta de um presente é uma mostra de estima, honra e louvor. Para os proscritos, que nada têm, representa auxílio e sustentação."
PRINCÍPIO: O intercâmbio entre os seres e os planos, o ato de dar e receber, sacrifício (humano), dom (divino).
INTERPRETAÇÃO IDEOGRÁFICA: Cruzamento de duas vigas.
INTERPRETAÇÃO ESOTÉRICA: Interação de duas forças, associação. A troca. O presente. O dom. Brisingamen, o colar da deusa Freyja. Simboliza todos os atos de sacrifício e de troca feitos pelos deuses Odin, Tyr e pela deusa Freyja, conforme o ditado "Um presente requer outro presente".
DIVINDADES RELACIONADAS: As deusas Freyja, Fulla, Gefjon, Hnoss, Idunna, Lofn, Sjofn, Snotra e Var, os deuses Forseti, Frey, Mimir, Odin e Tyr.
SERES SOBRENATURAIS: Elfos claros (Ljossalfar) e escuros (Svartalfar), as gigantas, as Avas e as Amagandar, espíritos protetores femininos dos povos fino-úgricos.
ATRIBUTOS POSITIVOS: Hospitalidade, generosidade, amizade, equilíbrio, trocas, compensação, interação.
ATRIBUTOS NEGATIVOS: Solidão, dependência, egoísmo, mesquinhez.
ELEMENTO: Ar.
POLARIDADE: Bissexual, bipolar.
SÍMBOLOS: Cofre (com riquezas), aliança, maçãs douradas, colar de ouro e âmbar.
ANIMAIS TOTÊMICOS: Cobra, galinha, gato, porca, parelha de bois, coruja.
COR: Verde-esmeralda, azul.
ÁRVORES: Freixo, macieira, olmo.
PLANTAS: Madressilva, violeta silvestre, artemísia.
PEDRAS: Esmeralda (para sintonização física, mental e emocional), jade (amplia a consciência), malaquita (para defesa), serpentina (para harmonização e equilíbrio).
RITUAIS: Se faltar dinheiro, começar a doar (**dar** é a chave da prosperidade). Se não tiver o que repartir, perdoar e agradecer tudo aquilo que tem (abrigo, saúde, comida, família, vida). Retribuir sempre para manter o equilíbrio energético. Não desperdiçar, reciclar, cuidar da terra, mostrar gratidão (oferendas, orações, generosidade com os outros, trabalhos comunitários e voluntários).

PALAVRAS-CHAVE:

* Troca de energias, ligação de duas forças.
* Doação-recebimento-troca (presentes).
* Unidade de intenção e ação.
* União ou sociedade bem-sucedida (compromisso, romance, casamento, associação).
* Hospitalidade, celebração, alegrias.
* Generosidade (material ou espiritual).
* Harmonia, equilíbrio, paz.
* É necessário pagar um preço para que haja equilíbrio entre intenções, ações e resultados; a forma de cruz representa o sacrifício voluntário.
* Harmonia em parcerias (irmãos, parentes, amantes, sócios, homens e deuses).
* União com o Eu Superior, o Guia Divino.

EFEITOS MÁGICOS:

* Promove a harmonia entre as pessoas.
* Aumenta os poderes mágicos (magia natural).
* Prática da magia sexual, rituais de fertilidade.
* Favorece a troca entre dois pólos de poder (homem/mulher, humanidade/forças divinas).

DESAFIO: Assumir as conseqüências das próprias ações (tudo o que é recebido exige uma retribuição).

STADHA: Pernas afastadas, pés retos, braços estendidos em ângulo simétrico com as pernas, formando um X.

GALDR: gebo gebo gebo
gu ga gi ge go   og eg ig ag ug
gub gab gib geb gob
geh geh geh (macio, aberto, longo)
geebooo

GEBO INVERTIDA

Esta runa não tem posição invertida. Deve-se usar a intuição para avaliar seu significado nas leituras. Geralmente, tem uma influência positiva.

COMENTÁRIOS

A sétima runa do primeiro *Ætt* revela **a lei de causa e efeito**, ou seja, **"tudo aquilo que recebemos é diretamente proporcional àquilo que damos ou fazemos"**. Ela recomenda a generosa doação da nossa energia para ganhar em troca poder mágico ou espiritual. Na Tradição Nórdica, ensinava-se que Gebo manifestava a sorte atraída por atos de generosidade. O costume de cruzar os dedos para chamar a sorte originou-se na forma dessa runa.

Simbolismo

Gebo representa a conexão entre a humanidade e as divindades, ou as ligações interpessoais vistas como trocas sinérgicas entre quem dá e quem recebe. Os nórdicos consideravam os atos de generosidade uma prova de *status* social: quanto mais generoso alguém era, maior era a consideração de que desfrutava.

Gebo mostra a união entre o doador e o receptor, portanto seu significado é de equilíbrio e unificação, o cruzamento de duas forças iguais. Isso se refere também às trocas negativas, e seu lema é **"Um presente requer outro presente"**, por isso deve-se ter muito cuidado com aquilo que se pede, e avaliar o preço que deverá ser pago.

Sua forma é uma representação simplificada da suástica, que é uma cruz em movimento, um antigo símbolo solar, alquímico e mágico da união mística entre o céu e a terra.

No **nível sutil**, Gebo indica a junção da ação e da intenção, cujo resultado é uma sensação de paz, contentamento, alívio após dificuldades e bem-estar. Ela representa a ação do *wyrd*, o equivalente nórdico do termo sânscrito *karma* (destino).

Todo cuidado é pouco nos procedimentos magísticos. Precisamos nos lembrar sempre de que cada ação ("presente") tem uma reação ("preço") proporcional, e a energia despendida requer uma compensação idêntica. Toda intenção mágica, seja ela boa ou má, traz conseqüências correspondentes, mas não necessariamente no mesmo nível ou plano.

No **nível esotérico**, Gebo representa os dons dados à humanidade pelas divindades e a retribuição feita pelos homens (dedicação, lealdade, fé, serviço, sacrifícios: de tempo, de energia, do comodismo). O "sacrifício" mencionado não é uma autonegação ou flagelação como no cristianismo, mas um ato espontâneo e voluntário de entrega a um ideal transcendental ou a uma missão espiritual que leve à expansão da consciência. Doar-se no sentido místico é um ato que leva à dissolução das barreiras entre o doador, a oferenda e o receptor, efetivando a entrega do Ego à consciência divina (o Eu Superior), em uma profunda e total união.

No **nível mundano**, Gebo representa os contratos, principalmente os de casamento, as uniões psíquicas entre duas pessoas, os laços fraternos ou as trocas energéticas em ritos de fertilidade ou magia sexual. Os povos nórdicos trocavam insígnias gravadas com essa runa para consolidar alianças, pactos ou amizades, assim como marcavam com Gebo suas oferendas para os Deuses. A hospitalidade era uma expressão social importante e jamais se recebia um presente sem retribuir com outro.

No **nível psicológico**, interpreta-se Gebo como **a lei da compensação**, o preço pago por determinadas atitudes, emoções ou padrões mentais. No mundo atual, as pessoas tendem a tomar, ou esperam receber, sem dar nada em troca — seja no nível pessoal, comunitário ou global. Criam-se, dessa maneira, os desequilíbrios humanos, planetários e cósmicos.

Mitologicamente, Gebo é associada a todos os atos de sacrifício e de troca, como os realizados por Odin para buscar o conhecimento, por Tyr para aprisionar o lobo Fenrir (a representação das forças desintegradoras da ordem cósmica) e por Freyja para obter o colar mágico Brisingamen (oferecendo em troca, aos gnomos ferreiros, seus favores sexuais). Outros deuses associados são Forseti, Frey e Mimir.

Na **visão feminina**, Gyfu é a runa consagrada à deusa Gefjon ou Gefn, "A Doadora", que deu à humanidade as riquezas do mar e da terra. Nos mitos mais antigos, Frigga era considerada a Mãe de todas as divindades; um de seus aspectos era Fulla, nome que significava abundância e plenitude. Fulla pode ser vista como uma deusa independente, acompanhante de Frigga, cuja função é guardar o cofre mágico das riquezas. Outra correlação pode ser feita com a doação diária de maçãs douradas pela deusa Idunna, que garantiam a imortalidade das divindades.

Também podem ser associadas a Gebo as deusas Hnoss, Lofn, Idunna, Sjofn, Snotra e Var.

Uso mágico

Gebo é usada como runa de ligação entre diferentes runas (com significados compatíveis), nos talismãs, nas inscrições ou nas oferendas. A finalidade é reconciliar ou unir forças opostas ou complementares (como as polaridades celeste/telúrica, feminina/masculina). Quando usada em encantamentos ou talismãs, ela favorece as trocas e as uniões, beneficia parcerias, alianças e casamentos, bem como atrai a sorte e a abundância. Combinada com Ansuz forma-se um poderoso símbolo benéfico chamado *Gibo Auja* ✺; com Wunjo, cria-se a runa trançada, chamada "dom da alegria" ✺.

Por promover o equilíbrio, Gebo pode ser usada para curar distúrbios físicos, mentais e emocionais; e para invocar a clemência divina nos resgates e nas cobranças cármicas. Na magia sexual e nos encantamentos para atrair ou fortalecer o amor, Gebo é um poderoso agente de união; porém, convém jamais esquecer que "*cada decisão requer a aceitação de algo e o sacrifício é indispensável para o recebimento*". **Acima de tudo, jamais use Gebo para unir duas pessoas sem o consentimento de ambas: o efeito pode ser contrário e as conseqüências imprevisíveis e desastrosas**.

Significado oracular

A regência de Vênus sobre essa runa se evidencia no cruzamento das duas linhas que se apóiam. Gebo, portanto, significa algum tipo de parceria, amorosa ou profissional; uma aliança, um noivado ou um casamento.

Como Gebo significa "presente", ela também significa generosidade. Gebo anuncia o recebimento de um presente, mas também a obrigação de dar algo em troca. Representa a união ou a relação entre um homem e uma mulher, um contrato entre duas partes que trará benefício a ambas. Prenuncia boa sorte na vida e nos negócios e um período de paz e prosperidade. Pode também indicar uma reconciliação e recomendar a busca de equilíbrio ou a entrega de uma oferenda para as divindades.

Advertência: Às vezes Gebo aparece apenas para indicar o assunto da leitura (geralmente, perguntas sobre a relação afetiva). Nesse caso, são as runas que a acompanham que definem a resposta. A Fehu invertida pode indicar queda no nível financeiro; com Raidho invertida, reviravoltas e situações ambíguas. Nesses casos, Gebo não tem nenhuma influência — nem boa, nem má —, apenas revela o que preocupa o consulente.

Gebo não tem posição invertida, por isso deve-se usar a intuição e avaliar o contexto geral para perceber qual é sua mensagem.

No **contexto feminino**, ela representa um incentivo para avaliar o que a vida, a família, o trabalho ou o universo estão pedindo como doação. A mulher sempre deu mais de si do que o homem, doar-se é uma constante na trajetória feminina. Mas também existem doações negativas, como acontece quando elas são feitas por interesse, apenas pela retribuição; quando são motivadas por culpa ou medo e são cheias de ressentimentos; quando são feitas por obrigação, sem nenhum tipo de emoção. É necessário mensurar e reconhecer com sinceridade a necessidade de aprovação ou os motivos ocultos que estão por trás dos seus gestos de doação, e avaliar o preço que eles lhe custam.

WUNJO

WYNN, WINJA, WEND

FORMAS ALTERNATIVAS: ᚹ ᚹ

VALOR FONÉTICO: W, V
PLANETAS ASSOCIADOS: Vênus, Saturno.
"A alegria é para quem conhece pouca tristeza, privação e dor. Desvencilhando-se das aflições, o homem terá poder, abundância e será abençoado."
PRINCÍPIO: A harmonização dos elementos (no plano interno ou externo).
INTERPRETAÇÃO IDEOGRÁFICA: O estandarte da tribo, a bandeira do clã.
INTERPRETAÇÃO ESOTÉRICA: Alegria, prazer, esperança.
DIVINDADES RELACIONADAS: As deusas Freyja, Hnoss, Lofn, Snotra, Sjofn, Var, Hel e Aarvak, "A Senhora da Estrela Matutina", regente da aurora; os deuses Odin (em seu aspecto de "realizador dos desejos" ou Oski), Frey (em sua manifestação como Frodhi, "O Frutificador"), Baldur, Forseti, Njord e Ullr.
SERES SOBRENATURAIS: Astrik, a guardiã do planeta Vênus; Elben, espíritos benevolentes que regem a alegria, a música e a dança; Land-vættir (guardiães da terra) e os Elfos da vegetação.
ATRIBUTOS POSITIVOS: Realização, perfeição, prosperidade, satisfação.
ATRIBUTOS NEGATIVOS: Tristeza, falta de harmonia, alienação.
ELEMENTO: Ar (essências e aromas).
POLARIDADE: Masculina.
SÍMBOLOS: O barco com oferendas.
ANIMAIS TOTÊMICOS: O javali com pêlo dourado, cavalo, cisne.
CORES: Amarelo, rosa.
ÁRVORES: Abeto, cedro, freixo.
PLANTAS: Hera, linho, goivo.
PEDRAS: Topázio, quartzo-rosa, rubi, diamante.
RITUAIS: Honrar os ancestrais e, nas datas adequadas, buscar o intercâmbio com eles; dar presentes para as crianças e fazer purificações no dia seis de dezembro (dia de Santa Klaus); resolver desavenças ou conflitos familiares; empenhar-se em um projeto comunitário e criar um estandarte que represente o objetivo e a união grupal; realizar comemorações coletivas que celebrem a Roda do Ano.

PALAVRAS-CHAVE:

* Alegria, felicidade, bem-estar.
* Amizade, intercâmbio benéfico, harmonia.
* Sucesso em todas as áreas, realizações, busca da perfeição.
* Soluções satisfatórias e afortunadas.
* Felicidade emocional, afeição profunda.
* Boas notícias, viagens e negócios felizes.
* Alegrias no trabalho criativo.
* Êxtase da alegria interior.
* Novas energias, frutificação.
* Recompensas merecidas, glória.
* Harmonia interior, alinhamento do Eu, amor incondicional.

EFEITOS MÁGICOS:

* Fortalece laços e ligações.
* Invocação para a amizade e o amor.
* Força de atração para seres em sintonia.
* Promove a felicidade e as realizações.
* Auxilia as mudanças benéficas.
* Revela o tempo certo para liberar energia.

DESAFIO: Olhar para além das aparências e do óbvio e encontrar a lição que acompanha todas as circunstâncias da vida.

STADHA: Postura ereta, pernas juntas, braço direito colado ao corpo, braço esquerdo dobrado em ângulo e com os dedos no alto da cabeça.

GALDR: wunjo wunjo wunjo
        wu wa wi we wo   wo we wi wa wu
        wun wan win wen won
        wwwuuunnn (vibrando, com a boca fechada)

WUNJO INVERTIDA

Adverte para um período de crise, dificuldades e infelicidades. Porém, isso não deve ser motivo de desânimo; deve-se procurar meditar para compreender e aceitar esse processo de modificação interior. É necessário eliminar as dúvidas e a ansiedade e procurar a verdade interior; somente confiando em si mesmo e se esforçando para alcançar o equilíbrio interno as adversidades poderão ser superadas.

* Aborrecimentos nos negócios e nas viagens.
* Trabalho que não satisfaz, problemas causados pelos outros (atritos, falsidades, oposições, atrasos).
* Decepções, rompimentos, infelicidade.
* Necessidade de precaução (nas viagens, nos negócios, nas relações).
* Adiar decisões; evitar o pessimismo e a sensação de derrota.
* É necessário centrar-se, meditar, fazer afirmações positivas, confiar em si e na Providência Divina, acreditar na mudança da Roda do Destino.

COMENTÁRIOS

A última runa do primeiro *Ætt* contém as qualidades de bem-estar, paz e alegria; seu nome em alemão arcaico significa "alegria e perfeição".

A palavra alemã *wunsch* e a inglesa *wish* ("desejo") se originaram de *wunjo*, dando ênfase à alegria alcançada pela realização dos desejos; já *wynn*, em inglês arcaico, significa "pacífico".

Simbolismo

Wynn é o ponto mediano entre os opostos, é a força de atração estabelecida entre seres da mesma origem. Essa ligação em um todo orgânico é exemplificada pelo clã e pela tribo. Em sociedades formadas por clãs, como a nórdica e a teutônica, a felicidade era resultado da integração harmoniosa de todos os membros da comunidade. Wynn simboliza, portanto, a afinidade e a amizade entre as pessoas, o entrosamento harmônico necessário para a realização de um objetivo comum, que traz alegria e satisfação a todos. O prazer decorrente da realização contribui para que a existência se torne harmoniosa e perfeita.

No **nível sutil**, Wynn representa a perfeição do amor incondicional, que não exige retribuição nem cria expectativas. Ela desperta o reconhecimento da essência divina em todos os seres, sendo a runa da auto-estima, o poder de confiar em si mesmo, sem vaidade nem arrogância.

No **nível mundano**, Wynn era considerada pelos mestres rúnicos a "realizadora dos desejos" em razão de sua poderosa força de realização. Vivencia-se sua energia quando se realiza um objetivo ou um desejo. Os xamãs comparavam a forma dessa runa com seu bastão de cristal, usado para a movimentação e o direcionamento das energias para o cumprimento de um objetivo ou para trazer alegria.

Runa que sucede Gyfu no *Ætt*, Wynn assinala o prazer em receber um presente, bem como a alegria da realização espiritual após o sacrifício da entrega.

Mitologicamente, Wunjo é associada a Odin (Wodan, na tradição teutônica) em seu aspecto menos conhecido de Oski, "O Realizador dos Desejos", o doador da fertilidade e das bênçãos. Esse aspecto pertence à antiga tradição alemã, cujos ensinamentos se perderam na adaptação feita pelos escandinavos, que reverenciavam Odin apenas como um deus guerreiro e condutor das almas, ignorando seu lado benéfico.

Encontram-se resquícios dessa interpretação de Odin como portador de alegria e realizador de desejos na celebração de São Nicolau, equivalente cristão de Santa Klaus (Papai Noel nos paises anglo-saxões). Essa festa, realizada no dia 6 de dezembro, era muito popular em vários países europeus, principalmente entre as crianças. Segundo a lenda, Santa Klaus aparecia cavalgando no ar, acompanhado de dois cervos negros. Ele trazia presentes para as crianças que haviam se comportado bem durante o ano, ou um feixe de galhos de bétula para castigar as desobedientes, deixando-os cair pela chaminé para dentro das meias penduradas no frontão da lareira. Em seu mito, Odin é descrito cavalgando Sleipnir, o cavalo mágico com oitos patas, acompanhado de dois corvos negros e usando manto, chapéu com abas e bastão. Na adaptação cristã, São Nicolau usava insígnias e roupas de bispo. Os galhos de bétula eram usados nos antigos ritos de fertilidade, nos quais os casais açoitavam um ao outro para ativar a circulação e aumentar, assim, seu poder gerador.

Uma correspondência diferente é aquela que associa Wynn ao deus Frey, em sua manifestação como Frodhi, "O Frutificador", regente da fertilidade da terra e da harmonia dos ciclos da natureza. O culto a Frey incluía procissões para apaziguar as tribos e aumentar as colheitas. Frey pertencia às divindades Vanir, e seu nome significava "estar contente, alegrar-se". Era regente dos Elfos responsáveis pelo crescimento da vegetação. Wynn também é associada aos deuses Baldur, Forseti, Njord e Ullr.

Na tradição relacionada às mulheres, Wynn é atribuída à deusa Hel como senhora do além. Os povos antigos acreditavam que as almas eram conduzidas para uma terra feliz, onde recuperavam sua juventude e viviam alegremente à espera de uma nova vida. O cristianismo transformou o Além em um lugar de penitência e sofrimento, e o reino e o nome de Hel passaram a ser sinônimos de "inferno", um local sombrio de desintegração e punição, temido ou ignorado pelos cristãos.

Outras deusas correlacionadas a Wunjo são Freyja, Hnosss, Lofn, Sjofn, Snotra e Var.

Uso mágico

Wunjo é uma das mais poderosas runas para atrair sucesso, harmonizar pessoas, resolver desavenças ou desentendimentos. É utilizada em talismãs ou visualizações para criar — ou reforçar — laços de amizade, favorecer a interação e a empatia, atrair pessoas compatíveis, promover alegria, otimismo, bem-estar, tranqüilidade, paz, harmonia, abundância e prazer.

A combinação com outras runas reforça suas qualidades: com Ansuz, ela se fortalece e direciona melhor a força de vontade, atraindo sucesso para as viagens; com Gebo, promove o alinhamento espiritual e a conexão com a divindade que preside o ritual; com Kenaz e Ziu, as atividades criativas são favorecidas. Costuma-se traçar Wynn para purificar e abençoar objetos mágicos, velas, óleos e incensos, antes de sua utilização em rituais.

Significado oracular

A regência conjunta de Vênus e Saturno parece tornar bastante contraditória a interpretação de Wunjo. Vênus promove a alegria, a felicidade e a satisfação características dessa runa. Saturno, em compensação, traz características de seriedade e constância, mas que atuam de modo estabilizador sobre a volubilidade ou superficialidade venusiana, principalmente nos assuntos afetivos.

Assim, Wunjo assinala perspectivas positivas nos relacionamentos ou no trabalho. No plano afetivo, prenuncia um período de segurança, paz, harmonia e alegria, ou recomenda mais lazer e diversão.

Para garantir seu efeito benéfico, deve-se trilhar o caminho do meio, evitando-se os extremos ou os excessos. O segredo da felicidade reside em contentar-se com o necessário e atingir equilíbrio interior e exterior.

Wunjo refere-se também às áreas de interesse ou prazer da vida — arte, esporte, viagens, leitura, dança — e à companhia de pessoas com as mesmas afinidades.

Cercada de runas negativas, recomenda-se buscar a causa do problema e usar Wunjo em meditações como um catalisador positivo para a transmutação.

Invertida, Wunjo anuncia um período de frustrações e infelicidade. Com referência a viagens, possíveis aborrecimentos vão aparecer; com relação ao trabalho, este deixará de ser satisfatório; no nível afetivo, com certeza, haverá decepção ou desencanto.

A intensidade dessa negatividade irá depender das runas que a acompanham. Convém muita cautela em todos esses assuntos (viagens, trabalho ou relacionamentos) para evitar conseqüências piores.

Para **as mulheres**, Wynn aconselha a busca de satisfação e realização pessoal, sem ceder ou recuar perante as restrições ou imposições alheias. É vital para a mulher reservar um tempo para si mesma, fazendo aquilo que quer ou gosta, sentindo-se feliz, mesmo quando sozinha. É importante analisar o medo da solidão, desidentificar-se da idéia de "estar sozinha", da rejeição ou do abandono e viver bem consigo mesma, fazendo algo para si e não apenas para os outros ou em função deles.

COSMOLOGIA RESUMIDA DO PRIMEIRO ÆTT

A seqüência original do alfabeto Futhark foi estabelecida de modo a preservar a sabedoria ancestral e o significado mágico das runas e deixar um legado velado para as gerações seguintes. Os antigos xamãs e sábios dos povos nórdicos previram a chegada do cristianismo e se empenharam em resguardar seus mistérios da destruição e da deturpação, inerentes ao estabelecimento de uma nova religião.

Em linhas gerais, a cosmologia nórdica é dividida em três planos. O primeiro plano, descrito pelo primeiro *Ætt*, representa a **criação**, o impulso primal que criou e ordenou o universo. Assim, **Fehu** simboliza o fogo primordial de Muspelheim, enquanto **Uruz** descreve o gelo eterno de Niflheim. Do conflito entre essas duas forças antagônicas, no abismo de Ginnungagap, originou-se tudo o que existe.

O primeiro ser criado foi a vaca Audhumbla, o princípio feminino criador da Natureza, o arquétipo da Grande Mãe nórdica, simbolizada pelo par de runas — Fehu e Uruz —, ligadas ao gado. Da mesma matéria foi formado o gigante Ymir, que gerou, enquanto dormia, uma filha e um filho do seu suor, ancestrais dos gigantes descritos pela runa **Thurisaz** (*Thurs* significa gigante). Ao lamber o gelo, Audhumbla gerou Buri, o ancestral das divindades Æsir, representado pela runa **Ansuz** (*As* equivale a Deus). Os *Ases* assumem o comando do processo criador, primeiro matando Ymir e criando a Terra de seu corpo. Em seguida, colocam o Sol e a Lua no céu e dividem o tempo em dia e noite. Esse processo pertence à simbologia de **Raidho**, enquanto **Kenaz** simboliza as "tochas celestes" (Sol e Lua) e o conhecimento adquirido pelos Æsir. No entanto, foi necessária a participação de Freyja, uma divindade Vanir, para ensinar a Odin a magia *seidh*, que implicava o direcionamento do fogo vital e da energia sexual (atributos da runa Kenaz). **Gebo** descreve como os três deuses Æsir — Odin, Hoenir e Lodhur (ou Odin, em sua tríplice manifestação com Vili e Vé) — concederam a dádiva da vida a duas árvores, dando origem, assim, ao primeiro casal humano, Ask e Embla. Seus descendentes povoaram Midgard, completando o processo de criação com a perfeição, a harmonia e a alegria descritas na simbologia de **Wunjo**.

Essa fase da história da humanidade ficou conhecida como a "Idade do Ouro", na qual reinou a paz e a felicidade, sem a presença do mal.

Para o iniciado (*vitki*), o primeiro *Ætt* representa os elementos e qualidades que devem ser adquiridos e desenvolvidos: a força mágica (Fehu), a energia vital (Uruz), o poder ativo e dinâmico (Thurisaz), a inspiração (Ansuz), o ritmo e o movimento (Raidho), o controle e o direcionamento da energia (Kenaz), a capacidade de dar e receber (Gebo) e a autoconfiança necessária para sua realização, pessoal e grupal (Wunjo).

SEGUNDO ÆTT — REGIDO POR HAGAL (ou HEIMDALL) E HEL (ou MORDGUD)

Enquanto o primeiro *Ætt* refere-se à criação da ordem no caos primordial, o segundo descreve as forças antagônicas responsáveis pela desorganização e pela destruição que, todavia, também dão início a um novo ciclo que promove a evolução.

As primeiras três runas correspondem aos três planos inferiores dos nove mundos de Yggdrasil — Hel, Niflheim, Jötunheim — (chamados, em linguagem xamânica, de "mundo subterrâneo") e descrevem as restrições criadas pelas forças naturais.

HAGALAZ

HAGAL, HAEGL, HAGL

FORMAS ALTERNATIVAS: ᚼᚻᚺᚺᚻ✳✚

VALOR FONÉTICO: H
PLANETAS ASSOCIADOS: Saturno, Urano.
"O granizo é o mais branco dos grãos. Lançado dos céus, rodopia com o vento e transforma-se em água."
PRINCÍPIO: Ruptura que leva à transformação.
INTERPRETAÇÃO IDEOGRÁFICA: Duas vigas ligadas por uma travessa. A forma alternativa, como uma estrela de seis pontas, representa o floco de neve.
INTERPRETAÇÃO ESOTÉRICA: Ovo de gelo, semente da vida cósmica primária.
DIVINDADES RELACIONADAS: Ymir, o gigante de gelo; os deuses Heimdall e Loki; as deusas Hel, Holda, Mordgud, Nehelennia, Rinda, Skadhi e a Norne Urdh.
SERES SOBRENATURAIS: Hyldemoer, a "Mãe dos sabugueiros"; as Huldras (Huldra-Folk), espíritos femininos que acompanham a "Caça Selvagem" (conduzida pela deusa Holda) e que moram nas colinas encantadas; Drifa, a "Senhora da Neve"; Fonn e Möull, espíritos da neve e do gelo.
ATRIBUTOS POSITIVOS: Renovação, modificação, transformação (a crise é necessária para mudar).
ATRIBUTOS NEGATIVOS: Estagnação, tensão, crise, perda de poder, ruptura, interferências.
ELEMENTOS: Gelo, granizo (ar, água).
POLARIDADE: Feminina.
SÍMBOLOS: Véu, manto, ovo, sêmen.

CORES: Branco, cinza-azulado.
ANIMAIS TOTÊMICOS: Ganso, cachorro, cegonha, lontra.
ÁRVORES: Sabugueiro, sorveira, teixo.
PLANTAS: Trombeta, dama-da-noite, heléboro, lúpulo, samambaia.
PEDRAS: Cristal de rocha (para catalisar, focalizar e potencializar), azeviche (para transmutar), obsidiana floco-de-neve e turmalina preta (para proteção).
RITUAIS: Viagem xamânica, o uso da forma alternativa em encantamentos e talismãs de proteção, preparação e programação de cristais de quartzo para objetivos mágicos.

PALAVRAS-CHAVE:

* Acabamento, conclusão, evolução.
* Transformação, ruptura, renovação.
* Forças e acontecimentos fora do nosso controle.
* Limitações, interferências repentinas.
* Surpresas e notícias súbitas e inesperadas.
* Frustração e sujeição; atrasos; doenças.
* Limitações materiais (é necessário tomar medidas para se precaver e proteger).
* Aprendizado através das dificuldades.
* Necessidade de reestruturação (trabalho, relacionamentos, organização da vida, fé).
* Risco que, se for enfrentado, levará a um resultado positivo (material ou emocional).

EFEITOS MÁGICOS:

* Proteção e exorcismo (expulsando os elementos desarmônicos).
* Concentração nos propósitos.
* Favorece o contato com os seres elementais.
* Processos, desintegração e transmutação.

DESAFIO: Aceitar as adversidades como testes e confiar no Eu Superior para superá-las.
STADHA: Corpo ereto, pernas juntas, braço esquerdo ao longo do corpo, braço direito levantado e encostado numa árvore. Inspirar, puxando a força da natureza pelos dedos.

GALDR: hagalaz hagalaz hagalaz
hhhhhhhhh (som aspirado, forte)
hu ha hi he ho   hug hag hig heg hog
hhhaaagggaaalllaaazzz

HAGALAZ INVERTIDA

Hagalaz não tem posição invertida.
* Por ser a nona runa do alfabeto rúnico, ela simboliza os nove mundos de Yggdrasil, as nove forças básicas. O número nove é o número sagrado da mitologia nórdica representando **"o poder de três vezes três"**, expressão usada para reforçar ou finalizar invocações ou rituais mágicos.
* Hagalaz representa o potencial energético do poder universal, formado a partir da unidade dinâmica e geradora do fogo e do gelo. Representa a semente, o ovo, o cristal, o gigante dentro de nós.

* Hagal simboliza limitações e dificuldades, mas também demonstra a habilidade em superá-las. Assinala o despertar, a libertação da psique e da identificação com a realidade material. Para isso, precisa-se confiar na sabedoria interior e manter-se calmo no meio da tempestade. É necessário se esforçar e lutar. A vitória pode ser conseguida, mas tem um preço.

COMENTÁRIOS

A nona runa, Hagal, inicia o segundo *Ætt* — que leva seu nome. O nome dessa runa supostamente deriva do nome de um antigo Deus, atualmente desconhecido ou esquecido. Supõe-se que ele tenha tido atributos destrutivos e pertencido a uma tríade masculina, juntamente com Frey, um deus gerador, e Tyr, o deus mediador e justiceiro. Outras fontes citam como regente o deus Heimdall, o guardião da passagem entre o mundo divino e o humano. Na tradição relacionada às mulheres, o segundo *Ætt* é regido pela deusa Hel ou pela guardiã Mordgud.

Em razão de sua posição, Hagal revela o modelo dos nove mundos da cosmologia nórdica, sintetizado na forma geométrica do floco de neve e no poder mágico do número mais sagrado da Tradição Nórdica ("o poder de três vezes três"). Às vezes, Hagalaz é chamada de "**Runa-Mãe**" por conter dentro de si, na forma alternativa do hexagrama, todos os traços pertencentes às 24 runas do Futhark (conforme se observa na Figura 2, da pág. 19). Nessa representação, Hagal equivale ao cristal primordial, ao gelo cósmico solidificado manifestado no granizo, cujo nome, em norueguês antigo, era *hagal*.

Simbolismo

Hagalaz corresponde a todos os aspectos da água congelada — gelo, granizo, neve — que prejudicam a colheita. Por isso, Hagal representa os eventos ou circunstâncias que estão fora de controle, bem como as mudanças naturais necessárias para corrigir os desequilíbrios e criar condições para a transformação e novos desenvolvimentos. O granizo destrói colheitas, mata pássaros e pequenos animais, mas também limpa a atmosfera e prenuncia o arco-íris; da mesma maneira, Hagalaz, em seu aspecto destruidor, abre passagem para aquilo que "pode vir a ser".

Hagal, como o cristal, é uma runa controladora e catalisadora de energias, que tem o poder da estruturação, o potencial de "fazer acontecer". Sua representação — como ligação entre duas vigas — indica a coesão entre as forças que se movimentam em direções opostas: o poder expansivo do fogo, que segue para cima e para a frente, e a contração da água gelada, que atrai para baixo e para dentro.

No **nível psicológico**, Hagalaz simboliza as forças destrutivas do inconsciente, originadas no passado do indivíduo, que trazem lições e sofrimentos no presente, necessários à evolução. As lembranças dolorosas muitas vezes são reprimidas, mas continuam influenciando o comportamento. O passado pode ser desta ou de outras encarnações, os registros podem pertencer ao inconsciente pessoal ou coletivo. Nesse sentido, Hagalaz é uma das expressões do *wyrd* (destino), que expõe esses padrões do passado que determinam a nossa vida presente.

Por representar o poder da evolução, Hagal permite o acesso aos padrões energéticos causais do passado, ativos e determinantes do presente, mas que podem ser modificados por meio da magia.

No **nível pessoal**, Hagal define a mente subconsciente e os processos de formação dos pensamentos. No **nível impessoal**, mostra a raiz das coisas no nível físico, material e espacial. Por isso, pode ser usada como um elo mágico entre o mundo superior (divino) e o mediano (humano), ou entre o mundo mediano (humano) e o subterrâneo (dos mortos).

Hagalaz se apresenta sob várias formas: no alfabeto antigo, ela se assemelha à letra H (às vezes com dois traços transversais); nos mais recentes, aparece como uma estrela de seis raios ou um floco de neve. Nessa forma alternativa, Hagal é considerada uma runa de proteção e era inscrita antigamente nas vigas das casas para protegê-las das tempestades ou dos acidentes.

Mitologicamente, Hagal é regida por Ymir, o gigante primordial do gelo, e por divindades que guardam a passagem entre o mundo dos humanos e os outros níveis de consciência. Podem ser citados o deus Heimdall, guardião da Ponte do Arco-Íris (Bifrost), que liga o mundo mediano ao superior; a deusa Mordgud (ou Modgudr), guardiã da ponte de ligação ao mundo dos mortos (regido pela deusa Hel), que cruza o rio gelado Gjoll; e a própria Hel ou Hella, senhora do mundo subterrâneo. Outras correlações são com as deusas Holda, condutora da "Caça Selvagem" e patrona do tempo; Rinda, senhora da terra congelada; Skadhi, regente da neve, do gelo e do inverno; e a Norne Urdh, guardiã da fonte do conhecimento do passado.

O nome Hel é oriundo de *halja*, que no alemão arcaico significava "cobertura", e era associado à idéia de calor excessivo. O reino de Hel não era um lugar de tormento e punição, como veio a ser interpretado pelo cristianismo (em inglês *hell* significa "inferno"), mas a morada de todos os espíritos que não tinham desencarnado em batalhas ou no mar, mas por velhice ou doenças. A deusa Hella é uma adaptação escandinava da deusa teutônica Holda, que cobria de neve a terra e conduzia *Gandreich*, a "Caça Selvagem", recolhendo as almas perdidas, nas noites de tempestade.

Uma associação de profundo significado oculto e psicológico é feita entre Hagal e a deusa Urdh, a Norne regente do passado. Hagalaz seria a origem dos processos cármicos e da influência exercida pelos acontecimentos do passado sobre a vida e o aprendizado presente. Como representante do arquétipo da face escura da Deusa, Hagalaz é relacionada à magia negra e à bruxaria (*hagedisse*, em holandês arcaico, e *hægtessa*, na língua anglo-saxã, significam bruxa). O termo *hexefuss*, que representava a forma alternativa da runa e significava, em alemão, "o pé da bruxa", era — e continua sendo — utilizado como um poderoso sinete mágico.

Uso mágico

Na forma alternativa do floco de neve, da "estrela da boa sorte", de *hexefuss* ou *hexestern*, Hagalaz oferece proteção contra as intempéries, podendo ser colocada sobre as portas ou no frontispício das casas. Ela também é usada em encantamentos para superar obstáculos, vencer maus hábitos e facilitar decisões. Antigamente, era incluída nos talismãs de proteção e sorte para os casamentos e parcerias. Combinada a Kenaz, aumenta a fertilidade (física e mental); a Tyr, fortalece o vigor; e a Raidho, cria um espelho refletor contra as "invasões" negativas (alerta: é necessário estar certo de que elas realmente existem para evitar o "choque de retorno").

Hagalaz é usada nos rituais para invocar ou para abençoar (*heil, hail* ou *hailsa* é uma saudação que equivale a "salve", enquanto *helig* ou *heilig* significa "sagrado") e para formar o círculo mágico, atuando como escudo protetor desenhado ou mentalizado nos portais das quatro direções.

Hagalaz rege os quatro ventos, cujas cores são o preto, o vermelho, o branco e o cinza, associados aos quatro elementos (gelo, vento, fogo e água) e às quatro direções (Norte, Leste, Sul, Oeste).

Significado oracular

Hagalaz representa todos os acontecimentos que estão além do controle do consulente, agindo como uma força impessoal, que se apresenta de maneira súbita e inesperada.

Nas leituras, Hagalaz prenuncia um período de mudanças, interferências, imprevistos e reviravoltas nos planos. "**Algo deve morrer para que o novo possa nascer**"; Hagal aponta o caos que precede a mudança, a destruição que antecede a transformação. A vida está mudando e as estruturas se renovando; nascem novas sementes que poderão, ou não, se cristalizar em perspectivas e possibilidades.

O teor da transformação (benéfica ou maléfica) será indicado pelas runas que estão ao redor de Hagal em uma leitura. Por exemplo: com Fehu, Raidho e Jera, há indícios de dificuldades para se alcançar os objetivos; já a presença de Peordh indica uma sorte inesperada. O vaticínio mais sombrio surge na presença conjunta de Isa e Naudhiz junto à Hagal, alertando sobre possíveis atrasos e perigos. Em uma leitura mais positiva, Hagal simboliza interrupção ou atrasos se estiver próxima a Naudhiz ou Jera. Em leituras positivas, Hagal significa mais uma interrupção do que uma ruptura, ou mesmo um desfecho favorável após uma decisão inesperada, surgida pelo intermédio de outras pessoas. Próxima a runas de fertilidade — como Kenaz, Tiwaz, Berkano, Laguz e Ingwaz —, Hagalaz tende a aumentar a fertilidade física ou mental.

Como "**runa do dia**" (escolhida como um presságio do dia), Hagal alerta sobre possíveis atrasos ou atribulações, recomendando atenção e proteção. Se desejar começar um projeto e Hagal for a runa retirada, melhor adiar os planos. Em uma leitura relacionada a uma viagem, Raidho próxima a Hagalaz avisa sobre problemas ligados ao veículo ou à estrada. É importante meditar sempre sobre a mensagem que Hagalaz traz e as atitudes que o consulente deve tomar para evitar seus efeitos negativos. Hagalaz não apresenta posição invertida, o que evidencia a interação entre a inevitabilidade do destino e o livre-arbítrio.

Os acontecimentos prenunciados por Hagal são determinados pelas ações empreendidas anteriormente, fazem parte do nosso destino pessoal. Porém, temos livre-arbítrio para escolher como lidar com as conseqüências. Quanto mais harmoniosa for a nossa relação com nós mesmos, com os outros e com a Natureza, mais saberemos como agir e tomar decisões diante de adversidades e intempéries.

Para as mulheres, uma recomendação especial: evitem se envolver em desavenças ou desentendimentos familiares ou profissionais. Estabeleça seus limites, defenda seu espaço, preserve sua tranqüilidade e deixe que cada um resolva seus próprios problemas para neutralizar ou diminuir os efeitos das "geadas e trovoadas".

NAUDHIZ

NAUTHIZ, NYD, NIED, NAUDHR, NAUD, NAUTHS

FORMAS ALTERNATIVAS: ᚾ ᚿ

VALOR FONÉTICO: N
PLANETA ASSOCIADO: Saturno.
"A necessidade aperta o coração, mas sempre pode ser transformada em salvação, quando reconhecida como um presságio útil e atendida prontamente."
PRINCÍPIO: Lei da ação e reação.
INTERPRETAÇÃO IDEOGRÁFICA: Os dois pedaços de madeira usados antigamente para acender o *need-fire* ("fogo de socorro").
INTERPRETAÇÃO ESOTÉRICA: Necessidade (*need*, em inglês), aflição, dificuldade, perigo. Circunstâncias limitadoras. Destino.
DIVINDADES RELACIONADAS: As três Nornes que representam o Destino: Urdhr ou Urd, o passado; Verdandhi, o presente; e Skuld, o futuro; também as deusas Nott e Holda e o deus Loki.
SERES SOBRENATURAIS: Os Elfos Escuros (Svartalfar), que moram em grutas e sob os rochedos; os míneros (Dokkalfar), anões e gnomos que trabalham com metais e minerais e confeccionam as jóias das divindades; Gruvra, os guardiães das minas; os Dragões do Fogo (*firewyrm*).
ATRIBUTOS POSITIVOS: Paciência, resistência, aceitação, fortalecimento.
ATRIBUTOS NEGATIVOS: Repressão, carências, medos, dificuldades, testes.
ELEMENTOS: Fogo, terra.
POLARIDADE: Feminina.
SÍMBOLOS: *Need-fire* ("fogo de socorro"), fogueiras, fogo ritual.
CORES: Vermelho-escuro, preto, marrom.
ANIMAIS TOTÊMICOS: Serpente, lince, dragão do fogo (*firewyrm*).
ÁRVORES: Amoreira-silvestre, espinheiro-preto, faia.
PLANTAS: Bistorta, heléboro, cólquico, croco, mirtilo.
PEDRAS: Obsidiana (equilibra o Ego), pirita (fortalece e dá coragem), malaquita e quartzo esfumaçado (protegem).
RITUAIS: Purificação com fogo, fogueiras sagradas (para rituais e celebrações), sauna sagrada, transmutação de bloqueios, redenção de culpas e erros passados que utilizem o fogo ritual.

PALAVRAS-CHAVE:

* Repressão, opressão, limitação, aflição.
* Faltas (de vitalidade, dinheiro, recursos).
* Necessidade de paciência, aceitação, precaução.

* Problemas antigos, doenças crônicas.
* Limitações, deficiências, contratempos.
* Reconsiderar os planos, esperar, ter cautela.
* Não implica em fracasso, apenas em dar tempo ao tempo, empenhar-se com paciência.
* Aprendizagem e testes; manter o equilíbrio.
* Carência afetiva, frieza, distanciamento.
* Falta de sorte, impedimentos.
* Necessidade de reformulação, restabelecimento do equilíbrio, aceitação da sujeição.
* Força cósmica necessária para manifestação do karma.

EFEITOS MÁGICOS:

* Cria a ordem e aumenta a força de vontade.
* Desenvolve o poder mágico e espiritual, ensina a perseverança e a resistência.
* Usa a força de resistência para objetivos mágicos.
* Desenvolve a paciência e a renúncia, fortalece a confiança e a fé.
* Auxilia nas práticas de concentração e introspecção.

DESAFIO: Reconhecer e suprir suas necessidades antes de poder ajudar os outros.
STADHA: Corpo ereto, o braço direito levantado, o esquerdo abaixado, formando uma reta, que atravessa o corpo.

GALDR: naudhiz naudhiz naudhiz
         nnnnnnnnn (nasalizado)
         nu na ni ne no   un an in en on
         nudh nadh nidh nedh nodh

NAUDHIZ INVERTIDA

* Ações impróprias ou mal orientadas.
* Atitudes que contrariam o bom senso, incapacidade de encontrar soluções.
* Conseqüência de erros passados, criando sofrimento em alguma área da vida (autopunição ou sabotagem).
* Processos de consciência por erros de conduta.
* Fracassos, sofrimentos, depressão, tristeza, desespero.
* Problemas de saúde (bloqueios energéticos), estresse.
* Purificação interior; moderação.
* Revisão dos planos, avaliação da situação, conserto dos erros cometidos, eliminação dos pequenos sofrimentos cotidianos, aceitação das lições cármicas.
* Naudhiz invertida representa o ensinamento disfarçado em sofrimento e limitações. Ao mergulhar na escuridão, deve-se procurar a luz interior; por meio do autoconhecimento, restaura-se e fortalece-se o caráter. Deve-se renovar a escala de valores eliminando as imperfeições e vencendo os apegos. Com confiança em si mesmo e na Luz Maior, é possível caminhar com fé e esperança, olhando a vida de frente.

COMENTÁRIOS

Naudhiz introduz o conceito das limitações pelo tempo e o aprendizado da tenacidade e da perseverança para a sobrevivência. O tempo é uma limitação que restringe a duração daquilo que virá. Naudhiz enfatiza a necessidade da "fricção", ou da resistência, antes que a manifestação possa ocorrer, pois **somente pela fricção o fogo interno pode ser aceso.**

Simbolismo

Nyd é a runa das lutas e das necessidades inexoráveis da vida, no plano físico, mental ou espiritual. Seu poder contrai, restringe ou bloqueia; porém, é por seu intermédio que são descobertos os poderes de autolibertação. Naudhiz simboliza o destino de cada um; podemos nos rebelar contra seus desígnios ou podemos lidar com desafios e aprendizados de maneira construtiva. É pela força resultante da transmutação da fraqueza que se chega à auto-suficiência e se aprende as lições necessárias para a evolução do espírito. Naudhiz ensina a lidar com as dificuldades, a se fortalecer interiormente e a manter acesa a chama da esperança.

No **nível psicológico**, Naudhiz representa a sombra do inconsciente que mina a expressão do Eu. Essa comparação vem do mito do dragão Nidhogg, do reino de Niflheim (regido por Naudhiz), que rói incessantemente as raízes da Árvore do Mundo para destruí-la. Niflheim — ao contrário de Hel (que é regido por Hagalaz) — é um mundo desagradável, povoado por sombras e medos. **Não há nada mais restritivo do que o medo**, nada que iniba mais o Eu do que a sensação de incompetência e fracasso. Porém, a descoberta e a transmutação dos medos, antes que eles dominem e limitem, possibilita o reconhecimento do aspecto protetor de Naudhiz, que ensina a habilidade da transformação e a luta pela sobrevivência.

Nyd também é associada aos sentimentos de culpa que restringem a expressão e diminuem a confiança e a auto-estima. Somente pelo reconhecimento dos problemas individuais é possível evitar a limitação por eles imposta.

De acordo com outra interpretação psicológica, Naudhiz indica necessidades individuais não-reconhecidas, que devem ser trazidas à luz do consciente e atendidas.

No **nível prático**, Naudhiz ensina a usar o poder purificador e curador do fogo. Em um ritual antigo chamado *need-fire* ("fogo de socorro"), o fogo era produzido friccionando-se dois pedaços de madeira (de árvores sagradas) entregues a um rapaz e uma moça, ainda virgens. Entre duas fogueiras acesas com esse fogo passavam as pessoas e os animais, para ser purificados e ter sua saúde e fertilidade asseguradas. Em casos de seca, epidemias e fome, o *need-fire* era aceso para invocar a ajuda das divindades, e as pessoas cruzavam os dedos (formando o símbolo de Nyd) para chamar a sorte.

Mitologicamente, Naudhiz é associada às Nornes, principalmente a Skuld, que rege o futuro. Skuld se assemelha ao termo alemão e holandês *shuld*, que significa "dívida", e corresponde ao conceito nórdico do *wergild*, ou seja, da "compensação" (por alguma agressão, sofrimento ou prejuízo infligidos a alguém). Pela associação desses significados é possível entender a atuação de Naudhiz como instrumento cármico. As ações do passado (representadas por Hagalaz) criam os efeitos futuros (Naudhiz). Skuld é a Deusa que corta o fio da vida; ela aparece velada, por ocultar nosso futuro, porém, se devidamente invocada, ela poderá levantar uma ponta do véu e revelar mensagens e orientações por meio do oráculo rúnico.

Naudhiz também é associada às deusas da noite e do inverno, Nott e Holda, e à captura e à amarração de Loki, o deus do fogo. O mito de Loki ensina a controlar o poder do fogo para que ele não se torne destrutivo.

Uso mágico

É importante ter muita cautela e equilíbrio para usar Naudhiz na magia. Acima de tudo, deve-se compreender e aceitar o traçado cármico da vida e o momento existencial da pessoa de modo a não interferir no aprendizado e nas provas de seu destino.

Naudhiz é usada principalmente nos encantamentos de proteção que previnem ou desviam ataques mágicos. Porém, não a use jamais para "amarrar" ou anular alguém: lembre-se da "lei do retorno".

Nos banimentos, Nyd pode ajudar na remoção das limitações pessoais e das amarras psicológicas, bem como no afastamento das influências negativas. Com consciência, discernimento e competência, Nyd pode ser usada para libertar uma pessoa das compulsões, restrições e limitações, internas ou externas.

Significado oracular

Em uma leitura, Nyd prenuncia um período de restrições e bloqueios, testes e aprendizados, que exigem do consulente paciência e aceitação; não adianta querer apressar os eventos, eles seguirão no seu próprio ritmo. Os problemas detêm o segredo de sua própria solução, mas é preciso agir com cautela e discernimento, pois esse segredo só é revelado com o passar do tempo.

Naudhiz simboliza as lições e os testes necessários para a pessoa aprender a aceitar seu destino, sem, no entanto, perder a confiança e a fé. Ela assinala dificuldades, atrasos, limitações, aflições, doenças, falta de vitalidade, de dinheiro ou de sorte. Mas, se não estiver acompanhada de outras runas negativas, não indica fracasso, somente a demora na realização. Desaconselha-se tentar mudanças ou começar algo novo; é necessário ter paciência e coragem para enfrentar as oposições momentâneas. O aprendizado de Nauthiz pode ser mais bem percebido no próprio significado da palavra inglesa *need* — "necessitar, precisar" — e na sabedoria do antigo ditado: "A necessidade é a mãe da invenção." Ela é um incentivo ao consulente para que aceite os reveses e aprenda pacientemente a lição que a vida lhe traz.

Como Naudhiz é regida por Saturno, os assuntos afetivos não são favorecidos, indicando um período de frieza e contenção. Ela pode sugerir que a relação é motivada por carências (uni ou bilaterais) ou mostrar a aceitação passiva de uma relação cármica. Em perguntas do tipo "O que devo fazer?", Nyd recomenda manter a situação existente, agindo de forma correta e esperando que o tempo traga uma solução melhor.

Em questões de saúde, Nyd revela doenças crônicas e bloqueios energéticos. As runas ao redor podem mostrar o que é necessário fazer, ou a que renunciar, para evitar ou curar desequilíbrios. Quando não existe uma doença crônica, Naudhiz aconselha que o consulente diminua seus deveres e responsabilidades para não ultrapassar seus limites energéticos.

O bloqueio também pode se concretizar de outras formas, como na área da criatividade, da colaboração ou do entrosamento com o ambiente, indicando a mesma solução, ou seja, continuar no mesmo caminho, com paciência e perseverança.

Para **as mulheres**, Nyd recomenda o reconhecimento e a expressão de suas reais necessidades, não se preocupando apenas com as dos outros. Somente assim a mulher poderá evitar mágoas, ressentimentos e rancores causados pelo sentimento de "fazer sempre tudo pelos outros, sem receber nada em troca". Suprindo suas próprias necessidades, a mulher poderá escolher o que realmente quer fazer, sem ser motivada ou coagida por culpas, fraquezas ou obrigações.

ISA

ISS, EIS

FORMAS ALTERNATIVAS: | |

VALOR FONÉTICO: I
PLANETAS ASSOCIADOS: Júpiter e Saturno.
"O gelo é frio e escorregadio; ele cintila como uma jóia, brilha como um cristal. O campo coberto de gelo é bonito de se ver."
PRINCÍPIO: Resistência às mudanças; preservação e concentração.
INTERPRETAÇÃO IDEOGRÁFICA: Seta, coluna e cristal de gelo; estalactite e estalagmite; geleira.
INTERPRETAÇÃO ESOTÉRICA: Matéria primal, antimatéria, o ciclo do gelo (o gelo é a força primal em permanente conflito com o fogo).
DIVINDADES RELACIONADAS: O gigante Ymir, ancestral dos gigantes de gelo e dos Trolls; a Norne Verdandhi; as deusas Rinda, Rana Neidda e Skadhi.
SERES SOBRENATURAIS: Os Trolls, seres elementais das rochas, que moram nas fendas dos rochedos e nas montanhas; os Jötnar (singular Jötun), gigantes do gelo, cobertos de cristais de gelo e neve congelada, que habitam no reino de Jötunheim; Zimarzla, "A Gelada", ninfa da água gelada, que usava roupas de neve e coroa de cristais de gelo.
ATRIBUTOS POSITIVOS: Concentração, contração, espera, individualização.
ATRIBUTOS NEGATIVOS: Êxtase, resfriamento, constrição, imobilização, bloqueio, egocentrismo, isolamento.
ELEMENTOS: Gelo, água.
POLARIDADE: Feminina.
SÍMBOLOS: Cristais de gelo e quartzo, bastão de cristal de rocha.
COR: Branca.
ANIMAIS TOTÊMICOS: Lobo, serpente, urso-polar.
ÁRVORES: Álamo, amieiro.
PLANTAS: Heléboro, agrimônia, verbena (*eisenkraut*, "erva de gelo").

PEDRAS: Cristal de rocha, zircônio, diamante Herkimer (desfazem os bloqueios energéticos e equilibram o psiquismo), calcita ótica, aragonita.

RITUAIS: Para esfriar discussões ou congelar as atitudes hostis de alguém, mentalizar Isa ou colocar cubos de gelo sobre um papel em que foi descrita a situação. **Alerta**: Também pode congelar aquele que a invoca! Por isso, convém projetar sobre si próprio a runa Sowilo, para contrabalançar seus efeitos. Evite usar Isa para alcançar objetivos egoístas ou para prejudicar o desempenho de alguém.

PALAVRAS-CHAVE:

* Imobilidade (suspensão dos planos).
* Impedimentos, obstáculos, atrasos.
* Parar, conversar, esperar, renunciar.
* Inércia, falta de vontade e energia.
* Avaliar os antigos hábitos e apegos e rejeitar tudo o que está ultrapassado.
* Infelicidade emocional (desgostos, separações).
* Falta de apoio dos amigos.
* Aceitar os sacrifícios temporários, saber renunciar e aguardar o degelo.
* Introspecção, solidão (fortalecer-se interiormente), quietude, preservação.

EFEITOS MÁGICOS:

* Constrição (impedimento das forças dinâmicas indesejadas).
* Concentração e preservação.
* Poder de controle e limitação.
* Desenvolvimento da concentração e da vontade.

DESAFIO: Ter coragem e seguir adiante. É preciso agir para conseguir.

STADHA: Corpo ereto, braços colados ao corpo. Inspirar e expirar. Levantar e juntar os braços acima da cabeça com as palmas unidas.

GALDR: isa isa isa
       iiiiiiiii
       iiiiisssss (som agudo, cantado em tom alto e uniforme)
       sssssiiiii

ISA INVERTIDA

A runa Isa não tem posição invertida. Seu significado depende da posição na jogada e das outras runas que a acompanham. É uma força cósmica ambivalente, tanto positiva quanto negativa.

Isa mostra que os planos devem ser "congelados" no momento atual para serem "descongelados" em outro momento, mais apropriado. Para provocar o degelo é necessário um sacrifício pessoal. Para isso, deve-se descobrir o que mantém a situação como está e se libertar, renunciando, desapegando-se e mobilizando a força de vontade para sair da cristalização. É necessário ter paciência, cautela, coragem, sabedoria; esperar "a primavera chegar".

COMENTÁRIOS

A terceira runa do segundo *Ætt* representa a existência estática, o tempo presente, a diminuição do movimento, a cristalização, a imobilidade, a inércia. Isa é o poder que mantém o átomo coeso, que congela a fluidez, cristaliza, preserva e protege. As primeiras dez runas do alfabeto Futhark representam as forças primevas da criação e da formação da estrutura do universo e da humanidade. Elas podem ser comparadas às dez lunações do processo de gestação, nas quais são estabelecidas as várias estruturas do ser que irá nascer. Dentro dessas estruturas está contido o potencial que, ao ser liberado, levará ao desenvolvimento e crescimento desse ser. Mas, antes que ocorra a manifestação, é necessário a diminuição da freqüência vibratória, para possibilitar a quietude que precede o clímax do nascimento.

Simbolismo

Isa é a representação do gelo em oposição ao fogo primal, indicado por Kenaz. Seus atributos são o frio, a contração, a quietude; entretanto, quando o gelo se une ao fogo cósmico, cria-se a base da manifestação, descrita no mito nórdico da criação.

No **nível sutil**, Isa é o poder que sustenta o espírito ao passar pelas águas turbulentas da existência; o poder de contenção e autocontrole, que dá a possibilidade de assumir o controle da vida e arcar com as responsabilidades pelas escolhas e ações.

No **nível psicológico**, Isa representa o Ego e a capacidade de sobrevivência com esforço e determinação. Ela permite o direcionamento da vontade para um propósito definido e ajuda na concentração mental. Todavia, indica também bloqueios profundamente enraizados no subconsciente, difíceis de identificar e modificar. Para "descongelar" essas áreas e se liberar dos padrões nelas armazenadas, recomendam-se meditações xamânicas que usam o poder das runas de fogo (Kenaz, Sowilo) e rituais de fogo com catarse. Dessa forma, poderão ser derretidas as camadas congeladas do subconsciente e mobilizada a vontade para sair da inércia e reagir.

No **nível prático**, Isa é um fator estabilizador, que preserva aquilo que está sob sua influência, assim como o gelo conserva os alimentos. Torna-se, assim, uma força contrária ao movimento, à dispersão e à precipitação.

Porém, ao promover a cristalização do espírito na matéria, além do aspecto positivo da individuação e da autopreservação, ela produz também o egocentrismo, o materialismo, a frieza, o isolamento, a dificuldade de comunicação e a insensibilidade.

Mitologicamente, Isa é regida por Verdandhi, a Norne que rege o presente. Isa é estática: sua função é manter as coisas como estão, preservar e conservar. Corresponde também ao aspecto escuro da Deusa em sua manifestação como Rinda, a senhora da terra congelada e estéril; à Skadhi, a regente das montanhas geladas e da neve; e à Rana Neidda, que simboliza o degelo.

Isa rege o reino de Jötunheim e os gigantes de gelo, que personificam o aspecto destruidor do inverno. Também são associados a essa runa o gigante de gelo Ymir, ancestral de todos os gigantes e dos Trolls (seres primais que representam os poderes caóticos e indômitos da natureza). Ela personifica, portanto, o aspecto destruidor do inverno e do gelo, mas também prenuncia o renascimento na primavera, alternando os atributos de morte e vida, da Deusa e dos ciclos da natureza. Nessa manifestação, Isa corresponde à Rana Neidda, a deusa do desabrochar da vegetação na primavera.

Uso mágico

Isa pode ser útil para anular as forças agressoras ou desagregadoras causadas por discussões, conflitos ou trabalhos de magia negra; sua projeção "esfria" rapidamente a situação. Somente a força concentrada de Isa é capaz de contrabalançar a negatividade de Thurisaz. Recomenda-se, portanto, usar Isa para autodefesa e anulação das manipulações mágicas ou das formas mentais negativas enviadas por alguém, agindo assim como uma barreira de proteção. No entanto, é necessário ter cuidado ao combiná-la a outras runas como Hagal, Nauthiz, Ior, Stan ou Wolfsangel, pois a energia de fixação torna-se intensa demais. Ao se sobrepor Dagaz a Isa forma-se ᛞ, a *labrys*, a machadinha de duas pontas, símbolo da Deusa Mãe antes de ser atribuída ao panteão masculino.

Isa também facilita a concentração, pois confere clareza cristalina, afastando a pessoa do tumulto, quando ela precisa de solidão e silêncio. No entanto, não se deve usar Isa por muito tempo, para evitar o isolamento e o congelamento energético ou emocional. Aconselha-se que se visualize e atraia, posteriormente, as energias do fogo vital, representadas por Kenaz, Sowilo e Sol. Como uma runa de bloqueio, Isa impede, diminui ou afasta eventos e influências. Recomenda-se visualizá-la como um manto, escudo ou cúpula de gelo, protegendo contra energias dissonantes (discussões, agressões) ou conflitos (internos ou externos).

Significado oracular

A presença de Isa em uma leitura indica uma influência frustrante, pois ela impede ou atrasa a manifestação de uma intenção ou ação. É o prenúncio de hibernação ou esfriamento, de curta duração, exceto pela presença de outras runas que indiquem o contrário. O conselho de Isa é parar, silenciar e recuperar o equilíbrio para poder assumir o controle das circunstâncias. A introspecção é necessária para que a pessoa encontre seu centro e avalie melhor o seu propósito. A cautela e a prudência são indispensáveis, bem como o afastamento das pessoas ou das energias dissonantes. Na presença de outras runas negativas (como Thurisaz, Naudhiz), aconselha-se desistir do projeto, ou do relacionamento, e buscar novos objetivos.

Nos assuntos afetivos, Isa revela esfriamento ou distanciamento do parceiro e recomenda que o casal se afaste por um tempo para "esfriar a cabeça" e rever a relação. Em uma leitura muito negativa, Isa mostra que o relacionamento "congelou", que o entusiasmo e as trocas dificilmente poderão reacender a velha chama e que a melhor solução é encarar a verdade e buscar uma outra relação com mais vida e calor. Deslealdade e traição do parceiro poderão provocar ressentimentos e mágoas, que deverão ser reconhecidos e transmutados, antes que se cristalizem em lembranças traumáticas.

Em leituras mais positivas, Isa recomenda diminuir o ritmo, retirar-se para refletir melhor ou empreender uma busca da visão. No entanto, não se deve prolongar a conexão com ela para evitar o egocentrismo, a inércia ou a desmotivação.

Isa é a quarta das nove runas que não têm posição invertida; seu significado depende da pergunta feita e das runas que estão ao redor dela. Geralmente Isa alerta para a impossibilidade de uma mudança no presente; qualquer tentativa resultará em fracasso ou frustração e uma conseqüente perda de dinamismo.

Para **as mulheres**, Isa é um incentivo para sair da "cristalização", derreter os "gigantes de gelo" (medos, conceitos limitantes, relacionamentos estagnados, dependências, acomodação, bloqueios emocionais, rigidez física ou mental) e avançar em busca de novas possibilidades de expressão e realização (pessoal, afetiva, profissional ou espiritual).

JERA

JARA, JERD, GER, AR

FORMAS ALTERNATIVAS:

VALOR FONÉTICO: J, Y
PLANETAS ASSOCIADOS: Mercúrio, Roda da Fortuna, Terra e o asteróide Ceres.
"A colheita é a esperança de todos, quando os deuses permitem que a terra ofereça os seus frutos abundantes a ricos e pobres."
PRINCÍPIO: Os ciclos naturais, a evolução, o eterno retorno.
INTERPRETAÇÃO IDEOGRÁFICA: O casamento sagrado entre o céu e a terra.
INTERPRETAÇÃO ESOTÉRICA: Ciclo solar, ciclo anual, colheita.
DIVINDADES RELACIONADAS: Os deuses Frey, Baldur, Hodur e Thor; as deusas Nerthus, Erce, Fjorgyn, Freyja, Fulla, Idunna, Jord, Rana Neidda, Sif e Walburga.
SERES SOBRENATURAIS: Os Elfos ancestrais, dos campos férteis e das colheitas, com pele esverdeada, vestidos com folhagens coloridas e guirlandas de espigas e flores; o "povo de Huldra" (Huldre folk), seres da Natureza que moram nas florestas e nas colinas; Haugbo, os elfos guardiães das fazendas; Roggenmuhme, espíritos dos grãos com feições humanas.
ATRIBUTOS POSITIVOS: Plenitude, abundância, gestação, recompensa.
ATRIBUTOS NEGATIVOS: Repetição, atrasos, planejamento deficiente, fracassos, prejuízos.
ELEMENTO: Terra.
POLARIDADE: Dupla: masculina e feminina.
SÍMBOLOS: O feixe de trigo, a guirlanda da colheita, o eixo cósmico, a cruz solar.
CORES: Verde, vermelho.
ANIMAIS TOTÊMICOS: Porca, javali, águia.
ÁRVORES: Aveleira, carvalho, fruteiras.
PLANTAS: Alecrim, cereais, milho, manjericão, *kornblume* (flor azul que cresce nos trigais).
PEDRA: Ágata-musgosa (favorece a conexão com as forças da Natureza), cornalina, jaspe, luvulita.
RITUAIS: Celebrações da colheita: os *Sabbats* celtas (Litha, Lammas, Mabon) e os *Blots* (Midsommar, Freyfaxi e Haustblot), rituais para fertilidade (Ostara, a Noite de *Walpurgis*), en-

cantamentos para abundância (com espigas de trigo ou milho), confecção da cruz solar com espigas e fitas, efígies de palha, alimentar os pássaros, meditações xamânicas, confraternização, comemoração e oferendas com os frutos da colheita (*Sumbel*).

PALAVRAS-CHAVE:

* Colheita, abundância ("plantar e colher").
* Desenvolvimento cíclico, seqüência do tempo.
* Fertilidade, crescimento, renascimento.
* Recompensas, prêmios, sucesso.
* Assuntos legais ou jurídicos.
* Conselhos e contratos (casamento).
* Honrarias, alegrias, satisfação, celebração.
* Período de espera (fim de um ciclo, começo de outro), mudança.

EFEITOS MÁGICOS:

* Fertilidade, criatividade.
* Paz, harmonia, abundância.
* Realização da natureza cíclica do universo.

DESAFIO: Ser eficiente e paciente; não se pode colher antes do tempo certo.

STADHA: Corpo ereto, braço direito dobrado, a palma da mão apoiada no alto da cabeça. O braço esquerdo dobrado no mesmo ângulo, com os dedos encostados no quadril esquerdo.

GALDR: jera jera jera (j pronuncia-se i)
   jjjeeerrraaa
   ju ja ji je jo
   jur jar jir jer jor

JERA INVERTIDA

Esta runa não tem posição invertida.

* Jera representa a lei natural de "plantar e colher". Se a semeadura foi feita corretamente, de acordo com a tradição e se a pessoa tiver "sorte" (merecimento), então a colheita será boa. A recompensa dos esforços e da paciência em esperar os resultados se aplica tanto ao terreno material quanto ao transcendental.
* Jera incentiva a persistir diante dos obstáculos, saber trabalhar e esperar. A colheita não pode ser apressada, há uma hora certa para florescer, amadurecer e colher.

COMENTÁRIOS

A posição dessa runa no décimo segundo lugar do alfabeto Futhark indica sincronicidade e enfatiza seu papel como indicadora do tempo e de suas divisões (há doze meses em um ano solar e doze horas compõem o dia e a noite nos equinócios).

As três runas anteriores correspondiam a aspectos específicos das Nornes como regentes do passado, presente e futuro. Jera, porém, representa o próprio tempo, e o seu símbolo mostra as duas metades do ano em movimento, uma ao redor da outra, em uma permanente mutação entre luz e sombra. Essa runa tem duas formas básicas: uma é baseada na sobreposição da runa Ingwaz com relação à Isa ♦, que simboliza o eixo cósmico circundado pelas quatro estações na sua ordem correta. Nessa forma, Ger é a representação pictográfica da guirlanda da colheita colocada sobre o mastro da celebração. Na visão feminina, seria o símbolo da *yoni* (vulva) englobando o falo, ou a representação da deusa do tempo olhando para trás — para o ano que passou, e para frente — para o novo ano (como a deusa romana Jana). Na astrologia rúnica, Jera é a runa da complementação, que marca o solstício de inverno (o fim do ano velho) e o nascimento do novo ciclo. O outro desenho de Jera é formado por duas runas Kenaz que se interpenetram sem se tocar ↷. Nessa forma, Jera é dinâmica e mostra a mudança que leva à complementação e pode ser vista de duas maneiras: ↷, no sentido horário, e ↶, anti-horário. O movimento horário acelera o processo, enquanto o anti-horário o retarda.

Simbolismo

Jera representa o ciclo anual, a seqüência das estações, o fim de um ciclo e o começo de outro, o mistério do eterno retorno. Seu ritmo é lento, mas revela que a colheita estará de acordo com o plantio, e a roda gira sem parar trazendo mudanças. Se o ser humano trabalhar de acordo com as leis cósmicas e respeitar as leis naturais, suas atividades lhe trarão resultados frutíferos, recompensando-o pelos seus esforços.

Em um sentido mais específico, Jera é considerada a runa da colheita; em um mais geral, denota qualquer ciclo, mudança ou transição. Por causa da sua associação à colheita e à estação, Jera pode ser vista como o armazenamento dos grãos colhidos no verão e guardados para garantir a sobrevivência durante o inverno.

No nível pessoal, Jera indica que, se as sementes do potencial oculto forem devidamente cuidadas, elas frutificarão no momento certo. Ela enfatiza a lei da sintonia que existe entre ações corretas, momentos certos e resultados positivos, comprovando, assim, a ordem natural das coisas.

No nível sutil, Jera revela "a lei da ação e reação", a interdependência entre **causa** e **efeito**. Seu poder não força a mudança, mas a favorece pelo fluxo sutil do movimento espiralado, que permite que o plano físico se manifeste em sintonia com o ciclo cósmico. Na Natureza, tudo se movimenta em ciclos, não em forma linear. Tudo o que acontece no presente, tem origem naquilo que existiu antes. Não há uma volta para o começo, mas um processo de eterno movimento espiralado. Esse perpétuo movimento e mudança de um ciclo para outro pode ser comparado ao conceito taoísta da polaridade Yin e Yang.

Enquanto Isa representa a descida do espírito à matéria, Jera é o ponto de retorno, quando recomeça a evolução do espírito para ascender a planos mais elevados. Todavia, a compreensão espiritual e a expansão da consciência não podem ser impostas, forçadas ou apressadas: há um momento exato para o despertar. Assim como o amadurecimento dos grãos não pode ser apressado, também o ritmo individual de aprendizado e crescimento deve ser reconhecido e respeitado.

Mitologicamente, Jera é associada aos gêmeos Frey e Freyja, refletindo, dessa forma, o casamento sagrado entre o céu e a terra e a mudança das estações. Para os povos anglo-saxões, o que definia o início do ano era a constelação das Plêiades, também chamada de "Manada de Javalis", sendo o javali o animal consagrado aos dois irmãos. Jera também é ligada à colheita e ao dourado dos campos de trigo. Por isso, ela também está ligada a Sif, a linda deusa com cabelos de ouro, esposa de Thor e responsável pela fertilidade das lavouras.

O arquétipo mais antigo da deusa da fertilidade é Nerthus, a senhora da Terra, mãe de Frey e Freyja. Com seu culto caído em esquecimento, seus atributos passaram a ser atribuídos a seus filhos. De acordo com algumas fontes, havia uma deusa solar arcaica, supostamente chamada Jera, em cuja estatueta (datada da Idade do Bronze) podiam ser observados símbolos semelhantes à forma dessa runa. Outra associação relaciona Jera às deusas Idunna e Fulla (da imortalidade e da plenitude da colheita) e às deusas da terra (Erce, Fjorgyn e Jord).

Como Jera simboliza os pontos de mudança das estações, principalmente nos solstícios, a interpretação tradicional associa Jera ao mito dos deuses Baldur e Hodur e ao mistério de suas mortes e renascimentos. O deus solar Baldur era morto no solstício de verão (quando a luz atingia o auge e iniciava seu declínio) e renascia no solstício de inverno (quando a escuridão estava no auge e a partir daí começava a diminuir); Hodur, por sua vez, era morto no solstício de inverno e renascia no solstício de verão. Se o ciclo anual for representado por uma faixa circular, e se nessa faixa forem colocadas as 24 runas, eqüidistantes e em seqüência correta, Jera e Dagaz ocupariam posições opostas, porém complementares. Enquanto Jera representa a divisão do ano, Dagaz simboliza a divisão do dia e da noite.

Além do deus Frey, Thor também era considerado o padroeiro dos fazendeiros e dos camponeses, e invocado para garantir a abundância das colheitas. Ambos eram homenageados no festival de Jul (solstício de inverno), com oferendas de javali assado, maçãs e hidromel. Reminiscências dessas celebrações ainda se mantiveram no costume cristão de comer, no Natal, um leitão com uma maçã na boca. A maçã era a fruta da imortalidade, servida diariamente aos Deuses pela deusa Idunna, para lhes garantir a eterna juventude; a maçã também era considerada um antigo símbolo de renascimento nas culturas nórdica e celta, pois Avallach, a "Terra das Maçãs", era a ilha abençoada dos celtas, onde as almas esperavam pelo renascimento.

Uso mágico

Caso se observem o procedimento correto e o tempo certo, Jera é uma runa benéfica que favorece a colheita. Ela não pode agir em contrariedade à ordem natural, mas, se for usada adequadamente, pode auxiliar na evolução e na complementação de um processo ou ciclo.

Dependendo do sentido em que é traçada, Jera pode apressar ⟁ (sentido horário) ou atrasar ⟁ (anti-horário) os processos. Esse último efeito é benéfico nas situações que escapam ao controle do consulente, pois causa uma diminuição no ritmo dos acontecimentos sem, todavia, prejudicar-lhes a essência.

Usa-se Jera para promover mudanças positivas, que intensifiquem ou melhorem os resultados materiais, principalmente quando houver um investimento de tempo, esforço, energia ou dinheiro. Ela atua suavemente, gerando efeitos benéficos e duradouros. Combinada com Peordh, aumenta a chance de ganhar dinheiro; com Uruz, Sigel, Erda, Ul ou Sol, auxilia na recuperação da saúde após alguma doença.

Gera favorece a materialização dos sonhos (quando a pessoa age corretamente e para o bem de todos) quando traçada sobre si mesma e sobre os objetos; e atrai fertilidade quando traçada no campo, no jardim ou no ambiente de trabalho. Usada juntamente com Wyn, assegura a paz e a harmonia.

No **plano esotérico**, o movimento de Jera pode ser de inversão ou de renovação, contribuindo para causar uma reviravolta nas circunstâncias ou manifestar no plano físico uma visão ou intenção. Ela também assinala o encerramento de uma fase difícil e o começo de uma elevação e expansão espiritual.

Gravada ou pintada sobre as portas, nos solstícios, Jera atrai sorte e prosperidade para todo o ano.

Significado oracular

Jera simboliza a recompensa dos esforços empreendidos para alcançar um objetivo. Isso se aplica tanto ao nível material, quanto ao transcendental; é a retribuição pelas ações passadas, mas atua como uma lei natural, sem implicações morais. **"Se a semeadura tiver sido feita da maneira certa, se a pessoa tiver merecimento, a colheita será boa."**

Por personificar o conceito de justiça, Jera indica assuntos legais ou jurídicos, pagamentos de dívidas, contratos, documentos, conselhos legais (quando associada a Ansuz ou a Mannaz), heranças, testamentos (próxima a Othala) ou casamentos (próxima a Gebo). Associada a runas negativas, assinala problemas conjugais ou a dissolução do casamento, com processos litigiosos ou complicações nas cláusulas ou nos prazos. Junto a Hagalaz ou a Naudhiz, Jera avisa que o consulente está fazendo escolhas erradas e que as conseqüências corresponderão às ações. Quando indica um "resultado" em uma leitura, Jera tem uma conotação positiva, e em um quadro negativo, ela diminui ou evita o malefício representado pelas runas associadas.

Algumas fontes afirmam que a runa Jera corresponde ao prazo de um ano, mas esse período pode variar em função do ciclo individual ou das circunstâncias.

Próxima a Hagalaz, Naudhiz e Isa, Jera prenuncia atrasos, contratempos, dificuldades. Perto de runas de fertilidade, enfatiza a possibilidade de um nascimento (no plano humano, animal, mental ou artesanal).

Geralmente ela é um presságio positivo, pois anuncia um período produtivo, ganhos materiais, uma mudança proveitosa, recompensas, bem-estar e harmonia. Porém, avisa também que o tempo não é linear e que precisamos lembrar e seguir o movimento cíclico das estações. Assim como as três runas que a antecederam, Jera também não tem posição invertida. Por ser uma runa benéfica, sua conotação negativa está relacionada apenas aos prazos e à qualidade dos "frutos da colheita".

Para **as mulheres**, Jera lembra a necessidade de se observar e respeitar os ciclos hormonais, mentais e emocionais, de aprender a restabelecer a sintonia natural com as fases lunares e as mudanças planetárias e telúricas. Para as jovens, essa runa aconselha a observação da conexão entre os ciclos menstruais e as fases lunares, a diminuição do ritmo de trabalho e a utilização de técnicas de introspecção e meditação que possibilitem a descoberta da riqueza interior. Serve como um alerta para evitar a interrupção artificial do ciclo menstrual, medida sugerida atualmente para evitar os "inconvenientes" da menstruação, sem a avaliação dos prejuízos a longo prazo. A Natureza tem suas leis e seus ciclos; toda intromissão ou interferência humana tem um preço alto. Para as mulheres que passaram pela menopausa, Jera ensina a aceitação tranquila e sábia dessa transição como parte do eterno ciclo da vida, oferecendo novas oportunidades e possibilidades de realização.

EIHWAZ

EOH, EO, YR

FORMAS ALTERNATIVAS:

VALOR FONÉTICO: Ei
PLANETAS ASSOCIADOS: Júpiter, Saturno e o Nodo Lunar Sul.
"O teixo parece uma árvore delicada, mas é duro e enraizado firmemente no solo; é um guardião do fogo e uma alegria para a terra."
PRINCÍPIO: Força evolutiva que possibilita transcender os limites, expandir a consciência.
INTERPRETAÇÃO IDEOGRÁFICA: O teixo, o arco, o bastão, a coluna vertebral, o mastro.
INTERPRETAÇÃO ESOTÉRICA: Yggdrasil, a árvore do mundo, da vida e da morte.
DIVINDADES RELACIONADAS: Os deuses Ullr e Skadhi, regentes do inverno; Odin, em sua forma como Senhor das Almas; as deusas Frigga, Holda e Perchta, tecelãs e fiandeiras; Hel, a senhora do mundo dos mortos.
SERES SOBRENATURAIS: As Disir (Dises), espíritos ancestrais femininos; as "Mulheres-Teixo", espíritos protetores das florestas, vestidas com folhas, cuja ajuda era solicitada por aqueles que usavam varinhas de teixo para fins mágicos; Weissen Frauen, as ninfas sábias das florestas, que indicavam o caminho certo aos viajantes.
ATRIBUTOS POSITIVOS: Perseverança, tenacidade, disciplina.
ATRIBUTOS NEGATIVOS: Confusão, fraqueza, insatisfação, destruição.
ELEMENTOS: Todos (terra, água, fogo e ar).
POLARIDADE: Masculina.
SÍMBOLOS: Arco, fuso, bastão, talismãs em madeira de teixo.
CORES: Verde e azul escuros, turquesa.
ANIMAIS TOTÊMICOS: Aranha, serpente, abelha.
ÁRVORES: Teixo, álamo, choupo.
PLANTAS: Cicuta (venenosa), mandrágora, amoreira-silvestre.
PEDRAS: Quartzo enfumaçado (para alinhar o chakra coronal com o básico e permitir a manifestação das vibrações espirituais no plano físico), olho-de-falcão, turquesa (contra mau-olhado, na meditação).
RITUAIS: Visualização e invocação de Eihwaz para fortalecer a coluna, ritual de expurgo e libertação das energias residuais do passado, meditação para elevação espiritual (sair do nível subconsciente para o supraconsciente), práticas para transcender as emoções, adquirir controle mental e disciplina espiritual, comunicação com os espíritos ancestrais, contato com o Além para perder o medo da morte.

PALAVRAS-CHAVE:

* Vida/morte/renascimento.
* Poder de resistência, remoção dos obstáculos.
* Proteção e defesa.
* Paciência, perseverança.
* Transmutação, regeneração.
* Força nas adversidades.
* Necessidade da ação correta.
* As limitações naturais impostas pela vida.
* Fim e começo de um novo ciclo.

EFEITOS MÁGICOS:

* Compreensão dos mistérios da vida e da morte (perda do medo da morte).
* Desenvolvimento espiritual; iniciação.
* Proteção contra as forças destrutivas.
* Comunicação entre os vários níveis da realidade (os nove mundos de Yggdrasil).

DESAFIO: Qualquer que seja seu objetivo, pare de hesitar: comece e persevere que irá conseguir.

STADHA: Corpo ereto, os dois braços estendidos juntos, apontando para baixo, em ângulo de 50°, enquanto a perna direita (ou esquerda), é levantada para trás no mesmo ângulo.

GALDR: eihwaz eihwaz eihwaz
iiiiiiii (som grave, firme, estável)
iwu iwa iwi iwe iwo
iwo iwe iwi iwa iwu

EIHWAZ INVERTIDA

Essa runa não tem posição invertida e seu simbolismo principal é o poder de resistência a todos os tipos de circunstância adversa. Os rituais antigos de iniciação descreviam a viagem do iniciado para Hel (o mundo dos mortos) e de lá para os outros mundos de Yggdrasil, para alcançar a sabedoria. Yggdrasil representa a árvore cósmica da vida e da morte, e o teixo era seu equivalente na Terra.

O teixo era considerado a árvore dos mortos e normalmente plantado nos cemitérios. Era dedicado a Odin, em sua apresentação como "O Senhor da Caça Selvagem", quando ele cavalgava Sleipnir, seu cavalo com oito patas, e percorria o céu noturno em busca das almas dos mortos.

Por ser o teixo uma conífera longeva, de folhas sempre verdes e com frutas vermelhas (altamente tóxicas), ele representava, além da morte, a regeneração e o renascimento. De sua madeira eram feitos os arcos dos guerreiros, o que demonstra seu uso simbólico para a defesa e a proteção. O teixo também era utilizado na confecção de talismãs e amuletos de exorcismo. "Nenhum mal resiste ao teixo", era o ditado alemão que comprova essas qualidades.

Eihwaz recomenda perseverança e paciência para vencer os obstáculos, vendo-os como desafios e incentivos que promovem o crescimento pessoal. Reconhecer os limites pessoais e lembrar-se do ditado **"É melhor não pedir do que pedir demais"** é a melhor estratégia a seguir nas situações influenciadas ou descritas por Eihwaz.

COMENTÁRIOS

A décima terceira runa une as propriedades do difamado e mágico número treze às qualidades do teixo, a árvore por ela representada, ou seja, longevidade e toxidez, a alternância da vida e da morte dos ciclos naturais.

Enquanto Jera é o ponto de mutação no qual a **involução** (descida do espírito para a matéria) transforma-se em **evolução** (elevação da matéria para o espírito), Eihwaz representa a força que impulsiona a evolução. Luz e sombra combinam-se de maneira complementar, revelando que não são opostos separados ou antagônicos, da mesma maneira que a vida e a morte são processos eternamente entrelaçados.

O traçado de Eoh revela que espírito e matéria são frações da unidade e que todo ser humano é uma expressão da vida, que continua após a morte e leva a uma nova manifestação por meio do renascimento. A visão da morte como um processo do ciclo vital favorece a superação do medo e a aceitação da sua inevitabilidade. Eoh é a runa que conecta a mortalidade do corpo físico à imortalidade da realidade espiritual, tornando-se, assim, o poder que vence a morte. Ela nos permite perceber a essência espiritual na existência material e vivenciar o sagrado no cotidiano.

Simbolismo

Eihwaz representa uma estaca de teixo, a árvore mais longeva da Europa, de folhas sempre verdes, mas casca, raízes, folhas, frutas e resina extremamente tóxicas. As árvores mais velhas se regeneram por meio de suas "filhas", que nascem de seu interior apodrecido ou dos galhos pesados que tocaram o chão e geraram novas raízes. Alguns teixos têm "feridas" (rachaduras) que jamais cicatrizam e que segregam, continuamente, uma resina vermelha, como se sangrassem, por isso são chamadas de "árvores que sangram". O teixo, portanto, simboliza os poderes de vida e morte, toxidez e regeneração; o sangue menstrual e a gestação.

Eihwaz é também o equivalente psíquico da coluna vertebral e, assim como Yggdrasil — que sustenta a criação —, assemelha-se a uma coluna cósmica. A coluna vertebral tem 24 vértebras (como as 24 runas do alfabeto Futhark) e, ao longo dela, estão localizados os centros energéticos sutis (chakras ou "rodas de poder"). Além dos sete mais conhecidos, é preciso levar em consideração outros dois — acima da cabeça e abaixo dos pés — para estabelecer, assim, uma relação com os nove mundos sustentados por Yggdrasil. A tradição oculta da magia rúnica usa a equivalência entre os nove vórtices energéticos, ou "rodas de poder", e os nove mundos como uma chave para sua ativação.

Outra associação liga Eihwaz à caça com o arco feito da madeira do teixo, extremamente resistente (usado pelos povos antigos), e também à morte. Antigamente, era costume plantar o teixo em cemitérios, como símbolo de renascimento, e utilizar essa madeira nas piras em que se cremavam os mortos, para ajudá-los a atravessar os mundos e alcançar a paz, enquanto aguardam um novo nascimento.

No **nível psicológico**, Eihwaz representa o poder de assertividade, a coragem, a perseverança, a tenacidade e a resistência para assumir riscos e insistir até que os objetivos sejam alcançados (assim como faz o caçador à espera da caça).

No **nível sutil**, Eihwaz recomenda o desenvolvimento da força de vontade e a compreensão dos mistérios da vida e da morte para a superação dos medos e a expansão da compreensão espiritual. Como representa o eixo que atravessa e interliga os três reinos — do céu, da terra e do além (mundo dos mortos) —, Eihwaz possibilita a comunicação entre os vários níveis da realidade (os nove mundos do Yggdrasil) por meio de viagens xamânicas, do uso de plantas alucinógenas ou do contato com os espíritos dos ancestrais (utilizando as técnicas de magia *seidhr* ou *spæ*).

Mitologicamente, o arco de teixo é o emblema de Ullr, o deus arqueiro, regente do céu de inverno, que se movimenta na neve com seus esquis e habita em Ydalir, o "Palácio dos Teixos". Sua consorte e contraparte feminina, a deusa Skadi, patrona do inverno e representação dos poderes destrutivos do frio e da escuridão, também usava esquis e arco feitos de madeira de teixo. O teixo era usado na época para confeccionar fusos e rocas de fiar. A constelação de Órion era chamada de "A Roca de Frigga", na qual essa deusa fiava os fios do destino dos deuses e dos homens, posteriormente repassados para as Nornes. Outras deusas fiandeiras eram Perchta e Holda, patronas das tecelãs e fiandeiras, regentes da névoa e da neve.

Graças à associação com Yggdrasil — cujas raízes chegam ao reino de Hel — e ao teixo — em razão da morte —, no **contexto feminino** atribui-se também a Hel a regência dessa runa, e não somente a Odin, pelo sacrifício que fez ao ficar pendurado por nove dias na Árvore do Mundo. Há controvérsias a respeito do tipo da árvore que simboliza Yggdrasil: para alguns, seria um teixo; para outros, um freixo. Nos textos antigos, Yggdrasil era chamada de "O Corcel de Odin" e a forca, feita de teixo, era definida poeticamente como "O Cavalo do Enforcado".

Também existe uma relação mitológica entre essa runa e os seres sobrenaturais chamados "Mulheres-Teixo" — espíritos femininos da Natureza, que protegem as florestas de teixos —, e as Disir, reverenciadas como espíritos das ancestrais, vistas pelos videntes como um grupo de anciãs que teciam, fiavam e protegiam os descendentes, zelando pela fertilidade da terra e pela proteção dos lares.

Uso mágico

Eihwaz tem vários poderes mágicos. O teixo costumava ser considerado uma árvore protetora, que repelia tanto ataques físicos (usavam-se arcos e flechas feitos de teixo) quanto psíquicos (costumava-se usar varetas de teixo com inscrições mágicas ou queimar lascas dessa madeira para purificação).

Tanto as varetas quanto o arco de teixo podem ser usados para impor a vontade pessoal sobre os outros, tanto no nível material quanto no astral. Num outro nível, visualizando-se Eihwaz como portal nas viagens xamânicas, o teixo também protege os mortos e proporciona aos vivos os meios para acessar outros mundos. Jamais use incenso feito da resina ou tome chá das folhas de teixo, pois o alcalóide que essa árvore contém é extremamente tóxico e perigoso, em alguns casos até mesmo letal.

No **nível pessoal**, Eihwaz proporciona tenacidade e persistência na busca de realização, dá sustentação nos casos de comportamentos autodestrutivos e reforça as defesas físicas e psíquicas.

Eihwaz é utilizada para encontrar coisas perdidas, para concluir tarefas, para encontrar trabalho ou moradia. Ela fortalece a pessoa nos períodos difíceis, sendo um apoio e um consolo durante a chamada "noite escura da alma", conferindo força, coragem, vitalidade e autoconfiança. Associada a outras runas protetoras, Eihwaz melhora a autodefesa e as barreiras de proteção e serve como eixo para agregar outras runas, nas combinações mágicas utilizadas em escudos ou talismãs. Combinada a Thurisaz, forma um poderoso símbolo de defesa mágica; junto a Sigel e Algiz, a proteção fica ainda mais forte.

Para a meditação profunda, visualize o símbolo de Eihwaz como se fosse o próprio eixo do seu corpo, alinhando-se assim da cabeça aos pés. Pela intenção mágica, o iniciado poderá se movimentar, por seu intermédio, entre o subconsciente e o supraconsciente, integrando depois as informações obtidas desses dois níveis. Por mais difícil que pareça, com prática e força de vontade os resultados não se farão esperar.

Significado oracular

Eihwaz é um indicador de mudança e movimentação, de inícios e fins, de retornos e voltas. Pode, portanto, assinalar o reaparecimento de pessoas ou lembranças do passado, a morte de algo ou alguém, o retorno de amigos ou de relacionamentos.

Em um **sentido mais esotérico**, simboliza a resistência necessária para sobreviver aos desafios e aprendizados da vida, que exigem ao mesmo tempo flexibilidade e força. O sofrimento e o sacrifício são os preços exigidos no processo de amadurecimento e transformação para adquirir mais sabedoria.

Pela associação ao Nodo Lunar Sul, Eihwaz assinala obstáculos e perigos que podem ser evitados ou superados. Na mitologia teutônica, os Nodos Lunares eram representados pelos dois lobos que perseguiam as deusas Bil e Sunna. Durante os eclipses solares ou lunares (quando o Sol e a Lua estão alinhados nos Nodos Norte e Sul), os antigos temiam que os lobos tivessem conseguido alcançar a carruagem de Sunna ou de Bil e devorado o disco solar ou lunar. O momento de perigo passava com a intercessão do deus Thor, que amarrava os lobos, obrigando-os a libertar sua presa.

Tendo em vista essa analogia, Eihwaz alerta para a iminência de um perigo, que não se materializa ou é apenas um teste de resistência passageiro.

Eihwaz é a sexta das nove runas que não podem ser invertidas. Mesmo que um de seus significados seja "a morte", sua presença em uma leitura não vaticina o falecimento do consulente. Acompanhada de runas negativas ou invertidas, os presságios, no entanto, tornam-se sombrios e convém interromper a leitura até uma próxima oportunidade.

Paradoxalmente, Eihwaz também representa a proteção divina recebida pelo iniciado durante as provações e a iniciação decorrente dos testes. Incentiva a assumir os riscos, ousar, enfrentar os desafios, perseguir os sonhos até alcançá-los, sem temer, nem desistir. Seu aprendizado é a perseverança, a concentração, a objetividade e também a flexibilidade, evitando-se a intolerância, a indecisão e a rigidez.

Associada às runas negativas ou invertidas, pode indicar a morte de alguém próximo ou a presença de pessoas autodestrutivas (em razão de álcool, drogas ou obsessões). Para combater as influências mórbidas dessas pessoas, recomenda-se meditar e utilizar Eihwaz como escudo protetor em visualizações, encantamentos ou talismãs.

Para **as mulheres**, Eihwaz recomenda uma avaliação sincera e imparcial de suas expectativas, com o reconhecimento dos sonhos impossíveis e a aceitação das limitações existentes. Dessa maneira, ao encarar frustrações e decepções passadas, sem esconder-se nas desculpas ou nas acusações, será mais fácil olhar para o espelho interior e descobrir sua verdadeira imagem. A mulher se tornará consciente das possibilidades a seu dispor, sem precisar se evadir nas fantasias ou enredar-se em elucubrações. Desfazendo-se dos remorsos do passado e evitando devaneios com o futuro, é possível reescrever a própria história e procurar encontrar um enredo melhor e um final mais feliz.

PERDHRO

PEORDH, PERTHRO, PEORTH, PERTHO, PERDH

FORMAS ALTERNATIVAS: ᚸᚹ

VALOR FONÉTICO: P
PLANETAS ASSOCIADOS: O Nodo Lunar Sul, Plutão e Quíron.
"Uma caixa com segredos significa divertimento e riso, quando os guerreiros se reúnem no salão de festas, satisfeitos e alegres."
PRINCÍPIO: Percepção e compreensão do destino, sabedoria oculta.
INTERPRETAÇÃO IDEOGRÁFICA: Copo para jogar dados, peça de xadrez, jogos de azar, receptáculo para jogar ou guardar runas.
INTERPRETAÇÃO ESOTÉRICA: Oráculos, enigmas, teia cármica, poço, gruta, portal, ventre, barco.
DIVINDADES RELACIONADAS: As Nornes, as deusas Berchta, Freyja, Frigga, Fulla, Nott, Ran, Saga, Snotra e os deuses Ægir, Mani, Mimir e Loki.
SERES SOBRENATURAIS: As Nornes Menores (ou individuais); as Nebel Frauen ou Mist Ladies, "Senhoras da Névoa"; as Disir, espíritos ancestrais femininos, veladas e encapuzadas, que fiavam e teciam à luz das estrelas e protegiam os indivíduos e as famílias, posteriormente transformadas nas Fadas Madrinhas; os Dokkalfar, elfos velhos e sábios, conhecedores das artes mágicas, que moram nas colinas e entre os rochedos; as Wilden Wip, ninfas das florestas, dotadas de poderes mágicos e curativos, que enfeitiçavam homens para fazerem sexo com eles.
ATRIBUTOS POSITIVOS: Sexualidade, iniciação, portal, revelação dos mistérios, sorte nas especulações.
ATRIBUTOS NEGATIVOS: Compulsão, falta de sorte, manipulação, obsessão, forças negativas, drogas, magia negra.
ELEMENTOS: Ar, éter, água.
POLARIDADE: Feminina.
SÍMBOLOS: Labirinto, teia, malha, fios, receptáculo, ventre, fonte, poço, portal, gruta.
CORES: Branco, vermelho, preto, violeta, prateado.
ANIMAIS TOTÊMICOS: Coruja, falcão, gato, cobra, sapo.

ÁRVORES: Choupo, faia, freixo, macieira, sabugueiro.

PLANTAS: Acônito (muito venenoso), boca-de-leão, crisântemo, mandrágora.

PEDRAS: Ônix listrado (facilita a meditação sobre as teias do *wyrd*), cristais com "fantasmas", ágata-musgosa, tectita, topázio.

RITUAIS: Invocar a bênção das Nornes nos batizados e na leitura das runas. Mentalizar Peordh antes de começar a viagem xamânica, a sessão de regressão ou renascimento e utilizá-la como um portal para entrar em contato com as Nornes ou para desvendar mistérios ou conhecimentos ocultos.

PALAVRAS-CHAVE:

* Revelação de algo escondido, segredos.
* Novas oportunidades.
* Conhecimentos ocultos, iniciação.
* Especulações, jogos de azar, ganhos inesperados.
* Curas por meio de terapias alternativas (homeopatia, acupuntura, aromaterapia, bioenergética, regressão de memória, renascimento, resgate da alma, terapia craniossacral).
* Potencial mediúnico e mágico.
* Sexualidade.
* Divinação, revelação.

EFEITOS MÁGICOS:

* Percepção e entendimento do *wyrd* (destino).
* Métodos divinatórios.
* Práticas e rituais mágicos.

DESAFIO: Não temer as mudanças e permanecer centrado.

STADHA: Sentado no chão, com a coluna reta, os joelhos dobrados e os pés colados no chão. Cotovelos apoiados nos joelhos, antebraços dobrados em ângulo para a frente. Rosto virado para o oeste.

GALDR: perdhro perdhro perdhro
          pu pa pi pe po   po pe pi pa pu
          peh peh peh (som cheio, redondo, sem prolongar)
          peeerrrdhdhdhrrrooo

PERDHRO INVERTIDA

Representa obstáculos e riscos inesperados. Adverte para um período difícil, que requer aceitação, compreensão, paciência e perseverança. A lição é não desanimar, manter o otimismo e a fé. É importante encarar os reveses como oportunidades para conhecer mais a si mesmo e modificar-se.

* Obstáculos, frustrações, má sorte.
* Desapontamentos, traições.
* Perdas financeiras (não emprestar dinheiro, não especular).
* Surpresas desagradáveis.

* Incompatibilidade sexual, problemas de ordem sexual.
* Experiências místicas negativas.
* Envolvimento com drogas.

COMENTÁRIOS

A décima quarta runa do Futhark tem significados múltiplos, alguns deles bastante enigmáticos e obscuros.

A interpretação mais popular lhe atribui o mecanismo do jogo de dados ou das peças de xadrez. Dessa forma, Peordh representa a interação entre o livre-arbítrio e as restrições impostas pelas condições existenciais. Em qualquer jogo, as regras e o padrão pré-estabelecido são fatores limitantes, porém permitem a liberdade dos movimentos e a habilidade e a interação dos jogadores. Da mesma forma na vida, cada indivíduo vive situações únicas e tem livre-arbítrio, mas será limitado pelas restrições e lições do seu *wyrd* pessoal.

Na seqüência do Futhark, Peordh vem depois de Eihwaz e relembra o mito no qual Odin, após sua auto-imolação em Yggdrasil, obteve o conhecimento das runas. Odin, porém, precisava de sabedoria para usá-las, bem como para compreender a conexão entre o passado e o futuro. Essa sabedoria foi obtida, segundo as fontes tradicionais, de Mimir — o guardião do poço do conhecimento —, ou, segundo as fontes feministas, de Freyja, a detentora da magia oculta das runas. O "poço da sabedoria" contém os registros *akáshicos*, ou seja, as memórias dos ancestrais e do inconsciente coletivo racial. É nesse poço que a sabedoria é preservada e é para lá que vão os iniciados, buscando resgatá-la. Peordh é o portal mágico que a ela conduz.

Simbolismo

Peordh é o copo usado para jogar dados, tanto nos jogos de azar, quanto para fins oraculares. Ambas as atividades são condicionadas pela trama oculta do destino e da sincronicidade.

Perdhro é a infinita cadeia dos efeitos causados pelas nossas ações neste mundo, pois o poder chamado *wyrd*, por ela representado, interliga todos os atos e eventos. O conceito de *wyrd* é análogo ao de karma hindu, mas *wyrd* é o destino pessoal, ao passo que o karma equilibra o todo. Nas tradições xamânicas, existe o conceito de "teia cósmica", que na magia é conhecida como "a lei do retorno". Esse conceito demonstra que até mesmo os menores fatos alteram a tessitura do todo, as ondas criadas por nossas ações voltam para nós com a mesma freqüência vibratória com a qual foram emitidas. **Nos planos sutis, semelhantes atraem semelhantes, impulsionados pela lei da ressonância.**

O traçado de Peordh lembra a bolsa na qual são guardadas as runas e de onde elas são jogadas ou tiradas para a leitura. **O jogo de runas não é um método de adivinhação; a seqüência em que as runas são jogadas ou retiradas também não é casual ou uma simples coincidência.** Os xamãs consideravam a leitura rúnica uma maneira de saber como a "teia" foi tecida para o consulente. As runas atuam como fios condutores que ajudam a reconhecer os fluxos de energia existentes nos níveis invisíveis e prestes a se materializar. A bolsa ou o receptáculo lembra também o ventre em que o feto recebe as influências genéticas e as tendências para seu futuro. Por isso, Peordh simboliza também a criança interior e suas necessidades de afeto e apreciação.

No **nível sutil**, Perdhro representa o ventre da Grande Mãe, onde tudo é concebido e de onde as coisas aparecem para se manifestar ou revelar. Peordh pode, portanto, ser compreendida como o poder do *wyrd* no mundo, que permite a materialização do potencial oculto, a revelação do conhecimento esotérico e o despertar das antigas memórias.

No **nível psicológico**, Perdhro representa a identidade, o *id*, a força que garante a manifestação e a preservação da individualidade. Como uma ferramenta no processo de transformação, ela indica o potencial herdado, dos ancestrais ou de vidas anteriores, e que jaz no inconsciente, esperando ser reconhecido e liberado. Desse material sem forma, novos fios podem ser tecidos e novos padrões criados, no tempo e no espaço.

No **nível esotérico**, Perdhro revela aspectos obscuros do ser, vivências iniciáticas, experiências paranormais, mediunidade, contato com outros níveis de consciência, conhecimento místico ou mágico. Recomenda-se a prática da meditação, o trabalho e o auxílio espiritual para investigar os processos ocultos e desenvolver de maneira adequada e equilibrada a manifestação da paranormalidade e a expressão das habilidades herdadas.

Mitologicamente, Perdhro é associada às Nornes, sendo-lhe atribuído o significado do *wyrd* (o potencial desconhecido) e não à chamada "runa branca", extensão posterior e artificial do alfabeto original de 24 runas. Peordh expressa a noção do tempo personificada por Verdandhi ("aquilo que é"), Urdh ("aquilo que foi") e Skuld ("aquilo que pode vir a ser"). As Nornes tecem o destino dos deuses e dos homens com o fio fiado por Frigga, a deusa que tudo conhece, mas não fala, reforçando assim a noção do mistério. As Nornes residem sob as raízes de Yggdrasil, ao lado da fonte do *wyrd*, em cujas águas brancas encontram-se escondidos os padrões secretos do destino e do potencial não manifestado. Antigamente, nas cerimônias de bênção dos recém-nascidos, pedia-se às Nornes que mergulhassem a criança nessa fonte para que ela se lembrasse sempre de sua origem divina e do compromisso que sua alma escolheu antes de encarnar. Há um antigo verso, atribuído às Nornes, que diz: "*Eu sou tudo aquilo que fui, sou e continuarei sendo.*"

O dever das Nornes era encontrar o ventre adequado para a reencarnação dos espíritos dos ancestrais. Elas apareciam quando a criança nascia e traçavam seu destino. Ao longo da vida, elas enviavam mensagens pelos sonhos ou pela leitura das runas, mostrando que os padrões futuros eram criados pelas ações passadas e pelo comportamento presente.

A deusa Frigga é a padroeira por excelência de Peordh, pois é ela que fia os fios do destino posteriormente usados pelas Nornes, e rege a gestação e os nascimentos.

Outras deusas associadas a Perdhro são Saga, a guardiã da memória e do conhecimento sobrenatural; Snotra, a deusa da sabedoria e do conhecimento passado; Berchta, a guardiã das almas das crianças; as deusas Nott, regente da noite; Ran e Freyja, pela ligação com a morte e os aspectos ocultos; Fulla, a doadora da sorte, bem como os deuses Mimir, o guardião do poço do conhecimento; Ægir e Loki, representando os aspectos obscuros da psique, e Mani, o deus lunar. Também correspondem a Perdhro as Disir, ancestrais protetoras do clã, e Fylgja, protetora individual vitalícia.

Uso mágico

Peordh possibilita a compreensão do *wyrd*, o conhecimento das encarnações passadas e a revelação das memórias ancestrais. É uma runa de mistério e percepção sutil, que auxilia na realização pessoal e favorece a sorte repentina, principalmente se for combinada a Fehu e Hagal (jogos de azar) ou a Jera e Odhila (heranças).

É um excelente auxílio em meditação, auto-hipnose, renascimento, regressão de memória, práticas oraculares e resolução de mistérios.

Se necessitar de uma solução para um problema oculto, utilize Peordh com cautela, dando especial atenção à forma como será traçada. Aberta para a direita, representa nascimento; sua energia flui para fora: ⌐. A abertura para esquerda significa morte, e o fluxo de energia é bloqueado ou distorcido: ⌐.

Utilizada corretamente, Peordh abre o portal que leva aos ensinamentos ocultos e possibilita a distinção entre o que é valioso e o que não é. Auxilia nos rituais de iniciação, elucidando as experiências místicas, ampliando a compreensão sutil e a percepção das múltiplas camadas da realidade.

Significado oracular

Peordh indica, principalmente, um ganho inesperado, vindo de uma fonte inusitada, ou a revelação de algo escondido ou oculto. Essa runa é um indicador de sorte, de influências benéficas e de segredos. Esses segredos tanto se referem a algo que será descoberto ou revelado, quanto aos processos ocultos do *wyrd* e dos registros do inconsciente coletivo. Os "segredos" também podem ser de natureza sexual (bloqueios, desvios, vícios, traumas), complexos de culpa, atitudes autodestrutivas ou erros cometidos no passado que se refletem no presente. Indica também os dons extra-sensoriais, as experiências iniciáticas ou insólitas e as manifestações paranormais.

Às vezes, Peordh alerta para o fato de que o consulente não deve saber a resposta nem insistir nas perguntas, a fim de evitar erros de interpretação, principalmente se ela aparecer várias vezes em uma leitura.

Na área dos relacionamentos, a combinação de Peordh com Kenaz, Tiwaz, Gebo, Wunjo e Laguz indica a compatibilidade sexual dos parceiros; associada a Uruz, Kenaz ou Tiwaz invertidas, a relação é baseada principalmente na atração sexual. Conjugada com Berkano, há indícios de uma gravidez inesperada, que poderá ser revelada de modo desagradável.

Em conjunto com runas ligadas a heranças — como Jera, Odhila ou Erda —, Peordh indica o possível recebimento de um legado. Junto a Hagal, o presságio é de uma sorte repentina, ganho na loteria, a descoberta de algo perdido, uma promoção inesperada. Mas também pode assinalar uma revelação repentina, como a descoberta de alguma informação ou conhecimento ocultos.

Na área da saúde, Peordh indica doenças incomuns ou a necessidade de tratamentos não-convencionais ou espirituais (homeopatia, naturopatia, alinhamento energético, cinesiologia, acupuntura, aromaterapia, renascimento, regressão de memória, desobsessão, operações espirituais).

Invertida, Peordh alerta para a atuação negativa do *wyrd*, que traz azar, depressão e riscos desnecessários, e leva a perdas, erros de conduta ou julgamento, fraudes, surpresas desagradáveis ou revelação de algo mantido em segredo. Portanto, com Peordh invertida, redobre a cautela, não se arrisque, não empreste dinheiro, não venda nem compre nada, não conte detalhes de sua vida íntima a ninguém. Prepare-se para evitar dificuldades nos relacionamentos, cuide de sua saúde, proteja-se dos invasores (físicos, psíquicos e metafísicos), não se deixe iludir, persuadir, manipular ou explorar. Peordh invertida indica incompatibilidades ou problemas no campo sexual, a diminuição do interesse ou da atração pelo parceiro, sem que esse demonstre o mesmo sentimento.

No campo oculto, assinala experiências psíquicas perturbadoras, atuações espirituais negativas, envolvimento com drogas, corrupção, negócios clandestinos, contato com pessoas pervertidas, com feitiços e magia negra. Em decorrência dessas situações, a saúde ficará prejudicada e a falta de equilíbrio psíquico e mental abrirá brechas na estrutura física de modo a permitir todo tipo de invasão ou disfunção.

Como Peordh é um significador de sexualidade, invertida ela pode indicar relacionamentos homossexuais: masculinos, quando associada a Ansuz; femininos, junto a Laguz; bissexuais, na presença de Raidho. Recomenda-se, no entanto, abordar esse assunto somente quando o consulente solicitar; jamais como uma intromissão, menos ainda como julgamento.

Para **as mulheres,** além dos alertas mencionados, vale o aviso de que a própria mulher, melhor do que ninguém, saberá perceber os "sinais" de invasão, manipulação, exploração ou obsessão, e poderá, conseqüentemente, estabelecer seus limites e defender seu espaço. Peordh, ao recomendar mais confiança na voz interior, assegura que a percepção sutil, o "ver além das aparências", ou mesmo aquela sensação física de desconforto são indícios seguros de que a mulher precisa se voltar para dentro de si e buscar força, proteção e sabedoria no colo amoroso e no ventre da Grande Mãe.

ALGIZ

ELHAZ, EOLH, ELGR, IHWAZ

FORMAS ALTERNATIVAS: ᛉ ᛦ ᛧ

VALOR FONÉTICO: Z (corresponde ao "r" final na língua norueguesa)
PLANETAS ASSOCIADOS: Júpiter, Vênus e Netuno.
"O junco cresce no pântano e floresce na água, queimando com vergões de sangue aquele que tenta agarrá-lo."
PRINCÍPIO: Conexão e união do indivíduo ao plano espiritual.
INTERPRETAÇÃO IDEOGRÁFICA: Os chifres do alce, o cisne, o junco (a espécie que corta e queima).
INTERPRETAÇÃO ESOTÉRICA: Sinal de proteção (mão espalmada), o bastão mágico, o caminho dos galhos e das raízes, a Ponte do Arco-Íris (Bifrost).
DIVINDADES RELACIONADAS: As Valquírias, entidades guerreiras e protetoras; as deusas Hlin, Nehelennia, Nerthus, Syn e Zisa; os deuses Heimdall, Njord, Wielund, Ziu e Alcis (ou Aclis); os Gêmeos Divinos; Linda, a deusa-cisne dos povos fino-úgricos.

SERES SOBRENATURAIS: As "Donzelas-Cisne" (Swan Maidens ou Vassilissas), seres femininos etéreos, metade humanos, metade sobrenaturais, que se apresentam ora como mulheres belíssimas, ora como cisnes encantados, e que voam entre os mundos. Elas podem se tornar protetoras individuais ou casar com os homens, se estes roubarem seus mantos de penas. Fylgja e Hamingja, espíritos protetores individuais com formas femininas.
ATRIBUTOS POSITIVOS: Proteção, despertar espiritual, fé, esperança.
ATRIBUTOS NEGATIVOS: Atuação de energias negativas, enganos.
ELEMENTO: Ar, éter.
POLARIDADE: Bissexual.
SÍMBOLOS: Elmo, escudo, armadura, manto, arco-íris, corneta, ferradura, gancho.
CORES: Azul-prateado e todo o arco-íris.
ANIMAIS TOTÊMICOS: Alce, cisne, cervo, corça, foca, rena.
ÁRVORES: Teixo, freixo, sorveira.
PLANTAS: Junco, angélica, calêndula.
PEDRAS: Turmalina preta (protege contra a magia negra), malaquita e ametista (defesas contra as vibrações negativas de pessoas ou lugares), labradorita (reflete as cores do arco-íris).
RITUAIS: Talismãs e encantamentos de proteção, invocação dos protetores e guias espirituais, criação de círculo mágico e do espaço sagrado. Canalização das energias cósmicas (elevar os braços na *stadha* de Algiz e invocar as forças rúnicas compatíveis com o objetivo), saudação ao Pai Céu e às forças cósmicas angelicais e planetárias.

PALAVRAS-CHAVE:

* Proteção, influências benéficas.
* Novas oportunidades e desafios.
* Novos relacionamentos baseados na amizade.
* Recompensas, realizações, alegrias.
* Lealdade, confiança, fé.
* Ajuda espiritual, intuição.
* Otimismo, esperança.

EFEITOS MÁGICOS:

* Afastamento das influências negativas.
* Abertura para o contato com o Guia Espiritual
* Comunicação com os planos sutis.
* Fortalecimento do poder mágico, da energia vital.

DESAFIO: Conscientizar-se da sua vulnerabilidade e dos padrões comportamentais negativos.
STADHA: Em pé, braços estendidos lateralmente, cabeça para o alto invocando a proteção espiritual.

GALDR: elhaz elhaz elhaz
       zzzzzzzzz (som sibilante, zunindo entre os dentes)
       uz az iz ez oz
       oz ez iz az uz

ALGIZ INVERTIDA

Indica um momento delicado, de muita vulnerabilidade, em que é necessário muita proteção.
* Enganos, maquinações, ciladas; deve-se ficar atento e ser prudente.
* Decepções com associados ou amigos; cautela: não arriscar.
* Cuidado com a saúde (sobrecarga física, emocional).
* Frustrações, desequilíbrios, perdas financeiras.
* Atuação espiritual negativa (por meio de brechas ou descuidos).
* Miragens, fantasias prejudiciais, erros de avaliação, credulidade.
* Evitar tentações e especulações.

Deve-se buscar centramento e equilíbrio interior. Ficar atento, prestar atenção aos sinais para evitar as armadilhas e as fantasias. Ligar-se ao seu Eu Superior e invocar a ajuda e a proteção divina.

COMENTÁRIOS

A décima quinta runa representa a proteção e a defesa contra as forças ou influências que criam conflitos, dentro ou fora de nós. Seu poder auxilia o homem na busca por sua espiritualização.

Nas antigas interpretações teutônicas e anglo-saxãs, o traçado dessa runa era uma imitação dos chifres do alce (simbolizando, assim, o poder de sua resistência física), bem como a reprodução de um antigo gesto de afastar o mal (posicionando a mão espalmada à frente do corpo). Na versão gótica, "algiz" refere-se a "cisne" (outra criatura extremamente defensiva), enquanto que, em alemão arcaico, significa "proteção".

Consagrada ao deus Heimdall, o guardião de Bifrost (a Ponte do Arco-Íris), Algiz representa o elo entre o céu e a terra, entre o divino e o humano. *Alhs*, uma antiga palavra gótica, significa "santuário" e a forma da runa reproduz a postura de uma pessoa em estado de invocação ou oração. Algiz significa, portanto, a elevação da consciência humana para a iluminação, a troca dos valores materiais pelos espirituais. A iluminação é o elo entre o divino e o humano, personificado, em muitas tradições, como Alcis ou Aclis, os "Gêmeos Divinos" (um celeste e outro telúrico, ou um homem e uma mulher). Nos mistérios druídicos, o símbolo sagrado *Awen* /|\ — composto de três linhas verticais (duas inclinadas e simétricas e uma central e reta) — representa a "descida" para a Terra da centelha divina do Sol, a própria luz da inspiração, a natureza tríplice do todo. Com Algiz, a inspiração se processa de uma maneira protetora, expandindo a consciência e permitindo o conhecimento intuitivo do perigo e a possibilidade de evitá-lo.

Na versão anglo-saxã do poema rúnico o equivalente dessa runa é uma espécie de junco (*elk-sedge*), uma planta dos pântanos muito resistente, que se protege queimando e cortando as mãos dos intrusos.

Simbolismo

Algiz representa a **proteção** imediata ou mesmo um **contra-ataque**, desferido em decorrência de influências ou forças agressoras e invasoras. Seu poder é o do instinto de sobrevivência, que ativa os mecanismos de defesa. Além dessa força instintiva de proteção, Algiz indica também a proteção divina e a inspiração que vem da "Fonte". Sua forma pode se assemelhar à da Árvore Cósmica, cujos galhos se elevam para o mundo superior (supraconsciente), enquanto as raízes penetram no mundo inferior (inconsciente). É essencial termos os pés firmemente enraizados no chão do mundo prático para que seja possível a conexão equilibrada com a Fonte Superior. Sem esse centramento, não poderemos expressar a espiritualidade na realidade, correndo-se o risco de ficar vagando nas nuvens.

Antigamente, costumava-se gravar o símbolo de Algiz nos túmulos como indicação da data de nascimento (na posição normal) e de morte (invertida). O símbolo reto era relacionado à vagina; o invertido, ao pênis; ou seja, a vida se originava no ventre de uma mulher e a morte era causada pela arma usada por um homem.

Associada ao cisne, Algiz simboliza a proteção conferida pelas Valquírias e pelas "Donzelas-Cisne" aos guerreiros, fosse nos combates, fosse no além (ao serem conduzidos para o reino de Odin). Além de usarem mantos de penas de cisne, as Valquírias também traziam consigo escudos — reforçando o significado de proteção dessa runa — e atuavam como psicopompos, conduzindo as almas dos guerreiros mortos.

Mitologicamente, Algiz relaciona-se a Heimdall, o guardião de Bifrost, a Ponte do Arco-Íris, que se estende de Asgard (o mundo divino) até Midgard (o plano material da Terra). O mito de Heimdall o descreve como o "filho de nove mulheres" (as "Donzelas das Ondas") que, dotado de visão e audição extraordinárias, percebia de longe a aproximação de intrusos e dava o alerta tocando sua corneta. Heimdall significa "resplendor do mundo" e é o arquétipo da consciência espiritual expandida, considerado um mensageiro entre os mundos.

Outra associação de Algiz é com as Valquírias (*Valkyrjur*) que, além do aspecto de "Donzelas-Cisne", protetoras dos guerreiros, eram honradas como espíritos guardiães, acompanhando os indivíduos em sua busca espiritual, equivalentes ao conceito dos anjos de outras tradições. As Valquírias eram descritas como jovens de pele alva e longos cabelos dourados que, montadas em cavalos ou voando, escoltavam as almas dos guerreiros mortos aos salões de Odin e serviam hidromel aos deuses. Também possuíam um aspecto fertilizador por trazerem para a Terra e para a humanidade o orvalho e a umidade — gerados pelo suor da crina dos seus cavalos —, e as "luzes nórdicas" (*northern lights*) ou aurora boreal — criada pelo brilho de seus escudos.

Outras deusas ligadas ao aspecto protetor de Algiz são Nehelennia, a protetora dos viajantes no mar; Hlin e Syn, defensoras das mulheres, e os deuses Njord, Wielund e Ziu. Os "Gêmeos Divinos", Alcis ou Aclis, também associados a essa runa, são de origem obscura, mas podem ser equiparados a Frey e Freyja, Njord e Nerthus, ou Ziu e Ziza. Os Alcis eram adorados em um bosque sagrado (não são conhecidas imagens que os representem) e foram associados pelos romanos a Castor e Pólux, filhos de Zeus.

Uso mágico

Do ponto de vista mágico, Algiz é a mais poderosa runa de proteção pessoal. Aquele que deseja criar um eficiente escudo de repulsão a qualquer ataque físico ou psíquico deve visualizá-la ao seu redor, ou ainda como um bastão em sua mão. É também eficiente para proteger bens (casas, carros) se associada a Odhila em um monograma. Seu poder se manifesta pela criação de barreiras fluídicas contra todo tipo de força ou influência negativa, de origem conhecida ou não, atuando como um verdadeiro Anjo Guardião.

Elhaz fortalece também o vínculo com o Eu divino e favorece os exercícios de expansão de consciência e a conexão com o plano superior. Atua como um poderoso canal que permite a circulação de energias entre o mundo dos deuses e o dos homens (simbolizada pela Ponte do Arco-Íris).

Também pode ser utilizada com finalidades de cura pela colocação em sua *stadha* e invocação dos poderes de Uruz, Ansuz e Sowilo. Algiz é usada como escudo de proteção nos quadrantes dos círculos mágicos, bem como nos talismãs e nas inscrições de defesa e proteção (de pessoas, animais, bens, objetos, trabalhos, projetos, atividades, relacionamentos, viagens). Algiz pode ser vista como uma equivalente da figa afro-brasileira, do pentagrama da tradição cabalista e da Wicca, do *Ankh* egípcio ou da cruz do cristianismo. É a runa com o maior poder de proteção, principalmente se combinada a Thurisaz, Eihwaz ou Wolfsangel.

Significado oracular

Algiz indica a presença de energias protetoras e de influências benéficas (novas amizades ou oportunidades de trabalho, boa sorte, ajuda sobrenatural). Associada a runas de afetividade (Kenaz, Gebo, Wunjo), ela revela uma relação amorosa baseada em amizade e confiança. Nos assuntos profissionais, indica a resolução favorável dos problemas, a reconciliação com os oponentes, a concórdia e a estabilidade, mesmo que para isso seja exigido algum tipo de sacrifício. No plano pessoal, Algiz aconselha cautela e estado de alerta para pressentir e desviar qualquer influência nefasta. Revela também um iminente despertar espiritual, principalmente se estiver junto de Peordh, assinalando a conexão com o Eu divino e o surgimento de dons ou habilidades extra-sensoriais.

Em leituras nas quais se revelam situações difíceis, o aparecimento de Algiz prenuncia uma mudança para melhor, realização, ajuda e proteção espiritual. Ela é sinônimo de otimismo e sorte, reforça a fé e a confiança — em si e no futuro.

Invertida, entretanto, Algiz indica vulnerabilidade e o aspecto negativo do sacrifício. Existe a possibilidade de a pessoa se tornar alvo de energias ou situações dissonantes, que trazem insegurança e confusão. Há indícios de manipulação por terceiros, de especulação malsucedida, decepção afetiva, de erros de julgamento, por descuido ou falta de cautela. A conexão com o Eu Superior pode estar prejudicada ou bloqueada, permitindo-se, dessa forma, a atuação das energias negativas. Recomenda-se, nesse caso, o reforço dos escudos de proteção, da prudência e dos cuidados em todos os níveis (físico, mental, emocional e espiritual). A forma invertida de Algiz é idêntica à de Calc, a runa complementar do sistema rúnico da Northumbria; no entanto, é preciso muita atenção, pois os significados são completamente diferentes. Há também muita semelhança com a runa Yr, do Futhark Novo, e com a runa Man invertida, do sistema Armanen. Tanto Calc quanto as duas outras runas citadas significam "morte, fim", o que justifica o uso de Algiz invertida para assinalar a data do falecimento nas pedras funerárias.

Para **as mulheres,** Algiz recomenda que dediquem um tempo a si mesmas, criando condições para a introspecção, o afloramento da intuição, o equilíbrio psicoemocional (meditação) e a flexibilidade física (ioga, alongamentos). Em vez de buscar apoio e orientação nos outros, a mulher deverá confiar em sua intuição, desde que esteja equilibrada e harmonizada em todos os níveis do seu ser, sabendo diferenciar a voz interior dos devaneios da imaginação ou das armadilhas egóicas.

SOWILO

SIGEL, SÓL, SOWULO, SAUGIL, SIG, SIGO

FORMAS ALTERNATIVAS: ⟩ ⟨ ᛐ ᛥ ᛢ

VALOR FONÉTICO: S
PLANETAS ASSOCIADOS: Sol.
"O Sol, para o homem do mar, sempre traz esperança, quando ele navega atrás dos cardumes de peixes, até que o corcel das ondas (o barco) o conduza de volta à terra."
PRINCÍPIO: Força dinâmica e energia vital, luz e esperança.
INTERPRETAÇÃO IDEOGRÁFICA: Uma parte da roda solar (suástica), relâmpago, raio de Sol.
INTERPRETAÇÃO ESOTÉRICA: O Sol (cósmico, astrológico), "roda de poder" (chakra), mandala (diagramas hindus com formas circulares).
DIVINDADES ASSOCIADAS: As deusas Sunna, Barbet, Sif, Rana Neidda e os deuses Baldur, Frey, Hodur, Thor e Tyr.
SERES SOBRENATURAIS: Espíritos solares femininos (Sonnenfrauen), que aparecem como manifestações brilhantes da corona solar, usam longas tranças louras e coroas de ouro e se movimentam usando os raios de Sol; *Bjort*, "A Brilhante", personificação da luz e do brilho solar.
ATRIBUTOS POSITIVOS: Força vital, energia, calor, saúde, sucesso, ambição, honras, consciência, ego.
ATRIBUTOS NEGATIVOS: Orgulho, vaidade, megalomania, sede de poder, egocentrismo, desgaste energético.
ELEMENTOS: Fogo, ar.
POLARIDADE: Masculina.
SÍMBOLOS: Carruagem, disco, roda, carro e barco solar, suástica (*fylfot*), semente.
CORES: Amarelo, dourado, branco.
ANIMAIS TOTÊMICOS: Abelha, águia, falcão, faisão.
ÁRVORES: Louro da montanha, giesta, evônimo.
PLANTAS: Visco, camomila, dente-de-leão, girassol, hipericão.
PEDRAS: Âmbar, topázio, citrino, pedra-do-sol (feldspato aventurino), diamante (para trazer a invencibilidade e iluminar os chakras), rubi, calcopirita.
RITUAIS: Saudação ao Sol para ativar os centros energéticos. Invocar Sowilo nas situações que precisam de energia, vitalidade, luz, clareza. Usar a roda solar ou variações da suástica (*fylfot*, *trefot*) para atrair força, vigor e boa sorte.

PALAVRAS-CHAVE:

* Força vital, energia, saúde, vitalidade.
* Ambição, vontade, entusiasmo.

* Sucesso, honras, vitórias.
* Realização, projeção (pessoal, profissional).
* Orientação, iluminação, elevação.
* Otimismo, confiança, esperança.
* Recuperação (da saúde), resistência, força de vontade.
* Buscar a integração do ser e a evolução espiritual.

EFEITOS MÁGICOS:

* Fortalecimento e recuperação da saúde.
* Ativação dos vórtices energéticos ("rodas de poder").
* Vitória e sucesso.
* Aumento da força espiritual.
* Abertura mental, força de vontade.
* Proteção e ajuda divina.

DESAFIO: Revelar e expressar generosidade, descobrir o propósito da alma.

STÖDHUR:

1. Acocorado de modo que as coxas e as panturrilhas se toquem e as nádegas fiquem apoiadas nos calcanhares. O tórax ereto, os braços ao longo das coxas.
2. Joelhos dobrados, o tórax inclinado para a frente formando um ângulo, os braços dobrados e apoiados nos joelhos.

GALDR: sowilo sowilo sowilo
   sssssssss (som sibilante, longo)
   su sa si se so   so se si sa su
   sssooowwwiiilllooo
   sssooolll

SOWILO INVERTIDA

Essa runa não tem posição invertida.

Sowilo representa o arquétipo do Sol e da luz solar, expresso nos conceitos da "roda de poder" *hjul* ou *hvel* (equivalentes nórdicos do termo sânscrito *chakra*), significando centro de força e "roda giratória", a trajetória anual do Sol no céu. Esse símbolo complexo era o ponto central do antigo culto solar dos Hiperbóreos.

Como mensagem, Sowilo ensina a apreciar e a receber a força vital e a iluminação espiritual, mas adverte contra os excessos (de ambição, orgulho, individualismo, autoridade, vaidade, trabalho, "queimas" ou desgastes energéticos).

Quando sentir desânimo, depressão, pouca auto-estima, falta de vitalidade ou de vontade, visualize o Sol, entoe o seu *galdr* e peça abertura, energia, realização, saúde e iluminação.

COMENTÁRIOS

A última runa do segundo *Ætt* contém uma grande força, pois representa e canaliza a energia e o poder do Sol. Por meio desse poder, Sowilo vence as forças da escuridão, da morte e da desintegração, prenunciando o triunfo da luz, da vida e da regeneração. Sowilo permite que situações, pessoas e coisas possam ser vistas assim como realmente são e atua como uma luz que clareia e orienta o buscador em seu caminho. Assim como o Sol, o brilho de Sowilo ativa, revitaliza e energiza o Ser e revela a luz da alma (ou seja, o Eu Superior).

Sowilo torna-se, portanto, a runa do **propósito da alma**, do poder de auto-realização, do potencial real da individualidade que poderá ser liberado e expresso de maneira criativa, em um momento apropriado.

Simbolismo

Sowilo representa a força superior do Ser, que direciona o indivíduo para um caminho específico. É o símbolo da consciência, do Eu divino, diferente do Ego ou da imagem projetada no mundo exterior. Ao estimular a elevação espiritual, sua luz dissipa as dúvidas e a desorientação e permite encontrar os propósitos adequados para a realização verdadeira da alma.

Sigel reflete também o princípio da polaridade manifestado no relâmpago, que une os pólos opostos do céu e da terra, e da força masculina e da energia feminina. No entanto, o relâmpago tem um aspecto destrutivo também e Sig já foi usada deliberadamente por ocultistas e magos nazistas para a aquisição de poder, vitória (*sieg*) e domínio sobre os outros. Mas, o mau uso de seu arquétipo sagrado trouxe conseqüências e o restabelecimento do equilíbrio, pela destruição daqueles que o utilizaram indevidamente.

Tradicionalmente, Sowilo simboliza a força solar e as qualidades da luz. O Sol é a fonte maior de energia que chega à Terra e foi reverenciado durante milênios em várias culturas e tradições, tendo sido conhecido e cultuado como o *Sol Invictus* (o poder invencível solar) pelos romanos, celebrado no solstício de inverno.

Na Tradição Nórdica são descritos dois aspectos do Sol, nomeados *Sól* e *Sunna*. *Sól* é o fenômeno, enquanto *Sunna* é o poder espiritual da energia solar, de natureza feminina. *Sól* é o astro puxado por *Sunna* na carruagem solar e Sowilo simboliza as qualidades espirituais de *Sunna* que combatem as forças da morte e da desintegração. Os povos nórdicos, assim como os eslavos, os bálticos e os japoneses viam o **Sol** como uma **Deusa**, contrariamente às tradições greco-romana, celta e cabalista. Como a vida dependia do Sol muito mais do que da Lua, era fácil compreender por que, nas sociedades matrifocais, era atribuída ao Sol a energia da Deusa, doadora e mantenedora da vida.

Reunindo-se dois símbolos Sowilo obtém-se uma **roda solar** chamada *Hvel*, *Fylfot*, *Tetraskelion* ou suástica, um dos sinais mais antigos e sagrados do mundo. A **suástica** pode ser representada de duas formas, de acordo com sua rotação: girando no sentido horário 卐, indicando os poderes revitalizantes do Sol e a atração do poder para dentro; no sentido anti-horário 卍, apresenta a energia solar destrutiva e a irradiação do poder para o exterior. Com os mesmos significados, Sowilo pode ser traçada para a direita ϟ ou para esquerda ϟ. Sowilo, portanto, é considerada o arquétipo do Sol e da luz, simbolizado pela "roda giratória" do carro solar ou dos centros energéticos do corpo humano, entendida como uma força contrária ao gelo cósmico.

Mitologicamente, Sowilo é regida, na Tradição Nórdica, pela deusa Sunna e, na Holanda, por Barbet, que foi depois cristianizada como Santa Bárbara. Pela associação da deusa solar à carruagem em que é levado o disco do Sol, percebe-se uma relação entre as runas Raidho e Sowilo: Raidho seria o ato de controlar, e Sowilo a força espiritual que está no comando.

Sigel é associada também à deusa Sif, esposa de Thor e regente dos campos de trigo, e a Rana Neidda, a deusa da primavera.

Por representar o círculo solar anual que divide o ano em duas metades iguais — o verão e o inverno —, pode-se fazer uma analogia com o mito dos deuses Baldur e Hodur. Baldur simboliza a metade clara do ano e é morto, no solstício de verão, por Hodur, que representa a metade escura (no auge da luz pressagia-se o início da escuridão). Da mesma forma, Hodur é morto no solstício de inverno, quando Baldur retorna, anunciando o aumento da luz, no auge da escuridão.

Existe também uma conexão mitológica com os deuses Thor e Tyr, em razão do aspecto destrutivo e inesperado do relâmpago simbolizado por Sigel. Sowilo pode ser utilizada para invocar esses deuses, mas com o traçado para a direita, de modo a evitar as características nocivas do relâmpago.

Uso mágico

Utilizada devidamente, com ética e consciência, Sigel transmite ao buscador o poder do Sol e da luz, permitindo que seus objetivos sejam alcançados. Ela favorece o sucesso, a vitória, a saúde, a regeneração e o rejuvenescimento.

Usada como uma espada justiceira, Sigel permite o ataque como retaliação, dissipando as confusões que impeçam a descoberta da verdade e da causa real dos problemas.

Sowilo melhora a autoconfiança, fortalece a força de vontade, promove a expansão da consciência e ilumina a busca espiritual. Atrai a energia vital e a cura para o corpo, a mente e o espírito. Sig pode ser traçada ao contrário, formando uma imagem espelhada. A forma comum, ou para a direita $, é masculina, extrovertida e emite o poder para o exterior. A forma espelhada, para a esquerda ⌇, é feminina, introvertida e atrai o poder para o interior.

Ainda que seja uma runa de ataque — ao contrário de Eoh, que é defensiva —, Sigel jamais deverá ser usada para fins negativos, pois sua luz não pode ser pervertida e o choque de retorno virá sem demora. A associação a outras runas benéficas amplia seus efeitos, mas deve ser feita com cuidado, pois suas propriedades são exacerbadas ou aceleradas. Com Raidho ou Laguz, acelera os eventos; com Tiwaz, estimula a força pessoal; com Eihwaz, reforça as defesas. Uma boa combinação, que melhora a saúde e combate a depressão, é obtida pela associação de Sigel com Uruz, Jera, Man ou Ul. Unida a Cweorth, Sowilo possibilita uma rápida transformação.

Significado oracular

Sigel indica boa saúde, sucesso, realização e poder pessoal. Os obstáculos serão removidos, as dúvidas desaparecerão, o triunfo estará à espera, se o caminho for trilhado com fé e confiança e com base na orientação divina. Junto a Raidho, Fehu ou Odhila, Sigel indica que o consulente trabalha de forma compulsiva ou em ritmo exagerado, "queimando" energias.

Em jogadas relativas a assuntos de saúde, a presença de Kenaz, Tiwaz, Dagaz, Ingwaz junto a Sigel revela capacidade de regeneração, desde que a pessoa se abra para a cura e forem usados recursos energéticos e espirituais.

Sowilo cercada por runas negativas denota falta de motivação, desânimo, vitalidade diminuída, problemas de saúde, baixa auto-estima. Nesses casos, o conselho é reagir, relaxando ou renovando as energias, para que se possa seguir o caminho.

Sowilo normalmente recomenda que o consulente não desperdice sua energia com objetivos fúteis ou levianos, não se esgote ou angustie. Às vezes, também indica excesso de preocupação com a saúde, ou uma supervalorização dos problemas pessoais.

Invertida, Sowilo indica desorientação, dúvidas, situações falsas ou caóticas, excesso de preocupação, falta de discernimento ou direção, e alerta sobre um possível estresse ou sobre opções ou caminhos errados.

Nem sempre Sigel invertida é indício de doença ou má sorte, mas um aviso para que o consulente não exagere nas atividades ou descuide de seu equilíbrio, seu lazer e seu bem-estar.

Para **as mulheres**, Sowilo é um incentivo para a busca da realização e do poder pessoal, indo além das limitações de idade, pressão familiar ou circunstâncias adversas. Para isso, a mulher precisa desenvolver seu potencial oculto, acreditar em seu direito de atingir seus objetivos e empenhar-se na conquista de suas metas com confiança e coragem, e visualizar — com fé e segurança — sua vitória final.

COSMOLOGIA RESUMIDA DO SEGUNDO ÆTT

O segundo *Ætt* descreve **o ciclo de involução e evolução** resultante do confronto das forças antagônicas de destruição e renovação após o estabelecimento da "Idade do Ouro". Esse termo refere-se a um período histórico em que o ouro era usado somente para objetos rituais ou jóias e os próprios deuses se alegravam com sua beleza. O aspecto negativo do ouro aparece por intermédio da giganta Gullveig, cujo nome significa "sede de ouro" e que surgiu repentinamente em Asgard, espalhando a cobiça e a corrupção no meio das divindades Æsir.

O mito relata que Gullveig foi queimada três vezes pelos deuses e, tendo sobrevivido, teve seu coração devorado por Loki, que, dessa maneira, absorveu a maldade nele contida. Como Gullveig fazia parte do clã dos Vanes, estes exigiram dos Æsir ressarcimento (*wergild*) pela morte da giganta, pedido que foi, no entanto, negado por Odin.

Esse ato desencadeou a guerra entre as divindades Vanir e os Æsir. Após sete anos de combate, ambos os clãs deram-se conta de que deveriam desistir de lutar entre si e, em vez disso, deveriam formar uma aliança contra os gigantes de gelo. Eles assinaram um armistício e trocaram reféns: Frey, Freyja e Njord, do clã dos Vanir, foram morar em Asgard (residência dos Ases), enquanto Mimir e Hoenir se estabeleceram com os Vanes, em Vanaheim.

Relacionando esse mito à seqüência rúnica do segundo *Ætt*, podemos ver **Hagalaz** como a força desagregadora, de natureza feminina, associada a Gullveig e a Urdh, a Norne que rege o passado e guarda a fonte do *wyrd*.

Naudhiz é representada por Skuld, e **Isa**, por Verdandhi, completando a tríade das Nornes, as deusas que controlam a passagem e a medição do tempo.

Os Æsir estabeleceram o tempo cósmico e a divisão do dia e da noite, ao passo que as Nornes regiam a consciência do passar do tempo, desde a infância até a velhice, desde o início até o fim. Após a criação do tempo pelas Nornes, tudo passou a ter um começo e um fim; tudo o que nascia devia morrer.

A descida mais profunda do espírito à matéria é representada pela runa **Jera**; o sacrifício de Odin para alcançar a sabedoria, por **Eihwaz**, o símbolo da árvore Yggdrasil onde ele se imolou. Para obter o conhecimento do passado, do presente e futuro, Odin ofereceu um olho a Mimir, o guardião da fonte da memória personificado pela runa **Peordh**. Da união de

Odin com Heidhr, a sacerdotisa oracular de Freyja (ou um aspecto da própria deusa), nasceram as Valquírias, cuja runa associada é **Algiz**.

O *Ætt* é fechado por **Sowilo**, símbolo do despertar da consciência para a evolução. Para o aprendiz (*vitki*), esse *Ætt* representa a iniciação em níveis de consciência mais elevados. O início se dá pela compreensão da estrutura do Universo (**Hagalaz**), continua com o despertar do fogo interior (**Naudhiz**), com o conhecimento dos poderes do gelo (**Isa**) e dos ciclos do ano (**Jera**), com o sacrifício da iniciação (**Eihwaz**), com os mistérios do *wyrd* (**Peordh**), com a comunicação com a Valquíria (**Algiz**) e, finalmente, com a ativação do poder mágico (**Sowilo**).

A ligação entre o segundo e o primeiro *Ætt* pode ser compreendida por meio de **Jera**, o ponto mediano da involução, ou seja, da descida do espírito na matéria, que nela ficou aprisionado e passou a ser regido pelas condições de tempo e espaço impostas pelas Nornes. Em Jera, a roda do tempo gira e o espírito empreende a jornada evolutiva; ao chegar a Sigel, ele adquire a luz da consciência.

TERCEIRO ÆTT — REGIDO POR TYR (ou TIWAZ) E ZIZA

TIWAZ

TYR, TIW, TEIWS, TYS

FORMAS ALTERNATIVAS: ↑ T

VALOR FONÉTICO: T
PLANETAS ASSOCIADOS: Marte, Júpiter, a Estrela Polar.
"A estrela-guia Tyr é um símbolo que merece a confiança dos nobres. Sempre indica a direção na escuridão da noite; jamais falha."
PRINCÍPIO: Coragem para vencer em uma guerra justa.
INTERPRETAÇÃO IDEOGRÁFICA: Seta, flecha, fuso.
INTERPRETAÇÃO ESOTÉRICA: O pilar sagrado, o princípio masculino, o símbolo fálico, a Estrela Polar.
DIVINDADES RELACIONADAS: Os deuses Tyr, Teiwaz e Forseti, regentes da lei, da justiça e da guerra justa; as deusas Frigga, Hlin, Hnoss, Nanna, Rana Neidda, Thorgerd Holgabrud, Thrud, Var e Vihansa, a deusa teutônica das batalhas.
SERES SOBRENATURAIS: Os Tiwar, espíritos celestes luminosos e justiceiros, que se apresentam como colunas de luz descendo do céu para amenizar as dificuldades dos seus protegidos; Hervor, giganta guerreira herdeira da espada mágica Tyrfing, que pertencia a seu pai, o gigante Angantyr.

ATRIBUTOS POSITIVOS: Confiança, vitória, glória, lealdade, justiça, combate, entusiasmo.
ATRIBUTOS NEGATIVOS: Desânimo, desequilíbrio energético, impaciência, injustiça, fracasso.
ELEMENTO: Ar.
POLARIDADE: Masculina.
SÍMBOLOS: Flecha, espada, fuso, coluna, raio, relâmpago, trovão.
CORES: Vermelho-vivo, púrpura.
ANIMAIS TOTÊMICOS: Galo, lobo, cavalo, falcão.
ÁRVORES: Carvalho, junípero.
PLANTAS: Acônito (*Tyr's helm*, o "capacete de Tyr", muito venenoso), sálvia, lírio.
PEDRAS: Jaspe-sangüíneo, hematita, magnetita (para coragem e resistência), rubi-estrela, granada (para liderança e sabedoria), topázio, coral.
RITUAIS: Visualizar as runas Tiwaz e Raidho nos conflitos legais ou pessoais, para despertar a coragem e favorecer a vitória (mas deve ser por uma causa justa). Usar em encantamentos e talismãs para aumentar a virilidade e fertilidade masculina, gravar no seu bastão mágico para reforçar o poder pessoal.

PALAVRAS-CHAVE:

* Vitória (dentro da lei).
* Justiça (em combates ou disputas).
* Coragem, tenacidade, perseverança.
* Energia combativa, força de vontade, trabalho metódico.
* Motivação para vencer obstáculos.
* Entusiasmo, resistência física e moral.
* Atração física, paixão, compatibilidade sexual, realização emocional.
* Fertilidade física (do homem, do solo) e espiritual.
* Protetor (para a mulher), amigo (para o homem).
* Lutas ideológicas e defesa dos direitos humanos.
* Assumir a responsabilidade pelas conseqüências das ações.

EFEITOS MÁGICOS:

* Assegura a vitória, a justiça e o sucesso.
* Aumenta a força de vontade e a energia.
* Proteção nos combates.
* Desenvolve a força da fé na religião e na magia.
* Ajuda em intervenções cirúrgicas.
* Guerreiro espiritual.

DESAFIO: Analisar suas ações, assumir a responsabilidade pelas conseqüências e pagar o preço para ter sucesso.
STADHA: Corpo ereto, braços pendendo para baixo e afastados do corpo, reproduzindo a angulação de uma seta. Mãos espalmadas viradas para baixo.

GALDR: tiwaz tiwaz tiwaz
        tu ta ti te to   to te ti ta tu
        tiiiwwwaaazzz
        tiu tiu tiu (som agudo e curto)

TIWAZ INVERTIDA

Tiwaz representa a espada que corta tudo o que for velho e desgastado para que o novo possa brotar, como os galhos de uma árvore podada. Portanto, recomenda-se introspecção e avaliação de seus valores e convicções para adquirir controle e equilíbrio em meio às adversidades.

* Falsidades, desonestidade, injustiças.
* Fracassos nos empreendimentos competitivos.
* Falta de entusiasmo, baixa vitalidade.
* Infidelidade em assuntos amorosos; incompatibilidade sexual.
* Impaciência, irritabilidade; não desistir, não se apressar.
* Dificuldades e desentendimentos (separações e conflitos).
* Bloqueios energéticos (indicação de cirurgia); acidentes.
* Infertilidade, impotência.
* Relacionamentos baseados só na atração sexual.
* Não tomar atitudes precipitadas, não se arriscar; ter paciência, pensar antes de agir.
* Lutar com coragem para provar sua lealdade ou idoneidade.

COMENTÁRIOS

A primeira runa do terceiro *Ætt* descreve o poder de um antigo e esquecido deus celeste, conhecido na Inglaterra como Teiwaz e na Escandinávia como Tyr. Sua representação como uma flecha mostra o direcionamento correto das forças positivas para alcançar o objetivo almejado. Tiwaz assemelha-se também aos símbolos do planeta Marte e do signo de Sagitário. Tanto Tyr quanto o deus romano Marte eram associados à luta e à guerra, mas, em vez do aspecto sanguinário e da sede de conquista de Marte, Tyr assume de Sagitário e de Júpiter (o planeta e o deus romano) as qualidades da justiça, da lei e da ordem, regendo assim os valores sociais, os contratos legais e os juramentos.

Simbolismo

Tiwaz representa a coragem do deus Tyr, que sacrificou a mão direita para amarrar o destrutivo lobo Fenrir, que ameaçava a ordem cósmica. Portanto, ela é a runa da vitória positiva e do sucesso que, todavia, requerem algum tipo de sacrifício pessoal. O poder de Tyr dá senso de direção, coragem para seguir adiante e vitória no confronto com obstáculos ou desafios.

Tiwaz simboliza o princípio masculino da Natureza, direcionado de maneira positiva, para remover obstáculos e abrir caminho para uma vida em harmonia com o meio ambiente, consigo mesmo e com os outros. Como símbolo fálico representa a penetração e a procriação, ato que exige o direcionamento da força vital e a projeção do sêmen, para a concepção de um novo ser.

Considerada a runa do "Guerreiro Espiritual", Tiwaz reforça o conceito do sacrifício, desta vez do ego, que deve ceder para que o Eu divino prevaleça. O "Guerreiro Espiritual" não luta com outras pessoas, mas combate seus inimigos interiores, as sombras do eu inferior: medos, compulsões, dependências e apegos.

No anseio de alcançar um objetivo mais elevado, Tiwaz representa a habilidade de abrir mão de algo valioso em troca de uma realização que beneficia a todos e visa melhoras a longo prazo (semelhante ao ato heróico de Tyr).

No **nível psicológico**, seu valor reside nas qualidades da coragem e da confrontação honrosa. Encoraja a determinação em enfrentar situações difíceis e recomenda as atitudes corretas nos embates.

No **nível espiritual**, Tyr personifica os valores do "Guerreiro Espiritual", do Eixo Cósmico e do Pilar Sagrado, da sustentação no eterno conflito entre as forças materiais e as transcendentais. O "Eixo do Mundo" (*Axis mundi* ou *Yrminsul*) separa o céu da terra e mantém a ordem, protegendo a humanidade da destruição e do caos, desde que respeitadas as leis divinas e o código espiritual dos deuses.

Mitologicamente, Tiwaz pertence ao deus Tyr, que sustenta a ordem no mundo e cujos atributos são: justiça, vitória justa, honra, ordem e fé. A Estrela Polar, ao redor da qual, segundo a mitologia nórdica, o mundo girava, era chamada de *Tyr* ou "Espada de Tyr", sendo considerada o topo do pilar cósmico — denominada Yrminsul pelos saxões. Forseti, como regente da justiça, também é associado a essa runa, assim como o deus ferreiro Wielund.

Antes da aparição do mito de Odin, Tyr era o deus supremo do panteão nórdico e seu emissário — o galo — anunciava a alvorada e o reinado da luz. Posteriormente, o galo foi adotado pelo cristianismo e colocado no topo das igrejas, como proteção contra raios. Como o raio era atributo do deus Tyr, pode-se observar a forma camuflada e insidiosa usada pela igreja cristã para distorcer os antigos símbolos e usá-los a seu favor.

No **contexto feminino**, Tiwaz é associada à deusa Frigga por simbolizar seu fuso. O fuso representa a constelação de Órion e a sua ponta é a Estrela Polar. Chamada também de "umbigo no ventre do céu", a Estrela Polar era regida por Hnoss, a filha de Freyja, cujo nome era traduzido por "tesouro". Ao redor do fuso de Frigga giravam os signos do zodíaco. Também era Frigga a criadora da ordem e das formas do universo, fiando-as em seu fuso e refletindo seu brilho em todas as coisas belas e preciosas.

A deusa fino-úgrica Rana Neidda (equivalente báltica de Frigga) recebia em seu altar oferendas de fusos ou rodas de fiar, cobertas de sangue menstrual, para que mantivessem a roda do ano girando. Posteriormente, o sangue menstrual foi substituído pelo de animais sacrificados, principalmente renas.

Por representarem atributos de Tiwaz, podem lhe ser associadas as deusas Hlin, Thorgerd Holgabrud, Thrud e Var. Por seu sacrifício — acompanhar até mesmo na morte seu amado esposo Baldur —, a deusa Nanna, particularmente, pode ser considerada personificação da lealdade e coragem.

Uso mágico

Para os antigos teutões, Tyr era a runa dos guerreiros, usada como talismã nos combates como forma de garantir a vitória. Atualmente é usada em qualquer competição, esportiva ou artística, em entrevistas ou negociações, em processos legais ou disputas judiciais.

Utilizada como uma runa de motivação, Tiwaz aumenta a força de vontade, a coragem, o espírito combativo e o entusiasmo que permitem atravessar todas as barreiras para que se atinja o objetivo. Ela melhora a autoconfiança, mantém a ordem, atrai a justiça, garante o cumprimento das promessas e dos juramentos e favorece a recuperação da saúde.

Nos processos judiciais o sucesso será assegurado somente se a causa for justa, pois a energia de Tyr não pode ser pervertida. Associada a Raidho, possibilita a descoberta de fraudes ou distorções em pareceres, mas deve ser usada com cuidado, pois pode intensificar demais o entusiasmo e a combatividade, levando a discussões ou brigas. Jamais deverá ser direcionada para fins mesquinhos ou escusos; o efeito será contrário para o emissor, pois a atuação de Tyr é promover a justiça e a ordem.

Usada em talismãs ou bordada nos uniformes, Tiwaz é recomendada para os desportistas (desde que sejam competidores leais) e para aquelas pessoas que trabalham com segurança ou justiça.

Significado oracular

Tiwaz indica sucesso nas competições e disputas; seu lema é "***no final a verdade prevalece***", **mas só quando se age com honestidade e lealdade**. Há indícios de que será preciso fazer algum tipo de "sacrifício" e assumir responsabilidades por atitudes praticadas anteriormente. Tiwaz revela a natureza competitiva dos negócios, concursos, exames, entrevistas, seleções de candidatos; o resultado dependerá do desempenho ou da coragem dos participantes. Quando o consulente tem uma índole passiva ou acomodada, a presença de Tiwaz na posição de resultado, ou numa posição de destaque, recomenda força de vontade, entusiasmo e coragem.

Às vezes, Tiwaz indica um envolvimento com alguma causa pessoal ou comunitária. Cercada de runas positivas, como Fehu e Sigel, garante o sucesso; com runas negativas, porém, alerta sobre possível fracasso ou derrota. Em razão de sua polaridade masculina, Tiwaz pode representar o próprio consulente — se a leitura estiver sendo feita para alguém do sexo masculino, ou, caso contrário, o parceiro da consulente. Em ambos os casos, também indica a atração física ou a compatibilidade sexual com o parceiro, bem como a fertilidade (física, mental, animal, telúrica). É um excelente presságio para as questões sentimentais, indicando paixão e fidelidade.

Por representar também o espírito de competição, Tyr pode assinalar, às vezes, o excesso de energia guerreira ou de entusiasmo, que levam tanto à agressividade ("ficar vermelho de raiva") quanto ao fanatismo (excesso de zelo), resultando em atitudes precipitadas ou violentas.

Invertida, essa runa simboliza a negação de todas as qualidades positivas, indicando falta de motivação, de virilidade, de lealdade ou de coragem. Às vezes, indica impaciência ou precipitação e possibilidade de discussões, brigas ou separações. Assinala também bloqueios energéticos, seja no nível físico (vitalidade diminuída, impotência, esterilidade), psicológico (propensão a acidentes) ou mental (desânimo, inércia). Revela que o consulente pode desistir de lutar por seus interesses por falta de paciência ou entusiasmo (seja nos negócios, seja no amor). Dependendo da pergunta, Tyr invertida prenuncia desentendimentos e dificuldades nos relacionamentos, que podem levar à separação. Nos assuntos de saúde, pode indicar propensão a acidentes ou alguma cirurgia, infertilidade masculina ou impotência.

Para **as mulheres**, Tiwaz pode indicar a influência marcante de um homem que exige sacrifícios pessoais impondo submissão, desistência ou medo. É possível que a mulher tenha dado demais de si mesma e desistido de lutar pela própria felicidade. Bem colocada, Tiwaz mostra determinação e coragem para lutar por seus direitos, bem como motivação e iniciativa pessoal em seus empreendimentos. Às vezes, indica a ajuda ou o apoio de um homem forte e influente (superior ou colega, em ambiente de trabalho) ou de uma figura masculina protetora (marido, pai ou irmão). Compete à mulher discernir se essa ajuda ou influência é benéfica ou se servirá apenas para mantê-la diminuída em uma posição subalterna ou de "eterna devedora", com a desculpa de que é para seu "próprio bem".

BERKANO

BERKANA, BEORC, BAR, BJARKAN, BJÖRK

FORMAS ALTERNATIVAS: ᛒ ᛒ ᛒ ᛒ

VALOR FONÉTICO: B
PLANETAS ASSOCIADOS: Lua e Júpiter.
PRINCÍPIO: Crescimento, expansão e manutenção da energia feminina.
"A bétula não dá frutos, mas, mesmo sem sementes, ela se multiplica em profusão. É bela, com seus inúmeros galhos que apontam para o céu, carregados de folhas que brilham quando tocadas pelo vento."
INTERPRETAÇÃO IDEOGRÁFICA: A bétula.
INTERPRETAÇÃO ESOTÉRICA: Fertilidade, os seios da Mãe Terra, mulher grávida.
DIVINDADES RELACIONADAS: As deusas Akkas, Berchta, Bil, Eir, Erda, Fjorgyn, Frigga, Gna, Idunna, Jord, Nerthus, Ostara, Rana Neidda, Sif, Sjofn, Walburga e Ziza; as deusas eslavas Ajysit, a "Mãe do Oceano de Leite"; as Avas, responsáveis pela fertilidade, e Anapel, a "Pequena Avó", regente da reencarnação.
SERES SOBRENATURAIS: Birke Frauen, as "Mulheres-Bétula", espíritos femininos de pele esverdeada, coroadas com folhas de bétula e vestidas de branco; Beregina, a ninfa das bétulas; as "Senhoras Brancas" (Weisse Damen), espíritos luminosos com formas e atributos femininos; Skogsjungfru (ou Vir Ava), as "Virgens da Floresta", entidades do reino vegetal que, pela frente, aparecem como lindas mulheres, mas, de costas, são formadas por troncos ocos de árvore; *Metsola*, a "Mãe da Floresta"; Vila ou Willi, ninfas das florestas, e as Disir, ancestrais da linhagem feminina.
ATRIBUTOS POSITIVOS: Fertilidade, gestação, crescimento, nutrição, proteção, regeneração.
ATRIBUTOS NEGATIVOS: Esterilidade, estagnação, abandono, excesso de cuidados.
ELEMENTO: Terra.
POLARIDADE: Feminina.

SÍMBOLOS: Seios, ventre grávido, ondulações presentes na Natureza, berço, vassoura de galhos, árvores velhas, ervas curativas, primavera, manto, algodão.
CORES: Branco, verde, ocre.
ANIMAIS TOTÊMICOS: Lebre, leitoa, coruja branca, vaca.
ÁRVORES: Bétula, sabugueiro, vidoeiro.
PLANTAS: Copo de leite, lírios, tanchagem, erva-da-lua, prímula.
PEDRAS: Calcita, ágata-musgosa, calcedônia, cornalina, nefrita (para a saúde), azeviche (para absorver a energia negativa), pedra-da-lua (para sintonia com suas fases).
RITUAIS: Purificação (sauna sagrada, chás depurativos, ativação da circulação pela fustigação do corpo com feixes de galhos verdes), massagem com óleo de bétula, rituais de iniciação xamânica (morte e renascimento), encantamentos e talismãs para aumentar a fertilidade (física, mental, artística) e para a proteção das gestantes e das crianças, uso terapêutico e mágico da bétula (chá, vinho, óleo, banhos, madeira e nos rituais).

PALAVRAS-CHAVE:

* Nascimento/crescimento, ciclos vitais.
* Geração, gestação, fertilidade física e mental.
* Nutrição, puericultura, infância.
* Regeneração, expiação, cura.
* Renascimento, novos começos.
* Lar, família, maternidade, compaixão.
* Novos empreendimentos e projetos; sucesso.
* Eventos familiares (comemorações).
* Proteção, conservação, preservação.

EFEITOS MÁGICOS:

* Frutificação de idéias criativas.
* Recuperação da saúde, conexão com a Mãe Terra.
* Talismãs e rituais de fertilidade.
* Harmonia familiar.
* Renascimento e fortalecimento.
* Bênçãos de paz e proteção.

DESAFIO: Restabelecer os vínculos com os ritmos naturais e os ciclos da Natureza.
STADHA: Corpo ereto, braço esquerdo dobrado na altura do cotovelo, a mão apoiada no quadril esquerdo. A perna esquerda dobrada, a sola do pé apoiada no tornozelo esquerdo (em ângulo adequado para reproduzir a forma da runa)

GALDR: berkano berkano berkano
    bu ba bi be bo   bo be bi ba bu
    beeerrrkaaannnooo
    beeeeerrrrr
    bbbbbbbbb (murmúrio suave, lábios semifechados)

BERKANO INVERTIDA

* Problemas familiares, aborrecimentos domésticos, atritos com parentes.
* Acontecimentos infelizes, separações.
* Notícias preocupantes sobre saúde ou bem-estar de familiares.
* Dificuldade para engravidar, problemas durante a gestação.
* Atrasos e dificuldades na realização dos planos.
* Impedimentos, desilusões, fracassos.

Recomenda-se não desanimar diante de falhas ou fracassos. O momento requer atenção e dedicação. Avalie suas necessidades e as dos outros; identificando os obstáculos será mais fácil removê-los. É necessário enfrentar as derrotas e recomeçar um novo projeto, com calma, persistência e fé na vida.

COMENTÁRIOS

Berkano é o poder gerador feminino que sustenta o processo de criação, manifestação, crescimento e decadência. Ela contém e guarda tudo o que foi concebido e também o protege e nutre até que chegue o momento propício para sua materialização; posteriormente, também zela pelo seu desenvolvimento.

Em seu aspecto cosmogônico, Berkano é a **Mãe** de toda a criação e manifestação, englobando os mistérios do nascimento e renascimento humano e cósmico. Ela rege os quatro ritos de passagem da humanidade: nascimento, adolescência, casamento e morte. Representa não somente a **Mãe Boa** ("**Aquela que dá a vida**"), mas também a **Mãe Terrível** ("**Aquela que rege a morte**"), pois contém em si o "ser" e o "porvir". Todos os fenômenos da natureza estão sintetizados nessa runa; cada forma de existência tem sua unicidade em um certo momento, o "ser", do qual é construído o "porvir". É o eterno ciclo do aparecer—ser—transformar-se—desaparecer que abre espaço para um novo reaparecer.

Simbolismo

Berkano representa o princípio da fertilidade e é considerada a runa da Grande Mãe. Sua forma reproduz os seios ou o ventre em gestação (de perfil). Relaciona-se à força da Mãe Terra, que cria, alimenta, nutre e protege seus filhos. Não é somente uma runa da fertilidade e da maternidade, mas também a representação da relação mãe-filho, aplicada a todos os projetos que requerem cuidados e proteção.

Como a décima oitava runa (duas vezes o sagrado número nove), Berkano simboliza a complementação, os novos começos que evoluem a partir de uma oitava superior, o ponto exato em que a vida recomeça. Sua árvore é a bétula, usada em rituais de purificação, símbolo do renascimento da força solar na primavera, por ser a primeira árvore a brotar após os rigores do inverno.

Os lapões consideravam a bétula a própria "Árvore da Vida" e, nas cerimônias de fertilidade, erguiam um mastro feito dessa árvore. Junto com Eihwaz, Berkano também era utilizada nos ritos de iniciação, nos quais os candidatos sofriam uma morte simbólica por "enforcamento" na Árvore da Vida, sendo depois "ressuscitados" com *galdrsongs* (canções sagradas rúnicas) de Berkano e Mannaz — que, juntas, representavam o mistério do renascimento.

Como instrumento de purificação, galhos de bétula eram usados para flagelar as pessoas antes que entrassem na sauna sagrada. Os galhos de bétula também eram usados nos ritos de fertilidade e as folhas, em chás, para aliviar cólicas menstruais e dores de parto. Na Rússia, preparava-se um vinho da seiva fermentada de bétula que simbolizava o leite da Grande Mãe. Em razão de suas propriedades purificadoras e protetoras, da madeira da árvore eram confeccionados os berços.

Mitologicamente, Berkano pertence à Grande Mãe, sendo representada por Frigga e também pelas deusas Berchta, Eir, Rana Neidda, Nerthus e Sif. Berchta é a padroeira das mães e dos filhos e cuida das crianças abandonadas; em seu jardim moram as almas dos bebês. Rana Neidda era reverenciada pelos lapões como a maior de todas as deusas, por ser a patrona de todos os começos e das promessas de fertilidade e de renovação. As oferendas a ela dedicadas eram colocadas em cestos feitos de galhos de bétula e levadas, no primeiro dia de primavera, para o topo das montanhas. Sua bênção assegurava a saúde e a fertilidade das mulheres e das renas, e a bétula era o próprio símbolo do despertar da vida e do renascimento após a hibernação.

A associação com Eir é decorrência dos seus dons de cura; com Sif, por ser ela a patrona do casamento. Em razão de seus atributos de fertilidade e polaridade telúrica e da forma que reproduz os seios da Mãe Terra, Berkano é também regida por Nerthus, a deusa ancestral da terra, e pelas deusas da terra Erda, Fjorgyn, Jord e Ziza. Podem também ser associadas Gna, pelo atributo da fertilidade; as Disir, Akkas e Avas, como Mães Ancestrais; Idunna, simbolizando a regeneração; Sjofn, pela afeição familiar; Bil, como regente das influências lunares, e Ostara e Walburga, as patronas dos ritos de fertilidade na primavera.

Uso mágico

Ao contrário de Laguz, que é uma runa da concepção, Berkano é a runa da fertilidade que indica o nascimento ou o início de algo. Ela, portanto, promove os novos começos e facilita a manifestação e a conclusão das idéias e dos projetos. Recomenda-se que seja usada para aumentar a fertilidade das mulheres, para a purificação e renovação pós-parto e para assegurar uma gravidez tranqüila. É excelente para fortalecer e curar os órgãos do sistema reprodutor feminino, para facilitar a chegada do espírito da criança na matéria e para proteger as crianças e as adolescentes. Para essa finalidade, pode-se gravar três runas Berkano (formando um *triskelion* ou um semicírculo), sobre um disco de prata e confeccionar um talismã de proteção, que deverá ser usado em uma corrente, também de prata, como colar ou pulseira.

Nos encantamentos amorosos, Berkano atrai o amor, harmoniza os relacionamentos entre mãe e filho e aumenta ou favorece a harmonia familiar.

Nas meditações, Berkano é usada como portal para a atração e a compreensão dos poderes regeneradores e revitalizantes da terra.

Significado oracular

Beorc prenuncia um novo período de desenvolvimento e renascimento, o começo de algo que trará felicidade ou realização. O desenvolvimento desse projeto será indicado pelas runas que vieram depois de Beorc na jogada: as positivas, vistas como bons presságios; as negativas, como alertas sobre interrupções ou fracassos.

Por personificar os mistérios femininos, Beorc é associada à concepção, ao nascimento, à nutrição e ao crescimento. Ela governa tanto a mãe, quanto o filho, mas se refere, principalmente, à infância e aos assuntos a ela ligados, como nutrir, cuidar, proteger, sustentar, guiar. Considerando que Beorc é regida por Júpiter, a presença dessa runa pode indicar um acontecimento afortunado tanto no âmbito familiar — como o nascimento de uma criança, um noivado ou casamento — quanto no âmbito material — como uma promoção no emprego ou ganhos financeiros.

A energia criadora, nutriz, protetora e fortificante de Berkano atua também na área das idéias, dos negócios, dos empreendimentos e das niciativas. Geralmente, pode ser vista como um bom presságio, que favorece, ou pelo menos indica, a realização de um projeto ou a ocorrência de um acontecimento familiar feliz. Para que os projetos indicados por sua presença possam se concretizar, é necessário a purificação (pela eliminação de bloqueios ou resquícios do passado), seguida da nutrição e proteção adequadas durante o desenvolvimento, bem como o fortalecimento daquilo que foi semeado.

Berkano também é um sinal de saúde ou cura, e também de um período favorável para a beleza, o amor e as ligações ou relações com mulheres (trabalho, terapias, comemorações, rituais ou aconselhamento). Na leitura, pode representar a consulente ou alguma mulher da família (mãe, filha) e descreve a personalidade ou os interesses da pessoa (casa, família, lar, assuntos ligados à gestação, puericultura, criação de animais, horticultura ou plantio da terra).

Invertida, Berkano assinala interferências e problemas, seja para começar ou continuar um projeto, seja pela falta de apoio ou de sustentação no âmbito familiar ou doméstico. No entanto, por causa da natureza benéfica dessa runa, as diferenças ou interrupções não são irremediáveis ou permanentes; mas o resultado vai depender das qualidades das outras runas que a cercam. Geralmente, ela alerta para notícias ruins na família (doença, separação); problemas de saúde do consulente; dificuldades para engravidar ou a probabilidade de um aborto, desentendimentos familiares; problemas com a mãe, esposa ou filha; preocupações com os filhos ou dificuldades nos negócios e na realização de projetos. Mesmo invertida, ela não é uma runa negativa; muitas vezes, sua presença é somente um alerta, aconselhando prudência e paciência nos relacionamentos e negócios.

Para **as mulheres**, Berkano muitas vezes revela a falta de assertividade no âmbito familiar, principalmente quando a presença ou a autoridade materna é excessiva ou negativa. É comum a mãe tratar as filhas adultas como se ainda fossem crianças, interferindo demasiadamente na vida delas, invadindo seu espaço ou criticando suas decisões, preferências ou opções existenciais.

Outra possibilidade é a permanência — consciente ou não — da mulher no papel de *puella*, a "menininha", na tentativa de não assumir suas responsabilidades. Berkano invertida pode indicar dificuldade para assumir a maternidade ou lidar com as tarefas relacionadas a ela; a adoção do papel de "mártir" ("a vítima sofredora"), sem que se tenha autoridade na educação dos filhos, deixando-os soltos, sem regras ou limites; a adoção de uma suposta maneira "alternativa" de educação, que dispensa a disciplina ou a responsabilidade e acarreta sérios problemas a longo prazo, tanto para a mãe, quanto para os filhos, quando adolescentes ou adultos.

EHWAZ

EHWO, EHOL, EH, AIHWS, EOL

FORMAS ALTERNATIVAS: ⊓ ↓

VALOR FONÉTICO: E curto.
PLANETAS ASSOCIADOS: Mercúrio e o asteróide Quíron.
"O cavalo veloz é a alegria dos nobres. Quando os ricos cavaleiros, montados em seus corcéis, deles se orgulham, é um consolo para aqueles que não repousam nunca."
PRINCÍPIO: A combinação harmoniosa de duas energias para realizar um objetivo.
INTERPRETAÇÃO IDEOGRÁFICA: Cavalo, duas varas unidas por um raio.
INTERPRETAÇÃO ESOTÉRICA: Os heróis em seu aspecto eqüino, gêmeos.
DIVINDADES RELACIONADAS: Os Gêmeos Celestes (Alcis ou Aclis), Frey e Freyja, Hengst e Horsa, as deusas Gna, Thorgerd Holgabrudr e Irpa, Thrud, as Valquírias e os deuses Ægir, Loki, Odin e Wielund.
SERES SOBRENATURAIS: Os Centauros, seres espirituais com formas eqüinas; Mara, espírito eqüino feminino noturno que produz os pesadelos (*night mare*, palavra composta dos vocábulos "noite" e "égua", significa "pesadelo" em inglês); Sleipnir, o cavalo de oito patas de Odin; Tomte, os gnomos guardiães dos cavalos; as Fylgjur, espíritos guardiães individuais, na forma de animais, e que podem servir como "montaria" nas viagens xamânicas.
ATRIBUTOS POSITIVOS: Movimento, mudança, modificação, trabalho em conjunto, dualidade.
ATRIBUTOS NEGATIVOS: Bloqueio, duplicidade, desarmonia, deslealdade, falta de entrosamento.
ELEMENTOS: Terra, ar.
POLARIDADE: Bissexual.
SÍMBOLOS: Sela, rédeas, asas, frutas geminadas, objetos duplicados.
CORES: Laranja-avermelhado, branco, verde.
ANIMAIS TOTÊMICOS: Cavalo, cavalo alado, cavalo-marinho, unicórnio.
ÁRVORES: Álamo, faia, freixo.
PLANTAS: Centáurea, capuchinha, hera, senécio.
PEDRAS: Turquesa (cria a ligação entre o "cavalo" e o "cavaleiro"), sardônica (assegura a fidelidade do parceiro), calcedônia.
RITUAIS: Usar Ehwaz nos talismãs e encantamentos para proteção (dos veículos ou das viagens) e para harmonização dos relacionamentos (afetivos, profissionais, de negócios), gravando a runa em rodelas de álamo ou freixo. Nos rituais de fertilidade, realizar danças xamânicas com máscaras de cavalos e usar objetos mágicos em duplicata ou frutos geminados.

PALAVRAS-CHAVE:

* Dualidade harmoniosa (relação ideal).
* Confiança, lealdade.
* Movimento, modificação, transição, mudanças (relacionamento, casa, trabalho, rotina).
* Viagens (trabalho, estudos, lazer).
* Sucesso nos empreendimentos em andamento.
* Ímpeto, força, tenacidade.
* Adaptabilidade, receptividade.

EFEITOS MÁGICOS:

* Favorece a projeção astral.
* Combinação harmoniosa de duas energias diferentes orientadas para um objetivo comum.
* Confere lealdade e confiança.
* Propicia mudanças e facilita a rapidez.
* Possibilita o contato entre os mundos e a comunicação com outros níveis de consciência.

DESAFIO: Manter o equilíbrio em todas as circunstâncias.

STÖDHUR:

1. Em pé, pernas juntas, braços e mãos estendidas para baixo; unir os polegares formando a runa, manter os outros dedos juntos.
2. Composta por um casal, cada um tomando a posição da runa Laguz ᛚ e se dando as mãos.

GALDR: ehwaz ehwaz ehwaz
eeehhhwwwaaazzz
eeehwoooooo (som modulado, alto)

EHWAZ INVERTIDA

Os movimentos estão bloqueados e é preciso parar. Deve-se analisar calmamente a situação, refletir e reavaliar seus valores e objetivos para poder tomar a decisão certa. Aconselha-se paciência e prudência, pedindo orientação e ajuda divina.

* Alterações imprevistas.
* Incertezas: evitar mudanças.
* Dificuldades em viagens.
* Descontrole emocional: procurar o equilíbrio.

Quando invertida e associada a runas positivas, Ehwaz nem sempre tem significado inverso. Deve-se avaliar o conjunto para a adequada interpretação da leitura.

COMENTÁRIOS

O poder essencial da décima nona runa é a habilidade de comunicação entre os vários níveis da existência. A sabedoria poderá ser adquirida por intermédio dessa comunicação, não apenas com os outros seres humanos, mas também com animais, plantas e pedras, com os seres que existem na "realidade incomum" (os outros planos) e com as entidades espirituais e inteligências cósmicas.

Simbolismo

Ehwaz é ligada ao cavalo, representado por Sleipnir, o corcel de oito patas que transportava Odin entre os mundos, ou por uma parelha de cavalos — um macho e uma fêmea. Antes dos avanços tecnológicos, o único meio de transporte nas sociedades antigas era o cavalo. Os sacerdotes dos antigos cultos das divindades Æsir cavalgavam éguas e, no mito de Loki, relata-se sua metamorfose em égua, que gerou Sleipnir.

Existem evidências históricas de um culto nórdico ao cavalo, cujo pênis embalsamado era usado em certos rituais de magia *seidhr* realizados por sacerdotisas. O pênis era chamado de Volsi — que era tanto um dos nomes de Odin quanto de uma dinastia que teria sido por ele fundada — e representava o princípio fertilizante masculino. Outras práticas se valiam de cavalos como meios oraculares, fazendo previsões com base em seu comportamento.

Os povos germânico e celta consideravam o cavalo um animal sagrado, existindo inclusive seitas ocultas que realizavam cultos, ritos de fertilidade, comemorações e sacrifícios rituais em honra desses animais. Os participantes dessas seitas usavam máscaras de cavalos e comungavam da carne do animal sacrificado. Os membros de uma antiga fraternidade celta chamada Horse Whisperers — "Sussurradores de Cavalos" — diziam-se capazes de se comunicar com os cavalos por meio de sussurros, que, ao serem interpretados, lhes ofereciam presságios e avisos.

Deturpações dessas antigas práticas foram — e infelizmente continuam sendo — usadas para a realização de maldições. Numa delas, coloca-se uma cabeça de cavalo no topo de um mastro, chamado *nidhing pole*. Os participantes formam um círculo ao redor do mastro e os bruxos proferem pragas e maldições contra malfeitores e inimigos, pessoais ou da comunidade.

Além de seu significado como representação do veículo físico, Ehwaz simboliza, no **nível psicológico**, a *persona*, ou seja, a "máscara" usada pela personalidade para se expressar no mundo externo, que, como meio de defesa, permite sua adaptação e sobrevivência e resguarda sua verdadeira identidade.

A divisão ao meio dessa runa produz duas runas Laguz, uma sendo o reflexo da outra. Esse é o símbolo de uma parceria perfeita, a cooperação que existe entre o cavaleiro e o cavalo ou a união entre um homem e uma mulher. Essa união não implica na perda da identidade dos parceiros, nem no domínio de um sobre o outro. A mensagem oculta de Ehwaz é a da parceria perfeita e natural que pode existir entre um homem e uma mulher, contrariando, assim, a prerrogativa cristã de que o homem é superior à mulher. É evidente o simbolismo dessa união para a procriação, seja no nível físico, no mental ou no espiritual. O aprendizado contido na representação de Ehwaz é a necessidade de harmonização entre os princípios e os aspectos masculino e feminino, tanto dos sexos, quanto da psique. Somente assim a vida poderá fluir e as trocas energéticas acontecerem, de modo a complementar as polaridades e possibilitar a expressão criativa, no plano material, da essência espiritual.

Mitologicamente, Ehwaz é associada aos Gêmeos Celestes — as misteriosas divindades Alcis (ou Aclis) — e aos heróis mitológicos Hengst e Horsa, os primeiros colonizadores saxões na Inglaterra. Segundo a interpretação de Freya Aswynn, Horsa teria sido a irmã de Hengst, e não seu irmão. Uma outra correlação é feita com os gêmeos divinos Frey e Freyja:

Frey ("o Senhor"), visto como o deus da fertilidade masculina, cujo totem era o cavalo, e Freyja ("a Senhora"), a patrona das *völvas* (videntes) e das *seidhkönur* (sacerdotisas que praticavam a magia *seidhr*). Em sua homenagem, eram realizadas corridas de cavalos, nas quais o ganhador era sacrificado e seu sangue espalhado nos campos para aumentar a fertilidade da terra.

Existem também referências a duas deusas reverenciadas no culto dos cavalos: Thorgerd Holgabrudr e Irpa, filhas de Hulda (padroeira das ninfas das colinas) e de Odin. Ambas eram consideradas deusas guerreiras, protetoras de seu povo, cujo culto foi proibido pelo cristianismo.

Conhecida como "A Mensageira", a deusa Gna cavalgava um cavalo alado, observando as ações dos homens para informar Frigga, que, desse modo, tudo sabia, mas nada revelava.

Ehwaz é a runa de *Fylgja* (ou *fetch*), aspecto sutil do ser que mostra sua real natureza interior, e que pode ser "cavalgada" durante o transe xamânico para o deslocamento entre os mundos e a obtenção de informações, inacessíveis no estado "normal" de consciência. A *Fylgja* assume as formas de diversos animais, os mais comuns sendo o urso, o lobo, a raposa, o lince, o alce, o cavalo, a baleia, o peixe, o cisne, os pássaros, as serpentes e os dragões. Podemos associar *Fylgja* ao "animal de poder" ou ao "totem" da tradição nativa norte-americana; porém, ela atua mais como um espírito guardião individual, sempre presente, ainda que visível apenas aos clarividentes, e que se afasta no momento da morte física.

Outras divindades associadas a Ehwaz — além das citadas — são os deuses Ægir, Loki, Odin, Wielund, a deusa Thrud e as Valquírias.

Uso mágico

Como runa de parceria, Ehwaz ajuda a união dos parceiros na direção de um propósito comum. Facilita o movimento, ajuda a transferir ou a transportar energias e é um auxílio poderoso para atrair sorte. O sucesso depende da lealdade e da confiança mútua dos parceiros; portanto, as intenções devem ser sérias e os objetivos, honestos.

Recomenda-se mentalizar Ehwaz ao iniciar uma jornada xamânica, como escudo nas viagens, ou durante mudanças. Pode ser usada também nas projeções astrais, como um portal, mas com cuidado; é preciso muito controle e equilíbrio para não perder o rumo.

Ehwaz é usada nos talismãs e encantamentos para fertilidade ou para aprofundar e harmonizar relacionamentos. No entanto, essa runa jamais deverá ser usada invertida para separar pessoas ou dominar alguém, pois o retorno virá a galope! O poder de Ehwaz reside na combinação de duas forças que trabalham harmoniosamente, com **confiança e lealdade, para o bem comum.**

Significado oracular

A palavra-chave de Ehwaz é "cooperação". Ela indica um acordo que beneficia todas as partes envolvidas. Os benefícios poderão ser ampliados pela presença das runas Ansuz, Jera, Tiwaz, Berkano ou Wunjo.

A mensagem de Ehwaz para o consulente é a manutenção do equilíbrio e a busca da harmonia interior; assim, os esforços e a colaboração com os outros trarão resultados positivos.

A presença de Ehwaz prenuncia movimento e mudança, em casa ou no trabalho, ou viagens (físicas ou espirituais). Junto com Raidho, indica viagem; perto de Beorc, mudanças em família ou viagem com mulheres. Associada a Tiwaz, a viagem será com um homem, enquanto a proximidade com Laguz ou Sigel prediz viagens além-mar ou para lugares distantes. A presença de Ansuz, Jera ou Mannaz perto de Ehwaz revela a necessidade de receber auxílio e apoio para ter sucesso ou tomar decisões corretas e bem-intencionadas.

Como runa significadora ou em destaque no jogo, Ehwaz incentiva a ação correta ou a disposição para uma mudança ou uma nova parceria.

Invertida, Ehwaz alerta para a possibilidade de discórdias e desentendimentos nos relacionamentos, e vaticina problemas e impedimentos nas viagens ou nas mudanças. É importante não guardar mágoas, nem alimentar remorsos, mas aceitar as frustrações e decepções, buscando soluções ou novas oportunidades.

Ehwaz é a única runa que não tem o significado contrário quando está invertida. **Associada** a runas positivas, ela assinala prejuízos mínimos: alterações não previstas, aborrecimentos nas viagens ou distanciamento nos relacionamentos. Aconselha-se evitar mudanças e ter mais espírito de colaboração e tolerância.

Para **as mulheres**, Ehwaz recomenda que se tomem providências para buscar e manter o equilíbrio, mesmo nas situações perturbadoras ou dissonantes. Reservar um horário todos os dias para alongamentos, exercícios respiratórios ou físicos, meditação e oração é um recurso valioso e necessário para as mulheres que precisam conciliar família, tarefas domésticas e trabalho. Não ter tantas preocupações, evitar a tentação de resolver os problemas alheios ou se deixar envolver por eles e não lamentar os fracassos ou decepções do passado são atitudes que contribuirão muito para que se mantenha o "fôlego". Para encontrar e manter o equilíbrio, interior e exterior, recomenda-se que se dedique mais tempo e energia ao próprio bem-estar, prestando atenção aos sinais e às necessidades do corpo, da mente e do espírito.

MANNAZ

MANN, MADHR, MADR

FORMAS ALTERNATIVAS:

VALOR FONÉTICO: M
PLANETAS ASSOCIADOS: Saturno, os asteróides Pallas Athena e Juno, o Nodo Lunar Sul.
"O homem é amado pelos familiares pela sua alegria; no entanto, deles deverá se separar quando os deuses destinarem seu corpo à terra."
PRINCÍPIO: O despertar da consciência, o entrosamento grupal.
INTERPRETAÇÃO IDEOGRÁFICA: O ser humano.
INTERPRETAÇÃO ESOTÉRICA: O casamento entre o céu e a Terra, os ancestrais divinos, a raça humana, o Eu divino, o primeiro casal humano.

DIVINDADES RELACIONADAS: O deus Heimdall, protetor da humanidade e criador da estrutura social; Mimir, guardião da fonte da memória; Mannaz, deus ancestral tribal; os deuses Bragi, Njord e Tyr; a Grande Mãe Frigga e as deusas Gunnlud, Saga e Snotra; as Akkas e as Avas, grupo de deusas que regem os nascimentos.

SERES SOBRENATURAIS: Mestres e guias espirituais (individuais e da comunidade); as Disir, as Ahnfrauen e os Dokkalfar, espíritos ancestrais femininos e masculinos que avisam seus descendentes sobre perigos ou desastres, oferecendo-lhes proteção.

ATRIBUTOS POSITIVOS: Intelecto, inteligência, razão, lógica, consciência, altruísmo, individuação.

ATRIBUTOS NEGATIVOS: Falta de autoconfiança, baixa auto-estima, solidão, depressão, egoísmo, egocentrismo, individualismo, isolamento.

ELEMENTOS: Ar, espírito, mente.

POLARIDADE: Bissexual.

SÍMBOLOS: Eixo, arado.

CORES: Azul, branco, verde, vermelho.

ANIMAIS TOTÊMICOS: Gavião, corvo, falcão, os animais de poder.

ÁRVORES: Olmo, plátano, teixo.

PLANTAS: Azevinho, hera, videira, dedaleira.

PEDRAS: Ametista (excelente para a memória, alia a intuição à razão), fluorita (ativa o aprendizado), granada, turmalina (fortalecimento, inspiração).

RITUAIS: Talismãs e encantamentos para fortalecer a mente e ativar a memória (em associação às runas Ansuz, Raidho, Sigel e Os) ou para a solução de assuntos legais (associada às runas Ehwaz e Tiwaz). Práticas de harmonização e alinhamento do corpo, da mente e do espírito; cerimônias para honrar o ciclo vida–morte–renascimento.

PALAVRAS-CHAVE:

* Homem (indivíduo ou coletividade): o ser.
* Parentes, família, clã, grupo.
* Integração e confiança mútua, cooperação.
* Inteligência, razão, memória, lógica e objetividade.
* Pessoa que trabalha para ajudar os outros.
* Impulso, princípio, ponto de partida.
* Relacionamento correto com seu Eu divino.
* Autoconhecimento, clareza interior.
* Ajuda objetiva, assistência altruística.

EFEITOS MÁGICOS:

* Aumento dos poderes mentais e da memória.
* Melhora a visualização criativa.
* Poder mágico.
* Equilibra a personalidade.
* Ligação entre os deuses e a humanidade.
* Favorece as atividades em grupo.

DESAFIO: Conhecer a si mesmo, avaliar suas qualidades e defeitos e expressar seu potencial inato.

STADHA: Corpo ereto, braços dobrados e cruzados atrás da cabeça, cotovelos levantados. Inspirar mentalizando o aumento da força mental.

GALDR: mannaz mannaz mannaz
    mu ma mi me mo   mum mam mem mim mom
    mmmaaannnnnnaaazzz
    mmmmmmmmm (murmúrio, de boca fechada)

MANNAZ INVERTIDA

Adverte para a necessidade de introspecção para a descoberta e análise dos bloqueios que impedem o desenvolvimento e o crescimento do Ser. É necessário o abandono de antigos hábitos e padrões de comportamento, a eliminação de barreiras e a diminuição do individualismo e do egocentrismo. A pessoa deve procurar se conhecer melhor para poder se aperfeiçoar, almejando o Ser total que representa a união entre o Pai Céu e a Mãe Terra, o verdadeiro iniciado, o ser realizado.

* Impedimentos, subversão dos objetivos e dificuldades na realização dos planos (sabotagens, traições, perseguições).
* Pessimismo, falta de autoconfiança e de fé, baixa auto-estima.
* Egoísmo, isolamento, falta de cooperação, teimosia.
* Esperar o momento certo para agir, não forçar a barra.
* Bloqueios, problemas de saúde.

COMENTÁRIOS

Man, em inglês e alemão, significa "homem" e o poder dessa runa possibilita o autoconhecimento, trazendo, assim, mais significado e propósito para a existência humana.

Por tradição, Mannaz é vista como a runa da humanidade, mas, na verdade, ela é a semente da divindade existente no ser humano, a força que lhe dá motivação para a busca da perfeição. É esse poder divino, que reside e é inerente ao Eu, que procura a expressão externa, a manifestação na vida diária e a realização transcendental. Mannaz integra a atividade dos dois hemisférios cerebrais, harmoniza o intelecto e a razão com a intuição, para assim melhor servir e guiar o espírito. É esse o significado esotérico dos dois corvos que acompanhavam Odin: Huginn, que representa o hemisfério esquerdo, a atividade racional e lógica do cérebro; e Muninn, representando o hemisfério direito, sede da memória e da intuição. Pela força dessa runa o intelecto é aguçado, a intuição ativada e os hemisférios harmonizados e unificados.

Mannaz aprofunda a colaboração do homem com a Natureza, torna-o co-criador e lhe dá a responsabilidade por sua própria vida, ao possibilitar o autoconhecimento e a expansão da consciência. Também representa o poder de coesão entre os membros de uma família carnal, ou ainda a cooperação com os outros seres e formas de vida, irmãos de coração e componentes da família universal.

Simbolismo

Man representa o primeiro ser humano, Mannaz ou Mannus, o progenitor mítico da humanidade, considerado por algumas fontes como um deus ancestral tribal. Seus três filhos criaram as três principais **tribos** germânicas: Herminones, descendentes do Írmio; Istævones, do Ístio; e Ingævones, do Íngvio — interpretadas também como um sistema de **castas** (dos soberanos e magos; dos nobres e guerreiros; dos fazendeiros, caçadores, pescadores). Transpostos para um nível mais sutil, esses **três arquétipos humanos** podem ser vistos como qualidades do espírito (sabedoria), da mente (dinamismo) e do corpo (sustentação da vida). Mesmo que os homens atuais não sejam mais os descendentes diretos de Mannaz, as qualidades divinas continuam sendo retransmitidas ao longo das gerações, sendo representadas, no corpo astral, por três centros de energia (chakras), que vibram em faixas cromáticas diferentes: branca (frontal), verde (cardíaco), vermelha (básico).

Dessa forma, a runa Mannaz, é o símbolo da ligação genética entre a humanidade e os deuses, da união harmônica e complementar entre o espírito, a mente e o corpo.

Sua forma representa o ser humano. Dividida ao meio, percebe-se que é formada por duas runas Wunjo ᛈ ᛉ, o que realça seu significado de esforço cooperativo em prol da comunidade. Mannaz se assemelha a Ehwaz, a runa que a antecede no alfabeto Futhark, o que aponta a ligação atávica existente entre o homem e o animal. Ambos compartilham o mesmo ambiente e, embora co-dependentes, o ser humano é um animal evoluído, dotado não só de inteligência, mas também de consciência.

Outra interpretação vê Mannaz como o entrelaçamento de duas runas espelhadas (colocadas uma na frente da outra, como se estivessem refletidas no espelho): Laguz ᛚ ᛉ ou Kenaz ᚲ ᛉ, em seu grafismo antigo, criando entre elas a runa Gebo. Sintetiza-se, assim, o simbolismo de Mann como sendo a integração de vários opostos: homem/divindade, macho/fêmea, razão/intuição, consciente/inconsciente, introspecção/ação, indivíduo/comunidade.

Mitologicamente, Mannaz é atribuída ao deus Heimdall, o protetor da humanidade, criador das três funções arquetípicas no mundo dos homens: sacerdote/rei/nobre, defensor/guerreiro e provedor/fazendeiro. Heimdall também é o guardião da Ponte do Arco-Íris, Bifrost, que liga Midgard, o mundo mediano (humano), a Asgard (morada dos deuses). Segundo um poema das *Eddas*, Heimdall, em sua viagem para Midgard, foi hóspede de três casais e dormiu na mesma cama que eles, entre marido e mulher. As três mulheres conceberam, posteriormente, três filhos, que deram origem, por sua vez, às três tribos — ou classes sociais — já mencionadas. Sobrepõe-se, assim, a figura de Mannaz à de Heimdall, mas ambas as variantes consideram a runa Mannaz como um atributo do deus progenitor da humanidade. Heimdall criou uma estrutura social baseada em três divisões, interligadas, na qual nenhuma das classes explorava ou dominava a outra, o que enfatiza a cooperação para o bem de todos. Outros deuses associados a essa runa são Bragi, Mimir, Njord e Tyr.

No **contexto feminino**, Mannaz representa a fonte da sabedoria e da intuição da mulher, dons recebidos das Senhoras do Destino ou da Grande Mãe, personificada por Frigga. Também é associada à Saga, detentora das memórias do passado; à giganta Gunnlud (guardiã do elixir da inspiração), e à deusa Snotra, regente do comportamento humano.

Como a humanidade nasceu do ventre da Deusa e todos os seres humanos foram gerados por uma mulher, é uma conseqüência natural que o rio da sabedoria flua a partir da fonte ancestral materna. O nome de Mimir, o deus guardião da fonte sagrada da memória, também pode ser interpretado como um equivalente de "**Mãe**" (*Madr*, em norueguês, que também significa "humano", e não apenas "homem") ou de um aspecto das Deusas do Destino (chamado *Miming*), que traziam sabedoria e abundância. O próprio Odin — que ofereceu seu olho para poder beber da fonte de Mimir — personifica o buscador que, para abrir sua visão interior, deve se afastar da observação e da ligação permanente com a realidade externa. Não se postula, assim, uma dualidade (conceito patriarcal) entre corpo e mente, mas a integração entre o nível físico, mental e espiritual, vista como um atributo inerente a cada ser humano — o dom da Mãe Criadora.

Num mito mais recente da criação, acerca do primeiro casal humano — Askr e Embla —, conta-se que Odin e seus dois irmãos viram, à beira-mar, duas árvores (um freixo e um olmo) e lhes deram movimento, inteligência e consciência. Na verdade, esse mito é uma reinterpretação da formação do mundo e dos seres humanos pela Mãe Cósmica, por meio das imagens da terra e da água sincretizadas na natureza viva das árvores e com os atributos do corpo, da mente e do espírito.

Uso mágico

Mannaz auxilia na obtenção do apoio do grupo em uma disputa. Combinada a Ansuz, pode ser usada para ter êxito numa prova ou para vencer um debate. Ambas as runas fortalecem a mente e ativam a memória, principalmente se forem acompanhadas de Raidho, Ehwaz, Sowilo e Os.

Mannaz favorece a integração social, a harmonização psíquica, a realização do potencial inato, o crescimento intelectual, a expressão da sabedoria.

Para melhorar o autoconhecimento, pode ser usada como um portal nas meditações e na programação dos sonhos.

Mannaz pode ser utilizada para reforçar o espírito comunitário, pois, além de ampliar a capacidade da colaboração individual dentro da comunidade, possibilita a interação do homem com a Natureza, o meio ambiente e todos os seres da criação.

Significado oracular

Mannaz define o modo pelo qual a pessoa vive e trabalha dentro da estrutura social: profissão, vocação, interação, colaboração. Às vezes, aponta para as pessoas próximas — parentes, colegas, amigos. É importante avaliar o significado das outras runas próximas para saber se os conselhos, a ajuda e a participação dessas pessoas são positivos ou prejudiciais para o consulente. Nem sempre os dissabores são provocados pelos outros, muitas vezes é a própria pessoa que se deixa envolver em demasia por seus problemas e perde a perspectiva ou o rumo. Nesse caso, é importante buscar a ajuda ou a orientação alheia. Por sua associação à habilidade de pensar e raciocinar, Mannaz incita ao uso adequado da lógica, mas sem que se abra mão da intuição, avaliando sempre, e corretamente, o momento exato de agir. Vista como uma runa de interdependência, ela recomenda assistência e colaboração de amigos ou conselheiros (médico, advogado, professor, psicólogo). No nível pessoal, Mannaz orienta o consulente a agir de forma imparcial, sem se deixar envolver e perturbar emocionalmente. Ela simboliza também os recursos criativos, o potencial mágico e a percepção extra-sensorial (quando associada a Peordh e Laguz). Na presença de runas negativas (Ansuz, Naudhiz, Isa, Beorc ou Othala invertidas), há indícios de atraso na realização dos planos. Nesse caso, é melhor adiar a ação ou mesmo a tomada de decisões.

Invertida, indica a falta de apoio do grupo, oposições e interferências, ou mesmo sabotagem, de uma ou mais pessoas.

A atitude a ser tomada depende das runas que a acompanham: Thurisaz e Naudhiz recomendam esperar ou se retirar, enquanto Jera e Tiwaz aconselham a buscar o auxílio da lei. Se Mannaz invertida representar o consulente, esse é um sinal importante de que ele deve evitar atitudes pessimistas ou violentas, falta de fé e de autoconfiança, pensamentos retrógrados ou egoísmo. Para os antigos povos nórdicos, o egocentrismo era considerado um grande defeito; eles acreditavam que uma pessoa somente poderia progredir se colaborasse com os outros e não se isolasse.

Para **as mulheres**, no entanto, Mannaz ressalta a necessidade do fortalecimento pessoal, com a transcendência dos conceitos limitantes, da baixa auto-estima e da depreciação (de seu trabalho, aparência, competência, potencial) e da mentalidade subserviente ou submissa. Com o autoconhecimento, as fraquezas podem ser reconhecidas e trabalhadas; as qualidades inatas, ativadas e expandidas; a energia, bem direcionada.

Em vez de supervalorizar ou invejar outras pessoas, a mulher precisa melhorar sua autoimagem, lançando mão de todos os recursos disponíveis para se sentir em forma, competente, segura, capaz e auto-suficiente.

LAGUZ

LAGU, LAUKAZ, LAUKR, LÖGUR

FORMAS ALTERNATIVAS: ᚾ ᛚ

VALOR FONÉTICO: L
PLANETA ASSOCIADO: A Lua, Lilith (Lua negra).
"O mar parece vasto demais para os navegantes inexperientes. Se eles se aventuram em um barco instável, as ondas os assustam e arrebatam e os cavalos-marinhos não obedecem ao seu comando."
PRINCÍPIO: Fluir com o fluxo, usar a intuição e a criatividade.
INTERPRETAÇÃO IDEOGRÁFICA: Onda, o broto do alho-porró.
INTERPRETAÇÃO ESOTÉRICA: Água, lago, energia vital, fluxo, seiva.
DIVINDADES RELACIONADAS: Os deuses marinhos Ægir e Njord, os deuses Baldur, Bragi, Mani e Mimir, as deusas Bil, Eir, Mere Ama, Nehelennia, Nerthus, Ran, Saga, Thrud, Vor e as "Donzelas das Ondas".

SERES SOBRENATURAIS: Nixies, ninfas dos lagos, rios e córregos, benévolas ou não; Lorelei, a ninfa do rio Reno; Russalki, as ninfas eslavas dos rios, com cabelos de serpentes, doadoras da fertilidade; os elfos aquáticos; Nokk ou Näcken, seres de pele esverdeada, cabelos azuis e vestimentas prateadas que às vezes assumiam a forma de lindos rapazes que tocavam flautas enfeitiçadas e faziam as mulheres segui-los e dançar sem parar, até morrer; Frau Wenn e Zarya, as guardiãs das fontes sagradas.
ATRIBUTOS POSITIVOS: Fluidez, fertilidade, concepção, crescimento, feminilidade, receptividade, intuição, criatividade.
ATRIBUTOS NEGATIVOS: Desequilíbrio emocional, ilusões, decepções, medos, insegurança, fantasias mórbidas.
ELEMENTOS: Água, chuva, orvalho.
POLARIDADE: Feminina.
SÍMBOLOS: Cálice, caldeirão, balde, fonte, hidromel, seiva, saliva, sangue, líquido amniótico, leite, sêmen, pântano, lago, rio, corrente de água, mar.
CORES: Azul-esverdeado-claro, turquesa, verde-água.
ANIMAIS TOTÊMICOS: Lebre, cavalo-marinho, falcão, serpente, salmão, pássaros aquáticos.
ÁRVORES: Salgueiro, bétula, pinheiro.
PLANTAS: Alho-porró, samambaias, avencas, musgo, narciso, nenúfar.
PEDRAS: Malaquita (para purificar o campo emocional e elevar a vibração), água-marinha (para favorecer o fluir das energias), peridoto, pérola.
RITUAIS: Talismãs e encantamentos para aumentar ou diminuir o fluxo (de eventos, da menstruação), conforme a posição de Laguz ↑ ou ↓ ; junto a Ingwaz, para favorecer o nascimento (de filhos, projetos), para ativar a intuição ou penetrar nos registros do subconsciente, para abençoar a água de beber ou do banho (para cura, purificação, renovação, renascimento).

PALAVRAS-CHAVE:

* Líquido amniótico, água primordial.
* Força vital, concepção, potencial de crescimento.
* O subconsciente, os instintos.
* Intuição, poderes paranormais e psíquicos.
* Orientações transcendentais (premonição, sonhos, mensagens).
* Imaginação criativa.
* Receptividade, fluidez ("seguir com a correnteza").
* Simboliza a mulher (mãe, filha, irmã, esposa).

EFEITOS MÁGICOS:

* Desenvolvimento da visão interior.
* Aumento da força vital e do magnetismo.
* Favorece a imaginação, o ensino, as artes.
* Rituais de iniciação e ritos de passagem.

DESAFIO: Perceber seus sentimentos e aprender com as mensagens da intuição.
STADHA: Em pé, braços estendidos para a frente, palmas voltadas para baixo.

GALDR: laguz laguz laguz
   lu la li le lo   lo le li la lu
   lllaaaggguuuzzz
   llllllll (som suave, uniforme)

LAGUZ INVERTIDA

Adverte para os riscos do excesso. É necessário procurar o equilíbrio e não se deixar levar pelas ondas contrárias. Segure o leme da sua vida, aumente sua autoconfiança e aprimore sua intuição.

* Tentações, decepções, erros, fracassos.
* Pensamentos confusos, avaliações e decisões erradas, imprudências.
* Problemas psicológicos, tensão excessiva, desequilíbrios psicossomáticos.
* Intuições falhas, excesso de imaginação.
* Tentação de fazer coisas erradas, de ir pelo caminho errado, de fugir às responsabilidades.
* Pensamentos negativos, medos e temores.
* Infelicidade emocional; infidelidade, enganos.
* Excessos, gastos, problemas, falta de sorte.

COMENTÁRIOS

A vigésima primeira runa representa a água em suas múltiplas modalidades e fases. Basicamente, é uma runa de fluidez, do poder das marés, dos rios, das cachoeiras, da chuva ou da seiva, que nos coloca em contato com a força vital e a energia de crescimento.

O crescimento da matéria orgânica se processa em ciclos, que são vistos como os anéis circulares que aparecem na madeira das árvores, nas conchas e nos caules do alho-porró.

Simbolismo

Laguz descreve a água do lago (o termo norueguês é *lagu*), da fonte da vida, do rio que as almas utilizam para se deslocar entre as encarnações, do oceano primordial — o ventre da Grande Mãe — e do líquido amniótico da mãe carnal.

De acordo com algumas fontes alemãs, Laguz significa "vida" — "as águas da vida" — e "amor" — sua representação é a metade de Ehwaz, a runa da parceria.

As palavras *logr* e *laukar*, do norueguês arcaico, são interpretadas como "magia", sendo esse um dos atributos dessa runa. *Laukr* significa "alho-porró", um antigo símbolo do crescimento orgânico e da fertilidade, tanto no mundo físico quanto no espiritual.

Laguz é, portanto, a energia vital do universo, a fonte oculta de toda a vida orgânica, o poder do potencial latente manifestado conforme o ritmo individual. Na tradição xamânica, Laguz representa a transição — da vida para a morte e da morte para o renascimento — tanto passando pelo rio das vidas no qual as almas viajam entre os mundos, quanto emergindo do mar primordial da consciência cósmica.

Laguz simboliza também o reino aquático da inspiração e da intuição, bem como a percepção que possibilita a compreensão dos sonhos e das mensagens oriundas do subconsciente. A água é um símbolo complexo, com uma conotação tanto positiva — a superfície calma e transparente do lago — quanto negativa — o mar revolto povoado pelos monstros dos pesadelos e dos medos. Para os povos antigos, a navegação exigia coragem e fé, pois jamais se sabia o que esperar dos caprichos do mar; a mesma idéia pode ser aplicada às profundezas misteriosas e turvas do mundo inconsciente. Nos mitos nórdicos podem ser encontradas inúmeras referências às ondinas ou Nixies, sereias encantadoras, porém traiçoeiras e perigosas, que seduziam com seu lindo canto os marinheiros incautos, levando-os para seu escuro reino no fundo do mar.

Mitologicamente, Laguz é associada a Nerthus, a mais antiga deusa nórdica, esposa do deus marinho Njord, mãe de Frey e de Freyja, venerada em uma ilha de onde sua estátua, uma vez por ano, era levada de barco para o continente e dali transportada, em uma carruagem, por todas as comunidades e plantações. Durante a passagem da procissão, fazia-se uma trégua em todos os conflitos e guerras e prevalecia a paz e a prosperidade. Reminiscências desse culto pagão sobreviveram na Holanda medieval, onde um barco era decorado e levado nas procissões religiosas, mas essa prática foi posteriormente proibida pela igreja católica.

Ægir, o padroeiro dos marinheiros, e Ran, a guardiã das almas dos afogados, formavam um casal de divindades marinhas também relacionado a Laguz. Na Holanda, a padroeira dos viajantes do mar e dos marinheiros era Nehelennia, cujo antigo templo foi encontrado na ilha de Zeeland. As demais divindades associadas a Laguz são as deusas Eir, Mere Ama, Saga, Thrud, Vor e as "Donzelas das Ondas", bem como os deuses Baldur, Bragi e Mimir.

Como as marés e os ciclos de crescimento orgânico estão sujeitos à influência das fases lunares, Laguz também é regida por Mani, o deus lunar, e pelos irmãos Hjuki e Bil, a deusa lunar tecelã, que auxiliavam Mani despejando baldes de orvalho sobre a terra. Em razão da conexão com a água e a Lua, os símbolos de Laguz são o salgueiro (árvore que cresce perto da água), a lebre (símbolo lunar da fertilidade), o salmão (que representa fluidez e rapidez) e o alho-porró (de crescimento rápido).

Em inúmeras lendas e contos, as fontes encontram-se sempre associadas a uma entrada para o mundo subterrâneo, por onde as heroínas passam em busca de objetos perdidos (anel, fuso) ou de um item valioso (ouro, maçãs douradas, espelho, dons recebidos das Fadas), recompensa pelo sucesso na realização de provas. São essas as reminiscências dos antigos mitos relativos a curas ou dádivas das deusas, conferidas àquelas que não temiam mergulhar na fonte sagrada da inspiração e da renovação. As donzelas das lendas personificam as mulheres que precisam passar pela dificuldade das iniciações e dos treinamentos árduos antes de poder expressar suas habilidades curadoras, criativas e oraculares inatas, mas adormecidas.

Uso mágico

Laguz é um poderoso agente para desbloquear entraves e acelerar processos, desde que sejam respeitados o ritmo certo e o ciclo adequado. Por representar o poder oculto das marés lunares, seu uso aumenta a intuição e a paranormalidade e permite o acesso ao mundo do inconsciente. Facilita também o relaxamento, a conexão com a energia da Lua e a compreensão e lembrança dos sonhos.

No entanto, se usada sem critério ou de maneira inescrupulosa, Laguz pode desencadear processos de desorientação ou desequilíbrio mental, e o praticante incauto passa a confundir a intuição com os desvarios da imaginação. Isso pode resultar em fantasias e ilusões, ou em inevitáveis decepções.

Direcionada para fins benéficos, Laguz atua como meio ou condutor que reflete a substância astral. Assim como a água se amolda à forma do receptáculo, também a matéria astral pode ser modelada pela força mental e pela capacidade de concentração e visualização. A imaginação dirigida torna-se, dessa maneira, o receptáculo para conter e dar forma à energia. Todavia, por ter um poder fugidio e mutável, a imaginação pode provocar enganos e, por isso, exigir muita cautela, profundo conhecimento e disciplina mental.

Laguz é uma runa poderosa para iniciações e para ritos de passagem, como o batizado e o encaminhamento da alma, quando esta atravessa o rio primevo e parte para o reino dos mortos. Por isso, nos enterros vikings, lançavam-se barcos ao mar e invocavam-se Odin, como "Barqueiro das Almas", e as Donzelas-Cisne ou as Valquírias, como condutoras.

Laguz pode ser usada como um portal nas meditações — para ter acesso ao subconsciente, lembrar sonhos e compreender seu significado — ou antes de um trabalho criativo, oracular, de cura ou de "canalização".

Significado oracular

Laguz simboliza a intuição e a sensibilidade que permitem a percepção das coisas invisíveis, mesmo quando não são vistas nem compreendidas. Nesse sentido, ela pode revelar o ritmo e o rumo dos acontecimentos na vida do consulente, mostrando se a "maré" está a favor, ou, caso contrário, se a pessoa está remando contra a maré e, por isso, precisa mudar de rumo.

Por também representar a imaginação, a presença de Laguz indica sucesso nas atividades criativas, artísticas ou dramáticas. A receptividade da água é responsável pela capacidade de absorção e de retenção, conferindo a Laguz a representação da memória, da expressão fluente e da transmissão eficiente dos conhecimentos adquiridos — sendo, por isso, também chamada de "A runa do Mestre".

Como arquétipo feminino, Laguz representa a mulher (a própria consulente ou, se a leitura estiver sendo feita para um homem, alguém importante na vida dele), bem como a relação de seus ciclos mensais — menstruais ou emocionais — com as fases lunares.

Bem posicionada, Laguz revela o potencial psíquico, a capacidade de canalizar informações dos planos sutis e a facilidade de perceber e seguir as direções certas. Laguz indica tanto a pessoa que recebe a informação, quanto a que transmite o conhecimento de maneira coerente e eficiente. Associada a Uruz, Ehwaz e Sowilo, indica acontecimentos favoráveis ao consulente, e o aconselha a "seguir a correnteza".

Invertida, Laguz indica excesso de imaginação, que pode levar a devaneios e alucinações, que deixem a pessoa psiquicamente vulnerável, permeável às sugestões alheias ou influências astrais. No extremo, indica distúrbios psicológicos ou conflitos internos, que podem levar ao estresse ou até mesmo a depressões ou fobias. Laguz invertida também pode revelar algum tipo de decepção ou traição (sofrida ou, principalmente, causada por mulheres), em especial se associada a Peordh, que indica indiscrições ou revelação de segredos. Essa revelação aplica-se a consulentes de ambos os sexos e recomenda cautela e discrição.

Para as mulheres, Laguz enfatiza a necessidade de observar e equilibrar a expressão das emoções, sem que a consulente se permita excessos e se "afogue em lágrimas", ou se feche e "engula sapos", deixando de verbalizar o que sente. É importante lembrar sempre que

Laguz representa o fluxo e o momento certo; portanto, a reação emocional deve ser imediata e não reprimida, para ser descarregada sobre pessoas inocentes ou em situações inadequadas. Laguz junto a Peordh alerta para envolvimentos com pessoas manipuladoras, dominantes, interesseiras ou sem escrúpulos, que podem se aproveitar das fragilidades ou carências emocionais da consulente. Especificamente para a mulher, Laguz invertida assinala indecisões, medos, situações confusas, dependências ou envolvimentos ocultos. Às vezes, quando aparece invertida ↓ ou virada para a esquerda ↑, pode indicar estados de inércia, memória fraca e ações inadequadas — ou ações corretas em momentos errados. Indica, sobretudo, que é necessário que a pessoa tome providências para eliminar situações inadequadas ou prejudiciais, em vez de evitá-las, temê-las ou evadir-se delas.

INGWAZ

INGUZ, ING, INGWAR, IGGWS

FORMAS ALTERNATIVAS:

VALOR FONÉTICO: Ng
PLANETAS ASSOCIADOS: Vênus, Júpiter e o asteróide Vesta.
"Ing foi visto primeiramente pelos daneses do leste, sobre as ondas, seguindo em sua carruagem. Por isso, os guerreiros o chamaram de herói."
PRINCÍPIO: O potencial energético de desenvolvimento e realização.
INTERPRETAÇÃO IDEOGRÁFICA: O escroto (o símbolo antigo era ⛛), losango, abertura.
INTERPRETAÇÃO ESOTÉRICA: Sêmen, semente, pinha, DNA, hélice, ovo.
DIVINDADES RELACIONADAS: Os deuses Ingvi, Frey e Wielund; as deusas Freyja, Frigga, Gerd, Ingun, Nerthus, Sif e Yngona e as eslavas Kildisin, a "Criadora" (do céu e terra); Ilena, a "Senhora da Chuva"; Serque Edne, que encaminhava as almas para os fetos.
SERES SOBRENATURAIS: Os Elfos claros (Ljossalfar), seres luminosos de pequena estatura que moram no reino de Ljossalfheim (ou Alfheim) e que interagem de modo benevolente ou malicioso com os seres humanos; Durr Käring, espíritos guardiães das portas e das passagens, que devem ser honrados para que se obtenha sua proteção.
ATRIBUTOS POSITIVOS: Novo começo, conclusão, realização, fertilidade.
ATRIBUTOS NEGATIVOS: Impotência, movimento sem resultado, desperdício de energia.
ELEMENTOS: Água, terra, fogo.
POLARIDADE: Bissexual, bipolar.
SÍMBOLOS: Anel, maçãs de ouro, portal, *yoni* e *lingam* (vulva e pênis), ovo, espaço mágico.
CORES: Amarelo, verde.
ANIMAIS TOTÊMICOS: Abelha, coruja, urso.
ÁRVORES: Alfineiro, frutíferas, macieira, pinheiro.

PLANTAS: Cevada, centeio, trigo, delfínio, jacinto.

PEDRAS: Calcita, marfim (combina a virilidade à passividade), diamante (plenitude e poder), jaspe (fortalece a vontade), jacinto (cura).

RITUAIS: Talismãs e encantamentos para aumentar a fertilidade (junto a Laguz, Berkano ou Tiwaz), para a progressão e a conclusão de projetos, e, na meditação xamânica, como portal para a projeção astral. Para criar um espaço mágico ou um escudo protetor, reproduza sua forma no cruzamento das vigas ou dos tijolos; para a proteção das casas, utilize-a como inscrição acima das portas.

PALAVRAS-CHAVE:

* Potencial energético.
* Conclusão, fechamento de um empreendimento.
* Novos começos, criação, nova vida.
* Alívio, descontração após o término de uma tarefa.
* Nascimento: de uma criança, de um relacionamento, de um trabalho ou projeto.
* Progresso lento, mas certo.
* Fim de um ciclo, início de outro.
* Notícias e acontecimentos positivos.

EFEITOS MÁGICOS:

* Rituais de fertilidade.
* Liberação repentina de energia.
* Centralização da energia e do pensamento.
* Usada para atrair pessoas, formar grupos.

DESAFIO: Conscientize-se de seu poder e realize aquilo de que é capaz.

STÖDHUR:

1. Corpo ereto, pernas juntas, braços levantados, cotovelos dobrados no formato da runa, dedos se tocando acima da cabeça.
2. Corpo ereto, pernas juntas, braços dobrados no mesmo ângulo para baixo, com as pontas dos dedos se tocando sobre a região genital.

GALDR: ingwaz ingwaz ingwaz
       ung ang ing eng ong   ong eng ing ang ung
       iiinnngggwwwaaazzz (som aberto, prolongando o "ng")

INGWAZ INVERTIDA

Essa runa não possui posição invertida.

Trata-se de uma runa que denota muita sorte; somente em jogadas muito negativas implica no fracasso dos esforços ou projetos do consulente. Ela geralmente alerta para mudanças e conclusões, que permitam que o "velho" se vá para abrir espaço para o novo.

COMENTÁRIOS

A vigésima segunda runa representa o segredo da criação e do poder gerador, atribuído a Frey, o deus da fertilidade, cujo nome arcaico (ou o de seu antecessor) era Ingvi.

Essa runa tem duas formas básicas: uma romboidal ◇, que reproduz o diamante — uma figura importante da geometria sagrada de Pitágoras, símbolo de plenitude e de poder concentrado — e outra aberta ✹, constituída do prolongamento das linhas que formam o losango, permitindo, assim, a expansão da luz e a transmissão da energia ígnea, do centro para fora e para longe.

Ingwaz representa as reservas de energia que, antes de poder se manifestar totalmente, necessitam de um período de latência ou gestação para se fortalecer. Pode-se fazer uma comparação com o potencial criador da Deusa, preservado no ventre da Mãe Terra nos meses de inverno e liberado com intensidade no desabrochar da primavera.

A função de Ingwaz é semelhante à das sementes produzidas pelas plantas — que visam sua regeneração — ou à do código genético contido no DNA dos seres humanos.

Simbolismo

Ingwaz representa uma abertura que permite a liberação do potencial energético. Sua forma alternativa — ✹ — criada pela sobreposição de duas runas Gebo, indica a união que resulta na procriação, ou a dupla hélice da molécula de DNA. Portanto, Ingwaz é a força que preserva a energia até que chegue o momento oportuno para que ela seja liberada. Por isso, é considerada a representação do princípio gerador masculino, do sêmen que contém a semente da vida, da força orgásmica do potencial da fertilidade masculina — principalmente quando representada em sua forma mais antiga, como um símbolo fálico (*lingam*) ⚳. No entanto, sua forma mais conhecida — ◇ — é a representação da própria vulva (*yoni*), o portal que permite o nascimento do ser humano.

Nesse sentido, Ingwaz simboliza a abertura, seja o início de um novo ciclo de vida, seja a passagem para um novo nível de consciência na espiral evolutiva. É um símbolo de fogo, um facho de luz visto de longe, um portal para outra dimensão.

Na Escócia, *ingle* significa o fogo da lareira; *inglin*, o combustível e *inglenook,* a lareira. Para servir como escudo protetor, a forma da runa Ing era reproduzida no cruzamento das vigas das construções, nas fileiras de tijolos ou ainda em inscrições acima das portas de entrada.

No nível esotérico, Ingwaz representa a continuidade da *hamingja* familiar ou tribal. Em norueguês arcaico, *hamingja* significava qualidade ou dom especial que podia ser transmitido de um ancestral para um descendente, por meio de práticas mágicas. Considerada um tipo de "sorte", *hamingja* era um dom hereditário adquirido por merecimento, por meio das ações e realizações do doador.

Mitologicamente, Ingwaz é atribuída aos deuses Ingvi (patrono da tribo dos Ingvæones, "o povo de Ing", conforme descrito na runa Mannaz) e Frey. Ingvi era o consorte de Nerthus, a Mãe Terra ancestral, enquanto Frey era seu filho. Todos os dois deuses regiam a fertilidade da terra como doadores da luz, da chuva e da abundância. Assim como Nerthus percorria o país em sua carruagem, levando paz e prosperidade para o povo, Frey também era homenageado com procissões de barcos ou carruagens e com um culto baseado em cerimônias do fogo e da luz.

No **contexto feminino**, Ingwaz é associada aos poderes fertilizadores das deusas Frigga, Nerthus e Freyja, filha de Nerthus e irmã de Frey. Algumas fontes atribuem o nome Ingwaz à deusa Nerthus, a matriarca da tribo dos Ingvæones, que viviam entre o Mar Nórdico e o

Báltico. O culto de Frey se iniciou na Dinamarca e se espalhou para a Suécia, possivelmente como adaptação das cerimônias mais antigas dedicadas a Nerthus. Em seus rituais, é reverenciada a fonte da vida e do renascimento, representada pela runa Ing — a própria "vulva da Deusa".

Em várias tradições antigas, o **losango** — com ou sem um ponto central — era um antigo símbolo da Deusa, encontrado em inscrições rupestres, trançado em cestos, bordado e reproduzido na própria trama das tecelagens. Segundo a arqueóloga e escritora Marija Gimbutas, o losango representa a "vulva da Deusa" no momento em que se abre para dar à luz. Uma variante desse símbolo milenar é o **círculo** (com ou sem o ponto central), associado às deusas solares e considerado "o radiante olho divino", o poder vital e regenerador do Sol. Marcas circulares ou losangolares, encontradas em menires e pedras antigas, também eram consideradas os "olhos da Deusa" e utilizadas como locais de oferenda. A água da chuva acumulada em suas concavidades era considerada um bálsamo curativo para a visão. Ingwaz também é associada à Gerd, deusa da luz e amada de Frey, e à Sif, regente das colheitas de trigo.

Existem referências acerca da existência de uma antiga Deusa, na Dinamarca, chamada Yngona, bem como de outra deusa ancestral da terra, na Escandinávia, chamada Yngvi ou Ingun, criadora da vida e da fertilidade. Provavelmente se trata de aspectos de uma Deusa ancestral única, que representa a Mãe Terra e era conhecida por um nome diferente em cada país.

Uso mágico

Ingwaz é usada para criar um espaço mágico que funciona como um escudo protetor. Nesse espaço podem ser gravadas outras runas — como em talismãs ou inscrições mágicas — ou ser realizados rituais — nesse caso, Ingwaz serve para delimitar o ambiente e seus quatro ângulos, como pontos cardeais. Ing é a runa perfeita para armazenar e posteriormente liberar o potencial energético de encantamentos que exigem um período de "gestação" (geralmente, nove dias ou nove lunações).

Em projeções astrais, Ing funciona como um portal pelo qual o praticante pode atingir outros níveis ou planos. Da mesma maneira, ela pode ser visualizada ou desenhada em um espelho (ou em outra superfície refletora), durante as práticas de meditação nas quais se deseja visitar Vanaheim (a morada das divindades Vanir) ou Alfheim (o reino dos Elfos Claros, regidos pelo deus Frey). Esses seres elementais são vistos pelos clarividentes como esferas luminosas que emergem da terra e irradiam uma energia que promove a prosperidade das colheitas, dos animais, das famílias e das comunidades. Para agradá-los, os antigos faziam oferendas de mel, leite, manteiga, pão ou grãos sobre a terra ou nas concavidades de pedras antigas e menires (chamadas *elfcups* ou *alvkvarnar*, "taças dos elfos").

Recomenda-se usar Ing para melhorar a concentração e a interiorização, e para ativar o potencial latente e canalizá-lo para um objetivo específico. Em assuntos de saúde, essa runa promove o restabelecimento e o equilíbrio, apazigua desavenças familiares e harmoniza o lar. Junto a outras runas, concentra e armazena poder, qualidade útil nos talismãs.

Significado oracular

Ingwaz é um ótimo presságio. Prenuncia a conclusão de um estágio e a passagem para um nível melhor. Significa também o alívio ou o bem-estar decorrente da realização de um projeto, a perspectiva de mudança para algo melhor, a resolução positiva de problemas ou aborrecimentos.

Ingwaz também pode apontar novas possibilidades criativas ou afetivas, bem como anunciar o aumento da fertilidade — que pode resultar no nascimento de um filho ou a realização de um projeto — ou indicar um acontecimento familiar feliz — como um batizado, um casamento, uma herança ou doações de parentes. As atividades que envolvem colaboração, integração, complementação e união serão favorecidas.

No **nível pessoal**, Ing assinala a promessa de algo novo — como a realização de um sonho, objetivo ou ambição — e a perspectiva de um "final feliz" — como a conclusão bem-sucedida de um plano ou empreendimento. Ingwaz recomenda ao consulente a finalização de projetos, a avaliação de prioridades e a eliminação de entraves e condicionamentos culturais e comportamentais ultrapassados.

No **nível espiritual**, indica uma iniciação ou elevação de patamar, principalmente se vier acompanhada de Peordh. Como "runa do dia" ou na área do "resultado", Ing anuncia sucesso: no trabalho, se estiver junto a Fehu; ou, no amor, se vier acompanhada de Gebo ou Wunjo.

Ingwaz é considerada a progressão de Kenaz e Jera, o que reforça o conceito de realização, complementação e plenitude. Kenaz pode ser considerada um dos aspectos (feminino ou masculino, dependendo do sexo do consulente) da polaridade: ao passo que Jera aproxima as duas metades — mas as mantêm separadas —, Ingwaz integra as polaridades em um único traçado — une o masculino e o feminino, a água e a terra, o fogo e o gelo — e representa, assim, energias e acontecimentos contraditórios, porém complementares (começo e término, início e fim).

Ingwaz é uma das nove runas que não têm posição invertida. Alguns autores, no entanto, mencionam seus **efeitos contrários** quando está cercada de runas negativas ou quando há uma indicação de limitações e obstáculos na realização de projetos e de diminuição do bem-estar e da energia criativa e vital. Podem aparecer barreiras, a pessoa pode se sentir incapaz de se concentrar ou de criar, ou ainda de cultivar uma relação satisfatória. Nos casos mais amenos, há indícios de atrasos e dificuldades, ao passo que, nos mais graves, o alerta é sobre possíveis fracassos, sabotagens, esterilidade ou depressão.

Para **as mulheres**, Ingwaz recomenda uma mudança na rotina ou na conduta, de modo que sobre mais tempo para a introspecção e a renovação interior e para a descoberta de novos meios e atividades para expressar a criatividade. Pode indicar o término de um relacionamento ou de um trabalho, o que requer uma cura emocional ou mental para restabelecer a autoconfiança, a auto-estima e a esperança de se iniciar algo novo e melhor.

Ingwaz pode ser usada pelas mulheres como portal nas práticas mágicas lunares de fertilidade, prosperidade e amor, ou, se combinada a Laguz e Berkano, em rituais de celebração das fontes, das árvores e das deusas regentes das águas, da prosperidade e da abundância.

OTHALA

ODHILA, OTHEL, ETHEL, ODHAL

FORMAS ALTERNATIVAS: ᛟ ᛟ ᛟ ᛟ

VALOR FONÉTICO: O
PLANETAS ASSOCIADOS: Saturno e Marte.
"O lar é amado por todos, desde que nele seja possível conviver pacificamente, de acordo com os costumes e desfrutando de uma colheita abundante."
PRINCÍPIO: Interdependência do homem e da terra, espírito de clã.
INTERPRETAÇÃO IDEOGRÁFICA: Cercado, peixe.
INTERPRETAÇÃO ESOTÉRICA: Propriedade ancestral, herança, pátria, lar.
DIVINDADES RELACIONADAS: Odin (poder espiritual ancestral) em sua tríplice manifestação como Odin, Vili e Vé; as deusas Nerthus, Erce, Fjorgyn, Gefjon, Jord, Saga, Snotra e Var.
SERES SOBRENATURAIS: As Disir, ancestrais da linhagem feminina; Hobgoblins, Brownies, Tinkall e Tusse, os gnomos que habitam os campos e as casas, guardiães da fertilidade da terra e protetores dos lares e das lareiras; Kud Ava, a "Mãe da Casa"; Aspelenie e Haltia, entidades protetoras das casas que devem ser reverenciadas para providenciar boa sorte e proteção aos moradores.
ATRIBUTOS POSITIVOS: Ordem social, legado ancestral, propriedades familiares, benefícios, cerimônias e cultos tradicionais.
ATRIBUTOS NEGATIVOS: Rigidez, cristalização, renegação das tradições, totalitarismo, dogmatismo.
ELEMENTO: Terra.
POLARIDADE: Masculina.
SÍMBOLOS: Brasão, sinete, insígnias de família, emblema, totem, objetos, fotos e altar dos ancestrais, espaço sagrado.
CORES: Marrom-esverdeado, amarelo, dourado.
ANIMAIS TOTÊMICOS: Cegonha, castor, esquilo, peixe, baleia.
ÁRVORES: Carvalho, espinheiro-branco, olmo.
PLANTAS: Trevo branco, urze, sempre-viva.
PEDRAS: Madeira petrificada (auxilia o resgate de lembranças de vidas passadas), turfa, fósseis (conexão com o poder ancestral), ametista (proteção).
RITUAIS: Talismãs e encantamentos para proteção dos bens e da casa, para atração da prosperidade e para fortalecimento dos elos grupais. Usada como portal nas viagens xamânicas para encontro dos antepassados ou no culto aos ancestrais (gravada em oferendas ou servindo de "mesa", quando riscada no chão).

PALAVRAS-CHAVE:

* Herança (material, genética, espiritual).
* Propriedades, bens, posses.
* Investimentos a longo prazo, pensões, benefícios.
* Residência, lar, pátria.
* Assuntos relacionados à morte ou às pessoas idosas.
* Estigmas ancestrais, marcas de nascença.
* Necessidade do esforço persistente.
* Ajuda de pessoas idosas, organizações antigas.

EFEITOS MÁGICOS:

* Beneficia os interesses comuns (família, grupos).
* Ajuda na aquisição de bens e propicia a prosperidade e os investimentos; assuntos mundanos.
* Desenvolvimento dos talentos latentes.
* Sintonia com o conhecimento ancestral.
* Culto dos antepassados.
* Comunicações com os ancestrais.

DESAFIO: Aceitar o passado sem reclamar e confiar na colheita próspera do futuro.

STÖDHUR:

1. Em pé, pernas afastadas, braços dobrados para baixo na angulação da runa, com os dedos se tocando sobre a região genital. Usa-se para fortalecer a força de vontade.
2. Inverte-se a posição dos braços, dobrando-os acima da cabeça, com as pontas dos dedos se tocando. Serve para ativar a inspiração.

Observação: ambas as posturas são iguais às da runa Ingwaz, com exceção da posição das pernas.

GALDR: othala othala othala
odhila odhila odhila
odhul odhal odhil odhel odhol
odhol odhel odhil odhal odhul
oooooooo (aberto)

OTHALA INVERTIDA

* Atrasos, frustrações, fracassos.
* Dificuldades em viagens, acidentes.
* Problemas com heranças.
* Doenças hereditárias, doenças crônicas.
* Rigidez, cristalização, solidão.
* Separações, perdas.

Recomenda-se o desapego dos velhos conceitos, das situações superadas ou dos relacionamentos obsoletos. "Trocar de pele", livrar-se das amarras, libertar-se. Por mais difícil que seja, é preciso desistir de aspectos do comportamento, de convicções ou de relacionamentos. É importante saber recuar, separar-se daquilo que está tolhendo sua livre expressão, para que haja espaço para o novo.

COMENTÁRIOS

Othala é a penúltima runa do Futhark Antigo, uma antítese da primeira, Feoh. Enquanto Feoh representa dinheiro, Othala indica os bens que o dinheiro pode comprar.

O significado literal mais antigo dessa runa é o das palavras arcaicas — alemã e anglo-saxã — *edel* e *atheling*, que significam "nobre" e "príncipe". Na língua frísia, *eeyen eerdr*, ou seja, "a nossa terra", é a definição perfeita dessa runa, que descreve a propriedade ancestral, a pátria, o lar.

Nas sociedades tradicionais, Othala representava a propriedade ancestral intransferível, a herança material e espiritual, os direitos sobre a terra conquistada nas batalhas. Para os anglo-saxões, a consagração da terra pelo sangue derramado sobre ela — durante sua conquista e manutenção — dava o direito de propriedade àqueles que nela trabalhavam e moravam. A dependência mútua entre a terra e as famílias que a cultivavam, e que estavam preparadas para dar a vida para defendê-la dos invasores, era o vínculo e o direito ancestral que permitia a transmissão das propriedades para os descendentes.

No **nível esotérico**, Othala representa o mistério do "sacrifício do rei". Nas sociedades teutônica e nórdica, acreditava-se que o rei descendia dos deuses (Odin, Frey ou Tyr) e que era o portador da *hamingja* ("sorte") do seu povo. Quando a terra não mais produzia, ou quando sobrevinham desgraças ou epidemias, a culpa era atribuída ao enfraquecimento do rei e ele era sacrificado. O seguidor escolhido, entre seus filhos ou familiares, era considerado mais apto para garantir a fertilidade da terra e a prosperidade do clã. Era de extrema importância a escolha da esposa do novo rei, pois ela era a responsável por transmitir a *hamingja* do antigo rei, ou seja, sua sorte, coragem, sabedoria e valor. Muitas vezes era uma sacerdotisa que se unia ao rei, em rituais de fertilidade, como representação do casamento sagrado entre a Deusa e o Deus. Esse costume mostra a importância que os povos antigos davam à escolha do marido e da mulher. Como futuros pais, eles deveriam ser capazes de transmitir aos filhos uma *hamingja* de boa qualidade. Othala, portanto, representa a lealdade para com a família, o clã ou a tribo e a pátria, sendo essa lealdade a mais importante virtude da organização social das sociedades nórdicas.

Simbolismo

Othala é a representação da herança ancestral — individual e coletiva — e dos laços que unem as gerações e os tempos — passados, presentes e futuros. Seu mistério é simbolizado pela sua forma, que reproduz o espaço fechado, sagrado e protetor do clã, que defende e protege seus membros. Ela indica as qualidades inatas dos descendentes de determinada família ou clã, que não podiam ser transferidas de uma raça ou tribo para outra, assim como a terra devia ser resguardada e passada somente para alguém da mesma linhagem. Por esse motivo, antigamente as famílias moravam próximas de seus progenitores, para que se criasse um espaço comum, protegido por diques, fortificações ou muralhas.

Com a evolução das sociedades, o significado dessa runa foi ampliado e passou a englobar todos os bens acumulados por um homem ao longo de sua vida, como a herança dos ancestrais, o dote da esposa, os presentes, troféus e espólios de guerra. O traçado de Othala pode ser visto como uma combinação das runas Ingwaz e Gebo, o que reforça o poder de aquisição e da transmissão dos bens materiais e dos dons espirituais. Pela associação a Saturno, Othala é relacionada a assuntos ligados à morte e à herança, enquanto a influência de Marte se expressa no esforço persistente e na coragem para lutar.

Mitologicamente, Othala (Odhila) é regida por Odin, cujo emblema era a própria runa cercada por quatro pontos ⨯. Odin era considerado o deus patrono dos nobres e cultuado sob três aspectos, personificados como três divindades conhecidas pelos nomes de Odin, Vili e Vé — respectivamente, o pai ancestral, o guerreiro e o xamã andarilho. Vé também significava "espaço sagrado" e designava o recinto do templo reservado aos rituais e às práticas mágicas. O equivalente espiritual desse espaço material protegido era a muralha de Asgard, que tinha sido construída pelos deuses Æsir para defender sua morada dos ataques dos gigantes. Othala também é associada às deusas da terra, protetoras dos valores ancestrais, Erce, Fjorgyn, Gefjon, Jord, Nerthus, Saga, Snotra, Var e as Disir, bem como aos deuses Mimir e Njord.

No **contexto feminino**, Othala é interpretada como o desenho esquemático de um peixe, considerado o símbolo do ventre fértil da Deusa. Muito antes do cristianismo, os povos nórdicos comiam peixe nas sextas-feiras (dia dedicado às deusas Frigga e Freyja) e na véspera do Ano Novo para atrair sorte e abundância. Invocavam-se as deusas Nerthus e Mere-Ama ("A Mãe do Mar") para conduzir os cardumes de peixes em direção aos pescadores e para dar segurança e proteção aos que viajavam pelo mar. Reminiscências da representação da Deusa com corpo de peixe podem ser encontradas nas lendas das sereias e nos contos de fada.

Uso mágico

Othala é usada para a proteção e a harmonização do lar, para atrair energias positivas para a família e para defender propriedades e bens.

Pode ser combinada com outras runas para melhorar o estado de saúde de familiares idosos e para fortalecer os laços entre parentes e membros de um grupo. É benéfica para reforçar o trabalho grupal — seja ele espiritual, social ou mundano — e para garantir a segurança em viagens, principalmente se associada a Raidho.

Os artesãos e comerciantes podem fazer uso de Othala para melhorar e proteger seus negócios, para assegurar o cumprimento dos prazos ou para preservar uma situação que se considera satisfatória. Antigamente, essa runa era incorporada à construção das casas — como no cruzamento de vigas ou no enfileiramento de tijolos — ou gravada em portas, janelas e mercadorias. Quando combinada a Algiz, seu poder de proteção é ampliado e cria-se este poderoso escudo para a proteção de casas, carros, bens: ᛝ.

Junto a Peordh e Laguz, Othala reforça a sintonia com o poder ancestral da linhagem individual. Associada a Ansuz, facilita a conexão e a invocação do deus Odin e a comunicação com os ancestrais.

Significado oracular

Othala rege todos os assuntos que dizem respeito a propriedades, como bens móveis e imóveis, investimentos, legados, heranças, pensões, donativos, testamentos, presentes, casa e lar. Em um contexto mais amplo, refere-se a atividades ecológicas e à conservação do meio ambiente.

No **nível psicológico**, Odhal indica traços ou características herdadas, especialmente quando próxima a Peordh. Ligada a Ansuz, recomenda que se busquem conselhos de pessoas mais experientes. Junto a Sigel, revela que o consulente trabalha demais para realizar suas ambições. A ganância, o materialismo ou o consumismo em excesso são mostrados pela combinação com Fehu, Wunjo, Beorc ou Naudhiz, enquanto que a presença de Ansuz, Mannaz e Raidho sugerem que o consulente tem algum tipo de ideal ou objetivo intelectual.

Por ser regida pelo planeta Saturno, Othala é ligada ao conceito do tempo e da ordem, indicando a assistência de pessoas idosas ou de organizações governamentais, com a promessa de sucesso material a longo prazo. Oferece também segurança e proteção nos assuntos ligados a propriedades, interesses familiares e recursos financeiros, obtidos de fundos de investimentos, poupança ou heranças, desde que a pessoa busque benefícios a longo prazo, sem assumir riscos ou tomar decisões precipitadas.

Invertida, pressagia atrasos, frustrações, problemas familiares ou domésticos, principalmente se estiver cercada pelas runas Uruz, Thurisaz, Tiwaz. Pode revelar também que o consulente está desperdiçando alguma herança ou gastando além dos limites. No nível pessoal, recomenda evitar precipitações ou negócios arriscados. No plano familiar, alerta para desavenças, quebra de confiança, invasão de privacidade, falta de apoio e choque de gerações.

Othala invertida pode apontar também para um problema que não pode ser resolvido com dinheiro (questões legais, disputas de terra, desavenças provocadas por heranças). Nesses casos, é importante buscar orientação especializada.

Para **as mulheres**, Othala representa principalmente as sobrecargas domésticas, os encargos, as obrigações e as cobranças de pessoas idosas. Para contornar as situações estressantes e o desgaste no convívio, é necessário que a mulher crie um espaço e dedique um tempo a si mesma, independentemente de tarefas, prazos, deveres e imposições. É bom lembrar que as tarefas podem ser compartilhadas entre todos os membros da família e que a mulher moderna não é obrigada a seguir o modelo de "servir e se calar" de suas antepassadas. Othala também aconselha o resgate de algum conhecimento, tradição, costume, habilidade ou dom da linhagem ancestral para que a mulher possa transmitir esse legado a suas descendentes.

Como portal nas meditações, essa runa favorece o contato da mulher que busca orientações e proteção com suas antepassadas e com as deusas ancestrais da terra.

DAGAZ

DÆG, DAG, DAGR, DAGUR, DAGS

FORMAS ALTERNATIVAS: ᛞ ᛡ

VALOR FONÉTICO: D, Dh.
PLANETAS ASSOCIADOS: O Sol e o Nodo Lunar Norte.
"O dia é o mensageiro dos deuses. A luz divina traz esperança e felicidade para os ricos e para os pobres, sendo útil a todos."
PRINCÍPIO: O despertar espiritual e a expansão da consciência.
INTERPRETAÇÃO IDEOGRÁFICA: Borboleta, *labrys* (machadinha de duas lâminas), *lemniscata* (o símbolo do infinito, anel em forma de oito).
INTERPRETAÇÃO ESOTÉRICA: A luz do dia, o poder divino, o ciclo das estações, o equilíbrio entre os opostos.
DIVINDADES RELACIONADAS: Baldur, o deus da luz; Loki, o regente da escuridão; Heimdall, o guardião da Ponte do Arco-Íris; os deuses Mimir, Odin, Tyr; as deusas Aarvak (guardiã da aurora), Gerd, Ostara, Sunna, Syn, Thrud, Vor, Walburga e as Zórias (deusas celestes eslavas, regentes da alvorada e do crepúsculo).
SERES SOBRENATURAIS: Fylgjur, espíritos guardiães vitalícios que tinham formas humanas ou de animais e protegiam e defendiam as pessoas; Hamingja, espírito ancestral transmissor da sorte individual para os descendentes; Solvmora, "A Mãe Prateada", guardiã das jazidas de prata; Thora, a "Donzela da Luz do Amanhecer"; Hrede, regente da primavera.
ATRIBUTOS POSITIVOS: Esperança, consciência, despertar, transformação, renovação, renascimento.
ATRIBUTOS NEGATIVOS: Falta de visão ou de clareza, negatividade, negação; enfatiza os aspectos sombrios de uma situação.
ELEMENTOS: Fogo, ar, luz.
POLARIDADE: Bissexual, bipolar.
SÍMBOLOS: Borboleta, *labrys*, *leminiscata*, ponte, abertura, nascer e pôr-do-sol, jogos de luz e sombra.
CORES: Branco-brilhante, dourado, azul-celeste.
ANIMAIS TOTÊMICOS: Borboleta, andorinha, águia, cuco, pomba, cordeiro.
ÁRVORES: Carvalho, sabugueiro, pinheiro prateado.
PLANTAS: Hipericão, madressilva, calêndula, prímula.
PEDRAS: Âmbar ("luz condensada"), fluorita e olho-de-tigre (equilibram a luz e a sombra dentro do Ser), calcita, crisólita ("pedra-de-ouro"), calcedônia, cristal de rocha, iolita.
RITUAIS: Exercícios para a ativação do terceiro olho e para harmonizar e integrar os hemisférios cerebrais. Usada em talismãs e encantamentos para proteger o espaço mágico e os ambientes ou como escudo protetor individual. Atrai sucesso e boa sorte, serve como portal nas

práticas de meditação. Em sua representação como *labrys* ⋈, é usada como símbolo de proteção; na forma de *lemniscata* ∞, é utilizada em rituais de expansão e elevação espiritual.

PALAVRAS-CHAVE:

* Luz, iluminação, esperança.
* Mudanças para melhor.
* Crescimento, prosperidade, sucesso.
* Polaridade, dualidade, equilíbrio entre luz e sombra.
* Melhoras no relacionamento e no trabalho.
* Novas oportunidades e circunstâncias melhores.
* Despertar interior, autotransformação, guinada de 180°.
* Recuperação da saúde, otimismo, alegria.

EFEITOS MÁGICOS:

* Favorece a auto-avaliação e a transformação.
* Canaliza a inspiração mística.
* Ajuda o despertar espiritual.
* Ativa o terceiro olho.

DESAFIO: Não tenha medo de trazer as coisas para a luz, saia da escuridão.

STADHA: Corpo ereto, pernas juntas, braços cruzados no peito, dedos tocando os ombros, de forma a reproduzir o formato da runa.

GALDR: dagaz dagaz dagaz
  du da di de do   do de di da du
  daaagaaazzz
  dhaa dhaa dhaa (forte e claro, com intervalos de silêncio)

DAGAZ INVERTIDA

Dagaz não apresenta posição invertida.

Como é ligada ao Ego (o Sol da astrologia), sua mensagem é o incentivo à modificação de si mesmo. Recomenda atitudes positivas para que se alcancem a realização e o sucesso, mesmo quando há obstáculos no caminho. Auxilia a descoberta de maneiras diferentes de ver, sentir, pensar, agir. Adquirir uma nova filosofia de vida, submeter-se alegremente ao trabalho de autotransformação e clarear os aspectos sombrios e obscuros da personalidade são atitudes que propiciam um "novo dia", no qual se sai da escuridão para a luz.

COMENTÁRIOS

A última runa do alfabeto original Futhark, considerada a contraparte de Jera, representa o equilíbrio entre a luz e a sombra. Se as runas forem colocadas em círculo, Dagaz ficará em oposição à Jera. Ambas as runas se relacionam à passagem do tempo: Jera representa a divisão do ano e Dagaz, do dia; Jera corresponde ao solstício de inverno (o *Sabbat* celta Yule ou o *Blot* nórdico Iul) e Dagaz, ao solstício de verão (o *Sabbat* celta Litha ou o Midsommar nórdico).

As duas runas promovem mudanças — suaves, por intermédio de Jera; abruptas, por Dagaz. Sempre que a energia atinge um ponto de saturação, ela é convertida em seu oposto. No caso de Dagaz, essa teoria é comprovada pelos significados do solstício de verão — quando luz, em seu auge, prenuncia seu próprio declínio e o progressivo aumento da escuridão — e do solstício de inverno — quando se dá o contrário. Dagaz marca, portanto, o ponto de conjunção, o momento e o lugar em que os pólos são unificados. Ela é uma runa catalisadora, que provoca ou marca acontecimentos repentinos, sem, no entanto, modificar a si mesma. Dagaz é representada pela *lemniscata*, o símbolo do infinito; sua essência rege tanto a luz quanto a sombra, sem que haja identificação com nenhuma dessas polaridades. Ela atua como mediadora entre os extremos, conecta o hemisfério direito ao esquerdo, o subconsciente ao consciente, o "ser" ao "não-ser". Dagaz é a runa que ativa o despertar espiritual, levando à expansão da consciência e à iluminação.

Simbolismo

Dagaz descreve a luz do dia, o auge do verão, a abertura para o novo e a mudança brusca.

Esotericamente, representa a consciência cósmica, a lei da complementação dos opostos, sendo a versão nórdica do símbolo taoísta Yin-Yang. É a runa dos novos inícios, fundamentados nas realizações do passado e nas promessas do dia, anunciadas pela alvorada. Sua forma pode ser interpretada não somente como o símbolo da continuidade e do infinito, mas também como a ponte entre o espírito e a matéria, o masculino e o feminino, o dia e a noite, os opostos complementares do Universo. Semelhante a uma borboleta, Dagaz simboliza a transformação da crisálida, que sai da escuridão e da prisão do casulo e levanta vôo para uma existência de luz, por mais efêmera que seja. Da mesma forma, Dagaz representa o período de tempo no qual a luz aumenta, alcança o poder máximo e depois diminui.

Diferente de Kenaz — que descreve a luz artificial da tocha —, Dagaz é a luz natural do dia. Os povos nórdicos contavam o tempo pelas noites e não pelos dias, vendo a noite como prenúncio do dia. A passagem do Sol no céu pode ser comparada à trajetória da alma durante sua existência terrena: começa na escuridão do ventre, nasce para a luz, alcança a maturidade na meia-idade e declina aos poucos, até que os seus olhos se fechem, para mergulhar novamente na escuridão.

Mitologicamente, Dagaz, por representar o fim de um ciclo e o início de um outro, é relacionada ao Ragnarök, quando os deuses Loki, o agente da destruição e do fogo selvagem, e Heimdall, o guardião responsável pela evolução da raça humana, irão se enfrentar na batalha final, matando um ao outro.

Outra correspondência é com Baldur, filho de Odin e Frigga, o mais bonito e luminoso dos deuses Æsir. Como símbolo da luz do verão, da bondade e da compaixão, Baldur é morto por intermédio de seu oposto, seu meio-irmão Loki, representante da escuridão, do inverno, da maldade e do caos. Porém, por ser um deus sacrificial, Baldur renasce depois do Ragnarök, voltando do reino escuro de Hel para trazer calor, luz e beleza. Além desses, Dagaz também pode ser associada aos deuses Mimir, Odin e Tyr.

No **contexto feminino**, Dagaz corresponde a Ostara e Walburga, as deusas teutônicas da fertilidade e do renascimento da natureza na primavera. Outra deusa regente é Syn, a guardiã das portas do céu, em cujo nome eram feitos os juramentos. Pode também ser relacionada às deusas Aarvak, Gerd, Sunna, Thrud, Vor e as Zórias, bem como a Fylgja e Hamingja.

Uso mágico

Dagaz pode ser usada para complementar ou finalizar projetos, tarefas e relacionamentos, ou para definir limites e banir influências hostis ou opressoras. Auxilia no lançamento de um projeto, na melhora das finanças, na atração de sorte, na recuperação da saúde e como consolo no caso de sofrimento ou perda.

Considerada "a runa da invisibilidade", Dagaz é muito útil na proteção de casas ou outros lugares, quando pintada na cor branca e azul ou branca e verde. Pode também servir para "camuflar" alguém (ou algo) que precisa passar despercebido, desde que isso não contrarie leis nem prejudique pessoas, servindo somente para proteção ou defesa em lugares ou situações que representem algum perigo. Riscada nos quatro cantos de um espaço ritualístico ou círculo mágico, atua como um escudo protetor ou como portal entre os mundos, defendendo ou abrindo uma passagem.

Nas práticas de meditação, Dagaz induz o despertar espiritual, facilita o acesso aos planos sutis, permite a travessia dos véus e a transcendência da ilusão da dualidade, expandindo, dessa maneira, a consciência.

Para auxiliar na integração dos dois hemisférios, recomenda-se a visualização de um raio de luz dourada saindo do olho esquerdo e subindo até o hemisfério esquerdo; dali seguindo na diagonal para o olho direito, de onde se eleva novamente para o hemisfério direito; deste, finalmente, desce, novamente em diagonal, para o olho esquerdo, o ponto de partida, fechando, assim, o circuito, e reproduzindo a forma de Dagaz ᛞ. Pela repetição desse exercício ativa-se o terceiro olho, que fica exatamente no cruzamento das linhas que ligam os olhos aos hemisférios. Dagaz possibilita a expansão da consciência e é altamente recomendada nas práticas iniciáticas.

A associação com Algiz aumenta o poder protetor de Dagaz, necessário para a criação de um círculo mágico seguro, que transcenda os limites de tempo e espaço e seja uma ponte entre os mundos ᛞ. Sobreposta a Isa, reproduz a *labrys* — ᛞ — a machadinha de duas lâminas, antigo símbolo sagrado da Deusa Mãe.

Significado oracular

Dagaz pressagia sucesso, realizações, prosperidade, renascimento e regeneração. Um novo ciclo se inicia, novas possibilidades surgem, o otimismo é encorajado, pois as dúvidas, os conflitos e os problemas são deixados para trás.

Dependendo da questão e da combinação com outras runas, o crescimento e a realização poderão ocorrer na área profissional, pessoal, familiar ou espiritual.

Dagaz também diz respeito às atitudes e mostra que a mudança — mental ou emocional — do consulente irá conduzir a uma melhora, nas situações ou nas circunstâncias de sua vida.

Assim como as outras duas runas com conotações solares — Kenaz e Sowilo —, Dagaz também recomenda ao consulente o cultivo de pensamentos positivos e atitudes otimistas, que facilitem ou promovam mudanças para melhor. Na presença de runas negativas — como Thurisaz, Hagalaz, Naudhiz, Othala e Wunjo invertidas —, essa recomendação é muito importante, pois evita comportamentos derrotistas ou pessimistas. Dagaz diminui os efeitos negativos e os transforma em atrasos nas realizações, aconselhando mudanças nos padrões e nas expectativas.

A presença de Dagaz diminui o efeito prejudicial das runas invertidas e aumenta as qualidades das runas benéficas. Junto a Ansuz, indica o crescimento intelectual; a Berkano, aumento na família; a Fehu, melhora financeira; a Othala, reconhecimento do valor pessoal.

Por também não ser uma runa passível de reversão, Dagaz não tem aspectos negativos, mas, associada a runas "escuras" ou leituras "sombrias", avisa sobre atrasos, oposições ou possíveis fracassos — principalmente se a pessoa alimentar o pessimismo ou temer o pior. Nesses casos, é fundamental que ela visualize a "luz no final do túnel", livrando-se dos medos e da ansiedade e tentando ver os problemas por outro ângulo, sem que sejam repetidos os mesmos erros que levaram ao insucesso no passado.

Para **as mulheres**, Dagaz é um poderoso incentivo para melhorar a auto-estima e a autoconfiança, com a certeza de que — mesmo nos períodos difíceis — dias melhores virão e que "depois da tempestade e da escuridão, o Sol novamente brilhará".

Mesmo que o problema pareça insolúvel, com fé e esperança uma solução poderá ser encontrada — desde que a mulher não permita que sua luz própria seja ofuscada ou sua confiança, abalada.

COSMOLOGIA RESUMIDA DO TERCEIRO *ÆTT*

Enquanto o primeiro *Ætt* relata o aparecimento das divindades e a criação dos seres e o segundo descreve as forças antagônicas, o terceiro *Ætt* se ocupa da condição humana.

Esse último *Ætt*, regido pelo deus Tyr, acompanha as mudanças e a evolução da humanidade, guiadas pelas divindades ao longo dos tempos, e seu renascimento após a destruição no Ragnarök. É o *Ætt* da **transformação da raça humana**, desde sua criação até seu auge e daí para a desintegração e a renovação — cada runa descrevendo uma etapa desse processo.

A runa **Tiwaz** simboliza a "Idade do Ferro", que corresponde ao período histórico no qual os metais começaram a ser usados: primeiro, para caçar; depois, para criar ferramentas; por último, para criar armas. A inventividade dos povos nórdicos se direcionou para o aperfeiçoamento dos meios mortíferos de ataque e defesa; os objetivos da sociedade eram as conquistas e as descobertas, mas prevalecia o senso de justiça e a lealdade aos ideais e valores éticos.

Berkano é a runa que representa o mundo vegetal. Ela corresponde ao desenvolvimento da agricultura e ao estabelecimento de comunidades permanentes, que substituíram as sociedades nômades, centradas na coleta e na caça. Ela é ligada também aos conceitos tribais matrifocais e às tradições matriarcais.

A terceira runa, **Ehwaz**, corresponde ao período de domesticação e criação de animais e ao seu uso para carga, transporte e alimentação.

A evolução da raça humana — que atingiu novos níveis de consciência e desenvolveu a lógica e os valores espirituais e intelectuais — é descrita pela runa **Mannaz**. Nesse ponto da história, a tradição matriarcal é substituída pela patriarcal, os valores femininos são deslocados do exterior para o interior, para a psique, o que levou a novos campos na consciência e à expressão emocional e mágica do ser humano. Essa mudança é expressa pela runa **Laguz**, que simboliza o lado sensível e emotivo do ser humano, a emergência das práticas mágicas e da expansão espiritual.

Ao descobrir que têm dentro de si a centelha divina, os homens percebem e definem as divindades, fato expresso pela runa **Ingwaz**. Esse estágio, no entanto, sinaliza também o aparecimento das sementes da destruição, devido ao uso equivocado do poder, ao orgulho, ao autoritarismo, à cobiça, à maldade e à sede de conquistas.

As sementes malignas florescem, a sociedade entra em crise, tudo o que foi construído no passado desmorona, a estrutura social se desintegra e chega-se à "Idade do Lobo", da ganância e da guerra.

Os extremos se tocam, o dia se confunde com a noite; a incerteza, o caos e o terror dominam Midgard, que fica à mercê dos poderes destrutivos do fogo de Muspelheim e da fúria do mar. A runa **Dagaz** demonstra essa reviravolta — porém, não assinala o fim: o fogo não é totalmente destrutivo, as águas não inundam a terra; ambos os elementos somente purificam e limpam, preparando as condições para o início de um novo ciclo.

Os filhos dos Deuses sobrevivem e tornam-se as jovens divindades da Nova Era; a terra renasce e uma nova sociedade emerge, como demonstra a runa **Othala**.

Essa seqüência diferente das runas finais do terceiro Ætt é a escolhida por alguns autores para justificar a teoria da destruição pelo Ragnarök e a conseqüente reconstrução, simbolizadas, respectivamente, por Dagaz e Othala.

Esse é o único caso em que duas runas do Futhark podem ser intercambiáveis. O mais antigo Futhark conhecido, gravado em um menir da Suécia e datado de 425 a.C., tem como última runa Othala, fato que serviu para apoiar a hipótese acima mencionada.

Minha preferência pessoal — baseada não somente na intuição, mas também em várias obras citadas na Bibliografia — é ver Dagaz como a runa final do Futhark Antigo. Como **Dagaz representa o Ragnarök** — que simboliza o fim de um ciclo e o começo de outro —, eu a considero a mais adequada para o fechamento. Seu próprio significado está ligado "**à luz que brilha no fim da escuridão**", conceito associado ao solstício de inverno. Em New Grange, na Irlanda, no mais antigo e fascinante complexo megalítico ainda existente, há uma câmara iniciática, construída em torno de 5000 a.C. Nos menires que ladeiam a entrada, encontram-se gravadas oito runas Dagaz, cercadas por várias espirais e círculos. No momento exato do solstício de inverno, por uma fresta na laje de cobertura, feita especialmente para essa finalidade, penetra um raio de sol que ilumina o altar central, no qual foi encontrada uma bacia semi-esférica talhada em pedra. É evidente que os misteriosos construtores desse impressionante templo de pedra queriam representar, de uma maneira perene e dramática, a fecundação do escuro ventre da terra, no auge da escuridão, pelos raios da luz solar. Assim, esse povo antigo comemorava o momento culminante da noite mais longa e escura do ano, que anunciava o futuro nascimento da criança solar e as promessas da regeneração.

Tanto Dagaz quanto Fehu são runas de fogo: a primeira traz seu aspecto destrutivo; a segunda, as qualidades criativas. O fechamento do Futhark com Dagaz e o seu início com Fehu demonstram o eterno ciclo do fim e do início, o *ouroboros* cósmico, símbolo arcaico presente em todas as antigas tradições. Comprova-se, assim, a irrefutável verdade universal da roda da vida, da destruição seguida da reconstrução, no retorno cíclico da espiral evolutiva, que vai além dos valores e conceitos conservadores e tradicionais simbolizados por Othala.

Futhark Antigo
Primeiro Ætt

ᚠᚢᚦᚨᚱᚲᚷᚹ
Fehu Uruz Thurisaz Ansuz Raidho Kenaz Gebo Wunjo

Segundo Ætt

ᚺᚾᛁᛃᛇᛈᛉᛋ
Hagalaz Naudhiz Isa Jera Eihwaz Peordh Algiz Sowilo

Terceiro Ætt

ᛏᛒᛖᛗᛚᛜᛟᛞ
Tiwaz Berkano Ehwaz Mannaz Laguz Ingwaz Othala Dagaz

WYRD

RUNA BRANCA

Alguns autores modernos defendem a existência de uma vigésima quinta runa, denominada "runa branca", runa do destino (*wyrd*) ou runa de Odin (que, na realidade, é representada por As ou Os). Essa runa é um acréscimo supérfluo, pois, no Futhark Antigo, estruturado sobre o simbolismo de 24 runas, o *wyrd* é representado pela runa Peordh.

Wyrd significa a força do destino, o karma criado nas encarnações passadas e na vida presente. Na mitologia nórdica, o poder do destino é simbolizado pelas Nornes, as três deusas tecelãs que moram sob Yggdrasill, a Árvore do Mundo, e cuidam da fonte sagrada Urdh, o repositório da memória ancestral e coletiva. Diariamente, elas regam as raízes de Yggdrasill com essa água para mantê-las vivas, imagem que descreve a atuação do poder de *wyrd* na proteção e sustentação da ordem cósmica.

As Nornes são uma manifestação tríplice da Deusa, em sua manifestação de Mãe (Verdandhi, que corresponde ao presente), Donzela (Skuld, velada e com um pergaminho no colo, indicando o futuro) e Anciã (Urdh, que, por cima dos ombros, olha para trás — o passado). Elas são assistidas por um grupo de mulheres que, por meio dos sonhos, orientam e aconselham os homens. Conhecidas como Nornes individuais ou Matriarcas Ancestrais (Disir), elas são as responsáveis por orientar as almas a encarnar nas futuras mães. Assim, a runa que corresponde ao poder do *wyrd* (e, conseqüentemente, às Nornes) é Peordh, sendo desnecessário o acréscimo de uma runa "branca", inexistente no Futhark original e nas antigas inscrições rúnicas.

Particularmente, não aconselho seu uso; no entanto, para aqueles que ainda assim desejarem utilizá-la, a runa branca irá indicar os eventos impelidos pelo destino, os acontecimentos inevitáveis. Ela representa o encontro com a predestinação, o potencial oculto, simultaneamente cheio e vazio (o branco abrange a totalidade do ser). É uma runa ambígua, pois pode pressagiar, dependendo do débito ou crédito cármico do consulente (recompensa ou expiação), tanto uma ocorrência agradável quanto uma desagradável. Para chegar à interpretação correta, é preciso levar em conta as runas associadas.

Quando colocada em posição de destaque, adverte sobre a cautela necessária ao se tomar certas atitudes. Se um determinado passo for dado, a vida nunca mais será a mesma. Isso vale tanto para uma decisão pessoal do consulente, quanto para acontecimentos que independem dele. Aquilo que for definido pelo *wyrd* deverá ser encarado como um sinal do próprio destino. É importante manter a imparcialidade na interpretação, não deixando que desejos ou condicionamentos interfiram. Às vezes, é necessário que se tire mais uma runa para que o desenrolar dos acontecimentos seja definido com mais clareza.

Qualquer que seja a runa escolhida como significador do destino, ela sempre indicará que os obstáculos podem propiciar a abertura que conduzirá o consulente a novos começos, na eterna senda evolutiva. Vista como um teste ou desafio, ela fortalece a confiança na vida, a fé, a necessidade de aceitação e tolerância, a responsabilidade e a disponibilidade para avançar, levando-se em conta as lições do passado e as opções do presente, para criar, desse modo, oportunidades melhores no futuro.

SÍMBOLOS RÚNICOS ADICIONAIS

No Capítulo I foram descritas a evolução histórica e a ampliação fonética e morfológica do Futhark Antigo que levaram ao surgimento de novos sistemas rúnicos.

Apesar disso, o Futhark Antigo continua sendo o mais utilizado, com ou sem a runa branca, por ser a mais completa e perfeita expressão da estrutura mística e mítica do Norte europeu, integrando os segredos do universo multidimensional — representados pelas 24 vias (regidas pelas runas) — que interligam os nove mundos. Atualmente observa-se, no entanto, um crescente interesse pelo conhecimento e uso do Futhork Anglo-saxão, pelo Futhork de Northumbria e pelo sistema Armanen (este, especificamente, extremamente difundido e utilizado na Alemanha).

No decorrer dos anos, eu fui "testando" os sistemas mais recentes e acrescentando-os à minha prática. Atualmente, faço uso, nas leituras e na magia talismânica, da totalidade dos símbolos rúnicos. A bibliografia existente é muito escassa, poucos autores dão informações mais detalhadas, além dos conceitos e atributos básicos. Por me sentir atraída pela misteriosa complexidade das runas adicionais e estar convicta de sua versatilidade, fui me aprofundando em seu estudo e não vejo mais a possibilidade de abrir mão delas.

Coloco à disposição dos leitores os frutos de minhas pesquisas, vivências e visões, bem como incentivo os buscadores perseverantes e determinados a se aprofundar em seus mistérios e poderes mágicos. Quero ressaltar, todavia, que é necessário um profundo conhecimento simbólico e mitológico dessas runas, bem como de sua interação — favorável ou antagônica — com as runas tradicionais, antes que elas sejam usadas para fins mágicos ou na confecção de talismãs.

FUTHORK ANGLO-SAXÃO

Este sistema foi criado em torno do século V d.C., na região da Frísia (atual Holanda), e difundido posteriormente para as Ilhas Britânicas, de onde foi "reimportado" para o continente.

O Futhark Antigo era adequado para as línguas escandinavas e alemã, e por isso surgiam dificuldades nas transcrições e inscrições em inglês (arcaico ou moderno). Algumas runas foram alteradas e outras criadas para atender aos novos sons criados em razão de modificações fonéticas: Kenaz, Jera e Ingwaz foram alongadas, passando a ser iguais em tamanho às outras runas; Uruz passou a ter forma arredondada; Sowilo foi alinhada; Hagalaz passou a ser representada sempre com duas barras transversais. O símbolo original de Ansuz recebeu duas variantes — resultando, assim, em três runas — e foi deslocado do quarto para o vigésimo sexto lugar. Essa duplicação, e a conseqüente alteração e sobreposição de conceitos e atributos, é a parte mais nebulosa e de difícil compreensão do Futhork anglo-saxão.

Para que os leitores não se percam nesse "emaranhado" conceitual e morfológico, farei uma síntese comparativa entre **As** e **Os**, cujos significados, de acordo com algumas das poucas fontes que os mencionam, confundem-se ou se sobrepõem.

Quando se usa o Futhark Antigo, **a quarta runa chama-se Ansuz, Asa, As, Aesc ou Os** ᚠ ; ela corresponde ao som "a" longo e tem como atributos a regência do deus Odin, o dom da palavra, a boca, os sinais, a comunicação, a tradição oral, o aprendizado, os conselhos e as mensagens, as viagens, os testes (escritos ou falados), a inspiração (poética ou artística), a eloqüência, a inteligência e a sabedoria.

No Futhork Anglo-saxão, **o lugar de Ansuz foi ocupado por Os**, cuja forma é ᚩ . Essa runa corresponde ao som "o" e tem os mesmos atributos (positivos e negativos) e o mesmo significado mágico e oracular de Ansuz (o sopro divino, o som sagrado, a vibração cósmica primordial).

Ansuz ᚠ , **renomeada As ou Aesc, foi transferida para o vigésimo sexto lugar** e seu som correspondente passou a ser "æ"; ela simboliza o freixo e suas qualidades (resistência, estabilidade, proteção) e também é regida pelo deus Odin, tendo adquirido, portanto, alguns de seus atributos (sabedoria obtida pela informação e sacrifício).

A segunda alteração da runa Ansuz é a runa Ac, que tem a forma de ᚪ e o som "a" curto; ela representa o carvalho e suas características (potencial de crescimento, fonte de alimento, madeira para uso sagrado ou cotidiano). Ela precede As (Aesc) no Futhork Anglo-saxão, sendo a primeira runa do quarto *Ætt*, dos deuses *Æsir*.

Resumindo, da forma básica ᚠ derivaram três runas, com forma e fonética semelhantes, mas com significados específicos e diferenciados:

- ᚩ **Os**: som "o", Deus, boca, som;
- ᚪ **Ac**: som "a" curto, carvalho, força;
- ᚠ) **As**, **Aesc**: som "æ", freixo, firmeza.

No Futhork Anglo-saxão, elas se encontram no quarto, vigésimo quinto e vigésimo sexto lugar, respectivamente.

Ao ler ou usar a runa Ansuz, é importante saber se ela pertence ao Futhark Antigo, ao Futhork Anglo-saxão ou ao de Northumbria. A mudança fonética de Futh**a**rk para Futh**o**rk acompanha a alteração de **As** para **Os**.

O Futhork Anglo-saxão, portanto, é formado pelo Futhark Antigo acrescido das runas adicionais descritas a seguir. E o traçado, os significados, atributos e as características da quarta runa As — ᚠ **— foram substituídos por Os —** ᚩ **.**

Futhork Anglo-Saxão

Primeiro Ætt

ᚠ ᚢ ᚦ ᚩ ᚱ ᚲ ᚷ ᚹ
Fehu   Uruz   Thurisaz   Os   Raidho   Kenaz   Gebo   Wunjo

Segundo Ætt

ᚺ ᚾ ᛁ ᛃ ᛇ ᛈ ᛉ ᛋ
Hagalaz   Naudhiz   Isa   Jera   Eihwaz   Peordh   Algiz   Sowilo

Terceiro Ætt

ᛏ ᛒ ᛖ ᛗ ᛚ ᛜ ᛟ ᛞ
Tiwaz   Berkano   Ehwaz   Mannaz   Laguz   Ingwaz   Othala   Dagaz

Quarto Ætt

ᚪ ᚫ ᚣ ᛡ ᛠ
Ac   As   Yr   Ior   Ear

Os versos citados para cada uma das runas adicionais fazem parte de um antigo manuscrito inglês (*The Old English Rune Poem*), usado pelos monges cristãos como auxílio mnemônico para a memorização dos nomes e dos significados das runas, por eles utilizadas como um alfabeto arcaico até sua posterior proibição. Além da inglesa, existem outras duas versões desse poema — uma islandesa e outra norueguesa; esta, porém, é a mais tradicional, por ser a mais antiga (presumivelmente, do século VIII d.C.). O poema original se perdeu, mas as ligações entre as três versões mostram sua origem comum, as fórmulas mágicas da tradição oral arcaica. Os poucos fragmentos que sobreviveram ao esquecimento e à perseguição cristã foram transcritos por alguns mestres rúnicos. Os poemas são bastante enigmáticos e as traduções ambíguas, o que dá margem a diferentes interpretações. Mesmo assim, eles propiciam imagens, palavras-chave e descrições de objetos e costumes originários de uma estrutura social ancestral, baseada em um contato permanente com as forças da Natureza.

RUNAS ADICIONAIS

AC

VALOR FONÉTICO: A curto
PLANETAS ASSOCIADOS: Júpiter, o asteróide Ceres.

"O carvalho é o ancião da terra. É útil aos homens, como forragem para porcos. Muitas vezes brota no banhado dos gansos, onde o mar, afiado como a lança, põe à prova a madeira nobre do carvalho."

INTERPRETAÇÃO IDEOGRÁFICA: a bolota do carvalho, o carvalho.
INTERPRETAÇÃO ESOTÉRICA: céu, relâmpago, ovo cósmico.
DIVINDADES RELACIONADAS: os deuses Frey, Tiwaz, Thor, Ziu e as deusas Freyja, Frigga, Gna, Holda, Nerthus, Ostara, Sif, Thrud e a giganta Angrboda.
SERES SOBRENATURAIS: Eichefrauen, as ninfas dos carvalhos; Bushfrauen e Skogsjungfru, as "Mulheres" e as "Donzelas da Floresta"; Ganis e Vittra, espíritos da floresta; Waldmichen, as ninfas dos bosques.
PALAVRAS-CHAVE: potencial de crescimento, processo criativo, força, resistência, durabilidade, tenacidade, nutrição, sabedoria, liderança.
EFEITOS MÁGICOS: reforça a criatividade e a produtividade, catalisa o crescimento contínuo, do início até o clímax. Favorece as mudanças, as decisões e as ações feitas com calma e sabedoria.
ELEMENTOS: fogo, terra.
POLARIDADE: bissexual.
SÍMBOLOS: bolota de carvalho, ovo de ganso, sementes, relâmpago.
CORES: laranja, verde.
ANIMAIS TOTÊMICOS: gansa, porco.
ÁRVORES: carvalho, castanheira, amendoeira.
PLANTAS: cânhamo, mirra, visco.

O carvalho é uma árvore comum nas florestas européias, conhecida por sua capacidade de atrair os relâmpagos e por sua resistência, durabilidade e longevidade. Sua madeira, muito resistente, era usada para construir navios e habitações. Considerada árvore sagrada nos rituais mágicos, era queimada nas fogueiras dos festivais de fogo e também nas casas, para aquecer e cozinhar, uma vez que queimava fácil e produzia muito calor. As fogueiras rituais eram acesas pela fricção de dois pedaços de carvalho; também era de carvalho o tronco cerimonial do *Sabbat* celta Yule, do *Blot* Iul e da comemoração de Modranicht ("A noite da Mãe").

O carvalho foi associado à sabedoria graças à semelhança que existe entre os troncos velhos, de casca enrugada, e o rosto das pessoas idosas. Já suas sementes — chamadas de bolotas ou glandes —, apesar de pequenas, por conterem um poder de crescimento extraordinário, representavam o ovo cósmico, repositório dos poderes do universo e do potencial de expansão.

Era sobre o carvalho que crescia o visco, planta sagrada, continuamente verde, que simbolizava a renovação da vida — fosse no despertar da vegetação na primavera, fosse no renascimento do espírito em uma nova encarnação. O mito do deus Baldur relata como, da queima do carvalho (representando o corpo do Deus), brotava o visco, imagem de seu espírito renascido. As bolotas do carvalho eram usadas como alimento para os porcos (principal fonte alimentícia dos povos nórdicos) e para os animais silvestres (que forneciam carne, peles e chifres).

Em razão de sua resistência frente às intempéries, o carvalho era utilizado na construção de barcos, conforme descrito no último verso do poema.

Simbolismo

A vigésima quinta runa representa o ovo cósmico, o detentor do poder de desenvolvimento contínuo, que é canalizado a partir de uma pequena semente até atingir seu ponto máximo e a plenitude de seu potencial. Simboliza também a sabedoria adquirida pelas experiências e pela passagem do tempo, a nutrição e a sustentação da vida e a resistência perante as adversidades.

Mitologicamente, Ac é associada ao deus da fertilidade Frey e aos deuses regentes do céu e do relâmpago Tiwaz, Thor (Donnar) e Ziu.

Todavia, não pude encontrar, na bibliografia utilizada, nenhuma referência relativa à conexão de Ac com alguma Deusa específica. Mesmo assim, acredito que as deusas Nerthus e Ostara possam ser consideradas "madrinhas" dessa runa, bem como as "Ninfas dos Carvalhos" e as "Senhoras Verdes das Florestas" ("Mulheres" ou "Donzelas"), em razão de sua conexão à simbologia de crescimento e de força das árvores.

Como é feita uma referência importante ao porco — sendo este um dos animais totêmicos de Freyja e Frigga —, podemos também atribuir a essas duas deusas a regência dessa runa. Da mesma maneira, a menção feita ao ganso nos remete à lenda da deusa Holda (Holle ou Huldra), que, ao sacudir seus travesseiros recheados de penas de ganso, fazia nevar sobre a Terra. Outra associação possível é com as deusas Thrud (cujo nome significa "semente"), Gna e Sif (pelos atributos de fertilidade) e a giganta Angrboda, a guardiã da Floresta de Ferro. O carvalho era considerado uma "árvore de ferro" por sua resistência e sua característica de atrair raios, que terminavam por calciná-lo. Por ser um condutor fraco de eletricidade, o carvalho queima de forma explosiva quando é atingido por um raio, o que o tornou símbolo dos deuses regentes dos raios. Angrboda era uma giganta poderosa, forte e determinada; com Loki, ela gerou três filhos temidos: o lobo Fenrir, a serpente Jormungand e a deusa Hel. Foi morta por Odin, que temia seu poder gerador de monstros; tudo que dela restou foi seu coração, calcinado como um pedaço de carvalho.

Uso mágico

Ac é usada para aumentar o poder mágico dos encantamentos e talismãs que auxiliam ou ativam os processos criativos e produtivos e promovem o fortalecimento ou a perseverança. Por representar o relâmpago, Ac é um alerta sobre o uso de seu poder, que tanto pode ser construtivo (calor, energia, luz) quanto destrutivo (combustão, explosão). Deve ser usada com cautela e discernimento, pois também potencializa o efeito de outras runas quando a elas associada em monogramas ou talismãs.

Significado oracular

Ac simboliza a nutrição no nível físico e afetivo. Pode ser vista como representação da influência exercida pela mãe no crescimento e desenvolvimento da personalidade do filho. A associação a outras runas é que definirá se a influência foi benéfica ou não. Ac indica um período de testes ou a necessidade de fortalecimento (físico, psíquico e espiritual) para resistir de forma altiva e corajosa, enfrentando os "raios e as trovoadas", os medos e a raiva alheia. Ela recomenda que o consulente mantenha-se forte e altivo, "como um carvalho", para resistir "aos golpes e às chamas" e renascer, com mais força e sabedoria. Ac também define o poder pessoal, a resistência, a tenacidade e a habilidade para agir com sabedoria, calma e paciência.

Invertida, Ac revela problemas ligados à alimentação (distúrbios, carências, compulsões, problemas psicossomáticos) ou à nutrição maternal, como rejeição, carência afetiva, superproteção, que levam ao enfraquecimento do ego e a complexos de *puer eternus* ou *puella*, ou seja, a fuga das responsabilidades adultas e o cultivo de comportamentos e valores infantis. Indica situações opressivas, repressão emocional, bloqueios de expressão que podem criar problemas psicológicos, doenças psicossomáticas e levar a decisões erradas ou à estagnação por causa do medo de agir.

Para **as mulheres**, Ac recomenda que prestem mais atenção à maneira como estão cuidando dos outros e de si mesmas (de modo excessivo ou negligente). É um incentivo também para que elas invistam mais no crescimento pessoal e no desenvolvimento mental e espiritual, dedicando, sem culpa ou remorso, mais energia e tempo a si mesmas, e não apenas aos outros.

AS

AESC

VALOR FONÉTICO: Æ (E aberto).
PLANETAS ASSOCIADOS: Mercúrio, o asteróide Pallas Athena.
"O freixo cresce alto, é uma árvore sagrada. Amado pelos homens, estável em sua base, firmemente enraizado, apesar dos muitos inimigos que avançam para lutar contra ele."
INTERPRETAÇÃO IDEOGRÁFICA: lança de freixo de Odin (Gungnir), o freixo.
INTERPRETAÇÃO ESOTÉRICA: Yggdrasil, o pilar ou o eixo cósmico; práticas xamânicas de indução de estados alterados de consciência; o sacrifício necessário para se alcançar a expansão espiritual.
DIVINDADES RELACIONADAS: os deuses Odin, Vili, Vé e Irmin e as deusas Hlin, Irpa, Saga, Thorgerd Holgabrud, as Valquírias, Mielikki e Tappu; deuses fino-úgricos protetores das florestas.
SERES SOBRENATURAIS: Askefruer, as "Mulheres-Freixo"; Silige Fraulein, as guardiãs das árvores; Fangge, espíritos protetores das árvores, que nelas residem; Frau Sælde, "A Protetora".
PALAVRAS-CHAVE: informação, percepção sutil, firmeza, conhecimento místico ou espiritual, sabedoria (antiga ou adquirida nas viagens xamânicas ou no intercâmbio com seres sobrenaturais e ancestrais).
EFEITOS MÁGICOS: aumenta a determinação e a força de vontade, reforça as defesas (físicas e psíquicas), auxilia nas práticas xamânicas e na magia (*seidhr* e *stadha galdr*).
ELEMENTOS: ar, terra.
POLARIDADE: bissexual.
SÍMBOLOS: flecha, lança, pilar, dança extática, talismãs de proteção, instrumentos de percussão.
CORES: amarelo, marrom, cinza-azulado.
ANIMAIS TOTÊMICOS: pássaros, corvo, coruja, lobo.
ÁRVORES: freixo, álamo, pinheiro, tília.
PLANTAS: *Amanita Muscaria* (cogumelo alucinógeno), arruda, alho, artemísia, croco.

Simbolismo

A vigésima sexta runa do Futhork anglo-saxão — As ou Aesc — reproduz o traçado da runa Ansuz original, mas tem atributos e significados diferentes. Enquanto Ansuz e Os representam o poder da palavra, Aesc simboliza Yggdrasil, a Árvore do Mundo em que Odin se auto-imolou para adquirir a sabedoria das runas. Ansuz e Os definem a magia *galdr* (encantamentos com sons e palavras); Aesc corresponde às práticas mágicas de *seidhr* e *spæ* (viagem astral, metamorfose xamânica, vidência, comunicação com espíritos, divinação e profecia).

Os versos do poema inglês definem as características de Aesc como sendo aquelas do freixo (*aska, ash*), árvore sagrada da Tradição Nórdica e celta (junto com o carvalho, que é regido pela runa anterior, Ac). Acredita-se que Yggdrasil, a árvore que sustenta os nove mundos da criação, seja um freixo. Ela estremece durante o Ragnarök, mas não cai por causa da força de suas raízes. Em seus galhos — ou entre as raízes — se abrigará um casal humano que sobreviverá à catástrofe e que irá gerar os primeiros habitantes do Novo Mundo. Do freixo eram confeccionados os talismãs de proteção e as lanças dos guerreiros; de seu tronco foi criado o primeiro homem — *Askr* —, pela tríade divina Odin, Vili e Vé.

O freixo é a última árvore que brota na primavera e a primeira que perde as folhas no outono. Suas flores são hermafroditas e ele pode viver até duzentos anos. Sua madeira é firme, mas flexível, ideal para a confecção de flechas e lanças, e sua casca e folhas eram usadas com finalidades terapêuticas e mágicas, como em fumigações para repelir energias negativas. O freixo é um bom condutor de *önd*, força mágica, principalmente se for cortado no solstício de verão.

Mitologicamente, As é regida pela tríade de deuses Odin, Vili e Vé; o deus anglo-saxão Irmin; as deusas Hlin, Irpa, Thorgerd Holgabrud e as Valquírias (protetoras e defensoras). Na Finlândia, reverenciavam-se Mielikki e Tappu, o casal de divindades protetoras das árvores e dos animais das florestas.

Uso mágico

Aesc é uma runa de fortalecimento pessoal, seja no nível físico (em caso de debilidade), psíquico (medos, dúvidas), mental (enfraquecimento da força de vontade) ou espiritual (em caso de invasão ou ataques astrais). Assim como Ansuz, pode ser usada em encantamentos feitos em voz alta, nos *galdrasong* — canções mântricas — para canalizar o sopro divino *önd* e o dom da inspiração conferido por Odin. Porém, seu uso principal é como auxiliar nas práticas xamânicas e na magia *seidhr* e *spæ* (viagem astral e divinação). Nos talismãs de proteção, pode ser usada em conjunto com Eihwaz, Algiz, Sigel e Yr; caso se queira aumentar a resistência, deve ser utilizada junto com Uruz, Eihwaz e Tiwaz.

Significado oracular

Aesc define a necessidade de adquirir, ou reforçar, as qualidades do freixo: firmeza, determinação, resistência, força de vontade, enraizamento, proteção contra os inimigos (visíveis e invisíveis).

Por ser regida por Odin — assim como Ansuz e Os — também simboliza o amplo espectro da palavra, referindo-se a todos os tipos de informação, comunicação e expressão do poder criativo da mente humana, a informações vindas dos planos sutis (canalização), a mensagens recebidas em estados alterados de consciência (transe xamânico, *seidhr*, *spæ*) e a lembranças de vidas passadas.

No nível psicológico, representa a influência paterna no desenvolvimento da personalidade e o *animus* da *psique* feminina.

Invertida, Aesc alerta para a vulnerabilidade física, psíquica ou espiritual e para possíveis "vampirizações", ocorridas não somente por causa de seres desencarnados, mas também por pessoas e ambientes negativos, notícias perniciosas ou trágicas, maledicências, fofocas, calúnias, intrigas.

Assinala também a distorção, o mau uso das palavras ou a maneira destrutiva, maliciosa ou degradante com que são usadas. Pode indicar a dificuldade da pessoa de se expressar mental ou verbalmente, o excesso de conhecimentos teóricos e a dificuldade de colocá-los em prática, bem como a falta de centramento ou enraizamento, que a leva a permanecer no plano das divagações e elucubrações mentais, sem que haja realização ou progresso no plano material ou espiritual. Aesc invertida aponta para a repetição dos mesmos erros, a desconsideração das lições do passado, bem como a perda da fé e o afastamento do divino em razão de ilusões materiais e sensoriais.

Para **as mulheres**, recomenda que reforcem seus "escudos de proteção", evitando perdas energéticas com conversas inúteis ou ouvindo lamúrias ou fofocas. Indica a necessidade de saberem "quando calar e quando falar" e como usarem de maneira sensata e sábia as palavras, reforçando assim suas defesas psíquicas. Aesc é um incentivo para o aprendizado de práticas oraculares e xamânicas, para o desenvolvimento da concentração e da intuição, de modo que possam confiar, assim, na voz interior e na compreensão dos sinais e mensagens dos planos sutis.

YR

FORMAS ALTERNATIVAS:

VALOR FONÉTICO: Y
PLANETAS ASSOCIADOS: Marte e Netuno.
"O arco (ou a sela) é uma alegria e uma honra para príncipes e nobres; sinal de valor, é excelente sobre um cavalo. Confiável nas jornadas, é um valioso equipamento de guerra."
INTERPRETAÇÃO IDEOGRÁFICA: arco-e-flecha, alvo, sela.
INTERPRETAÇÃO ESOTÉRICA: as raízes de Yggdrasil, o teixo.
DIVINDADES RELACIONADAS: os deuses Mani, Odin, Vidar e Ullr e as deusas Frigga, Hel, Hlin, Lofn, Nehelennia, Nott, Skadhi, Syn, Thorgerd Holgabrud, as Nornes e Juksakka, a "Velha arqueira", deusa fino-úgrica protetora das crianças.

SERES SOBRENATURAIS: *Disir, Fylgjür, as Vilas* (espíritos guardiães das florestas que assumiam formas de animais), Sengi Mamma ("Mãe dos Animais e das Florestas"), Kos La Kuva (a "Velha da Floresta", protetora dos viajantes).
PALAVRAS-CHAVE: habilidade artística, artesanal e radiestésica, defesa, uso criativo de recursos (artísticos, mágicos), registros do inconsciente, reino subterrâneo.
EFEITOS MÁGICOS: proteção (nas viagens astrais, nos talismãs), uso na geomancia, radiestesia com varinha rabdomântica, confecção de *alrauns* (bonecos feitos com ervas sagradas) para feitiços.
ELEMENTOS: todos.
POLARIDADE: bissexual, bipolar.
SÍMBOLOS: arco-e-flecha, machado, pêndulo, varinha rabdomântica, escudos e símbolos de proteção, objetos artísticos, artesanais ou mágicos, tatuagens, viagens xamânicas.
CORES: da terra, branco, vermelho, preto.
ANIMAIS TOTÊMICOS: cavalo, corça, cisne, raposa, falcão.
ÁRVORES: teixo, abeto, olmo.
PLANTAS: briônia branca, mandrágora, mirtilo, urtiga.

Yr é geralmente traduzida como "arco"; porém, o verso do poema inglês acima citado lhe dá um outro significado: o de "sela". A explicação que melhor combina esses símbolos aparentemente contraditórios é aquela dada por Donald Tyson, em *Rune Magic*, que pressupõe ter existido em outras épocas um equipamento mais complexo, formado por um arco de teixo preso a uma sela. Outra hipótese substitui o arco pelo machado, ou a sela por uma fivela de ouro, ornamentada com símbolos mágicos.

Uma outra interpretação é aquela oferecida por Nigel Pennick, em *Rune Magic*, que vê Yr como arco e também como instrumento de adivinhação por sua semelhança a Eihwaz, a runa associada ao teixo. Tanto os arcos curtos carregados no dorso do cavalo, quanto o famoso arco longo inglês (arbalete) eram feitos da madeira do teixo. É essa a explicação para "o uso valioso" do arco e para a proteção que ele oferece. O arco é fruto da habilidade criativa do homem na defesa contra agressões externas e na descoberta de coisas ou lugares especiais.

No Futhork Anglo-saxão, Yr representa as três raízes de Yggdrasil, que permitem a passagem para o mundo subterrâneo, e a necessidade de proteção para aqueles que tentam desvendar seus mistérios ou deslocar-se entre os mundos, usando técnicas xamânicas, projeção astral ou desdobramento.

Simbolismo

Yr descreve a habilidade humana de adaptar, de acordo com suas necessidades, os materiais retirados da Natureza. O arco tinha duas finalidades: para defender e matar (inimigos ou animais nas caçadas) e para o uso geomântico (lançar a flecha para encontrar um lugar adequado para se acampar, lutar, caçar, enterrar mortos, realizar rituais, construir templos ou moradias). O arco retesado também podia ser usado na geomancia, como uma varinha rabdomântica, na localização de veios de água ou metais. Sua posição no vigésimo sétimo lugar representa a soma numérica da fórmula mágica ALU, usada para proteção.

Mitologicamente, Yr é associado às Nornes (as guardiãs de Yggdrasil), à deusa Frigga e aos deuses Odin, Vidar (o deus silencioso que irá vencer o lobo Fenrir na batalha final do Ragnarök) e Ullr (o deus arqueiro).

No **contexto feminino**, a regência de Yr pode ser atribuída às deusas Hel (senhora do mundo subterrâneo e protetora dos mortos), Syn (protetora das fronteiras, passagens e fechaduras), Hlin (defensora dos perseguidos e das mulheres enfraquecidas), Skadhi (deusa arqueira, regente da guerra e da caça), Lofn (padroeira dos relacionamentos homossexuais), Thorgerd Holgabrudr (defesa ativa contra os inimigos), Nehelennia (protetora dos marinheiros), Nott (defensora dos oprimidos) e Juksakka (a "Velha Arqueira", padroeira fino-úgrica dos nascimentos e das crianças).

Uso mágico

Yr é usada para encontrar objetos perdidos, para identificar os locais mais adequados para construir ou morar e em talismãs e encantamentos de proteção. Favorece também o desempenho mental ou artístico e amplia os recursos criativos.

As raízes de briônia e mandrágora eram usadas na Antigüidade para confeccionar *alrauns*, os bonecos mágicos com feições humanas que eram utilizados em feitiços ou encantamentos de amor, fertilidade, saúde, prosperidade e proteção (neste último caso, eram usadas folhas de teixo, manjericão, sabugueiro, alecrim, arruda, alho e cravos).

Significado oracular

Considerada a "Runa do Arqueiro", Yr mostra que é imprescindível melhorar o poder de concentração e visualização para alcançar um objetivo. Somente vencendo a dispersão, por meio de muita disciplina e força de vontade, a "flecha" da intenção atingirá o alvo. Yr aconselha o uso de medidas de proteção para se evitar as influências negativas externas (de pessoas, lugares, objetos ou desencarnados).

Em minha prática oracular, tenho interpretado Yr como um alerta para a necessidade de utilizar ou reforçar as defesas psíquicas e astrais, do consulente ou do seu ambiente. Dependendo das runas que acompanham Yr, as medidas de proteção devem ser adotadas o mais rápido possível (no "galope do cavalo"). Podem ser utilizadas para a orientação, a radiestesia e o Feng Shui, e purificações pessoais e ambientais ou orações para os seres desencarnados que porventura estejam próximos dos moradores ou ainda permaneçam em seu antigo hábitat.

Invertida, Yr incentiva a expansão da gama de recursos criativos, removendo bloqueios e ampliando os horizontes com novos conhecimentos e atividades. É um aviso também para que sejam ativados os "escudos" de proteção, evitando-se as vampirizações (de pessoas vivas ou falecidas), as invasões do espaço pessoal (físico, mental, emocional ou astral) ou as interferências de pessoas, que, mesmo bem-intencionadas, se intrometem na vida do consulente.

Para **as mulheres**, recomendo o reforço das barreiras de proteção, a defesa do espaço pessoal das invasões ou interferências físicas, psíquicas ou astrais e a expansão da habilidade criativa, não somente como *hobby* ou lazer, mas nas atividades cotidianas e na solução dos problemas diários, familiares, financeiros ou profissionais. Em razão da sensibilidade mais acentuada e do milenar hábito de ceder às necessidades ou às pressões alheias, a mulher é muito mais vulnerável do que o homem, e por isso deve ficar mais atenta à sua proteção.

IOR

FORMAS ALTERNATIVAS: ᛠ

VALOR FONÉTICO: Io
PLANETA ASSOCIADO: Netuno, Saturno.
"A enguia (serpente ou castor) mora dentro do rio, porém sempre busca comida na terra. Ela tem uma linda morada, cercada de água, onde vive completamente feliz."
INTERPRETAÇÃO IDEOGRÁFICA: hera, algas, serpente-marinha.
INTERPRETAÇÃO ESOTÉRICA: a natureza dual das coisas; Jormungand (a Serpente do Mundo).
DIVINDADES RELACIONADAS: os deuses Ægir, Loki, Njord e Thor; as deusas Hel, Ran, Skadhi, Thorgerd Holgabrudr e as Donzelas das Ondas.
SERES SOBRENATURAIS: as gigantas Angrboda, Fenia, Menia, Hyndla, Hyrokkin, Jarnaxa e a da Floresta de Ferro; Labismina, a serpente-marinha teutônica; Eggle, a "Senhora das Serpentes"; Undutar, a personificação das nuvens e da névoa.
PALAVRAS-CHAVE: dificuldades, obstáculos, provações, dualidade, adaptabilidade, poder concentrado, síntese.
EFEITOS MÁGICOS: ligação, união dos opostos, contatos com o mundo subterrâneo e os espíritos dos ancestrais.
ELEMENTOS: água, terra.
POLARIDADE: hermafrodita.
SÍMBOLOS: estatueta de dragão, gárgula ou carranca, imagens de serpentes, *ouroboros*, movimentos e traçados serpentíneos.
CORES: verde-escuro, branco, marrom, preto.
ANIMAIS TOTÊMICOS: serpente-marinha, castor, enguia, peixe, sapo, dragão, salamandra, lobo, gato.
ÁRVORES: salgueiro, aveleira, tília.
PLANTAS: algas, junco, hera, papiro.

A vigésima oitava runa representa a serpente-marinha, animal antigamente temido pelos marinheiros. Vários autores traduzem a palavra *iar*, do inglês arcaico, por "enguia, sapo, peixe, lontra, tritão, castor", sendo esse último termo proposto pelas escritoras Marijane Osborn e Stella Longland, no livro *Rune Games*. Elas oferecem argumentos baseados na alimentação do castor (casca de árvores), em sua cauda escamosa (parecida com um peixe e considerada uma iguaria pelos povos nórdicos) e no fato de a sua morada ser construída com tocos de madeira, estar cercada de água e retratar a maneira anfíbia de viver desse animal (meio terrestre, meio aquático).

Simbolismo

Ior personifica Jormungand, a "Serpente do Mundo", filho do deus Loki e da giganta Angrboda, que matou Thor com seu veneno no Ragnarök, mas também pereceu em razão dos ferimentos do combate.

A forma dessa runa se assemelha a Hagal, do Futhark Novo, ou ao seu símbolo alternativo do sistema antigo — ambas as figuras representando a natureza dual da matéria. Além da forma, também há outra conexão entre as runas Ior e Hagal. Hagal representa o inconsciente e é regida pela deusa Hel, irmã de Jormungand, enquanto Ior é a runa da Serpente do Mundo, Jormungand, cuja morada é nas profundezas das águas escuras que cercam o mundo (comparáveis ao próprio inconsciente). De acordo com a tradição, Jormungand, apesar de ser uma criatura perigosa e feroz, fazia parte da estrutura irremovível do mundo. Mesmo sendo possível eliminar sua presença, tal atitude produziria uma catástrofe pior do que sua existência.

Ior simboliza, portanto, as dificuldades e os problemas inevitáveis de nossa existência, os compromissos que precisamos aceitar, o caminho "do meio" que deve ser trilhado, evitando-se os extremos.

No **nível sutil**, Ior descreve a polaridade do *wyrd*, as alegrias e os desafios de quem "vive tanto na água quanto na terra", metáfora que simboliza a dualidade da vida humana (plano material/espiritual, emoção/razão, fantasia/realidade).

Na Tradição Nórdica, tanto Jormungand, quanto os dragões e os animais sobrenaturais eram considerados guardiães e protetores. Suas representações, chamadas gárgulas (semelhantes às carrancas brasileiras) eram colocadas nos telhados, acima das portas ou nas proas dos navios. Até hoje podem ser vistas esculturas em madeira desse tipo nas vigas das igrejas norueguesas e das fortalezas medievais.

Mitologicamente, Ior é associada a dois mitos do deus Thor. Em um deles, Thor é desafiado a levantar um gato cinza, bem pequeno. Mesmo assim, ele consegue levantar somente uma de suas patas, algo inacreditável em vista da sua renomada força física. A explicação é que o gato era, na verdade, um disfarce da "Serpente do Mundo" (gato, em galês, é *iara*). Em outro mito, Thor, acompanhado pelo gigante Hymir, tenta pegar Jormungand usando como isca uma cabeça de boi. Ele consegue pescá-lo, mas, antes de puxá-lo para terra, Hymir, assustado ao ver a aparência do monstro, corta a linha e Jormungand cai de volta no oceano. Ior também pode ser associada a Njord, o deus regente do mar e das tempestades.

Juntamente com o feroz lobo Fenrir e o malvado deus Loki, Jormungand representa os aspectos escuros das forças telúricas e aquáticas que, apesar de perigosas, fazem parte da totalidade da vida. Os mitos a eles relacionados descrevem, por metáforas, a lei universal e eterna da integração dos pólos opostos. Esse conceito, presente em todas as antigas tradições, foi renegado e esquecido nas religiões e doutrinas modernas na tentativa de ignorar a polaridade negativa. Essa presunção vã, no entanto, não anula sua existência.

A única Deusa associada à runa Ior, mencionada por Nigel Pennick no livro *Rune Magic*, é Morrigan, a patrona celta dos guerreiros e das batalhas.

Pessoalmente, atribuo a regência dessa runa à Thorgerd Holgabrudr, guerreira e defensora de seu povo, e às gigantas Angrboda (amante do deus Loki, mãe dos monstros Fenrir, Jormungand e da deusa Hel), Fenia e Menia (irmãs gêmeas, "Senhoras das Ondas", criadoras e destruidoras), à "Giganta da Floresta de Ferro" (mãe dos lobos Skoll e Hati, que perseguem Sol e Mani, os deuses do Sol e da Lua), Hyrokkin (responsável pelas tempestades de inverno), Jarnaxa (cujo apelido era "Sabre de Ferro", esposa de Thor e mãe de Magni, o deus que sobreviverá ao Ragnarök e será o novo dono do martelo mágico de Thor), à feiticeira Hyndla, bem como à Hel, a senhora do mundo subterrâneo.

Uso mágico

Ior é uma poderosa runa de ligação e se assemelha a suas plantas sagradas: a hera, que sobrevive sempre verde à custa das árvores que ela usa como apoio, podendo até sufocá-las; e as algas do gênero *Laminaria*, que podem se enroscar nos nadadores e prendê-los no fundo do mar. Ior representa, portanto, o poder serpentíneo que amarra e conecta as energias de outras runas, forja vínculos entre aspectos pessoais e coletivos, cria pontes entre os mundos consciente e inconsciente. Nas práticas de *seidhr* ou *spæ*, Ior pode ser visualizada como um portal de abertura entre os mundos e de conexão com os aliados.

Significado oracular

Ior representa as dificuldades, os obstáculos, os desafios e os aprendizados que a vida oferece e que devem ser compreendidos e aceitos para que possamos seguir nessa trajetória, sem lamúrias, revolta ou amargura.

Reconhecer a natureza dual das coisas e as leis de complementação dos opostos facilita a compreensão das sombras individuais e dos aspectos escuros da vida e dos eventos. O aprendizado consiste na integração da sombra, e não na sua rejeição ou expulsão à força. Quando uma energia negativa é retirada, ela deve ser sempre substituída por outra positiva, se não o lugar vazio será imediatamente ocupado por outra forma, de igual teor vibratório, ou pela volta da energia inicial.

Invertida, Ior reforça a interpretação negativa de seu significado e recomenda práticas de centramento, terapias bioenergéticas e xamânicas, para a obtenção da ajuda dos ancestrais, guardiães e animais aliados na transmutação das energias sombrias. Ela alerta para o perigo das "incursões" indevidas ao mundo subterrâneo em busca de mensagens ou comunicações, que perturbam os espíritos desencarnados.

Para **as mulheres**, Ior alerta para a necessidade de adaptação às circunstâncias adversas enquanto se preparam para lutar e mudar. É sempre útil lembrar a sabedoria antiga e universal, resumida nesta frase: "Aceite aquilo que não pode ser mudado, empenhe-se para mudar aquilo que é possível e saiba distinguir a diferença entre essas duas coisas." Lamuriar-se constantemente ou reclamar dos outros apenas mantém a mulher presa na teia negativa, reforçando as amarras com o pessimismo. Para se desvencilhar delas, é necessário que ela se conscientize de suas reais necessidades e de seu verdadeiro poder para agir e reverter a situação a seu favor.

EAR

FORMAS ALTERNATIVAS:

VALOR FONÉTICO: E longo e aberto.
PLANETAS ASSOCIADOS: Terra, Saturno.

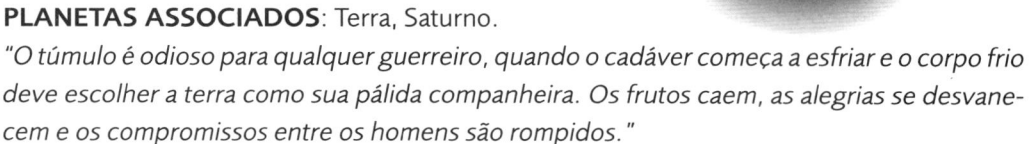

"O túmulo é odioso para qualquer guerreiro, quando o cadáver começa a esfriar e o corpo frio deve escolher a terra como sua pálida companheira. Os frutos caem, as alegrias se desvanecem e os compromissos entre os homens são rompidos."

INTERPRETAÇÃO IDEOGRÁFICA: terra, pó, areia, solo, espiga, onda, pilar cósmico.
INTERPRETAÇÃO ESOTÉRICA: morte, túmulo, câmara funerária, ritos de passagem, fim, o inconsciente.
DIVINDADES RELACIONADAS: as deusas Hel, Holda, Mordgud, Ran, Rind, Tuonetar e as eslavas Smert e Marzana; os deuses Ægir, Odin, Tiw, Tyr, Ullr e Irmin.
SERES SOBRENATURAIS: Fylgjür, protetores individuais vitalícios; Kalma, a guardiã dos túmulos; Dunna Musun, entidade ancestral xamânica que aparece como a "Anciã", protetora dos caminhos que levam ao reino dos mortos; Elli, a personificação da senilidade e decrepitude; Senu Mate, a "Senhora dos Cogumelos".
PALAVRAS-CHAVE: fim de ciclo, medo de morrer, pó, morte, perigos, renascimento, renovação, reencarnação.
EFEITOS MÁGICOS: favorece o fechamento de ciclos, "a libertação do velho para abrir espaço para o novo", desligamento do espírito no último rito de passagem, contato com o mundo dos mortos, descoberta de novos caminhos após esgotado o potencial dos antigos.
ELEMENTO: terra.
POLARIDADE: feminina.
SÍMBOLOS: cruz, elo rompido, gancho, tesoura de açougue, punhal, faca ritual.
CORES: marrom, preta.
ANIMAIS TOTÊMICOS: toupeira, serpente.
ÁRVORES: teixo, cipreste, tuia.
PLANTAS: cicuta e acônito (muito venenosas), cogumelos, perpétua, sempre-viva.

Simbolismo

O último verso do poema rúnico inglês que se refere à runa Ear acrescenta uma nuance macabra e pessimista ao resto do texto, de tom otimista. No entanto, ele retrata uma verdade irrefutável — a de que por mais fortes e guerreiros que sejamos, não podemos jamais evitar a morte, já que somos mortais, assim como também são os frutos da terra e os outros seres da criação.

Ear é a vigésima nona e última runa do Futhork Anglo-saxão e seu nome é obscuro e de origem desconhecida. Representa a terra, o chão e o pó; reforça, assim, o conceito de que nosso corpo voltará a se tornar pó após a nossa morte.

Ear, portanto, é o túmulo, o fim da vida, a morte, etapas inexoráveis e inerentes do ciclo eterno da vida. Não pode existir um recomeço se não houver um fim, sem a morte não existiria a possibilidade da reencarnação e de uma nova chance para a alma. Essa runa significa o fim inevitável de todas as coisas e, principalmente, o retorno do homem para o ventre da Mãe Terra no fim da vida, quando seu corpo se transforma em pó. Os povos nórdicos não temiam a morte, mas a decrepitude da velhice e o sofrimento trazido pelas doenças. A morte gloriosa nos campos de batalha lhes conferia o título de "heróis" e lhes permitia a entrada nos salões de Valhalla, acompanhados pelas Valquírias. Se morressem de velhice ou por doenças, as almas iniciavam uma longa e solitária jornada até o reino sombrio de Hel, onde deviam repousar até sua cura ou renascimento.

Por ser a última runa do sistema anglo-saxão de 29 runas, Ear anuncia também o fim de um ciclo: lunar, solar, cósmico, afetivo, material, mental, profissional, biológico ou espiritual.

Mitologicamente, Ear pertence a Hel, deusa da morte, senhora do mundo subterrâneo, guardiã das almas que aguardam uma nova reencarnação. Pode-se ver também uma relação com outras deusas, como Mordgud, a guardiã da ponte Gjöll que conduz ao reino de Hel; Ran, a deusa que rege a morte no mar; Rind, a deusa da terra congelada e da morte da vegetação no inverno; Holda (ou Holle), condutora da "Caça Selvagem" que coleta as almas perdidas; Tuonetar, a deusa escandinava da morte e da escuridão; Smert, a representação eslava da morte; e Fylgja, o espírito guardião que se afasta após a morte da pessoa. Os deuses associados são Odin, em seu aspecto de Senhor da "Caça Selvagem" e de Valhalla; Irmin, o deus anglo saxão, guardião do Pilar Cósmico; e Ærgir, Tiw, Tyr e Ullr.

Uso mágico

Ear favorece o fim ou acelera os processos que demoram a se finalizar (relacionamentos, disputas, doenças, agonia ou coma). No entanto, recomendo muita cautela em seu uso, principalmente no caso de doenças graves, para evitar a criação de um carma pessoal ao se tentar encurtar o sofrimento de alguém, interferindo no *wyrd* alheio.

Pode ser usada, com discernimento, associada a runas positivas, para vencer medos e fobias, nas terapias de renascimento, nas práticas xamânicas de "morte e renascimento" e, com muito cuidado, no fechamento ritualístico de ciclos, etapas, fases, projetos ou relacionamentos, preparando, assim, a abertura para novos começos.

Significado oracular

Ear anuncia a conclusão de um projeto, aprendizado ou etapa, o término de um relacionamento ou atividade, a finalização de um ciclo. Ela avisa que algo vai acabar porque "chegou a hora" e é inevitável. A intensidade do sofrimento depende da aceitação ou revolta da pessoa, que tem controle somente sobre sua forma de reagir. O significado dependerá das outras runas associadas e do tema da leitura.

Invertida, Ear aponta para algo que se prolonga, que já sofreu a ação do tempo, mas que não foi ainda finalizado, ainda não acabou. Pode também indicar a necessidade de regeneração, de renovação ou do corte definitivo de projetos infrutíferos ou ligações prejudiciais que se "arrastam", mas não terminam.

Para **as mulheres**, Ear é um incentivo para que analisem seus relacionamentos ou suas atividades. A conseqüência será uma avaliação criteriosa e honesta dos resultados obtidos (em relação ao dispêndio de tempo, energia, dedicação) e das escolhas que precisam ser feitas (cortar laços, libertar-se de velhos padrões ou hábitos, colocar um ponto final, terminar um relacionamento ou trabalho, fechar um ciclo, ou esperar com resignação que o universo resolva suas questões).

FUTHORK DE NORTHUMBRIA

Este sistema rúnico é composto de 33 caracteres: 29 do Futhork Anglo-saxão e quatro novos caracteres. É dividido em quatro *Ættir* de oito runas, mais uma runa central. Algumas dessas runas complementares ao Futhork original têm uma conexão com o alfabeto *Ogham*, originário dos países celtas e usado pelos druidas. Não existem referências sobre essas runas no

Old English Rune Poem; por isso, alguns autores consideram-nas "pseudo-runas", pois não aparecem nas inscrições, mas somente nos textos de alguns manuscritos. Ainda assim, elas têm atributos específicos, associados aos arquétipos nórdicos, e, apesar de pouco divulgadas e utilizadas, têm suscitado o interesse de alguns estudiosos e praticantes rúnicos. Pessoalmente, venho comprovando, na prática, sua eficiência, tanto no nível oracular, quanto no mágico. Com base em minhas observações e pesquisas, tenho acrescentado novos significados e correspondências aos conceitos tradicionais, seguindo o mesmo esquema das runas anteriores.

CWEORTH

FORMAS ALTERNATIVAS:

VALOR FONÉTICO: Q, cué, cuí.
PLANETA ASSOCIADO: Plutão, o asteróide Vesta.
INTERPRETAÇÃO IDEOGRÁFICA: chamas (da fogueira e da pira), fagulhas, bola de fogo.
INTERPRETAÇÃO ESOTÉRICA: lareira sagrada, pira funerária, braseiro, purificação, cerimônias de fogo (*Sabbat, Blot, Sumbel*), ritos de passagem.
DIVINDADES RELACIONADAS: Loki, Baldur e Loge, o deus arcaico do fogo; as deusas Einmyria, Eisa, Freyja, Gerd, Glut, Hnoss, Idunna, Imdr, Rind, Sjofn, Var e Walburga.
SERES SOBRENATURAIS: os gigantes e as gigantas do fogo (Surt, Sinmora); Sakhala, Lamaria e Gabija, espíritos femininos protetores das lareiras e do fogo cerimonial; Kutuga, a "Senhora do Fogo" das tribos siberianas; Tol Ava, a "Mãe do Fogo", protetora das mulheres; as salamandras.
PALAVRAS-CHAVE: purificação e regeneração pelo fogo, transformação, incineração, expansão, libertação, fogo ritual.
EFEITOS MÁGICOS: transmutação, renovação, renascimento, aceleração, aquecimento.
ELEMENTO: fogo.
POLARIDADE: feminina.
SÍMBOLOS: chama, fogueira, arco de fogo.
CORES: laranja, vermelho.
ANIMAIS TOTÊMICOS: fênix, águia, dragão do fogo (*firewyrm*).
ÁRVORES: macieira, carvalho, bordo, louro.
PLANTAS: arruda, bistorta, gengibre, urtiga.

Simbolismo

A primeira runa do Futhork de Northumbria é relacionada à letra gótica *Quertra* e ao símbolo oghâmico *Quert*, que representa a macieira (a árvore sagrada dos celtas).

Cweorth simboliza a chama purificadora e renovadora do fogo ritual, bem como o poder sagrado da lareira e das fogueiras das celebrações. Tanto Kenaz, quanto Cweorth são runas de fogo; porém, enquanto a primeira representa a forja (que modela e transmuta) ou a tocha (que ilumina), a segunda descreve o poder destruidor e purificador das chamas (da pira funerária, que queima o corpo). Enquanto a runa anterior, Ear, simboliza a morte e o sepultamento, Cweorth descreve a incineração e purificação ritualística.

Cweorth é, portanto, a representação do processo de transformação pelo fogo, seja a libertação do espírito pela cremação do corpo nas piras funerárias (para que possa renascer em uma próxima encarnação), seja a prática de purificação dos campos energéticos mediante a queima de resinas, ervas e sal nas fogueiras ritualísticas, sejam as cerimônias e rituais de invocação de divindades ligadas ao fogo e de renovação e elevação espiritual.

Diferente do "fogo de socorro" — simbolizado pela runa Naudhiz —, Cweorth é a manifestação do "fogo festivo" de celebração e alegria nos solstícios e equinócios, das festas de colheita, das cerimônias dos ritos de passagem (batizado, casamento, morte) e das datas festivas das divindades.

Mitologicamente, Cweorth corresponde ao deus primevo Loge, precursor de Loki e regente dos poderes positivos e negativos do fogo; também pode ser associada à pira funerária do deus Baldur. No panteão nórdico, são poucas as divindades do fogo que podem ser associadas a Cweorth, as referências mais comuns sendo relativas aos gigantes. Destes, o mais famoso é Surt, guardião de Muspelheim (o mundo do fogo primordial), possuidor de uma espada flamejante chamada Lævateinn, o "Bastão Destruidor". Sua consorte, Sinmora, também possui uma espada de fogo.

Ainda que pouco conhecidas, também podem ser mencionadas as filhas de Loki e Glut (uma antiga e esquecida deusa da lareira), invocadas no início e no fim dos rituais de fogo: Einmyria, regente das cinzas da fogueira e da lareira, e Eisa, regente das brasas.

A deusa responsável pelas centelhas geradas com o movimento do Moinho do Mundo era Imdr, uma das nove "Donzelas das Ondas". Outras deusas que ainda podem ser associadas aos atributos ígneos de Cweorth são Freyja e sua filha Hnoss, Gerd, Idunna (como guardiã das maçãs da regeneração), Rind, Sjofn, Var e Walburga.

Uso mágico

Cweorth pode ser usada para iniciar e favorecer todas as formas de transformação, principalmente aquelas ligadas ao uso ritualístico do fogo ou aos rituais de renovação e renascimento. Inscrita em talismãs, ela fortalece a chama interior; usada como portal na meditação, ela permite a queima dos bloqueios e dos padrões limitantes, e, na seqüência, a purificação de seus resíduos energéticos.

Nas fogueiras das celebrações podem ser usadas lascas ou bastões das árvores sagradas correspondentes, nos quais tenha sido talhado o símbolo rúnico ou oghâmico, ou o nome da divindade que está sendo homenageada (transcrito em runas).

Significado oracular

Cweorth simboliza a transformação necessária para se alcançar uma renovação interior ou uma elevação espiritual. Às vezes, pode ser vista como uma recomendação para o uso de purificações com fogo (aro de fogo, pular por cima da fogueira, caminhar sobre brasas) ou para a celebração ritualística de uma libertação ou mudança com o uso de fogueiras, velas ou "estrelinhas" (fogos de artifício infantis). Ela indica a necessidade de "queimar" os bloqueios atuais e os "lixos" do passado e remover os resíduos energéticos.

Para **as mulheres**, Cweorth aconselha avivar a chama sagrada pessoal, cuidar do "fogo ritual" do lar (a antiga lareira pode ser substituída por uma vela ou lamparina) e buscar todos os meios que permitam sua transformação pela libertação dos bloqueios e das amarras. Também é um incentivo ao fortalecimento da chama interior na busca dos valores transcendentais. "Queimar" o supérfluo e preservar somente aquilo que é realmente importante e necessário propicia a melhora da qualidade de vida; ao se harmonizar interiormente e exteriormente, a mulher poderá se libertar das "cinzas do passado" e comemorar a renovação de sua chama interior.

CALC

FORMAS ALTERNATIVAS:

VALOR FONÉTICO: K
PLANETA ASSOCIADO: Netuno.
INTERPRETAÇÃO IDEOGRÁFICA: cálice, taça ritual, caldeirão, cal ou calcário (pela semelhança fonética com as palavras inglesas *chalice*, *chalk* e a latina *calix*).
INTERPRETAÇÃO ESOTÉRICA: busca interior, ideal, mistério, conhecimento, a busca do Graal, fim, conclusão, o caldeirão com Odhroerir, o "elixir da inspiração" preparado do sangue de Kvasir.
DIVINDADES RELACIONADAS: as deusas Ran, Saga, Sjofn, as Nornes, as Valquírias e Ragana, a regente eslava da clarividência; os deuses Bragi e Odin.
SERES SOBRENATURAIS: Disir, Fylgjür, Sel ou Silkie, sereias que podiam assumir formas de foca; Jurate, Hafvru ou Akkruva, sereias, benévolas ou malévolas; Nixen ou Vasas, espíritos ribeirinhos com formas femininas e dons proféticos; Näkki, a "donzela" das águas, Näkken, elfos aquáticos com pele esverdeada e cabelos azuis.
PALAVRAS-CHAVE: conclusão, finalização, interiorização, intuição, conhecimento sagrado, mistério, inspiração, sabedoria, transformação.
EFEITOS MÁGICOS: concluir um ciclo, fechar um ritual, alcançar a compreensão dos mistérios, introspecção para adquirir inspiração e sabedoria, realização de um ideal, auxílio nas meditações e comunicação com os planos sutis.
ELEMENTOS: água, terra.
POLARIDADE: feminina.
SÍMBOLOS: cálice, taça ritualística, receptáculo, caldeirão, chave, fontes sagradas.

CORES: transparente, branco.
ANIMAIS TOTÊMICOS: corvo, cisne, foca, enguia, camaleão.
ÁRVORES: plátano, salgueiro, sorveira.
PLANTAS: campânula, lírios, milefólio.

Simbolismo

Calc representa a conclusão natural de um ciclo ou processo. No alfabeto escandinavo, composto por apenas dezesseis runas, Calc é a runa final. Sua forma é idêntica a Algiz invertida e simboliza um cálice ou uma taça para rituais e oferendas. Por ser a inversão de Algiz, empregada para marcar as datas de nascimento, Calc sugere a morte. Essa interpretação é reforçada pela semelhança com a runa Yr, do Futhark Novo, e com a runa Man invertida, do sistema rúnico Armanen, que assinalam a morte. No entanto, Calc não é uma runa que represente a morte de fato — ela não atrai, não proporciona e nem acelera a morte de algo ou alguém. Ela representa a finalização natural de um processo, de uma etapa ou de um ciclo. Uma vez alcançada a transformação, seu efeito cessa. Na magia teutônica, Calc simbolizava a morte e era usada como símbolo para assinalar a data de falecimento nas pedras funerárias. Atualmente, é usada como emblema da campanha de desarmamento nuclear.

Mitologicamente, Calc pertence às Nornes, as deusas conhecedoras dos ciclos e da vida e responsáveis pela sua duração, e às Disir, os espíritos das ancestrais, protetoras de seus descendentes.

Podem ser mencionadas também Saga, a "deusa onisciente", patrona das tradições e do conhecimento do passado, e Sjofn, a deusa regente do amor pessoal e transpessoal; ambas as deusas têm, como símbolo, o cálice. Outras associações podem ser feitas com as deusas Lofn, que atende aos desejos e realiza os sonhos; Ran, a deusa da morte no mar; as Valquírias, condutoras das almas; Fylgja, o espírito guardião do corpo enquanto a alma está encarnada, e as sereias, que representam os mistérios da alma feminina. Estas últimas, conhecidas sob vários nomes e em várias culturas, eram na verdade ninfas aquáticas, que enfeitiçavam os homens com sua beleza e seu canto mágico, e os atraíam para o fundo das águas — caso eles presenciassem suas danças realizadas nas noites de lua cheia — ou os auxiliavam; se fossem devidamente presenteadas e honradas, elas protegiam marinheiros e pescadores e inspiravam poetas e artistas.

Uso mágico

Calc é a runa adequada para se determinar a conclusão favorável de um encantamento, ritual ou prática mágica. Também é utilizada, nas datas apropriadas (a comemoração das Disir, realizada em 14 e 31 de outubro, e o *Sabbat* celta Samhain, em 31 de outubro), para criar uma ponte de comunicação com os espíritos de familiares e amigos que já fizeram a passagem, mas sem causar interferência em sua trajetória, seu repouso ou seu silêncio. Calc facilita a conexão com aqueles planos da existência que são acessíveis, porém desconhecidos e difíceis de serem alcançados. Por isso, pode ser usada em canalizações, meditações, como um portal — que permite que se descubra e se siga o desejo do coração ou o chamado da alma —, nas situações de conflito entre os mandamentos da razão, os impulsos emocionais e os lampejos intuitivos, ou para "mergulhar" no caldeirão sagrado do conhecimento, da inspiração e da sabedoria, em busca da compreensão dos mistérios transcendentais.

Significado oracular

Calc indica o fechamento de um ciclo, a conclusão de um projeto, trabalho, processo, o fim de um relacionamento ou a perda do amor de — ou por — alguém. Às vezes, alerta para a influência de pessoas falecidas, recomendando o culto dos ancestrais (principalmente se estiver junto de Othala) ou exigindo a continuação do legado ancestral, para preservar as tradições e honrar os conhecimentos dos antepassados. Calc simboliza também a busca dos conhecimentos ocultos, da sabedoria mágica e, ao se beber da fonte sagrada ou encontrar o Graal, a compreensão dos mistérios transcendentais.

Para **as mulheres**, Calc é um auxílio mágico poderoso para colocarem um fim em uma relação ou para se libertarem das amarras do passado. É imprescindível que tenham certeza da real necessidade dessa libertação antes de iniciarem o fechamento ritual, que, uma vez realizado (com confiança, segurança e competência), é irreversível. Por simbolizar o caldeirão e o cálice, Calc serve como portal nas meditações em que a mulher quer mergulhar no ventre sagrado da Mãe Divina, em busca de cura, fortalecimento e transformação, ou apenas para se conectar com sua "sereia interior".

STAN

FORMAS ALTERNATIVAS:

VALOR FONÉTICO: St
PLANETAS ASSOCIADOS: Saturno, Terra.
INTERPRETAÇÃO IDEOGRÁFICA: pedra, peça de xadrez ou gamão.
INTERPRETAÇÃO ESOTÉRICA: megalito, marcador na geomancia, pedras sagradas.
DIVINDADES RELACIONADAS: Erce, Erda, Fjorgyn, Lofn, Hlodyn, Jord e Nerthus.
SERES SOBRENATURAIS: Land-vættir, os espirítos ancestrais da terra; Svartalfar, os elfos escuros; Kamennaia Baba, as "Mães das Pedras", guardiãs dos menires; Gruvfröken, as "Senhoras das Minas"; Disir, as ancestrais da linhagem feminina.
PALAVRAS-CHAVE: proteção, defesa, fundação, sustentação, força, resistência, estagnação, bloqueios, cristalização.
EFEITOS MÁGICOS: barreira de proteção, conexão com seres espirituais, fortalecimento para resistir nas adversidades, centramento, espera, bloqueio de interferências e ataques.
ELEMENTO: terra.
POLARIDADE: feminina.
SÍMBOLOS: pedras, cristais, rochedos, pedra sagrada ou fundamental, oráculos com pedras, cristais ou ossos.
CORES: marrom, cinza, preto.
ANIMAIS TOTÊMICOS: ursa, marmota, tartaruga.

ÁRVORES: espinheiro-preto, plátano, sorveira, castanheira.
PLANTAS: musgo da Islândia, líquens, manjericão, azevinho.
PEDRAS: ágatas, cristal enfumaçado, magnetita, malaquita, madeira petrificada, obsidiana.

Simbolismo

Stan é a trigésima segunda runa e representa o elemento mineral em qualquer uma de suas apresentações: como pedras preciosas, rochas ("ossos da Mãe Terra"), menires, dólmens, círculos de pedras ou peças de jogos (xadrez, dados, gamão). Nos tempos pré-históricos, as pedras eram consideradas matéria viva, as moradas dos espíritos da natureza. As montanhas eram vistas como os corpos petrificados de gigantes e as grutas, lugares povoados de gnomos e outros seres telúricos. Para erguer altares, os povos antigos usavam pedras naturais, sem modelá-las com martelos ou machados, para não ferir ou afugentar os seres que nelas habitavam. Somente mais tarde as pedras passaram a servir como monumentos funerários, nos quais se gravavam inscrições rúnicas e intrincados desenhos em baixo-relevo.

Os menires e os dólmens são pedras antigas dispostas em locais dotados de intensa energia magnética; os círculos e as fileiras de menires eram orientados de acordo com a posição das estrelas e determinados eventos astronômicos, ou erguidos nos cruzamentos das *ley lines*, as linhas de força da terra.

Em todas essas apresentações, Stan representa um elo entre os seres humanos e as energias telúricas e celestiais.

Mitologicamente

Stan é associada à Erce, Erda, Fjorgyn, Jord, Hlodyn e Nerthus, as deusas regentes da terra; às Disir, responsáveis pelos testes e bloqueios necessários ao aprimoramento espiritual; e à deusa Lofn, que auxilia na superação das limitações e na remoção de amarras. Também podem ser aqui incluídos Land-vættir, os espíritos ancestrais da terra; Svartalfar, os elfos escuros que moram nos rochedos, e as Kamennaia Baba, as "Mães dos Menires", que protegiam monumentos antigos da destruição e da profanação desses lugares sagrados.

Uso mágico

Stan ajuda a criar ou manter a conexão entre o ser humano e os seres espirituais telúricos, intratelúricos, cósmicos e planetários. Associada à Uruz, aumenta a força e o centramento. Stan pode também atuar como uma barreira, que bloqueia a energia negativa enviada contra alguém ou faz com que ela retorne à sua origem. Pode ser usada como talismã ou projetada mentalmente em caso de ataque, assalto ou agressão.

Stan corresponde ao símbolo oghâmico *Straif*, que representa o espinheiro-preto, cuja ação mágica é o bloqueio ou a devolução, a defesa ou o revide. Como bem se sabe, a pedra — ou as armas dela feitas (machado, faca, ponta de flecha, tacape) — foi uma das armas mais primitivas e antigas do homem.

Significado oracular

Stan representa ora a proteção — existente ou necessária —, ora a estagnação — representada pelos bloqueios ou obstáculos que dificultam ou impedem o progresso. A interpretação vai depender da questão ou da influência das outras runas que a cercam, por isso requer tanto prática quanto intuição. Stan é um incentivo ao questionamento das crenças e dos valores; ela indica a necessidade de se avaliar a estrutura básica da vida, ultrapassar empecilhos e limitações e remover amarras.

Para **as mulheres**, Stan é um aviso para a necessidade de proteção (em todos os níveis e em todas as situações), bem como um indicativo da existência de "pedras" no caminho, que podem tanto fazer parte do destino quanto terem sido colocadas por outras pessoas. Deve-se buscar a sabedoria necessária para aceitar, sem revolta, as primeiras e evitar ou remover, com fé e segurança, as segundas.

GAR

FORMAS ALTERNATIVAS:

VALOR FONÉTICO: G
PLANETA ASSOCIADO: Marte.
INTERPRETAÇÃO IDEOGRÁFICA: flecha, lança, sinete, centro, eixo.
INTERPRETAÇÃO ESOTÉRICA: selo de conclusão, a lança mágica de Odin (Gungnir), Yggdrasil, a Árvore do Mundo.
DIVINDADES RELACIONADAS: os deuses Odin, Thor e Tyr; as deusas Thorgerd Holgabrud, Irpa e as Valquírias.
SERES SOBRENATURAIS: Alaisiagæ, espíritos guerreiros ancestrais femininos; Almoshi, a "Senhora dos Animais Selvagens"; Mamony, as "Mulheres Selvagens".
PALAVRAS-CHAVE: fim e início de ciclo, autoridade, soberania, centro, selo, realização, conclusão.
EFEITOS MÁGICOS: selar ritualisticamente (com sons, gestos ou objetos), apagar inscrições rúnicas que não servem mais, desmanchar talismãs fluídicos ou limpar registros energéticos de objetos ou lugares, finalização e conclusão antes de novos começos.
ELEMENTOS: todos os cinco.
POLARIDADE: masculina.
SÍMBOLOS: flecha, lança, pilar, bastão, sinete.
CORES: azul-escuro, branco, preto.
ANIMAIS TOTÊMICOS: animais selvagens, aves de rapina, texugo, porco-espinho.
ÁRVORES: freixo, cedro, amieiro.
PLANTAS: evônimo, alho, borragem, lobélia.

Simbolismo

A trigésima terceira e última runa do Futhork de Northumbria tem como símbolo a flecha, especificamente Gungnir, a lança de freixo de Odin. Diferente das outras 32 runas, Gar não faz parte de nenhum dos quatro *Ættir*: é isolada, mas serve como centro, ao redor do qual orbitam as outras runas complementares. Pode ser vista como uma runa poderosa, que contém em si todas as outras runas. Por ser a última runa deste Futhork, Gar simboliza a finalização ou a conclusão de algo. No entanto, Gar indica também o início de uma nova ordem, abrangendo, em sua esfera de atuação, todas as outras runas.

Mitologicamente, Gar é ligada a Odin, pois representa Gungnir, sua lança mágica, e a Yggdrasil, o eixo central da roda das runas e árvore onde Odin se auto-imolou para vislumbrar e compreender as runas. Os deuses Tyr e Thor também são associados a esta runa.

No contexto feminino, podemos considerar, como regente de Gar, Thorgerd Holgabrudr, a deusa guerreira que, juntamente com sua irmã Irpa, lançava flechas de seus dedos para proteger o povo da Islândia. Outra associação é com as Valquírias, que usavam suas lanças e flechas para auxiliar seus guerreiros favoritos nas batalhas, e com as Alaisiagæ, ancestrais guerreiras e protetoras de seus descendentes.

Uso mágico

Gar representa um ponto de referência; é, ao mesmo tempo, o centro, o dentro, o fora, o todo e o nada. Quando os quatro *Ættir* são inscritos para formar um círculo, Gar é o centro.

Por representar o fechamento de algo e, ao mesmo tempo, o início de um novo ciclo, Gar é usada como um selo ritualístico de realização, tanto nos encantamentos escritos, quanto nos falados. Nesse último caso, corresponde à expressão celta *So mote it be!* — "Que seja assim" —, à expressão nativa norte-americana "*Ho!*" e à expressão afro-brasileira "*Axé!*" Seu equivalente nórdico é a palavra "*Ká!*"

Essa runa também pode ser usada para apagar qualquer traçado rúnico e anular um talismã fluídico ou material que já cumpriu sua finalidade e não é mais necessário. Gar atua, portanto, como o significador do fim e também do início de um novo ritual ou trabalho mágico.

Significado oracular

O simbolismo de Gar, que tanto pode indicar fim quanto início, pode se aplicar a uma fase, um ciclo, uma atividade, uma relação, um projeto ou um compromisso. Por ser um símbolo fálico, pode se referir a um homem viril ou à necessidade do consulente (homem) de afirmar sua virilidade. Gar é uma runa misteriosa: não tem um significado claro e assinala diferentes variáveis que devem ser levadas em consideração. A atitude deve ser de observação e espera, até que o universo envie algum sinal ou a situação se esclareça por si mesma. A "Árvore da Vida" se ramifica em várias direções e nem sempre podemos ver tão longe. Assim como Odin, deve-se esperar, com paciência e fé, até que a sabedoria cósmica se deixe revelar a quem o mereça, de maneira sutil ou velada, em troca de esforço e dedicação ou até mesmo de algum "sacrifício".

Esta runa não tem posição invertida.

Para **as mulheres**, Gar é um incentivo para que saibam como se defender ou como finalizar uma etapa da vida e abrir, assim, espaço para um novo ciclo, trabalho, relacionamento ou projeto de vida. Ela tanto representa um sofrimento (ou limitação), quanto uma solução ou uma cura (libertação e desligamento). É importante que a mulher esteja fortalecida para que possa decidir e agir com clareza, segurança e fé.

Futhork de Northumbria

Primeiro Ætt

ᚠ ᚢ ᚦ ᚨ ᚱ ᚲ ᚷ ᚹ
Fehu Uruz Thurisaz Os Raidho Kenaz Gebo Wunjo

Segundo Ætt

ᚺ ᚾ ᛁ ᛃ ᛇ ᛈ ᛉ ᛊ
Hagalaz Naudhiz Isa Jera Eihwaz Peordh Algiz Sowilo

Terceiro Ætt

ᛏ ᛒ ᛖ ᛗ ᛚ ᛜ ᛟ ᛞ
Tiwaz Berkano Ehwaz Mannaz Laguz Ingwaz Othala Dagaz

Quarto Ætt

ᚪ ᚫ ᚣ ᛡ ᛠ ᛢ ᛣ ᛥ
Ac As Yr Ior Ear Cweorth Calc Stan

Gar

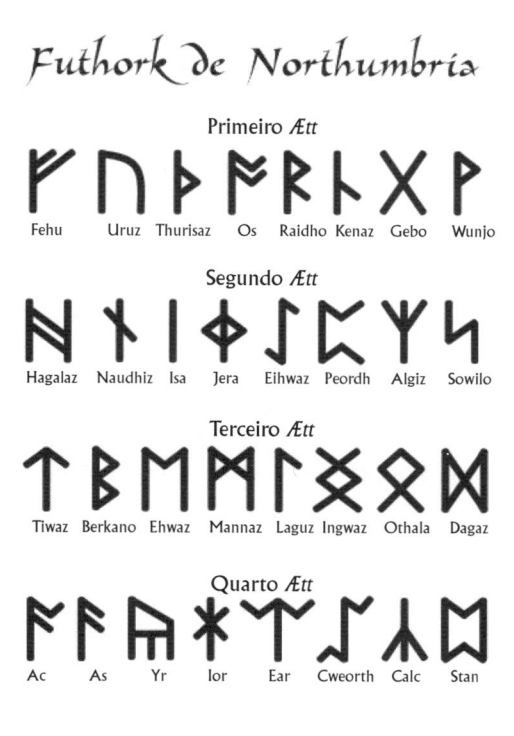

RUNAS COMPLEMENTARES REGIDAS POR DIVINDADES ANTIGAS

Ao contrário das 33 runas já vistas, as cinco runas seguintes não pertencem a nenhum sistema, nem constituem um *Ætt* tradicional. No entanto, pode-se considerar que elas, juntamente com Gar, formam o quinto *Ætt,* utilizado para fins mágicos e oraculares. Mesmo sendo pouco conhecidas, seus significados básicos são bem definidos, pois eram usadas antigamente para fins mágicos e curativos. Por representarem arquétipos de divindades e conceitos muito antigos, pressupõe-se que a tradição à qual pertenciam tenha se perdido ao longo do tempo, restando apenas alguns fragmentos, preservados na simbologia dessas runas.

Em minha prática mágica e oracular, uso essas runas há bastante tempo, com resultados extremamente satisfatórios. A partir dos conceitos clássicos, mencionados por Nigel Pennick em *Rune Magic*, acrescentei novos atributos e correspondências, assim como fiz com as runas do Futhork Anglo-saxão e o de Northumbria.

WOLFSANGEL

VALOR FONÉTICO: Aú, Ai, Ei.
PLANETA: Marte.
INTERPRETAÇÃO IDEOGRÁFICA: *wolf hook* — instrumento para capturar lobos; âncora.
INTERPRETAÇÃO ESOTÉRICA: armadilha, amarra, pára-raios, lança.
DIVINDADES RELACIONADAS: os deuses Loki, Odin, Tyr e Vidar; as deusas Hlin, Irpa, Thorgerd Holgabrud e as Valquírias.
SERES SOBRENATURAIS: Alaisiagæ, espíritos ancestrais, guerreiras e protetoras; Sengi Mama, protetora dos animais selvagens e das florestas; Mamony, "As Mulheres Selvagens" das florestas; Poshjo Akka, a Guardiã da caça.
PALAVRAS-CHAVE: amarras, armadilha, cilada, ataque, defesa.
EFEITOS MÁGICOS: neutralização das forças negativas e das influências nefastas, estabilização de situações, manutenção da ordem.
ELEMENTOS: terra, ferro.
POLARIDADE: masculina.
SÍMBOLOS: âncora, pára-raios, lança, gancho para pendurar coisas.
CORES: preto, vermelho-sangue.
ANIMAIS TOTÊMICOS: lobo, doninha, javali, raposa, porco-espinho.
ÁRVORES: espinheiro-preto, azevinho.
PLANTAS: com espinhos (como a roseira e a framboesa silvestre), cardo, urtiga.

Simbolismo

O significado desta primeira runa do conjunto adicional deriva da interpretação do seu nome, que descreve uma armadilha e uma ferramenta para capturar e torturar lobos, usada na Europa antiga, central e nórdica. Seu som imita o uivo do lobo, ou um grito de dor.

Sua forma assemelha-se a de Eihwaz, apenas com um traço horizontal a mais.

Outra interpretação vê Wolfsangel como uma âncora de parede, peça usada para segurar tijolos e pilares de madeira, usada para evitar o afastamento das paredes e a possível queda da construção.

Mitologicamente, Wolfsangel é atribuída a Tyr, o deus regente da guerra, da coragem e da justiça, detentor de uma lança mágica (símbolo de seus atributos); e a Vidar, filho de Odin, deus da retaliação e da vingança justificada. Outros deuses correlatos são Loki e Odin.

As deusas com as quais associo Wolfsangel são Hlin, em sua qualidade de protetora; Irpa e Thorgerd Holgabrudr, guardiãs e defensoras; as Valquírias, guerreiras, protetoras e condutoras das almas dos guerreiros mortos em combate, e as Alaisiagæ, espíritos ancestrais femininos, com características guerreiras e que atuam como protetoras de seus descendentes. Cito também Sengi Mama, a "Mãe das Florestas", que protegia os animais selvagens dos caçadores e predadores; Mamony, as "Mulheres Selvagens" da floresta, e Poshjo Akka, a guardiã da caça.

Uso mágico

Wolfsangel serve para amarrar e neutralizar forças desagregadoras e causadoras do mal, ou para fixar situações e manter a ordem das coisas, de modo semelhante ao simbolismo ambíguo do lobo, que ora é considerado herói e protetor, ora um feroz destruidor. Como o próprio *wolf hook*, pode ser usada para neutralizar uma força agressora e impedir que ela possa prejudicar uma ou mais pessoas, ou para neutralizar energias de dissolução ou desintegração.

No entanto, seu uso em talismãs ou encantamentos requer muita prudência, bem como uma avaliação criteriosa da força ou da energia que se pretende amarrar, bloquear, fixar ou neutralizar.

Quando usada negativamente, Wolfsangel produz tristeza, depressão e até mesmo a aniquilação da vontade da pessoa-alvo, o que desencadeia as conseqüências do "choque de retorno" para quem a manipulou.

Antigamente, Wolfsangel era utilizada na heráldica medieval européia, em brasões e estandartes, e também como um sinete mágico pessoal.

Em razão das qualidades desejáveis do lobo como animal de poder, prefiro considerar Wolfsangel um vínculo mágico e uma maneira de ter o lobo ou a loba como aliados e reverter, assim, a egrégora negativa do antigo simbolismo dessa runa, principalmente o conceito da tortura infligida aos lobos e o da caça indiscriminada, que levou à sua extinção, em vários países europeus.

Desmembrando-se o nome dessa runa, pode-se observar que ele é composto pelas palavras "lobo" e "anjo", tanto na língua inglesa quanto na alemã. Assim, Wolfsangel pode ser vista como uma antiga representação do lobo como guardião e protetor, imagem que foi posteriormente deturpada, passando a apresentá-lo apenas como animal perigoso e predador. Sabe-se que o lobo era associado ao conceito de *shapeshifting* — a metamorfose xamânica (deturpada pelo cristianismo por meio da lenda do lobisomem), aos perigos da lua cheia e dos poderes mágicos dos xamãs, das curandeiras e feiticeiras — conceitos ameaçadores para os teólogos cristãos e a classe médica.

Tendo isso em vista, sugiro a confecção de um talismã de ferro na forma da runa Wolfsangel, que deverá ser imantado, em uma noite de lua cheia, com o poder mágico do lobo (se não for possível ouvi-lo, imite seu uivo). Depois, esse talismã poderá ser colocado na terra, na frente da casa (ou então em um vaso com plantas protetoras), para que sirva como um escudo guardião, um verdadeiro pára-raios energético e astral.

Significado oracular

Além dos significados mágicos, na bibliografia consultada não há informações sobre a interpretação oracular dessa runa. Pessoalmente, vejo Wolfsangel como um indício de algum tipo de amarra (psicológica, mental, afetiva, astral ou magística) que precisa ser removida para que a pessoa possa seguir sua vida livremente.

No caso das **mulheres**, costumo interpretar o alerta representado por Wolfsangel como a possibilidade de haver uma "armadilha", cuja natureza depende da pergunta feita ou das runas que cercam Wolfsangel; normalmente, a armadilha encontra-se no domínio afetivo. Para as mulheres passivas, submissas, apáticas ou depressivas, a mensagem dessa runa é um incentivo para que saiam da "jaula" na qual se deixaram prender e busquem sua independência e sua liberdade, resgatando sua "Mulher Selvagem", libertando a "loba aprisionada" e encontrando seu poder lunar mágico.

Tanto para as mulheres, quanto para os homens, Wolfsangel recomenda cautela, perspicácia e amparo legal em qualquer empreendimento financeiro ou comercial, principalmente nos supostos "negócios da China" — que podem se revelar, posteriormente, verdadeiras ciladas.

ERDA

VALOR FONÉTICO: Œ
PLANETAS ASSOCIADOS: Terra, o asteróide Ceres.
INTERPRETAÇÃO IDEOGRÁFICA: o planeta Terra, jardim, lar, terra ancestral.
INTERPRETAÇÃO ESOTÉRICA: abrigo, nutrição, segurança, proteção, estabilidade, ancestralidade.
DIVINDADES RELACIONADAS: as deusas Erda, Erce, Fjorgyn, Gefjon, Hertha, Hlodyn, Jord, Nerthus, Perchta, Saga e Walburga; os deuses Njord e Tiw; Zeme, A Mãe Terra eslava que zela, juntamente com suas setenta irmãs, pela fertilidade e segurança da Terra.
SERES SOBRENATURAIS: "A Honrada Grande Senhora", entidade xamânica ancestral que vive sob as raízes da Árvore do Mundo e protege os seres humanos e os animais, cujo leite é a fonte da vida e deu origem à Via Láctea; Tunkal e Land-vættir, espíritos ancestrais da terra.
PALAVRAS-CHAVE: estabilidade, segurança, proteção, harmonização, centramento, propriedade ancestral, hereditariedade, nutrição, sustentação.
EFEITOS MÁGICOS: conexão com as forças da Natureza, integração entre as partes e o Todo, o homem e o Cosmo, o céu e a terra.
ELEMENTO: terra.
POLARIDADE: feminina.
SÍMBOLOS: vasilha de barro ou cabaça com terra, tambor, globo terrestre, raízes de árvores, tubérculos, pedras arredondadas.
CORES: marrom, verde, preto.
ANIMAIS TOTÊMICOS: ursa, esquilo, castor, toupeira, marmota.
ÁRVORES: bétula, nogueira, pinheiro, sabugueiro.
PLANTAS: hera, hortelã, manjericão, milefólio, sálvia.

Simbolismo

A segunda runa complementar é dedicada a Erda, a Mãe Terra ancestral dos povos nórdicos. Simboliza, portanto, a Terra, nosso planeta, a Mãe que nos sustenta, abriga e nutre.

Sua forma é semelhante à de Othala, apenas com uma expansão bilateral. Essas duas linhas ascendentes representam os elos existentes entre o abrigo seguro, protetor e nutridor da Terra e as outras dimensões e níveis do espaço cósmico. O traçado formado por oito linhas retas, todas do mesmo tamanho, define Erda como uma runa que confere estabilidade, segurança e integração com o todo.

O símbolo oghâmico correspondente é um quadrado mágico chamado "os oito *ifins*", que simboliza o cruzamento dos galhos do pinheiro, a árvore sagrada usada para iluminação, demarcação de lugares mágicos e em rituais.

Mitologicamente, a runa Erda é a representação da Mãe Terra nórdica, conhecida por vários nomes, dependendo de onde é cultuada: Erce, Erda, Fjorgyn, Gefjon, Jord, Hertha, Hlodyn e Nerthus. Outras deusas regentes são Perchta, Saga e Walburga, e os deuses associados conhecidos são Njord e Tiw. Também devem ser aqui citados Zeme, a deusa cultuada pelos povos eslavos como "A Mãe da Terra", que por ela zelava junto com suas setenta irmãs — cada uma tendo nomes, atributos e funções diferenciadas —, os guardiães das propriedades rurais, conhecidos como *tomte, gardvord, tunkal, tusse, nisse* e os espíritos ancestrais da terra, Land-vættir (descritos no subcapítulo sobre os anões, Capítulo III).

Uso mágico

Erda pode ser utilizada em encantamentos, talismãs e rituais que visem à reintegração e alinhamento do ser humano com todas as forças e energias da Natureza. Pode ser usada para fins holísticos, atividades ecológicas, preservação do meio ambiente, permacultura, movimentos ecofeministas, ecovilas e conexão com os espíritos da Natureza, os animais de poder e as tradições ancestrais. Também pode ser usada para estabilizar situações, para harmonizar os atos e as intenções humanas com os planos cósmicos, na confecção de talismãs de proteção (da casa, das propriedades) e, juntamente com Othala e Algiz, em rituais de alinhamento com os poderes do céu, da terra e de todos os seres da criação.

Significado oracular

Em todas as leituras, Erda sempre aponta para a conexão — ou a necessidade de criá-la — com os atributos e valores da Terra. Em perguntas específicas, Erda representa proteção, estabilidade, segurança, centramento, ou, quando invertida ou cercada de runas negativas, a ausência dessas qualidades. Pode ser vista também como uma indicação de traços e tendências hereditárias, de influências vindas do passado ou dos ancestrais, a possibilidade de resgatar — ou dar continuidade — a um legado que venha beneficiar a Terra. Erda recomenda o uso de práticas e rituais xamânicos, a conexão com os animais de poder e os seres da Natureza, o culto aos ancestrais, os métodos naturais de cura, o empenho nos projetos de conservação do meio ambiente, a recuperação e a divulgação das tradições nativas e dos conhecimentos antigos.

Para **as mulheres**, Erda é um incentivo ao contato com a Natureza, à prática da meditação xamânica e ao resgate da ligação ancestral com as práticas de cura e o uso dos recursos oferecidos pela Mãe Terra para a manutenção ou o restabelecimento da saúde (fitoterapia, aromaterapia, oligoelementos, argila, banhos de ervas, chás, alimentação orgânica). Oferecer seu sangue menstrual à terra, andar descalça, abraçar as árvores, purificar-se nas cachoeiras, reverenciar a Lua e alinhar seu ciclo menstrual com as fases e os influxos lunares, além de dançar e celebrar em círculos sagrados são práticas que possibilitam à mulher moderna fortalecer, enriquecer e embelezar sua vida, vivendo em completa harmonia com as energias naturais do meio ambiente, em benefício próprio e de todos que convivem com ela.

Ul

VALOR FONÉTICO: Ue ou ü.
PLANETA ASSOCIADO: Saturno.
INTERPRETAÇÃO IDEOGRÁFICA: força, vigor, resistência, mudança.
INTERPRETAÇÃO ESOTÉRICA: ponto de mutação, a volta, o fim do inverno.
DIVINDADES RELACIONADAS: os deuses Ullr e Waldh; as deusas Skadhi, Eir, Thrud e Mielikki; Meza Mate e Vir-Ava, as "Senhoras da Floresta", protetoras dos animais dos povos fino-úgricos.
SERES SOBRENATURAIS: Ullda, guardiã da floresta e dos animais; Ganis e Vestice, espíritos protetores com formas femininas.
PALAVRAS-CHAVE: tenacidade, força, cura, mudança, regeneração, realização.
EFEITOS MÁGICOS: fortalecimento, equilíbrio, recuperação, aumento do poder interior, resistência nas provações físicas, transformação, renovação.
ELEMENTO: ar.
POLARIDADE: masculina.
CORES: branco, cinza-azulado.
ANIMAIS TOTÊMICOS: alce, cervo, lobo, bisão, cabra montanhesa.
ÁRVORES: as coníferas, azevinho, bétula, castanheira, salgueiro.
PLANTAS: as sempre-vivas, confrei, croco, ervas sagradas e curativas.

Simbolismo

Ul é a runa que representa a força pessoal, a tenacidade e a resistência, a capacidade de suportar as dificuldades e superar os desafios, que possibilita vencer e realizar os objetivos com sucesso.

Ul simboliza também a recuperação da saúde após uma doença ou acidente; sua forma é semelhante a Uruz, outra runa de força, resistência e vigor físico.

Na Roda do Ano, Ul representa o ponto de mutação do solstício de inverno — celebrado como Yule pelos celtas ou Iul pelos demais povos nórdicos —, quando, no auge da escuridão, há o prenúncio do aumento da luz. Esse ponto nodal, ou o auge da crise, era chamado pelos nórdicos de Thule, que também era o nome de uma terra mítica. Segundo o ocultista alemão Friedrich Marby, as runas eram a linguagem sagrada de uma civilização antediluviana de 12 mil anos atrás, habitante de um continente que teria submergido no Oceano Atlântico. Esse continente — chamado Thule — teria existido no extremo Norte do globo, entre a Escandinávia e a Groenlândia, e seu nome significava "o lugar do eterno retorno". Vários ocultistas alemães afirmavam que Thule era o berço de uma raça nobre, de pele muito branca, olhos azuis, extremamente espiritualizada, por ser descendente direta dos Deuses. Esses seres tinham uma vibração altíssima, corpos energéticos muito sutis, ampla percepção, extenso conhecimento e poucos apegos materiais, características que determinaram seu afastamento da Terra quando os seres humanos se tornaram cada vez mais materialistas, agressivos e apegados aos sentidos.

O título de *Thul*, *Thule* ou *Thyle* era conferido aos xamãs que usavam, em seus rituais, poemas ou canções inspiradas pelos espíritos dos antepassados, sendo considerados os equivalentes nórdicos dos bardos celtas.

Mitologicamente, Ul é associada a Waldh, antigo deus arqueiro da Frísia — arquipélago do Mar do Norte, próximo à Holanda —, regente do inverno e precursor de Ullr, o deus escandinavo da neve, padroeiro dos esquis e da caça com arco e flecha. Waldh, porém, também era um deus de cura, cultuado pelos xamãs e curadores, invocado para assisti-los nas práticas e rituais de cura.

As deusas correlatas são Skadhi, a deusa do inverno, da força e da resistência diante das adversidades; Eir, "A curadora Silenciosa", e Thrud, ambas regentes das artes e das ervas curativas, patrona das curandeiras, parteiras, raizeiras e xamãs.

Os espíritos protetores das florestas e dos animais selvagens se apresentavam com formas femininas — às vezes peludas, às vezes com rabos — e eram conhecidos por vários nomes, como Ullda, Ganis e Vestice.

Uso mágico

Ul é uma runa de fortalecimento, de aumento do poder interior e da resistência física e mental que permite superar situações negativas e favorece rupturas e mudanças.

Ul pode ser usada para reverter uma situação a favor do consulente ou para lhe conferir a resistência e a tenacidade necessárias para suportar as provações da existência sem esmorecer. Os testes do destino podem se transformar em oportunidades de fortalecimento e crescimento com o auxílio de Ul em talismãs, encantamentos e rituais. Quando a vida parece sem perspectivas, no auge da escuridão ou no desespero da crise, o uso mágico de Ul irá ativar a força interior e a capacidade de cura, reverter a situação e trazer esperança e regeneração, principalmente se combinada a Uruz e Sowilo. Ul também pode servir como portal de inspiração e criatividade para poetas e músicos, e nas viagens xamânicas para buscar auxílio, força e cura.

Significado oracular

Ul indica ao consulente a necessidade de fortalecimento físico ou psicológico para suportar, enfrentar ou afastar obstáculos, contratempos, adversidades, bloqueios ou desafios.

Pode indicar um ponto de mudança — no momento certo. Isso requer, portanto, a aceitação e tenacidade da pessoa para que ela não desista antes do tempo, bem como a escolha certa das atitudes e ações necessárias para romper as amarras.

Dependendo do perfil do consulente ou da leitura, Ul pode revelar um problema de saúde (se aparecer invertida) ou a pronta recuperação (quando está alinhada e, principalmente, acompanhada de Uruz e Sowilo).

A mensagem de Ul é de encorajamento e fortalecimento; ela recomenda exercícios físicos e respiratórios, alimentação equilibrada, rotina saudável, meditações e visualizações dirigidas, orações e o uso de afirmações positivas.

Para **as mulheres**, Ul lembra o mito da deusa Skadhi, descrito no subcapítulo sobre as deusas, e indica que a pessoa precisa avaliar com cuidado a situação antes de fazer uma escolha, sem se deixar iludir pelas aparências ou pela ambição por prestígio e posição social. O mesmo mito indica que é preciso considerar possíveis incompatibilidades e diferenças de valores **antes** de se assumir um relacionamento. Evita-se, assim, a descoberta ou a constatação dolorosa das idiossincrasias mútuas e da dificuldade de conciliar, **a longo prazo**, gostos, idéias, crenças, objetivos, atitudes e valores diferentes ou opostos.

ZIU

VALOR FONÉTICO: Zz
PLANETA ASSOCIADO: Júpiter.
INTERPRETAÇÃO IDEOGRÁFICA: raio, relâmpago, trovão.
INTERPRETAÇÃO ESOTÉRICA: justiça divina, punição, correção, revelação.
DIVINDADES RELACIONADAS: os deuses Ziu e Tiwaz; as deusas Baduhenna, Sif, Skadhi, Thrud, Var e Ziza; as Valquírias; Rauni, a regente finlandesa dos raios, e Ilma, a "Senhora do Tempo"; Perkune Tete, a deusa eslava do relâmpago.
SERES SOBRENATURAIS: Munya, a "Mãe do Relâmpago"; Gudiri Mumi, a "Mãe do Trovão"; Oynyena Maria, "Maria do Fogo Celeste".
PALAVRAS-CHAVE: avaliação, julgamento, justiça, ordem, verdade, retificação, rapidez, ação e reação, acontecimentos imprevistos.
EFEITOS MÁGICOS: correção de erros e injustiças do passado, revelações e avisos repentinos, restabelecimento da ordem, canalização de energia mágica.

ELEMENTOS: ar e fogo.
POLARIDADE: masculina.
CORES: laranja, vermelho.
ANIMAIS TOTÊMICOS: cavalo de cor vermelha, falcão.
ÁRVORES: carvalho, aveleira, junípero.
PLANTAS: arruda, bálsamo, genciana, mirtilo.

Simbolismo

Ziu é uma runa muito poderosa, pois representa o raio de Ziu, um antigo deus celeste, precursor de Tiwaz e semelhante a Zeus e Júpiter.

Embora pareça uma runa composta, criada pela junção de Tyr e Sigel, ela não é, pois o traço vertical de Tiwaz é mais longo e toca a parte inferior do espaço. As runas compostas devem conter integralmente as duas runas que a compõem, sem nenhuma distorção. A forma de Ziu reproduz o desenho de um relâmpago, e descreve, assim, um acontecimento repentino, que ataca e revela o que estava escondido.

Dessa forma, Ziu simboliza a canalização de uma energia mágica que visa a preservação da ordem divina. Significa, também, a ação da justiça divina, a punição no presente pelos erros do passado, a ordem que substitui a desordem — independentemente do tempo que esse processo poderá levar —, a destruição necessária, feita em nome da justiça.

Mitologicamente, Ziu é a representação do deus celeste de mesmo nome que foi cultuado na Alemanha, principalmente na cidade de Augsburg (antiga Ziusburg, "Cidade de Ziu"). Na Inglaterra, no condado de Warwickshire, na cidade de Tysoe, existia um templo a ele dedicado e o seu animal totêmico — o cavalo vermelho — foi gravado na encosta calcária de uma colina, antigo local de seu culto. Outro deus associado é Tiwaz, precursor de Tyr.

Na visão feminina, podemos considerar Sif, a linda deusa da colheita e esposa de Thor, como a regente de Ziu, não por seus atributos de beleza e fertilidade, mas pela conexão com os raios que caem sobre os campos de trigo quando ela faz amor com Thor.

Outra regente é Var, a deusa da justiça que testemunhava os contratos e juramentos e castigava os transgressores e perjuros.

Baduhenna é uma Deusa teutônica, pouco conhecida, antiga divindade tribal da Suíça e da Frísia. Ela morava com Sif, em Asgard, e participava de um conselho no qual, diariamente, eram julgadas as injustiças e os erros cometidos pelos Deuses, gigantes, seres elementais e seres humanos. Pela relação ao ato de julgar e punir os erros, Baduhenna também é associada a essa runa, assim como as deusas Thrud, Skadhi, Ziza (consorte de Ziu) e as Valquírias.

Como equivalentes femininas das divindades masculinas do raio e do trovão, podemos mencionar a deusa finlandesa Rauni e as eslavas Munya, "Mãe do Relâmpago", Gudiri Mumi, a "Mãe do Trovão", e Perkune Tete, regente dos raios e relâmpagos.

Uso mágico

Ziu é detentora de um poder mágico extraordinário que canaliza a energia repleta de justiça, ordem e verdade. Todavia, seu uso deve ser feito com muito discernimento e prudência, pois seus efeitos podem ser devastadores caso ela seja manipulada sem escrúpulos, só em benefício próprio ("fazer justiça com as próprias mãos"), ou quando se desconhece a real situação e as origens dos fatos.

Pessoalmente, uso Ziu apenas em casos de extrema necessidade, quando tenho certeza de que ocorreu uma grave injustiça no nível humano que pode e deve ser retificada. Mesmo assim, peço a orientação e a permissão das Nornes para não interferir no *wyrd* alheio e ter que arcar com as conseqüências.

Significado oracular

Ziu assinala um processo judicial, uma reestruturação após um período de caos ou um acontecimento repentino, inesperado. Pode ser vista também como a conseqüência (dolorosa ou não) de ações, atitudes ou escolhas feitas no passado, que leva à retificação ou à devida correção. Em um nível mais sutil, essa retificação pode ser interpretada como "a lei de ação e reação, de causa e efeito", como os nórdicos chamavam os efeitos do *wyrd* (a teia do destino).

Conforme a pergunta ou o objetivo da leitura, Ziu indica acontecimentos inesperados, a revelação súbita de uma verdade ou a descoberta de algum erro do passado ou de um fato escondido ou omitido. Sua mensagem é "**A verdade sempre vem à tona**" e "**A justiça divina tarda, mas não falha**".

Mesmo assim, em qualquer circunstância, a atuação de Ziu é sempre repentina, como "um raio que cai do céu", comparável ao arcano XVI — a Torre — do tarô.

Para **as mulheres**, Ziu recomenda cuidado com o impulso irracional da vingança em razão de traição, engano ou abandono. Geralmente, o alvo da fúria e do desejo de vingança não é somente o parceiro, mas "a outra pessoa envolvida". Mesmo que se desconheça ou não se utilize a energia da runa Ziu, o simples fato de querer "fazer justiça com as próprias mãos" catalisa o "choque de retorno" criado pela carga emocional de raiva, ainda que o objetivo seja restabelecer a verdade e a ordem anterior. O mesmo conceito vale também para os homens, em situações idênticas, principalmente pelo fato de terem sido eles condicionados, ao longo de milênios de cultura patriarcal, a fazer justiça com as próprias mãos, "para lavar a honra". Até mesmo os deuses nórdicos, guerreiros e justiceiros, aceitavam a igualdade das deusas em questões amorosas, sem se vingar por seus adultérios — como faziam os deuses gregos!

SOL

VALOR FONÉTICO: Ss
PLANETA ASSOCIADO: Sol.
INTERPRETAÇÃO IDEOGRÁFICA: raio de Sol, o Sol em seu zênite, a luz do Sol caindo sobre a Terra.
INTERPRETAÇÃO ESOTÉRICA: iluminação, crescimento, evolução.
DIVINDADES RELACIONADAS: Sunna, Sol, Sun, Solntse, a Donzela do Sol, Si, Sif, Saull, Saule Meitas, Sundy Mumy, Beiwe e Beiwe Neida, Rana Neidda, Rind, Tsi.
SERES SOBRENATURAIS: Ammarik, espíritos luminosos, criados pelo Sol de verão ao amanhecer; Bjort, a "Brilhante", personificação da luz solar.
PALAVRAS-CHAVE: energia, vitalidade, confiança, clareza, cura, intuição, crescimento.
EFEITOS MÁGICOS: fortalecimento, renascimento, iluminação, expansão, compreensão, realização, integração espiritual, regeneração, cura.
ELEMENTO: fogo.
POLARIDADE: feminina.
SÍMBOLOS: espelho, mapa astral, foco de luz, colar de ouro, raios solares, disco solar, círculo.
COR: amarelo-dourado.
PEDRAS: âmbar, calcita ótica, citrino, pedra-do-sol, topázio, crisólita, opala de fogo.
ANIMAIS TOTÊMICOS: águia, leoa, rouxinol.
ÁRVORES: giesta, acácias, louro da montanha, junípero.
PLANTAS: camomila, calêndula, dente-de-leão, girassol, hipericão, trigo, visco.

Simbolismo

A última das runas complementares é dedicada à Sunna, ou Sol, a deusa solar nórdica; sua forma reproduz o disco solar, do qual desce um raio vertical. Sol representa, portanto, o raio solar que desce do céu para trazer luz e calor à terra. Seu significado se assemelha ao da runa Sigel, mas a atuação de Sol é mais concentrada, específica e duradoura; o seu zênite simboliza o ponto culminante da evolução. Sol é a personificação do astro, ao passo que Sowilo é a expressão de seu poder.

Mitologicamente, Sol canaliza o poder solar. Por ser uma runa de força, energia, vigor, vitalidade, confiança e sucesso, ela garante o triunfo da luz sobre a escuridão, promove a cura e o fortalecimento físico, facilita a realização de projetos e a renovação das esperanças. Sol é a personificação da Deusa solar, cultuada nos países escandinavos com vários nomes — como Sol, Sun, Sunna, Saule, a Donzela do Sol, Rind, Rana Neidda, Beiwe Neida, Si, Tsi, Solntse ou Sundy Mumy. Sob qualquer uma dessas denominações, ela sempre regia o Sol, levando o disco solar em uma carruagem dourada, atravessando o céu e fugindo da perseguição do lobo Skol. Como a "Donzela do Sol" (*Sun Virgin*), ela aparecia como uma linda jovem, com longos cabelos dourados, sentada sobre uma pedra à beira-mar, fiando os raios solares em seu fuso de ouro.

Na Noruega, antigamente, no equinócio de primavera costumava-se untar as portas de entrada das casas com manteiga, antes do raiar do Sol, para atrair as bênçãos da deusa. As mulheres lhe ofereciam seu sangue menstrual, espalhado sobre estatuetas de madeira com formas femininas. Posteriormente, o sangue menstrual foi substituído pelo sangue de animais brancos sacrificados (renas, cabras, ovelhas e lebres). Nas *Eddas*, relata-se a morte da deusa Sol, no Ragnarök, devorada pelo lobo Skol, que finalmente a alcançou; porém, antes de morrer, ela dá à luz sua filha, que irá continuar, no Novo Mundo, sua missão.

Uso mágico

O principal uso da runa Sol é o de proporcionar cura, vitalidade, renovação, regeneração e renascimento. O processo de crescimento e fortalecimento é suave e segue o ritmo certo e natural para que o novo ciclo aconteça no tempo apropriado.

Assim como o Sol fornece luz, calor, energia e vitalidade, a utilização da runa Sol em talismãs, encantamentos e rituais também expande o potencial latente das sementes ocultas do Ser, ativando sua eclosão, nutrindo e aquecendo a alma e conduzindo o ser humano para sua iluminação. Combinada a qualquer outra runa feminina, Sol amplia as influências pacificadoras e criadoras.

Pode-se invocar o poder mágico do Sol proferindo em voz alta o nome da Deusa, olhando rapidamente cedo pela manhã ou no fim da tarde (para não lesar a retina) na direção do disco solar, fechando depois os olhos e sentindo a energia dourada penetrar pelo chakra coronal. Em seguida, pode-se riscar a forma da runa sobre o plexo solar para ativar o vigor físico e a energia vital. Para preparar água solarizada, basta deixar um copo ou garrafa exposta à luz solar por pelo menos três horas, por volta do meio-dia; depois, deve-se imantar a água riscando a runa sobre o copo ou a garrafa e mentalizando a água absorvendo a energia solar. Caso a água solarizada seja preparada por volta do nascer do Sol ou ao meio-dia do solstício de verão, a garrafa poderá ser guardada envolta em papel pardo por até um ano; essa água poderá ser usada para fins ritualísticos ou quando forem necessários os poderes solares e a bênção da deusa Sunna.

Pode-se também traçar a runa Sol sobre a cabeça, testa, garganta ou coração, em situações difíceis, de insegurança, baixa auto-estima, diminuição da energia vital, desânimo, tristeza, ou ainda para acelerar a recuperação, em caso de doenças e fragilidade.

Significado oracular

Sol representa as qualidades e as dificuldades do signo solar do consulente; conforme as runas que a acompanham, a luz interior deverá ser fortalecida e os atributos positivos colocados em evidência.

Para as mulheres, Sol enfatiza a necessidade da auto-estima, autoconfiança, valorização e expressão do potencial pessoal, assertivo e criativo. Mas alerta, também, para os perigos da "combustão egóica", do auto-engrandecimento, da vaidade, do orgulho e da ambição exagerada, que, muitas vezes são apenas máscaras arrogantes para encobrir a insegurança e as frustrações infantis. Pela utilização dos poderes positivos da energia solar vence-se a escuridão e alcança-se a vitória sobre os medos, a ignorância e os falsos valores, conceitos ou ideais.

Runas Complementares

Primeiro Ætt

Fehu · Uruz · Thurisaz · Os · Raidho · Kenaz · Gebo · Wunjo

Segundo Ætt

Hagalaz · Naudhiz · Isa · Jera · Eihwaz · Peordh · Algiz · Sowilo

Terceiro Ætt

Tiwaz · Berkano · Ehwaz · Mannaz · Laguz · Ingwaz · Othala · Dagaz

Quarto Ætt

Ac · As · Yr · Ior · Ear · Cweorth · Calc · Stan

Quinto Ætt

Gar · Wolfsangel · Erda · Ul · Ziu · Sol

SÍMBOLOS RÚNICOS POUCO CONHECIDOS

Além das runas descritas ao longo deste capítulo, ainda existem outros três símbolos, considerados catalisadores dos processos de cura e ativadores do poder mágico.

Mencionados por poucas fontes, sem um embasamento mitológico ou histórico, são aqui apresentados para, talvez, despertar a curiosidade dos leitores e estimular estudos e experimentos pessoais.

WENDHORN

SOM: mmm (murmúrio).
SIGNIFICADO: as fases lunares.
APRENDIZADO: recomenda lembrar que tudo é passageiro, tanto os bons momentos quanto os ruins, devendo-se aceitar e viver tudo plenamente.

FYRUEDAL

Não tem som correspondente.
SIGNIFICADO: fole.
APRENDIZADO: reforço do poder pessoal e da motivação.

WAN

Não tem som correspondente.
SIGNIFICADO: o vazio.
APRENDIZADO: mergulho no vazio, silêncio interior, descoberta do início e compreensão do fim.

CAPÍTULO V

USO ORACULAR DAS RUNAS

"Runas você irá encontrar, hábeis sinais
Grandiosos e poderosos sinais,
Citadas pelos grandes deuses
Transmitidas pelo profeta dos deuses
E ensinadas pelos sábios xamãs.
Runas, antigos e mágicos sinais,
Você sabe como gravá-las?
Como pintá-las,
Como lê-las?
Como orar com elas?
Como entoá-las?
Como usá-las?
Como oferecê-las?
Como enviá-las?
É melhor não pedir, para não ter que pagar depois,
Pois um presente sempre requer uma retribuição,
Mais vale não enviá-las do que precisar oferecer demais."

"Havamal"

O significado arcaico do termo "**divinação**" é "receber orientação acerca da vontade divina", observando as situações por um prisma ou perspectiva diferente e entregando a solução dos problemas para o plano divino (representado por divindades, anjos, mestres, mentores ou o Eu Superior).

A divinação é uma prática extremamente antiga, encontrada em todo o mundo. Pessoas de todos os níveis sociais e culturais recorriam aos mais variados meios materiais ou fenômenos da Natureza para obter presságios ou mensagens sobrenaturais.

Um oráculo verdadeiro não "lê a sorte" nem faz predições ou previsões: ele identifica as energias sutis que dão origem a manifestações visíveis, indica a direção do fluxo dessas forças invisíveis e aponta para uma possível configuração de eventos futuros.

Entre os oráculos mais conhecidos e utilizados atualmente, podem ser mencionados o tarô, o I Ching e as runas. Embora com origens e conceitos diferentes, eles têm em comum a capacidade de despertar e ativar a percepção psíquica daqueles que fazem uso deles. Por meio de símbolos e imagens arquetípicas, focaliza-se a atenção e acessam-se registros profundos do inconsciente — individual e coletivo —, neles encontrando explicações e orientações.

Há, no entanto, uma diferença nas "respostas" desses oráculos.

O **tarô** indica as intenções e o resultado das ações, sem analisar as atitudes da pessoa.

O **I Ching** responde a questões referentes às ações e aos resultados dessas ações, sem descrever a motivação que as originou.

As **runas**, por sua vez, definem intenções e ações individuais, sem detalhar os resultados, que sempre dependerão das escolhas e das atitudes tomadas.

O **uso oracular das runas** tem origem nas tradições orais do xamanismo nórdico; sua finalidade era oferecer soluções para os desafios cotidianos, bem como orientar os homens em suas escolhas e atitudes, conscientizando-os de suas responsabilidades e de sua interdependência na tessitura cósmica do *wyrd*.

A divinação rúnica não é fatalista, ela não postula um predeterminismo inexorável, mas leva em consideração o fluxo das energias cósmicas que, por não seguirem padrões rígidos ou esquemas prestabelecidos, dão margem à ação do acaso e ao exercício do livre-arbítrio.

As runas atuam nos níveis físico, mental e espiritual; elas permitem a conexão com as forças que modelam o futuro, que estão em concordância com as opções e as decisões individuais tomadas no passado e com as atitudes do presente. Por meio desse *insight*, observa-se a formação dos padrões energéticos e sua possível modificação: ora para acelerar eventos, ora para impedir as conseqüências.

As runas não definem **aquilo** que irá acontecer, mas apontam **a direção** das ações específicas e os **efeitos/conseqüências** potenciais. O futuro não é considerado fixo e imutável, pois, ao se mudar a forma de perceber ou responder a uma situação, muda-se também a energia que produz o resultado.

O símbolo rúnico atua como uma conexão entre a realidade visível (dita "ordinária", na linguagem xamânica) e o plano sutil (ou realidade "não ordinária"), onde atuam as forças espirituais e as energias extrafísicas.

Podemos ver o uso oracular das runas como um processo "mágico" que indica a direção para a qual as forças invisíveis estão se movimentando e sua possível manifestação. A **eficácia** de seu uso não depende do sistema de crenças do consulente, mas do conhecimento filosófico e do grau de preparação do conselheiro. Como qualquer outra habilidade psíquica, a "leitura das runas" requer muita prática, dedicação, paciência e persistência para que se adquiram os conhecimentos necessários, o equilíbrio interior, a neutralidade nas interpretações e o treinamento contínuo para ampliar a percepção, saber como esvaziar a mente de condicionamentos e preconceitos e aprimorar a intuição.

A divinação com runas era uma prática muito comum entre as antigas tribos teutônicas e nórdicas, tendo sido bastante citada nos escritos de Plutarco, Júlio César e, principalmente, Tácito, em sua monumental obra *Germania*. "Ler as runas" era uma tarefa sagrada, reservada aos sacerdotes, magos e xamãs (homens e mulheres). Para que alguém se tornasse um mediador entre seu povo e as divindades, ele deveria primeiramente ser "escolhido" e somente depois preparado, em um intenso e rigoroso treinamento.

A "escolha" acontecia por mensagens, sonhos, visões ou doenças; às vezes, a pessoa já nascia "marcada" por sinais de nascença, traços característicos ou defeitos físicos.

O futuro *godhi ou gythja* (sacerdote), *vitki* (mago), *thulr, runester* ou *erilaz* (mestre rúnico) deveria possuir uma capacidade paranormal fora do comum e, mesmo assim, precisava seguir um longo e árduo processo de iniciação. Ele era submetido a desafios e testes, a um demorado aprendizado oral dos conceitos metafísicos, mitos e símbolos rúnicos, das invocações e canções (*galdrsongs*) e de práticas xamânicas específicas, para poder entrar em total comunhão com as forças e os espíritos da Natureza (seus permanentes aliados e mestres). Após adquirida a habilidade de "viajar entre os mundos" por desdobramento e projeção astral e de se comunicar com os espíritos (da Natureza, dos ancestrais e dos animais de poder), o futuro mago precisava receber o "aval" da divindade à qual iria se dedicar por meio de um sinal, um "presente", um símbolo de poder, uma marca física, um totem.

Os povos nórdicos acreditavam que cada símbolo rúnico estava relacionado a um espírito elemental, que devia ser conhecido e tratado com respeito. Se uma dessas entidades saísse do controle do mago, ela poderia vir a ocasionar malefícios ou perturbar os seres humanos. Os mestres rúnicos tinham que conhecer com exatidão e profundidade não apenas os poderes e atributos de todos os símbolos rúnicos, mas também suas combinações, para evitar a sobreposição de energias incompatíveis ou o desencadeamento de eventos nefastos, fosse no uso da magia rúnica (para inúmeras finalidades), fosse na confecção dos talismãs.

Como reconhecimento por sua capacitação e poder mágico e espiritual, os **mestres rúnicos** — chamados *vitki, thulr, runester, erilaz* (que não eram, necessariamente, *godhi* ou *gythja*, ou seja, sacerdotes) — desfrutavam de uma destacada posição social e de vários privilégios, somente perdidos após a cristianização e conseqüente perseguição.

Com base nos achados arqueológicos e nas descrições das *sagas*, sabe-se que os mestres rúnicos usavam sofisticados trajes rituais, adornados com enfeites de peles e chifres de animais. Eles carregavam um cajado gravado com inscrições rúnicas e uma bolsa com vários objetos "de poder" (contas de âmbar, cristais, pedras especiais, conchas, garras de falcão, penas de corvo, peles de serpente, pêlos de lobo ou javali, ossos de animais, varinha rabdomântica), o conjunto de runas, encantamentos rúnicos gravados sobre varetas de madeira (chamadas *stafir*) e seus talismãs (*taufr*).

As *völvas* (mulheres sábias, profetisas) usavam túnicas e mantos bordados ou adornados com pedras preciosas, capuz, luvas e botas de pele de raposa ou gato, colares de âmbar, pulseiras de ouro e um molho de chaves (para mostrar sua dedicação à deusa Freyja ou Frigga).

A vida contemporânea não permite — nem favorece — uma indumentária tão rebuscada ou um treinamento tão prolongado e rigoroso, para que se possa fazer uso do oráculo rúnico.

Todavia, o que o aprendiz moderno deve saber e praticar é o contexto espiritual, filosófico e mágico da cultura e da mitologia que foram o berço das runas. **Não basta adquirir as runas, decorar seus símbolos e depois "deixar fluir a intuição". É imprescindível inteirar-se do sistema de crenças, mitos e imagens arquetípicas da Tradição Nórdica.**

Antes de começar a usar as runas, o aprendiz deve estudar seu simbolismo e seus significados em todos os níveis de atuação: material, mental, mágico e espiritual. Deve se conscientizar da unidade entre o espírito e a matéria, ter uma visão holística da vida, reconhecer e honrar a interligação entre todas as formas de vida e todos os planos e níveis de criação.

Mesmo quando for interpretar o aspecto prático e material das runas, o bom conselheiro não deve omitir ou esquecer o significado sutil, espiritual. Somente dessa maneira ele poderá cumprir verdadeiramente sua missão de **intérprete das mensagens** oriundas do plano divino, como um **decodificador** da intricada teia do *wyrd* tecida pelas Nornes.

As runas jamais devem ser usadas como jogos fúteis ou por mera diversão, para "ler a sorte" ou "fazer previsões". Ao se lidar com elas, são contactadas poderosas e respeitáveis forças elementais que interagem com o psiquismo, ativando ou despertando aspectos ocultos de nosso próprio inconsciente. Por isso, o uso oracular das runas deve ser feito com intenções sérias, discernimento e pleno conhecimento de seu poder e das implicações da manipulação ou interpretação erradas. As runas exigem uma mente clara e aberta, um coração puro e sincero, respeito por sua sabedoria e uma ética de comportamento, conforme recomendado nesta antiga citação das virtudes nórdicas (retirada de *A Book of Troth*, de Edred Thorsson):

As nove nobres virtudes da Tradição Nórdica

1. *Coragem* é ter ousadia de agir corretamente, sempre.
2. *Verdade* é a disponibilidade de ser honesto e falar somente aquilo que se sabe verdadeiro e justo.
3. *Honra* é a certeza de conhecer seu valor e sua nobreza interiores e o desejo de respeitar essas qualidades quando encontradas no outro.
4. *Lealdade* é a vontade de ser leal para com seus Deuses e Deusas, seu povo, sua família e seu próprio ser, sem restrições.
5. *Disciplina* é a determinação de ser duro, primeiro consigo mesmo e depois, quando necessário, com os outros, para assim poder alcançar maiores realizações.
6. *Hospitalidade* é a boa vontade em compartilhar aquilo que é seu com seus semelhantes, especialmente quando eles estão longe de casa.
7. *Eficiência* é a determinação de trabalhar arduamente e gostar daquilo que se faz, sempre.
8. *Auto-suficiência* é o espírito de independência alcançada não somente para si, mas para sua família, seu clã, sua tribo, sua nação.
9. *Perseverança* é a tenacidade de persistir em seu propósito, sem desistir perante os fracassos, mas reconhecer e avaliar suas causas e analisar seu propósito. Se ele for verdadeiro e benéfico, perseverar até conseguir o sucesso.

CONFECÇÃO DO ORÁCULO RÚNICO

São poucos os relatos escritos acerca da confecção e do uso oracular das runas, pois a transmissão do conhecimento sagrado e mágico nas antigas culturas nórdicas era sempre oral.

A melhor descrição está no Capítulo 10 da obra *Germania*, de Tácito, escrita em torno do ano 90 d.C. Ele conta que se retirava um galho de uma árvore frutífera, que depois era cortado em varetas finas sobre as quais eram gravados símbolos. O sacerdote (no caso de consultas públicas) ou o chefe de família (quando os assuntos eram particulares) após orar ajoelhado aos deuses pedindo orientação, jogava as varetas sobre um pano branco. Olhando para o céu, o conselheiro retirava, uma a uma, três varetas e interpretava os presságios de acordo com os símbolos gravados, dando as devidas orientações.

Júlio César também menciona as consultas ao oráculo e, nos textos das *Eddas*, são encontradas referências sobre as práticas divinatórias dos *thulrs* e das *völvas*, usando as runas que "vieram dos deuses". Em várias *sagas* são descritos métodos de confeccionar, gravar, colorir e consagrar as runas, bem como os padrões míticos e mágicos dos rituais a elas associados.

Mesmo que o ritmo acelerado e sobrecarregado da vida moderna não permita a reprodução fiel da metodologia antiga, recomenda-se que o "jogador" ou "leitor" de runas as confeccione com suas próprias mãos, usando materiais naturais, em um ambiente devidamente preparado e seguindo um roteiro mágico.

Se for impossível usar essa prática e for necessário adquirir um conjunto já pronto, este deverá ser devidamente purificado das energias anteriores, imantado com a energia de quem irá usá-lo e consagrado, conforme indicação posterior.

Com base em minha longa prática de ensino e uso oracular e magístico de runas, ofereço as seguintes diretrizes, fundamentadas na tradição original, mas com adaptações e simplificações, conforme as possibilidades de nosso país.

O **material** mais tradicional e nobre é a madeira verde, ou seja, um galho sadio retirado de uma árvore viva (e não um seco ou caído no chão, já impregnado com a energia da morte). As árvores tradicionais eram o teixo e o freixo (consagradas a Odin), o carvalho (dedicado ao Tyr e Thor), a bétula, a aveleira, o salgueiro e a macieira (associadas às deusas). No Brasil, pode-se usar gameleira e jurema-preta (árvores sagradas da tradição ioruba), o pau-de-balsa, a goiabeira, pitangueira, cedro, mogno, peroba, pau-de-ferro ou pau-brasil (todas elas madeiras nobres e resistentes).

Antes de cortar o galho, o mago irá dar três voltas ao redor da árvore no sentido horário, visualizando uma egrégora luminosa e entoando as runas do Futhark Antigo. Em seguida, pedirá permissão ao guardião ou guardiã da árvore para retirar um de seus galhos, descrevendo a finalidade para a qual será utilizado e oferecendo algo como compensação: hidromel, vinho, leite, grãos, pão, um pouco de adubo orgânico e água, fubá, fumo, uma moeda, uma fita colorida, uma trança de fios de lã ou linho ou uma mecha de seu cabelo. Costuma-se passar um pouco de saliva no lugar do corte ou um pouco de sangue próprio (jamais de outra pessoa ou de um animal). A Tradição Nórdica recomenda que o próprio mago retire o galho, pois, ao fazer isso, de maneira cerimonial, ele irá impregnar sua energia e intenção mágica na madeira, potencializando o *önd* natural da árvore.

O galho deverá ter em torno de três centímetros de diâmetro e ser cortado na fase da lua crescente ou cheia, no horário mágico (nascer ou pôr-do-sol, meio-dia). Deverá ser escolhido um ramo que aponte para o Norte, para o céu ou para a terra, de acordo com sua intuição. Ele deverá ser cortado de uma só vez, com uma faca virgem ou ritualística, de baixo para cima, sem prejudicar o restante do galho.

O galho deverá ficar na sombra durante três, nove ou vinte e sete dias, até secar. As rodelas deverão ser marcadas a lápis e posteriormente cortadas, em linha reta ou no sentido oblíquo, em tamanhos iguais, com uma espessura de seis ou nove milímetros. Para cortá-las, o melhor é usar um serrote e ter muito cuidado para não ferir os dedos. Existe uma ferramenta de carpintaria, chamada "sargento", com a qual se pode prender o galho que será fatiado.

A casca pode, ou não, ser retirada; caso não seja, a superfície deve ser lixada até ficar uniforme. Não recomendo envernizar a rodela para não obstruir os poros da madeira e impedir, dessa forma, o contato com sua energia. Se quiser, pode passar sobre as rodelas óleo de linhaça ou de peroba para dar mais brilho, ou então encerá-las com cera de abelha. A confecção, imantação, gravação e consagração do oráculo rúnico deverão ser feitas em um espaço previamente purificado, dentro de um círculo mágico, após os rituais de banimento, proteção e abertura ritualística (conforme descrito nos capítulos VII e IX).

Antes de gravar as runas, as rodelas de madeira devem ser **imantadas com a energia dos quatro elementos** da Tradição Nórdica: o fogo (a chama de uma vela de cera de abelha),o gelo (feito de água de fonte ou mineral), a terra (vegetal, musgo, madeira petrificada, sal ou pedras), o incenso (de pinheiro, cedro, musgo de carvalho, olíbano ou breu).

Para **entalhar** as runas, é preciso utilizar a faca tradicional especial (*ristir*) ou um estilete (ou bisturi) purificado e consagrado; elas também podem ser pirogravadas, mas nesse caso será mais difícil pintá-las depois, em razão dos traços escuros.

O ideal é reservar um dia para gravar todas as runas, de uma só vez. Se não for possível, divida-as em *Ættir* e reserve um dia para cada *Ætt*.

É importante **criar um pequeno altar**, colocando sobre ele uma toalha branca e os quatro elementos, alguma imagem ou símbolo de uma divindade (Odin, Freyja) e uma pequena oferenda (hidromel, sidra ou vinho, leite, pão, sal, mel), uma jóia de ouro ou âmbar e a representação gráfica dos símbolos rúnicos que irá gravar, depois de feita a escolha por um dos sistemas.

Pressupõe-se que o futuro *vitki* ou *völva* já tenha estudado e se familiarizado com os traçados das runas. A **preparação** magística é descrita no Capítulo VII, mas um método mais simples de estudo recomenda que se crie um conjunto temporário de runas, desenhando-as com tinta azul ou vermelha sobre pedaços de cartolina, para depois observá-las com atenção para memorizar sua forma e associá-la às palavras-chave e aos principais significados. O melhor seria ainda entoar o som de cada runa (*galdr*) ou reproduzir a postura (*stadha*) correspondente, antes de gravá-las, uma a uma.

Procure identificar as runas na Natureza (nas raízes, troncos, folhas, galhos, vôo dos pássaros, sinais nas pedras); esse é um eficiente e prático recurso mnemônico.

A familiarização com as runas requer um certo tempo, bastante dedicação e perseverança. Apesar dos nomes estranhos e dos conceitos inusitados, com o tempo elas se "abrem" para o buscador e começam a "falar" com ele. As mensagens e visões que elas proporcionam durante o aprendizado ajudam muito o praticante no futuro uso oracular. A meditação e a concentração sobre uma runa mudam a freqüência mental, possibilitando que se descortinem imagens ou paisagens associadas à sua origem e aos seus atributos. É importante manter um "**diário rúnico**" e anotar as impressões e *insights*.

Para **entalhar** ou gravar as runas, convém seguir a ordem do Futhark e entoar seu nome ou *galdr* enquanto traça-se sua forma. A faca (*ristir*) ou o estilete deve ser virgem e purificada com os quatro elementos. Durante a gravação das runas recomenda-se visualizar o poder sutil (*önd*) fluindo do céu, da terra e do mundo subterrâneo, passando pela mão do mago para o traçado e se tornando tangível pela ação do corte da madeira. Para evitar erros, é melhor riscar a runa a lápis antes de começar a entalhá-la.

Caso não se deseje usar as rodelas, pode-se confeccionar com galhos as varetas tradicionais (chamadas *stafir*) descritas por Tácito, mais longas ou mais curtas, conforme a preferência. Outra opção ainda mais simples é recortar pedaços quadrados ou retangulares de uma placa ou tábua de madeira de lei, lixá-los e proceder como explicado anteriormente.

Uma sugestão prática e econômica é usar palitos de picolé, principalmente aqueles com pontas arredondadas. Para entalhar os palitos, as varetas ou as tabuinhas, é importante seguir os veios da madeira por causa do traçado angular e oblíquo das runas.

Uma opção menos tradicional é a confecção de tabletes de argila, inscritos com as runas, depois levados ao forno para queimar e envernizados; ou pastilhas de cerâmica e madrepérola, pintadas com tinta acrílica ou verniz.

Algumas pessoas usam sementes, embora eu não ache que seja um substrato conveniente, pois elas não podem ser limpas ou conservadas por muito tempo (brotam ou mofam).

Se o que se busca é a simplicidade, o melhor é procurar pequenos seixos arredondados ou pedrinhas achatadas, em um rio ou no mar. Leva-se um certo tempo para achar um número adequado de pedras uniformes, mas vale a pena, pois são elementos naturais imbuídos de energia e força. Assim como as árvores são seres vivos, progenitores da humanidade (segundo descrito no "Mito da Criação", o primeiro casal humano foi criado de duas árvores a quem os deuses Odin, Vili e Vé insuflaram vida) e representam Yggdrasil, as pedras simbolizam os "ossos de Erda", a Mãe Terra nórdica, e são a morada dos seres elementais. Menos prático é o uso de conchas que, apesar de naturais, são difíceis de gravar e manusear na divinação.

Como não é fácil gravar pedras e conchas (a não ser com ferramentas especializadas), elas poderão ser pintadas com tinta para vitral ou esmalte e depois consagradas.

Apesar de ser mencionado em relatos históricos o uso de metais, couro, ossos e chifre para inscrições rúnicas, não os recomendo: os primeiros, pela dificuldade de obtenção e manuseio; os demais, por sua impregnação com a energia de sofrimento e da morte do animal.

CONSAGRAÇÃO DO ORÁCULO

Tradicionalmente, consagravam-se as runas colorindo-as com o próprio sangue do *vitki* ou da *völva*. Em um mundo tão tecnológico e higiênico, a idéia de cortar o braço ou o peito, com um punhal ou uma espada, para tirar o sangue que irá colorir as runas, soa demasiadamente bárbara ou dramática.

Por isso, darei sugestões mais "amenas" e simples, sem, no entanto, abrir mão do princípio mágico e ancestral de imantar as runas com a energia vital do sangue, ou seu substituto. **Sabe-se que a eficiência de um objeto mágico é proporcional ao esforço, emoção, sacrifício e fé investidos em sua preparação e consagração. Sem serem impregnadas com a força motiva (da vontade), a força emotiva (do desejo) e o poder mental e espiritual do praticante, as runas continuarão a ser meros objetos materiais, desprovidos de *önd*, *mana* ou *axé*.** Ofereça seu tempo, sua energia, sua dedicação e sua força vital (representada pelo sangue) em prol de um objetivo mágico; isso ativa o potencial latente por ele representado, "desperta" a força dos símbolos e multiplica a sua eficácia.

Para o ritual de consagração e ativação das runas, você precisará purificar um espaço adequado, preparar um altar e algumas oferendas, criar o círculo mágico e invocar os guardiães das direções e as divindades de sua escolha (conforme detalhado no Capítulo VII). Você também poderá chamar seus ancestrais e os espíritos benevolentes da Natureza (elfos claros, gnomos, seres da floresta).

Após uma **preparação pessoal** (banho de ervas, roupa especial, centramento e meditação), crie o **círculo mágico, proteja esse espaço** com a runa Hagalaz, Algiz ou o martelo de Thor (vide Capítulo IX), **invoque as forças espirituais e os aliados** e peça a permissão, proteção e bênção deles para o ritual que fará.

Se você já não tiver feito a **imantação** das rodelas, varetas ou pedras rúnicas com os quatro elementos, faça-a agora: com todas as runas na mão (se preferir, faça com uma de cada vez), passe-as por cima da representação de cada elemento ou toque cada um deles com elas.

Se a opção for pela imantação individual das runas, você pode usar uma fórmula ritual, como esta:

" Em nome de Odin e Freyja [ou outro par de divindades], eu purifico e imanto a runa [dizer o nome da runa] com a força de [dizer qual elemento]. Que seu propósito seja firme e grande seu poder. Ká!"

Repita o nome da runa e entoe seu *galdr* três vezes, mentalizando a palavra-chave a cada vez; depois, sopre sobre ela. O procedimento deve ser repetido com cada uma das runas, que depois devem ser colocadas na ordem do Futhark, sobre um pano branco.

Numa versão mais rápida e simples da consagração, arrume as runas sobre o pano branco e passe os quatro elementos sobre cada uma delas, entoando seu nome e *galdrar* na seqüência. Enquanto faz isso, vibre mentalmente ao contemplá-las e imponha as mãos sobre elas, soprando seu hálito quente para reforçar a impregnação energética.

Ao final, trace no ar as runas Ansuz, Laguz e Uruz, entoando em voz alta a fórmula sagrada *Aaa Lll Uuu*, e "sele" com o som *Ká!* (equivalente às expressões ioruba *Axé!*, xamânica *Hô!*, celta *So mote it be!* ou cristã *Amém!*).

O passo seguinte é **colorir** as runas entalhadas ou gravadas, usando sangue ou substituindo-o por um pigmento natural vermelho (mineral: ocre ou óxido de ferro; vegetal: pó de urucum ou a resina sangue-de-dragão). Alguns autores contemporâneos recomendam pintar com tinta acrílica ou verniz de cores diferentes; nesse caso, sugiro azul para Odin e Frigga, preto para Hel, verde para Erda e Nerthus, dourado para Freyja, prateado para Holda e Saga. No entanto, a cor tradicional, por sua semelhança com o sangue, é o vermelho. Em inscrições rúnicas sobre pedras foram encontradas, além do vermelho, outras cores, também preparadas com produtos naturais, como o preto (carvão), o branco (calcário) e o verde (tintas vegetais).

Quanto ao modo de colorir as runas, autores como Jason Cooper recomendam a adoção de um método específico e diferenciado para cada runa. Por achá-lo muito complicado, sem fundamentação histórica ou lógica, dispenso sua descrição e sugiro que cada um siga sua intuição quanto à maneira de colorir os traços.

As mulheres que menstruam têm uma fonte mensal e natural para coletar seu sangue. Elas podem tingir as runas com ele logo depois de coletá-lo ou deixá-lo secar, para depois guardá-lo. A secagem deve ser feita sobre um pratinho de louça branca, virgem, que deverá ficar exposto ao ar até a formação de cristais, que poderão ser guardados em um vidrinho ou caixinha de porcelana e mantidos hermeticamente fechados. Quando quiser usar o sangue, dissolva os cristais em um pouco de água e óleo de linhaça.

As mulheres pós-menopausa e os homens que quiserem utilizar sangue para consagrar as runas poderão fazer um pequeno corte ou furo no dedo (com um estilete ou agulha esterilizada) e acrescentar algumas gotas no pigmento ou na tinta escolhida. Como "a parte contém a essência do todo", consegue-se, assim, a ressonância energética, sem muito sofrimento.

Outra opção é esperar uma ocasião em que seja preciso coletar sangue para exames laboratoriais e pedir para si um frasco com um pouco de sangue. Nesse caso, deve-se pedir o acréscimo de um pouco de anticoagulante, pois o sangue coagula instantaneamente. O frasco pode, então, ser guardado na geladeira até o momento do uso.

Para pintar, utilize um palito ou pena (de ganso, coruja ou corvo) e espalhe o sangue nos sulcos entalhados sobre as rodelas de madeira. No caso de pedras ou conchas, elas devem ser pintadas previamente e o palito com sangue passado por cima dessa pintura apenas como um gesto simbólico. Outra opção é adicionar o sangue à própria tinta que será usada para pintar. O nome ou o *galdr* de cada runa também deverá ser entoado ao colori-la ou consagrá-la com o sangue, assim como nos procedimentos de entalhe e imantação com os elementos. Ao final, sopre três vezes por cima de cada runa e novamente "sele-a", entoando a fórmula sagrada *A L U*, seguida por *Ká*!

A repetição, ainda que pareça cansativa e supérflua, é necessária para impregnar o substrato (madeira, pedra ou concha) com a força e o poder mágico dos símbolos, e registrar a forma e o som da runa no subconsciente do praticante.

As runas, depois de tingidas ou tocadas com sangue, não devem ser manuseadas por outras pessoas para que não haja contaminação energética.

Para reforçar a conexão das runas com as energias cósmicas e divinas, aconselha-se expô-las à luz do Sol e da Lua (de preferência no mesmo signo solar ou fase lunar de seu nascimento) e mantê-las em contato próximo com seu corpo pelos três — ou nove — dias e noites seguintes.

Para **guardar as runas**, confeccione uma bolsa de algodão, linho, cânhamo, cetim ou veludo, em sua cor preferida ou nas cores tradicionais: azul-cobalto para Odin; vermelha, prateada, azul-claro, preta ou verde para as deusas. Se quiser, a bolsa poderá ser adornada com contas, penas ou fitas, ou bordada com um dos símbolos de poder: *trefot*, *fylfot*, suástica ou *valknut* (mencionados no Capítulo VIII).

As pessoas que usam profissionalmente o oráculo rúnico devem fazer a **purificação** regularmente, especialmente se permitem que o consulente toque as rodelas, varetas ou pedras. A limpeza fluídica é feita conforme o material usado. Para a madeira, deve-se usar incenso e a chama de uma vela, depois salpicar água do mar ou água com sal marinho; em seguida, as runas devem ser deixadas sobre uma drusa de ametista ou cristais de quartzo. Para as pedras e as conchas, pode-se usar, inicialmente, a imersão, por algumas horas, em água com sal ou em uma infusão de folhas de arruda, manjericão e sálvia. Depois enxágüe-as em água corrente e utilize os outros recursos acima mencionados.

Caso as runas sejam unicamente para uso próprio, não é necessário que se realize a limpeza com muita freqüência ou rigor; basta lavá-las em água corrente ou defumá-las de vez em quando, com sálvia, mirra ou breu. Uma purificação muito eficiente e natural é expor as runas à luz do Sol ou da Lua, ao vento, à luz dos relâmpagos ou à chuva.

As mulheres iniciadas na magia *seidhr* podem renovar a consagração de suas runas mensalmente com seu sangue menstrual, prática que reforça os vínculos energéticos e o poder mágico.

É importante ter em mente que a **consagração com o sangue** (menstrual ou não) **exige uma responsabilidade muito maior no uso oracular ou mágico das runas**. Ela somente deverá ser usada por pessoas que conheçam profundamente os mistérios e os poderes simbólicos e arquetípicos nelas contidos, bem como as leis e a ética da magia.

ATIVAÇÃO E DEDICAÇÃO DO ORÁCULO

Todas as antigas tradições e culturas conheciam e honravam a essência sutil existente no Universo, em todas as formas de vida e em todos os fenômenos e seres da Natureza. Essa essência sutil é conhecida por vários nomes, conforme sua origem: *önd* ou *megin* (nórdica), *ki* ou *chi* (oriental), *nwyvre* (celta), *pneuma* (grega), *mana* (polinésia), *axé* (ioruba), *prana* (hindu) ou energia orgônica, *od* ou *vril*, segundo ocultistas e parapsicólogos. Independentemente do nome, o significado é o mesmo: energia vital ou cósmica, essência da vida, força milagrosa, energia universal em todas suas manifestações.

Essa essência é absorvida do ar pela respiração, ainda que não seja uma substância gasosa ou física que possa ser identificada ou analisada em laboratório. Ela impregna tudo o que existe e está permanentemente presente no Universo; sua absorção pode ser aumentada por exercícios respiratórios, práticas xamânicas e técnicas bioenergéticas. Sabe-se que os povos nórdicos ensinavam os guerreiros e xamãs a absorver e aumentar sua energia vital. Por serem ensinamentos de transmissão oral, muitos deles foram esquecidos ou se perderam, embora, até hoje, os povos orientais façam uso dos *pranaiamas* (exercícios respiratórios da ioga) e das técnicas de *Chi Kung*, *Tai Chi*, *Tantra* e artes marciais, com o mesmo objetivo.

O potencial latente dos símbolos rúnicos deve ser ativado pelo *önd*, *chi* ou *axé* pessoal do praticante, absorvido na inspiração e canalizado na expiração, na forma de sopro quente.

Ativar as runas é um ato mágico que vincula o potencial inerente aos símbolos à vontade e ao desejo de quem irá usá-las. Nesse ato também são ativados os poderes latentes da capacidade psíquica e os registros sutis do praticante, pois cria-se uma ressonância entre os símbolos e os códigos registrados no inconsciente coletivo da raça humana. Assim, é vital agir com muito discernimento, responsabilidade e ética; a atuação das runas deverá estar em concordância com a motivação e os objetivos daqueles que elas irão servir (satisfação egóica, ganho material ou serviço altruísta em benefício de todos e do Todo).

Na **prática**, proceda da seguinte maneira: com a mão esquerda segure a rodela, vareta ou pedra; com a mão direita, forme um funil pelo qual o sopro será transmitido à runa. É importante lembrar que, antes de soprar, você deve fazer uma inspiração consciente de ar pelo nariz, absorvendo, deliberadamente (pela intenção e pela visualização), a energia vital *önd*. Prenda o ar nos pulmões por alguns instantes, enquanto a mente fixa o nome e a forma da runa; em seguida, assopre, visualizando o *önd* impregnar o traçado rúnico e ser absorvido e guardado por ele. Repita mais duas vezes o procedimento.

Os cristais, as pedras semipreciosas e as árvores são ótimos reservatórios de *önd*. A imantação de cristais e pedras em lugares sagrados (círculo de menires, templos antigos, fontes curativas, florestas seculares, topo das montanhas, cachoeiras, grutas) permite que se acumule o *önd* específico do local, que depois pode ser direcionado pelo contato físico e a intenção mental.

O *önd* presente em um objeto pode ser visto como um padrão energético, ao passo que o existente em um lugar apresenta-se como uma tessitura sutil, uma teia formada por vários fios. Essa teia afeta tudo o que está ao redor ou com que entra em contato, o que explica o poder que certos lugares têm de beneficiar ou desarmonizar o ser humano. A consciência humana interage com o *önd* de duas maneiras diferentes: ao mesmo tempo que é por ele influenciado, você pode usar a sua força de vontade para alterar a cor e a intensidade de seu fluxo (como se faz nas artes marciais). Os rituais — pela criação de um círculo mágico, pela consagração de objetos ou ainda pelo propósito de uma cerimônia ou rito — podem alterar temporariamente o padrão do *önd* de um determinado lugar.

Você pode usar as runas para ter acesso ao fluxo do *önd* circundante e perceber, por intermédio delas, as características energéticas de pessoas, lugares e situações.

Além do *önd* **celeste**, contido na atmosfera, o önd **terrestre** — que flui na superfície da terra — e **ctônico** — que vem das camadas subterrâneas — também influenciam as pessoas. Os arquétipos divinos representam várias características dos padrões de energia universal; por isso, ao se harmonizar com o fluxo do *önd*, o praticante rúnico ficará em harmonia com o próprio Universo.

A dedicação das runas é necessária para reforçar a conexão entre o uso oracular e a bênção/orientação de determinada divindade, "escolhida" como "madrinha" ou "padrinho". Na realidade, são os deuses que escolhem os afilhados por meio de sinais, sonhos ou mensagens. Por isso, é importante registrá-los para, posteriormente, confirmar a escolha pela intuição e meditação. Qualquer que seja a opção, deve-se sempre ter plena certeza dela, pois o arquétipo escolhido ficará impresso nas runas para sempre.

Para realizar a dedicação das runas, procure um local que tenha uma qualidade especial de *önd*. Ele pode estar próximo a um rio, uma fonte, uma cachoeira, uma praia deserta, ou a uma gruta, mata fechada, montanha ou círculo de menires.

As runas são **oferecidas** para os quatro pontos cardeais, para cima (céu) e para baixo (Terra), invocando-se o nome do deus (Odin, Frey, Tyr) e/ou da deusa (Freyja, Frigga, Hel, Saga). As runas são então "batizadas", aspergindo-se água, areia ou terra sobre elas e tocando-as com um cristal, pedra, concha ou bastão mágico.

Em seguida, **pede-se às Nornes permissão** para o uso do oráculo, oferecendo três moedas para cada Norne e chamando três vezes cada uma, em voz alta. Permaneça em silêncio por algum tempo, orando e meditando, procurando perceber algum sinal ou mensagem delas.

Depois, guarde as runas na bolsa — previamente incensada — junto com um cristal de rocha ou pedra "de poder" (âmbar, ametista, ágata, fluorita, hematita, jaspe, malaquita, obsidiana "floco-de-neve" ou turquesa).

Nos três ou nove dias e noites nos quais manterá a bolsa de runas em contato com o corpo, leve-a consigo, durante o dia, e guarde-a embaixo de seu travesseiro, à noite. É recomendável **fortalecer a conexão** com as runas nesse período, contemplando-as ao menos uma vez ao dia e recitando seus nomes, sempre na seqüência do Futhark.

PREPARATIVOS PARA O USO ORACULAR

Recomenda-se dedicar e preparar um **espaço** especialmente para a realização das leituras rúnicas — o que, no entanto, não implica que se tenha de seguir um complicado roteiro tradicional, que exija um rigoroso posicionamento com relação às direções cardeais e leve em consideração as condições do tempo, a trajetória do Sol e o horário.

O espaço poderá ser mais ou menos elaborado conforme a finalidade do uso oracular — pessoal ou público. Em ambos os casos, é necessário **purificar** previamente o ambiente. Primeiro, circule ao redor do ambiente — sempre em sentido anti-horário — com um incenso (de mirra, sálvia ou breu) e uma vela (ou um recipiente no qual se queime um tablete de cânfora). Depois, no mesmo sentido, circule salpicando gotas de água da chuva, do mar ou de uma fonte, sacudindo um chocalho. Se quiser, coloque alguns cristais (ou uma drusa de ametista ou de cristais de quartzo) nos cantos da sala ou sobre a mesa, e um vaso com plantas de proteção (como arruda, comigo-ninguém-pode, espada-de-Ogum e de Iansã, pinhão-roxo, artemísia, manjericão, sálvia e bálsamo).

Tradicionalmente, as runas eram jogadas sobre um pano branco posto sobre o chão e o *runester* (ou *erilaz*, o iniciado nos mistérios rúnicos) ficava de frente para o Norte, em pé ou sentado sobre uma almofada cerimonial bordada com símbolos mágicos ou sobre um banquinho de madeira de três pés, chamado *theal's stool* ("a cadeira do mago"). Essa conformação se adequava ao método divinatório antigo, no qual as varetas eram todas jogadas para o alto e, depois, três eram escolhidas, com os olhos fechados, para serem lidas e interpretadas (conforme descrição feita pelo historiador Tácito).

Nos dias de hoje, dificilmente alguém se contentará com uma leitura tão simples e rápida. Geralmente as pessoas desejam fazer várias jogadas, o que exige conforto, tempo e diálogo.

O ideal seria orientar para o Norte a cadeira de quem lê as runas, honrando-se, dessa forma, a fonte da inspiração da Tradição Nórdica. De qualquer forma, é preciso uma **toalha** para forrar a mesa, feita de fibras naturais (como algodão, linho, seda ou cânhamo), de uma cor só (branca, preta, azul-cobalto ou verde), bordada ou pintada (nesse caso, para não desviar a atenção do consulente, use um desenho simples, um padrão geométrico ou simbólico como a roda solar, o diagrama dos Nove Mundos, a estrutura hexagonal do floco de neve ou o *valknut*).

Primeiro as runas são retiradas da bolsa ou da caixa de madeira na qual são guardadas e, depois, são embaralhadas. Alguns *runesters* utilizam um copo de prata, madeira, chifre ou couro para sacudir e jogar as pedras e depois fazem a leitura do desenho formado.

Pessoalmente, acho confuso o método de jogar as runas, pois ele não permite uma interpretação segura e dá margem aos "vôos da imaginação", que acabam se confundindo com intuição. Aconselho os métodos de seleção nos quais as runas são escolhidas uma a uma. (Verifique as sugestões descritas no Capítulo VI.)

A escolha das runas pode ser feita pelo consulente ou pelo conselheiro, caso este queira evitar a "contaminação". Particularmente, considero a transferência das energias sutis do consulente para as pedras um facilitador da leitura. Eu só as retiro pessoalmente nas leituras a distância. Semanalmente, realizo a desimpregnação fluídica das pedras, deixando-as de molho em água com sal grosso, lavando-as em água corrente, defumando-as com sálvia ou breu e depois guardando-as sobre uma drusa de ametista, cercada de cristais e pedras semipreciosas.

Não recomendo sobrecarregar o lugar da consulta com uma "parafernália mística" para evitar a sobreposição de energias, pois isso acaba por desvirtuar o padrão de *önd* do consulente. Use o bom senso e a intuição para escolher os objetos e dê preferência aos naturais (pedras, conchas, cristais, penas, sementes, casca de árvores, musgo), arrumando-os de maneira harmoniosa e estética. Também é possível acrescentar elementos ligados às direções, como vela, incenso, uma taça com água e um recipiente com terra.

Recomendo que todo candidato a *runester*, *erilaz*, *thulr*, *vitki* ou *völva* (todos sinônimos de "consultor rúnico") siga as instruções do Capítulo VII, relativas à preparação individual e do ambiente, bem como do Capítulo IX, que trata dos rituais de auto-iniciação, banimento e proteção.

CARTAS RÚNICAS

Existem no mercado internacional alguns baralhos com belas imagens baseadas nos conceitos rúnicos. Pessoalmente, acho-os ilustrativos e visualmente agradáveis, mas não os recomendo para o uso oracular, por não terem nenhuma referência histórica ou mitológica. **As cartas rúnicas são úteis durante o aprendizado**, pois a associação dos símbolos das runas às imagens facilita sua memorização. Mas, para essa única finalidade, é mais adequado que você mesmo confeccione um baralho, cortando retângulos de cartolina de 6x9 cm e pintando os caracteres rúnicos com tinta azul ou vermelha. Aqueles que têm habilidades artísticas podem decorar essas cartas com paisagens, imagens ou símbolos associados às runas, ou ainda criar uma moldura com motivos geométricos (linhas, espirais ou triângulos entrelaçados). Para uma melhor conservação, as cartas podem ser plastificadas e guardadas em uma caixa de madeira.

O que importa é a intenção e a energia pessoal impregnadas nas runas. O mais adequado é que apenas o dono do baralho as manuseie, pois as cartas não permitem uma limpeza mais profunda caso sejam manuseadas por outras pessoas.

Essas cartas também podem, depois de imantadas e consagradas, auxiliar nos exercícios de visualização e meditação que serão mencionados no Capítulo VII. Para facilitar a memorização dos conceitos e atributos rúnicos, pode-se acrescentar às cartas informações resumidas de cada runa. Mas, **atenção**: jamais use esse tipo de carta para dar consultas — você se arrisca a ver desacreditada a sua competência como conselheiro!

CAPÍTULO VI

DIVINAÇÃO RÚNICA

"O presente é a filha do passado e a mãe do futuro."
Nigel Pennick, *Haindl Rune Oracle*

" As Nornes criaram as leis, elas escolhem as vidas, revelam a sorte e a gravam sobre madeira."
"Völuspa", *stanza 20*.

O conceito fundamental da divinação rúnica é a compreensão do tempo como unidade tríplice, o presente atuando como um elo entre o passado e o futuro. A personificação mitológica dessa percepção do tempo como tríade é representada pelas figuras e atributos das Nornes, as Senhoras do Destino (descritas no Capítulo III).

Mesmo interligadas, essas divisões do tempo não são equivalentes entre si. O **passado** é conhecido ou pode ser lembrado, mas não há como mudar o que já passou. O **presente** é visível e está em contínuo movimento, mesmo se não conseguimos percebê-lo claramente. O **futuro**, porém, é um total desconhecido e a necessidade de decifrá-lo tem sido uma preocupação constante, em todas as épocas e em todas as culturas.

São três as maneiras pelas quais se tenta vislumbrar e compreender o futuro: a **fatalista**, que postula a crença na predestinação; a do **acaso**, totalmente oposta, que não permite previsões; e a **intermediária**, parecida com uma previsão meteorológica, que leva em conta fatores circunstanciais, eventos semelhantes acontecidos no passado e a avaliação de prováveis efeitos e resultados no futuro (sujeitos a interferências, fatores desconhecidos e erros de interpretação). A **divinação rúnica** segue o terceiro método, levando em consideração os padrões conhecidos do passado, avaliando a experiência e o aprendizado do presente e esboçando os resultados futuros em função de possíveis modificações ou da aceitação passiva das situações atuais.

Longe de prever o destino de uma maneira fixa ou fatalista, essa visão da unidade tríplice do tempo permite que se busquem meios para evitar problemas no futuro. Por meio dos pensamentos, atitudes e ações do presente é possível evitar esses problemas, que são o resultado de opções e processos do passado. A divinação, apesar de ser usada para definir o futuro, pode revelar condições ocultas ou esquecidas do passado que permitam uma correta avaliação e compreensão da situação presente.

As runas selecionadas em uma leitura não indicam aquilo que **vai** acontecer, mas as diretrizes para **ações específicas e suas possíveis conseqüências.**

As leituras rúnicas, assim como alguns outros sistemas oraculares, requerem amplo e profundo conhecimento mitológico e simbólico, além de uma percepção psíquica bem desenvolvida. **Decorar os significados básicos das runas não é suficiente, pois cada uma delas tem simbolismos diversos, que vão do nível mais profano até o mais elevado e sutil.** Uma divinação eficiente e verdadeira requer um canal de comunicação com as runas, para que elas possam "falar" livremente, sem a interferência da mente analítica e racional.

O conselheiro interpreta para o consulente as mensagens das forças rúnicas, percebidas por meio dos símbolos impressos em um suporte físico (madeira ou pedra), que atuam como transmissores do fluxo de *önd*.

Um conselheiro competente é capaz de identificar o *wyrd* (destino) do consulente por meio das runas e lhe oferecer ajuda e orientação construtivas. Predições a longo prazo, no entanto, são relativas e imprecisas, pois dependem das decisões e ações tomadas pelo consulente que vão alterar o padrão da teia do *wyrd*.

Na tessitura do *wyrd* não existe um futuro fixo, predeterminado, mas apenas o esboço de uma provável configuração da teia que, ao ser revelada e compreendida, poderá ser usada para mudar — ou aceitar — as circunstâncias e atitudes dela decorrentes.

Para modificar alguns aspectos da teia do *wyrd*, podem ser utilizados procedimentos mágicos. A **magia** consiste em atos voluntários que combinam vontade e intenção, em um substrato material, para interferir e modificar um ou mais fios da teia. Alterando-se uma parte, pode-se modificar o todo, conforme ensina a lei da ressonância dos campos mórficos.

Na divinação rúnica é possível distinguir **duas fases** — uma ativa e outra passiva —, ambas interligadas e indispensáveis.

A **primeira fase** requer a formulação precisa, direta e específica da questão, sem que se dê margem a ambivalências ou sobreposição de assuntos. Perguntas imprecisas, vagas e ambíguas bloqueiam e distorcem o fluxo de *önd* e resultam em respostas confusas ou equivocadas. Jamais faça duas perguntas de uma vez ou faça rodeios.

Na **segunda fase**, o conselheiro deve ficar em um estado receptivo, imparcial, neutro, sem tentar induzir respostas desejadas ou fazer interpretações com base em preconceitos ou idiossincrasias pessoais. A atitude do verdadeiro conselheiro deve ser de abertura e entrega; ele deve ficar atento às percepções instintivas e tecê-las junto com os significados simbólicos, conforme descrito no poema "Havamal": *"De uma palavra fui levado à outra, de um fato a outros fatos cheguei."*

A gama de combinações rúnicas é extremamente rica e complexa. Pessoalmente, considero contraproducente enumerar interpretações "padrão", que sirvam como "receitas" ou modelos a seguir. Cada leitor de runas irá enxergar, compreender e interpretar a intrincada tessitura do *wyrd* do consulente conforme seu conhecimento, intuição, sensibilidade, idoneidade, bagagem existencial, registros sub e supraconscientes e os resultados comprovados da sua prática; tudo isso lhe permitirá selecionar apenas os elementos necessários.

Na divinação rúnica, cada runa é um pensamento separado: uma seqüência de runas é lida pelos dois hemisférios cerebrais, com a lógica do conhecimento e a sensibilidade da intuição em harmoniosa combinação.

Recomendo — e pratico — a prévia **conexão espiritual** com as divindades que regem a leitura das runas. Eu, particularmente, peço a permissão das Nornes para ter acesso à teia do *wyrd* do consulente, e depois invoco a ajuda de Odin, Freyja e de minha deusa "madrinha". No entanto, o praticante poderá escolher livremente a sua conexão e forma de invocação, em voz alta ou mentalmente.

Como orientação, descrevo duas invocações tradicionais, para Odin e Freyja, os regentes das runas:

"Odin, senhor do conhecimento sagrado,
Deus sábio, xamã e curandeiro,
Mestre das runas, inspirado conselheiro.
Guie minhas mãos e minha intenção,
Abra minha mente e meu coração
Ao jogar (ou escolher) estes símbolos antigos.
Que minhas dúvidas e questões
Possam ser respondidas, com verdade e segurança.
Em nome de Odin, Frey, Hagal e Tyr
Pelos poderes do fogo e do gelo, do vento e da terra,
Que seja assim. Ká!"

"Poderosa Freyja, Senhora da Magia,
Conhecedora dos antigos mistérios.
Guie minhas mãos e meus pensamentos,
Abra minha intuição e compreensão
Para fazer corretamente esta leitura.
Preciso muito neste momento
Da sua orientação, ajuda e sabedoria.
Mostre-me a verdade, dê-me a sua bênção.
Pelos poderes do vento, do fogo, do gelo e da terra
Que seja assim. Ká!"

Mesmo tendo um espaço próprio, preparado ritualisticamente e reservado apenas para o trabalho de aconselhamento, costumo criar, antes do início da leitura, um **círculo mágico** (mental ou verbalmente) e invocar a **proteção** dos guardiães das direções, do Anjo da Guarda e do mentor do consulente e de meus aliados e protetores. Somente depois peço a permissão das Nornes e as bênçãos de Odin e Freyja.

Na mesa tenho dispostos os **elementos das direções** (vela, incenso, água, terra), diversos cristais, pedras brutas e polidas e talismãs de proteção com símbolos rúnicos.

Para aqueles que não pretendem usar as leituras rúnicas profissionalmente, não há necessidade de tantos cuidados e precauções. Basta uma toalha (de cor lisa), uma ametista ou cristal de quartzo e um ou mais dos itens acima citados. Alguns autores recomendam que o leitor se sente de frente para o Norte (a direção sagrada da tradição rúnica) e coloque uma tigela com gelo à sua esquerda e uma vela à sua direita.

Acho benéfico o uso de incenso entre as leituras, passando-o sobre as runas, a mesa e as cadeiras. Também recomendo para os conselheiros profissionais uma **purificação** semanal (do ambiente, dos cristais e do próprio oráculo rúnico).

Para os principiantes, acho indispensável manter um **diário com anotações sobre as leituras realizadas** (incluindo as runas escolhidas) e observações posteriores sobre os erros ou acertos dessas leituras. O costume de "dormir sobre uma questão", ou seja, reinterpretar a leitura no dia seguinte, abre uma nova porta para a compreensão.

No início de meu aprendizado, mantive por muito tempo o hábito de manter um diário, no qual anotava também os comentários das pessoas para quem tinha feito as leituras e comparava-os depois com minhas próprias anotações para compreender o porquê das "incógnitas". A reinterpretação de uma leitura antiga serve como teste para verificar o progresso do estudo e o aprofundamento da percepção.

Antes de iniciar uma leitura, é imprescindível que você "esvazie a mente", permanecendo alguns momentos em silêncio e respirando de forma pausada e profunda. Para uma leitura ritualística pessoal, recomenda-se que fique na *stadha* (postura) da runa Algiz, enquanto se concentra na questão. Quando perceber que estabeleceu a conexão com a energia das runas, você deve entoar o *galdr* tradicional: *Runar radh rett radh*! ("Runas, sussurrem o conselho certo"), entoando em seguida os nomes das Nornes: Urdh, Verdandhi, Skuld. Após formular claramente a pergunta, procurando sintetizar sua essência, misture bem as runas e escolha a quantidade predeterminada para a leitura, ou então as jogue cuidadosamente no centro da toalha. Nas primeiras leituras, recomendo usar um número menor de runas e optar pelas jogadas mais simples, passando para modelos mais elaborados à medida que tiver mais experiência e segurança.

É importante lembrar que o significado de uma runa não é fixo, mas influenciado e modificado pelas outras runas que a cercam. A prática irá mostrar qual runa dá o "tom" da interpretação, tornando-se assim o significador da jogada. O importante é perceber os padrões ocultos, mesmo em combinações que aparentemente não fazem sentido ou se contradizem, buscando e seguindo o "fio da meada".

A tradição recomenda que as primeiras leituras rúnicas sejam feitas para si mesmo, de modo a impregnar as runas com sua energia e magnetismo pessoal. **Por tradição, são necessários pelo menos três anos de estudo e prática intensiva para que se possa atender outras pessoas**. O famoso escritor Edred Thorsson resumiu as recomendações em uma singela frase: *"Reyn til Runa"*, ou seja: **Batalhe** (estude, explore, questione, se esforce) **até poder encontrar os mistérios...**

MÉTODOS DE LEITURA

Existem vários métodos de divinação rúnica, que variam de acordo com a afinidade e o preparo de quem os escolhe. Podemos dividi-los em duas grandes categorias:

- **Seleção aleatória** pelo lançamento de varetas, pedras ou dados sobre uma superfície plana (chão, tabuleiro ou mesa, cobertos por uma toalha). Nesse caso, as runas são interpretadas de acordo com a sua posição e a combinação entre elas, ou com o significado dos campos predeterminados (diagramas pintados ou bordados sobre a toalha).

- **Seleção intencional** de uma única runa — que define as características do momento atual, a natureza da questão ou o tipo de orientação necessária — ou de um determinado número de runas, arrumadas em certas seqüências — que são lidas de acordo com um esquema preestabelecido, baseado no simbolismo mitológico e cosmológico da Tradição Nórdica.

Desaconselho a adaptação de jogadas do tarô ou a criação de modelos pessoais, pois as runas precisam de uma estrutura específica, baseada na sua cosmogonia original, um "campo mórfico" no qual sua essência irá fluir e se manifestar.

SELEÇÃO ALEATÓRIA

LANÇAMENTO DAS RUNAS — RUNE CASTING

Este método se baseia na descrição feita pelo historiador romano Tácito, em 90 d.C., em seu livro *Germania*. O propósito é descobrir como a energia flui em uma determinada situação ou circunstância, avaliar a origem e a natureza desse fluxo e encontrar uma resposta ou situação adequada.

Existem várias maneiras de jogar as runas; o importante é fazer isso de maneira respeitosa, após a criação de uma estrutura energética adequada, que consiste em: **criar um círculo de proteção, pedir a permissão das Nornes, invocar as divindades**, jogar as runas, interpretá-las e agradecer.

No **método tradicional** descrito por Tácito, usam-se **varetas, que são jogadas diretamente sobre o chão forrado com um pano branco**. O lugar da leitura deve estar limpo e protegido. Pegue as runas nas mãos e segure-as no alto, mantendo-se por alguns momentos em silêncio e oração. Depois, agite-as bem e lance todas de uma vez no chão. Feche os olhos, passe as mãos sobre o conjunto e escolha três varetas, cujo simbolismo será interpretado separadamente e em conjunto, conforme descrito em "Perguntar às Nornes".

Numa **modernização** desse método, em vez de lançar as varetas ou as pedras no chão, usa-se uma tábua de madeira (lixada e polida), uma bandeja ou uma mesa, coberta por uma toalha branca ou pintada com um diagrama específico para delimitar os campos de leitura. As varetas ou as pedras são oferecidas para as direções, sacudidas no centro da toalha e jogadas com cuidado, para que não caiam fora da base. Depois é escolhido um número variável de runas, de acordo com o modelo adotado para a leitura. Evite jogar as runas em condições e lugares que não sejam adequados.

Para as **jogadas "ritualísticas"**, convém segurar as runas por alguns instantes, encostando as mãos na testa e no coração, orando e mentalizando a pergunta ou questão. Antes de jogar, descreva no ar três círculos na horizontal, em sentido horário, segurando as runas nas mãos e mentalizando a conexão com as correntes de *önd* e a bênção das Nornes. Depois, sacuda as runas três vezes e jogue-as no centro da toalha.

Em vez de escolher apenas três runas, você pode fazer a leitura de todo o conjunto, seguindo algumas diretrizes básicas. A ordem de leitura depende da distância que a runa está da pessoa que faz a leitura: quanto mais próxima, maior a importância dela para a leitura. Ignore ou descarte as runas caídas com o símbolo virado para baixo.

Se forem usadas varetas, elas poderão cair cruzadas, umas sobre as outras; nesse caso, avalie seus significados como influências em oposição. Varetas paralelas indicam influências complementares; quando estão muito próximas, seus atributos devem ser considerados em conjunto. Uma runa que separa outras duas divide seus efeitos, enquanto uma runa sobreposta indica seu predomínio. Se uma runa estiver embaixo de outras, seu poder está sendo ocultado ou suprimido.

Avalie o aspecto geral da jogada: se ele for uniforme e harmonioso, o desenrolar dos acontecimentos também o será; se tumultuado ou caótico, assim também serão os presságios. Enquanto runas visíveis e alinhadas facilitam a compreensão, um grande número de runas escondidas, ou com a face para baixo, oculta ou distorce o resultado da interpretação.

A previsão demorará a se concretizar se as runas caírem muito distantes de quem faz a leitura; se estiverem próximas, os prazos serão mais curtos. Um espaço vazio entre dois grupos prenuncia demoras ou interrupções no desenrolar dos fatos.

Embora recomendado por vários autores, considero o método de lançamento das runas muito "nebuloso", pois dá margem a fantasias e vôos da imaginação. Por ser muito vago e subjetivo, eu não o recomendo. Eu mesma fiz várias tentativas para usá-lo; como não considerei o resultado satisfatório, desisti dele e uso somente os métodos de seleção intencional que descreverei adiante.

Para aqueles que, ainda assim, desejarem usar esse método, recomendo o uso de uma toalha pintada com os campos específicos de leitura. Como também não uso esse método, citarei, de modo sucinto, esquemas dos **"campos de leitura"** descritos por alguns autores (cujas obras, citadas na Bibliografia, podem auxiliar os interessados nesse campo a estudá-lo mais profundamente).

David e Julia Line sugerem, para a toalha, o desenho de **três círculos concêntricos:** o interno representando o plano espiritual; o mediano, o plano emocional; o externo — dividido em quatro segmentos ligados aos elementos —, o da realidade física e material. Após misturar bem todas as runas, escolha, ao acaso, nove pedras, varetas ou rodelas de madeira, e depois lance-as com cuidado sobre a toalha.

As runas são interpretadas de acordo com a sua posição e relação com outras peças (próximas, amontoadas ou sobrepostas). A posição das runas em relação às linhas dos círculos (abrangendo, por exemplo, dois setores se caírem sobre as linhas) indica a combinação de significados. Acho o método muito subjetivo e acredito que, por isso, os autores descrevem o significado de cada runa em cada círculo, o que dificulta uma interpretação mais natural e exige consultas permanentes ao livro.

Deon Dolphin oferece um esquema mais simples, também de **três círculos concêntricos:** o interno representa o "centro do ser" (os traços de personalidade e a dinâmica da vida); o mediano, o "anel da manifestação"; o externo, "o anel dos desejos". A leitura começa com as runas do primeiro círculo, cuja interpretação determina a leitura dos outros dois. São considerados os alinhamentos e a figura formada pelas runas, e descartadas aquelas que caíram com a face voltada para baixo ou fora dos círculos. O próprio autor ressalta a necessidade de "traduzir simbolicamente as runas com a ajuda da intuição", e usa como exemplo várias leituras feitas por ele mesmo. Reconhece que suas idéias são baseadas em especulações e na intuição, que lhe foram oferecidas de "presente" por seu guia espiritual.

Eu, pessoalmente, discordo dessa "metodologia" de trabalho, pois acredito e valorizo, em primeiro lugar, o conhecimento, e, somente depois, a percepção intuitiva. No entanto, a idéia dos círculos acima descritos poderia ser mais bem aproveitada se fossem acrescentadas algumas regras para orientar a leitura, baseadas na simbologia tradicional.

Um diagrama mais elaborado é oferecido por Kenneth Meadows, que parte dos **círculos tríplices que representam as Nornes** e os complementa com conceitos xamânicos, como se vê na figura abaixo.

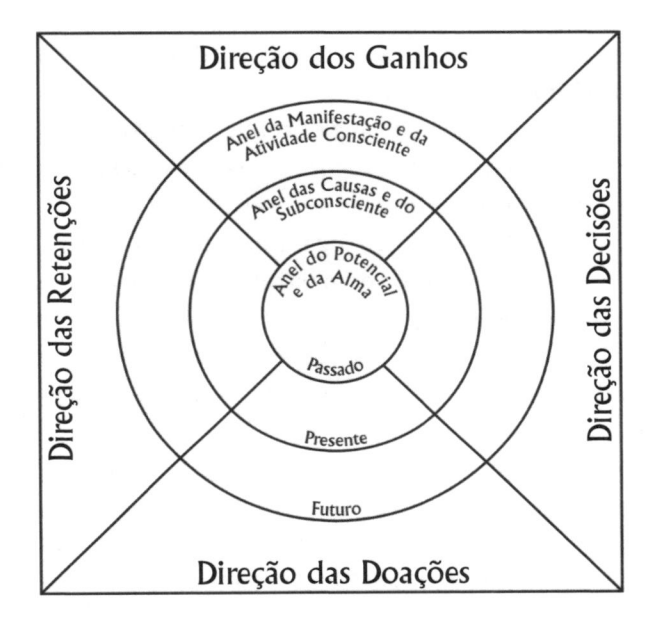

A passagem do tempo simbolizada pelas Nornes — passado, presente, futuro — é ampliada para abranger os conceitos de "anel do potencial", do inconsciente e da alma (interno), "anel das causas", da mente e do subconsciente (mediano) e "anel da manifestação", da realidade física e da atividade consciente (externo). Linhas diagonais, partindo da moldura, criam uma **divisão quádrupla** em segmentos que correspondem às **quatro direções cardeais**. No **Leste** são avaliadas as áreas e situações que requerem decisões; no **Sul** são identificadas as dificuldades e aprendizados da criança interior, bem como aquilo que deve ser doado ou transmutado; no **Oeste** identifica-se o que está sendo guardado, o que deve ser mudado ou precisa ser adquirido; no **Norte** observa-se o que está disponível para ser recebido e a clareza e a sabedoria necessárias para iluminar ou transmutar aspectos da vida.

Os círculos e os segmentos representam diferentes **níveis e áreas da vida** — física, mental, emocional, material e espiritual — vistos sob uma perspectiva xamânica e holística.

Esse método requer uma **preparação** mais aprimorada do espaço: purificação, colocação dos elementos das direções, criação do círculo de proteção com o som do chocalho, defumação das runas, do leitor e do consulente, introspecção, invocação e a verbalização em voz alta da questão. Essa deverá ser dividida em duas partes: a primeira, para identificar a natureza do problema; a segunda, para definir a intenção e pedir orientação.

As runas são depois lançadas sobre a toalha, enquanto a questão é repetida três vezes mentalmente.

A **interpretação** começa no círculo interno — que indica a essência do problema e sua natureza —, segue para o círculo do meio — que mostra as atitudes e os pensamentos condicionantes e tudo aquilo que está além das aparências — e, finalmente, atinge o círculo externo — que irá revelar aquilo que se manifestará se não houver uma mudança que impeça os efeitos não desejados.

As **linhas diagonais** apontam as influências de cada direção: o Norte mostra o que deve ser recebido; o Sul, o que deve ser doado; o Oeste, o que deve ser conservado e o Leste, a decisão a ser tomada.

É importante lembrar que, na leitura, cada runa e cada pensamento (ou intuição que ela suscita) devem ser avaliados no contexto da questão e da intenção que motivou a leitura.

O método é mais complexo, requer amplos conhecimentos, intuição aprimorada e uma interpretação sintética. Por ser baseado em conceitos xamânicos universais, proporciona uma conexão mais profunda com a antiga tradição.

Uma expansão do antigo método de jogar runas é descrita pelo escritor e estudioso Edred Thorsson. Partindo do esquema de escolha tríplice do arquétipo das Nornes, ele sugere um **entrelaçamento de três triângulos** — chamado *valknut*. Cada um desses triângulos corresponde a uma Norne e é visto de uma perspectiva tripartite do tempo. Obtém-se, dessa forma, uma avaliação mais acurada das causas passadas, dos acontecimentos atuais e do possível desenrolar dos eventos futuros.

O mesmo autor criou um modelo mais complexo, baseado nos **nove mundos de Yggdrasil**, representados por um círculo interno (Midgard), um círculo médio dividido em quatro setores (Asgard, Hel, Ljossalfheim e Svartalfheim) e o espaço restante da toalha quadrada dividido em quatro áreas associadas às direções: Niflheim-Norte; Jötunheim-Leste; Muspelheim-Sul; Vanaheim-Oeste, conforme mostra a figura a seguir.

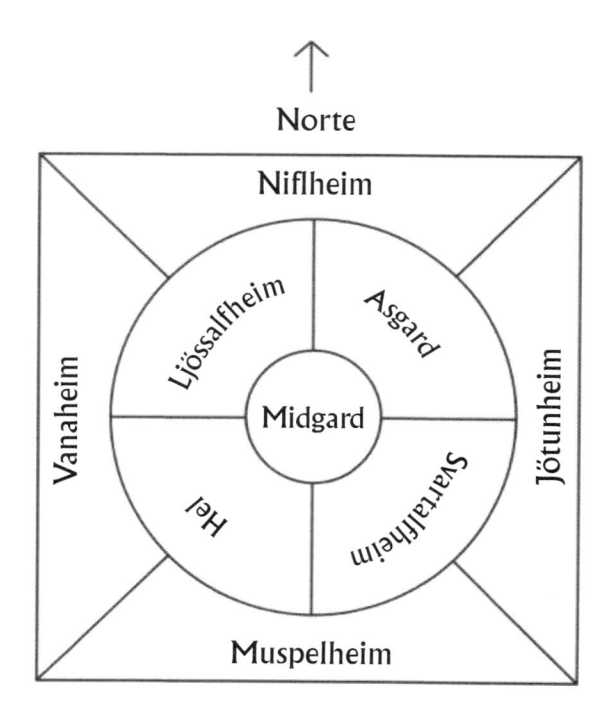

As runas que caem dentro dos círculos revelam o estado do consulente e as influências subjetivas ou psicológicas exercidas sobre ele, sendo as influências de Asgard e Hel mais "transpessoais"; e as outras, mais "pessoais". As runas localizadas nos campos externos definem o universo objetivo e de que modo eles influenciam essa pessoa. Em Midgard (centro), todas as potencialidades podem se manifestar, pois ele representa o plano da materialização.

As runas com a face para baixo são descartadas ou interpretadas do ponto de vista negativo *(murk staves)*. Pela dificuldade de avaliação da posição, não há runas "invertidas". As runas que caírem fora da toalha não são levadas em consideração.

Esse tipo de leitura é extremamente complexo e requer um profundo conhecimento do simbolismo dos nove mundos e sua combinação com os significados das runas. A leitura pode começar em Midgard — e evoluir para os outros níveis — ou terminar em Midgard. Só convém lembrar que esse não é um modelo linear, mas "ultradimensional".

Os símbolos rúnicos fornecem os elementos para a identificação do significado, enquanto os campos detêm as chaves da configuração cosmológica.

A interpretação detalhada do simbolismo dos nove mundos para a leitura das runas será descrita nas seções *Viagem ao redor dos mundos*, *Os nove mundos de Yggdrasil* e *A fonte do Urdh*, no próximo subcapítulo. Ela poderá ser usada pelos praticantes que preferem lançar as runas e estão dispostos a usar esse método difícil, mas cheio de símbolos e significados.

LANÇAMENTO DOS DADOS — *DICE CASTING*

Uma forma arcaica de jogar as runas, praticada pelos vikings e mencionada pelo escritor Donald Tyson consiste em usar um conjunto de **quatro dados** (*dices*), que podem ser confeccionados em madeira, em um tamanho conveniente e entalhados (ou pintados) com runas em cada uma de suas faces. Depois, basta passar cera de abelha neles. Cada dado terá seis runas, divididas em três pares, cada par ocupando faces opostas do dado, conforme o esquema abaixo.

Primeiro dado: Fehu e Uruz; Hagal e Naudhiz; Tiwaz e Berkano.
Segundo dado: Thorn e Ansuz; Isa e Jera; Ehwaz e Mannaz.
Terceiro dado: Raidho e Kenaz; Eoh e Peordh; Laguz e Ingwaz.
Quarto dado: Gebo e Wunjo; Algiz e Sowilo; Othala e Dagaz.

A **preparação** inicial segue as mesmas recomendações: concentração, oração e formulação da pergunta. Segure os dados entre as mãos, sopre-os três vezes (para a imantação) e sacuda-os bem. Mentalizando a questão, lance-os sobre uma mesa coberta com uma toalha ou sobre um tabuleiro de madeira, anotando a jogada e repetindo-a duas outras vezes. A **ordem de leitura** dos dados (runa da face superior) é determinada pela distância do dado com relação ao leitor, sendo o dado mais próximo o primeiro a ser lido. Cada dado tem um significado diferente, que deverá ser levado em consideração e combinado com o dos outros dados.

A **primeira** leitura representa as circunstâncias ou os acontecimentos passados; a **segunda** refere-se à situação presente e revela também os fatores ocultos; a **terceira** indica a evolução futura dos eventos e seu desfecho.

As runas de maior importância são as primeiras (que dão o tom geral) e as últimas (que indicam o prognóstico do resultado).

Uma versão mais simples consiste em jogar todos os dados de uma só vez e fazer a leitura, começando pelo dado mais próximo (que representa o passado) e terminando com o mais distante (que simboliza o futuro). Se os dados se tocam, seus efeitos são conjugados; se estão muito próximos, os eventos se desenrolam com rapidez; se um dado cai muito longe, haverá demora na concretização dos presságios; se um dado esbarra em algo e fica inclinado, isso é indício de alterações nos planos ou imprevistos.

Esse método é indicado para leituras rápidas, sobre assuntos simples ou triviais, em que se dá uma ênfase maior aos significados profanos e práticos dos símbolos rúnicos.

O escritor Edred Thorsson criou um método diferente, baseado na combinação numérica, que substitui os dados por oito varetas, divididas em dois conjuntos: um com duas peças, o outro com seis. As varetas são confeccionadas em madeira (tipo palitos de sorvete) e entalhadas, pintadas ou pirogravadas com dois tipos de símbolos, conforme os esquemas abaixo.

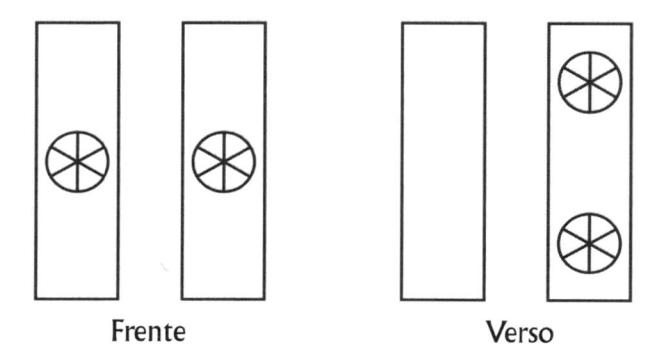

Frente   Verso

O **primeiro conjunto** é chamado "varetas dos *Ættir*" e serve para definir o *Ætt* ao qual as runas pertencem. De um lado, as duas varetas são marcadas com uma estrela; do outro, uma tem duas estrelas e a outra não tem nada. Ao jogar as varetas, obtém-se um número variável de estrelas, que vai de 1 a 3.

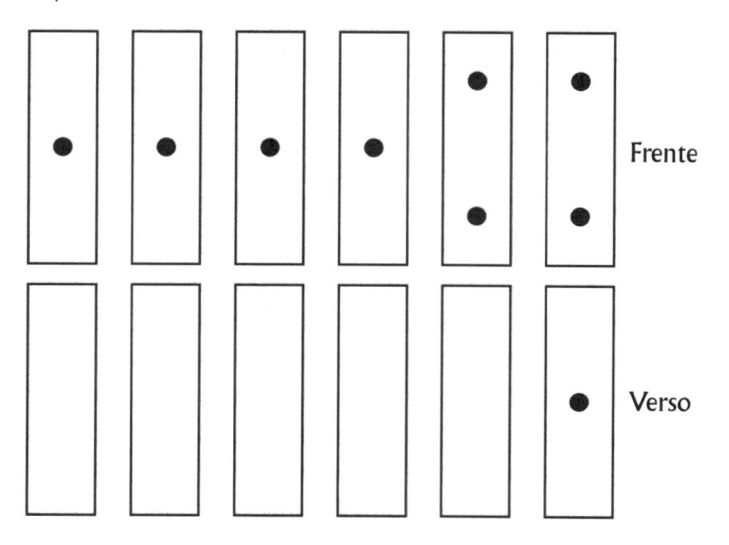

Frente

Verso

O **segundo conjunto** "das runas" é marcado com outro sinal, que pode ser uma cruz ou um ponto. Cinco varetas têm um dos lados sem marca nenhuma; quatro varetas são marcadas com uma cruz do outro lado, e, a vareta restante tem duas cruzes do outro lado. A sexta vareta tem ambos os lados marcados: um com duas cruzes e o outro com uma só. Ao jogar esse conjunto, o número de cruzes pode variar entre 1 e 8 e indica a posição da runa no *Ætt* previamente assinalado na jogada do primeiro conjunto.

Em síntese, ao jogar separadamente os conjuntos de varetas, o primeiro conjunto fornece um número de 1 a 3, que indica o *Ætt* (de Freyja, Hagal ou Tyr); o segundo, dá a posição da runa no *Ætt* (de 1 a 8). E a combinação resultante define a posição da runa na ordem do alfabeto Futhark.

Depois de anotar e identificar uma runa, repete-se o procedimento mais duas vezes, depois passa-se à leitura das três runas obtidas, conforme a seqüência das Nornes.

O uso desse sistema de código binário leva em conta o "acaso", elemento ausente na seleção intencional.

SELEÇÃO INTENCIONAL

UMA ÚNICA RUNA — *RUNE LOT*

Nesse tipo de seleção, escolhe-se unicamente a "runa do dia" ou "da semana", que irá servir como um portal para meditação, a avaliação de uma questão ou situação e o recebimento de um conselho rápido ou de uma orientação sucinta.

Nesse último caso, a pergunta deve ser formulada de maneira clara e concisa. A runa será vista como uma indicação do percurso do fluxo energético, representado pelos atributos e as qualidades da runa.

Na avaliação de uma situação, utiliza-se a perspectiva xamânica, que permite encontrar os meios para transmutar a energia negativa ou aceitar o teste como uma etapa no processo de evolução.

Antes de apanhar a runa, misture bem todo o conjunto dentro da bolsa onde ele fica guardado ou sobre a mesa. A escolha da runa deverá ser feita ao acaso, pela seleção de uma estaca, pedra ou carta.

NÚMERO VARIÁVEL DE RUNAS — *RUNE SPREADS*

Os métodos abaixo se baseiam nos modelos autênticos, usados antigamente pelos povos nórdicos, e naqueles mais recentes, criados por estudiosos da cosmologia escandinava e teutônica. Todos eles integram minha prática oracular, tendo sido "testados", modificados e aprovados ao longo de minha jornada de quinze anos como conselheira rúnica profissional.

Independentemente do modelo escolhido, ele deve ser precedido pela preparação já recomendada para o "lançamento das runas", para que as condições ambientais e pessoais garantam o fluxo harmonioso do *önd*.

Após a criação da egrégora energética, misture bem o conjunto de runas, sacudindo a bolsa na qual elas estão ou girando-as com as mãos sobre a mesa, no sentido horário, com o símbolo para baixo. Se forem usadas cartas rúnicas, elas deverão ser embaralhadas e espalhadas em forma de círculo, com os símbolos para baixo. Silencie a mente e formule claramente — e com firmeza — a questão a ser elucidada. Depois, selecione o número necessário de pedras, varetas, rodelas ou cartas, passando a mão esquerda (ou não-dominante) por cima delas, até perceber um formigamento, calor ou "puxão" na palma da mão, indicando qual deverá ser a runa escolhida. Para escolher as runas que ainda se encontram dentro da bolsa, deve-se permitir que a sensibilidade conduza a escolha, confiando que seus dedos irão pegar apenas aquelas que vão esclarecer a questão. Se houver mais de uma pergunta, o procedimento será igual para cada uma delas: agite a bolsa, gire as runas ou embaralhe as cartas, para evitar que sejam tiradas sempre as mesmas runas.

No final da leitura, após agradecer às Nornes, divindades e entidades espirituais invocadas, misture novamente as runas para dispersar as energias canalizadas. Aqueles que fazem uso profissional das runas deverão purificá-las com incenso, lavá-las em água corrente, expô-las à luz do sol ou colocá-las sobre uma drusa de ametista. Uma limpeza poderosa é feita com a exposição à chuva, aos raios e trovoadas ou enterrando-as por três — ou nove — horas ou dias em terra vegetal ou na areia da praia. Purificam-se as cartas rúnicas passando o incenso por cima delas e embaralhando-as três vezes. Para preservar a pureza do conjunto ou do baralho, convém guardar na bolsa ou caixa uma ametista ou um cristal enfumaçado, uma obsidiana "floco de neve", um pedaço de breu — ou outra resina — e uma pastilha de cânfora.

Um lembrete importante: não repita a mesma pergunta, usando outro método, só porque você não gostou da primeira resposta, principalmente quando aparecerem runas invertidas. Se as precauções iniciais tiverem sido tomadas e a pergunta tiver sido feita de forma clara e direta, não há por que "testar" as runas ou tentar fazer com que se adaptem à sua vontade. O mais recomendável é esperar até o dia seguinte e repetir a preparação com cuidado e convicção. **Lembre-se sempre de que as runas apontam direções e possibilidades, mas não determinam resultados, que podem ser modificados de acordo com as escolhas, ações e atitudes, ou pela expansão da consciência do consulente** (o que acabará por melhorar seu *wyrd*).

a. Perguntar às Nornes — três runas

A seleção de três runas, que representam a **tríplice manifestação do tempo** simbolizada pelas Deusas do Destino, permite uma avaliação rápida e precisa de uma questão ou situação. Além de corresponder ao passado, presente e futuro, as três runas podem formar uma **frase**, em que a **primeira** runa representa o sujeito (a causa, o corpo ou a situação); a **segunda**, o verbo (a mente ou ação) e a **terceira**, a combinação da situação com a ação, guiada pelo espírito.

Inicie misturando as pedras, varetas ou cartas, enquanto mentaliza a questão. Invoque as Nornes, pedindo-lhes esclarecimento e orientação, e tire três runas da bolsa na qual elas são guardadas ou da mesa onde estão espalhadas. No caso das cartas, comece embaralhando-as e depois corte o maço com a mão esquerda, separando-as em três pilhas. Para a leitura, escolha a carta que ficou por cima (ou por baixo) de cada pilha e coloque-as, em ordem, da esquerda para a direita. Se forem usadas pedras, rodelas ou varetas, elas devem ser viradas (com cuidado, para não serem invertidas), de modo que o símbolo fique voltado para cima. A leitura é feita na ordem em que as runas são tiradas, da esquerda para a direita, ou de cima para baixo (conforme o arranjo escolhido).

Para uma resposta do tipo **"sim"** ou **"não"**, observe a natureza das runas levando em conta a sua posição. Se as três forem positivas (posição normal), a resposta é afirmativa. Se as três forem negativas (posição invertida), a resposta é um "não" absoluto e as runas indicarão as razões e também as mudanças necessárias para reverter o resultado. Se houver duas runas positivas e uma negativa, esta última representará um aviso de que existe um empecilho ou imprevisto, que será definido pelo significado da runa. Quando duas runas são negativas e uma positiva, a resposta é um "não" relativo, que poderá ser revertido (caso a natureza das runas seja benéfica), se a pessoa seguir outra direção ou modificar a sua atitude no tempo presente.

Quando se busca uma **orientação mais específica**, esse arranjo de três runas pode ser interpretado de modo diferente. As runas são avaliadas uma a uma: a **primeira** é considerada a causa ou a origem do problema; a **segunda** descreve as influências no presente, bem como a atitude que deverá ser tomada (ou evitada) no momento; a **terceira** runa indica o provável desenrolar dos acontecimentos, se a pessoa seguir a direção mostrada pela segunda runa.

Deve ser sempre levado em conta o fluxo do *önd*, a energia que flui da primeira para a segunda runa e desta para a terceira, pois o passado determina o presente e este condiciona o futuro, que não é fixo e pode ser modificado por mudanças no comportamento ou nas escolhas do presente. Caso haja alguma dúvida sobre a resposta, podem ser tiradas mais duas runas: uma que indicará a direção a ser seguida e outra que alertará sobre o que é preciso evitar.

b. Cruz rúnica — cinco runas

Após misturar bem o conjunto (ou o baralho), selecione cinco runas e disponha-as desta maneira:

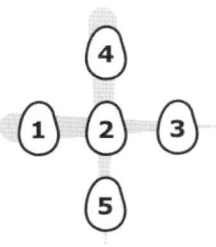

As **três runas horizontais** serão lidas do modo que foi descrito no método anterior, ou seja, passado, presente e futuro. A runa **central** indica também o estado mental do consulente, além da natureza do problema. Runas negativas, nessa posição, aconselham práticas de relaxamento e realinhamento energético, principalmente se a runa do resultado for negativa.

A runa na **posição 4** indica o tipo de ajuda que será recebida (ou necessária) de outras pessoas, de agentes externos, pela ativação dos recursos interiores do consulente ou por meio de mudanças. Runas negativas alertam para dificuldades ou bloqueios que impedem a pessoa de receber ajuda ou ouvir conselhos.

A runa na **posição 5** revela quais são os aspectos da situação que não podem ser mudados e que devem ser aceitos. Runas negativas são indícios de obstáculos e oposições; runas positivas vaticinam um desenvolvimento tranqüilo.

Se a leitura começar pela runa central, será mais fácil identificar o problema, cuja causa será mostrada pela runa 1. Depois são examinadas as outras runas, sintetizando-se seus significados. Novamente, vale lembrar que o futuro indicado (runa 3) pode ser alterado caso sejam feitas as modificações necessárias, assinaladas pela runa 4.

c. A roda das direções — cinco runas

Embora sejam usados o mesmo número de runas e a mesma figura geométrica, este arranjo tem um simbolismo diferente do apresentado no método anterior. A colocação das runas e a leitura seguem o sentido horário, começando da base (runa 1) e terminando no centro (runa 5), conforme mostra a figura.

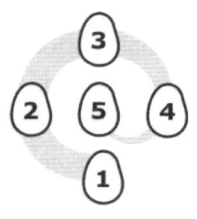

A simbologia está ligada às quatro direções cardeais e aos elementos correspondentes, enquanto o centro representa a quintessência, o espírito.

A **primeira** runa corresponde ao Sul (cujo guardião é Sudhri) e ao elemento fogo (construtivo ou destrutivo). Ela representa as circunstâncias e influências ligadas ao consulente ou à questão.

A **segunda** está ligada ao Oeste (o guardião é Vestri) e ao elemento água. Ela assinala obstáculos, desafios e dificuldades.

A **terceira** representa o Norte (tem Nordhri como guardião) e refere-se ao elemento terra. Ela simboliza os fatores favoráveis ou a ajuda recebida pelo consulente (no nível material ou espiritual).

A **quarta** aponta para o Leste (Austri é o guardião) e o elemento associado é o ar. Ela indica o resultado imediato e provável.

A **quinta** runa descreve as influências que definem toda a situação e os resultados ou lições a longo prazo.

Essa jogada permite uma análise detalhada da questão e oferece orientação quanto à direção a ser seguida. No entanto, o leitor deve alertar o consulente a respeito da responsabilidade que lhe cabe por suas escolhas e ações, bem como sobre as conseqüências inevitáveis.

d. O arranjo de Yr (ou Calc) — cinco runas

Yr é a décima sexta runa do Futhark Novo e sua forma é idêntica à da Algiz invertida — do Futhark Antigo —, e a da Calc — a trigésima primeira runa do Futhork de Northumbria. Yr representa o tronco da Árvore do Mundo e suas três raízes e pode ser usada como símbolo das forças que atuam no ser humano.

Esta jogada destina-se a definir as forças ocultas no subconsciente e os aspectos sombrios da psique. As runas devem ser colocadas nesta seqüência:

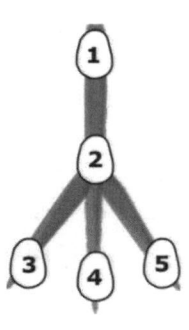

A **primeira** runa corresponde ao plano divino e simboliza o Eu Superior, que almeja a libertação do ser dos medos, impulsos e compulsões.

A **segunda** descreve o Eu mediano, seu mundo, suas máscaras e subpersonalidades, que o transformam ora em vítima, ora em carrasco.

A **terceira** mostra o modo pelo qual o ser faz uso de jogos de sedução e manipulação para servir aos seus interesses e projeta a culpa nos outros.

A **quarta** aponta para os instintos primitivos, muitas vezes desconhecidos ou ignorados, que se manifestam como agressividade, raiva, compulsões, apegos, manias.

A **quinta** runa retrata os medos primais ocultos sob as máscaras, que devem ser reconhecidos e transmutados.

Por lidar com aspectos psíquicos complexos, que exigem noções de psicologia e muita prática, essa jogada somente deverá ser usada por pessoas que já passaram por processos e terapias de reconhecimento e integração de suas sombras, para evitar, na interpretação, "projeções" e "transferências" de seus conceitos, valores ou idiossincrasias.

e. O pilar cósmico (Irminsul) — cinco runas

Esta jogada usa, como base, o conceito do Pilar Cósmico e a divisão tríplice presente na ideologia nórdica, representada como espírito, energia vital e matéria, ou sabedoria, poder e abundância.

Depois de misturadas e selecionadas cinco runas, disponha-as conforme a figura abaixo e leia-as seguindo a numeração, combinando os significados das runas com os níveis abaixo descritos.

O primeiro nível revela a situação financeira do consulente, seus recursos, objetivos materiais, bens e ganhos.

O segundo nível mostra a auto-expressão e a forma pela qual o consulente direciona sua energia e suas habilidades na vida prática. Revela também como o Eu se projeta nos outros, tanto de forma consciente quanto inconsciente.

O terceiro nível define os relacionamentos (afetivos e familiares), como o consulente reage em relação aos parceiros e como se realiza na área emocional.

O quarto nível aponta a maneira pela qual o consulente tenta superar obstáculos, lutar contra as dificuldades, se defender e se proteger das adversidades e forças contrárias.

O quinto nível relaciona-se aos objetivos e ideais do consulente, psicológicos ou espirituais. Indica também as preocupações intelectuais ou religiosas e as aspirações e motivações.

Podemos observar que, nessa jogada, nenhuma fica isolada, pois toda runa se liga à seguinte. Perguntas específicas feitas ao consulente ajudam na compreensão de suas reações, necessidades e temperamento. À medida que a pessoa progride espiritualmente, as novas leituras vão mostrando mudanças nas prioridades e aspirações.

f. Hagalaz — o floco de neve, a estrela de seis pontas, a "estrela da sorte" (Hexesterne, Hexefuss) — seis runas

Usa-se como modelo para esta jogada a forma alternativa da runa Hagalaz, que simboliza o floco de neve, a Estrela Polar, a estrela de seis pontas *(hexefuss)* ou a flor de seis pétalas *(sterne blumme)*, antigos símbolos mágicos dedicados à deusa Holda.

Depois de escolhidas seis runas, disponha-as conforme o arranjo da figura abaixo e leia o significado seguindo a ordem numérica.

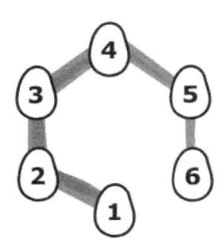

A primeira ponta descreve a raiz, a situação, a causa (passado) que deu origem às circunstâncias atuais.

A segunda ponta mostra como as ações e atitudes do consulente se manifestam no mundo (fluxo harmonioso ou desarmônico do *önd* pessoal). Descreve também os relacionamentos (afetivos e profissionais).

A terceira ponta indica a forma em que são usados dons, habilidades, talentos, percepções psíquicas e intuição.

A quarta ponta define a área ou o objetivo mais importante na vida do consulente, quais são seus propósitos, princípios e valores.

A quinta ponta revela qual a atuação do *wyrd* (destino) na vida do consulente, as ações do passado e do presente que influenciaram — ou ainda influenciam — seu equilíbrio (mental, material, espiritual).

A sexta ponta sugere conselhos e orientações, bem como mostra o resultado provável se eles forem seguidos.

g. A cabeça de Mimir — sete runas

"A cabeça do deus Mimir" era a representação da sabedoria oracular, a quem o próprio Odin recorria em momentos de indecisão ou crise. Esta é uma jogada que dá detalhes a respeito das causas do problema, bem como a orientação para solucioná-las, procurando sempre dar sugestões positivas para contornar as dificuldades. Essa jogada abrange os três meses anteriores à leitura (passado) e os três seguintes (futuro). As runas são lidas aos pares, combinando seus significados positivos, negativos ou opostos. O arranjo pode ser visto na figura seguinte:

O **primeiro par** de runas mostra como o consulente percebe e interpreta o problema, enquanto o **segundo par** permite uma avaliação mais objetiva das origens do problema. O **terceiro par** de runas sintetiza a essência da jogada e revela como o problema poderá ser resolvido se for levado em conta o aviso que elas representam (mudar a direção ou o enfoque, esperar ou desistir). A **sétima runa** representa o resultado, mas ela tem que ser interpretada no contexto geral, não isoladamente. Mesmo que seja uma runa positiva, ela deverá estar em sintonia com as outras, senão apenas servirá como incentivo para insistir — ou desistir — do objetivo em questão.

h. O arranjo de Kenaz — sete runas

Este arranjo reproduz a forma da runa Kenaz e proporciona ao consulente a possibilidade de avaliar ou comparar duas situações ou opções, e ser orientado na escolha da melhor delas.

Enquanto as runas são misturadas, mentalize claramente a questão. Retire a **primeira runa**, aquela que irá definir, no momento presente, a situação ou o tema da questão. Em seguida, pensando na primeira opção que deseja comparar, selecione três runas. Depois, enquanto mentaliza a segunda opção, escolha mais três. As runas devem ser colocadas da seguinte maneira:

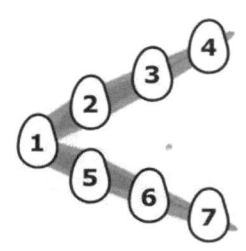

As **runas 2, 3 e 4** definem a seqüência cronológica ou o que se pode esperar, se for escolhida a primeira opção.

As **runas 5, 6 e 7** representam o desenrolar dos eventos cronológicos esperados, se a escolha for a segunda opção.

Cada opção será interpretada conforme o esquema tríplice descrito no primeiro arranjo: *Perguntar às Nornes*.

i. Vé — sete runas

Vé é o termo nórdico que define o espaço sagrado tradicional onde eram consultados os oráculos. Ele tinha formato de V e as runas ou cartas serão colocadas nesse mesmo formato, de acordo com a ilustração abaixo:

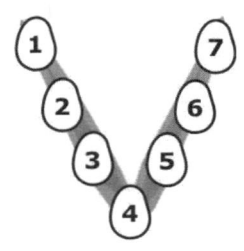

A **primeira** runa indica as influências do passado que originaram a situação.

A **segunda** runa exprime as influências atuais.

A **terceira** runa sugere as possibilidades futuras para a solução.

A **quarta** runa é a mais importante, pois traz a recomendação da melhor atitude ou opção a ser tomada pelo consulente.

A **quinta** runa representa os sentimentos, as energias e as atitudes das pessoas próximas ao consulente, enquanto a **sexta** indica os obstáculos e os bloqueios que impedem o consulente de realizar seu objetivo.

Por fim, a **sétima** runa revela o provável resultado da questão se o consulente seguir a recomendação e vencer os obstáculos.

j. O colar de Freyja — sete runas

Inspirado no famoso colar Brisingamen, que pertencia à deusa Freyja, este arranjo — que, de certa maneira, tem forma semelhante ao anterior — destina-se a avaliar um acontecimento ou uma oportunidade, bem como revelar o aprendizado decorrente de uma escolha ou uma atitude. A ordenação das runas como "contas" do colar corresponde à mostrada na figura abaixo:

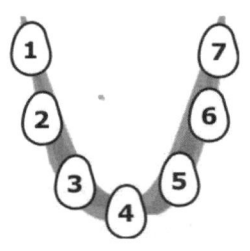

A **primeira** conta indica a causa real da situação ou do problema atual, que foi criada no passado.

A **segunda** mostra quais foram as atitudes ou ações que levaram o consulente à situação presente.

A **terceira** aponta para os bloqueios, dificuldades, medos ou a atuação de forças contrárias ou ocultas na vida da pessoa.

A **quarta** revela qual o "sacrifício" que deverá ser feito ou o preço "a ser pago" para alcançar o objetivo desejado (renúncia, mudança, reforma interior, oferendas, doações).

A **quinta** sugere os fatores favoráveis e as atitudes que contribuem para o fortalecimento, desenvolvimento e expansão do consulente.

A **sexta** descreve os fatores desfavoráveis e aquilo que deveria ter sido feito ou mudado, mas não foi; também mostra os perigos da gula, da compulsão, da cobiça, da raiva e do uso errado do poder, bem como indica os medos do consulente.

A **sétima** conta é o "segredo" de Freyja, que desvela o resultado provável, de acordo com o "sacrifício" realizado ou o merecimento do consulente.

"Sacrifício" não significava para os povos nórdicos um ato de expiação ou sofrimento físico ou moral, mas uma troca energética ou física (material) ou a redução da culpa e das dívidas passadas por uma retificação ou ressarcimento (compensação chamada *wergild*), medidas necessárias para equilibrar a teia do *wyrd*.

E como dizem os ditados antigos: *"A gift demands a gift"* ["Um presente requer outro presente"] e *"It's better not to pledge than pledge overmuch"* ["É melhor não pedir do que pedir demais"].

k. A flecha de Tyr — sete runas

O arranjo que reproduz a forma da runa Tyr combina o significado de sete runas, na forma de duas setas — compostas de três runas cada — que apontam para baixo e para cima e uma runa central, conforme se vê na figura abaixo:

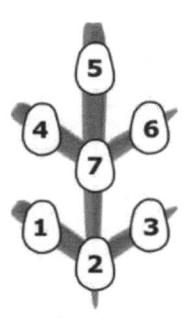

Se forem usadas cartas rúnicas, elas devem ser embaralhadas e cortadas duas vezes: primeiro, no início da leitura e, depois, antes da quarta runa.

A **primeira** runa ou carta representa a origem da questão, as forças que a criaram; a **segunda** assinala o melhor resultado possível, a realização máxima; a **terceira** alerta para os obstáculos e bloqueios que podem impedir a realização.

A **quarta** descreve os fatores responsáveis pelo fracasso; a **quinta** resume as influências do passado; a **sexta**, as influências atuais.

A última runa (ou carta), a **sétima**, colocada no centro, aponta para as influências que podem vir a afetar o resultado, já indicado pela segunda runa.

l. A roda do ano — oito runas

As direções e as divisões do ano, na Tradição Nórdica, se baseiam no octógono, uma figura de oito lados. O número 8 também define os *Ættir*, ou famílias de runas. A roda do ano, quando usada como um arranjo para a leitura rúnica, tem como *Ætting* (os marcos ou as divisões) oito runas específicas que embasam a interpretação. As qualidades dessas runas são combinadas com os significados das oito direções e colocadas nas respectivas divisões. As qualidades das oito divisões rúnicas são as seguintes:

Ætting	Runa	Significado
1. Leste	Berkana	Começos, fertilidade, nascimento, a Grande Mãe.
2. Sudeste	Laguz	Fluxo, energia de crescimento, imaginação, equilíbrio.
3. Sul	Dagaz	Recomeço, equilíbrio das polaridades, consciência.
4. Sudoeste	Thurisaz	Proteção, espinhos, virilidade, regeneração.
5. Oeste	Kenaz	Iluminação, calor vital, abertura, transformação.
6. Noroeste	Hagalaz	Interrupções, imprevistos, evolução, manifestação.
7. Norte	Jera	Complementação, frutificação, colheita, ciclos.
8. Nordeste	Algiz	Defesa pessoal, proteção, intuição, inspiração.

As runas ou cartas são misturadas e dispostas em sentido horário, formando um círculo que começa no Leste. A leitura segue a mesma ordem. Para facilitar, pode-se usar uma cartolina com o desenho do diagrama. As runas escolhidas são interpretadas de acordo com a questão do consulente e o significado da divisão na qual se encontram.

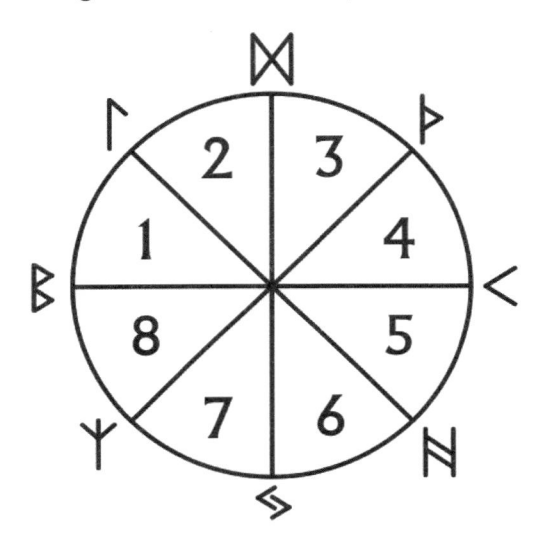

m. Viagem ao redor dos mundos — nove runas

Este é um dos vários arranjos em que se utilizam os nove mundos de Yggdrasil. Ele é adequado para elucidar as causas e as circunstâncias que constituem o fundamento de uma questão e também para oferecer uma avaliação das possibilidades de solução no futuro. As runas são colocadas e lidas conforme a seqüência mostrada abaixo, e sua interpretação combina os seus significados com a simbologia dos mundos.

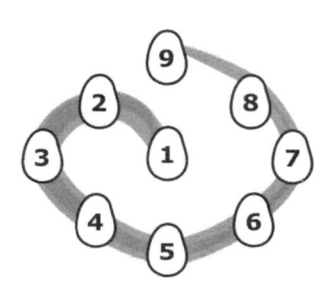

O **primeiro** mundo é Midgard, a partir do qual se analisa a situação atual e sua causa (originada no passado) ou ponto de partida.

O **segundo** é Ljossalfheim, que revela os pensamentos do consulente, seus valores e aquilo que acredita ser verdadeiro.

O **terceiro** é Vanaheim, a sede dos sentimentos e emoções.

O **quarto**, Niflheim, reflete as dúvidas e preocupações em relação às influências externas que podem criar obstáculos.

O **quinto** é Hel, que representa os medos do consulente e os aspectos destrutivos ou conflituosos do seu ser.

O **sexto** é Jötunheim, que define os obstáculos reais.

O **sétimo**, Svartalfheim, descreve as circunstâncias e condicionamentos que conduziram o consulente até o presente.

O **oitavo**, Muspelheim, revela o movimento e a natureza das energias que estão se aproximando do consulente.

O **nono** e último mundo, Asgard, oferece a solução, prevê o desenrolar dos eventos futuros ou aconselha a melhor maneira de o consulente proceder.

n. Os nove mundos de Yggdrasil — nove runas

Yggdrasil, a Árvore do Mundo da cosmologia nórdica, sustenta nove mundos de vibrações diferentes, que podem ser associados aos estados psicológicos do ser humano. Eles correspondem a **três níveis de consciência: superior** (supraconsciente), **mediano** (consciente) e **inferior** (sub ou inconsciente), que foram criados pela interação das duas forças primárias: o gelo e o fogo.

Para que se possa interpretar convenientemente a colocação das nove runas escolhidas dentro da estrutura nônupla de Yggdrasil, o leitor deverá ter um profundo conhecimento da simbologia dos mundos e das runas, combinando-as de modo coerente e eficaz, de acordo com a sua intuição e a sua prática. Somente a experiência pode ensinar como "sentir" as combinações certas, que não podem ser aprendidas pela memorização.

A figura abaixo reproduz a estrutura esquematizada dos nove mundos, que poderá ser reproduzida sobre uma cartolina para facilitar as leituras iniciais. Uma vez memorizados os nomes dos mundos e seus significados, a cartolina deverá ser descartada, principalmente no caso de conselheiros profissionais. A leitura se inicia com a análise de Niflheim, onde reside a raiz do problema ou a origem da questão, e podem ser obtidas informações sobre a infância, a vida intra-uterina ou as existências passadas do consulente. Segue-se a análise dos outros mundos e finaliza-se com uma visão sintética.

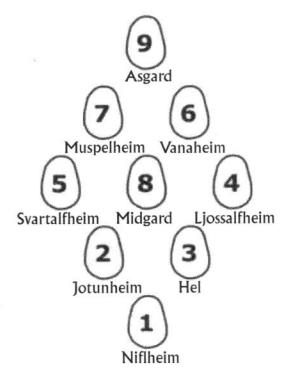

```
              9
            Asgard

         7        6
      Muspelheim Vanaheim

     5       8        4
  Svartalfheim Midgard Ljossalfheim

         2        3
      Jotunheim  Hel

              1
            Niflheim
```

Niflheim (mundo da névoa): as sombras do inconsciente. A origem dos conflitos, dos bloqueios e dos aspectos reprimidos e fragmentados.

Jötunheim (mundo dos gigantes): as forças primitivas e masculinas do inconsciente. Aspectos destrutivos, caóticos, violentos.

Hel (mundo subterrâneo e dos mortos): aspectos destrutivos femininos. O lado escuro e oculto da Lua. Bloqueios e amarras.

Ljossalfheim (ar): Mundo dos elfos. Cognição. Intelecto. Razão.

Svartalfheim (terra): Mundo dos anões. Sensação. Matéria. Manifestação.

Vanaheim (água): Mundo das divindades Vanir. Emoção. Sensibilidade. Inspiração.

Muspelheim (fogo): Mundo do fogo primordial. Intuição. Ação. Criatividade.

Midgard (plano humano): Mundo do meio. Personalidade. Ego consciente.

Asgard (plano divino): Mundo das divindades Æsir. Eu Superior. Espiritualidade. Expansão da consciência.

Em **Niflheim** encontra-se a origem do problema, a raiz da questão, a descrição da infância e suas conseqüências até o momento presente. Revela-se também o *wyrd* de outras encarnações.

Jötunheim e **Hel** representam o *animus* e a *anima*, os princípios masculino e feminino, expressos pelo comportamento dos pais e refletidos nos respectivos aspectos do próprio ser. Runas invertidas nessa posição mostram desequilíbrios em relação a esses princípios.

Enquanto os três primeiros planos descrevem aspectos do inconsciente, os próximos quatro lidam com as quatro funções básicas do ser humano, enunciadas por Jung (intuição, emoção, razão, sensação) e que serão analisados aos pares.

Ljossalfheim e **Svartalfheim** representam as funções opostas, porém complementares, do pensar (ar) e do sentir (terra); uma normalmente prevalece sobre a outra, conforme indicam as runas localizadas nesses planos. Os desequilíbrios indicados pela presença de Thurisaz, Isa e Naudhiz deverão ser corrigidos pelo uso mágico de Kenaz, Raidho ou Sowilo (para desbloquear e ativar).

Muspelheim e **Vanaheim** correspondem ao fogo e à água — elementos que correspondem à intuição e à emoção — e sua atuação no psiquismo humano. Representam as forças construtivas masculinas e femininas (externas e internas) que podem ser direcionadas para a integração e a cura do Ser.

Na leitura deve-se observar se as runas selecionadas estão compatíveis com os mundos no qual foram colocadas e a maneira como sua disposição influencia o plano de **Midgard** (do Ego e da personalidade). O ponto central da leitura será Midgard, pois para ele convergem todas as influências dos outros mundos.

No ponto mais alto situa-se **Asgard**, alinhada com Midgard e Niflheim, mas em uma oitava mais elevada. Asgard é a morada das divindades e simboliza o reino da realidade espiritual, que oferece orientação e inspiração de acordo com o significado da runa que ocupa essa posição.

Apesar da simbologia complexa desse arranjo (elaborado pela escritora Freya Aswynn), ele é extremamente eficiente e esclarecedor quanto à estrutura psíquica e às reações/ações/manifestações do ser humano. Pessoalmente, faço uso dele em todas as minhas leituras, pois é um excelente meio para definir a personalidade do consulente e adequar o aconselhamento ao seu perfil psicológico.

o. A fonte de Urdh — nove runas

Fazendo mais uma vez uso do significado dos nove mundos, este arranjo serve para identificar e elucidar a origem, a causa ou a raiz (fundamento) de um problema, doença ou crise, e as atitudes ou ações necessárias para sua solução ou cura.

As runas são colocadas e lidas conforme o esquema abaixo, mesmo que ele pareça caótico.

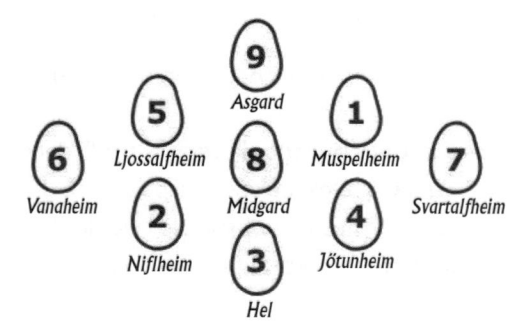

```
                    9
                 Asgard
         5                  1
      Ljossalfheim    8    Muspelheim
   6                Midgard             7
  Vanaheim   2                 4    Svartalfheim
          Niflheim       3    Jötunheim
                        Hel
```

O **primeiro** mundo é **Muspelheim**, onde estão os bloqueios e limitações da expressão ativa do Ser.

O **segundo** é **Niflheim**, oposto ao primeiro, mas relacionado a ele, responsável pelos aspectos psíquicos reprimidos ou não reconhecidos (raiva, medos).

O **terceiro** é **Hel**, sede das causas passadas (da infância, da vida intra-uterina) que deram origem à situação ou problema atual.

Jötunheim é o **quarto** mundo (abaixo de Muspelheim e oposto a Ljossalfheim), onde se localizam as forças contrárias e os agentes externos que contribuíram para criar o problema atual.

Ljossalfheim é o **quinto** mundo, oposto a Jötunheim e acima de Niflheim, que oferece o aprendizado decorrente da compreensão mental ou aceitação racional do problema.

O **sexto**, **Vanaheim**, ensina a corrigir o fluxo das "águas da vida" para restabelecer o equilíbrio e a cura, ou achar a solução.

Svartalfheim, o **sétimo**, oposto a Vanaheim, mostra como ativar e usar a força de vontade para integrar e alinhar todos os demais aspectos do Ser.

Midgard, o **oitavo** mundo, situado acima de Hel, descreve o resultado dos esforços, para onde eles estão conduzindo o consulente.

O **nono** e último mundo, **Asgard**, situa-se acima de Midgard e revela o aprendizado espiritual e a evolução da alma através dessas vivências e desafios.

p. O portal de Heimdall — onze runas

Usando a simbologia de Heimdall — o guardião de Bifrost, a Ponte do Arco-Íris, que separa o mundo visível (humano) do invisível (divino) —, este arranjo auxilia na definição de um problema e na tomada da decisão.

As onze runas são colocadas e lidas na ordem mostrada a seguir, como se fossem imagens que auxiliam ou dificultam a decisão.

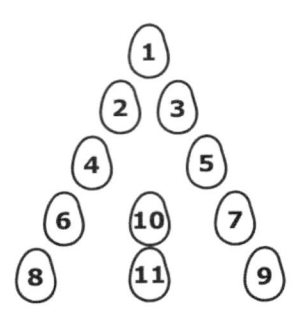

```
            1
          2   3
         4     5
       6   10    7
      8    11      9
```

A primeira runa, "O nome sobre o portal", indica o modo como o consulente percebe, sente ou avalia a situação ou o problema.

A segunda runa, "Espiar pelo buraco da fechadura", descreve a imagem ou a idéia que o consulente tem sobre aquilo que existe atrás da porta.

A terceira runa, "A tranca", mostra o obstáculo que deve ser superado.

A quarta runa, "A maçaneta", representa o auxílio ou os agentes facilitadores (internos ou externos) na solução do problema.

A quinta runa, "O empurrão para abrir a porta", simboliza a motivação ou a energia necessária para encontrar a solução ou a direção.

A sexta runa, "O guardião do portal", personifica aquilo que o consulente espera — ou teme — encontrar "atrás da porta" (depois de feita a escolha).

A sétima runa, "A senha", define qual o mérito ou o sacrifício necessário para poder solucionar o problema.

A oitava runa, "A porta falsa", alerta para a direção errada, os fatores ocultos, as armadilhas.

A nona runa, "A porta aberta", traz a definição da realidade (a verdade), a decisão certa.

A décima runa, "A chave que abre a fechadura", aponta para os meios necessários para superar as dificuldades (conselhos, orientação, modificação das atitudes ou das expectativas).

A décima primeira runa, "O caminho", revela o que acontecerá se o consulente atravessar o portal (o resultado).

q. A mandala de Odin — onze runas

Para situações complicadas, que afetam várias áreas da vida do consulente, esta jogada proporciona uma visão detalhada, oferece orientação e revela presságios que podem levar até seis meses para se concretizar.

Misturam-se as runas e escolhem-se depois onze que serão dispostas como na mandala a seguir, na página ao lado.

A **primeira** runa a ser interpretada é a da posição **11**, que revela a preocupação ou o problema do consulente. Em seguida analisam-se as runas **1, 2** e **10**, que representam as emoções, os pensamentos, as habilidades e as características do consulente. Seus significados deverão ser sintetizados e vistos em relação à runa **11**, que tem o maior peso na avaliação geral. Se a runa **10** for de natureza negativa e a **2**, positiva, a da posição **1** reforçará aquela que for compatível com sua própria natureza (positiva ou negativa). A combinação de runas positivas e negativas descreve o estado emocional do consulente e seus conflitos.

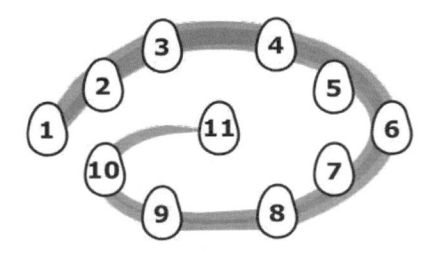

As runas das posições **5**, **6** e **7** representam as forças e oposições que desafiam ou dificultam os projetos do consulente. Elas também devem ser interpretadas em conjunto, sendo que a runa **6** tem um peso maior.

Se o problema do consulente é relativo à sua vida afetiva, à sua família ou a uma parceria, o primeiro conjunto de runas representa o consulente e o segundo, o cônjuge/parceiro, parente ou sócio.

Se em ambos os conjuntos a maioria das runas for negativa, as perspectivas não são promissoras. Se o primeiro conjunto for de natureza positiva e o segundo negativo, prevalecerá o significado do conjunto mais forte, associado ao significado da runa central. Caso contrário — o primeiro conjunto negativo e o segundo positivo —, as dificuldades se devem à insegurança, às dúvidas e aos medos do próprio consulente. Se o segundo conjunto tiver mais força do que o primeiro, soluções e circunstâncias favoráveis inesperadas vão auxiliar o consulente, mesmo se ele não se esforçar. Se ambos os conjuntos forem positivos, o sucesso está garantido.

As posições **3** e **4** devem ser interpretadas como um par e indicarão a evolução do assunto, o prognóstico do futuro próximo.

Também as runas **8** e **9** serão avaliadas como par e revelarão o futuro distante, o resultado a longo prazo. Dependendo da natureza das runas, poderá ser identificada a área das realizações ou dos fracassos.

r. A roda rúnica — treze runas

Parecido com uma mandala astrológica, esse arranjo permite a análise de doze setores da vida do consulente, representado pela décima terceira runa, colocada no centro. Cada setor tem vários significados e compete ao leitor escolher um — ou mais — que melhor se adapte à runa a ele associada.

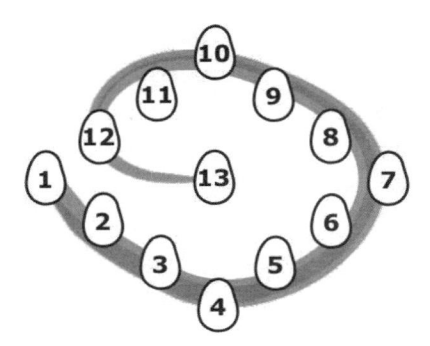

O **primeiro setor** define a personalidade e o temperamento do consulente, sua saúde e energia, seu estilo de vida, suas habilidades, interesses e seu comportamento em relação à situação presente.

O **segundo setor** analisa assuntos ou situações em movimento, como bens, vencimentos, ganhos ou perdas financeiras (por imperícia ou roubo), a capacidade de ganhar ou movimentar recursos.

O **terceiro setor** orienta sobre os meios de comunicação (verbal, escrita), os interesses intelectuais, as pequenas viagens e aprendizados decorrentes, os estudos e resultados, o relacionamento com irmãos, vizinhos, etc.

O **quarto setor** indica a árvore genealógica (materna), o lar, a herança ancestral, a casa e os assuntos a ela relacionados, as propriedades e os bens imóveis, a finalização de projetos, o meio ambiente, as tradições antigas.

O **quinto setor** rege as atividades artísticas, criativas e recreativas, os jogos, assuntos amorosos, a fertilidade (física, mental) e seus resultados (filhos, projetos e criações), os medos e aspirações do consulente, seus sucessos ou fracassos.

O **sexto setor** mostra o relacionamento do consulente com o mundo externo (trabalho, serviço obrigatório ou voluntário), as doenças, os obstáculos e impedimentos, os desafios e reajustes cármicos.

O **sétimo setor** pertence aos relacionamentos afetivos e profissionais (colaboração ou conflitos, controvérsias, litígios), às parcerias e suas conseqüências sobre a vida do consulente (expansão ou obstrução).

O **oitavo setor** rege os assuntos ligados à morte e ao além, como heranças, testamentos, comunicação com os mortos, sonhos, presságios, talentos ocultos, habilidades extra-sensoriais, doenças graves, obsessões, terapias xamânicas ou regressão de memória.

O **nono setor** aponta para as viagens longas (físicas, mentais, espirituais), os estudos profundos, a visão espiritual e filosófica, as aspirações elevadas e a busca da realização espiritual, os interesses na área da ciência, metafísica, filosofia, religião.

O **décimo setor** descreve a expressão do consulente no mundo (sua carreira, posição social, fama, reputação, realização pessoal ou profissional), a influência do pai, dos ancestrais ou de outras pessoas do sexo masculino, como chefes e dirigentes na realização de suas ambições.

O **décimo primeiro setor** se relaciona aos objetivos e atividades sociais, humanitárias ou filantrópicas, com a influência de amigos e organizações na realização dos ideais e das aspirações do consulente, bem como sua participação em projetos ecológicos e ambientais.

O **décimo segundo setor** revela as influências ocultas (inimigos, atuação de forças negativas, repercussões de vidas passadas), as dificuldades e doenças, os medos, bloqueios e aspectos psíquicos reprimidos, que requerem terapias do renascimento, regressão, resgate da alma, bioenergética, reprogramação neurolingüística ou psicanálise.

Devido à diversidade de significados e à complexidade da interpretação, recomenda-se esse método apenas aos praticantes que têm conhecimentos de astrologia e experiência na síntese de vários elementos; do contrário, a pessoa que faz a leitura pode se perder no emaranhado de símbolos, que, em vez de auxiliar, confundirão o consulente ou ele próprio. Para facilitar o aprendizado, pode-se desenhar em uma cartolina um círculo, dividido em 12 setores, e escrever em cada um deles o seu significado. Com a prática, pode-se dispensar esse apoio.

s. O arranjo dos Ættir — 24 runas

A ordem do alfabeto Futhark oferece um método tradicional para a leitura das runas, que são dispostas em três conjuntos, de oito runas cada, correspondendo aos três *Ættir*. As runas de cada *Ætt* atuam como indicadores das áreas da vida do consulente que ele precisa investigar. O **primeiro Ætt**, de Frey e Freyja, relaciona-se aos assuntos práticos e mundanos. O **segundo Ætt**, regido por Heimdall e Mordgud, é usado para os assuntos sentimentais, ao passo que o **terceiro Ætt,** de Tyr e Ziza, destina-se aos questionamentos espirituais.

Para facilitar a leitura, corte três círculos em cartolina branca ou nas cores verde, vermelha e azul. Em cada um deles, desenhe três círculos concêntricos: um interno, um mediano e um externo. Divida os círculos em oito setores, desenhando oito raios que saem do centro. No **círculo interno**, inscreva as runas de um *Ætt*, seguindo a ordem certa do Futhark. No **círculo externo**, coloque algumas palavras-chave associadas aos assuntos regidos por cada runa. No **círculo mediano** são colocadas oito runas, escolhidas pelo consulente ou pelo conselheiro. De acordo com a tônica da questão, use o *Ætt* correspondente ou todos os três, sucessivamente.

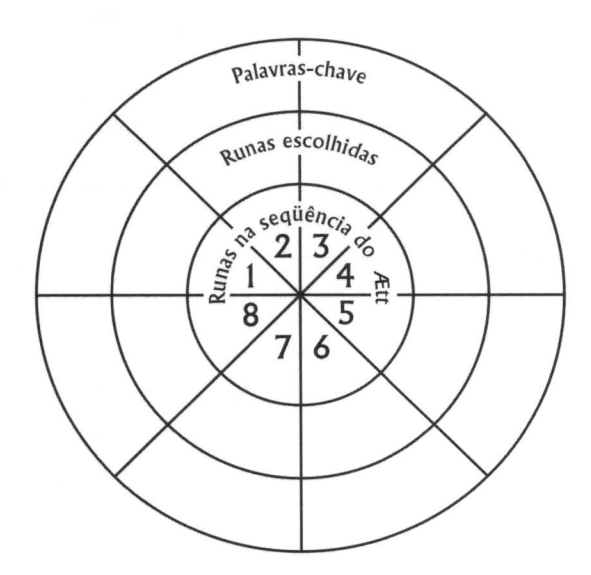

O primeiro *Ætt* refere-se aos **assuntos materiais**, mas ele pode ser adaptado para uma leitura mais profunda, no nível psicológico, que avalie os **recursos psíquicos** do consulente para solucionar sua vida material, bem como para remover bloqueios e padrões negativos que o impeçam de se realizar. Quanto mais se praticar esse tipo de interpretação, mais fácil ele se tornará, pois acaba por criar uma ressonância interior com a pessoa que faz a leitura. Leve em consideração os significados mais simples e básicos de cada runa, combinando-os com os do setor rúnico no qual ela está posicionada, da seguinte maneira:

Fehu: prosperidade, presente e futuro (bens e ganhos), sucesso, realizações.
Uruz: saúde, energia, resistência, força, tenacidade, manifestação.

Thurisaz: conflitos e problemas psicológicos (devidos à agressividade), libido.
Ansuz: comunicação, talentos, intelecto, ensino/aprendizado, inspiração, compreensão.
Raidho: o certo ou o errado, decisões, mudanças, viagens, movimento ou rigidez.
Kenaz: novos começos e oportunidades, entusiasmo, paixão, criatividade, fogo criador.
Gebo: relacionamentos, contratos, trocas, presentes, generosidade, doação/sacrifício.
Wunjo: desejos, ganhos, alegrias, harmonia (familiar, social, profissional).

À medida que o praticante progride nesse tipo de leitura, ele pode acrescentar novos significados, além dos já mencionados.

O **segundo** *Ætt* é destinado à avaliação das condições psicológicas do consulente, vistas de maneira simplificada ou mais complexa, de acordo com as indicações a seguir:

Hagalaz: forças incontroláveis do inconsciente, originadas no passado, crise, transformação.
Naudhiz: forças opressoras no inconsciente (medos, culpa, ansiedade), resistência, estresse.
Isa: bloqueios, apegos, sofrimentos, condicionamentos, rigidez, cristalização, frieza.
Jera: esperanças e expectativas, modificações gradativas, resultados de ações anteriores.
Eihwaz: as forças motrizes do inconsciente, motivação, propósito e disciplina consciente.
Peordh: talentos ocultos, habilidades psíquicas, o potencial criativo latente, o destino.
Algiz: o aspecto defensivo do inconsciente, influências protetoras, aspirações religiosas, conexão espiritual.
Sowilo: a capacidade de estabelecer contato entre o inconsciente e o Eu Superior, recebimento de orientação e direcionamento do Eu Superior, concretização.

O **terceiro** *Ætt* transcende os dois primeiros e rege os **relacionamentos** entre as pessoas. Enquanto o primeiro diz respeito ao mundo externo, o segundo diz respeito ao mundo interno e o terceiro *Ætt* sintetiza ambos os mundos, sendo que as runas têm significados duplos.

Teiwaz: iniciativas, atitudes de força e ação, liderança, autoridade, justiça, lealdade, vitória.
Berkano: fertilidade, maternidade, crescimento, vida familiar, mistérios femininos, mudanças.
Ehwaz: adaptabilidade, relacionamentos, cooperação, confiança mútua, sexualidade.
Mannaz: atitudes recíprocas (da pessoa ou dos outros), amigos e inimigos, intelectualidade, assuntos legais, ordem social, individualização.
Laguz: emoções, imaginação, assuntos psíquicos e afetivos, crescimento.
Ingwaz: expectativas, integração, complementação, herança genética, reprodução.
Othila: lar, pátria, herança espiritual, fundação, tradição, experiência, interação produtiva.
Dagaz: polaridades opostas (luz/sombra), equilíbrio entre os mundos, iniciação, consciência, transformação, novos começos, despertar e expansão espiritual.

Os significados que foram atribuídos às runas nesse tipo de leitura são muito resumidos e generalizados. O leitor poderá ampliar essa lista levando em conta outros atributos, com base em seu aprendizado e experiência. É necessário ter flexibilidade mental para equilibrar, de maneira harmoniosa e eficiente, os conhecimentos racionais com a percepção intuitiva. Obviamente, essa não é uma tarefa fácil para os principiantes; é necessário muito tempo de estudo e prática para poder "fluir" com segurança, ao usar esse rebuscado e amplo modelo para a leitura das runas. Exercícios preliminares são recomendáveis, como, por exemplo, olhar toda a seqüência de cada *Ætt* e fazer uma ligação entre os significados das runas, criando, assim, uma narrativa progressiva que inclua a todas. Um exercício semelhante é feito com as runas dos três *Ættir*, alinhadas verticalmente. Esse exercício abre novas possibilidades para se conhecer e assimilar os conceitos das runas de acordo com a perspectiva pessoal, que não pode ser aprendida nos livros, pois requer um "encontro" entre as runas do mundo exterior e as energias equivalentes do mundo interior do leitor. Esse procedimento desperta e ativa a ressonância energética entre os fluxos de *önd* do meio ambiente, do universo e da *psique* do indivíduo.

t. A mandala de Frigga

Usa-se esta técnica para o aconselhamento de casais, esclarecimento de questões e, ao mesmo tempo, orientação dos parceiros — que devem estar, ambos, presentes. São necessários dois conjuntos de runas, que serão lidas sobre uma toalha ou uma cartolina com o desenho de uma mandala que represente as 24 runas do alfabeto Futhark. Cada um dos parceiros deve misturar o seu conjunto de runas e depois tirar todas, uma de cada vez, sem olhar os símbolos, posicionando-as na mandala, em sentido horário. O conselheiro interpreta cada runa escolhida de acordo com o significado da runa que a "hospeda" e auxilia os parceiros a avaliar e resolver os conflitos ou as dificuldades representadas pelas suas runas em relação às runas do parceiro. Caso um dos parceiros não queira participar da leitura, o aconselhamento será dirigido apenas ao que estiver presente.

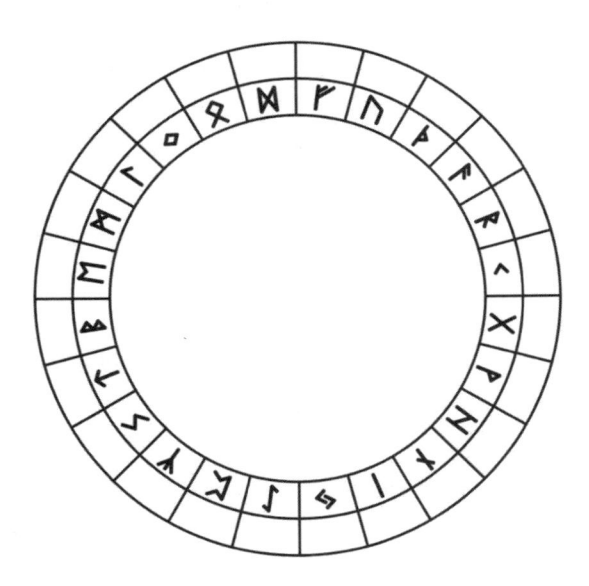

Para melhor compreensão, serão resumidos os significados rúnicos adaptados para essa técnica criada pela escritora Freya Aswynn, cuja eficiência já comprovei em minha prática oracular.

Fehu: as perspectivas financeiras do relacionamento e as atitudes dos parceiros em relação aos assuntos materiais, a distribuição entre "ganhos e gastos".

Uruz: os fatores que fortalecem e sustentam a relação, o empenho para o fortalecimento recíproco.

Thurisaz: a área dos conflitos, a batalha pelo poder, os "espinhos do cotidiano" em relação às questiúnculas e contratempos.

Ansuz: a comunicação, a facilidade (ou a dificuldade) em se expressar e ser compreendido, o uso construtivo ou destrutivo das palavras.

Raidho: os direitos e os deveres de cada parceiro na relação, o movimento — em conjunto ou individual.

Kenaz: a disponibilidade para aprenderem um com o outro, o empenho em manter viva "a chama" do relacionamento, o uso da criatividade para melhorar a relação.

Gebo: a doação e a recepção (de amor, tempo, energia, apoio), os "sacrifícios" — recíprocos ou unilaterais.

Wunjo: as alegrias, prazeres e diversões (gostos e idiossincrasias) do casal. Sintonias ou incompatibilidades dos parceiros, as semelhanças ou diferenças de ideais ou de valores.

Hagalaz: as forças ocultas que interferem na relação (experiências anteriores, interferências dos familiares ou de terceiros).

Naudhiz: necessidades (individuais, mútuas), dificuldades e restrições, egoísmo, possessividade, rigidez.

Isa: áreas "congeladas" (interesses ou objetivos que não são compartilhados, conceitos cristalizados, idéias preconcebidas)

Jera: influências mútuas a longo prazo, "colheita" (individual ou conjunta), distribuição de tarefas.

Eihwaz: adaptabilidade, colaboração, sexualidade (sintonia ou dificuldade), cooperação ou competição.

Peordh: aspectos psíquicos individuais que perturbam a relação, jogos de poder, manipulações, chantagem emocional, dificuldades sexuais.

Ehwaz: expectativas, a busca dos ideais, idealização e frustração.

Algiz: proteção e cuidados recíprocos, vulnerabilidade, suscetibilidade às influências.

Sowilo: desenvolvimento da personalidade (ou anulação) dentro do relacionamento, projeção (positiva ou negativa) do Eu.

Teiwaz: autoridade (exercício ou disputa), fortalecimento (individual ou recíproco), competição.

Berkano: fertilidade, assuntos familiares, educação dos filhos e as projeções pessoais em relação a eles, influência da família no relacionamento.

Mannaz: compatibilidade intelectual (ou ausência de), compreensão mútua, valores e propósitos comuns.

Laguz: afetuosidade, flexibilidade, sensibilidade, afinidade emocional, entrosamento.

Ingwaz: união e cumplicidade, integração (ou falta de), cooperação na criação dos filhos.

Othala: vida social, propriedades, heranças, lar, apego às tradições e valores ancestrais.

Dagaz: contribuições (ou impedimentos) de um dos parceiros na busca da realização espiritual do outro. Complementação dos opostos, "sintonia da alma".

Assim como no método anterior, esses significados também podem ser ampliados, de acordo com o progresso e prática do leitor.

Observação: As leituras da *Roda do Ano*, do *Arranjo dos Ættir* e da *Mandala de Frigga* restringem-se aos praticantes que utilizam apenas as 24 runas do Futhark Antigo. Aqueles que se sentem atraídos pelos sistemas com um número maior de runas poderão usar todas as outras leituras, principalmente as mais complexas.

O leitor terminará por desenvolver uma preferência por determinadas leituras; dificilmente lançará mão de todas. Porém, ele deverá experimentar todas elas, para ter condições de escolher aquelas cujo simbolismo se adapta melhor aos seus conhecimentos e perceber com quais delas sente mais afinidade.

CAPÍTULO VII

USO MÁGICO DAS RUNAS

PRINCÍPIOS E DEFINIÇÕES

"Se você entre todos quiser ser eleito
Com as runas da mente deverá lidar,
Ter uma alma limpa, ser correto e sábio,
Conhecer as runas primevas,
Que foram cantadas e gravadas
E no coração do mistério guardadas."

"Völsunga Saga"

Existem várias maneiras de definir a natureza essencial da magia. Aleister Crowley descreveu a magia como sendo "a arte de causar mudanças de acordo com a vontade". Dion Fortune reformulou esse conceito, afirmando que "magia é a arte de modificar o estado de consciência pela força da vontade". Independentemente da definição, o fator indispensável para aprender e praticar qualquer tipo de magia é o **controle da mente consciente pela força da vontade**.

A prática da magia é baseada na compreensão e no uso dos efeitos sincrônicos, atraindo ou direcionando fatores favoráveis, mas sem criar algo que não preexistia. Definindo de uma maneira simplificada, magia seria saber aproveitar uma chance (por menor que seja) e estar no lugar certo e na hora certa (ou evitar o lugar e a hora errada), criando assim as "coincidências" favoráveis ao mago.

A magia é um processo natural, que atua em níveis profundos, na essência das coisas e não na sua superfície ou forma. Quando praticada com conhecimento e eficiência, ela permite a manifestação dessa essência. Por isso, quando se deseja alcançar ou mudar algo, é imprescindível avaliar os motivos reais, básicos, para se querer essa mudança. Um verdadeiro mago jamais usa magia negativa ou destrutiva, pois ela diminui a força vital do alvo e, pelo fato de estarmos todos interligados, age também sobre a teia que nos liga, atingindo inexoravelmente aquele que iniciou o processo. Todos conhecem os ditados "*Quem com ferro fere, com ferro será ferido*" e "*Tudo aquilo que enviares voltará a ti triplicado*". O "castigo" não vem "de cima", nem "de baixo", mas é o resultado lógico e previsível das ações cometidas contra a ordem natural. Erros ocasionais trazem conseqüências a longo prazo; na magia não há atenuantes para a ignorância ou para "boas intenções mal colocadas".

A magia positiva é favorável à vida, ela insufla força vital em tudo aquilo que se pretende proteger, evitando o seu enfraquecimento ou deterioração. A magia de defesa não é negativa, ela não prejudica ninguém, mas reflete o mal de volta para o seu criador (ou transmissor), que só receberá de volta aquilo que ele mesmo criou ou manipulou. Da mesma maneira, a "amarração" de pessoas por meio da magia só deverá ser feita com seu consentimento e para beneficiar todos os envolvidos, realçando suas qualidades ou diminuindo seus aspectos negativos, jamais por interesses egoístas ou escusos.

Em qualquer operação mágica, deve-se refletir antes sobre todos os pormenores ou efeitos das escolhas e ações, pois, às vezes, resultados inesperados podem surgir devido a descuidos, precipitação ou falhas. É preciso também levar em conta as influências sobre o meio ambiente, tomando cuidado para evitar qualquer conseqüência negativa e afirmando sempre "Que seja para o bem do todo e de todos". E, acima de tudo, é preciso lembrar a antiga sabedoria nórdica contida nas advertências *"É melhor não pedir do que pedir demais"* e *"Um presente requer outro presente"*.

A Tradição Nórdica postula a unidade complementar das polaridades opostas: fogo/gelo, luz/sombra, dia/noite, calor/frio, homem/mulher, início/fim, matéria/espírito, ser humano/Natureza. Não existe uma dicotomia nem uma hegemonia, os pólos interagem em um perpétuo e dinâmico equilíbrio, sem que nenhum prevaleça ou domine o outro. Ela também ensina que, para viver em harmonia com o mundo, o homem deve buscar e encontrar seu próprio equilíbrio, conhecer, seguir e respeitar os ciclos e ritmos do universo e se empenhar para manter um convívio harmonioso com tudo que está a seu redor, para o bem de todos.

Vivemos em uma época em que os conceitos de "holismo", "natural" e "ecológico" estão sendo amplamente divulgados e discutidos. Porém, não bastam as palavras e as demonstrações *pro forma* da interdependência do homem com todos os níveis e seres da criação. É vital que se alcance — de fato — a integração do próprio Ser: corpo/mente/espírito. A verdadeira magia — da autotransformação — reside dentro do ser humano, tanto no nível individual quanto no coletivo.

O principal objetivo da Magia Rúnica (seja nórdica ou teutônica) é oferecer técnicas para realizar essa integração, recuperar a autenticidade ancestral do Ser e permitir a ascensão da alma, percorrendo os Nove Mundos até alcançar Asgard, morada da essência transcendental.

Se alguém se considerar "eleito entre todos" e quiser ter sucesso ao praticar a Magia Rúnica, essa pessoa **deverá** ter:

- Uma profunda compreensão do mundo, tanto do macro quanto do microcosmo (o complexo humano corpo–mente–espírito);
- Um amplo conhecimento da cosmologia nórdica e dos significados, atributos e correspondências rúnicas; somente após conhecer as "runas da mente" ele poderá passar para as práticas mágicas, depois de uma preparação.

Existem três grandes ramos mágicos no "tronco" da Tradição Nórdica. O primeiro é chamado ***Troth*** e representa a conexão do buscador com a tradição cultural e religiosa do passado ancestral. Isento de dogmas ou escrituras, o *Troth* aplica o conhecimento histórico, cultural e mitológico dos ancestrais na realidade contemporânea, na forma de rituais, comemorações e bênçãos realizadas nas épocas importantes da Roda do Ano, em cerimônias chamadas *Blot* e *Sumbel* (descritas no Capítulo VIII). Em um contexto religioso como o *Troth*, a magia favorece a conexão com os arquétipos divinos e a canalização dos seus atributos e poderes para fins ritualísticos ou cerimoniais.

O segundo ramo, central, é da magia **Galdr** (*Rune Galdor*), definida por Edred Thorsson como a "tecnologia mágica que remodela o mundo interno ou externo de acordo com a vontade do mago". Trata-se da magia rúnica por excelência, que utiliza os encantamentos verbais (*galdr songs*), as posturas (*stödhur*), a divinação rúnica e os talismãs e varetas com inscrições mágicas (*galdrastafir, galdramyndur* e *taufr*) para cura e proteção. Essas práticas serão detalhadas no Capítulo VIII.

O terceiro ramo, menos conhecido e pouco praticado atualmente (apesar de ter sido a fonte da sabedoria ancestral) é formado de **seidhr** (*seidr* ou *seith*) e **spæcraft**, técnicas xamânicas que usam estados alterados de consciência para facilitar a comunicação com espíritos, ancestrais ou outros, seres da Natureza (elfos, gnomos) e divindades. Apesar de não fazer uso direto das runas, as práticas de *seidhr* empregam vários sinais e símbolos mágicos junto com técnicas não-lingüísticas, que "falam" diretamente à mente inconsciente, evitando a interferência do consciente.

Diferentemente de *galdr magic* — que procura trazer à luz da consciência conceitos ou assuntos desconhecidos e ocultos (por meio das runas, canções, posturas, símbolos, rituais) —, os praticantes de *seidhr* mergulham nos reinos desconhecidos e misteriosos e — se precisarem e souberem — alteram a tessitura da teia cósmica de acordo com a sua vontade. A magia *seidhr* é exercida nos níveis psicofísicos denominados *lyke* (corpo), *hyde* (forma astral), *athem* (sopro) e *hamingja* (sorte), que serão descritos detalhadamente adiante. *Seidhr* utiliza-se de técnicas xamânicas como a viagem xamânica, a projeção astral e a metamorfose, seguidas — ou não — de adivinhação rúnica ou aconselhamento. Lança mão também de materiais e substâncias mágicas como ervas, poções, ungüentos e encantamentos. A magia xamânica será analisada no Capítulo VIII.

Ao longo dos séculos, indivíduos, seitas, escolas iniciáticas e organizações esotéricas usaram as tradições de *galdr, taufr* e *seidhr* isoladas ou combinadas. Da mesma maneira, o moderno aspirante a *vitki* (mago), *völva* (profetisa), *godhi/gythia* (sacerdotes), *seidhmadr/seidhkona, spámadr/spákona* (videntes), *runester* ou *erilaz* (mestre rúnico) poderá centrar-se em apenas uma técnica ou combinar várias. O importante é lembrar que a magia nórdica é eminentemente prática e centrada em valores transcendentais e ecológicos, respeita os ritmos e ciclos (universais, naturais, biológicos) e tem como objetivo mudar a mente consciente e inconsciente do indivíduo para alterar a tessitura do seu *wyrd*.

A ESTRUTURA PSICOFISICOESPIRITUAL DO SER HUMANO

> *"Três poderosos e amorosos Æsir*
> *Caminhavam na beira do mar,*
> *Lá encontraram Askr e Embla*
> *Inanimados, sem forma ou destino.*
> *Não possuíam sopro vital, nem alma, nem imaginação.*
> *Seus corpos eram inertes, sem nenhuma expressão.*
> *Woden lhes soprou a vida e o vigor,*
> *Hoenir conferiu-lhes a consciência*
> *E Lodhur deu-lhes cor e movimentação."*
>
> **"Völuspa"**, *stanza 8*

Os versos citados descrevem de maneira vívida a criação do primeiro casal humano pela tríade divina Woden, Hoenir e Lodhur, respectivamente Odin, Vili e Vé. Eles modelaram dois troncos de árvores, um teixo (*ash*) e um olmo (*elm*), formando um homem — Askr — e uma mulher — Embla.

É muito significativo o fato de que os deuses usaram árvores (seres vivos antigos) como matéria-prima para criar o ser humano e não um substrato inerte como o barro. Mesmo assim, faltava-lhes o sopro vital (*athem*), a consciência (*ödhr*), a forma física e os movimentos que lhes foram concedidos pela tríplice manifestação divina.

Segundo a tradição nórdica, o ser humano é formado por uma rede complexa de campos vibratórios (níveis energéticos ou "almas"), provenientes de vidas passadas. Após a morte do corpo físico, esses campos preexistentes continuam existindo, fornecendo o substrato para novas encarnações, dando origem a um novo ser, no tempo e no lugar adequados.

Nas línguas nórdicas arcaicas, existiam muitos termos que designavam os diferentes aspectos do corpo e da alma. Isso revela que os povos antigos tinham um profundo e sofisticado conhecimento da psicologia humana, compatível com os conceitos conhecidos na atualidade.

Tanto a alma (ou a psique), quanto o cosmo (ou o mundo) eram interpretados simbolicamente como sendo árvores. Em vários poemas, os seres humanos são chamados de "árvores" (os guerreiros eram denominados de "carvalhos das batalhas").

Os conceitos cosmológicos nórdicos enfatizam os elos existentes entre a alma e o cosmo; se o mundo interno for bem explorado e amplamente compreendido, novas portas poderão ser abertas para a investigação dos outros mundos. Os portais que interligam esses mundos — ou níveis cósmicos — são formados pelas runas. Por serem confeccionadas em madeira, as runas são o elo simbólico entre a árvore da alma e a Árvore dos Mundos (representada por Yggdrasil).

Para que o candidato a *vitki* ou *völva* e mago *seidhr* ou *spá* possa adquirir o conhecimento e a prática necessários para lidar com as possibilidades e os desafios da magia nórdica, ele deve conhecer, identificar e distinguir as formas e funções de cada um dos componentes da alma, segundo a terminologia e seus significados arcaicos. Apesar de não existirem termos equivalentes na língua portuguesa, vou descrever, de maneira compreensível, os aspectos tradicionais das múltiplas "almas" (*souls*). É importante lembrar que os nórdicos não postulavam uma dicotomia corpo–espírito, noção introduzida pelo cristianismo; pelo contrário, eles acreditavam na existência de uma complexa estrutura psicofisicoespiritual (mente–corpo–espírito).

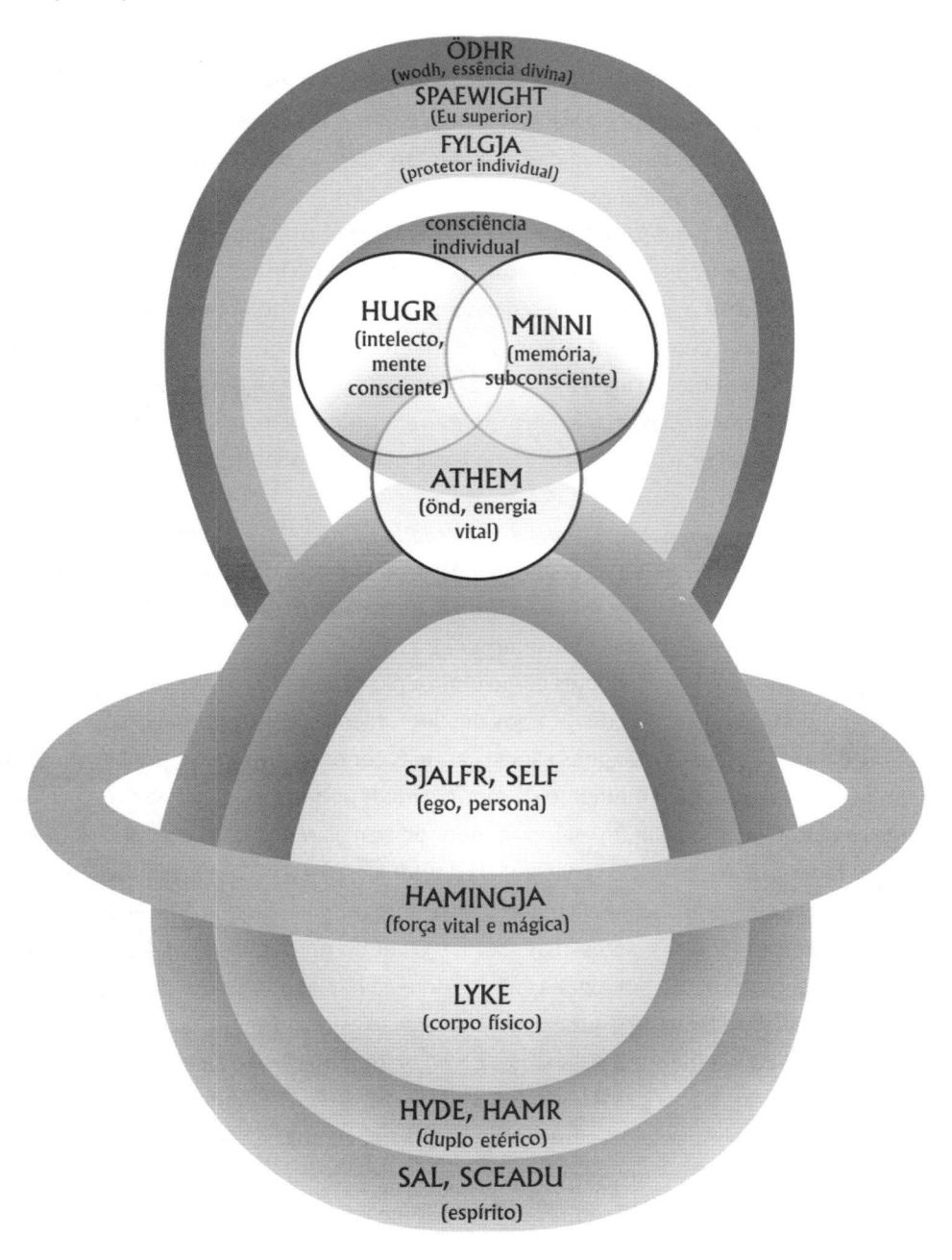

ÖDHR (wodh, essência divina)
SPAEWIGHT (Eu superior)
FYLGJA (protetor individual)
consciência individual
HUGR (intelecto, mente consciente)
MINNI (memória, subconsciente)
ATHEM (önd, energia vital)
SJALFR, SELF (ego, persona)
HAMINGJA (força vital e mágica)
LYKE (corpo físico)
HYDE, HAMR (duplo etérico)
SAL, SCEADU (espírito)

A representação esquematizada acima enumera os campos vibratórios utilizados na magia rúnica. São eles: o corpo físico (*lyke*), o corpo astral ou duplo etérico (*hamr*), o self (*ek, sjalfr*), a consciência composta pelo intelecto (*hugr*) e a memória (*minni*), o sopro vital (*athem, önd*), o protetor individual (*fylgja*), a sorte (*hamingja*), o Eu Superior, a essência ou centelha divina (*ödhr, wode*) e o espírito (*sal*).

Seguindo essa classificação — que, no entanto, não representa um esquema linear, mas camadas vibratórias multidimensionais que se interpenetram e interligam —, serão descritos aspectos específicos de cada nível.

1. **Corpo físico** (*lyke, lich, likhama*): é o veículo que agrega a maioria dos outros corpos; ele representa o portal pelo qual a mente exerce a vontade e o espírito aprende pelas vivências. O corpo não é antagônico ao espírito, pelo contrário, é o meio que lhe permite viver em Midgard (a morada da humanidade). Ele é formado da matéria orgânica planetária e visto como a "roupagem da consciência".

   No mito da criação, o deus Lodhur deu ao casal humano a aparência (*lá*), os movimentos (*læti*), a saúde e a cor (*litr*), dádivas que definem o corpo físico, permitem que ele funcione eficientemente e interaja com o meio ambiente. Quando ocorre a morte, *lyke* pára de funcionar e seus componentes físicos retornam à Natureza (terra, água, ar), servindo de substrato para outras formas de vida (vermes, plantas, algas, crustáceos, aves de rapina, animais). Alguns dos aspectos sutis sobrevivem (principalmente se forem desenvolvidos durante a existência física), bem como a sua herança genética, por meio dos descendentes.

2. **Corpo astral ou duplo etérico** (*hamr, hide, sceadu hama*): é o envoltório sutil do corpo físico que reproduz sua forma e o separa do nível espiritual. Citado também em várias outras tradições e confirmado pelas fotografias Kirlian, é formado por uma energia sutil (denominada ectoplasma pelos espíritas) que interpenetra o corpo físico, reproduzindo sua forma e sendo percebido pelos clarividentes como um "duplo radiante" ao redor do corpo.

   O *hamr* pode se distanciar de *lyke* nos desdobramentos e projeções astrais, no *shapeshifting* ou nas bilocações e viagens xamânicas, mas continua preso a ele por um cordão de energia sutil, prateada. No momento da morte o *hamr* pode se deslocar, ser visto pelos videntes e permanecer por algum tempo ao redor dos familiares ou da sua antiga moradia como um "fantasma" (o chamado "encosto" da doutrina espírita) ou *draugar* ("morto-vivo").

   Hamr pode ser controlado pela mente consciente (*hugr*) e modificado — para assumir formas diferentes (animais, seres imaginários). O termo norueguês *ham* significa "forma" ou "pele" e é interpretado por alguns autores como a habilidade da metamorfose xamânica (*hamfarir* ou *shapeshifting*), ou seja, a manifestação astral do xamã (ou dos deuses Odin, Freyja, Frigga, Loki) em forma de animais como urso, lobo, águia, serpente, égua, porca, lebre, javali, falcão, cisne, salmão. No folclore nórdico, existem vários relatos verídicos e inúmeras lendas sobre as bilocações de famosos xamãs e suas metamorfoses.

3. **Self ou ego** (*ek, sjalfr*): é um termo muito usado atualmente, mas pouco compreendido devido à sua complexidade. Pode ser definido como o "cerne do indivíduo", que se fortalece e se expande por meio das ações externas e das experiências interiores. É ligado ao nome real da pessoa ou às suas *personas* mágicas, entidades astrais do mesmo sexo forjadas pelo mago, intencionalmente, para serem usadas durante certas operações mágicas e assim proteger o verdadeiro Self. Cada uma dessas *personas* tem um nome diferente, possui uma parcela do complexo psicofísico e pode ser evocada pelos magos experientes por meio de uma "fórmula" adequada.

4. **Consciência individual** ou **personalidade**: é constituída por dois componentes que foram interpretados e nomeados de maneira variada por diversas culturas, correntes esotéricas ou escolas iniciáticas. Cito alguns nomes específicos como: corpo intelectual e mental (no hinduísmo), *id* e ego (psicologia freudiana), consciente e inconsciente (Jung), cérebro direito e esquerdo (esoterismo científico).

   Os nórdicos personificaram essas duas funções nos corvos Huginn e Muninn, os mensageiros de Odin, e lhes deram o nome de ***hugr*** (pensamento) e ***minni*** (memória).

   Hugr, hugh, hyge: é a parte intelectual, analítica da mente humana, que engloba também a vontade. É associada às qualidades do hemisfério esquerdo do cérebro: dedução lógica, raciocínio, análise, discernimento. *Hugr* se expressa por meio das percepções e interpretações da mente consciente.

   O guardião de *hugr* é a *fylgja* (ou *fetch*), um espírito acompanhante com forma humana, animal ou abstrata, que segue ou antecede seu "amo". O verbo *folgjan* (inglês arcaico) significa "seguir, acompanhar, pertencer", descrevendo assim as características da *fylgja*, sempre presente durante toda a vida, mas vista somente pelos clarividentes. Podemos interpretar a *fylgja* como um ser luminoso agregado a todos os indivíduos e que guarda a totalidade das suas ações passadas. A sua forma reflete as características do indivíduo ou o seu estado psíquico momentâneo.

   Nas sagas nórdicas são mencionadas apenas *fylgjur* com formas humanas femininas agregadas aos homens, equivalentes às Valquírias ("amantes" ou protetoras dos guerreiros escolhidos), às Donzelas-Cisne ou às *Spirit-wives* ("parceiras espirituais") dos xamãs (que aparecem ora como mulheres reais, ora metamorfoseadas em cisnes, focas ou pássaros). É fácil perceber a interpretação tendenciosa dos historiadores do sexo masculino, que atribuem essas protetoras apenas aos protegidos do sexo masculino e lhes dá uma conotação sexual. Alguns estudiosos equiparam esses acompanhantes com formas humanas aos *spæwights* (equivalentes do Eu Superior ou Anjo Guardião), atribuindo à *fylgja* apenas a apresentação animal.

   Atualmente podemos fazer um paralelo entre a *fylgja* e o conceito junguiano de *anima* e *animus* e, nesse caso, fazer uma diferenciação entre *fylgju-kona* (protetora do homem, com formas femininas) e *fylgju-madr* (protetora da mulher, com aspecto masculino). Acredita-se que a *fylgja* seja o repositório de todas as ações prévias da pessoa. Ela passa a vida toda ligada a ela e se afasta no momento da morte, podendo se ligar posteriormente a outro ser da mesma família, junto com a *hamingja*.

   Minni, myne, munr ou ***gemynd***: é a parte reflexiva da mente, em que residem as memórias ancestrais e as lembranças da vida atual do indivíduo. Ela representa os atributos do hemisfério direito do cérebro como emoção, sensibilidade, intuição, imaginação e as funções do subconsciente, incluindo a memória.

   Hugr e *minni* precisam trabalhar juntos e de modo harmonioso para assegurar a integração da consciência individual; a combinação dos dois forma a inteligência.

   Minni fornece um vasto e significativo material a ser elaborado pelo *hugr*; mas somente o trabalho conjunto oferece as respostas e as soluções para os problemas cotidianos. Quando ocorre uma cisão ou dissociação entre essas funções, a personalidade se fragmenta e surgem distúrbios psíquicos.

As ancestrais femininas — Disir ou Idises — eram consideradas as guardiãs de *minni*. Uma das suas personificações (geralmente ligada às matriarcas do clã) é a *Kinfylgja*, que podia ser invocada para ajudar na recuperação das memórias perdidas (fossem elas individuais, do inconsciente coletivo ou herdadas dos antepassados). Os espíritos ancestrais masculinos — chamados Dokkalfar — regiam os assuntos relativos a bens, prosperidades e problemas materiais, assim como eram mestres nas artes mágicas.

O maior objetivo do *vitki*, da *völva*, dos magos *seidhr* e *spá* é poder beber das fontes de sabedoria de Mimir e Saga, onde estão guardadas todas as memórias, tradições e conhecimentos antigos.

5. **Athem, önd**: representa o sopro vital, a primeira inspiração que inicia a vida (a última expiração anuncia a morte). Concedido ao casal humano por Odin, o *athem* simboliza a energia vital todo-abrangente que sustenta a vida. Ela mantém unidos o corpo físico e a alma e liga o plano material ao espiritual.

O termo *athem* é semelhante à palavra sânscrita *atma*, que designa o espírito e equivale ao conceito hindu do *prana* (idêntico ao *mana* polinésio ou ao *axé* ioruba). *Önd* existe no meio ambiente e é absorvido pelo ato da respiração; ele fornece ao corpo a energia necessária para metabolizar os alimentos, de cuja combustão resulta o calor vital. Esse "fogo interior" (chamado *seith-fyr*) obtido da energia solar e do *önd* ambiental pode ser incrementado por meio de práticas mágicas e sexuais e canalizado para a regeneração e elevação espiritual. A absorção de *önd* é indispensável para aumentar o poder pessoal (*mægin*), que irá proporcionar resistência, determinação, perseverança e disciplina, premissas básicas e indispensáveis para o treinamento mágico. Após a morte do corpo físico, o *önd* retorna à Natureza, de onde é aproveitado pelos outros seres vivos.

6. **Hamingja**: é um conceito complexo e bastante difícil de transpor para a nomenclatura moderna. Origina-se no termo *hamr* e, separado em duas sílabas — *ham-gengja* — é traduzido como "aquele que assume outra forma". Simboliza um campo energético pessoal, imbuído do poder mágico herdado de vidas passadas e influenciado pelas ações da vida presente. *Hamingja* define a energia que dá vida e fortalece o corpo astral (*hamr*), sendo uma combinação entre a força vital e o poder espiritual e mágico. Ela pode ser visualizada como uma aura flamejante que aumenta por meio de respirações profundas. Nas práticas mágicas ela serve para impregnar objetos com poder ou para criar uma conexão entre os objetos e as pessoas. Com símbolos antropomórficos, ela é descrita como sendo formada por três componentes: a "sorte" (o poder pessoal), o espírito guardião (responsável pela "sorte") e a capacidade de metamorfose (*hamrammr*, que era seu significado original). Existe uma inter-relação entre *hamingja* e *fylgja*, pois ambas se abastecem mutuamente com poder.

Devido a essa conexão, alguns autores as confundem ou as consideram como sendo a mesma coisa. Porém *hamingja* é o reservatório da energia vital e mágica, ligada à habilidade da metamorfose por ser a própria essência de *hamr* (corpo etérico).

Sabe-se que ela pode ser transferida temporariamente de uma pessoa para outra, pois há relatos sobre reis nórdicos que "emprestavam" sua sorte para seus campeões ou mensageiros. Para fixar seus efeitos ela precisa ser ligada à *fylgja*, formando assim um conjunto harmonioso. Nas curas, o curador transfere parcelas da sua *hamingja* para o doente e depois a repõe, extraindo-a da Natureza.

A *hamingja* pessoal pode aumentar com atos de coragem e procedimentos mágicos. Quando é drenada em rituais ou magias, ela tem de ser reposta. Com essa finalidade os antigos magos nórdicos criavam "depósitos" de força fora do corpo, nos quais se abasteciam quando necessário. Além de procurar aumentar e armazenar sua *hamingja* pessoal, o *vitki* deve saber reconhecer e atrair a energia especial contida em lugares de poder e nas coisas "estranhas" da Natureza, como por exemplo, um galho de árvore que cresceu torcido em espiral, uma pedra furada naturalmente, raízes e galhos entrelaçados, a casca de árvores calcinadas por raios e nos locais com forte *önd,* como os círculos de menires, o topo de montanhas, as florestas antigas, grutas, cachoeiras, locais à beira-mar.

7. **O Eu Superior**: não é citado nas antigas fontes nórdicas, apesar de ser um conceito presente na atualidade em vários livros esotéricos. A escritora Diana Paxson propõe o seu reconhecimento dentro da Tradição Nórdica como um componente mais elevado da consciência pessoal, equiparado com o termo freudiano de "superego". Segundo Diana, o Eu Superior seria um aspecto psíquico cuja elevada freqüência vibratória permitiria a fusão com um arquétipo divino; ele é reconhecido como um brilho e magnetismo extraordinário que irradia das pessoas que alcançaram a iluminação. Nestas, a *persona* divina torna-se o cerne da personalidade comum, que une os fragmentos das personalidades ou almas de outras encarnações por intermédio do Eu Superior.

   Na mitologia nórdica, o equivalente ao Eu superior ou Anjo da Guarda era denominado *spæ-dis* (feminino) ou *spæ-alf* (masculino), que representava o vínculo entre a consciência humana e as divindades e personificava o *wyrd* pessoal. Essa "entidade" (*spæwight*) era considerada o "amante espiritual" ideal, que os seres humanos aspiram "desposar", ou seja, unir-se a ele em uma fusão alquímica. Devido à dificuldade de assimilar esse conceito (descrito em várias sagas nórdicas), escritores contemporâneos os confundem com a manifestação da *fylgja*. No entanto, existe uma diferença marcante: a *fylgja* apresenta-se na maior parte das vezes com formas animais, enquanto *spæwight* é sempre humano, de sexo oposto ao indivíduo e aparece a uma certa distância dele. O processo de unir-se ao *spæwight* é árduo e demorado e representa o próprio processo de desenvolvimento espiritual do noviço, até tornar-se um iniciado. Para favorecer a união, o aspirante deve agir com honestidade, lealdade e nobreza de caráter, pois qualquer ato infame ou atitude incorreta em relação aos outros enfraquece ou desfaz a conexão com o *spæwight*.

8. **A "centelha" (essência) divina** (*ödhr, wode, wodh*): é o "gene espiritual", a semente de luz "implantada" no ser humano pelas divindades e que constitui o elo de ligação entre o plano humano e o divino. É o aspecto onisciente, todo-poderoso, invisível e imortal do Ser, a fonte secreta de percepção e consciência, a sintonia sutil com o divino.

   No mito nórdico da criação, *ödhr* foi conferido ao casal Askr e Embla por Hoenir, uma figura misteriosa, conhecida como companheiro de aventuras de Odin e Loki. No armistício que pôs fim à guerra entre os clãs dos Æsir e Vanir, Hoenir foi entregue como refém aos Vanir junto com Mimir. Apesar de ter fama de sábio, Hoenir só falava quando aconselhado por Mimir. Enfurecidos com o seu silêncio, os Vanir cortaram a cabeça de Mimir e a enviaram para Asgard. Odin preservou a cabeça com ervas e encantamentos rúnicos e dela recebia conselhos quando necessário. A atitude dos deuses Vanir é inexplicável, principalmente porque Hoenir era conhecido como o sábio doador de *ödhr* ao casal humano;

sabe-se também que ele ressuscita após o Ragnarök e torna-se o "Mestre das Runas" (atributo específico de Odin). Para compreendermos o enigma aparente do mito devemos analisar os significados ocultos dos nomes de Hoenir e Mimir. Quando percebemos que, embutidos nesses nomes, estão os termos *hugr* e *minni*, simbolizando Huginn e Muninn — os corvos mensageiros de Odin —, é fácil perceber que, na realidade, a tríade de deuses é uma alegoria dos atributos legados à humanidade por Odin. Hoenir (ou Vili) representava o estado elevado de consciência, o silêncio da realização interior, a experiência difícil de descrever com palavras, mas que é acompanhada pela sabedoria simbolizada por Mimir.

Ödhr assim como *önd* são processos energéticos dinâmicos que existem além do tempo e do espaço, eternamente presentes e ao nosso alcance. *Ödhr* é uma habilidade inata do ser humano, recebida como dom divino; todavia não é vivenciada, nem ao menos reconhecida pela maior parte da humanidade, que só vive parcialmente "consciente". Quando o ser consegue ir além dos limites da consciência cotidiana, ele alcança um estado transcendental de expansão, ampla percepção e compreensão. Nesse estado o "iluminado" pode curar, reverter o mal, acalmar tempestades, remover amarras, realizar transmutações e "milagres".

9. **O espírito** *(sal)*: evidenciando-se somente após a morte física, é semelhante a uma "sombra", o que deu origem ao seu outro nome — *sceadu, shadow*. Durante a vida física, nesse campo vibratório sutil são registradas as ações do indivíduo e seus aspectos ocultos que se manifestam após a desintegração do corpo. Segundo o escrito Edred Thorsson esse campo assemelha-se ao conceito junguiano de "sombra", na qual residem aspectos não-manifestos da psique.

Por mais intrincada e complexa que seja a estrutura dos campos vibratórios do ser humano, é imprescindível que o aspirante a *vitki* conheça essa "anatomia" psicofisicoespiritual da Tradição Nórdica. Sem precisar decorar nomes e definições, é importante que o iniciado se familiarize com os conceitos e funções desses nove níveis energéticos e aprenda a diferenciá-los. Assim ele poderá perceber os sinais enviados por eles e direcionar seus atributos em rituais e operações mágicas.

Aqueles que conhecem os princípios básicos da psicologia junguiana percebem facilmente algumas semelhanças com os conceitos nórdicos. Além da "sombra", as funções do complexo *hamingja-fylgja* podem ser vistas como o casamento alquímico entre o indivíduo e sua *anima* ou *animus* (a contraparte feminina ou masculina do ser) e o inconsciente coletivo como o equivalente do *minni* e dos mistérios ensinados pelo corvo Muninn.

Para que o aprendiz se torne um verdadeiro iniciado, ele deve se dedicar ao estudo pelo tempo necessário para que possa aprofundar o seu aprendizado e amadurecer o seu conhecimento teórico antes de obter resultados práticos. O compromisso, a dedicação, a disciplina, a perseverança, a lealdade e o respeito são condições inerentes à preparação do iniciado. Porém, uma vez abertas as portas mágicas das runas, a sua força irá se manifestar, impregnando a vida do buscador com inspiração, abundância e poder, e recompensando-o pelos esforços e sacrifícios realizados.

PREPARAÇÃO MAGÍSTICA INDIVIDUAL

A premissa básica de qualquer trabalho mágico são o autoconhecimento e a aceitação — de maneira clara, objetiva e honesta — das próprias qualidades e limitações, dos pontos pessoais de força e vulnerabilidade. Feita essa avaliação, o aspirante a *vitki* ou praticante de *seidhr* e *spæ* deve lançar mão de todos os recursos disponíveis para aprimorar o controle mental e emocional, fortalecer a vontade e desenvolver magnetismo e potencial mágico.

Atualmente existem à disposição dos buscadores inúmeros livros que ensinam exercícios e métodos especiais para atingir esses objetivos. Por isso vou mencionar somente as práticas específicas da tradição rúnica, deixando a critério do praticante os demais tipos de preparação.

RECOMENDAÇÕES RELACIONADAS AO CORPO FÍSICO

Para realizar um trabalho mágico eficiente, o praticante deve ter uma boa constituição e resistência físicas; a debilidade, a exaustão, a tensão e a falta de energia vital afetam o desempenho do mago e facilitam o surgimento de distúrbios e vampirizações.

Algumas horas antes de iniciar um trabalho mágico ou ritualístico, convém fazer uma refeição leve, à base de cereais e frutas frescas ou secas, e alguns alongamentos e exercícios respiratórios. Ao terminar a prática mágica, recomenda-se reabastecer o corpo com energia por meio de alimentos, bebidas quentes (chás com gengibre e especiarias), relaxamento e repouso.

Os antigos magos nórdicos tinham um corpo forte e também mente e espírito fortes. Por causa das condições climáticas rigorosas em que viviam a maior parte do ano e para superar o frio interno, sua alimentação era calórica e constituída basicamente de carne (caça, gado, porcos), peixes, laticínios, cereais, nozes e, no verão, frutas e cogumelos silvestres. Isso não significa que os candidatos atuais a magos devam ter uma alimentação semelhante ou adotar hábitos e costumes nórdicos. Não há nenhuma restrição quanto ao vegetarianismo, o que importa é o equilíbrio físico, mental, emocional e espiritual. Porém, os magos vegetarianos devem ter uma dieta balanceada em proteínas (soja texturizada, farinha e leite de soja, tofu, feijões diversos, queijo, nozes, castanhas), carboidratos (cereais, tubérculos, frutas) verduras frescas e minerais (principalmente ferro e zinco). Para realizar um trabalho mágico eficiente, os praticantes devem aumentar o seu *mægin* (poder) pessoal com exercícios físicos e respiratórios, práticas de meditação, alimentação equilibrada e uma maneira saudável de viver em contato com a Natureza. Somente assim irão dispor da resistência e força necessárias para manipular energias.

Embora os povos nórdicos normalmente ingerissem uma grande quantidade de bebidas alcoólicas, eles *jamais* faziam isso antes ou durante os rituais de magia *galdr*, *seidhr* ou *spae*. Elas eram reservadas para os brindes cerimoniais dos festivais *Blot* e *Sumbel*.

Com exceção do cogumelo *Amanita muscaria* (extremamente tóxico), não se encontram referências sobre o uso de outras substâncias alucinógenas; mesmo este era ingerido apenas em ocasiões especiais, sob a orientação e supervisão de experientes mestres xamãs, nos rituais de cura das tribos siberianas e dos nativos sami. Pessoalmente desaconselho o uso de qualquer coisa que altere o estado de consciência e exponha o "viajante" ao contato ou confronto com seres dos misteriosos — e às vezes perigosos — mundos de Yggdrasil. Por mais que os modismos e escapismos atuais propalem e enalteçam os benefícios e milagres dos diversos "chás" e "plantas de poder" para ampliar a percepção e "expandir a consciência", o único meio seguro, eficaz e comprovado para aumentar o poder mágico é o treinamento continuo e disciplinado do corpo, da vontade e da mente.

Entre alguns métodos preparatórios valiosos estão o banho de ervas, o toque dos chakras com óleos essenciais específicos, os exercícios respiratórios, as posturas (*stödhur*), os sons mântricos (*galdrar*), os exercícios de concentração e visualização e a meditação.

Uma antiga pratica nórdica para concentrar o *önd* pessoal recomenda escovar os cabelos secos (limpos e enxaguados com infusões de ervas) com uma escova de crina de cavalo até que eles faísquem.

A preparação do corpo físico para o trabalho mágico requer relaxamento, exercícios respiratórios e banhos — de purificação e harmonização.

O método mais simples e rápido para relaxar consiste em contrair e depois relaxar todos os músculos do corpo, dos pés até a cabeça, incluindo o rosto e o couro cabeludo. No início convém praticar o relaxamento deitado ou sentado, associando a ele, depois, uma frase ou palavra-chave. Com a prática diária será possível relaxar em qualquer situação (no trabalho, no trânsito, antes do ritual). Bastará pronunciar a "senha" para que o corpo obedeça a esse condicionamento.

Os exercícios respiratórios reforçam o estado de relaxamento, além de abastecer o corpo com *önd* que aumenta o *mægin* (poder) pessoal. Antes de começá-los, convém invocar as energias do céu e da terra, para que energizem e nutram seu corpo. A invocação pode ser genérica ou específica (por exemplo, para Thor, o deus da força física e Fjorgyn ou Jord, sua mãe e Senhora da Terra), para fortalecer seu corpo. Visualize essas energias fluindo para você e dispersando qualquer estagnação ou sobrecarga negativa. Em seguida, comece a respirar profundamente. A respiração profunda faz parte de qualquer técnica de meditação, pois auxilia a regularizar a pulsação, diminui as tensões musculares e aquieta a mente. O ato de respirar é um dom doado ao ser humano por Odin, que lhe conferiu o *athem,* ou o sopro de vida, e a capacidade de absorver *önd* (equivalente do prana hindu).

Os *pranaiamas* da *ioga* podem ser utilizados por aqueles que os conhecem, mas uma forma mais simples para aprofundar a respiração consiste em expandir e contrair o abdômen ao inspirar e expirar (pelo nariz), seguindo uma contagem regular e firme. Para deixar a respiração ritmada, siga a mesma contagem para inspirar, reter o ar nos pulmões, expirar e manter o pulmão vazio. Você também pode simplesmente prolongar a expiração por um tempo maior (o dobro) do que a inspiração.

É preciso ter cuidado com os exageros ("mais não é melhor") para evitar a hiperventilação e a tontura que ela provoca. O ideal é praticar diariamente um pouco, concentrando-se na absorção de *önd* durante a inspiração, na eliminação da tensão e das preocupações durante a expiração e na respiração abdominal.

Os banhos de desimpregnação fluídica auxiliam na remoção dos resíduos energéticos negativos absorvidos dos ambientes e das pessoas ou resultantes dos próprios processos e conflitos internos. O mais simples consiste em misturar uma colher de sopa de sal marinho a um litro de água e despejá-la sobre todo o corpo (incluindo a cabeça) após o banho habitual.

Pode-se acrescentar a essa receita simples outros ingredientes, como uma colher de álcool canforado ou de vinagre de maçã e nove gotas de uma essência que corresponda ao seu signo ou ao arquétipo divino que será invocado durante o ritual. Após alguns minutos pode-se — ou não — enxaguar o corpo com a água do chuveiro. Caso você tenha absorvido energias muito densas, convém tomar um banho composto de várias ervas em infusão (folhas de arruda, manjericão, sálvia, tomilho, eucalipto, pinheiro), e espalhar alguns pedaços de carvão vegetal pelo boxe do banheiro, para pisar sobre eles. Mentalize os fluidos negativos saindo de você e depois enterre os carvões.

Os banhos para harmonização energética são feitos com ervas em infusão (frescas) ou decocção (secas), associadas às runas ou às divindades mencionadas nos capítulos relativos a esses temas.

Vestimentas especiais são reservadas para os trabalhos ritualísticos (iniciação, celebrações, festividades) e serão descritas adiante. Os povos nórdicos valorizavam o asseio e a aparência, e cuidavam muito bem dos cabelos e da barba. Qualquer ritual era precedido por uma sauna ou mergulho no mar, em um rio ou em um lago, independentemente das condições climáticas.

RECOMENDAÇÕES PARA O CORPO ASTRAL

O futuro *vitki* deverá conhecer a forma e o tamanho da sua aura e saber como expandir seu *hamr* fora dos limites do seu *lyke*. Para isso, deverá praticar a projeção astral com a ajuda da sua *fylgja*, usando a meditação xamânica com tambor (descrita mais adiante na seção sobre os tipos de Meditação).

RECOMENDAÇÕES PARA O CORPO EMOCIONAL

No mundo atual estamos permanentemente sujeitos a uma avalanche de estímulos e sobrecargas emocionais que podem alterar o nosso equilíbrio energético. A observação imparcial das próprias emoções e a identificação dos fatores que as desequilibram ajudam o aspirante a entrar em contato com as memórias pessoais (guardadas pela *minni*), ocasionais (atuais) ou herdadas (da família, do condicionamento cultural ou social, das suas vivências passadas). Para esse trabalho de reconhecimento deve-se pedir a ajuda dos espíritos ancestrais (Disir, Dokkalfar), "encontrados" nos sonhos ou nas meditações para essa finalidade.

RECOMENDAÇÕES PARA O CORPO MENTAL

Por ser a mente a mola propulsora dos rituais, o candidato a *vitki* deverá aprender a arte do silêncio mental, da concentração, da memorização e da visualização. Para tanto, é importante diferenciar concentração, meditação e contemplação.

A **concentração** requer o direcionamento do poder mental e psíquico para um objetivo, desejo ou propósito específico. Trata-se de uma habilidade necessária para a magia rúnica e requer o treinamento da focalização, da visualização e da memorização.

A **meditação** é uma atividade de amplo espectro: ela se passa no nível mental, psicológico e espiritual, com ou sem uma orientação religiosa. Não visa um propósito definido e tem efeito calmante e revitalizante.

A **contemplação** é um estado de consciência buscado por aqueles que querem contemplar e vivenciar o Divino, apenas para a busca e realização espiritual.

Para melhorar a **concentração**, sugiro que o praticante comece prestando atenção ao seu monólogo mental, identificando os padrões habituais e as idéias fixas, repetitivas ou obsessivas. Avalie como planeja e como resolve problemas e observe quais os fatores externos que interferem no equilíbrio do seu *hugr*. Pratique o silêncio interior, imaginando que está desligando o botão da "tagarelice" mental e observando os pensamentos passarem como pássaros voando, sem se identificar com eles, nem permitir vôos da imaginação. Peça a ajuda da sua *fylgja* nessa tarefa e insista até conseguir silenciar a mente quando necessário.

Para treinar a **memorização** e a **concentração**, recomendo os seguintes exercícios:

Contemple um objeto memorizando sua forma, cor, peso, textura e função. Feche os olhos e traga-o para a tela mental com a maior exatidão possível. Abra os olhos e confira os acertos e os erros. Repita o mesmo exercício com outros objetos até sentir que adquiriu o domínio da memorização.

Imagine uma forma abstrata ou geométrica complexa e faça o mesmo exercício. Se for difícil imaginar, desenhe um modelo sobre uma cartolina e concentre-se na imagem.

Explore mentalmente uma idéia ou conceito, analisando todos os seus aspectos e significados e rejeitando os pensamentos intrusos. Parta do simples para o complexo e insista, mesmo que haja distrações e interferências (próprias ou alheias).

Contemple uma paisagem ou mandala em cores, memorizando os detalhes. Quando conseguir reproduzi-la sem erros, imprima-lhe movimento, mudando a perspectiva ou acrescentando elementos novos ou cores diferentes.

A prática da **visualização** é essencial para a magia rúnica. Visualizar não significa apenas "lembrar-se" de algo, mas criar de maneira ativa e consciente uma determinada forma ou imagem mental. Para algumas pessoas essa é uma habilidade inata, outras afirmam que não conseguem "ver" nada. O importante é insistir e perseverar, indo além dos bloqueios da infância (quando o "excesso de imaginação" era censurado ou reprimido) ou do embotamento conseqüente do uso excessivo do hemisfério esquerdo e dos estímulos visuais, em detrimento da imaginação e da criatividade. Sugiro, a seguir, algumas práticas para treinar a visualização:

Escolha um campo de cor neutra (branco, cinza) como uma parede, um quadro, uma cartolina. Sente-se na frente do objeto escolhido e relaxe. O campo deve ficar na altura dos olhos e não ter nenhuma marca ou sinal. Faça algumas respirações profundas, trace uma linha na sua frente, com o dedo indicador no ar, e depois uma figura geométrica simples (linhas cruzadas, círculo, triângulo, quadrado). Siga o traçado com o olhar e imagine um raio de luz branca azulada saindo do seu dedo e formando o desenho. No início a linha vai "aparecer" bem fraca, mas insistindo na repetição do exercício ela se torna cada vez mais nítida (mesmo que isso leve algum tempo e requeira paciência e perseverança). A linha deverá ser apagada sempre (mesmo quando ela existir apenas no "olho da mente"), com um simples movimento da mão. Esse gesto é necessário, não basta imaginar. O exercício pode ser feito em pé, para que você se acostume a praticar também em situações desconfortáveis.

Expanda o exercício anterior "criando" mentalmente uma pequena esfera de luz branco-azulada. Com essa esfera, movimentada com o olhar, trace no início apenas uma linha e, depois de bastante prática, várias figuras geométricas. A esfera luminosa tende a saltitar, desaparecer ou escapar ao controle, principalmente quando a mente se distrai. Para "domá-la", você deve insistir, fazendo intervalos para relaxar ou descansar, mas persistindo até conseguir controlar a luz e o traçado da figura. O domínio dessa técnica é fundamental para qualquer trabalho mágico com runas.

Se quiser uma variante desse exercício, recomendo que escolha uma cor diferente para a luz da esfera. Depois pense nessa cor intensamente até sentir a mente sendo inundada por ela. Você pode reforçar a visualização proferindo (verbal ou mentalmente) a seguinte afirmação: "Vejo claramente a cor..." Ao traçar a figura repita a afirmação: "Estou traçando a forma... na cor..." Com o passar do tempo, você pode dispensar a afirmação. Não se esqueça de que é sempre necessário apagar as figuras traçadas.

Uma vez adquirida a habilidade de traçar linhas com a energia luminosa, comece a aplicá-la para desenhar runas. Selecione uma runa e visualize, além da sua forma gráfica, também a representação ideográfica (como chifres de gado, tocha, colheita). Com o passar do tempo, crie uma cena tridimensional, com movimento, cores e animação.

A aplicação prática da visualização facilita a projeção astral e o resgate de lembranças ancestrais ligadas aos significados das runas, que atuam como portais para outras dimensões e outros mundos. Faça visualizações com todas as runas seguindo a ordem do Futhark, até sentir-se capaz de traçar mentalmente qualquer runa, seja quais forem as condições externas. Porém, antes de projetá-las, você precisa se harmonizar interiormente, em todos os níveis sutis.

As dificuldades e os progressos com os exercícios deverão ser anotados no diário rúnico, junto com as impressões sensoriais e as percepções por eles provocados.

RECOMENDAÇÕES PARA O FORTALECIMENTO DA VONTADE

A "vontade mágica" é uma habilidade cujo significado transcende a resistência diante de tentações. Ela não requer ascetismo, nem autoflagelações. Depende apenas da concentração e do controle mental, que possibilitam o uso de símbolos, imagens e energias para um determinado objetivo.

Mesmo que você leve muito tempo para ter domínio da força de vontade, é importante que comece o seu treinamento, persistindo nas **práticas** descritas a seguir:

Recorte uma forma geométrica em papelão colorido (cores fortes) e cole-a no centro de uma cartolina branca. Sente-se de tal maneira que possa ver a figura sem mexer os olhos. Relaxe, respire e concentre-se na imagem, sem pensar em mais nada. Não mexa os olhos, deixe a imagem impregnar sua mente, afastando "vozes", pensamentos, emoções e distrações. É normal que o corpo imponha resistência (dores, tensão, coceiras, cansaço, dormência). Relaxe os músculos e resista ao desejo de se coçar, de se mexer ou desistir. Se praticar diariamente, chegará o dia em que sua mente estará preenchida apenas pela imagem, sem distrações, mesmo que seja por alguns momentos. Celebre, alegre-se e continue...

Crie mentalmente na sua frente o traçado de uma runa. Procure ficar alguns minutos concentrado nela, sem que nenhum pensamento ou sensação interfira. Quando se sentir seguro com uma runa, repita o exercício com as demais do Futhark, vendo o conjunto rúnico como um círculo luminoso ao seu redor, um cinturão de luz azul em que as runas aparecem em vermelho brilhante. Insista até conseguir traçar todos os três Ættir, sem se distrair ou perder a seqüência. Somente depois de ter o domínio sobre esse exercício você estará pronto para a cerimônia de iniciação.

Escolha um tema básico e desenvolva-o mentalmente como se fosse escrever uma história. Siga o fio condutor da idéia sem deixar nenhum outro pensamento aparecer, concentrando-se firmemente no seu propósito. Esse exercício é muito útil para as visualizações ou meditações autodirigidas, nas quais você cria e segue um roteiro sem se desviar dele.

TIPOS DE MEDITAÇÃO

A meditação é uma prática inerente a qualquer caminho espiritual e ao processo de autoconhecimento e aperfeiçoamento interior. Existem inúmeras técnicas, originárias do Oriente, do Ocidente ou das tradições xamânicas, ensinadas por mestres, escolas iniciáticas, ordens, fraternidades, seitas, organizações esotéricas, religiosas ou ocultas.

A Tradição Nórdica não deixou registros escritos sobre suas práticas, pois seus ensinamentos eram transmitidos oralmente, de mestre para discípulo.

No entanto, existem várias referências nos textos das *Eddas*, nas *Sagas* e no folclore sobre a "busca de visão" (*Utiseta*); exercícios devocionais que incluem posturas, repetição de sons, concentração em símbolos e imagens (técnicas próprias da magia rúnica); e a meditação xamânica, como o transe induzido por batidas de tambor e cantos sagrados (necessário para a prática de *seidhr* e *spæ*).

A finalidade dessas práticas espirituais era proporcionar ao aspirante a comunhão com os planos sutis. Após a harmonização dos seus campos vibratórios, ele podia direcionar a combinação dos sons, gestos, símbolos e imagens para o objetivo almejado.

Pressupõe-se que, antes de começar a meditação rúnica, o aspirante já tenha aprendido os significados e as múltiplas correspondências das runas, bem como os atributos das divindades e as características dos nove mundos de Yggdrasil. Sem esse conhecimento prévio é uma temeridade "viajar" astralmente, pois o "viajante" pode correr perigos e passar por situações astrais perturbadoras, por desconhecer os "códigos" e as precauções que lhe garantiriam o "livre acesso" aos planos sutis. Só as boas intenções não bastam e o desconhecimento não é uma defesa — muito pelo contrário! Como precaução é necessário pedir sempre o auxílio e o amparo dos protetores e guardiães, além de conhecer as "chaves" que abrem e fecham os portais entre os mundos.

Quanto ao tipo de meditação, o praticante poderá escolher aquele que melhor se adapte ao seu temperamento, à sua disponibilidade física, espacial e temporal e ao seu propósito específico. Para evitar desistências devido à falta de tempo, condições inadequadas, cansaço ou saturação, é bom variar o método, estabelecendo uma rotina diária; por mais curta que ela seja, a continuidade é a garantia do sucesso.

Existem **três métodos básicos para meditar**, cada um deles com qualidades e dificuldades, que podem ser aplicados a qualquer prática mágica ou religiosa. São eles: **a repetição, a imersão e o esvaziamento da mente.**

MÉTODO DE MEDITAÇÃO REPETITIVA

Apesar de parecer muito simples, esse método não é mais fácil do que os outros. Acredita-se que era essa a forma usada pelos ancestrais pagãos do norte da Europa. Ela também é usada no hinduísmo, no sufismo e no islamismo e foi adotada pelo cristianismo.

Para praticá-la, escolha uma frase curta, um verso de uma canção (*galdr song*), o *galdr* de uma runa, o nome de uma divindade ou um som da Natureza e repita-o sem parar por algum tempo. A repetição fixa a consciência e dispersa as interferências internas ou externas. No início, marque um tempo certo para falar ou entoar a "âncora" escolhida; com a prática e o passar do tempo você conseguirá manter a frase na consciência enquanto realiza atividades rotineiras, sem perder a concentração.

A meditação repetitiva atua em vários níveis e dimensões simultaneamente. No físico, estimula o *mægin* do corpo e da mente, relaxa os músculos e harmoniza a respiração. No nível espiritual, impregna a consciência com a essência do significado do som ou da palavra escolhida. É extremamente eficiente na magia rúnica (*galdr magic*) e para induzir o transe nas práticas *seidhr* e *spæ*. A longo prazo, essa prática possibilita maior percepção do "aqui/agora" e aumenta a capacidade de concentração e focalização.

Em vez de palavras ou sons, você pode usar o ritmo monótono do tambor, movimentos de dança repetitivos, imitando características naturais como ondas, vento ou animais (nesse caso escolha como modelo a *fylgja* pessoal) ou reproduzindo várias vezes os *stödhur* rúnicos. O importante não é escolher uma atividade de modo proposital, mas deixar-se levar por algo que se torne automático pela repetição, ainda que desprovido de um significado prático imediato. Somente depois de insistir nesse exercício, passe para ações que visem um determinado propósito ou objetivo. Para observar seu progresso, anote suas experiências e observações em um diário de meditação.

MÉTODO DE MEDITAÇÃO POR IMERSÃO

A imersão, num certo sentido, assemelha-se à repetição, pois o praticante concentra a atenção em um assunto fixo. Porém, nesse método, em vez de uma palavra ou som, ele escolhe uma situação, símbolo, imagem ou conceito abstrato, o que torna mais difícil o aprendizado e a prática. Ele também não tem um objetivo material; o único propósito é permitir que pensamentos, idéias, percepções aflorem, de modo que a contemplação aprofunde a compreensão.

Para praticar a imersão, após escolher o assunto, medite a respeito de todos seus significados e contemple palavras e imagens correlatas. Às vezes é necessário "tornar-se uno" com o tema para melhor compreendê-lo. Esse é um conceito do budismo e do hinduísmo, que se refere à unificação do sujeito com a idéia ou o objeto.

Antes de começar, faça o relaxamento físico, a absorção de *önd* — do céu e da terra — e a harmonização da respiração. Depois de conquistar o silêncio interior, comece a imaginar a "fusão" com um objeto, conceito ou idéia, ou inicie uma visualização dirigida composta de uma série de imagens. O importante é não deixar que os pensamentos se distanciem do assunto da meditação.

A vantagem desse método é seu alcance ilimitado; o praticante não fica preso a uma palavra ou som, como na meditação repetitiva. Porém, essa vantagem acaba dificultando o exercício, pois a mente precisa estar muito firme e não se deixar levar por divagações nem por preocupações pessoais ou relacionadas aos afazeres do dia-a-dia.

Método da "mente vazia"

O maior desafio para o praticante ocidental é esvaziar a mente, afastando pensamentos, emoções, sensações e lembranças. Por estarem permanentemente expostas a um "bombardeio" de imagens, sons, informações, atribuições e atribulações, as pessoas, hoje em dia, acham muito difícil alcançar o estado do "não-pensar", que é uma característica de várias disciplinas e práticas orientais. Por maior que seja o desafio, não é impossível conseguir — nem que seja por alguns momentos no início — o silêncio mental que irá permitir a eliminação progressiva de pensamentos, devaneios e fantasias.

Esse não é um método que possa ser dominado nas primeiras tentativas; ele requer tempo, perseverança, disciplina e dedicação. Aos poucos, é possível observar a formação e dispersão dos pensamentos sem se apegar a eles, nem tentar controlá-los ou impedi-los; simplesmente assistindo à sua passagem como se fossem nuvens passageiras no céu azul ou os círculos que se formam quando se arremessa uma pedra em um lago. Com a prática, e abdicando do controle, os processos mentais irão diminuir e será possível examiná-los e contemplá-los. O objetivo é silenciar e esvaziar a mente a tal ponto que se possa ouvir com clareza a voz da intuição e perceber nitidamente as vibrações e a aproximação de seres de outros planos. Essa técnica de meditação deve ser dominada por aqueles que querem praticar a *spæcraft*, pois é uma condição importante para aprender a ouvir e a confiar nas mensagens transmitidas pelos espíritos que desejam se comunicar.

A prática de "esvaziar a mente" pode ser usada simplesmente para relaxar, afugentar pensamentos ou aumentar a percepção dos próprios sentimentos, emoções, pensamentos, padrões comportamentais e conflitos. Esse é um auxílio valioso no caminho do autoconhecimento e do aprimoramento pessoal.

A maior dificuldade desse método é saber como se distanciar das sensações e percepções externas que tendem a ocupar a mente, mantendo o estado de centramento ao retomar o ritmo das atividades cotidianas.

Atenção: Qualquer que seja o tipo de meditação escolhido, ele deve ser precedido pela purificação (do praticante e do local), pela preparação (relaxamento, exercícios respiratórios, concentração), pela proteção (espaço seguro e círculo rúnico) e pela escolha do objetivo e das invocações (dos espíritos protetores e divindades escolhidos).

A seguir serão descritos alguns **tipos de meditação característicos da Tradição Nórdica** (*Utiseta*, *Stadhagaldr*, projeção astral, *Shapeshifting*) e outros de diferentes culturas, que foram adaptados para a cosmologia nórdica (meditação dirigida e xamânica).

UTISETA (*Sitting Out*)

Semelhante à "Busca da Visão" (*Vision Quest*) das tradições xamânicas, a *Utiseta* era uma prática nórdica cujo objetivo era encontrar o protetor pessoal (*fylgja ou fetch*), reforçar a conexão com ele e pedir sua colaboração para o trabalho mágico. Conforme já foi mencionado (vide a seção sobre a estrutura psicofisicoespiritual), a *fylgja* pode se apresentar em forma animal (que expressa ou complementa o caráter da pessoa), humana (do sexo oposto ao aspirante), abstrata ou geométrica. Conhecer e se relacionar com a *fylgja* é um passo importante para o autoconhecimento e para o aprimoramento do ser. Na forma animal, a *fylgja* é um aliado protetor, muito valioso nas viagens xamânicas; como ser humano, oferece conselhos e assistência nos procedimentos magísticos e nos rituais; e, na forma de figura geométrica, serve como símbolo de poder.

Se quiser praticar a *Utiseta* adaptada à realidade atual, você deve escolher com cuidado um local seguro na natureza, onde possa permanecer por algumas horas, sem perigo ou interrupções, sentado sobre uma manta ou cobertor. São conhecidas duas posturas sentadas tradicionais: com uma perna dobrada e a outra esticada (*Keltensitz*); ou sentado sobre os calcanhares, com as mãos sobre as coxas.

Antes de se sentar, você pode fazer as *stödhur* e entoar os *galdrar* das runas que favorecem a meditação, como Ansuz, Raidho, Peordh, Algiz, Ehwaz e Erda.

Após os rituais de banimento e de proteção e a conexão com as oito direções (descritos no Capítulo IX), você deve ficar em absoluto silêncio, sem se concentrar em nenhum tema, apenas esvaziando a mente e harmonizando a respiração. Quando sentir que está pronto, comece a chamar a *fylgja*, entoando uma canção (*galdr song*) composta por você mesmo para ela, ou tocando um tambor de forma ritmada, pedindo-lhe que se apresente. Sem pressa, continue cantando ou tocando até perceber a aproximação dela com o "olho da mente". Estabeleça um diálogo mental com ela, para ter certeza de que a manifestação sutil é realmente a sua *fylgja*. Peça que lhe diga o seu nome e o lugar de origem, qual a mensagem que está trazendo e o que você precisará fazer futuramente para aprofundar a conexão. Quando o contato estiver completo e a conversação terminada, peça à *fylgja* que volte para a sua aura e procure sentir essa fusão energética no nível do vórtice cardíaco.

Como forma de agradecimento, ofereça algo da Natureza (hidromel, leite, mel, frutas, cereais, sementes ou pedaços de carne fresca para os aliados carnívoros) pedindo permissão ao "dono" daquele lugar. Coloque a oferenda em algum lugar da Natureza que tenha boas vibrações e assuma o compromisso de honrar sua *fylgja*, conhecendo melhor as características e hábitos que ela tem, imitando seus sons e movimentos e dançando com ela a "dança de poder".

Feche o ritual e volte para casa, permanecendo por mais algum tempo em silêncio e introspecção. Repita o procedimento por mais duas vezes, para reforçar a conexão. Depois disso, você poderá recorrer à *fylgja* sempre que precisar de força e orientação.

Antigamente, a *Utiseta* era praticada durante três dias nos lugares sagrados (círculos de menires, dólmens, câmaras subterrâneas, grutas, florestas, fontes), sobre os túmulos dos ancestrais ou durante as peregrinações sagradas, quando o *vitki* percorria os alinhamentos dos pontos de força da terra (chamados *ley lines* ou "veias do dragão"). A peregrinação física era acompanhada de cerimônias em lugares de poder e refletia a viagem espiritual interior. Recorria-se também a *Utiseta* antes da encenação ritual de lendas e textos antigos ou como preparação para jornadas xamânicas (físicas ou em estado de transe).

Atualmente, a *Utiseta* pode ser feita também em recintos fechados. Basta que o praticante não seja interrompido e prepare adequadamente o ambiente (defumação, um pequeno altar com objetos da natureza e imagens de animais, e uma música de fundo com sons de água, vento, pássaros, golfinhos, flauta ou tambor).

Uma variante da *Utiseta* é a prática de origem celta chamada *Taghairm*, cuja tradução é "manto do conhecimento". Nessa prática, o aspirante passa uma noite inteira enrolado em uma pele de animal ou em um cobertor (só com a cabeça descoberta), ao lado de um rio, cachoeira, lago ou uma gruta, ou no topo de uma montanha.

Tanto a *Utiseta* quanto a peregrinação e o *Taghairm* são meios poderosos para alcançar outros níveis de consciência e devem ser realizados com respeito, cautela e responsabilidade.

MEDITAÇÃO RÚNICA — *Runegaldr e Stadhagaldr*

Nos textos nórdicos antigos, a magia rúnica propriamente dita era denominada *runegaldr* e *stadhagaldr* e distinguia-se de outras técnicas mágicas, de natureza xamânica, como *seidhr* e *spæcraft*.

Antes de iniciar qualquer trabalho mágico com runas, o praticante deve dominar com perfeição e segurança a meditação rúnica. Para que ele possa se tornar um verdadeiro *vitki*, *runester* ou *erilaz*, precisa criar uma forte conexão pessoal com cada runa, abrindo as comportas do seu poder e permitindo um permanente fluxo de sabedoria, a que ele possa ter acesso sempre que desejar ou necessitar.

Depois de seguir as recomendações relativas à preparação individual (enumeradas anteriormente), você está apto a praticar um tipo específico de **meditação dinâmica**, alicerçado sobre um tripé formado pela forma (*stadha*), pelo som (*galdr*) e pela idéia-raiz de cada runa. Para realizar com eficiência a meditação rúnica, é necessário saber: relaxar o corpo, esvaziar a mente, harmonizar as emoções, aprofundar a respiração, reproduzir as *stödhur* e *galdrar*, tornar-se consciente dos mundos de Yggdrasil e controlar e direcionar a vontade. Uma vez dominadas essas técnicas, você pode começar a prática da meditação.

O lugar escolhido deve ser silencioso, estar livre de interrupções, ter uma boa vibração (se for na natureza) ou ser devidamente purificado (dentro de um cômodo).

A meditação poderá ser precedida de um ritual de banimento, proteção e abertura (vide Capítulo IX) e você pode ficar de frente para o Norte (a direção sagrada da tradição). Relaxando o corpo, silenciando a mente e ativando a vontade, você deve reproduzir a postura (*stadha*) da runa que escolheu como objetivo da sua busca ou foco da meditação. Em seguida, entoe o som (*galdr*), associando mentalmente os conceitos a ela ligados (a interpretação ideográfica ou simbólica). Você pode compor, se quiser, uma canção (*galdr song*) usando, além do nome e dos sons da runa, os elementos a ela associados. É importante que permaneça concentrado no complexo "forma–som–idéia" durante alguns minutos.

Depois disso, esvazie a mente e mergulhe em um profundo e demorado silêncio mental, sem permitir devaneios ou pensamentos que não se refiram ao tema escolhido. Durante esse período de "escuta ativa", você "ouvirá" o "segredo" da runa, que não pode ser expresso em palavras, pois o "mistério sussurrado" é diferente para cada buscador. Esse é um momento sagrado, em que todos os seus corpos sutis são unificados e a sua consciência expandida.

A meditação pode continuar enquanto durar o fluxo de energia rúnica. Visões podem surgir, nas quais você é levado a divisar paisagens dos mundos de Yggdrasil e acontecimentos antigos; divindades e seres da natureza podem também se manifestar.

Quando o *önd* parar de fluir, abra os olhos fazendo alguns movimentos para aterrar-se e fechando em seguida a conexão de forma ritual (abrindo o círculo de proteção, agradecendo às forças invocadas, fazendo alguma oferenda).

Depois de percorrer todo o Futhark dessa maneira formal durante o seu aprendizado, você pode simplificar a meditação, mas sem nunca deixar de esvaziar e silenciar a mente, usar a *stadha* e o *galdr*, entrar em contato com o complexo rúnico e anotar suas impressões no diário.

O *galdr* é o mais antigo, poderoso e sutil meio de acesso à energia mágica das runas. *Galdr* significa "entoar, cantar", o que indica a necessidade de vibrar os sons rúnicos em todos os níveis para ativar o seu poder verdadeiro. Na meditação, a "entoação" dos *galdrar* faz com que o poder das runas se irradie para o corpo do *vitki* e para o ambiente. Usado em conjunto com a *stadha*, o *galdr* é o meio principal pelo qual o poder rúnico encontra a sua total expressão. Apesar de algumas recomendações específicas de certos autores com referência à entonação correta de cada runa, não existem regras tradicionais fixas. Cada *vitki* deve experimentar por si mesmo e encontrar a sua melodia pessoal. As canções — *galdr songs* — resultam das combinações de entonações, modulações e variações da vibração total de uma ou mais runas. Cada runa tem um som específico, que pode ser modelado para formar um cântico. As *galdr songs* foram descritas como "rios melodiosos que carregam correntes ocultas de poder".

Quando começar a praticar *galdr*, focalize apenas uma runa de cada vez, prestando atenção à sua forma, energia e idéia. Confie em sua percepção intuitiva e comece a cantar, seja um único som, seja uma canção da sua autoria, com início, meio e fim. O importante é respirar pelo diafragma e estender e modular o som, criando diferentes combinações de consoantes e vogais. Como exemplo, eu cito *Fehu,* que pode ser entoado desse mesmo jeito, modulada como *fu-fa-fi-fe-fo* (seguindo a ordem das vogais do Futhark) ou alterada de acordo com as outras opções mencionadas no Capítulo IV.

O praticante pode expandir o som, explorando o timbre e o alcance da sua voz, procurando adaptar a runa ao seu registro vocal e percebendo a vibração dela no seu corpo.

As combinações de sons rúnicos — *galdr songs* — englobam três, seis ou nove runas, raramente o Futhark inteiro. No início o praticante usa apenas os *galdrar* simples ou compostos para entrar em sintonia e atrair as forças rúnicas para seus campos sutis, enquanto aperfeiçoa aos poucos seus conhecimentos sobre os atributos e as correspondências das runas. À medida que vai progredindo, ele pode acrescentar as *stödhur*, como também pode combinar as duas técnicas simultaneamente, desde o início.

Runegaldr e *Stadhagaldr* são sistemas mágicos ativos, que não requerem um treinamento físico especial, nem vocação para a música. Usados como veículos para a integração psicológica e a transmutação pessoal, constituem ferramentas valiosas para ter acesso à força e sabedoria das runas, energias sutis usadas nos trabalhos mágicos e nos rituais. Por seu intermédio, é possível alcançar cinco zonas magnéticas: a ctônica (subterrânea), a telúrica, a astral, a cósmica e a espiritual. O *vitki* torna-se, assim, uma antena que recebe e retransmite padrões energéticos dessas regiões. As runas são as chaves para o recebimento, a absorção e a projeção dessas forças, que proporcionam aos praticantes cura, transformação e elevação espiritual.

MEDITAÇÃO DIRIGIDA OU IMAGINAÇÃO ATIVA

Nesse tipo de meditação — conhecida como *Pathworking* ("seguir caminhos") e praticada também em outras tradições — o praticante segue um roteiro preestabelecido que favorece a sintonização do Ser com o poder ou a essência de uma runa. Além disso, essa prática o ajuda a ter acesso aos reinos sutis (os mundos de Yggdrasil) e a percorrê-los ou possibilita-lhe o encontro com um determinado arquétipo divino, guia, protetor, espírito ancestral ou ser da natureza.

Quando a meditação é feita em grupo, o dirigente tem de conduzir a meditação com voz firme, intercalando pausas e sugestões com a descrição de imagens típicas da paisagem e cultura nórdicas. Dessa maneira a consciência pessoal poderá ser sintonizada com o mundo antigo dos escandinavos e teutões, despertando os registros dos *hamr* e *minni* dos participantes.

O praticante solitário poderá preparar um roteiro com antecedência (por escrito ou gravado) ou criá-lo e visualizá-lo mentalmente no decorrer da meditação, desde que tenha bastante controle sobre o corpo e a mente. Para não cair no sono, é melhor que ele escolha a posição sentada, e mantenha a coluna reta e os pés apoiados no chão, sem tensionar os músculos. Pode ser usada uma música de fundo, com instrumentos de percussão ou batidas de tambor. Convém que a meditação seja precedida de um relaxamento físico e exercícios respiratórios e concluída com alguns alongamentos e um lanche leve, para auxiliar na volta para o "aqui/agora".

O importante é considerar a meditação dirigida como um catalisador para atrair as vibrações e as energias do objetivo escolhido. As imagens devem "falar" à mente, ao coração e à alma do praticante, por isso é essencial escolhê-las com conhecimento, imaginação e intuição. Na magia *seidhr* utiliza-se a meditação dirigida para induzir o transe da assistência e do vidente, conforme será descrito no Capítulo VIII.

Mesmo sem pretender "receitar" roteiros fixos, gostaria de citar, de forma sucinta, três exemplos de meditação básica, que poderão ser modificados — ou expandidos — de acordo com a necessidade ou a imaginação do praticante.

Meditação com os cinco elementos

Usada para obter alguns *insights* sobre as características dos elementos tradicionais da cosmologia nórdica e suas relações com as runas. Ela começa com o elemento mais denso — a terra — e segue até o mais sutil — o *önd* —, sem deixar de levar em conta as correspondências com as direções cardeais e com as runas (enumeradas no Adendo). É sempre importante anotar num diário as impressões, visões e sensações ocorridas durante a meditação.

Terra: estabeleça um elo de ligação tocando uma vasilha de barro ou cabaça cheia com terra, musgo ou raízes, ou abraçando uma árvore. Explore os vários significados e qualidades desse elemento. Por exemplo, matéria física, potencial de manifestação, sustentação da vida, solidez, sensações, síntese, o mundo concreto. Use algumas das runas correlatas como portais e, por meio delas, explore Midgard e suas possibilidades. Mexa com terra (jardinagem) ou argila (modelagem).

Gelo: representa a total contração, a inexistência de qualquer vibração, o frio, a escuridão, a força de coesão, a estagnação e a imobilidade. Reflita sobre alguns aspectos da sua vida que estejam "congelados" ou estagnados segurando alguns cubos de gelo e usando a runa Isa como portal para a meditação. Em seguida, visualize Sowilo para se "aquecer" e revitalizar.

Água: explore as várias manifestações da água no universo e suas qualidades, como fluidez, umidade, maleabilidade, quietude ou turbulência, as marés e os ciclos lunares. Escolha uma das runas associadas como um portal para se conectar com algum mito ou arquétipo sobrenatural e medite perto de um rio, lago, mar ou cachoeira (ou suas imagens e sons).

Ar: reflita sobre a diversidade das suas representações, observando a fumaça do incenso, o movimento das nuvens ou o balanço das árvores durante uma ventania. Perceba como ele é todo-abrangente e onipotente, o próprio espaço sem forma, o mundo sutil das idéias e dos pensamentos. Use runas "do ar" para meditar a respeito da sua maneira de se comunicar e expressar, intelectualmente e artisticamente; "limpe" a sua aura expondo-se ao vento.

Fogo: observe a chama de uma vela, uma tocha ou uma fogueira e sinta a energia dinâmica, quente, penetrante, expansiva e seca do fogo físico. Feche os olhos e reflita sobre o seu fogo interior, usando uma runa apropriada para receber orientação sobre como manter sempre acesa a sua chama sagrada, e ativar sua vitalidade, criatividade e sexualidade. Saúde o Sol reverenciando as deusas solares.

Finalmente, medite sobre o *önd*, a energia sutil que está presente em todos os lugares, incluindo sua consciência. Visualize o fluxo dessa energia formando padrões mutáveis de cores e formas. Tradicionalmente, o *önd* era personificado como um dragão com asas e cauda de serpente, que residia nos lugares sagrados e nas linhas de força da Terra (chamadas *ley lines* ou as "veias do dragão").

O encontro das Nornes

Essa é a meditação básica para você pedir a permissão e a bênção das Nornes antes de começar a usar as runas. É indicada também em situações em que você precisa compreender as causas passadas que deram origem a um problema atual.

Como "cenário", você pode usar aquele mencionado nos textos antigos sobre as "Senhoras do Destino". Releia o verbete a elas relacionado e visualize-as sentadas sob a Yggdrasil, ao lado da fonte sagrada de Urdh, com cujas águas elas regam diariamente as raízes da árvore, cobrindo-as em seguida com camadas de argila branca.

Urdh é a Anciã coberta por um xale preto, que recebe o fio do destino da deusa Frigga e com ele tece variadas padronagens do *wyrd* individual e coletivo (que simbolizam ações e escolhas passadas). **Verdandhi** é a Mãe do presente, que, vestida com uma túnica vermelha, aguarda as atitudes do "aqui e agora" para completar, continuar ou mudar a tessitura. **Skuld** é a Donzela velada de vestes brancas, que segura nas mãos um pergaminho, no qual estão escritas palavras em caracteres rúnicos. Essas palavras revelam possíveis mudanças e realizações, determinadas pelo modelo tecido por Urdh e Verdandhi, composto das causas passadas e das decisões do presente.

Para chegar ao recinto das Nornes, você tem de se imaginar encontrando a Árvore do Mundo, altiva e frondosa no meio de uma floresta ou solitária no topo de uma colina. Após fazer uma breve oração pedindo a permissão das Nornes para "entrar", procure uma brecha no meio das três grandes raízes da Árvore e se esgueire pela raiz superior, descendo em direção à escuridão úmida, até vislumbrar uma gruta parcamente iluminada por uma tocha. No centro dela, está a fonte de Urdh e, ao seu redor, estão sentadas as Nornes. Se elas demorarem a "aparecer" agradeça-lhes mesmo assim, volte à sua realidade pelo mesmo caminho e repita a meditação no dia seguinte, preparando-se melhor.

Ao se aproximar das Nornes, você deve faz uma saudação respeitosa, formular uma pergunta ou pedir uma orientação, mas sem se dirigir a nenhuma delas, especificamente. A resposta pode ser uma metáfora, como imagens ou símbolos que definam a causa passada, a decisão que deve ser tomada e o provável desfecho caso o conselho seja seguido. Você só precisa lembrar que a tessitura do *wyrd* é flexível e pode mudar caso você também mude as suas atitudes, escolhas e comportamentos.

No final da meditação, você pode trançar três fitas, cordões ou fios de lã nas cores das Nornes (preto, vermelho e branco) e colocar a trança, junto com uma pequena oferenda, ao pé de uma árvore frondosa, agradecendo pela orientação, conexão e aprendizado.

A travessia da ponte de Bifrost, a caminho de Asgard

Este é o trajeto que o buscador deve percorrer quando desejar — ou precisar — ir ao encontro de algum arquétipo divino.

Visualize um enorme arco-íris se estendendo sobre um campo florido, brilhando com a chuva que acabou de cair. Caminhe pelo campo na direção de uma montanha rochosa. Siga a trilha estreita no meio de arbustos e rochedos até chegar ao topo. Bem à sua frente você vê uma estrutura brilhante balançando no espaço. Aproxime-se e perceba que se trata de uma ponte, feita aparentemente de metal colorido e suspensa no ar, mas cujos degraus tocam o chão. Você tem vontade de atravessá-la — ou se sente atraído —, mas falta-lhe coragem para enfrentar o desconhecido. Você precisa encontrar algum sinal, por isso fecha os olhos e pede uma orientação ao seu Eu divino. Ao abri-los, vê na sua frente uma mulher majestosa, com longos cabelos louros e faiscantes olhos azuis. Ela veste uma malha metálica prateada, coberta por um manto de penas brancas. Na cabeça ela tem um elmo, também prateado, que lhe cobre parcialmente o rosto. Com uma das mãos segura uma lança, com a outra um escudo cujos reflexos criam faixas coloridas que ondulam ao seu redor.

Ela lhe sorri e o convida para subir a escada. Embora se sinta protegido, você pergunta quem ela é e qual o seu nome. Ela responde que é sua Valquíria, protetora e guardiã, e diz como se chama; você aceita o convite e, ao lado dela, começa a subir os degraus, que acabam em uma plataforma com um grande portal dourado. Você sabe que deve pedir permissão para passar e, quando um homem alto, irradiando uma estranha luminosidade e segurando uma corneta, aparece, você lhe pede para entrar. Ele o olha atentamente e lhe indaga o motivo da sua vinda; após ouvi-lo, o guardião (o deus Heimdall) lhe dá o sinal de aprovação. Passando pelo portal você atravessa uma outra ponte que brilha em matizes vermelhos, amarelos e azuis. Olhando para baixo, você vê paisagens terrestres, homens, plantas e animais de tamanho minúsculo, mas parecendo muito reais. No final da ponte há um outro portal, que se abre a um sinal da Valquíria. À sua frente surge a grande muralha de Asgard. A Valquíria lhe pergunta qual é o seu destino e de quem deseja receber uma mensagem, ajuda ou orientação. Você reflete um pouco antes de responder e procura ouvir a voz do coração, não apenas da mente. Ao ouvir sua resposta, a Valquíria o acompanha até o palácio ou salão cujo Senhor ou Senhora você quer encontrar.

A partir desse momento, a meditação irá transcorrer de acordo com o objetivo da sua busca. Cada palácio (ou morada divina) tem suas características próprias. Procure visualizar a localização, a decoração, as cercanias e os moradores do palácio que está visitando. A apresentação dos deuses ou das deusas também segue critérios específicos e seus trajes, jóias, armas, animais e objetos de poder deixam uma impressão profunda na sua mente. Observe e registre tudo com muita atenção, ouça respeitosamente as palavras que lhe serão ditas e guarde com gratidão qualquer objeto ou símbolo que lhe for dado. Quando chegar a hora de voltar para Midgard, agradeça com reverência e retorne pelo mesmo caminho, agradecendo também ao deus Heimdall, o guardião de Bifrost, a Ponte do Arco-Íris. Despeça-se de sua Valquíria, pedindo-lhe autorização para chamá-la outras vezes e memorize seu nome, repetindo-o três vezes.

Desça a escada e volte pelo mesmo campo florido, observando as cores do pôr-do-sol e o brilho das primeiras estrelas piscando ao longe, na imensa abóbada celeste.

Abra os olhos, mexa o corpo, respire profundamente, e anote tudo o que viu, ouviu e sentiu. Coma algo e tome uma bebida quente para se centrar.

Para visualizar a morada e a aparência das divindades, o praticante tem de conhecer muito bem as suas características e atributos (descritos no Capítulo III). Para complementar as informações já dadas, vou enumerar a seguir o nome dos doze palácios divinos e dos seus respectivos senhores, considerados pela escritora Freya Aswynn como equivalentes aos signos zodiacais. São eles:

Bilskinir: "O Relâmpago", a morada do deus Thor (Áries).

Thrymheim: "A Casa do Trovão", residência da deusa Skadhi (Touro).

Folkvang: "O Campo dos Guerreiros" — constituído por nove castelos onde a deusa Freyja recebia a metade das almas dos guerreiros mortos em batalhas (Gêmeos).

Himminbjorg: "O Salão Celeste", a morada de Heimdall, o "Deus Brilhante", o guardião da ponte Bifrost (Câncer).

Breiablikk: "A Vista Abrangente", a morada de Baldur, o luminoso deus solar (Leão).

Sokkvabekk: "O Rio do Tempo e dos Eventos", o local onde residia Saga e que Odin visitava diariamente para beber do rio das memórias antigas (Virgem).

Glitnir: "O Salão do Esplendor" pertencia ao deus da justiça Forseti (Libra).

Gladsheim: "O Lar Resplandecente", onde ficava Valhalla, o salão em que Odin festejava com os espíritos dos guerreiros mortos em batalha (Escorpião).

Ydalir: "O Vale dos Teixos", que abrigava a cabana de Ullr, deus arqueiro e caçador (Sagitário).

Landvidi: "A Terra Branca" ou "Terra Larga", que representava o retiro de Vidar, filho silencioso de Odin (Capricórnio).

Valaskjalf: "O Saguão Prateado" era a morada de Vali, filho de Odin e vingador da morte de Baldur (Aquário).

Noatun: "O Navio" pertence a Njord, deus dos mares e pai de Frey e Freyja (Peixes).

A mesma escritora relaciona os nove mundos com os planetas (sem incluir o Sol e a Lua). Recomendo aos leitores com conhecimentos astrológicos que verifiquem essa possível correspondência, nas suas meditações ou visões.

A Terra seria a representação óbvia de Midgard; Vênus, de Ljossalfheim; Mercúrio, de Vanaheim; Marte, de Svartalfheim; Júpiter, de Muspelheim; Saturno, de Jötunheim; Urano, de Asgard; Netuno, de Niflheim, e, por fim, Plutão, de Hel.

PROJEÇÃO ASTRAL

Generalidades

São poucas as referências mitológicas sobre as práticas de projeção astral utilizadas pelos antigos povos nórdicos. Sabe-se, no entanto, que elas faziam parte do treinamento dos xamãs, dos mestres rúnicos e das sacerdotisas oraculares.

A projeção astral pode ser comparada ao estado de "sonho lúcido", em que se conserva o livre-arbítrio. Enquanto nos sonhos agimos de maneira automática, sem pensar ou decidir, na projeção astral mantemos a consciência, compreendemos as causas e os efeitos e podemos tomar decisões racionais. No entanto, embora as leis naturais sejam mais flexíveis quando nos projetamos, continuamos sujeitos a elas.

Para controlar a projeção astral, você pode usar uma "chave etérica" e um ritual de proteção. As runas são "chaves astrais" perfeitas, às quais você pode incluir uma cor, um som, uma postura, uma dança ou uma encenação ritual.

Usando uma runa específica para cada um dos nove mundos de Yggdrasil (conforme descrito adiante), você pode ter vivências diferentes, compatíveis com o clima, a paisagem, a fauna e a flora, as habitações, as vestimentas e os costumes dos países do norte da Europa.

É importante avisar que o "viajante" não assistirá simplesmente a um "filme astral", mas irá participar de fato das cenas, vestindo trajes típicos, usando armas, ferramentas ou instrumentos musicais e tomando parte nas atividades agrárias, artesanais ou comunitárias (como festividades, cerimônias e assembléias). Ele poderá encontrar gigantes, elfos e anões, peregrinar pelos lugares sagrados, receber objetos mágicos, visitar a morada das divindades ou o hábitat dos seres sobrenaturais.

Em todas as projeções, é comum a aparição de dois guias: um "menor" (a *fylgja*, um ancestral ou o morador do respectivo hábitat) e um "maior" (o seu Eu Superior, um guia espiritual ou uma divindade). Jamais ignore as advertências ou conselhos desses guias para não correr perigos nem cair em armadilhas. As runas ensinam e testam, exigindo algo em troca dos seus "presentes". Mas o buscador será recompensado se mostrar coragem, lealdade, tenacidade e dedicação em todas as situações, sejam elas testes, aprendizados ou vivências.

A projeção por intermédio das runas deve se ajustar à sua natureza energética, conservando as características geográficas, sociais, comportamentais e culturais da região que lhes originou. Como exemplo, vou descrever um cenário adequado para a runa Fehu, que serve de ponto de partida para a projeção. O "viajante" deve imaginar uma comunidade agrária pré-cristã, formada por habitações rústicas de madeira e pessoas vestidas em trajes simples de lã e couro, trabalhando no campo ou em oficinas; as mulheres assam pão ou tecem, crianças correm pelos campos, lenhadores preparam estivas de lenha para o inverno, pastores conduzem as manadas de gado para os estábulos e jovens dançam ao redor de fogueiras. O "espírito" de Fehu, que acompanhará o visitante pelo lugar ou lhe ensinará uma habilidade, pode se manifestar como uma pessoa forte, robusta (homem ou mulher), empenhada em negociar ou cuidar do gado, confeccionar jóias ou praticar magia *seidhr*. Você pode criar outros cenários do mesmo modo, de acordo com os elementos associados a cada runa e às suas características básicas, "desenhando" os detalhes com a ajuda da imaginação e da intuição.

As visões e vivências rúnicas são subjetivas e variam de acordo com a compreensão e conhecimento de cada praticante. É por isso que não recomendo "roteiros" criados por outras pessoas. Nas práticas realizadas pelos grupos femininos de estudos rúnicos que dirijo, os relatos individuais sempre diferem entre si, mesmo quando o tema escolhido é o mesmo; isso comprova a subjetividade das experiências.

Técnica de projeção astral

Sente-se confortavelmente, mantendo a coluna reta. Você pode usar uma cadeira ergométrica, um banquinho para meditação ou uma almofada. Desaconselho a posição deitada, pois ela pode induzir ao sono. Vista roupas folgadas ou uma túnica ritual e cubra-se com uma manta (caso sinta frio). Tome precauções para não ser interrompido e, se quiser, use um despertador para marcar o momento da sua "volta".

Relaxe o corpo, respire profundamente e esvazie a mente de qualquer preocupação, dúvida ou medo. Visualize um círculo de luz branca ao seu redor, um "cinturão" com todas as runas do Futhark ou "crie" mentalmente escudos protetores com as runas correspondentes às direções cardeais (descritas no Adendo). Invoque a presença de sua *fylgja* e do seu Eu Divino, mestre ou guia espiritual.

Escolha o propósito da sua jornada e a runa que irá lhe servir de "chave". É muito importante saber com certeza o que ou quem você quer encontrar (um determinado mundo ou divindade) ou o que gostaria de receber (conselhos ou ensinamentos) durante seu desdobramento. Você pode abordar questões relativas ao seu autoconhecimento, pedir sugestões para escolhas, decisões e mudanças ou ensinamentos espirituais dos ancestrais ou das divindades. As perguntas devem ser formuladas com clareza e precisão, evitando evasivas ou ambigüidades.

Feche os olhos e permaneça em silêncio por alguns minutos, sem pensar em nada. Visualize em seguida a runa pela qual você quer se projetar. Veja-a nitidamente na sua frente e transporte-se para a Ponte do Arco-Íris. Caminhe pela ponte, observando sua estrutura feita de um material desconhecido (nem pedra, nem metal), que cintila nas cores vermelha, amarela e azul, enquanto chamas dançam a seu redor. Acima da sua cabeça brilham estrelas, mas as constelações que elas formam são diferentes daquelas que você conhece. A runa escolhida continua à sua frente e você a segue ao longo da ponte, até encontrar um majestoso portal, onde a runa desaparece e passa a brilhar, gravada no portal. Nesse momento você sabe que chegou ao reino dessa runa. Por um ato de vontade, você passa pelo portal e entra em contato com as experiências, energias e ensinamentos que a runa irá lhe proporcionar. Preste atenção a tudo que perceber, ouvir, ver e viver; mostre respeito e gratidão pelos ensinamentos e, quando chegar o momento certo, retorne pelo mesmo caminho, voltando para a sua realidade atual. Anote sua experiência no diário. Agradeça às entidades e guardiãs. Desfaça o círculo de proteção, apague a runa que você visualizou (medidas indispensáveis, sempre) e centre-se, fazendo alguns movimentos, comendo algo leve ou tomando uma bebida quente, não-alcoólica.

Sempre que um buscador quer se projetar para um determinado mundo de Yggdrasil, ele tem de usar a runa correspondente, pedir permissão ao guardião e saudar o senhor desse reino. Faço a seguir um resumo dessas informações.

Asgard é a morada dos deuses Æsir, regido por Odin e protegido por Heimdall; a runa é Gebo, que indica a necessidade de oferecer um sacrifício (ou presente) para ser admitido nesse reino.

Vanaheim é a morada dos deuses Vanir Nerthus, Njord, Freyja e Frey. A runa de acesso é Ingwaz e esse reino é pacífico, agradável e abundante, sem oferecer perigos.

Ljossalfheim é regido por Frey, habitado pelos elfos claros e guardado por Delling, o elfo do amanhecer. A runa chave é Sowilo e nesse reino há plantas e animais em abundância, que exigem respeito e admiração.

Esses três primeiros mundos pertencem ao nível superior de Yggdrasil e são conhecidos como "mundos celestes", para os quais o buscador pode se projetar sem se arriscar, usando a projeção astral ou a meditação dirigida. Os mundos intermediários (Muspelheim e Niflheim) são os reinos dos elementos e forças primordiais (fogo e gelo), habitados por gigantes e dragões e devem ser evitados. Os últimos três mundos, situados no nível inferior, fazem parte do reino subterrâneo e requerem a ajuda e a proteção de aliados e guias espirituais; pode-se chegar até eles por meio da meditação xamânica, dentro de um círculo de proteção.

Midgard, "a terra do meio" tem como defensor o deus Thor; a runa associada a esse mundo é Jera, ligada à terra e aos ciclos das estações. Midgard é a interligação entre todos os outros mundos e o ponto de partida para qualquer jornada (astral ou xamânica).

Muspelheim, ao lado de Midgard, é o reino do fogo (criador e destrutivo), regido pelo gigante Surt e sua runa é Dagaz.

Niflheim também ladeia Midgard e é o reino do gelo e da nebulosidade, que são ao mesmo tempo agentes destruidores e fertilizantes. É guardado pelo dragão Nidhogg e a runa de acesso é Naudhiz.

Esses dois últimos mundos representam as forças criadoras e destruidoras primevas, o fogo e o gelo; não é recomendavel "viajar" por eles devido ao perigo que representam.

Svartalfheim é a morada dos elfos escuros e dos anões, seres trabalhadores e guardiães das riquezas da terra, pouco amistosos e avessos à aproximação humana. Deve-se ter cautela ao lidar com eles no astral, pois são astutos, interesseiros e traiçoeiros quando se trata de defender suas jazidas de metais e pedras preciosas. Seu regente é Modsognir e a runa associada a esse mundo é Eihwaz.

Jötunheim fica do lado oposto a Svartalfheim e seus elementos são o gelo e o vento. Habitado pelos gigantes que representam as forças do caos e regido por Thrym, adversário ferrenho de Thor, não é um lugar agradável ou hospitaleiro. Em caso de necessidade, pode ser alcançado com a ajuda da runa Isa. Após a projeção, o viajante deverá mentalizar as runas Kenaz e Sowilo para se revitalizar.

Hel, regido pela deusa de mesmo nome e guardado pela deusa Mordgud, pode ser visitado com a ajuda da runa Hagalaz. Do lado oposto de Asgard (mas no nível subterrâneo), Hel é o último dos nove reinos, um mundo escuro, silencioso e frio onde moram os desencarnados e para onde se viaja apenas em casos especiais e com a devida proteção, pois é sempre arriscado perturbar os mortos.

Independentemente do mundo escolhido, o viajante deve zelar pelo seu equilíbrio físico e psíquico, antes e depois da projeção. Durante as vivências astrais são liberados certos aspectos reprimidos da personalidade que, ao serem expressos, podem causar alguns desequilíbrios (raiva, agressividade, depressão, inércia, poderes paranormais). Sem dúvida, a projeção astral oferece um vasto campo de aprendizado e descoberta nos vários planos energéticos e espirituais. Contudo, ela não está livre de perigos e surpresas; por isso o praticante não deve se encantar com visões nem se tornar dependentes delas, usando-as para fugir da monotonia do cotidiano. Ao perder o contato com a realidade e viver em fantasias, o buscador se afasta do verdadeiro objetivo da projeção astral, que é o autoconhecimento e o aprimoramento espiritual. É necessário dedicar tempo e assiduidade à prática da projeção astral, aprender como chegar aos mundos e transitar entre eles, compreender as visões sem se perder em miragens ou armadilhas astrais, além de saber distinguir a "realidade" astral das criações da mente.

Por essa razão é importante que, antes da prática da viagem astral, o praticante conheça, transforme e integre os próprios aspectos sombrios, para que eles não se tornem "monstros" ou "demônios". **O verdadeiro iniciado deve saber abrir e fechar portais com a ajuda das runas, lidar com seres sobrenaturais e encontrar seu caminho entre os mundos.** Medidas de proteção astral são indispensáveis, assim como o hábito de sempre apagar as runas traçadas, "fechando" os portais ao encerrar as jornadas.

MEDITAÇÃO XAMÂNICA

Recomendo aos leitores as orientações detalhadas oferecidas por Michael Harner, no livro *O Caminho do Xamã*, um clássico indicado para todos os principiantes nas práticas xamânicas. Para aqueles que conhecem o método, enumerarei, de forma sucinta, os pontos principais.

O lugar escolhido deve ser seguro, livre de interrupções ou interferências. O buscador fica sentado ou deitado no chão, sobre um cobertor ou colchonete, com os olhos cobertos (com uma venda ou com o braço). O "veículo" utilizado para viajar será a batida rápida e compassada do tambor, produzida por um acompanhante ou dirigente ou por um CD gravado previamente. O ritmo deve ser firme, monótono, constante, de duzentas batidas por minuto (que induz o estado *teta* nas ondas cerebrais). O lugar da "partida" será uma entrada para dentro da terra, conhecida ou imaginária, que pode ser uma gruta, uma fresta ou fenda na terra, um poço, uma nascente, a toca de um animal, um tronco oco ou raízes de árvores velhas. Depois de penetrar na terra, o buscador segue por um túnel ou caminho escuro até achar uma saída, que se abre para uma paisagem diferente (clareira na floresta, campo, praia, colina, montanha, beira de rio ou lago). Ele busca, em seguida, o animal aliado que o levará até um guia ou mentor, com o qual ele irá percorrer caminhos e visitar lugares; encontrar seres astrais, objetos mágicos, ervas ou pedras de cura; ouvir conselhos ou esclarecimentos; e receber ajuda, orientação ou cura.

O momento da volta (que seguirá o mesmo percurso da ida) é anunciado pela mudança da batida do tambor: quatro batidas espaçadas e depois um ritmo mais rápido até o toque final (repetindo as quatro batidas). A meditação xamânica dura de 20 a 30 minutos, aproximadamente. Logo após o seu término, o praticante deve anotar suas impressões, pois elas tendem a se dissipar com o passar do tempo.

No "estado xamânico de consciência", o verdadeiro xamã penetra na realidade "não-comum", onde ele vê, ouve e experimenta sensações e vivências inusitadas. Nas 24 horas que precedem a meditação, convém evitar bebidas alcoólicas, substâncias que alterem a percepção, refeições pesadas ou à base de carne, sexo e sobrecargas (físicas, mentais, emocionais, ou astrais). Antes de iniciar a meditação, convém fazer um relaxamento físico, a absorção de *önd*, exercícios respiratórios e a prática de esvaziar a mente, conforme recomendado na seção sobre a preparação magística.

Para o praticante rúnico, a meditação xamânica é um meio valioso de "viajar" pelos mundos de Yggdrasil. Por meio dela, ele pode entrar em contato com as energias rúnicas, com os seres sobrenaturais ou com as divindades, assim como faz por meio da projeção astral. A diferença é que ele é conduzido pelo ritmo do tambor (o seu "cavalo" ou "canoa") e acompanhado e protegido pelo seu animal de poder ou pela *fylgja*.

SHAPESHIFTING (Hamfarir, Faring forth) ou METAMORFOSE

Shapeshifting, ou a "mudança da forma", é uma técnica xamânica avançada, que requer um treinamento árduo, demorado e cheio de perigos, feito sob a orientação e direção de um mestre experiente. A metamorfose é citada nos mitos de divindades como Odin, Loki, Frigga e Freyja, sendo descrita como a transformação em animais ou pássaros, vestindo mantos de peles ou penas ou por meio de encantamentos mágicos.

Conhecida também como *hamfarir*, essa técnica consiste na habilidade xamânica de transferir temporariamente a consciência (chamada *hamrammr*) para a forma de um animal, pássaro ou peixe. Durante o *shapeshifting*, o *hamr* (corpo astral) separa-se do *lyke* (corpo físico) e se desloca para outros níveis de existência, assumindo as características físicas do animal. Existem vários relatos e lendas sobre o avistamento de guerreiros "transformando-se" em animais ferozes (ursos, lobos, javalis) nos campos de batalha, enquanto seus corpos permaneciam adormecidos em outro lugar. Nas sagas nórdicas são enaltecidas as façanhas mágicas de xamãs renomados, como o teletransporte, a visão a distância, a força sobre-humana, o desdobramento, a invisibilidade e as profecias.

Segundo fontes antigas, existiam dois tipos de *shapeshifting*: a mudança, no plano astral, do *hamr* humano para o animal, ou a materialização da forma deste animal no plano físico, conforme faziam os guerreiros *Berserkers* e *Ulfhednar* que assumiam aparências de ursos e lobos.

No primeiro tipo de *shapeshifting*, o xamã ou o guerreiro modifica o seu corpo etéreo (*hamr*) fundindo-se com a *fylgja*. No segundo tipo, ele desloca sua consciência para além do corpo adormecido e, pela força de vontade, manifesta-se em outro lugar com outras características físicas, geralmente dos seus animais aliados.

A transferência da consciência e sua exteriorização fora do corpo físico são a maior proeza das técnicas de magia xamânica, reservadas apenas a poucos "escolhidos". Trata-se de uma prática perigosa; se o animal for ferido ou morto durante o processo, é o próprio xamã quem sofre as conseqüências no mundo real.

Uma adaptação simplificada e menos arriscada do princípio de *shapeshifting* é a habilidade de atrair o animal de poder ou a *fylgja* e fundir-se com ele ou ela — prática xamânica conhecida como "a dança de poder". Para que não ofereça perigos ao praticante, ela deve ser feita com consciência e responsabilidade, dentro de um circulo de proteção. Mesmo que, exteriormente, o praticante não se "transforme" no animal, interiormente ele irá se fundir com ele. Seus sentidos ficarão mais aguçados, seus movimentos mais ágeis e rápidos, sua voz poderá reproduzir o grito da águia, o uivo do lobo, o rugido da onça ou do lince, o mugido do alce ou o sibilar da serpente.

A integridade física tem de ser preservada; por mais autêntico que seja o processo, não convém que o praticante ultrapasse os limites do bom senso, do respeito e da responsabilidade — consigo mesmo, com os outros e com o meio ambiente. Ele deve evitar exageros, bem como a liberação de instintos sombrios ou da agressividade reprimida.

Para praticar esse exercício, encontre um lugar isolado, espaçoso e seguro. Vista roupas folgadas, fique descalço e tire o relógio, os óculos e as jóias. Prepare-se com alguns alongamentos e respirações profundas. Concentre-se na imagem do animal que você quer invocar, depois de ter estudado suas características físicas e seus hábitos, movimentos e sons. Na véspera, evite a ingestão de bebidas alcoólicas, refeições pesadas e substâncias que alteram a consciência.

Com um ou dois chocalhos nas mãos, feche os olhos e volte-se para o Norte. Agite o chocalho rapidamente quatro vezes, para sinalizar que você está iniciando (ou finalizando) uma transição xamânica. Ainda no lugar, passe a agitar o chocalho em um ritmo compassado, durante alguns minutos. Faça o mesmo depois de se voltar para as outras direções cardeais, seguindo no sentido horário. Volte-se para o Norte e agite o chocalho acima da cabeça, depois para baixo, saudando as forças do céu e da terra, e finalize no centro, homenageando todos os animais sagrados e seus aliados.

Em seguida comece a dançar, marcando o ritmo com o chocalho. Essa dança inicial é uma prova da sua sincera intenção de se conectar e dançar com seu animal ou com sua *fylgya*, oferecendo-lhe sua energia em forma de dança. Depois de alguns movimentos, pare e agite o chocalho quatro vezes, compassadamente, para sinalizar que, a partir de agora, você dançará com o seu aliado. Você poderá continuar usando o chocalho ou dispensá-lo. O importante é a conexão com a essência de um animal específico (conhecido, por meio das meditações, como o seu aliado ou intuído durante a dança preliminar).

Concentre-se na energia dele e mexa o corpo devagar, imitando a postura e os movimentos dele. Imite o som que ele faz, tentando ser o mais realista possível, sem se preocupar com as outras pessoas presentes, caso esteja em grupo. Abra-se para as sensações, sinta-se o próprio animal, veja pelos olhos dele, cheire, ouça e sinta pelos seus sentidos, ande de quatro, "rasteje", "nade" ou "voe". Entregue-se a essa prática de devoção com a inocência e confiança de uma criança que dá asas à imaginação.

A chave para praticar a metamorfose é a fusão (*merging*), quando não existe mais a divisão entre corpo, mente e espírito; tudo é uma coisa só. Nesse estado místico, ao se tornar uno com o Todo, o praticante tem acesso a outros níveis de consciência, conhecimento, poder e sabedoria. Abandonando seus condicionamentos, preconceitos, medos e estruturas mentais, ele vai além dos limites do tempo e do espaço; a sua perspectiva se altera e a percepção se amplia. Assim ele atravessa o portal, expandindo sua consciência e sentindo sua transformação.

Quanto mais você pratica a fusão com o seu animal no plano físico, mais fácil você assume sua forma e energia no plano astral, durante as projeções e meditações. As vivências são mais profundas; os aprendizados, mais abrangentes; a integração, maior — tanto consigo mesmo quanto com os demais seres da criação.

Para terminar a conexão, pare lentamente a dança e puxe para o plexo solar a energia produzida. Agite o chocalho quatro vezes e depois repita a saudação para as direções na ordem inversa, finalizando no centro. Permaneça em silêncio por algum tempo, centre-se com respirações profundas, ingira algo leve e salgado ou tome uma bebida quente, não-alcoólica.

Recorra a essa dança sempre que se sentir enfraquecido, desvitalizado ou estressado. Honre seu aliado dedicando-lhe um objeto ou uma imagem no seu altar ou na sua casa, crie um poema ou uma canção para ele e empenhe-se para preservar seu hábitat e sua espécie.

PREPARAÇÃO DO AMBIENTE

Os rituais e as cerimônias dos antigos povos nórdicos eram realizados em lugares especiais da Natureza, onde existia um fluxo contínuo de *önd*. Por exemplo, grutas, nascentes, fontes, cachoeiras, topo de colinas, bosques de árvores sagradas ou cruzamentos das linhas geomagnéticas da terra (as chamadas *ley lines* ou "veias do dragão").

Além dos locais sagrados naturais, existiam também alguns construídos pelos homens, como os círculos de menires (*stone circles*), as câmaras subterrâneas (*burial chambers*) e os *cairns* (amontoados de pedras encontrados em cima das câmaras), as colinas artificiais (*burial mounds*) e os "navios" de pedras (*stone ships*), que abrigavam os túmulos dos ancestrais e inúmeros labirintos, muitos deles preservados até hoje. Com o passar do tempo, começaram a ser construídos templos simples em madeira, temporários (chamados *hogr*) ou permanentes (*hof* ou *ealh*).

Atualmente, não existem tantos locais isolados, seguros e de boas vibrações, que possam servir como santuários naturais. Poucos são aqueles que dispõem de condições materiais e espaço nas suas propriedades para criar um templo, por mais simples que ele seja. Por isso, o *vitki* moderno deve criar o seu *Vé* (santuário) cada vez que for realizar um trabalho mágico ou um ritual, independentemente das condições físicas e vibratórias do lugar de que dispõe.

CRIAÇÃO DO ESPAÇO SAGRADO (*VÉ*)

Consideramos como espaço sagrado ou santuário um lugar previamente delimitado, purificado e livre de energias dissonantes — físicas, psíquicas ou astrais — e consagrado por meio de um ritual. Ele deve representar um "oásis" de paz, tranqüilidade e cura, onde seja celebrada a conexão do homem com as divindades, e também propiciar a transformação interior dos participantes, por meio de orações, oferendas, rituais e elevação espiritual.

"Criar um santuário" significa dedicar um tempo e um espaço para honrar as divindades e oferecer uma base material para viver e expandir a sua fé.

A forma do santuário pode ser circular, quadrada, losangular (runa Ingwaz) ou em V (runa Kenaz). Independentemente da sua forma, ele deverá ser delimitado e marcado de acordo com a antiga tradição.

Se o lugar for ao ar livre, sua circunferência poderá ser marcada com pedras, lembrando os antigos *Vé* da Suécia e da Dinamarca; ou com estacas de madeira, como os *Stafgardr* da Ilha de Götland. Os locais de assembléias (*Thing*) da Islândia e da Noruega eram delimitados por cordas chamadas *vebond*, amarradas em galhos de árvores sagradas.

Dentro de residências, convém fazer marcações temporárias no chão, com giz ou cordas. Quem tiver um jardim, pode criar um espaço permanente, delimitado por pedras, canteiros de plantas sagradas ou uma cerca-viva de arbustos espinhentos.

O principal requisito é tornar esse espaço um lugar de trabalho protegido, seguro e livre de interferências, onde seja possível atrair e direcionar energias sutis.

Uma vez delimitado e marcado, o *Vé* precisa ser purificado. Comece "varrendo" os resíduos energéticos. Use uma vassoura de penas de ganso, galhos de bétula ou salgueiro (que podem ser substituídos por galhos de eucalipto, bambu ou fícus) e movimente-se no sentido anti-horário. Em seguida, defume o local com uma mistura de ervas secas e resinas, queimando-as sobre carvão em brasa, dentro de um braseiro de barro ou cerâmica. Não é recomendável usar varetas de incenso compradas em lojas, pois elas não são tradicionais. Com um mínimo de esforço, o praticante pode preparar suas próprias misturas para defumação, seguindo as indicações a seguir:

Para proteção, misture, em um almofariz de louça (ou um pilão de madeira), uma parte de folhas secas de arruda, manjericão e sálvia com duas partes de agulhas de pinheiro, resina de olíbano e mirra, mexendo no sentido horário. Escolha a fase nova da Lua e mentalize fluxos de *önd* impregnando a mistura.

Para elevação vibratória, misture partes iguais de folhas secas de manjericão, tomilho, sálvia e hortelã com flores secas de lavanda ou alfazema, macieira (ou pétalas de rosas), madressilva, sabugueiro e agulhas de pinheiro. Para favorecer a intuição, substitua a hortelã e a lavanda por artemísia e alecrim. A fase lunar mais propícia é a crescente ou cheia.

Para purificar o espaço circule o espaço sagrado com o turíbulo no sentido anti-horário; para a harmonização, faça o mesmo no sentido horário.

Após a purificação, o *Vé* deve ser consagrado. Comece aspergindo água magnetizada ao redor do espaço, com a ajuda de um galho de manjericão ou pinheiro. (Você pode fazer água magnetizada impregnando uma vasilha com água de chuva, fonte ou cachoeira com um fluxo de *önd*. Visualize o *önd* como uma energia branco-azulada, que você capta com a mão esquerda erguida no alto e direciona com o dedo indicador direito. Você pode usar essa água pura ou acrescida de nove pitadas de sal marinho, que você mistura no sentido horário, com o dedo indicador da mão direita.) Em seguida, eleve o bastão mágico (*gandr*) com a mão dominante e visualize a corrente de *önd* sendo captada do ar pelo bastão e direcionada para todo o *Vé*. Acompanhe o traçado circulando por todo o perímetro do *Vé*, no sentido horário e depois parando no centro (do círculo ou do quadrado) ou numa das extremidades (no caso do losango ou do V).

Para assegurar a proteção do Vé, convém invocar os guardiães associados às direções cardeais. Eles se apresentam como anões trajando botas, um casaco de couro ou pele e um elmo metálico. Cada um deles irradia da aura uma cor diferente: *Nordhri* (Norte) irradia azul-escuro; *Austri* (Leste) irradia amarelo; *Sudhri* (Sul) irradia vermelho; *Vestri* (Oeste) irradia azul-esverdeado. Para chamá-los, desenhe no ar, com o bastão ou o dedo indicador, a runa Kenaz; entoe seu *galdr* e volte-se para a respectiva direção, dizendo:

"Nordhri (Austri, Sudhri ou Vestri), guardião do Norte (Leste, Sul ou Oeste), veja a luz da tocha, receba a chama sagrada e proteja este portal, para que nada negativo nem ninguém prejudicial possa entrar."

Consagre o *Vé* com uma bênção em nome das divindades que serão homenageadas na cerimônia ou que foram escolhidas como guias ou tutores do ritual. Essa bênção deve ser composta de poucas palavras, que devem ser sempre as mesmas em todos os rituais:

"Eu [seu nome mágico] consagro este Vé dedicando-o ao deus [nome do deus] e à deusa [nome da deusa]. Eu, [seu nome mágico] lhes peço que impregnem este Vé com suas energias e abençoem os trabalhos nele realizados, com seu poder, luz e amor. Ká! Hail Odin [ou Frey, Tyr, Thor], Hail Frigga [ou Freyja, Eir, Holda, Nerthus, Sunna]!"
(Obs.: Hail e Hailsa são saudações rituais que equivalem a "Salve".)

Para concluir a consagração, bata no altar nove vezes (em três séries de três pancadas), usando o *gandr*. Se preferir, você também pode tocar o tambor ou bater palmas, da mesma maneira.

Coloque, em seguida, os objetos mágicos no altar e o espaço está pronto para a realização do ritual ou da cerimônia.

No final dos trabalhos, agradeça as energias invocadas, dirigindo-se primeiro aos deuses e depois aos guardiães.

"Senhor [nome da divindade], Senhora [nome da divindade], minha profunda gratidão pela vossa orientação e pela vossa amorosa e poderosa presença. Que eu possa merecer sempre vosso apoio."
"Nordhri [Austri, Sudhri ou Vestri], agradeço vossa presença e proteção. Retirai-vos em paz e voltai novamente quando chamados."

Estenda o *gandr* (ou o dedo indicador) e visualize a runa Kenaz e a luz branco-azulada que formou o *Vé* sendo atraídas e armazenadas no bastão (ou na sua mão). Caminhe no sentido anti-horário, desfazendo o traçado do *Vé*, e toque o altar ou um objeto mágico nove vezes com o bastão ou com o dedo, deixando ali o *önd* excedente; ou entregue-o à terra, tocando o chão.

CÍRCULO RÚNICO

Para determinados rituais, como os de magia *galdr* ou talismânica, é necessário criar uma egrégora astral mais específica, obtida por meio da criação de um círculo — ou anel — de runas.

Depois de delimitar e purificar o espaço, visualize ao redor dele uma cerca-viva de espinheiro, brilhando como uma muralha etérea de cor verde, intransponível. Imagine nas quatro direções cardeais aberturas sutis por onde passa o fluxo de *önd*, devidamente protegidas pelos guardiães. Esses guardiães — já citados — podem ser substituídos por escudos de proteção, plasmados em luz branco-azulada com a forma alternativa da runa Hagalaz (o floco de neve ou *Hexenstern*, a estrela de seis pontas da deusa Holda) ou em luz vermelha, com o desenho do martelo mágico do deus Thor (vide o trecho sobre ideografias, no Capítulo VIII). Esses símbolos têm uma poderosa força defensiva, repelindo qualquer energia ou entidade intrusa.

É necessário treinar bastante essa visualização, antes de criar pela primeira vez um círculo rúnico. A formação da egrégora rúnica requer muita segurança e concentração, portanto o treinamento é indispensável, para que se evitem distrações e indecisões durante a mentalização.

A barreira energética deve ser plasmada em torno de toda a forma física do *Vé*, mental ou fisicamente, com o auxílio do bastão (*gandr*) ou da faca ritual (*seax*), no sentido horário, começando pela direção Norte.

Em cima da muralha etérea de espinhos, mentalize uma cúpula esférica em azul-vibrante, com uma contraparte subterrânea. É preciso deixar aberturas nos ápices (inferior e superior) da esfera energética, bem como nas quatro direções da cerca, para permitir a passagem dos fluxos de *önd* — cósmico, telúrico, ctônico (subterrâneo).

Sobre a cúpula, em uma faixa horizontal na altura do seu plexo solar, plasme mentalmente as runas do Futhark Antigo, em vermelho-vibrante. Esse cinturão rúnico deve começar no Norte com a runa Fehu e fechar também no Norte com a runa Dagaz, ao lado de Fehu. O *vitki*, portanto fica no centro desse círculo energético, no qual as runas imprimem sua energia em todo o espaço.

No final do trabalho, o cinturão de runas, a cúpula energética e a barreira fluídica devem ser desfeitas na ordem inversa da sua criação. Por meio de visualização, gestos e movimentação anti-horária, faça com que as energias da egrégora sejam atraídas para o bastão e redirecionadas para você, para o altar, para um objeto mágico ou para a terra, conforme explicado anteriormente.

ALTAR (*HAUGR, HOF, HELGEDOM, STALL*)

Na Tradição Nórdica, o altar não tem a mesma importância que lhe atribuem outras culturas. Como a maioria dos rituais era realizada ao ar livre, o altar era feito de acordo com o meio ambiente, e podia ficar sobre uma pedra ou um tronco de árvore, ou riscado — ou cercado de pedras — na terra ou na areia. Muitas cerimônias eram feitas ao redor de uma árvore sagrada, um mastro, um pilar ou um totem, que simbolizava Yggdrasil, a Árvore do Mundo, ou Irminsul, o Pilar Cósmico.

O *vitki* moderno pode fazer uso de elementos naturais, como uma "fatia" de um tronco de árvore apoiada sobre uma pedra ou suporte de madeira. Se não for possível, uma mesa redonda ou quadrada de madeira de lei também serve. Um lembrete: jamais use compensado, papelão, mármore, vidro ou plástico; esses materiais destoam da simbologia nórdica e são desprovidos de *önd*.

Se preferir usar o chão, risque sobre ele um círculo dividido em oito setores (representando a Roda do Ano), amontoe pedras imitando um *cairn*, aproveite uma elevação natural do chão, use uma roda de charrete ou carroça antiga ou junte folhas e galhos secos em cujo topo pode ser colocada uma pedra ou uma tábua de madeira.

Se preferir usar uma toalha, ela deve ser feita de tecido rústico (cânhamo, linho ou algodão cru) e pintada ou bordada com o círculo rúnico, a roda solar ou um "símbolo de poder" (descritos no Capítulo VIII), sem enfeites para não dispersar a energia.

Se quiser um altar fixo dentro de casa, ele poderá ficar no centro ou apoiado em uma parede de frente para o Norte. Encostado atrás do altar, pode ficar um pilar de madeira ou um tronco de árvore, representando Yggdrasil. Se o seu diâmetro permitir, coloque no topo do pilar uma estatueta ou imagem da divindade regente do altar.

Pregos de ferro batidos no pilar — reproduzindo a antiga dedicação a Thor — com runas e símbolos pirogravados ou pintados, reforçam o poder mágico e espiritual do altar.

O fator mais importante na escolha e preparação do altar é a sua representação como ponto de convergência das forças sutis, bateria etérea para recarregar a energia vital dos praticantes e um portal para a conexão com os poderes rúnicos, os nove mundos e seus habitantes.

O altar deve simbolizar a contraparte física da devoção da alma, que se expressa por meio de símbolos. Por seu intermédio o iniciado faz orações a divindades, sobre ele ficam objetos mágicos e oferendas e em torno dele se processam transmutações e curas. O altar do espírito existe em nosso coração, mas é no altar físico que acendemos o fogo ritual, representado pelas velas (equivalentes da nossa chama sagrada), reminiscência das fogueiras das antigas celebrações, assembléias, conselhos e rituais.

TEMPO MÁGICO

Os autênticos magos e xamãs nórdicos esperavam a época adequada para realizar seus rituais e cerimônias, seguindo rigorosamente critérios relacionados à estação do ano, à posição do Sol, ao alinhamento das estrelas e às fases da Lua.

Os momentos mais favoráveis eram as transições: do dia para a noite — e vice-versa; a mudança das estações; os solstícios e equinócios; a lua nova e cheia, e os dias consagrados às divindades, de acordo com a trajetória de estrelas.

As estrelas e constelações importantes do hemisfério Norte são a Estrela Polar, a Ursa Maior e Menor, as Plêiades, Órion, Canis, Corona Borealis, a nebulosa de Andrômeda, a Via Láctea e as estrelas Sirius, Arcturus, Vega, Antares, Capela, Regulus, Algol, Rigel, Aldebaran, Algorab, Spica, Castor e Pólux. Todas elas tinham nomes tradicionais sugestivos, relacionados com os mitos das divindades, respectivamente: Tir; as Carruagens de Woden e de Frigga; a Manada de Javalis; o Fuso de Frigga; a Tocha; o Dedão do Gigante de Orvandil; as Mandíbulas do Lobo; a Ponte (estrada) dos Deuses; o Bastão de Loki; a Estrela do Dia; a Estrela do Sul; o Lobo Fenris; a Cabra Heidrum; o Senhor; a Tocha; o Arado; o Seguidor; o Corvo; o Feixe de Trigo e os Olhos de Thiazzi.

Os sábios nórdicos desenvolveram complexos sistemas astronômicos para calcular os dias propícios para ritos de passagem, iniciações, curas, festividades e conselhos coletivos. Eles usavam uma correspondência numérica tríplice (baseada nos *Ættir*), quádrupla (ligada aos elementos, direções e estações) e óctupla (em função da Roda do Ano).

Eram levados em conta os números mágicos — além dos múltiplos de 3, 4 e 9, também o 18, o 24, o 28, o 29 e o 33 (o total de runas dos diversos sistemas); os marcos entre as "marés do dia" — determinadas pela interação do Sol, da Lua e Terra; e as chamadas *chime hours* ("horas do carrilhão") que eram 3, 6, 9, 12, 15, 18, 21 e 24, e as intermediárias 4:30, 7:30, 16:30 e 19:30.

Existia também uma correspondência entre as runas e as horas do dia, a qual se baseava na posição das runas do Futhark Antigo quando colocadas ao redor do círculo do horizonte. Assim, a primeira hora rúnica, regida por Fehu, durava das 12:30 às 13:30; a segunda, regida por Uruz, durava das 13:30 às 14:30 e assim por diante. A última runa, Dagaz, fechava o círculo e regia o zênite (meio-dia), das 11:30 às 12:30 (já no dia seguinte). Esses horários são extremamente importantes, pois o efeito máximo de uma runa ocorre durante a "sua" hora, que fica impregnada com as qualidades dessa runa.

Aqueles que querem ser fiéis às antigas coordenadas deverão corrigir os horários com base na hora local, determinada pela latitude e o meridiano do local onde moram (existem tabelas próprias para fazer esses cálculos).

As runas também regiam divisões do ciclo solar anual além da sua trajetória diurna, na mesma proporção de 1:24. Nesse caso os períodos eram de 15 dias (e não de um mês solar) e eram chamados *halv monad* ou *fortnight* (meio mês ou quinzena). A divisão começava em 29 de junho e cada uma das 24 runas regia metade de um mês. O poder máximo da runa era atingido no meio do período, que coincidia com datas sagradas do antigo calendário nórdico. Essas datas foram relacionadas no *Adendo*.

OBJETOS MÁGICOS

Além das "ferramentas interiores" analisadas no subcapítulo *Preparação Magística Individual*, o *vitki* necessita também de objetos mágicos tradicionais, que vão auxiliá-lo na manipulação e direcionamento das correntes de energia rúnica. Diferentemente de outras tradições, os requisitos básicos para a prática da magia nórdica são mais simples e fáceis de adquirir, utilizar e transportar.

VESTIMENTAS CERIMONIAIS

As escavações arqueológicas comprovam os relatos de antigas sagas que descreviam a indumentária especial dos xamãs nórdicos. Essas indumentárias sempre incluíam certos itens considerados essenciais para a conexão com os mundos sutis: mantos com capuz (para facilitar o transe), peles de animais (para a prática da *Utiseta* e para homenagear os animais de poder), bolsas de couro para levar objetos, insígnias de poder, amuletos e talismãs.

Resumirei a seguir os trajes tradicionais de uma *völva*: um manto azul-escuro bordado com pedras, um capuz forrado de pele (de lince, raposa, texugo ou castor), luvas e botas de pele de gato-do-mato, bolsa de couro pirogravada com símbolos, lenço ou touca de tecido vermelho com bolinhas brancas e um xale bordado com motivos tradicionais em várias cores. Ela levava consigo uma pele (de urso ou lobo), um banquinho de três pés (*stol*), um cajado, um bastão e uma faca ritual, além de uma bolsa com seus "objetos de poder" e talismãs rúnicos.

Nas bolsas encontradas em sítios arqueológicos foram encontradas contas de âmbar, pedras furadas naturalmente (*hag stones*, "pedras da bruxa"), penas e bicos de corvo e falcão, garras de urso e lobo, peles e esqueletos de serpente, peles de animais, conchas e ervas sagradas.

O mago moderno pode usar um traje menos exótico ou complicado, mas deve preservar alguns itens tradicionais, adaptados de acordo com as suas possibilidades.

Para os homens, sugiro calças e túnica de algodão cru ou tingido em tons de azul, vermelho, amarelo, marrom ou verde. O manto é opcional, porém deverá ser sempre azul-escuro e com capuz, em homenagem a Odin.

Para as mulheres, dou como sugestão o traje usado pelo círculo de estudos rúnicos que dirijo: um vestido longo de linho ou algodão azul-forte, com avental da mesma cor, enfeitado com galões coloridos. Acompanhando os graus de iniciação são acrescentados mais dois itens: uma touca vermelha, inspirada nos trajes tradicionais do povo sami (com uma renda na beira e galões nas cores azul, verde, dourado ou amarelo) e um cinto de nove fitas trançadas, com as cores do arco-íris, mais o preto e o branco.

O vestido pode também ser vermelho (para Freyja), verde (Nerthus), azul-claro (Frigga), amarelo-ouro (Sunna) ou preto (Hel), bordado com contas formando rodas, espirais, ondas ou runas, com um cinto de couro ou de fitas trançadas (nas cores do arco-íris). O cinto tradicional era de couro, composto por três tiras trançadas, com a ponta dividida em nove franjas, com nove nós (simbolizando os nove mundos) e nele era presa a bolsa em que ficavam as ervas, pedras, talismãs e runas. Os nórdicos acreditavam que o cinto ajudava a canalizar energias, principalmente se tinha nove nós dados com propósitos mágicos ou se era feito com o couro ou a pele do animal de poder.

Um item exclusivo das curandeiras, profetisas e xamãs era a touca vermelha, que representava sabedoria, dons de cura e de profecia. Seu uso foi proibido após a cristianização e considerado um indício de heresia e prática de bruxaria. Do ponto de vista simbólico, a touca indicava a habilidade de "voar" e "ver longe" — dons inatos ou adquiridos pela ingestão ritual do cogumelo alucinógeno *Amanita muscaria* (vermelho com pintas brancas, muito tóxico) —, bem como o poder mágico do sangue menstrual e os elos entre as mulheres.

Lenços e chapéus vermelhos eram e continuam sendo usados pelos xamãs dos nativos sami, além de ser atribuídos aos gnomos responsáveis pela fertilidade da terra. Esse é certamente o significado das estatuetas de anões colocadas nos jardins até hoje e da lenda escandinava do "Homem Vermelho", um ser sobrenatural que recompensava com riquezas aqueles que lhe davam hospedagem e alimento nas noites frias de inverno.

Recomendo, tanto para os homens quanto para as mulheres, que confeccionem e usem uma tira branca (de algodão ou linho), bordada ou pintada com as 24 runas do Futhark antigo. Essa tira, usada na cabeça em todos os rituais com energias rúnicas, deve ser confeccionada ao longo dos 24 dias que antecedem a iniciação. Diariamente, enquanto borda ou pinta os traçados das runas, o iniciado deve visualizar seus significados e entoar seus *galdrar*. Depois de pronta, a tira deve ser imantada com fluxos de *önd* captados na Natureza e consagrada, sendo dedicada a um deus ou deusa reverenciados como "padrinhos" (as Nornes, Odin, Frey, Mimir, Thor, Tyr, Freyja, Frigga, Holda, Nerthus ou Saga).

Devo alertar também sobre os calçados, que deverão ser de couro ou de camurça, jamais de materiais sintéticos ou com sola de borracha (que isola o praticante da força da terra). O ideal, na verdade, é que ele fique descalço, em contato com os fluxos telúricos do *önd*.

FACAS RITUALÍSTICAS (*SEAX E RISTIR*)

Diferentemente do *athame* da tradição Wicca, o *seax* nórdico tinha a aparência de uma simples faca de cozinha, com uma lâmina reta de um só gume e cabo de chifre, osso ou madeira. Ele era a ferramenta mais importante na magia rúnica, usada para gravar as runas e invocar, direcionar e banir energias, em rituais e cerimônias.

Qualquer que seja a faca escolhida, ela deve ser virgem (para não trazer resíduos energéticos anteriores) e previamente purificada e consagrada. Também convém gravar no cabo o nome do mago (traduzido em runas ou como um monograma).

Outra faca tradicional era o *ristir*, usado apenas para gravar símbolos em osso, couro ou madeira ou para colocar o pigmento nos entalhes. Comparado com o *seax* parece um ponteiro, sua lâmina era fina e a ponta muito afiada. Atualmente é mais prático pirogravar as runas, por isso o *ristir* pode ser substituído pelo pirógrafo.

O *seax* serve para delimitar espaços sagrados (desenhando seu perímetro no ar ou traçando-o no chão), para cortar galhos de árvore com fins mágicos, para invocar forças rúnicas e para direcionar seu poder para as metas escolhidas. O *seax* deve ser guardado na bainha e nunca usado para fins profanos. Também não se deve jamais adquirir um *seax* que tenha pertencido a outra pessoa, muito menos comprá-lo numa loja de antigüidades. Ele pode ser dedicado a Odin, Tyr ou Frey.

Para cortar ervas, cavar raízes ou remover pedras, use uma faca comum, em vez do *seax*.

BASTÃO MÁGICO (GANDR)

O *gandr* era usado para fazer invocações, para traçar o círculo de proteção, e para atrair e direcionar forças rúnicas e irradiá-las em ambientes, pessoas e objetos. Tradicionalmente, era confeccionado em osso ou madeira. Assim como as varetas rúnicas, o bastão deve ser confeccionado de um galho vivo de uma árvore sagrada ou frutífera, cortado ritualisticamente com o *seax* e devidamente imantado e consagrado (podem ser seguidas as orientações dadas no Capítulo V, para a preparação do oráculo rúnico). O horário mais adequado para cortar o galho (de baixo para cima, com um golpe firme, sem ferir a árvore) é no nascer ou no pôr-do-sol, ao meio-dia ou à meia-noite. Ao cortar o galho, deve-se ter cuidado para que ele não caia no chão (o que diminuiria sua força). Ele também deve ser dedicado a Odin, Thor ou às Nornes.

O diâmetro do *gandr* varia. Pode ser igual ao do dedo indicador do mago ou do anel formado pela junção do seu indicador com o polegar. O comprimento tradicional equivale à distância do dedo mindinho do mago até o cotovelo, mas ele pode ser menor ou maior, sempre em função dos números mágicos. A parte superior é arredondada e a inferior, achatada. Depois de descascado com o *seax* e lixado, o *gandr* é entalhado com o nome mágico do dono (transcrito em runas), uma fórmula mágica adequada, um símbolo de poder ou o nome de uma divindade.

Antes de entalhar o *gandr*, você deve imantá-lo com a força das runas untando-o durante nove noites (começando na lua nova) com um ungüento aromático preparado com óleo de linhaça ou de bétula e uma infusão concentrada de ervas sagradas. A cada noite, enquanto estiver untando o bastão, visualize os símbolos e significados de todas as runas e entoe seus *galdrar*. Após sua consagração, guarde o *gandr* coberto por um pano de algodão, de cor escura. Essa técnica pode ser usada também para a confecção de talismãs.

Antigamente, existiam outros tipos de bastão, como o *croomstick* ou cajado (da altura do mago e com a ponta recurvada), o *pilebogar*, bifurcado e com um cristal de rocha ou uma pinha presa na ponta, o *glodhker*, com três ramificações, que servia como suporte para o chifre com hidromel ou o incensário. Havia também *metewands*, varas medidoras graduadas no antigo sistema nórdico de medição e *dowsing rods*, varinhas rabdomânticas (de galhos de aveleira) usadas para localizar veios de água ou de minérios e para achar os melhores lugares para templos e moradias. Nas práticas de magia *seidhr,* a vidente se apoiava no seu cajado, gravado com símbolos rúnicos de poder e proteção.

OUTROS OBJETOS

No lugar da taça ou do cálice ritual de outras tradições, os nórdicos usavam um chifre de gado (*drinking horn*) cheio de hidromel, com o qual eram feitos brindes cerimoniais e de confraternização. O chifre tradicional tinha um suporte para permanecer em pé durante o ritual, sem que o líquido fosse derramado. Para consagrar o chifre (após ser limpo, lixado, encerado ou envernizado e purificado com incenso) o mago inscrevia nele as runas Othala, Dagaz, Hagalaz, Raidho, Ansuz, Ehwaz, Raidho, Isa e Algiz (ou a palavra *Odhroerir* — o "Elixir da Inspiração") e dedicava-o a Odin e às Valquírias.

A tigela para abençoar (*blessing bowl*) era feita de cerâmica ou madeira e servia para guardar o líquido usado para abençoar objetos mágicos, pessoas e espaços. O líquido (hidromel, vinho de sabugueiro ou de frutinhas silvestres, cerveja, sidra de maçã ou água consagrada) era aspergido com um galho verde (de teixo, pinheiro, azevinho ou hera). As *völvas* usavam para clarividência tigelas com o fundo pintado de preto e cheias de água.

Enquanto o chifre representa o princípio masculino e os laços de fraternidade, o caldeirão simboliza o poder gerador feminino e o ventre sagrado da Deusa Mãe. O caldeirão (*cauldron*) tradicional dos povos nórdicos, celtas e eslavos era de ferro, com três pés e uma alça pela qual ele era pendurado sobre a fogueira. Nele preparavam-se infusões e poções com ervas sagradas e queimavam-se ervas secas, resinas e varetas com inscrições rúnicas (para liberar a energia nelas contida).

Para queimar resinas e purificar objetos, roupas, pessoas e ambientes usava-se o *glodhker,* um braseiro de cerâmica (nunca de metal, para não afetar a energia vegetal), no qual eram colocados carvões em brasa. Simbolizando o fogo purificador de Muspelheim, ele era posicionado no lado Sul do altar ou do círculo. O fogo também era representado por velas ou tochas, acesas no início do ritual e colocadas nas quatro direções, no centro do altar ou do espaço sagrado. As velas de cera de abelha eram colocadas em vasilhas de barro ou cerâmica, cheias de areia. Era comum o uso de tochas e lamparinas feitas com gordura animal e pavio de fibras vegetais.

O martelo (*hammer*) também é um objeto mágico tradicional que simboliza a proteção e o poder de consagração de Mjollnir, o martelo sagrado de Thor. Ele representa a força do relâmpago e do trovão, manifestações do *önd* cósmico. Na Tradição Nórdica, abençoava-se fazendo o sinal do martelo — *hammermark* — e, na cerimônia *Hammersigning,* projetava-se a imagem do martelo para purificar, proteger e consagrar espaços e pessoas. Amuletos de prata ou ferro em forma de martelo eram usados em colares, colocados sobre as portas ou levados nas viagens como garantia de proteção. Somente muito tempo após a cristianização eles foram substituídos pelos crucifixos, em conseqüência da intensa perseguição e proibição cristã dos antigos símbolos sagrados.

Usado para abençoar casamentos, batizados e enterros, o martelo mágico era girado três vezes sobre a pessoa, para anunciar o início e o fim dos rituais. Também era usado para bater pregos nos objetos e locais sagrados. Acreditava-se que o ato de martelar fixava determinadas energias ou qualidades no objeto martelado ou nos pregos, que assim se tornavam símbolos do poder de Thor.

Para fins ritualísticos, o martelo "mágico" atual deve ser diferente do martelo comum: ele deve ter pontas simétricas, o cabo no meio da cabeça de metal e não ser muito pesado. Deve ser purificado e consagrado ritualisticamente, dedicando-o ao deus Thor e gravando no cabo o nome do Deus, o símbolo da suástica e o nome mágico do seu dono transcrito em runas.

Para triturar pigmentos, resinas ou ervas é necessário outro objeto ritual: um almofariz de porcelana, pedra ou cerâmica, ou um pilão de madeira. Depois de usado, esse instrumento deve ser limpo com água corrente, enquanto se visualiza as runas Uruz e Laguz.

Uma correia de couro com um nó numa ponta e uma alça na outra era a representação do poder divino (de Odin e Tiwaz) para "amarrar". Era usada à guisa de cinto pelos magos consagrados a esses deuses e para amarrar os talismãs rúnicos enrolados em pedaços de pano preto de algodão (durante sua "incubação", conforme está descrito no Capítulo IX).

Todos os objetos mencionados devem ser sempre purificados e consagrados antes do seu uso, e depois guardados em uma caixa de madeira, entre sachês de ervas aromáticas.

OBJETOS PESSOAIS

Nas sagas nórdicas, são poucos os itens pessoais considerados indispensáveis. São eles: o colar de ouro e âmbar, para as mulheres, e as "pulseiras de braço" (*arm rings*) e os anéis, para os homens, confeccionados em ferro ou prata, com inscrições rúnicas e usados nos juramentos (devocionais ou nos "pactos de sangue"); o cinto e a correia de couro para prender a bolsa com os objetos mágicos e para amarrar talismãs; uma pele de animais para o mago se sentar durante a *Utiseta* ou uma manta para se cobrir.

O mago moderno pode diversificar e ampliar o seu "embornal" de acordo com suas preferências e possibilidades. Ele pode acrescentar à sua bolsa: pedras magnéticas, conchas espiraladas, pêlo e garras de animais, penas de pássaros (corvo, falcão, coruja), fetiches das divindades e dos seus protetores, talismãs rúnicos e uma corrente de prata com um medalhão gravado com a suástica, o martelo de Thor, a roda solar, o v*alknut, o trefot,* runas de proteção (Algiz, a forma alternativa da Hagalaz) ou escudos astrais. Para abençoar (a si mesmo, os objetos ou as pessoas) recomendo que se tenha um frasquinho com essência (de bétula, pinheiro, cedro, musgo de carvalho, mirra ou benjoim); para purificar os ambientes, queimar no caldeirão uma mistura em partes iguais de agulhas de pinheiro, sementes de zimbro, folhas de cedro, manjericão, cardo santo, sabugueiro. É sempre útil dispor de lãs e fitas coloridas, cordas e fios para encantamentos com tranças e nós; algumas rodelas ou varetas de madeira ou pedaços de papel vegetal para confeccionar talismãs rúnicos (que serão depois queimados, enterrados ou guardados).

Para guardar os objetos, adquira uma bolsa de couro ou confeccione uma de tecido rústico, bordada ou pintada com runas protetoras, monogramas rúnicos ou "símbolos de poder" (roda solar, suástica, *valknut, trefot, hexefuss*).

Depois que se sentir preparado (nos níveis mental, emocional e material), o aspirante a *vitki, erilaz, runester, godhi/gythja, seidhrman/seidhkona* estará pronto para fazer o seu ritual de auto-iniciação, começar a praticar outros rituais e realizar — sozinho ou em grupo — as cerimônias da Roda do Ano. Os rituais e celebrações serão descritos detalhadamente nos dois capítulos a seguir.

CAPÍTULO VIII

TRADIÇÕES MÁGICAS

"Conhece as runas de guerra se quiseres ser o maior,
Cunha-as na lâmina temperada da tua espada
E algumas no cabo e na bainha,
Gravando duas vezes o nome de Tyr.
Aprende bem as runas da palavra
Se precisares te defender daqueles que tu magoaste,
Tece-as, trança-as, risca-as ao teu redor
Quando tiveres que falar nas assembléias.
Descobre a sabedoria das runas trançadas
Se desejares curar doenças e feridas,
Grava-as nas cascas e nas folhas
Dos galhos virados para o Leste.
Todas essas e muito mais
Foram criadas e cortadas,
Misturadas com a bebida sagrada
E enviadas para vários caminhos.
Algumas permanecem com os Elfos,
Outras com os Æsir ou com os sábios Vanir,
Porém, algumas foram deixadas
Para o conhecimento da humanidade.
São todas elas poderosas e muito puras,
Mas para serem possuídas,
Tu deverás conhecer as suas lendas
E estudar seus mistérios até o fim dos teus dias."

"Völsunga Saga" — Sigdrifumal

Conforme mencionei no Capítulo VII, o "tronco" da Tradição Nórdica deu origem a três grandes ramos de práticas mágicas: *Troth*, *Rune Galdor* e *Seidhr* ou *Spæcraft*. Não é possível fazer nesta obra um estudo aprofundado de cada ramo, que por si só poderia constituir o assunto de um livro inteiro. Portanto, vou descrever em linhas gerais os princípios e as práticas básicas de cada um desses ramos, que poderão servir de incentivo e referência para os buscadores que queiram "estudar os mistérios rúnicos até o fim dos seus dias".

TROTH
(A Magia Cerimonial)

O termo *Troth* significa "fé" ou "lealdade" e designa a essência da religião teutônica, denominada também de *Asatrú* ou Odinismo. Sua tradição é fundamentada nos textos das *Eddas* (tanto os antigos, quanto os novos), nas sagas islandesas e nos poemas épicos teutônicos e anglo-saxões. Essas evidências históricas e mitológicas muito bem documentadas favoreceram o renascimento da Antiga Tradição, resultando na renovação ou despertar das sociedades ocultas medievais, das ordens iniciáticas e das assembléias esotéricas.

Das inúmeras organizações que existem atualmente, a mais conhecida é a *Ring of Troth*. Precursora das demais, ela foi fundada e dirigida pelo escritor Edred Thorsson e tem grupos filiados, os chamados *Kindreds* (aparentados, semelhantes), em diversos lugares. Seu conceito básico é a idéia da "metagenética", a herança espiritual inerente à genética nacional ou racial. Pessoalmente, eu discordo dessa teoria por acreditar que a bagagem ou *quantum* espiritual independe da nação ou do lugar onde uma alma reencarna. O que determina, impulsiona e orienta a busca espiritual de uma pessoa é o "chamado" da sua alma, o "sussurro" da sua voz interior, que transcende razões ou questionamentos intelectuais e sociais. Esse chamado é o que norteia a escolha da sua missão ou do seu caminho metafísico. Todavia, presto homenagem a Edred Thorsson e reconheço o valor inestimável das suas obras e da corajosa, pioneira e ampla divulgação que ele fez dos antigos conhecimentos e práticas sagradas.

As "Nove Nobres Virtudes" e as "Metas Sêxtuplas" são as diretrizes éticas que norteiam as ações e atitudes dos seguidores do *Troth*. As **"Nove Nobres Virtudes"** já foram mencionadas no Capítulo V e podem ser resumidas como coragem, verdade, honra, lealdade, disciplina, hospitalidade, trabalho árduo, auto-suficiência e perseverança. As **"Metas Sêxtuplas"** são consideradas dons legados à humanidade pelas divindades, sendo elas: a justiça (de Tiw), a sabedoria (de Woden ou Odin), a força (de Thunar ou Thor), a colheita (dos *Vanes*), a paz (de Nerthus) e o amor (de Frey e Freyja). Considerando esses valores como metas fundamentais para o alinhamento e a regeneração dos indivíduos, eles podem constituir a base para a edificação de uma nova sociedade, muito melhor. Compete a todos nós honrar, respeitar e praticar os ensinamentos divinos e o legado dos ancestrais.

Segundo os textos das *Eddas*, os deuses vão voltar e a humanidade deve se empenhar — junto com eles — para que seu retorno aconteça antes de um novo Ragnarök. Para isso, os filhos e as filhas de Midgard devem acender o fogo sagrado no coração e nos lares, reunir-se ao redor de altares e criar o calor que derreterá o gelo da noite escura para onde as divindades foram relegadas.

O propósito do *Troth* é criar os *Hofs* (templos) e os *Kindreds* (grupos) no mundo anglo-saxão, reunir mestres e sábios (*Elders*) para ensinar as antigas lendas e tradições aos jovens, e refazer, assim, os laços de sangue e fé. O trabalho de *Troth* realiza-se no nível coletivo, por meio de *Blot* e *Sumbel*, e no nível individual pela reforma interior e a prática pessoal baseadas na sabedoria ancestral.

Apesar de Edred Thorsson considerar o *Troth* como uma *folk religion* (religião do povo), restrita aos descendentes dos povos nórdicos, acredito que qualquer pessoa, independentemente da raça, nacionalidade, cor ou religião, possa seguir os ensinamentos e práticas da Tradição Nórdica e criar suas próprias cerimônias e rituais, sozinha ou em grupo, para comemorar uma data ou transição importante.

Por isso, descreverei a seguir o procedimento básico para *Blot*, *Sumbel* e os festivais da Roda do Ano conforme eram — e continuam sendo — festejados.

BLOT (*Blót*)

A finalidade principal do *Blot* é a bênção (em inglês, *blessing*, palavra derivada do termo do inglês arcaico *bletsian*, que significa "sacrifício", e equivalente ao nórdico *blotveizia*). É importante lembrar que oferecer algo aos deuses não significa comprar sua benevolência; antes, é um ato de compartilhar, para reafirmar nossa conexão com eles e despertar os poderes divinos em nós mesmos, atraindo assim a sua proteção.

Antigamente os *Blotar* incluíam sacrifícios de animais, costume típico dos povos pastoris e agricultores, que compartilhavam com as divindades aquilo que eles mesmos comiam. "Abençoar" significava, no sentido original e literário, "aspergir com sangue". Atualmente, oferece-se uma bebida tradicional como hidromel, vinho, leite, suco de frutas ou cerveja, simbolizando o "sangue de *Kvasir*", a mescla das energias divinas.

O *Blot* é realizado geralmente ao ar livre e **requer** apenas um altar (de pedra ou madeira), hidromel para abençoar servido em um chifre, um galho verde (*teinn*) para aspergir a bebida e a vasilha para oferenda (*hlautbolli*). Para purificar o ambiente, usam-se ervas ou resinas queimadas em um braseiro; para iluminar, tochas ou velas. É opcional o uso de um berrante para as invocações, de tambores para criar a egrégora sonora, das flâmulas com runas ou símbolos para marcar as direções e de objetos sagrados (como o martelo de Thor, a flecha de Odin, a roda solar, as estatuetas das divindades ou de animais aliados ou talismãs rúnicos).

Embora a **estrutura ritualística** do *Blot* seja bastante simples, é preciso seguir certas etapas que auxiliam a transição dos participantes do nível mundano para o espiritual:

1. **Consagração do espaço:** para eliminar as energias negativas do ambiente, defuma-se a área e os participantes, colocando-se depois "selos de proteção" (martelo de Thor, runas como Algiz ou Hagalaz) nas direções cardeais. O oficiante poderá entoar o *galdr* das runas, recitar encantamentos adequados ou conduzir uma breve meditação para preparar os participantes.
2. **Leitura:** de mitos, lendas, histórias ou poemas para criar a atmosfera.
3. **Explicações:** sobre o propósito do ritual, relacionando-o ao padrão mítico. Eleva-se assim a vibração espiritual dos participantes, dando-se ênfase ao tema do *Blot* e relembrando-se os antigos mistérios da tradição. Canções acompanhadas pelas batidas de tambor reforçam a egrégora.
4. **Invocações:** das divindades, feitas pelo *Godhi* ou *Gythja* (sacerdotes), que assume a *stadha* da runa Algiz e traça no ar com seu *gandr* runas ou símbolos sagrados associados com o

propósito do ritual. Os "pedidos" devem ser de ordem geral, como pedir ajuda das divindades para agir com lealdade, fé, sabedoria, solidariedade.

5. **Consagração do hidromel:** o oficiante traça e visualiza o martelo de Thor e pede a bênção dos deuses, impregnando o líquido contido no chifre com o poder divino. A assistência participa da visualização.

6. **Libações:** o oficiante ergue o chifre acima da cabeça e o oferece às divindades, pedindo que elas aceitem o "sacrifício" e depois despejando um pouco no chão ou na vasilha. Em seguida, ele toma três goles e o passa para as outras pessoas, que repetem o gesto, até que o chifre percorra todo o círculo. Cada pessoa toma três goles pequenos, sentindo o **poder** (*mægin*) do líquido percorrendo todo o seu corpo e se espalhando internamente. O chifre deve ser mantido sempre cheio; quando estiver quase vazio, despeja-se o restante na vasilha de oferenda e enche-se novamente. No final do ritual, recolhe-se a sobra na mesma vasilha.

7. **Bênção:** com o galho verde, o oficiante asperge sobre o altar e ao seu redor o líquido consagrado, circulando no sentido horário. Se não tiver espaço, ele asperge o líquido nos quatro cantos do altar, proferindo uma bênção apropriada. O altar representa Midgard e, ao abençoá-lo em nome das divindades, suas bênçãos irão atingir todos os seres humanos. A bênção representa uma troca energética entre deuses e seres humanos, uma verdadeira comunhão. O hidromel não é mais apenas uma simples bebida; passou a ser um líquido sagrado, por estar imbuído com as bênçãos e o poder do Deus ou da Deusa que estão sendo homenageados. Ao beber do chifre abençoado, a pessoa absorve esse poder e sente a presença divina ao seu lado ou fluindo dentro de si.

Às vezes, em círculos menores, o oficiante abençoa também as pessoas presentes, enquanto elas permanecem em oração. Pode-se abençoar também a comida que será servida depois (pão, doces, frutas, ovos cozidos, queijo, pratos típicos), os objetos mágicos dos participantes, previamente colocados sobre o altar, e as sementes que serão usadas nos plantios.

8. **O "sacrifício" (*blot*):** canaliza-se parte do poder de volta para as divindades e para a terra, despejando-se, com gestos solenes e palavras de gratidão, o líquido da vasilha de oferenda diretamente no chão, à direita e à esquerda do altar. Se o ritual ocorrer em ambiente fechado, a oferenda será feita no final, em algum lugar da natureza. Agradece-se à Erda ou Nerthus, à Mãe Terra, aos seres da Natureza e aos guardiões do lugar em que foi deixada a oferenda.

9. **Fechamento do ritual:** seguido ou não de uma confraternização. Para fechar um ritual, são feitos agradecimentos às divindades, aos seres sobrenaturais e ancestrais; fechados os "portais" que foram abertos e "apagados" os símbolos traçados.

Essa estrutura tradicional do *Blot* pode ser simplificada caso se faça um pedido ou uma homenagem apenas para uma divindade. Nesse caso, as etapas se reduzem a três: a declaração da intenção, a consagração da bebida, a bênção e o "sacrifício" (oferenda) final. O *Blot* também pode ser feito como "fechamento" de um trabalho mágico, antes do *Sumbel* ou após a encenação de um mito.

Um modelo mais complexo do *Blot* engloba a abertura do ritual com o oficiante soprando o berrante para as quatro direções, um tempo dedicado à harmonização dos participantes por meio do silêncio e da introspecção, o uso de tochas em uma procissão ao redor do altar, invocações em versos ou cantadas, pedidos para deuses e deusas, "juramentos" feitos a eles (compromissos de reforma interior ou declarações de fé e lealdade com relação aos antigos valores, virtudes e metas) e bênçãos especiais para crianças, mulheres grávidas, doentes ou pessoas idosas.

SUMBEL (*Sumble, Symbel, Sumbul, Minnesweig*)

Diferente do *Blot*, mas não menos importante, *Sumbel* é uma cerimônia mais simples, de natureza mundana e social, em que as divindades são "convidadas" a participar e as pessoas têm oportunidade de se reunir, confraternizar e brindar. Pode fazer parte de outro ritual, para facilitar a transição do sagrado para o profano, ou ser modelo de celebrações coletivas da Roda do Ano.

Geralmente é feito ao ar livre, em torno de uma fogueira, com as pessoas sentadas em círculo, ou durante datas festivas em locais públicos ou casas particulares.

Depois de o dirigente dar as boas-vindas, ele explica a intenção da cerimônia e eleva o chifre com o hidromel, fazendo o primeiro brinde. Em seguida o hidromel é passado de mão em mão, ao redor do círculo, e cada pessoa faz seus brindes. São dadas três voltas para brindar: às divindades; aos ancestrais, personagens mitológicas ou heróis nacionais; e por último aos amigos ou familiares (vivos ou mortos) de cada um. Na primeira volta, invoca-se a divindade e cada pessoa tem oportunidade para meditar a respeito do mito ou dos atributos divinos. As invocações são sérias, mas não solenes, e os participantes podem sentir a presença da divindade e orar para ela, oferecendo-lhe o brinde e recebendo em troca sua energia. É possível que os participantes recebam mensagens ou avisos, telepáticos ou psicofônicos. As pessoas podem dar uma contribuição pessoal em forma de história, poema, relato, canção ou "juramento" (compromisso). Ao beber do chifre, a pessoa bebe a "essência" daquilo que falou, tornando-se responsável pelo teor vibratório das suas palavras.

O *Sumbel* torna as pessoas mais comunicativas e receptivas, pois o calor do fogo e do vinho "derrete" a proverbial frieza nórdica e remove as barreiras entre elas, de modo que pensamentos e emoções possam ser compartilhadas. As pessoas sentem-se seguras para se abrir, em um lugar abençoado pelas divindades.

Um tema mais mágico para o ritual de *Sumbel* consiste em reverenciar o passado, o presente e o futuro, fazendo brindes de agradecimento pelos aprendizados, testes e conquistas do passado, bem como afirmações positivas em relação a futuras realizações e conquistas.

A bebida escolhida depende do perfil da divindade ou das preferências e possibilidades dos participantes. Tradicionalmente, opta-se pelo hidromel, mas pode ser vinho, cerveja, suco de maçã, leite ou água mineral. O importante não é o conteúdo, mas a energia que nela será imantada. O estilo da invocação também pode variar, sendo mais espontâneo ou elaborado, em prosa ou versos. Os trajes podem ser comuns ou mais elaborados (estilo rústico ou medieval), para incrementar o significado tradicional da celebração.

O tipo mais popular de *Sumbel* é a comemoração livre, em que histórias, poemas e canções se mesclam com os brindes, muitas vezes de modo exagerado, lembrando as ruidosas e alegres festas vikings, em que todos se embriagavam. É importante não perder de vista a intenção ritual da cerimônia, para não se cair na trivialidade e licenciosidade de uma festa profana, que usa os brindes cerimoniais como desculpa para excessos etílicos.

RODA DO ANO (*Hjul av ar, Wheel of the Year*)

Na Tradição Nórdica, o calendário representava o processo de renovação anual — física e espiritual — dos ciclos de vida, celebrados em festivais comunitários associados ao movimento aparente do Sol e às fases da vegetação.

Comemorados em dias específicos ao longo do ano, esses festivais reencenavam o "mito do eterno retorno", os ciclos da vida e da Natureza, vistos como os mistérios do nascimento (plantio), do crescimento/florescimento/amadurecimento, do declínio/morte (colheita) e do renascimento/renovação (nova semeadura).

O calendário mais antigo baseava-se no deslocamento aparente do Sol durante o ano. Iniciava-se no solstício de inverno, o auge da escuridão, acompanhava o aumento da luz até a sua culminação, no solstício de verão, e seguia seu progressivo declínio até o final do ciclo.

As tradições agrícolas européias dividiam o ano em apenas duas estações: uma do florescimento da vegetação (verão), iniciada no equinócio de primavera, e a outra da colheita (inverno), marcada pelo equinócio do outono. Entre essas duas datas conhecidas, respectivamente, como o "Festival de Ostara" e a "Noite de Inverno" (*Winternacht*), havia outras comemorações intermediárias como "O Meio do Verão" (*Midsommar*) e Iul ou Yule (no solstício do inverno).

Com o passar do tempo, as migrações e invasões levaram a uma sobreposição de tradições, resultando assim em um calendário misto, que combinava o ano solar com o ciclo da vegetação e era dividido em oito festivais. Sua representação gráfica era uma roda com oito raios, chamada **Roda Solar** ou **Roda do Ano**.

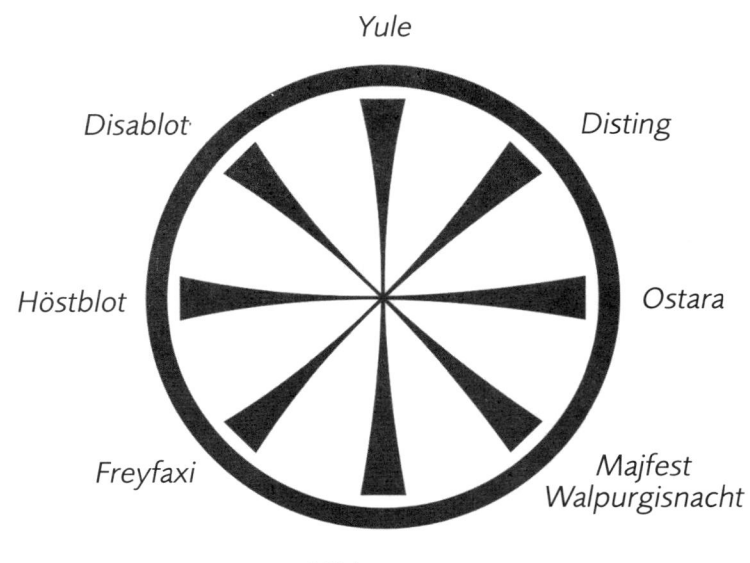

Além dos quatro festivais já citados, três outros eram relacionados à colheita (dos grãos, das frutas e do abate dos animais) e o oitavo era *Walpurgisnacht* ("A Noite de *Walpurgis*"), seguido do *Mayday* ou *Majfest* ("Festa de Maio"), que serão descritos com mais detalhes no decorrer deste capítulo.

A característica principal da Roda do Ano é o jogo entre as energias de luz e escuridão, calor e frio — elementos determinantes na existência humana, animal e vegetal no hemisfério Norte. Os povos antigos viviam em uma perfeita e contínua conexão com os movimentos planetários, a localização das constelações e os ciclos cósmicos e naturais, pois deles dependia a sua sobrevivência. Reverenciava-se com respeito e temor qualquer sinal vindo dos céus, principalmente o raio, que era a própria manifestação do fogo celeste. As fogueiras eram o ponto alto de qualquer encontro ou festividade. Por isso, a Roda do Ano foi dividida em **quatro festivais solares** (que marcavam a mudança das estações de acordo com a marcha do Sol) e **quatro festivais do fogo** (datas do calendário agrícola interpostas entre os solstícios e os equinócios), que pontuavam o ano com festividades a cada seis semanas, aproximadamente.

As datas dos equinócios e dos solstícios (**festivais solares**) variam em função da entrada do Sol nos signos astrológicos cardinais (Capricórnio, Áries, Câncer e Libra), assinalando o começo do inverno, da primavera, do verão e do outono.

Os "**festivais do fogo**" (ou *cross quarter days*) correspondiam inicialmente a uma declinação solar de 16° 20' ao norte ou ao sul da linha equinocial, mas suas datas variavam em função da tradição ou do lugar. Atualmente é adotada a marcação celta, que os identifica com os *Sabbats*, mas preserva seus nomes e significados originais.

Além do significado folclórico e profano dessas confraternizações grupais ou tribais, os festivais da Roda do Ano tinham também um simbolismo esotérico. Eles atuavam no **nível intelectual** (pela reencenação dos mitos, lendas e poemas épicos, que mantinha vivo o legado ancestral) e também **energético**, pois possibilitavam uma captação maior de energia celeste, terrestre e ctônica. Essas correntes fluíam mais intensamente nessas datas, acompanhando as marés cósmicas, principalmente nos lugares em que passavam as linhas de força da terra (*ley lines* ou fluxo de *önd*), como círculos de menires, o topo das colinas, grutas, florestas, rochedos ou certos pontos na beira de rios ou do mar.

Além da Roda do Ano, o calendário atual dos grupos de Asatrú, odinismo e neopaganismo nórdico inclui também outras festividades que homenageiam divindades, ancestrais e heróis míticos, algumas delas sincretizadas com datas cristãs e nomes de santos. Alguns adeptos se reúnem mensalmente, outros somente nos festivais, acrescentando aos encontros, além do *Blot* ou do *Sumbel,* eventos paralelos, como feiras de artesanato, acampamentos para famílias e atividades para jovens, ritos de passagem (casamentos, batizados) ou sessões oraculares (runas ou *seidhr*).

O importante é compreender e vivenciar a periodicidade do tempo, acompanhando e comemorando a eterna roda dos ciclos — da Natureza e da vida — em comunhão e sintonia com todos os níveis da Criação e com as divindades.

Apesar da tendência, entre alguns praticantes, de inverter a Roda do Ano para o hemisfério Sul, discordo dessa postura e sigo, nos rituais públicos que realizo, os significados e atributos tradicionais. Acredito no poder da egrégora milenar, criada no hemisfério Norte e perpetuada até hoje, mesmo no hemisfério Sul e nas celebrações cristãs de Natal, Páscoa, Festas

Juninas e Finados. Acho uma incongruência celebrar o Yule com toda a sua conotação natalina em junho, adotar a simbologia pascal de Ostara em setembro e celebrar o festivo Majfest na atmosfera triste e saudosa do Dia de Finados. É possível adaptar os detalhes das celebrações de acordo com a estação local, mas sempre respeitando e honrando a tradição que lhes deu origem.

Iul, Iól, Midwinter, Yule-tide
De 20 a 31 de dezembro

Os complexos festejos de *Iul* eram celebrados antigamente durante doze noites, começando pela "Noite da Mãe" (*Modersnatt, The Mother's Night*), em 20 de dezembro, e terminando na véspera do Ano Novo (*Tolften Natt, The Twelfth Night*). Como a atribulada e corrida vida moderna não permite que se siga o extenso roteiro tradicional, sugiro que sejam realizadas três celebrações, baseadas na antiga simbologia.

"**A Noite da Mãe**" seria dedicada às deusas Nerthus e Frigga e às Disir (ancestrais femininas). Nessa celebração seriam pedidas suas bênçãos e proteção para toda a família. A anciã ou a dona da casa pode ser a homenageada, não somente recebendo presentes, mas tendo ajuda de todos nas suas tarefas. Como decoração, usam-se velas em toda a casa ou uma guirlanda com doze velas. Acende-se a cada noite uma vela e a anciã — ou dona da casa — usa as runas como oráculo, escolhendo e interpretando uma runa para cada mês do ano vindouro. A celebração é simples e reservada só à família.

Na **Noite do Solstício** (20 ou 21 de dezembro), comemora-se o Iul ou Yule propriamente dito, reunindo familiares e amigos para um *Blot* ou um *Sumbel*, seguido da tradicional ceia e troca de presentes. Como decoração, usam-se guirlandas de velas e folhagens, a árvore (ou "o tronco de Yule") enfeitada com símbolos mágicos (rodas, estrelas, globos, trevos de quatro folhas, ferraduras, sinos, maçãs douradas e representações de animais como gato, javali, lobo, coruja, cisne, corvo).

Antigamente, fazia-se uma vigília para acompanhar a passagem da "Caça Selvagem" e reverenciar o nascimento do Sol. O ritual era alegre, entremeado com histórias, canções, brindes e votos para a saúde e prosperidade de todos. Yule assinala um ponto importante na marcha do Sol, que parece ficar parado durante três dias, antes de começar a "subir", aumentando assim o dia e a luz. Simbolicamente, representava o renascimento do Sol e das divindades solares como Baldur e Sunna. Outras divindades que podem ser reverenciadas são as Nornes, Frey e sua consorte Gerda (que simboliza a promessa da fertilidade após o degelo da terra), Thor (como o inimigo dos gigantes de gelo), Odin (o Pai Supremo), Frey (regente da prosperidade) ou Skadhi e Ullr (regentes da neve e do inverno). Além de homenagear as Disir, os antigos homenageavam também os Elfos (claros e escuros), deixando-lhes oferendas nos galhos das árvores, principalmente nos pinheiros (origem da atual árvore de Natal).

As runas correspondentes são Isa (dos gigantes de gelo), Eihwaz (da Árvore do Mundo), Jera (do ponto de mutação), Sowilo e Sol (homenagem a Baldur e Sunna).

O sinete mágico é um círculo com pontinhos que representa as sementes adormecidas dentro da terra, à espera do seu despertar.

O ponto culminante dos festejos de Yule era a "**Décima Segunda Noite**", na véspera do Novo Ano, quando durante o *Blot* ou o *Sumbel* os participantes expressavam de modo solene seus "juramentos" (compromissos, resoluções, decisões para o ano seguinte), diante das divindades, segurando, como "testemunho", uma guirlanda de folhagens verdes ou um símbolo sagrado (martelo, anel, pulseira, colar). Homenageavam-se com brindes e oferendas todos os deuses e deusas, pedindo suas bênçãos e orientações para o ano seguinte.

Disting, Disablot, Lichtmesse
Antigamente era celebrado na Lua Cheia de fevereiro.
Atualmente é celebrado no dia 2 de fevereiro.
Equipara-se ao Sabbat celta Imbolc.

Antigo festival das ancestrais Disir, *Disting* tinha como finalidade a bênção da terra, como uma preparação para o plantio. Contavam-se as cabeças de gado que tinham sobrevivido ao inverno e os filhotes nascidos nessa data eram prenúncios de prosperidade. Em alguns lugares abençoavam-se os arados e enterravam-se nos campos bolos de cereais para atrair fertilidade.

Sua adaptação moderna inclui práticas de purificação e limpeza da casa e dos objetos sagrados; oferendas de pão, grão, leite e mel e invocações e orações para o céu e a terra (direcionadas para divindades específicas). Também pode-se reverenciar as ancestrais femininas com um altar com velas e oferendas de pratos típicos, agradecer ao legado ancestral e fazer orações pedindo a sua proteção e amorosa presença ao lado dos descendentes.

As runas correspondentes são Peordh (simbolizando as Nornes, Nerthus, Frigga, Freyja), Algiz (a proteção das Valquírias), Sowilo e Sol (a energia solar despertando a terra), Tiwaz (o Pai Céu), Erda (a Mãe Terra).

O sinete mágico tem a forma de um galho com cinco ramificações, representando a mão espalmada dando proteção.

Ostara, Summer Finding
Equinócio da Primavera, início do Ano Novo Zodiacal, 20 ou 21 de março.

Ostara era a deusa teutônica da aurora e da fertilidade, equivalente a Eostre, a deusa anglo-saxã regente da primavera. O festival comemorava o fim do inverno e o renascimento da Natureza, com a volta da fertilidade, da vitalidade e da alegria. Ovos pintados com símbolos de prosperidade ou tingidos de vermelho eram usados como amuletos da sorte, oferecidos de presente a familiares e amigos ou enterrados nos campos, para transferir sua fertilidade para a terra. As mulheres assavam pãezinhos em forma de lebres ou os confeitavam com rodas solares, compartilhando-os com outras pessoas e oferecendo-os aos seres da Natureza, com o pedido de fertilidade e vitalidade.

O animal sagrado de ambas as deusas era a lebre, associada à Lua e renomada pela sua proliferação. Os nomes *Ostara* e *Eostre* deram origem à denominação da Páscoa em alemão (*Ostern*) e inglês (*Easter*), ao hormônio feminino da fertilidade (estrógeno) e ao cio (*estrum*). Seus atributos mágicos foram adotados como objetos festivos e de decoração na Páscoa cristã, sem que a Igreja explicasse a enigmática relação entre o coelho, os ovos e Jesus.

Reverenciam-se nessa data também as deusas Idunna (doadora das maçãs do rejuvenescimento), Nerthus, Erda (fertilidade da terra), Freyja (regente da sexualidade), Sjofn (para trazer amor) e Frigga, Berchta e Holda (senhoras do tempo e protetoras dos recém-nascidos); no entanto, o *Blot* deve ser dedicado a *Ostara*.

O tema principal desse festival é a bênção das sementes, os novos projetos ou começos, encantamentos para fertilidade (física, material, mental) e renovação, bem como as práticas de equilíbrio e complementação dos opostos (polaridades internas ou externas). Preparam-se canteiros, vasos e situações para receber e nutrir as sementes de novas plantas ou projetos. Os ovos pintados (devem ser usados ovos galados ou caipiras, em vez de ovos de granja, desprovidos de energia vital) são ofertados para a terra, os seres da Natureza e as divindades; colocados nos altares ou dados de presente.

As runas correspondentes são Berkano e Erda (a fertilidade da terra), Ehwaz (mudança, vida nova) e Laguz (crescimento dos brotos).

O sinete mágico reproduz o ovo cósmico ou as sementes brotando.

A Noite de Walpurgis (Walpurgisnacht), Walburga (30 de abril) e Majfest, Maitag (1º de maio)

No antigo calendário nórdico, as nove noites de 22 a 30 de abril eram dedicadas à lembrança da auto-imolação de Odin para conquistar a sabedoria das runas. Na última noite, quando ele "morria", no sentido xamânico, antes de renascer como sábio, todas as luzes dos Nove Mundos se apagavam e o caos reinava. Com a última badalada da meia-noite, a luz voltava com um brilho maior e fogueiras eram acesas em Midgard para comemorar. Nessa noite, espíritos, fantasmas e *trolls* tinham trânsito livre pela terra, por ser a noite final da "Caça Selvagem". Essa é a explicação do duplo significado desse festival, celebrado na noite de 30 de abril, considerada a "noite das bruxas", que eram vistas na escuridão, "voando" em vassouras e indo para o *Sabbat* (nas montanhas Harz, na Alemanha, ou em outros lugares). No dia seguinte celebrava-se Majfest, o "Primeiro de Maio", uma data repleta de luz e alegria, com pessoas dançando nas ruas ou passeando nos bosques.

Walpurgisnacht é, portanto, a última noite da metade escura do ano, iniciada em Disablot ou Samhain (seu pólo oposto na Roda do Ano), enquanto Majfest é a celebração do dom da vida recebido das divindades no final do inverno, simbolismo da runa Gebo.

O festival era dedicado a Odin e Walpurga (Walubirg ou Walburga), uma antiga deusa teutônica, guardiã dos sonhos dos heróis mortos, regente dos mistérios da noite e da magia e uma possível adaptação dos aspectos "escuros" de Freyja e Holda. Para ofuscar as celebrações pagãs que resistiam às proibições e perseguições cristãs, a Igreja sobrepôs a essa data a homenagem a uma freira do século VIII, Walburga, que teve uma vida sem indícios de santidade, mas que, após a morte, teria criado um óleo milagroso que brotava do seu túmulo, justamente no primeiro dia de maio. Como o óleo curava as pessoas, Walburga foi canonizada como santa e, com o passar dos séculos, as lendas e os atributos da deusa e da santa foram se fundindo. Os símbolos atribuídos à santa eram os mesmos das deusas Berchta ou Holda (as "Senhoras Brancas"); ela era retratada "voando" sobre os campos, como uma mulher alta e clara, usando um manto branco, sapatos de ouro flamejante, longos cabelos louros adornados com uma coroa de ouro, segurando nas mãos um fuso, um espelho triangular e um feixe de espigas (vestimentas e objetos das deusas). Às vezes acompanhada de um cão, era perseguida por uma tropa de cavaleiros brancos, uma metáfora dos resquícios dos poderes do inverno tentando impedir a chegada da primavera.

Nas celebrações de *Walpurgis* persistiu o contraste entre os perigos da noite povoada por fantasmas e bruxas, os encantamentos e as magias ao redor das fogueiras no topo das colinas e os alegres festejos com danças e procissões, realizadas no dia seguinte.

A aura de mistério dessa data permanece até hoje, sendo considerada um limiar entre os mundos, um "tempo mágico", quando se podem obter comunicações com seres sobrenaturais, ter presságios sobre o futuro e realizar encantamentos de amor e fertilidade, divinações e práticas mágicas (*seidhr*).

Dependendo do lugar, as celebrações recebiam nuances diferentes, mas os pontos em comum eram: fogueiras com fins mágicos (para purificar animais e pessoas, afastar o azar e doenças, atrair sorte e amor); procissões de moças e crianças enfeitadas com flores; danças ao redor de mastros decorados com guirlandas e fitas; e lutas simbólicas entre o Rei do Inverno (ou a Anciã da Neve) e a Rainha da Primavera (ou de maio), cuja vitória era comemorada com danças e canções, queimas de vassouras ou roupas velhas, competições e ritos de fertilidade ("casamento sagrado").

Mesmo nos dias de hoje, é importante a presença da fogueira nesse ritual (ou de muitas velas se for um ambiente fechado), além do mastro com fitas ou guirlandas para as danças, dos símbolos de Walburga já citados, da queima de resíduos negativos (bonecos de palha, galhos secos, coisas velhas), das práticas oraculares, das bênçãos das lavouras e dos animais, das oferendas para os seres da natureza, das danças em pares e dos encantamentos de fertilidade ou amor. Durante o *Blot* ou o *Sumbel*, homenageiam-se, além de Walpurga, Odin e Freyja, Frey e Gerda, Bragi e Idunna, Njord e Nerthus, e Berchta e Holda.

As runas correspondentes são Mannaz (o pólo masculino), Laguz (o pólo feminino), Ingwaz (a integração das polaridades), Othala (legado dos ancestrais), Peordh e Raidho (conexão com mistérios, magia e jornadas espirituais).

O sinete mágico é *Hexestern*, a estrela com seis pontas de deusa Holda (forma alternativa da runa Hagalaz e representação do floco de neve).

Midsommar, Mittsommer, Sommarsblot, Sonnenwende, Lithasblot
Solstício de verão, 21 ou 22 de junho

Segundo festival mais importante depois de Yule, Midsommar comemorava o auge do poder solar, a maturidade do ano, a força da vida, o máximo da atividade e da duração do dia, que no norte da Europa se prolongava até horas tardias (o chamado Sol da Meia-Noite).

Como o dia mais longo do ano, o "meio do verão" — Midsommar — representava o marco entre a metade clara e a escura, mas prenunciava também o início do declínio da luz e o aumento da escuridão (que atingia o auge no Yule, seu pólo oposto).

Suas celebrações eram semelhantes às de Ostara e Majfest, sendo que, na Suécia, erguia-se nessa data o mastro enfeitado com guirlandas de flores, ao redor do qual casais dançavam entrelaçando fitas e fazendo juramentos de amor. Os mastros e as guirlandas eram depois levados pelos jovens em procissões, para abençoar as colheitas, ou casais faziam amor nos campos para ativar a fertilidade da terra. Nas colinas acendiam-se fogueiras em que eram queimadas efígies de palha e galhos, simbolizando obstáculos, azares, doenças e pobreza. Bolas de fogo (feitas de palha e piche) eram roladas colinas abaixo, para representar o movimento do Sol. Para honrar a morte do deus Baldur, réplicas de barcos funerários incandescentes eram lançados ao mar, enquanto guirlandas de ervas aromáticas eram colocadas nos telhados e nas portas, para invocar a proteção de Thor contra os raios. Também o gado recebia guirlandas de flores nos chifres e era abençoado, após ser purificado na fumaça das fogueiras. Essa era a noite mágica para colher plantas medicinais, preparar filtros e feitiços de amor, realizar práticas divinatórias e fazer oferendas aos elfos e gnomos. As celebrações eram feitas sempre ao ar livre, começando na véspera do solstício. As pessoas permaneciam em vigília ao redor de fogueiras até o nascer do Sol, cantando e dançando, para homenagear Baldur e Sunna. Procissões com tochas eram feitas para purificar e abençoar as lavouras reverenciando Sif e Thor, para que seu amor nas noites de verão aumentasse a abundância das colheitas. Os participantes se coroavam mutuamente com guirlandas, que depois eram queimadas nas fogueiras como oferendas para o Sol nascente.

A comemoração incluía um *Blot* ou um *Sumbel*, com inúmeros brindes feitos para as divindades (pedindo e agradecendo sua proteção), oferendas de espigas, flores, comidas e colares colocadas em réplicas de barco que eram queimadas ou lançadas no mar. Antes da confraternização, ofereciam-se ao fogo porções da comida e da bebida trazidas para a festa, e colocavam-se presentes nas árvores para os seres da natureza.

As divindades associadas ao *Midsommar* são Baldur e Nanna, Thor e Sif, Odin e Frigga, Frey e Freyja, Nerthus e Sunna. As runas correspondentes são Odhila (propriedade ancestral), Ansuz (Odin), Fehu (Freyja), Thurisaz (Thor), Sol (Sunna, Sif), Sowilo e Dagaz (Baldur).

O sinete mágico é representado pela roda solar, o *fylfot* ou a suástica.

Freyfaxi, Freyfest, Erntefest, Thing's Tide, Hlafmass, Lammas
1º de agosto

Freyfaxi ou *Freyfest* marcava o início da colheita na Islândia. A comemoração incluía um *Blot* para Frey, Nerthus, Thor e Sif, corridas de cavalos, competições esportivas e feiras de produtos e ferramentas agrícolas. Antigamente, na Islândia, no mês de agosto, reunia-se o Thing, a assembléia dos governadores locais, dos juízes e dos sacerdotes, que era uma convenção política regional ou nacional, mas também religiosa e folclórica.

O ponto alto da comemoração era uma bênção geral, da terra, dos animais e das pessoas, nas quais invocavam-se todos os deuses e deusas, começando e terminando com uma homenagem a Tiw. O festival durava de três a quatro dias e sua data variava entre os dias 1º e 23 ou na Lua Cheia de agosto.

Devido à influência celta, esse festival passou a ser celebrado nos países nórdicos na mesma data do seu equivalente Lammas ou Lughnassad, no primeiro dia de agosto, e seu enfoque deixou de ser a reunião de Thing e passou a ser uma comemoração da colheita dos cereais, a *Erntefest*.

Agradecia-se a primeira colheita do trigo, centeio, cevada, aveia ou milho e assavam-se pães dos grãos recém-moídos, o que deu origem ao seu nome celta *Loaf Mass*, "A Festa do Pão". Atualmente alguns grupos Asatrú celebram, no dia 31 de julho, os deuses Thor e Sif e, em 1º de agosto, Odin e Frigga, Frey e Freyja. Os rituais femininos homenageiam Nerthus, Erda, Fjorgyn, Jord, Sif e Nehelennia.

Nessa data, costumava-se doar comida aos pobres e oferecer à Mãe Terra pãezinhos com desenhos de rodas solares ou suásticas, em sinal de gratidão pelos seus frutos. Das colheitas guardava-se a primeira espiga como amuleto da sorte e deixava-se a última para Sleipnir, o cavalo de Odin.

As runas correspondentes são Ansuz (de Odin), Uruz e Thurisaz (associadas a Thor), Jera (colheita) e Erda (Mãe Terra).

O sinete mágico tinha a forma de um semicírculo cortado ao meio por uma linha.

Höstblot, Herbsfest, Winterfinding, Fallfeast, Vanablot
Equinócio de outono, 21, 22 ou 23 de setembro

Equivalente ao *Sabbat* celta Mabon, o festival nórdico do equinócio de outono, Höstblot, festejava a segunda colheita (das frutas e dos tubérculos), sendo um dia de transição para a metade escura do ano, meio caminho entre Midsommar e Yule. Era dedicado aos Vanes e às divindades regentes da terra — como Nerthus, Erda, Fjorgyn, Jord, Frey, Freyja, Gerda, Gefjon, e da água — Njord, aos Elfos claros e aos espíritos protetores das árvores frutíferas.

O tema central era a comemoração do equilíbrio das polaridades: masculino/feminino, dia/noite, claro/escuro, verão/inverno. Enfatizavam-se os ciclos da natureza, a alternância entre frutificação e declínio, o prenúncio da descida do Sol para a escuridão. Seus significados eram, portanto, opostos ao do festival do equinócio da primavera, mas o *Blot* devia fortalecer as esperanças, lembrar a continuidade da vida com o eterno retorno dos ciclos e agradecer às bênçãos divinas.

As famílias e as comunidades se reuniam para festejar no final das colheitas, quando todos os produtos colhidos já tinham sido armazenados. Os dias cada vez mais curtos e as noites mais frias deixavam todos predispostos a ouvir histórias, tomar hidromel ou vinho de frutas da safra recente e agradecer à abundância da Mãe Terra, vestida agora com o colorido dourado das folhas de outono.

Em um ritual moderno e urbano, essa data favorece a introspecção e a avaliação da colheita pessoal. É propícia para descartar as "folhas secas" e os resíduos do plantio anterior e preparar novas sementes para uma próxima semeadura.

As runas correspondentes são Gebo (equilíbrio das forças opostas), Kenaz (a chama das lareiras e o fogo criador), Jera (a colheita), Wunjo (a alegria da realização).

O sinete mágico representa as folhas caindo de uma árvore.

Disablot, Idisblessing, Alfarblot, Vetrarblot, Vinternatt, Winterfylleth, Winternacht, Allerseelen ou Samhain
31 de outubro

O fim das colheitas e a aproximação do inverno eram marcados pelo festival das "Noites de Inverno", a comemoração das ancestrais (*Disir, Idises*) e dos Elfos (*Alfs*).

Na Escandinávia, o inverno começava em meados de outubro, quando o gado era trazido dos pastos e eram escolhidos os animais para abate (cuja carne era defumada ou salgada para garantir a sobrevivência durante o inverno). Começavam as atividades domésticas, como os consertos (das moradias, carroças, arados, barcos, redes), os artesanatos (fiar, tecer, costurar, entalhar) e o lazer (cantar, tocar instrumentos, contar histórias, relembrar lendas e mitos).

A data dessa celebração é incerta. Na Islândia, era comemorada entre 11 e 17 de outubro, ou na primeira Lua Cheia após o equinócio de outono, quando as pessoas começavam a patinar e jogar bola nos lagos congelados.

Chamada de *Vinternatt, Winterfylleth* ou *Winternacht*, a "Noite de Inverno" anunciava o começo da "Caça Selvagem" (*Wild Jakt, Wilde Jagd*), que continuaria até *Walpurgisnacht*, quando os espíritos de pessoas falecidas, fantasmas e *trolls* conduzidos por Odin, Holda e Skadhi voavam pelo céu escuro e assombravam seres humanos e animais.

Como nessa data festejavam-se também Alfarblot e Disablot, as homenagens aos ancestrais da linhagem masculina (Alfar) e feminina (Disir, Idises), com o passar do tempo essa data foi equiparada ao do *Sabbat* celta Samhain e transferida para 31 de outubro. As mulheres representavam um papel muito relevante nessas celebrações, por serem as representantes das Disir, guardiãs da tradição e responsáveis pela continuidade da linhagem. O ritual seguido de *Blot* era presidido pela *gythja* mais idosa; em lugar do habitual hidromel, usava-se *öl* (cerveja mais fraca) e pediam-se as bênçãos para as Disir e os Alfar, após os brindes para Frey (regente dos Elfos), Odin, Freyja, Holda e Hel.

Por ser também uma celebração da colheita (a última), agradeciam-se as dádivas da terra e o legado das ancestrais. As últimas espigas dos campos eram trançadas formando uma efígie humana, considerada a personificação de Odin ou da Anciã. Decorada com fitas, grãos e pinhas, ela era colocada em um lugar de destaque da casa, onde eram entregues as oferendas para os ancestrais e os pedidos dos familiares. A reminiscência atual dessa efígie de palha é o costume anglo-americano de entalhar máscaras em nabos ou abóboras, cujo objetivo inicial (antes de se tornar decoração profana de Halloween) era afastar os fantasmas e o azar trazidos pelas tempestades noturnas de inverno.

Até hoje persiste a antiga crença de que essa é uma noite mágica e sagrada, quando os véus entre os mundos tornam-se mais tênues, possibilitando o contato com seres de outros mundos (espíritos de familiares e ancestrais, seres sobrenaturais e divindades). Usavam-se as runas para fazer previsões e orientações acerca do futuro ou praticava-se magia *seidhr* e *spæcraft*. O encontro entre os vivos e os mortos não era triste, mas de alegria e gratidão.

Nos dias de hoje, pode-se usar na decoração desse ritual alguns dos símbolos antigos, como maçãs penduradas com fitas em galhos de árvore; uma efígie humana de palha ou espigas de trigo trançadas com lã preta, vermelha e branca e decoradas com flores e frutas secas; um caldeirão; o chifre com cerveja e um pão caseiro modelado em forma de cavalo (representando Sleipnir, o cavalo de oito patas de Odin, mensageiro entre os mundos).

No *Blot* invocam-se Odin, Frigga, Nerthus, Frey e Freyja, as Disir e os Alfar, oferecendo-lhes libações, orações e maçãs. O pão é abençoado em nome das divindades e uma porção dele é colocada na vasilha de oferendas, junto com a oferenda de cerveja. Os participantes compartilham do pão e oferecem frutas, flores, grãos, colocando-os sobre a efígie e pedindo proteção e bênçãos às divindades e aos ancestrais. Se o espaço permitir, faz-se uma dança circular para agradecer a colheita. No final da comemoração, as maçãs, a efígie e o conteúdo da vasilha de oferendas são levados e entregues em algum lugar na natureza.

Para um ritual feminino, invocam-se apenas deusas (acrescentando Holda, Skadhi, Saga e Hel) e as Disir. Pode-se também realizar um *Freyjablot*, reverenciando Freyja como Vanadis, ou seja, a "*Dis* dos Vanes" ou a "Grande *Dis*", a receptora e guardiã das almas e detentora do poder mágico do *seidhr*. Podem ser "queimadas" memórias negativas, lembranças de dores e sofrimentos femininos, realizando um ritual de cura da linhagem ancestral ao redor de uma fogueira ou caldeirão com chamas e batendo tambor para liberar e transmutar as energias negativas do passado.

Qualquer que seja o ritual, ele deve ser harmonioso e significativo, imbuído de respeito e reverência pelo legado deixado pelos ancestrais. Jamais acrescente roupas, máscaras ou objetos de Halloween, cuja origem é celta e não nórdica.

As runas correspondentes são Hagalaz (permite o acesso ao reino de Hel), Ansuz (Odin), Peordh (mistérios, Freyja), Raidho e Eihwaz (meios de locomoção entre os mundos), Othala (ancestrais). Para uma encenação ritual pode ser usado o mito de Odin quando ele acorda uma *völva* morta para saber do destino do seu filho Baldur. Nesse caso, use as runas Hagalaz, Wunjo e Naudhiz, e faça depois uma sessão de *seidhr*.

O sinete mágico reproduz a forma de um nó de proteção.

Outras datas festivas do calendário *Asatrú*

Além dos oito festivais da Roda do Ano, outras comemorações foram preservadas até hoje, e algumas delas receberam influências cristãs. Sem me estender, vou enumerar as mais relevantes, seguindo o calendário solar tradicional, mas citando os nomes originais dos meses.

Janeiro: *Snow Moon* (Lua da Neve)
Dia 3: a bênção da terra e dos arados; oferendas de bolos de cereais para o Pai Céu e a Mãe Terra. Recomenda-se orar para a cura da Terra, oferecer pão e invocar a proteção dos Land Vættir (espíritos da terra).
Lua Cheia: *Thorrablot*, festa dedicada a Thor, agradecendo por proteger a terra contra os gigantes de gelo (ou as manifestações malévolas da Natureza).

Fevereiro: *Solmonath, Horning* (Lua do Despertar)
Lua Nova: festival da fertilidade e dos novos começos, a bênção da terra arada e semeada. Celebrava-se Freyblot, a conquista de Gerd (a deusa da terra congelada) por Frey (o deus da vegetação), o casamento de Deus e da Deusa. Recomenda-se fazer oferendas e orar para a abundância da terra.
Dia 14: *Valisblot* ou Festa de Vali, que celebra o triunfo do Sol sobre a escuridão, a morte de Hodur (que matou o deus solar Baldur) por Vali, "O Vingador". Atualmente é uma celebração familiar tradicional, com troca de cartões e presentes entre parentes e amigos e a renovação ou celebração dos votos de casamento. Na Inglaterra e nos Estados Unidos, foi transformada no "Dia dos Namorados" (*Valentine Day*), e o coração foi eleito como símbolo dessa comemoração.

Março: *Hretmonath* (Lua de Hretha), *Lenting*
Lua Cheia: celebração da deusa anglo-saxã Hretha, associada à proteção, defesa e força feminina.

Abril: *Ostaramonath* (Lua de Ostara)
Lua Cheia: *Sigrblot*, comemoração das vitórias, das conquistas e dos heróis. Avaliação dos novos projetos e escolhas, do que é preciso fazer para vencer, do modo como evitar a derrota.
Dia 25: comemoração de Yggdrasil (coincide com o "Dia da Árvore" atual) e reflexão sobre a importância da "Árvore do Mundo" nas tradições nativas e das árvores para a sobrevivência da Terra. Um bom dia para plantar uma árvore.

Maio: *Merrymoon* (Lua Alegre)
Lua Cheia: *Friggablot* — festejava-se o esplendor da primavera com festas ao ar livre e oferendas para Frigga, em gratidão pelo bem-estar, a saúde e a segurança familiar.

Junho: *Midyear* (Meio do Ano), *Sommermonath* (Verão)
Dia 9: comemoração de Sigurd, o herói teutônico, matador do dragão, que salvou a valquíria Brynhild e resgatou o tesouro dos Nibelungen. Dia apropriado para ler mitos e lendas.

Julho: *Haymoon* (Lua do Feno)
Dia 9: comemoração de Unn, matriarca das dinastias reais das ilhas Orkney e Faroes, pioneira na Islândia, mulher forte, determinada, com caráter digno e nobre.
Dia 22: festival de Sleipnir, o cavalo mágico de Odin. Homenagens aos animais aliados.

Agosto: *Haligmonath* (Mês Santo), *Harvestmoon* (Lua da Colheita)
Dia 23: *Freyfaxi*, antigo festival da colheita na Islândia, atualmente celebrado como um *Blot* para *Frey*. Em alguns lugares, o dia é dedicado à descoberta das runas, e homenageia-se Odin, o poder da mente e a inspiração.

Setembro: *Sheddingmoon* (Lua do Abrigo)
Não há outra comemoração além do festival do equinócio.

Outubro: *Huntingmoon* (Lua da Caça)
Dia 12: antiga celebração na Islândia de *Vetrarblot*, o fim da colheita e o *Blot* para Freyja e as Disir, comemorado com oferendas de pão, leite, cerveja e comidas tradicionais.

Novembro — *Blotmonath* (Lua do Sacrifício), *Fogmoon* (Lua da Neblina)
Dia 2: *Blot* para Odin, honrando sua auto-imolação para descobrir as runas. Encenação ritual dos mistérios da vida, morte e renascimento e oferendas para os ancestrais.
Dia 11: *Einherjar's Fest*, homenagens aos *Einherjar*, os espíritos dos heróis escolhidos por Odin para ficar no seu palácio de Valhalla. Um dia adequado para levar flores aos túmulos dos que morreram por atos de violência ou defendendo seu país ou familiares.
Última quinta-feira: *Blot* para Ullr, o deus arqueiro regente do inverno e para Wielund, o deus ferreiro, patrono dos artesãos.
Dia 30: comemoração de Skadhi, deusa da neve e regente do inverno, consorte de Ullr, e padroeira dos esquiadores.

Dezembro: *Vargmonath* (Lua do Lobo), *Frostmoon* (Lua da Geada)
Dia 13: celebração de Lucina, a deusa escandinava da luz, cristianizada como Santa Lúcia ou Luzia, com procissões de moças vestidas de branco e coroas de velas na cabeça. Oferendas de *Lussekatts*, os pãezinhos tradicionais com passas, mel e açafrão; bênção das casas e dos campos.

MAGIA RÚNICA

Além do uso oracular, cerimonial e ritualístico, as runas têm sido utilizadas, durante séculos, em encantamentos e fórmulas verbais (*Runagaldr, Galdrmagic*), na assimilação e projeção do poder rúnico por meio de posturas corporais (*Stadhagaldr*), em combinações escritas nos talismãs (*taufr*), nas varetas ideográficas (*teinn*) ou nas fórmulas numéricas dos códigos rúnicos. Qualquer que seja a opção, o praticante deve conhecer bem as características de todas as runas (como suas formas alternativas, valor fonético e numérico, cor, efeitos mágicos, *galdrar* e *stödhur*) e a sua sinergia — ou incompatibilidade — quando agrupadas ou sobrepostas (em monogramas e sigilos). Antes de querer usá-las em encantamentos, rituais ou talismãs é importante que o praticante leve em conta as seguintes advertências:

O conhecimento amplo e profundo é indispensável, pois **não é possível reverter ou apagar nada que for falado, gravado, inscrito e enviado**. Desculpas pela ignorância não desfazem o que foi feito magisticamente, nem se pode corrigir erros depois de materializados em ações.

Nos planos sutis, impera a lei da semelhança; pensamentos, ações e vibrações atraem seus semelhantes, portanto o *vitki* torna-se responsável por tudo aquilo que faz. Mesmo com as melhores intenções, não se deve jamais interferir no livre-arbítrio ou no *wyrd* alheio, com a intenção de querer curar ou "salvar" a pessoa.

É preciso uma real necessidade para se realizar um ato mágico. Antes, convém avaliar os prós e contras e escolher com conhecimento e segurança o procedimento mais adequado.

RUNAGALDR, GALDR MAGIC, GALDOR — *A Magia Rúnica dos Sons*

Uma das mais fascinantes, poderosas e misteriosas áreas da magia nórdica é o uso dos símbolos mágicos e dos traçados rúnicos. Chamados de *galdor staves*, eles eram divididos em três categorias: *ægishjalmar* ou "elmos de proteção", *galdramyndir* ou "sinais mágicos" e *galdrastafir*, "varetas mágicas". A base dessas antigas fórmulas eram complexas combinações de runas estilizadas ou modificadas de acordo com a finalidade. Após traçá-las (no ar) ou gravá-las (sobre varetas de madeira ou pergaminho), o mago recitava encantamentos, orações e *galdrar songs*, para impregná-las com poder.

Essa magia rúnica dos sons originou-se principalmente na Islândia, onde foi preservada e utilizada até o século XVIII e documentada em manuscritos conhecidos como *galdraboekur*. Um deles foi conservado intacto — o *Galdrabok* —, traduzido para o inglês e até hoje uma fonte de informação para os estudiosos e praticantes da magia rúnica. Os islandeses consideravam sua magia um dom das divindades e continuaram seus cultos mesmo com a proibição e severa perseguição da Igreja Cristã.

É importante lembrar que esses livros — chamados *grimoires* (grimórios) — descreviam os símbolos, acompanhados ou não dos encantamentos e orações. No entanto, eles serviam apenas como "livro de receitas", pois não transmitiam os conhecimentos filosóficos e mágicos, fruto de longos anos de estudo, treinamento e preparação, que habilitavam o aspirante a ser um verdadeiro *vitki* (mago). As "receitas" eram o resultado de séculos de erros e acertos dos autênticos *vitkar* islandeses, que não revelavam seus "segredos" por escrito.

Os *galdor staves* podem ser comparados aos *yantras* dos magos tântricos hindus, aos sigilos e pantáculos cabalísticos e aos *vevés* da magia vodu. Seus resquícios são encontrados atualmente nos *hex signs* da magia talismânica dos holandeses, que emigraram durante a Inquisição para a Pensilvânia, nos Estados Unidos.

Por exigir um profundo conhecimento e desenvolvimento espiritual, o planejamento e a criação dessas complexas fórmulas mágicas fogem do propósito deste livro. Porém, vou mencionar as coordenadas básicas para a prática do *galdr*, lembrando que ele representa a **manifestação vibratória do poder rúnico**. Equivalente ao *mantra* hindu, *galdr* é o som que, junto com o nome e a forma da runa (associado ou não à *stadha*, a postura), consiste no meio principal para permitir a expressão do poder rúnico. Cada runa tem, além do seu nome, um som específico — *galdr* —, que é a maneira sutil, porém extremamente poderosa, de atrair, concentrar e direcionar os atributos e efeitos mágicos da runa. Ao entoar o *galdr*, o *vitki* se conecta com a energia rúnica e a atrai para seu campo sutil, de onde pode projetá-la, pela força de vontade, para imantar o objeto (talismã) ou direcioná-la por meio das ondas vibratórias e sonoras para um objetivo específico. O valor dos sons rúnicos individuais está no fato de servir como "sementes sonoras" (*Kernals*), que, combinadas com outros sons, formam "palavras-semente" que podem ser expandidas indefinidamente.

A prática do *galdr* exige uma técnica especial, que proporciona à respiração a amplitude e o ritmo adequados, mas sem causar tensão ou esforço. Durante a inspiração, o *vitki* visualiza a absorção da energia rúnica através dos centros de força (*chakra*). Enquanto segura a respiração por alguns momentos, ele mentaliza o nome, o som, a forma e os atributos da runa. Ao expirar, ele entoa o *galdr* e, por meio dele, projeta a força rúnica para o propósito escolhido.

Antes de começar a usar os *galdrar*, o *vitki* deve praticar até encontrar a entoação adequada (nota, modulação e intensidade), usando apenas uma runa de cada vez. No início, ele se concentra apenas no nome, no som e na forma da runa; com o passar do tempo, pode acrescentar idéias a ela associadas (princípio, atributos, correspondências ou efeitos mágicos). Para modular o *galdr*, ele começa usando o som básico (mencionado no verbete de cada runa), associando depois vogais e variando as notas até encontrar a entoação que, de acordo com a sua percepção, é a mais adequada.

Vários autores recomendam notas e entoações específicas, mas cada *vitki* pode usar a própria intuição e sensibilidade para criar sua "melodia", tendo o cuidado de gravá-la e memorizá-la para poder reproduzi-la sempre da mesma maneira.

Uma maneira mais complexa de usar os *galdrar* consiste em compor as "canções mágicas" — *galdrar songs* — que usam combinações de sons e imagens de várias runas, escolhidas de acordo com o objetivo do mago e associadas harmoniosamente para criar uma *formáli* (fórmula) ou um "encantamento cantado".

Um requisito básico para a magia rúnica é a criação dos **encantamentos** em versos, nos quais a repetição de palavras de poder ligadas ao simbolismo das runas é mais significativa que as rimas. Um elemento importante é o **ritmo** do encantamento, que junto com as palavras, modela a qualidade das energias canalizadas. Os melhores *galdrar* são os cantados e aqueles cujas palavras têm um valor vibracional e rítmico, regulado pelo ritmo respiratório do *vitki*, que induz e mantém um estado alterado de consciência. O ritmo une as energias físicas e mentais e é realçado pelas batidas de tambor ou as posturas (*stöðhur*). Os praticantes brasileiros têm que encontrar a sua métrica e ritmo apropriado, pois os encantamentos anglo-saxões dificilmente poderão ser traduzidos para a língua portuguesa com o mesmo valor vibratório.

As **imagens** utilizadas nos *galdrar* devem descrever o propósito do ritual, com ênfase no apelo mental e emocional. Gestos e símbolos acrescentam uma força extra e proporcionam a percepção do poder canalizado e do propósito almejado. Às vezes, alguns poucos versos imbuídos do poder das palavras, do ritmo e das imagens evocadas agem melhor sobre a consciência do que uma longa meditação dirigida. A força do poema deve residir na sua natureza sucinta. Ele deve conter paixão e poder mágico em poucas linhas e preencher a mente com a essência de um conceito que, de outro modo, exigiria dezenas de palavras comuns para ser transmitido. Camuflado nas imagens existe também o **significado oculto da intenção**, expresso por metáforas ou enigmas (*Kennings*) que designam alguém, ou algo, por seus atributos, origem ou poder. As obras de Tolkien podem auxiliar, pois ele foi um grande lingüista alemão, que recuperou a linguagem e as lendas teutônicas, passando-as para o inglês. Na ausência de equivalentes para os termos anglo-saxões, a criatividade pode suprir as lacunas.

Para usar os *galdrar*, não são necessários aptidões artísticas nem talento musical; cada praticante pode explorar a ressonância da própria voz, "brincando" com os tons, as notas e as modulações. Após praticar o suficiente — em casa ou em meio à natureza —, o *vitki* poderá passar dos *galdrar* individuais para a composição de um encantamento específico, que pode ser utilizado durante uma prática mágica ou um ritual. As "fórmulas" não precisam ser complexas ou rebuscadas — pelo contrário, quanto mais simples melhor, desde que se perceba nelas a expressão da força vibratória rúnica.

O *galdr* é usado nas práticas de meditação, na confecção do oráculo rúnico e no uso mágico das runas (conforme relatado nos Capítulos V e VII), nas práticas da magia *Stadhagaldr* (associado às *stödhur*) e *Taufr*, que serão descritas a seguir, bem como nos rituais rúnicos do Capítulo IX. Vemos, portanto, a sua extrema importância e a necessidade de conhecer e praticar o *galdr* com convicção e dedicação.

STADHAGALDR — *A Magia das Posturas e dos Sons*

Criada pela escola mágica alemã e pelos seus expoentes (Siegfried Kummer, Friedrich Marly, Karl Spiesberger) e divulgada pelas obras de Edred Thorsson e outros escritores, *Stadhagaldr* é conhecida como a "*ioga* rúnica", cujas posturas (*Stödhur*) e sons (*galdrar*) assemelham-se às *âsanas*, *mudras* e *mantras* hindus. Porém, diferentemente da ioga, *Stadhagaldr* é um sistema ativo de magia que se utiliza de posturas, gestos e sons para projetar a energia das runas e causar efeitos mágicos sobre o *vitki*, sua vida e seu ambiente. A grande vantagem da *stadhagaldr* é que suas posturas transferem a forma e o poder das runas para o corpo físico do *vitki*.

Entre seus **propósitos** estão o controle do corpo (pela *stadha*), dos pensamentos (pelo *galdr*), da respiração, das emoções e da vontade; e a conscientização e a percepção dos planos e reinos rúnicos (em si e no mundo). Também é usada para a integração psicológica, a transmutação pessoal e, em todas as operações mágicas, para criar um "talismã vivo" que usa o corpo como substrato material.

As combinações rúnicas funcionam assim como na magia talismânica, diferindo apenas na sua expressão pelas posturas, que atraem, modulam e projetam o poder rúnico para fins mágicos.

Existem **três tipos de correntes rúnicas** — as celestes, as terrestres e as ctônicas (ou subterrâneas) —, que se apresentam como vibrações, ondas, raios e fluxos. Seu poder é captado pelo *vitki* pelos pés, pelas mãos e pela cabeça e atraído para o seu eixo central. Dali é redirecionado para propósitos específicos ou absorvido pela sua estrutura sutil. Cada *stadha* recebe e transmite essas energias em um padrão específico, modulado de acordo com sua forma. A conexão com o mundo físico é feita por meio do sistema nervoso.

Quando executa as *stöðhur*, o *vitki* deve **visualizar** e **sentir o fluxo de forças** sendo atraído ou projetado pelo seu corpo em um padrão determinado pela forma rúnica que o corpo assume. O fluxo é percebido como uma descarga elétrica e, no plano sutil, aparece em forma de raios luminosos. A prática e a experiência pessoal são os mestres desse processo, que não deve ser racionalizado ou compreendido por meio da lógica.

Porém, antes de tentar praticar *stadhagaldr*, o *vitki* deve dominar perfeitamente as formas e o significado de todas as runas, por meio de um intenso programa de meditações e visualizações. Adquirida a maestria nas *stöðhur* individuais, o *vitki* mais avançado pode compor uma fórmula (*formáli*) combinando várias runas em um conjunto mais poderoso, que direcione o fluxo de poder para uma meta preestabelecida (aumento de poder mágico ou da criatividade, sucesso e vitória, cura e energia entre outras). A fórmula deve ser desenhada no chão ou em uma cartolina na parede. Para cada *stadha,* o *vitki* deve acrescentar um verso (falado ou cantado, usando os *galdrar*), que represente a essência mágica da runa, escolhida de acordo com o seu objetivo.

O praticante dessa técnica precisa ter muita concentração para não perder o foco e um treinamento prolongado para reproduzir a fórmula no nível físico, mental e astral. Antes de tentar qualquer operação mágica usando as *formáli*, o *vitki* precisa saber executar qualquer *stadha* e *galdr*, conhecer as condições vibratórias do lugar em que irá realizar o ritual (na Natureza, sem interferências energéticas) e escolher a data e o horário adequados.

TAUFR — *A Magia Talismânica*

Existe uma diferença entre os termos "amuleto", "talismã" e "sigilo ou selo mágico". O primeiro vem da palavra latina *amuletum* e tem origem imemorial, sendo encontrado em todas as culturas e épocas. Denomina-se **amuleto** um objeto que se usa sobre o corpo e que tem poder protetor, guardando e defendendo seu portador de qualquer mal. O seu poder mágico é **passivo**. O **talismã** tem como raiz o termo árabe *talisan*, que significa "marcar algo por meio de magia" e pode se apresentar em várias formas ou tamanhos, sendo usado tanto para fins defensivos quanto combativos. Ao contrário do amuleto, o seu poder mágico é **ativo**. O **sigilo** ou **selo,** em latim *signum* — sinal, é um emblema ou sinete que expressa uma intenção mágica, criado a partir de um nome, símbolo ou frase, seguindo um método específico ou a intuição. Ele contém um poder oculto na sua padronagem e pode ser marcado sobre qualquer material. Podemos considerar as runas como "sigilos", pois cada uma representa um nome ou idéia e manifesta seu poder por meio da sua forma, e não conforme a natureza do material em que foi gravada.

Na concepção moderna, o **talismã** descreve um objeto que age de forma mágica e contém em si o conceito de amuleto. Tanto ao talismã quanto ao amuleto podem ser acrescentados sigilos para aumentar sua eficiência. As runas podem ser gravadas sobre objetos significativos, para transformá-los em amuletos e talismãs cuja força mágica origina-se da junção das runas, da forma e do material do objeto. Os **sigilos rúnicos** podem ser criados pela combinação de runas isoladas que formem padrões geométricos com valor mágico, de nomes de divindades ou de palavras que componham uma afirmação positiva.

Em norueguês arcaico, existem três palavras para definir os talismãs: *teinn* ou *tine* indica uma peça de madeira (vareta ou rodela) transformada em objeto mágico; *hlutr*, que pode ser qualquer objeto usado para divinação ou magia; e *taufr*, que define tanto o talismã quanto a magia talismânica, cujas leis são as mesmas da cosmologia rúnica.

O *tine* torna-se um "ser vivo" quando o *vitki* lhe insufla vida (*önd*) e lhe dá um destino (*orlög*), de acordo com a natureza do poder rúnico nele impresso. Para reforçar a sua natureza viva, o *vitki* pode nomeá-lo. O uso dessa prática foi comprovado pelos inúmeros talismãs rúnicos encontrados em sítios arqueológicos, principalmente armas, que tinham nomes designando suas finalidades de modo metafórico (*kennings*).

O *tine* rúnico serve como uma chave que abre as comportas de um determinado fluxo de poder. Durante o ato de impregnação, esse fluxo das correntes de *önd* (cósmico, telúrico, ctônico) é infundido no objeto previamente preparado (com sinais rúnicos receptivos a essas forças), intensificado e depois liberado para cumprir sua função, definida pelo ritual mágico e pelo poder dos símbolos. As forças recebidas pelos símbolos rúnicos do talismã são ativadas, modeladas e intensificadas pelo poder pessoal do *vitki* por meio de invocações, encantamentos e fórmulas mágicas (com *galdrar* e *stödhur*), durante o ritual de imantação. O *tine* torna-se o centro de um vórtice de forças, que recebe as energias sutis, formula-as de acordo com sua "programação" e libera-as depois no mundo causal, para causar o resultado desejado, ou as mantém na esfera pessoal do portador.

A eficácia de um talismã depende, portanto, da capacidade de concentração e visualização do *vitki* durante a sua confecção, bem como do "quantum" de *hamingja* que ele tem, ou seja, sua força energética, mental e espiritual.

Um aspecto importante da magia talismânica é o elo criado entre *tine* e *taufr*, ou seja, a pessoa ou lugar que será afetado pela força mágica do talismã. O elo é obtido acrescentando-se ao objeto (*tine*) uma fórmula rúnica que representa a pessoa (o seu nome transcrito em runas, por exemplo), ou garantindo a proximidade física entre o *tine* e o objetivo visado (princípio básico da magia "simpática", usado também por outras tradições). **O talismã é um ser vivente que tem um destino a cumprir, por meio da vida nele insuflada pelo *vitki*, que usa a força rúnica para imantá-lo.** A força vital do talismã pode ser tão "viva" que confere a ele uma "personalidade". Para ativar e direcionar essa força, autônoma, mas controlada pela sua vontade, o *vitki* dá um nome ao talismã, "batizando-o" durante o ritual de imantação (conforme descrito no Capítulo IX).

Os **talismãs rúnicos** costumam ser confeccionados em madeira, osso, chifre, couro, pedra ou metal, e às vezes em cerâmica, cartolina ou pergaminho. Os objetos sobre os quais se gravam runas e símbolos podem tanto ter uma função mágica quanto utilitária (como broches, fivelas, anéis, medalhões, pulseiras, canetas, carros, armas). Os talismãs rúnicos que tenho criado ao longo dos anos têm como finalidade principal a proteção pessoal e a "abertura de caminhos": o sucesso profissional, a harmonia nos relacionamentos, a saúde, o fortalecimento pessoal ou a elevação espiritual. No caso de medalhões (que podem ser de prata, ouro, cobre ou estanho), os traçados, depois de criados, devem ser gravados por um joalheiro e usados no pescoço, como pingente. Outros talismãs rúnicos, eu mesma pirogravo sobre rodelas de madeira (cortadas e preparadas magisticamente), sobre as quais coloco drusas de cristal (de quartzo ou ametista), para reforçar os efeitos de purificação e proteção sobre os ambientes. Mais simples é a opção de fazê-los em pergaminho e guardá-los na bolsa ou no altar.

Um outro tipo de talismãs são os **estáticos**, representados por objetos como pedras, árvores, plantas, quadros, tábuas com inscrições, moldura de portas ou janelas, que influenciam magicamente o lugar ou as pessoas nas proximidades. Exemplos de talismãs fixos são as inscrições rupestres, as chamadas *bauta stones*, pedras inscritas com fórmulas de proteção ou de consagração de áreas, as pedras rúnicas (*rune stones*), associadas aos ritos funerários ou culto dos mortos. Amuletos "corporais" são criados por meio de tatuagens permanentes ou provisórias (pintadas no corpo ou nas unhas), para oferecer proteção, segurança nas provas e entrevistas, melhorar a saúde, aumentar a autoconfiança ou fortalecer a vontade. Durante o período de aprendizagem dos atributos rúnicos, o aprendiz pode riscar runas sobre biscoitos preparados e assados por ele próprio, e depois ingeri-los ritualisticamente, para "absorver" as qualidades e os conceitos rúnicos.

Por mais "tentadora" que seja a idéia de confeccionar talismãs rúnicos, antes o *vitki* deve ter um grande preparo (conhecimento intelectual, treinamento mágico, equilíbrio psíquico, conexão e respaldo espiritual), para poder "materializar" e direcionar atributos e efeitos mágicos do sistema rúnico, sem infringir a ordem cósmica ou interferir no *wyrd* alheio. Boas intenções não bastam, é indispensável o preparo mágico, pois é preciso sempre lembrar os versos sábios do poema "Havamal", que contém a seguinte advertência:

"As runas (...) Você sabe como gravá-las? (...) como lê-las? (...)
Como orar com elas e o que precisa sacrificar?
Você sabe como enviá-las e o que oferecer por elas?
É melhor não pedir do que pedir demais,
Pois um presente requer outro presente..."

Runas combinadas — Bandrunar, Bind runes

Os talismãs podem ser feitos com uma única força rúnica ou com várias, combinadas em uma só forma e fluxo energético — as chamadas **runas combinadas (ligadas, agregadas ou sobrepostas)**.

Para facilitar a criação de uma combinação estética podem ser usados caracteres rúnicos clássicos ou alternativos, unidos de tal modo que seus traçados ou formas sejam compartilhados ou sobrepostos harmoniosamente. O *vitki* precisa ter sensibilidade e destreza para encontrar a combinação de traçados que se ajuste às forças rúnicas individuais e as intensifique, de acordo com a sua intenção e vontade. Ao criar uma combinação rúnica, é possível que surjam **runas adicionais**, resultantes do cruzamento ou da sobreposição de linhas. Esse fato requer muita atenção e cautela, pois elas podem prejudicar ou até mesmo impedir a realização do objetivo. Como exemplo do que não se deve fazer, quero citar a sugestão que Kenneth Meadows deu em seu livro *Rune Power*. Para preservar um relacionamento, ele recomenda combinar Gebo (parceria, compartilhar), com Isa (preservação pelo gelo). Porém, na prática, o "tiro sairia pela culatra", pois Isa não apenas preserva, como também congela as trocas e a parceria; portanto, em vez de estabilizar, ela iria tornar a relação fria e estagnada.

O alerta vale também para os **monogramas** individuais. A combinação das iniciais **H** e **N** num talismã certamente não traria benefícios para seu portador, pois atrairia tanto os atributos positivos quanto os negativos das runas Hagalaz e Naudhiz. Por isso é preciso muita cautela ao escolher e combinar símbolos rúnicos, e dar a devida atenção aos seus atributos e múltiplos significados. Também não recomendo que se copiem ou comprem talismãs pela Internet, pois, mesmo quando têm uma aparência bonita ou são confeccionados com boas intenções, são desprovidos de *önd* e *mægin* pessoal. Tais talismãs são frutos da fantasia de pessoas que muitas vezes não têm nenhum conhecimento mágico verdadeiro. Mais vale preparar e imantar pessoalmente um simples talismã de madeira ou pergaminho, do que adquirir um vistoso medalhão em ouro ou prata "já pronto".

Analisando antigos talismãs rúnicos, constata-se que, em algum deles, são utilizadas três formas de *band runar*. A primeira, chamada de *sending* ("enviar"), era uma fórmula composta de letras ou palavras, geralmente usada como proteção, aviso ou maldição contra a profanação e destruição de pedras funerárias, monumentos ou túmulos. A segunda, a **representação ideográfica**, é usada até hoje nas práticas de meditação. Para usá-la escolhem-se runas que representem um objetivo espiritual ou ritualístico e cuja combinação pode ocultar uma palavra ou nome sagrado. A terceira era constituída pelas **fórmulas numéricas**, que intensificam o poder de uma ou mais runas. O simbolismo numérico será detalhado adiante.

Para a **meditação**, convém usar os últimos dois tipos, que proporcionam uma compreensão profunda da essência das runas e da sua atuação no mundo exterior e interior, do próprio *Eu*. Se o praticante perceber alguma dificuldade ao meditar com as combinações de runas, isso é indício de que ele ainda não domina suficientemente o conhecimento dos atributos e efeitos de cada runa ou que existe algum conflito interior que antes deve ser resolvido. Devemos sempre lembrar que **as runas representam forças existentes também dentro de nós** e não apenas no ambiente ao nosso redor. É possível também que exista uma runa "oculta", resultante de sobreposição, cuja escolha não tenha sido intencional, mas que representa um "sinal" sobre o qual se deve meditar. Esse tipo de meditação centrada em runas combinadas é um valioso instrumento de introspecção e avaliação de assuntos pessoais.

Como sugestão para a criação de uma *band run* vou mencionar alguns **estilos tradicionais**. Os mais simples são a forma da **"árvore"**, em que várias runas são dispostas ao longo de um traço vertical (representando a runa Isa ou Tiwaz) e da **"cruz"**, quando se usa Gebo como eixo. Outras formações usam a **"semente cósmica"** (Hagalaz na forma alternativa) ou da **"estrela com oito pontas"**, que concentra e irradia várias energias representadas pelas runas colocadas nos seus raios, formando assim uma "roda", circundada por um círculo. Embora seja o método mais popular, a sobreposição de runas requer cuidado para evitar o aparecimento de runas indesejadas. É preciso buscar a forma mais simples, harmoniosa e estética possível.

As **band runar** mais simples são formadas pela união de **duas ou três runas**. Seguindo a ordem do Futhark, vou citar alguns exemplos:

Fehu: com Uruz, melhora a saúde; com As ou Os, proporciona sucesso por meio do intelecto; com Ac e Erda, atrai abundância; com Othala e Dagaz, aumenta os bens.

Uruz: com Fehu, Sigel e Ul, confere poder de cura; com As ou Os, fortalece o intelecto; com Raidho, dá força e agilidade nas mudanças e viagens; com Ul e Ziu, proporciona sucesso nas operações mágicas.

Thurisaz: ligada a Eoh ou Ehwaz, assegura proteção e sorte; com Ziu, promove sucesso rápido. (Cuidado ao usá-la! Jamais a use para prejudicar alguém, pois o "choque de retorno" é imediato.) Apesar de recomendado por alguns autores, o *triskele* formado por três runas Thurisaz é uma "faca de dois gumes", um verdadeiro bumerangue.

Ansuz: ligada a Os, Feoh e Uruz, favorece o sucesso intelectual; associada a Gebo, forma *Gibu Auja*, o símbolo da sorte; com Peordh, favorece o conhecimento oculto; com Mannaz, confere sabedoria.

Raidho: acelera o efeito das runas; com Kenaz, aumenta a criatividade; com Tiwaz, traz sucesso nos processos judiciais (desde que o portador tenha razão); com Uruz, protege o veículo e as viagens.

Kenaz: com As, Os, Wunjo, Hagalaz e Algiz, ativa a criatividade; com Sigel, Ziu ou Sol, favorece a clareza de visão; com Cweorth, cria-se um somatório de efeitos positivos que favorece a iluminação.

Gebo: com Ansuz, atrai sorte; com Wunjo, forma o traçado "dom da alegria"; com Wunjo e Mannaz, harmoniza os relacionamentos.

Wunjo: com As, Os, Kenaz e Ziu, assiste nos trabalhos criativos. Com Gebo e Mannaz, apazigua conflitos entre pessoas.

Hagalaz: associada a Kenaz e Tiwaz, aumenta a fertilidade da mente e do corpo; com Peordh, favorece as especulações financeiras e os ganhos repentinos; na forma alternativa de *Hexefuss* (a estrela de Holda), é usada para proteção.

Naudhiz: geralmente "amarra" os significados das runas às quais é ligada, portanto jamais use-a junto com Isa, Jor, Stan, Hagalaz.

Isa: também tem um efeito estático, imobilizando outras runas. Com Dagaz, forma o símbolo do *labrys*, dedicado à Grande Mãe e presente em várias culturas.

Jera: junto a Peordh, aumenta a chance de ganhos; com Uruz, Sigel, Erda, Ul ou Sol, ajuda no restabelecimento da saúde; com Fehu e Wunjo, atrai alegrias e prosperidade; com Kenaz, Tiwaz ou Ingwaz, é usada em feitiços para virilidade.

Eoh: junto a Thurisaz, forma uma proteção contra males físicos ou mágicos; com Sigel e Algiz, protege contra doenças.

Peordh: junto a Feoh e Hagalaz, promove ganhos inesperados (loteria); com Jera e Othala, favorece as heranças; com As e Raidho, dá acesso ao conhecimento mágico ou oculto; com Laguz, ativa o magnetismo sexual.

Algiz: a mais poderosa runa de proteção; combinada a Ingwaz ou Othala, cria um "escudo"; com Eoh, repele os ataques mágicos; com Sowilo, fortalece o poder pessoal e com Wolfsangel, forma uma barreira poderosa.

Sigel: aumenta o poder das runas, mas deve-se ter cuidado para não acelerar ou exagerar seus efeitos; junto a Tiwaz, reforça a energia pessoal; com Eoh e Algiz, cria um escudo protetor; com Gebo, Ingwaz ou Dagaz, contribui para o equilíbrio e a recuperação da saúde; com Uruz, Jera, Mannaz ou Ul, favorece a cura; com Cweorth, propicia a transformação rápida.

Tiwaz: reforça os aspectos benéficos de outras runas. Com Fehu, melhora as finanças; com Wunjo, aumenta a alegria; com Hagalaz, estimula a criatividade; com Eoh, transmite o *mægin* (poder pessoal); com Peordh, ativa a sexualidade; com Sigel, dá poder e sucesso.

Berkano: com Dagaz, proporciona expansão; com Erda, aumenta a fertilidade; com Laguz, Sowilo ou Sol, promove a frutificação.

Ehwaz: com Raidho, favorece as viagens; com Mannaz, reforça o ego; com Ingwaz, dá longevidade; com Kenaz, aumenta a força de vontade; com As e Mannaz, proporciona o uso sábio do conhecimento.

Mannaz: combinada com As e Os traz sabedoria; com Laguz e Ansuz, traz fluência verbal ou mental.

Laguz: associada a As, favorece os estudos; com Tiwaz, auxilia a assertividade das mulheres; com Mannaz, fortalece o intelecto e a imaginação.

Ingwaz: complementa ou finaliza os efeitos de outras runas; com Ehwaz e Dagaz, dá longevidade; com Gar, Ear ou Calc, fecha trabalhos mágicos.

Othala: com As, Os e Mannaz, permite a manifestação dos ideais e da vontade; com Uruz e Peordh, traz sucesso pela perseverança. Junto a Wunjo e Dagaz, forma-se WOD, o nome de Odin e símbolo de inspiração divina.

Dagaz: com Fehu, aumenta a riqueza; com Berkano e Laguz, melhora o crescimento e a expansão; com Othala, aumenta o prestígio.

Ac: associada a Laguz, favorece o crescimento e a criatividade.

Os: com As, melhora o intelecto; com Fehu e Wunjo, garante o sucesso por meio do intelecto; com Mannaz, traz sabedoria e com Laguz, eloqüência; com Uruz, reforça o potencial mágico; e com Ziu, aumenta o poder das palavras.

Yr: junto de Gebo e Wunjo, traz felicidade nas parcerias e uniões.

Ior: amarra o poder de outras runas. Junto de outras runas que limitam — como Hagalaz, Naudhiz, Isa, Stan e Wolfsangel — Ior, contribui para atrasar, impedir ou parar qualquer processo. Muita cautela ao usá-la, para não limitar o próprio potencial.

Ear: junto a Erda, serve para invocar os poderes da terra, nas finalizações (de ciclos ou da vida).

Cweorth: acelera os efeitos das runas que promovem mudanças.

Calc: com As, forma uma expressão de poder.

Stan: tem os mesmos efeitos de Ior, para amarrar ou bloquear; com Uruz, cria estabilidade.

Gar: serve para ancorar o poder de outras runas em um determinado lugar. Com Stan, auxilia nas estruturas mágicas. Indica o fim e o início de um ritual.

Wolfsangel: tem os mesmos efeitos de Ior e Stan.

Erda: associada a runas femininas aumenta a fertilidade, a nutrição e a prosperidade.

Ul: junto a Uruz, Jera e Sowilo, acelera os processos de cura.

Ziu: aumenta os poderes de outras runas, mas, por ser muito poderosa, deve ser usada isoladamente, sem associações.

Sol: favorece a paz e a plenitude quando associada a outras runas femininas.

Outras *band runar* combinam três runas, em **tríades** que são usadas como **"palavras de poder"** — verdadeiras "chaves" mágicas ou *kennings* (metáforas) das quais vou descrever as mais famosas:

As, Laguz e Uruz formam a palavra mágica ALU, a "água da vida", o poder primal, prenúncio de sorte, a bênção divina trazida para qualquer projeto, mudança, operação mágica.

As, Sigel e Kenaz simbolizam ASC, a árvore sagrada Yggdrasil, e proporcionam a defesa necessária para enfrentar as dificuldades da vida. Se Kenaz for substituída por Cweorth, a tríade rúnica promove a transformação, enquanto Dagaz, Sigel e Cweorth oferecem novas soluções para os problemas existenciais.

Gebo, As e Raidho formam GAR, o nome da espada mágica de Odin, que oferece poder e resistência, enquanto Wunjo, Othala e Dagaz representam WOD, a inspiração divina de Odin (Woden), que permite contornar situações difíceis e estimula a criatividade.

Sigel, Othala e Laguz criam o nome da deusa SOL, atraindo assim seus atributos de força e luz. O nome de JORD (a Mãe Terra) é formado pelas runas Jera, Othala, Raidho e Dagaz e favorece a manifestação dos projetos, porém no seu devido tempo. O poder do deus ING é invocado pela combinação de Ingwaz, Naudhiz e Gebo e a tríplice manifestação de Odin (Odin, Vili, Vé), pela junção de As ou Os, Wunjo e Othala.

Othala, Naudhiz e Dagaz formam ÖND, o sopro vital, a energia universal que auxilia na superação de problemas e proporciona uma harmonia interior e exterior.

Sigilos mágicos — *Insigils*

Para confeccionar um **sigilo mágico**, é preciso acrescentar, às runas combinadas, alguns símbolos e palavras sagradas, nomes de divindades ou estilizações dos seus objetos de poder.

Um poderoso talismã de proteção pode ser criado a partir do *Heavenly Star*, a estrela com oito raios — que já é, ela própria, um símbolo de ordem e equilíbrio. Cria-se um talismã de proteção colocando-se, em seus raios, runas de poder e proteção (correspondentes às oito direções) ou o nome mágico do portador. Uma variante complexa é o amuleto clássico chamado *Ægishjalmar*, ou "O Elmo Aterrorizante", composto de oito runas Algiz e 24 traços horizontais; representa todo o Futhark e oferece, assim, uma proteção irresistível. Reproduções desses sigilos (representadas abaixo — conforme *Rune Magic*, de Nigel Pennick,) podem ser usadas gravadas em madeira, metal, osso e pedra, ou como medalhões em correntes (quando são chamados de bracteatas).

As runas eram usadas antigamente na **proteção das casas**, para melhorar a qualidade do *önd* que entrava pelas portas e janelas e assim beneficiar os moradores. Assim como os talismãs pessoais, esses escudos de proteção deviam ser feitos ritualisticamente, para captar e preservar as energias rúnicas e os poderes divinos. Nos tempos antigos, as runas eram usadas nas paredes, telhados, portas, janelas, vigas e assoalhos. Como exemplo posso citar a runa Gebo, formada pelo cruzamento de vigas (para harmonizar); Wunjo, no telhado (para alegria); *Hexefuss*, ou a "estrela da sorte", nas portas e janelas (proteção); pregos reproduzindo Isa (contra o fogo); ferraduras (o poder primal de Uruz); Dagaz nas aberturas (prevenir a entrada de malefícios e atrair coisas boas); Eoh nas paredes (afastar relâmpagos); Algiz (proteção mágica); Mannaz (força coletiva); Ingwaz (a runa protetora das paredes e portas, embutida nas fundações e no arranjo dos tijolos, lajotas e tábuas); Odhila (afirmação da prosperidade); Gar (bloquear a negatividade); Wolfsangel (como âncora nas paredes, para afastar raios) e Erda nas portas e janelas (para atrair as bênçãos da Mãe Terra).

Atualmente, podem ser usados os sigilos mágicos (pintados, gravados ou riscados nas portas), a roda solar, o símbolo da sorte *Gibu Auja* e os desenhos estilizados e coloridos chamados *hexsigns*, pintados nas molduras das portas e janelas. Os *hexsigns*, além de ter finalidades mágicas, são um motivo decorativo e podem ser encontrados em pratos de cerâmica ou placas de vidro ou madeira para pendurar nas janelas ou paredes.

Simbolismos rúnicos

Nos alfabetos antigos, existia uma equivalência entre os sons e os números, que eram imbuídos de significados simbólicos. Os sistemas de simbologia rúnica levavam em consideração as conexões sutis que existiam entre sons, números, cores, símbolos e os poderes das divindades, dos seres sobrenaturais, animais de poder, objetos sagrados e mágicos. Devido às diferenças conceituais, não existe uma correspondência numérica com o alfabeto grego, pois o sistema nórdico tem uma ordem diferente, cujo conhecimento é necessário para se calcular os valores numéricos de um nome ou para se criar uma fórmula mágica.

Para a confecção de um talismã rúnico, levam-se em consideração as combinações rúnicas, bem como o simbolismo dos números, das cores e das formas.

1. **Números:** são muito importantes para confeccionar e imantar as fórmulas talismânicas. Em muitas inscrições antigas, observa-se a valorização dos números em detrimento da clareza lingüística (vogais são eliminadas e certos símbolos, dobrados). O mesmo simbolismo das

runas também se aplica aos números, de acordo com sua colocação na ordem do Futhark (na seqüência e de acordo com o *Ætt* a que pertence).

O primeiro *Ætt* representa os números de 1 a 8, o segundo os de 9 a 16 e o terceiro, os de 17 a 24. Além do valor que corresponde à seqüência, cada runa tem o valor numérico do *Ætt* a que pertence, representado por um código duplo. Por exemplo, Ansuz é designada pela formula 1:4, por ser a quarta runa do primeiro *Ætt*, enquanto Berkano é 3:2, a segunda runa do terceiro *Ætt*. Esse simbolismo numérico era usado em códigos secretos formados por runas ramificadas, cujos ramos mostravam a fórmula numérica.

O simbolismo numerológico de uma fórmula rúnica (*formáli*) também é expresso pelo número total de runas que a compõem e pela soma dos seus valores individuais. Ambos os números são analisados isoladamente e também desmembrados em múltiplos. Um exemplo clássico é representado pela fórmula abaixo:

ᛚ ᚢ ᚹ ᚨ ᛏ ᚢ ᚹ ᚨ
L U W A T U W A

Luwatuwa — fórmula de significado desconhecido, mas encontrada em vários talismãs antigos — tem um total de 8 runas (múltiplo de 2 e 4), cujos valores, de acordo com sua ordem numérica no Futhark, somam 66 (múltiplo de 6 e 11).

Os números mencionados indicam a esfera na qual a fórmula vai atuar e seu tipo de poder. Os números primos são particularmente poderosos; os múltiplos de 3, e principalmente de 9, agem de forma ampla em vários níveis. O 9 é o número mágico por excelência; os múltiplos de 10 criam mudanças no mundo de Midgard; o 12 e seus múltiplos têm efeitos mais prolongados, enquanto o 13 e seus múltiplos contêm os poderes do 1 e do 3; o 24 representa a totalidade, *per se* ou multiplicado.

É fácil perceber, com essa sucinta descrição, que o uso correto da numerologia rúnica é uma arte em si, que requer um amplo conhecimento das lendas e dos mitos nórdicos, bem como o estudo e a análise das antigas inscrições que detêm os segredos dos conceitos simbólicos, míticos e numéricos desse sistema esotérico.

São estes os significados místicos dos números na Tradição Nórdica:

Um: começo, raiz, causa, idéia, força solitária. Raramente utilizado, pouco citado nos mitos.
Dois: colaboração, fortalecimento, parceria (como nos exemplos dos dois corvos e lobos de Odin, dos gatos de Freyja, dos bodes de Thor e dos cavalos da carruagem de Sunna).
Três: número sagrado, a força-raiz do dinamismo, acelera e completa as ações. Representado pelo Trefot, pela tríade das Nornes, dos *Ættir*, dos deuses Odin, Vili e Vé, pelas raízes de Yggdrasil e a triplicação dos efeitos ("pelo poder do três").
Quatro: solidez, espera, repouso. Contém em si o poder e os atributos das direções cardinais, dos gnomos guardiães dos portais, da roda solar, da suástica ou *fylfot*.
Cinco: tempo e espaço organizados, poderoso em invocações, porém pouco citado nos mitos.

Seis: vida vibrante, força para criar ou destruir. Raramente encontrado nos mitos, representa os atributos de *Hexestern*, a estrela mágica de Holda com seis pontas.

Sete: morte, contato passivo com o além, o tempo necessário entre começar e terminar algo. Pouco encontrado nos textos pré-cristãos.

Oito: completa manifestação da totalidade, simetria perfeita, a Roda do Ano, a estrela com oito raios, as oito direções, a ordem cósmica. Presença marcante nos mitos.

Nove: o mais sagrado dos números, a raiz dos poderes psicocósmicos, imprime força a qualquer objetivo. Transforma tudo o que toca, mas permanece intocado e eterno. O mais citado na mitologia: as nove Valquírias e as Donzelas das Ondas, "o poder de três vezes três" nas invocações e trabalhos mágicos, o *Valknutr*, os nove mundos de Yggdrasil, manifestados nos três reinos da unidade eterna.

2. **Cores:** Nos tempos antigos, não só os nomes das cores tinham outro significado, como se tinha outra percepção da cor, algumas delas se mesclando entre si. Um exemplo é a Ponte do Arco-Íris, descrita com apenas três cores: vermelho, verde e azul. O vermelho incluía o laranja e o amarelo e era chamado, de acordo com a descrição, de vermelho-sangue, rubi, rosa, raposa, etc. Da mesma maneira, o azul incluía os outros tons do seu espectro (índigo e violeta).

Na simbologia rúnica usam-se os nomes tradicionais, mas com a percepção moderna da cor, em que elas têm um significado diferente.

A origem dessa simbologia encontra-se nas *Eddas* e sagas e ela difere daquela usada na cabala ou no ocultismo europeu.

Nas práticas rúnicas usam-se cores nas visualizações, nas meditações, nos rituais e nas fórmulas talismânicas mais complexas. As correspondências entre as runas e as cores variam nas fontes modernas, por isso o *vitki* deve usar sua intuição para identificar qual é a melhor chave cromática para o seu uso pessoal.

A seguir uma sucinta descrição dos significados ocultos das cores e as runas correlatas:

Dourado, amarelo: a luz do Sol e de Asgard, a força de *önd*; representa honra, reputação e poder em todos os reinos. As runas Fehu, Wunjo, Sowilo, Ingwaz, Odhila, Dagaz, Os, Yr e Sol.

Vermelho: poder mágico e protetor, vigor físico, força de combate (às vezes sinal de morte); é a cor usada para tingir as inscrições rúnicas (equivalente do sangue, substituído por pigmentos vegetais ou minerais como urucum, sangue-de-dragão, ocre). As runas Fehu, Uruz, Thurisaz, Raidho, Kenaz, Naudhiz, Peordh, Tiwaz, Ehwaz, Cweorth, Wolfsangel e Ziu.

Azul: a força todo-abrangente e onipresente do número (a idéia pura), o sinal do movimento, o poder celeste, o manto de Odin. As runas Ansuz, Algiz, Laguz, Os e Gar.

Verde: a vida orgânica, a fertilidade da terra e do mar, a força telúrica e da Natureza, a passagem entre mundos. As runas Uruz, Gebo, Jera, Eihwaz, Berkano, Mannaz, Ingwaz, Ac, Ior e Erda.

Branco: a total expressão da luz como a soma de todas as cores; pureza, perfeição, nobreza, totalidade. O disco solar. As runas Hagalaz, Isa, Peordh, Sowilo, Berkano, Mannaz, Dagaz, Ul e Sol.

Prateado: o poder lunar, mudança, transmutação, almejar conhecimento elevado. A versão metálica do branco. As runas Peordh, Laguz e Calc.

Preto: novos começos, o potencial total, a raiz de todas as coisas, gestação, conhecimento oculto, o receptáculo da luz. As runas Peordh, Ear, Stan, Wolfsangel e Erda.
Marrom: nutrição da terra, sustentação. As runas Odhila, Ear, Stan e Erda.
Cinza (pedra)**:** imobilidade, petrificação. A runa Stan.

3. **Simbolismo pictográfico:** Muitas configurações rúnicas podem ter representações gráficas de conceitos ou caracteres sagrados, que ajudam na modulação e no direcionamento do poder mágico. Existem duas categorias: imagens e símbolos.

   A primeira é das **pictografias**, que são desenhos estilizados de formas e objetos naturais. A segunda é das **ideografias**, formadas por símbolos sagrados ou sigilos rúnicos, que atuam em conjunto com as forças rúnicas ou manifestam o conteúdo mágico do restante da fórmula. São utilizadas nos talismãs ou em mandalas para meditação.

   Exemplos de **pictografias** são as estilizações de *ouroboros* (a serpente que morde a própria cauda e representa a força ctônica, o inconsciente, o receptáculo), de homem no cavalo (poder mágico de projeção, rapidez, comando sobre os mundos, força de Odin), de barco (passagem entre a vida e a morte, transmutação, crescimento, abundância), de chifre, de caldeirão (inspiração, sabedoria, eloqüência), de martelo (proteção, força, determinação, poder), de pássaro-preto (o corvo mensageiro, inteligência, memória), de Lua (mutabilidade, transformação, magia) e de Sol (força, vigor, luz, calor).

   As **ideografias** — ou *galdrastafir* — são símbolos que agem em conjunto com as forças rúnicas ou personificam a força expressa pela fórmula. Elas são auxiliares valiosas para as meditações e visualizações e servem também como talismãs, sozinhas ou associadas a runas. As mais conhecidas ideografias são (conforme Edred Thorsson):

   Mjöllnir, o martelo mágico de Thor, que representa proteção, vontade, poder;

   Suástica ou ***Fylfot***, sinal de sorte, energia solar dinâmica, poder mágico controlado pela vontade, transmutação;

   Roda solar, que representa o poder espiritual, a ordem, a lei, a sacralidade, as quatro direções cardeais, os quatro anões guardiães das direções;

   Hexestern, a estrela de Holda com seis pontas, o floco de neve, o padrão cósmico de Yggdrasil, a semente cósmica que oferece proteção e poder mágico;

   Glückstern, a estrela da sorte, a estilização de *Hexestern* como uma flor dentro de um círculo, servindo como moldura para talismãs e enfeites mágicos;

   Heavenly Star, a estrela cósmica com oito raios, símbolo das oito patas de Sleipnir, das oito direções, dos oitos mundos que cercam Midgard;

   Valknutr, o "nó dos caídos ou escolhidos", os nove mundos manifestados nos três reinos da unidade eterna, expressa pela lei evolutiva do nascer/ser/desaparecer, rumo a um novo começo;

   Trefot, a combinação de três runas Laguz ou Berkano, atraindo o poder dos três reinos, a manifestação tríplice da inspiração ou fertilidade;

   Coração, antiga representação dos atributos femininos (nádegas ou órgãos genitais) simbolizando sensualidade, erotismo, amor;

   Espiral, o movimento cíclico da introversão e extroversão, involução e evolução, a repetição de frases e processos;

"**O Elmo Aterrorizante**", *Ægishjalmar* (citado na seção sobre os sigilos mágicos) e suas variantes, que unem e centralizam forças dinâmicas em um poderoso escudo de proteção.

Mjöllnir	*Fylfot* (suástica)	Roda Solar	*Hexestern*
Glückstern	*Heavenly Star*	*Valknutr*	*Trefot*
Coração	Espiral	Elmo Aterrorizante (*Ægishjalmar*)	

A confecção e imantação de um talismã rúnico — com base em qualquer um dos exemplos citados — serão descritas do Capítulo IX.

MAGIA XAMÂNICA

Ocorre atualmente uma ampla e variada divulgação dos princípios, conceitos e técnicas xamânicas, que nem sempre são fiéis às verdadeiras raízes e origens do xamanismo e podem ser interpretados, adaptados e praticados de acordo com a filiação científica, filosófica, religiosa, cultural ou existencial dos pesquisadores e adeptos.

Isso resulta em uma mistura de teorias e práticas cuja proposta seria resgatar o paganismo pré-cristão, seja ele de origem siberiana, ártica, escandinava, eslava, báltica, germânica, celta, norte-americana, africana ou australiana. Todavia, para reunir antigas crenças, costumes e atos mágicos sob o rótulo "xamanismo", é preciso ter certeza de que os povos a que pertenciam de fato empreendiam as práticas tradicionalmente atribuídas a uma religião, sociedade ou cultura xamânica. Consideram-se **práticas xamânicas** as técnicas de transe extático (induzido por danças, batidas de tambor, plantas alucinógenas, jejuns, isolamento, sofrimento físico ou psíquico), a comunicação com os espíritos (invocação, canalização, incorporação), a possessão por divindades, as viagens astrais para outros níveis de consciência (os vários mundos distribuídos ao redor de uma Árvore ou Pilar Cósmico), a conexão com aliados (vegetais, animais, espirituais), a cura de doenças (pelo "resgate da alma", "extração" de energias intrusas, exorcismo, encantamentos, rezas, ervas), o domínio da mente sobre o corpo, as habilidades de desdobramento, projeção astral (*faring forth*), metamorfose (*shapeshifting*), a condução da alma dos moribundos, o intercâmbio com o mundo dos mortos (necromancia), o culto dos ancestrais. Os povos em que o xamanismo se desenvolveu e permaneceu — como os siberianos, que deram origem ao termo *shaman*; os sami; inuits e fino-úgricos — eram nômades e viviam em pequenos grupos e tribos, sem ter uma diferenciação social marcante. Os nórdicos e germânicos, por sua vez, estabeleciam-se em comunidades fixas desde o período Neolítico, viviam da criação do gado, do pastoreio, da agricultura e tinham uma estratificação, social e religiosa, definida.

Tendo em vista essas diferenças, comprovadas por pesquisas históricas, antropológicas e arqueológicas, não se pode atribuir aos povos nórdicos e germânicos o amplo uso do xamanismo, mas apenas de algumas práticas e técnicas mágicas adquiridas pelo contato com as tribos vizinhas (principalmente os finos e sami, estes sim, autênticos praticantes do xamanismo, cujas tradições são preservadas até hoje).

A atual reconstrução do neoxamanismo nórdico se baseia nas escassas referências citadas nas *Eddas* e sagas, e é complementada com informações coletadas de outras tradições e de pesquisas científicas e folclóricas. Como a maior parte das sagas foi escrita após a cristianização — e mesmo os textos originais das *Eddas* receberam "traduções" e adaptações cristãs —, torna-se muito difícil saber com precisão quais eram as verdadeiras práticas e técnicas mágicas do autêntico xamanismo escandinavo e germânico.

As lacunas nas informações e a proliferação de teorias contemporâneas levaram a interpretações diferentes — muitas vezes contraditórias ou confusas — dos termos *seidhr* e *spæcraft*, que definem as chamadas *soulcrafts* ("artes da alma") da antiga tradição mágica nórdica, e a suposições e conjeturas quanto aos métodos de cura.

Sem me estender nas descrições, vou relatar as características de cada "arte", alertando sobre os perigos que o uso indiscriminado, leviano, não embasado no conhecimento teórico e sem a preparação adequada pode acarretar aos praticantes ingênuos ou incautos.

Toda forma de magia pode ter conseqüências indesejadas, efeitos "bumerangue" ou distorcer o *wyrd* pessoal, principalmente quando se pratica a *soulcraft* e se "viaja" para territórios desconhecidos, povoados por seres nem sempre confiáveis ou amistosos. O viajante corre o risco de receber "mísseis astrais" (os chamados *trollshots*, *elfshots* ou *dwarfshots*, "flechas" ou "tiros" energéticos, que provocam doenças e desequilíbrios), de atrair um "ser estranho" que se prenda à sua aura, de "perder" uma parte da alma e de não conseguir — ou não saber — voltar da perambulação pelos mundos de Yggdrasil. Para evitar esses e outros perigos, **qualquer *soulcraft* deve ser feita com conhecimento, segurança, prudência e proteção** (espaço mágico, guardiães, escudos fluídicos, talismãs, orações), **após um longo estudo e treinamento e sob a supervisão de um autêntico mago ou xamã**. Quero alertar também sobre o consumo de "plantas de poder", utilizadas por certas correntes xamânicas, mas combatidas por outras. Não existe menção ao uso de plantas alucinógenas nas *Eddas* ou nas sagas, apesar do folclore que se criou em torno dos cogumelos. O consumo de bebidas alcoólicas deve se restringir aos brindes de comemoração e jamais usado para relaxar ou causar descontração, antes de uma prática xamânica ou mágica.

SEIDHR (*Seidh, Seith, Sejd, Seidha*)

Seidhr exerce um grande fascínio sobre a mente moderna graças à aura de mistério e magia que foi criada em torno das suas práticas, consideradas "sinistras, perigosas e obscenas", pelos estudiosos cristãos.

Existe muita controvérsia a respeito do significado e do uso de *seidhr*, um termo traduzido como "borbulhar, ferver", referência ao intenso estado físico, emocional e energético obtido pelo transe e necessário para a realização de um profundo trabalho mágico. O escritor Jan Fries, no seu livro *Seidways*, definiu de forma poética uma sessão: "No transe de *seidhr* o praticante fervilha até atingir o ponto certo; as divindades se alimentam da energia desse caldeirão flamejante e um grande portal é aberto, permitindo as visões."

Considerada pelos historiadores cristãos como sinônimo de magia negra, a prática de *seidhr* foi perseguida, repudiada, depois proibida pela Igreja e desprezada pelos guerreiros vikings como "indigna dos homens". Apesar de ser citada nas *Eddas* como a "arte das divindades Vanir ensinada por Freyja a Odin", *seidhr* ficou esquecida com o passar do tempo e seu significado, obscurecido e perdido. Nas sagas mais recentes, influenciadas pelas proibições e dogmas cristãos, enfatiza-se o aspecto escuro, maléfico e nocivo do *seidhr*. Geralmente praticada por mulheres (*völvur, valas* ou *seidhkönur*), era-lhes atribuído o mau uso dos seus poderes para: provocar tempestades, incêndios, inundações, secas ou naufrágios; vencer ou matar inimigos; vingar-se das ofensas; transformar-se em animais predadores ou peçonhentos; materializar-se como *maras* (fantasmas com formas eqüinas) que sufocavam as pessoas durante o sono; afetar a mente levando a ilusões, esquecimento ou loucura; enfeitiçar e enfraquecer os homens por meio do sexo. Todavia, em algumas sagas mais antigas, relata-se o **uso benéfico de *seidhr*** para fins de proteção; curas mágicas (retirada dos "mísseis astrais" — as "flechas" dos *trolls*, elfos, gnomos); o resgate das partes perdidas do complexo psicoespiritual humano; encantamentos para melhorar o tempo, encontrar animais ou pessoas perdidas; aumentar a fertilidade e a virilidade; ajudar nos partos, no desprendimento do espírito e na sua orientação *post mortem*; e "canalizar" a voz e as mensagens das divindades e dos espíritos para fins oraculares e proféticos.

Seidhr pode ser **definida** como uma complexa técnica mágica, integrada ao mundo das runas, mas destituída de seus símbolos, sons e atributos. Ela abrange algumas práticas xamânicas como transe, projeção astral, desdobramento, metamorfose e "viagens" para mundos paralelos, induzidas por cânticos, danças, tambores e o contato com aliados (animais de poder, seres espirituais). Também engloba as manipulações energéticas por meio de encantamentos, magias, maldições e bênçãos, além das orientações e profecias. Durante uma sessão de *seidhr*, o praticante mergulha em um estado semiconsciente que lhe possibilita o "deslocamento" e o contato com entidades espirituais de vários mundos, e tem acesso aos registros do *wyrd* dos consulentes.

A prática tradicional se apoiava em três pilares:

> Transe: a perda do controle consciente sobre os processos mentais, que permite um estado alterado de consciência.
> Perda da consciência corporal, pelo adormecimento dos sentidos físicos e das percepções sensoriais.
> Uso de um ritmo sonoro específico para induzir o transe (cantos repetitivos, batidas de tambor) e de um lugar mais elevado para a vidente se sentar.

O principal **objetivo** do praticante é alcançar um estado alterado de consciência que lhe permita atravessar o limiar entre os mundos e se deslocar entre eles, em busca de poder, conhecimento ou profecias, para antecipar o futuro ou modificar o mundo da realidade física. **Enquanto *galdr magic* usa uma técnica baseada no uso consciente da força de vontade e do controle mental, *seidhr* e *spæ* são fundamentadas no transe, que implica na entrega e na perda temporária do estado normal de consciência, que se funde com energias espirituais exteriores.**

Seidhr era uma arte solitária, às vezes uma tradição familiar, praticada por xamãs, curandeiras e videntes (*seidhkönur*, *völvur*), que peregrinavam para auxiliar pessoas de comunidades distantes. Com as perseguições cristãs, o numero de praticantes de *seidhr* foi diminuindo até desaparecer totalmente; sua memória ficou preservada apenas nas sagas e nas práticas contemporâneas dos nativos sami e dos xamãs siberianos.

Apesar de não ser vedado o acesso aos homens, seu uso ficou restrito às mulheres, cujo potencial mediúnico, mágico e profético era — e continua sendo — maior. Havia também um preconceito masculino em relação à prática do *seidhr*; acreditava-se que aqueles que o praticassem se tornavam *ergi* ou *argr*, ou seja, efeminados. Sem implicar necessariamente em homossexualidade, o termo *ergi* simbolizava um estado de "receptividade passiva", ainda que não se saiba ao certo se isso era uma referência ao uso de roupas femininas ou a uma postura sexual ou mediúnica (em que o homem seria "possuído" ou dominado por uma pessoa ou entidade, fenômeno que exigia a entrega e a perda do controle sobre si mesmo). Existem algumas referências nas sagas sobre o uso de *seidhr* por Odin (que aprendeu com Gullveig e Heidhe, manifestações da deusa Freyja) e que foi por isso censurado e humilhado por Loki por suas atitudes de mulher, "batendo o tambor e girando". Foram encontradas inscrições rúnicas sobre pedras funerárias em que os profanadores eram amaldiçoados a se tornar *ergi*, condição desprezada pelos homens de uma sociedade reconhecidamente guerreira. Desconhecem-se as práticas "vergonhosas, indecentes, obscenas, indignas para os homens" que sombrearam a fama do *seidhr*. Acredita-se que existiam ritos sexuais para criar e direcionar a energia orgásmica para finalidades mágicas, semelhantes ao tantra hindu.

Na opinião da escritora Diana Paxson, *seidhr* era originariamente uma tecnologia mágico-xamânica benéfica, oriunda do culto das divindades Vanir e que adquiriu nuances "sombrias" no fim do período viking e durante as perseguições cristãs, quando foram enfatizadas as maldições, bruxarias e vinganças macabras no plano astral, visando poder e ganhos no plano material.

Com base em uma sessão de *seidhr* realizada por uma *völva* descrita na saga "Eirik Rauda" (Eric, o Vermelho), Diana Paxson e seu grupo Hrafnar, da cidade de São Francisco, nos Estados Unidos, empenharam-se no resgate e na reestruturação do aspecto oracular de *seidhr*, em sessões públicas a serviço da comunidade neopagã. Transpondo o antigo contexto da saga para o cenário atual, o grupo Hrafnar desenvolveu uma técnica muito bem estruturada e longamente testada, que também foi adotada por outros grupos de estudos e práticas do neoxamanismo nórdico e está sendo usada nos grupos de mulheres que dirijo.

No *seidhr* **oracular atual foram preservadas três características tradicionais** que o diferenciam de outros procedimentos mágicos — como *runegaldr* — ou oraculares (*spæ*). São elas:

> Uso de uma plataforma elevada ou uma cadeira alta (corresponde ao *seidhjallr*), em que a vidente fica sentada durante a sessão, com o rosto coberto e apoiada em seu cajado mágico (seidhstafir).

O **assento elevado, o rosto coberto e o cajado mágico** são resquícios do simbolismo antigo, quando as *völvur, valas* (videntes) e os *thulr* (profetas), cobertos por peles de animais, pernoitavam sobre um túmulo dos ancestrais ou sobre uma colina sagrada (vide a prática de *utiseta* no Capítulo VII).

Desse ponto mais alto, suspenso entre o céu e a terra, a vidente tinha a visão de Midgard e dos outros mundos, o que facilitava a percepção dos seres espirituais e da tessitura do *wyrd*. O capuz ou xale lhe permitia o isolamento necessário para deslocar sua consciência e entrar em transe. O cajado reproduzia a Árvore do Mundo, os mundos sendo representados por intrincados desenhos e aplicações de placas de cobre. A empunhadura do bastão era em forma de águia e uma serpente entalhada o percorria até a ponta, reforçando os animais totêmicos do topo e da base de Yggdrasil.

> A recitação de **sons ritmados** (*seidhlæti*), de uma canção específica (*Vardlokur*) para invocar os guardiães e criar uma egrégora de proteção durante a sessão.

Apesar de não existirem referências históricas sobre o uso de tambor na sociedade nórdica, seu uso era comum entre nativos sami e xamãs siberianos. Por isso, atualmente ele é utilizado no lugar dos antigos sons e canções, cujos conteúdos e melodias foram perdidos e esquecidos.

> O "deslocamento" da vidente (*seidhkona*) por **projeção astral** para um dos mundos de *Yggdrasil* em busca de sabedoria, orientação e profecias relatadas em forma de visões, alegorias, metáforas ou conselhos práticos.

Para ilustrar, vou relatar, resumidamente, o procedimento de uma sessão de *seidhr* oracular, no modelo criado e divulgado pelo grupo Hrafnar. Diferentemente do procedimento tradicional nas sessões desse grupo — realizadas durante encontros comunitários, feiras místicas ou comemorações da Roda do Ano —, os videntes também podem ser homens, que se revezam à medida que se cansam. O transe (dos videntes e da assistência) é induzido por cantos repetitivos e batidas de tambor. O esquema é sempre o mesmo e a finalidade é promover uma sintonia maior entre os homens e os espíritos (da natureza, ancestrais, aliados), contribuindo assim para a cura e o equilíbrio individual, coletivo e planetário.

É possível que os leitores brasileiros que já tenham assistido a uma sessão de umbanda percebam uma semelhança entre o transe oracular tradicional da *seidhkona* e a consulta dada por uma entidade incorporada em um médium. No entanto, é importante separar os "caminhos", que são compatíveis com o substrato mitológico, cultural e ritualístico da respectiva tradição.

No *seidhr*, às vezes existe a "possessão" da vidente ou de um participante por uma divindade, fato que levou Diana Paxson a estudar a fenomenologia da umbanda brasileira, para saber como proceder em casos semelhantes (raros, mas possíveis).

Para prevenir qualquer imprevisto ou manifestação paranormal indesejada, quero acrescentar algumas **recomendações** pessoais, baseadas na minha longa vivência mediúnica na umbanda esotérica, nas "canalizações", na prática de "resgate de alma" e no *seidhr* oracular, realizado pelas mulheres dos grupos que dirijo.

> É importante criar a **estrutura do ritual em um contexto nórdico**, ou seja, criar o roteiro da meditação dirigida de acordo com a estrutura, os mundos de Yggdrasil e os arquétipos das divindades e entidades espirituais que serão invocadas para dar informações.
>
> A sessão deverá seguir o modelo Hrafnar (descrito em seguida), por ter sido testado ao longo de uma década por inúmeros praticantes, estudiosos e antropólogos (como Jenny Blain, autora do livro *Nine Worlds of Seid-Magic*). Antes de passar para a prática, o grupo deve tomar todas as medidas para a **preparação física, psíquica e astral (do ambiente e dos participantes)**, criar uma ligação interpessoal, coesa, harmônica e confiar plenamente na pessoa escolhida como vidente.
>
> **Desaconselho realizar sessões públicas**, abertas a pessoas que não conheçam a Tradição Nórdica ou não pertençam a algum grupo de estudos dessa tradição. Evitam-se assim comparações e interferências de energias ou entidades de outras origens, que possam se manifestar por meio das pessoas presentes. Deve ser levada em consideração a fortíssima egrégora brasileira do espiritismo e dos cultos afro-brasileiros e a sensibilidade mediúnica, cultural e astral de boa parte da população. Pela semelhança da prática, a sugestionabilidade e a predisposição anímica das pessoas as predispõem a "abrir a guarda", confundir arquétipos e vibrações e permitir aproximação de seres espirituais fora do contexto almejado.
>
> Como *seidhr* era uma atividade exercida quase que exclusivamente por mulheres (fazendo parte dos seus "Mistérios" arcaicos), **recomendo-a principalmente aos grupos de estudo e trabalhos femininos**. Porém, nada impede que homens com mais sensibilidade tentem superar os preconceitos culturais e comportamentais e encontrem um método específico para praticar *seidhr*, sem medo de perder o controle ou seu poder masculino.

Técnica do *Seidhr Oracular*

A condição básica para um candidato a *seidhkona* ou *seidhmadr* é a sua habilidade de entrar em estado alterado de consciência (transe), independentemente do método de indução (canto repetitivo, batidas de tambor, danças, meditação dirigida ou técnicas de respiração e visualização).

Se o praticante for **solitário**, ele deve ter um perfeito domínio sobre a prática de "ir e vir" entre os mundos, sabendo como se proteger e orientar em diversos níveis astrais.

Se o *seidhr* for realizado em **grupo**, a pessoa que será o "vidente" será escolhida previamente ou se fará um rodízio entre os participantes mais dotados de sensibilidade paranormal. Os "passos" deverão ser dirigidos pela pessoa mais experiente, que poderá atribuir algumas tarefas aos demais como: purificação e proteção do espaço, cantos ou batidas de tambor para criar a egrégora, invocações aos guardiães, divindades e espíritos ancestrais, orientação dos consulentes para saber como formular suas perguntas, auxílio ao(s) vidente(s) e seu rodízio, centramento e harmonização final de todos e fechamento do ritual.

Primeiro Passo: purificação do ambiente com resinas naturais (*recels*), queimadas em um braseiro, precedida por uma "varredura" das paredes e do chão com uma vassoura de galhos verdes.

Segundo Passo: criação do espaço mágico riscando-se seu contorno (círculo, quadrado, retângulo, losango) com giz ou demarcando-o com corda, cristais, pedras. Não é recomendável o trabalho ao ar livre devido a possíveis interferências ou imprevistos que provoquem a interrupção brusca do transe, que desequilibra o psiquismo do vidente ou impede sua concentração.

Terceiro Passo: preparação dos participantes com danças rítmicas ou xamânicas, entoações de *galdrsongs*, práticas de respiração, sintonização energética para "puxar" o *önd* (da terra e do ar) e ativar o *mægin* pessoal. O grupo senta-se em círculo ao redor do vidente, que deve ficar em um nível mais elevado (uma plataforma ou cadeira), com a cabeça coberta com um capuz, xale ou véu e apoiado em um cajado mágico (entalhado com inscrições e símbolos rúnicos de proteção). O cajado também serve como apoio para os videntes que se balançam ou se agitam durante o transe. Às vezes é necessário que um ajudante fique atrás do vidente para assisti-lo e ajudá-lo a descer no final, quando ele pode estar tonto, trêmulo e com o corpo enrijecido.

Quarto Passo: meditação xamânica (induzida com cantos repetitivos ou batidas de tambor) seguida de uma **meditação dirigida**, que conduza toda a assistência por uma "caminhada" em uma floresta secular em Midgard até encontrar Yggdrasil, descendo depois por uma das suas raízes até a fonte de Urdh, para pedir a permissão às Nornes e sua bênção para a sessão. Continuando a meditação, o seu trajeto pode espiralar pelos mundos mais acessíveis de Yggdrasil (sem parar em nenhum) ou descer diretamente para o mundo subterrâneo, margeando o gelado e sombrio rio Gjoll. Ao chegar à ponte que leva ao reino de Hel, os participantes "param" e aguardam, permanecendo em transe leve durante toda a sessão de *seidhr*, enquanto o dirigente conduz apenas o vidente para pedir permissão à guardiã Mordgud e atravessar a ponte, esperando na frente das muralhas que cercam a morada de Hel. Quando o vidente sente que seu transe é bastante profundo e que está pronto para prosseguir, ele faz um gesto previamente combinado e o dirigente o conduz pelo portal, na direção do misterioso e escuro mundo de Hel.

Quinto Passo: os participantes permanecem em silêncio e contemplação enquanto o dirigente pede ao **vidente que descreva o que vê ao seu redor**. A descrição pode variar de um vidente para outro, mas há sempre a menção à atmosfera sombria, às vezes tenebrosa, com vislumbre de lápides, espíritos desencarnados ou vultos. Hel pode aparecer velada ou sentada no seu trono, vigiado pelo cão Garm (ao qual se costuma fazer uma oferenda energética ou material no final da sessão), e sua aparência pode ser semelhante à descrição clássica (vide seu verbete no Capítulo III) ou ter outras características. Enquanto o vidente descreve as cenas, a assistência deve acompanhar e visualizar tudo o que está sendo relatado, **sem se distrair ou cair no sono.**

Sexto Passo: assim que o vidente responde (com um gesto ou aceno de cabeça) à pergunta do dirigente "Vidente, estás pronta para responder?", **as pessoas que querem se aconselhar levantam a mão e esperam sua vez** de ficar de pé e formular sua pergunta. O consulente nunca deve chamar o vidente pelo nome nem fazer gestos bruscos ou barulhos que possam distraí-lo ou assustá-lo, interrompendo o transe. É preciso lembrar que, no estado de transe profundo, a pessoa fica muito mais sensível, pois seus sentidos estão mais aguçados e a percepção, ampliada.

Existe uma "**etiqueta**" em relação às perguntas feitas ao vidente. Elas devem ser expressas em voz alta e clara (o vidente tem a cabeça coberta), de maneira sucinta e objetiva, sem rodeios ou informações dúbias, mas cheias de sentimento (para criar a sintonia). Devem ser evitadas questões fúteis, triviais ou que se refiram a outras pessoas. Jamais deve-se "testar" a habilidade psíquica do vidente perguntando sobre assuntos conhecidos, datas, nomes, números. Cada pessoa deve fazer não mais que três perguntas breves ou uma mais complexa. É bom lembrar que o vidente desprende muita energia psíquica enquanto permanece em transe, por isso ele deve ser respeitado e poupado de sobrecargas energéticas ou astrais.

Por mais que a sessão de *seidhr* demore, os participantes não podem cochilar, pois isso deixaria a sua aura permeável a energias indesejadas ou eles poderiam ser atraídos, em espírito, para um plano astral de onde não conseguiriam voltar. Cantar, bater tambor ou palmas auxilia na manutenção da egrégora energética e evita a sonolência.

Quanto às orientações dadas pelo vidente, elas podem vir em forma de alegorias, metáforas ou palavras enigmáticas, às vezes dirigidas a várias pessoas além daquela que perguntou. Se alguma orientação for dada em tom de censura ou reprimenda, o consulente não deve se sentir ofendido ou se queixar do vidente, pois ele está apenas transmitindo aquilo que ouve, percebe, sente ou vê nos outros planos ou níveis de consciência. Qualquer que seja o conselho, o consulente deve agradecer, sem tecer comentários ou insistir na questão.

Um **aviso prático**: não peça esclarecimentos ao vidente depois do transe, pois ele raramente se lembra do que falou. Além do mais, trazer à tona assuntos que foram respondidos interfere na orientação inicial e aumenta a confusão. Em caso de dúvida, medite, reflita, pesquise, peça auxílio a seus aliados e mentores espirituais ou use seu oráculo rúnico.

Sétimo Passo: se o grupo for grande ou o vidente se cansar, ele pode ser substituído por outro(s), depois de ser trazido "de volta" pelo dirigente, com palavras endereçadas apenas a ele, em voz baixa, enquanto os participantes continuam no transe leve. Assim que voltar ao "aqui e agora" o vidente deve receber alguns cuidados para se reintegrar à realidade (massagens nos pés e mãos que ficaram adormecidos, um chá quente, agasalhos, doação de energia por imposição de mãos, respirações profundas e movimentos leves com a cabeça).

Se outro vidente assume o trabalho, o dirigente repete o mesmo procedimento e cuidados para colocá-lo e tirá-lo do transe, enquanto a assistência permanece em silêncio.

Oitavo Passo: terminadas as perguntas, a **assistência é trazida "de volta" com uma meditação dirigida,** que segue o mesmo roteiro, no sentido inverso, assinalando o "despertar" com batidas mais rápidas de tambor.

Quando todos "voltam", o dirigente — ou seus auxiliares — faz os agradecimentos às forças espirituais invocadas e o círculo mágico é aberto.

Observação: uma vez começada a sessão de *seidhr* não é permitida a saída de nenhum participante, muito menos a entrada de pessoas atrasadas. Em caso de extrema necessidade, o dirigente pode "abrir" um portal no círculo e "fechá-lo" em seguida, usando seu *gandr*.

Nunca é demais alertar que as técnicas de magia nórdica são muito poderosas e aqueles que se valem delas sem o devido conhecimento, proteção e prudência podem sofrer conseqüências imprevisíveis e indesejadas.

Para seguir o roteiro tradicional **é necessário usar sempre as mesmas imagens e palavras**, sem mudá-las de uma sessão para outra. Como exemplo cito as perguntas para o vidente: "*Vidente, o que estás vendo?*", "*Vidente, estás pronto para responder?*", "*Tem alguém aqui que queira perguntar algo?*", bem como a frase clássica encontrada na saga *Eirik Rauda*, dita pela *völva*: "*É importante que você saiba, quer saber mais?*", que o vidente usa se percebe que o consulente ficou com alguma dúvida que pode ser esclarecida e nesse caso pode ser mais bem detalhada.

O dirigente assinala o fim da sessão de *seidhr* dizendo: "*Tudo foi perguntado, tudo foi respondido. Agradecemos aos espíritos que nos atenderam, compartilhando sua sabedoria conosco. Agora chegou a hora de voltar.*" Depois ele continua a meditação dirigida e agradece às divindades, aos aliados e ancestrais.

Se o grupo ou o vidente não se sentir à vontade com a descida para o reino de Hel, pode ser escolhido outro roteiro, mas partindo sempre de Yggdrasil e seguindo seja para a fonte das Nornes, do deus Mimir ou da deusa Saga; seja para Asgard ou Vanaheim, depois de escolhida previamente a morada de uma divindade com atributos oraculares como Odin, Freyja, Heimdall, Nerthus, Fjorgyn, Gefjon, Gna, Sif, Vor.

É importante seguir sempre o mesmo trajeto e roteiro formulados com antecedência para garantir a uniformidade das experiências. As imagens, símbolos, arquétipos, lugares e nomes devem pertencer ao mundo mítico e ao hábitat natural dos povos nórdicos, possibilitando assim o acesso do vidente para esse substrato do inconsciente coletivo. A meditação dirigida é o meio que imprime o imaginário nórdico na mente dos participantes e amplia a percepção sutil e o alcance oracular do vidente. Para conseguir essa sintonia vibratória é indispensável o profundo conhecimento da cosmologia nórdica e das características mitológicas, culturais e geográficas daquela região.

SPÆCRAFT (Spæ, Spa)

Traduzida como "espiar, enxergar" a prática oracular de *Spæ* tinha como principal característica a obtenção **ativa** de informações e conhecimentos sobre o passado, o presente, o futuro, obtidos por meio dos espíritos invocados para essa finalidade.

Em uma sessão de *spæ* não se faz uso de meditação, nem xamânica nem dirigida, e o vidente não se projeta para algum mundo ou plano específico.

Analisando fontes antigas (*Eddas*, sagas, folclore) é difícil definir quais são as fronteiras entre *seidhr* e *spæ*, se elas eram técnicas mágicas diferenciadas, que se completavam ou se sobrepunham. Não se sabe ao certo se a *völva* Thorbjörg da Groenlândia, descrita na saga *Eirik Rauda*, era uma praticante de *seidhr* que usava *spæ* como parte do seu trabalho oracular ou se ela era uma profetisa que usava as técnicas de *seidhr* para melhorar sua prática habitual de *spæ*. Havia uma diferença quanto ao tratamento dado às praticantes de *seidhr* ou *spæ*; enquanto a *spákona* era respeitada e admirada, a *seidhkona* era temida e descrita de forma pejorativa e maléfica.

Como se acreditava que *seidhr* tornava os homens efeminados (*ergi*), ela foi segregada como uma prática exclusivamente feminina, com conotação negativa, enquanto o *spæmadr* e o *thul* (vidente) eram aceitos e respeitados pela sua arte.

É possível que tanto *seidhr* como *spæ* sejam reminiscências das técnicas arcaicas do xamanismos nórdico e que sua prática atual dependa mais da orientação daqueles que se dedicam a ela do que das definições científicas.

O **seidhr** oferece aos participantes **uma jornada passiva de descoberta**, na qual são amparados por uma egrégora de proteção e assistem a um vidente que envia parte de sua estrutura psicoespiritual para se deslocar entre os mundos, buscando conhecimento e trazendo respostas. Além do aspecto oracular, *seidhr* abrange as outras habilidades mágicas e xamânicas já citadas e é considerada uma "arte de manipulação da alma".

Spæ atua mais como uma **vidência ativa**, em que o vidente age sozinho, sem auxílio de uma assistência, usando seu dom inato para enxergar auras, aspectos da vida das pessoas, seus animais aliados, as entidades espirituais e vibrações energéticas existentes nos lugares, ou associadas aos presentes.

Os videntes que têm um maior grau de clarividência podem ver até mesmo os fios de *wyrd* que determinam o *orlög* de alguém. Nesse caso, eles olham na fonte de Urdh e percebem apenas a parte da tessitura energética que as Nornes querem lhe revelar.

***Spæcraft*, portanto, é uma habilidade profética desenvolvida a partir do dom inato de clarividência e que pode envolver também o contato com espíritos**. Para a prática do *seidhr* não é necessário esse dom, apenas uma intuição aprimorada, o treinamento para saber como entrar em transe e o conhecimento teórico e mitológico adequado. Porém, para o *spæ* é indispensável uma sensibilidade paranormal inata, que permite à pessoa "ver" ou "ouvir" em contato com o mundo astral e espiritual e fazer previsões ou profecias. Ambas as praticas são oraculares e podem ser utilizadas isoladamente ou combinadas, dependendo do objetivo e da capacitação do vidente. O termo *völva* era usado tanto para a *spækona* como para a *seidhkona*, descrevendo uma mulher dotada de visão e poder mágico; enquanto *thul* (originado do termo *thula*, falar), designava uma pessoa sábia, que cantava as previsões ou murmurava encantamentos.

Em um **trabalho que mescla as duas possibilidades**, lança-se mão do cenário tradicional (plataforma, véu, círculo mágico) e da indução do transe (cantos, tambor, meditação), que são características do *seidhr*. O vidente se projeta partindo de Yggdrasil, seja para Hel, para conversar com os espíritos ancestrais (*seidhr* típico), seja para a fonte de Urdh, onde observa os fios de *wyrd* e prevê o *orlög* do consulente (*spæcraft*). Os detalhes variam de acordo com os grupos e os videntes; alguns acrescentam rituais, outros escolhem outras maneiras de entrar em transe e abrir a visão, porém o importante é que todos respeitem e sigam as diretrizes tradicionais mencionadas nas fontes ancestrais.

Nos tempos antigos, as *spakönur*, conselheiras das tribos, eram extremamente respeitadas e honradas. Seu auxílio era procurado pelos chefes guerreiros antes das batalhas. O escritor romano Tácito elogiou as previsões de Veleda, uma renomada *spakona*, considerando-a "a personificação da sabedoria da alma feminina teutônica e uma grande heroína", embora ela tivesse previsto — acertadamente — fracassos das tropas romanas.

A *spæcraft* era associada às Nornes, Freyja, Frigga (que conhecia todos os *orlög*, mas não os revelava), Saga, Hel, Fjorgyn, Gefjon, Gna, Nerthus, Sif, Vor e as Disir. O deus Odin não tinha essa habilidade e dependia de uma *völva* para saber o que o futuro lhe revelava (conforme descrito na saga *Baldrs draumar*, quando ele acorda uma *völva* morta para descobrir o destino do seu filho Baldur).

Portanto, *spæ* é uma arte oracular antiga, conhecida com outros nomes em diversas tradições (como o oráculo de Delfos na Grécia, as câmaras oraculares de Malta e Egito), direcionada para a vidência do que é invisível aos outros e para a interpretação e comunicação do que acontecerá no futuro. Pode incluir um intercâmbio com os espíritos, mas sem que o vidente se projete astralmente para os seus mundos e sem que use algum procedimento ou encantamento mágico (como no *seidhr*).

Os aspirantes a *spakona* ou *spæmadr* devem aprimorar sua percepção sutil e acuidade intuitiva natural por meio de um treinamento com técnicas de respiração, meditação repetitiva e com a mente vazia (descritas no Capítulo VII), para saber como silenciar os pensamentos, ouvir as vozes dos espíritos, saber como perceber a presença deles e compreender suas comunicações.

Para facilitar a prática de *spa*, vou resumir a seguir, os seus "passos" essenciais.

Primeiro Passo: preparação do ambiente (defumação, círculo mágico) e do vidente (relaxamento físico, "puxar" o *önd* da terra e do céu, respiração e meditação específica para entrar em transe). Se quiser, o vidente poderá cantar um canto repetitivo, bater o tambor ou ouvir uma fita gravada com esses sons.

Segundo Passo: aprofundamento do transe usando a técnica do esvaziamento mental, descartando quaisquer pensamentos e elevando a vibração para entrar em contato com os espíritos (por meio de uma oração e invocação). Quando perceber que "fechou as portas" para o mundo sensorial, mental e as atuações externas, o praticante de *spæ* pode começar a perceber a presença dos espíritos.

Terceiro Passo: percepção e comunicação com os seres espirituais. É impossível ensinar a alguém a perceber a presença de entidades; é uma habilidade que melhora com a prática e o treinamento mental. O silêncio da mente é indispensável para alguém se tornar consciente de energias e vibrações de outras dimensões. Somente quando o praticante estiver seguro em relação à sua percepção, ele poderá realizar uma sessão de *spæ* para outras pessoas, mas nunca se descuidando do seu preparo.

Quarto Passo: transmissão de mensagens: uma vez estabelecido o contato com os espíritos, eles vão poder dar orientações, avisos ou conselhos. É uma tarefa mais difícil do que parece, pois as comunicações às vezes são enigmáticas, confusas, repletas de metáforas e simbolismos, ou apresentam-se como visões, imagens, vozes, emoções ou pensamentos. Saber diferenciar o que provém dos espíritos, do conteúdo mental pessoal e das armadilhas da imaginação é um desafio para qualquer vidente ou médium de irradiação intuitiva. Por isso é necessário saber como esvaziar a mente e transmitir os recados dos espíritos **sem interpretá-los** (fato que poderia distorcê-los ou truncá-los).

Quinto Passo: sair do transe (quando o praticante sentir cansaço, no fim do intercâmbio ou das perguntas, no caso de uma sessão pública). Para facilitar o retorno, pode ser usado o tambor, o cântico e a intenção de "acordar" (acoplada com um sinal ou símbolo previamente escolhido). Após algumas respirações e alongamentos o *spæmadr* ou *spækona* deverá "aterrar-se" comendo algo, tomando uma bebida quente (não-alcoólica) e caminhando um pouco ao ar livre antes de voltar a seus afazeres. Dependendo da sua disponibilidade de tempo e energia, poderá anotar suas impressões ou trocar idéias com aqueles que receberam o aconselhamento.

A prática de *spæcraft* requer tempo, dedicação, perseverança, confiança e fé. Não é uma atividade a ser realizada ocasionalmente ou para fins egoístas, superficiais ou levianos, mas uma maneira de se colocar a serviço do plano espiritual e ajudar seus semelhantes, moradores de Midgard, Asgard, Vanaheim ou Hel.

Atenção! Mesmo sendo parecidas, a técnica de *spæcraft* não é igual à incorporação mediúnica ou à necromancia. Por estar inserido no contexto tradicional nórdico, o procedimento de *spæ* deve seguir os seus fundamentos, sem improvisações ou preparo e conhecimento insuficientes.

CURA

"Conheciam-se runas, eternas, poderosas e mágicas,
Que devolviam a vitalidade e salvavam a vida dos homens."
"Rigstula", poema islandês do século XIII

"Runas de poder, cura e sabedoria,
Entalhadas sobre pedra, ouro e prata,
No assento da feiticeira,
Nas unhas das Nornes,
No bico da coruja noturna;
Riscadas sobre ervas, raspadas
E ao hidromel misturadas
Para longe serem enviadas."
Adaptado de "Völsunga Saga" — Sigdrifumal

Nas antigas sociedades pagãs do norte europeu usava-se a magia xamânica também para curar males físicos, distúrbios emocionais, mentais e espirituais. Nos textos das *Eddas* e sagas são mencionados, sem muitos detalhes, numerosos casos de curas milagrosas. Cita-se apenas o uso de ervas e outros recursos naturais, orações e invocações dos poderes divinos, imposição de mãos, encantamentos rúnicos e certas práticas xamânicas (comuns a outras tradições nativas) realizadas por curandeiros e xamãs (principalmente mulheres).

Após a cristianização, a literatura medieval ficou repleta de descrições de curas milagrosas, agora feitas pelos santos, de modo semelhante às histórias pagãs (toque no corpo, uso de água benta, expulsão de demônios, orações, bênçãos, arrependimento e absolvição que levava à cura).

No legado ancestral das tradições xamânicas — siberiana, finlandesa, sami — encontram-se relatos (principalmente orais, divulgados pelos contadores de histórias e os curadores) mais precisos, detalhando processos e métodos curativos. Porém, eles se restringem às curas espetaculares, repentinas.

Mesmo sem registros que documentem com exatidão a metodologia usada pelos povos nórdicos e germânicos, sabe-se que seus curandeiros recorriam a fitoterapia, purificações (jejuns, saunas, banhos de ervas, fumigações com resinas), práticas de exorcismo (extração de "mísseis astrais", retirada de venenos psíquicos, afastamento de entidades maléficas), práticas de magia xamânica (resgate do animal de poder e dos fragmentos perdidos ou roubados das suas almas), *galdr songs*, encantamentos e talismãs rúnicos, magia cerimonial (canções e danças extáticas, orações, bênçãos, rituais), oferendas às divindades (muitas vezes com sacrifício de animais), proibições e obrigações individuais (mudança de hábitos ou atitudes, retificação de erros cometidos, compensações pelos prejuízos infligidos — voluntariamente ou não — a outros, *utiseta* — isolamento para favorecer a sintonização e a conexão com as forças espirituais, peregrinações a lugares sagrados).

As artes curativas pagãs eram em parte mágicas, em parte xamânicas, existindo um vínculo estreito entre cura e rituais. Com a cristianização forçada, a função ritualística passou do curandeiro/xamã para o padre, mas as antigas práticas e costumes persistiram durante séculos, transmitidos de uma geração para outra, até que o temor das punições cristãs pelo uso da "bruxaria" favoreceu o esquecimento e a difusão dos novos métodos "científicos" de cura.

O ressurgimento atual do xamanismo e a procura pelas antigas "medicinas" naturais estão proporcionando uma ampla e crescente divulgação de terapias complementares, a maioria fundamentada nas doutrinas filosóficas orientais e algumas em conceitos e práticas xamânicas.

O xamanismo — independentemente de sua origem geográfica — considera como **origem da doença um antigo acontecimento traumático (lembrado ou esquecido) ou algum erro de conduta, que ocasiona sentimentos de culpa e conseqüente autopunição.** Diferente das psicoterapias, no tratamento pelo xamanismo não é o paciente que "volta" ao passado para descobrir o trauma ou o conflito causador da doença, mas sim o xamã. A missão do verdadeiro xamã é se deslocar no tempo e no espaço para localizar e curar as feridas do corpo ou da alma do paciente, encontrando e integrando as partes perdidas, resgatando um aliado (animal, vegetal, mineral ou espiritual), extraindo venenos ou energias vampirizadoras da sua aura, proporcionando o encontro com um espírito ancestral ou divindade e orientando acerca dos "pagamentos" ou expiações que deverão ser feitos pelo paciente para a sua "retificação", que levará ao perdão (próprio e divino) e à cura.

O xamã sabe que não é ele quem cura, mas os espíritos e as divindades; ele é apenas o representante dos poderes dessas divindades, que atua como receptor e transmissor de energias e considera o paciente um parceiro que precisa de ajuda.

A literatura rúnica moderna oferece várias recomendações sobre o uso terapêutico das runas, classificando-as segundo sua relação com órgãos e partes do corpo, sintomas, necessidades e possibilidades de ação.

Por não existir um consenso e pela ausência de fontes arcaicas de referência, cada autor usa sua experiência, imaginação e formação existencial ao recomendar determinadas runas para tratar uma doença, distúrbio ou disfunção.

Eu, pessoalmente, acredito que o simples uso das runas — seja pintando-as no corpo, entalhando-as em talismãs ou traçando-as sobre chás, alimentos, remédios — pode auxiliar na recuperação do doente, por meio da sua fé e do poder intrínseco dos símbolos e dos arquétipos a eles associados. Todavia, o uso mágico das runas é uma tarefa muito mais complexa do que o ato acima mencionado. Para que uma cura profunda, verdadeira e duradoura se concretize, outros requisitos e condições são necessárias, mas cuja enumeração e descrição fogem do alcance e da finalidade deste livro. No entanto, ao longo dos capítulos precedentes foram descritos muitos dos conhecimentos e práticas usados pelos antigos xamãs e magos nórdicos. Compete ao praticante assimilá-los e passar depois a usá-los a seu favor, direcionado pelas suas necessidades (físicas, emocionais, mentais, espirituais), auxiliado pela sua *fylgja* e seu guia espiritual e guiado pela intuição amparada pelo bom senso e a razão.

Para uma melhor orientação, em conformidade com conceitos e métodos tradicionais, vou resumir a seguir **os doze passos necessários para a cura,** ocultos no poema épico finlandês "Kalevala". Formado por uma extensa coletânea de lendas, canções e histórias populares originárias dos séculos XII e XIII, "Kalevala" foi reconstituído em forma de poema épico em 1835 pelo incansável e dedicado estudioso Elias Lönnrot. "Kalevala" é o único texto nórdico que dá detalhes — mesmo que ocultos nas lendas e alegorias — sobre a cura xamânica e mágica para todos os distúrbios do corpo, da mente e do espírito e que oferece uma extensa farmacopéia das plantas usadas para cura e rituais. São estes os doze passos:

1. O paciente tenta usar a sua própria força para se curar (usando dieta, exercícios, jejum, automedicação);
2. Quando não consegue, ele recorre a um(a) curandeiro(a) ou xamã e lhe pede ajuda para seu problema;
3. O curador procura a origem (racional ou mística) da doença, pedindo auxílio aos espíritos (fazendo uma viagem xamânica, *seidhr*, vidência, *spæ* ou divinação);
4. O curador afirma em voz alta, de maneira solene e em versos, a causa da doença, fazendo — ou não — um apelo ao "espírito" (causa) da doença;
5. Após a afirmação da causa e feito o apelo, o curador formula um outro apelo para a manifestação da doença, ou seja, seus sintomas. Os apelos são feitos em versos, cantados ou concluídos — ou não — por *galdr songs;*
6. O paciente recebe um "atendimento de emergência" para aliviar o mal-estar (febre, dor, estancar o sangue, limpar a ferida, melhorar o ânimo), por meio da imposição de mãos, visualização, massagem;
7. O curador prepara os remédios adequados usando ervas, raízes, cascas, sementes, resinas, óleos essenciais, argila, órgãos de animais, minerais, chás, banhos, poções, cataplasmas, envoltórios ou ungüentos. Durante a manipulação, ele ora pedindo a permissão e a ajuda dos espíritos (ancestrais, das plantas, dos animais e minerais, da Natureza);
8. Após experimentá-lo em si mesmo, o curador aplica o remédio no paciente (uso interno ou tópico);
9. O curador invoca a permissão divina para que o remédio seja eficiente. A invocação é feita em versos, cantada, acompanhada de batidas de tambor e seguida — ou não — da confecção de um amuleto ou talismã rúnico para completar a cura;
10. Finaliza-se o tratamento com uma ação que permita ao paciente recuperar o controle sobre sua vida. Do ponto de vista mágico, isso significa explicar qual o "preço" que o paciente deve "pagar" aos espíritos e deuses para obter a cura (auxílio aos necessitados, contribuições para a comunidade);

11 e 12. Os últimos passos são da responsabilidade do paciente, que agora, completamente independente do curador, faz uma oração de gratidão aos espíritos e deuses pela sua cura. Pronuncia depois o seu "ato de contrição", o compromisso assumido para sua "retificação", reafirmando o "sacrifício" que ofertará como agradecimento (podendo ser uma oferenda, mudança de atitude, desapego, serviços voluntários, atos altruístas).

A título informativo, apresentarei a seguir uma classificação sucinta dos **efeitos terapêuticos** das runas, citada pelo autor Gardenstone no livro *Germanische Magie*.

1. Ativação da energia vital — Fehu, Uruz, Sowilo
2. Doenças femininas — Berkano
3. Estômago, intestino — Jera
4. Febre, inflamações — Isa
5. Sexualidade (bloqueios) — Kenaz, Peordh, Tiwaz
6. Sistema circulatório — Jera, Laguz
7. Sistema motor — Raidho, Mannaz
8. Sistema nervoso — Uruz, Naudhiz, Laguz, Dagaz
9. Voz, problemas respiratórios — Ansuz

O mesmo escritor recomenda usar uma combinação de Uruz, Sowilo e Berkano antes de começar a visualizar ou aplicar runas específicas. As runas podem ser mentalizadas ou traçadas sobre as áreas corporais correspondentes, sobre chás, remédios, alimentos, enquanto o praticante entoa seus *galdrar* e assume suas *stödhur*. A cura pode fazer parte de um ritual — simples ou elaborado — e ser realizada também a distância, por meio de uma fotografia ou objeto do paciente.

É importante ressaltar que **o uso terapêutico dos métodos xamânicos e dos encantamentos rúnicos visa promover a recuperação natural da vitalidade e do equilíbrio físico, psíquico, mental e espiritual do paciente.** No entanto, quando o doente já está sendo tratado ou medicado pelos métodos ortodoxos, as práticas naturalistas servem para complementar esses tratamentos, não sendo seu substituto, nem antagonizando sua ação, pois o principal objetivo é somar efeitos para o bem-estar e a cura do doente.

O PRINCÍPIO FEMININO NA TRADIÇÃO NÓRDICA

> *"Não são menos sagradas as deusas, nem seus poderes são menores do que os dos deuses."*
>
> **Prose Edda, Gylfaginning 19**

É inegável a importância do antigo culto das deusas nos países escandinavos, bálticos e germânicos. São testemunhos cada vez mais convincentes os achados arqueológicos do último século; as referências encontradas nos mitos, lendas e folclore; a permanência de práticas matrifocais e reverência às deusas dos nativos sami (espalhados pela Noruega, Suécia, Finlândia, Norte da Sibéria) e as inúmeras inscrições a elas dedicadas, muitas erguidas em sinal de gratidão por homens (reis, guerreiros, camponeses, navegantes, viajantes).

Na antiga Escandinávia o xamanismo era uma tradição feminina, regida por Freyja, praticada por suas sacerdotisas e que sobreviveu durante a Idade do Bronze e do Ferro, até a chegada do cristianismo. Entre os sami e as tribos siberianas persistem memórias dos poderes mágicos da primeira xamã, a Ancestral chamada "Mãe dos Animais". As tribos altaicas reverenciam até hoje a Terra como um ser consciente, vivo, animado, que não pode ser ferido, prejudicado ou ofendido. Assim como os rios, as pedras e as árvores também são seres vivos governados pela Mãe das Águas, A Mulher da Floresta, A Mãe do Vento ou a Anciã das Pedras, pois tudo na Natureza tinha sua Mãe e era vivo. Para os antigos nórdicos, a Estrela Polar era um lugar sagrado e mágico, pela qual se podia penetrar no Mundo Superior, representado pela constelação da Ursa Maior, regida pela "Mãe Ursa", enquanto as tribos árticas acreditavam que a Ursa Maior pertencia à "Mãe-Alce" e a Ursa Menor, à sua filha. As "Mães Ursas" e "Mães-Alce" são personificações da "Mãe Ártica dos Animais", de suma importância para os povos árticos. As suas estrelas os guiavam nos seus deslocamentos e a "Grande Ursa" era a "Senhora da Ressurreição", que guardava as almas e lhes devolvia a vida. "O mundo dos mortos" dessas tribos era alcançado por meio de uma gruta, que levava para dentro de uma montanha ou lago, lugares consagrados à Deusa, conforme atestam inúmeras inscrições rupestres com figuras femininas pintadas em vermelho nas paredes de cavernas e nos rochedos.

Na interpretação não-acadêmica do mito da criação feita pela escritora Monica Sjöo, no início havia somente o grande ventre da deusa Hel, representado pelo abismo Ginnungagap, enquanto a fonte Hvergelmir, que deu origem aos doze rios Elivag, era o seu próprio caldeirão rodopiante. O gigante Ymir era hermafrodita, simbolizando a terra congelada, e a vaca branca Audhumbla era o próprio Sol, que derreteu o gelo e, do seu leite, proporcionou a formação da vida. Hel teria sido a Mãe Ártica, cultuada pelos povos do extremo Norte, enquanto Nerthus era a Mãe Terra, senhora da terra fértil. Hel foi transfigurada pelos historiados, de Mãe ancestral em tenebrosa regente do mundo dos mortos. Porém, a fonte de Urd é ligada ao reino de Hel e são as suas águas que proporcionam o conhecimento e a cura e mantêm a Árvore do Mundo viva. As Nornes pertencem à raça antiga dos gigantes, medem o tempo, preservam a teia da criação e guardam a sabedoria das runas, que são inscritas nas suas unhas e escondidas na Natureza. A própria fonte de Mimir era a representação do *soma* da Deusa e o seu sangue menstrual, detentor de poder mágico e do conhecimento (roubado depois por Odin, como é descrito no mito de Gunnlud). Para obter a sabedoria, Odin sacrificou-se, ou seja, entregou-se às Nornes imolando-se na Árvore Mãe e passando pela vivência xamânica de "quase-morte".

Há semelhanças entre as Nornes e as deusas Akkas dos nativos sami, assim como a escrita Hälristningar, precursora das runas, reproduz antigos glifos neolíticos associados à Deusa nas culturas européias (5000 a.C.), conforme demonstra a antropóloga, arqueóloga e escritora Marija Gimbutas, no livro *The Language of the Goddess*.

Antes que os barcos se tornassem símbolos das conquistas viking ou servissem como túmulos dos guerreiros (substituindo os troncos de árvores usados antigamente), eles reproduziam nos petróglifos a Deusa como a doadora de vida e luz; o barco simbolizava a sua *yoni* (vulva) ou o veículo da deusa solar para se deslocar pelo céu, sendo um dos motivos mais freqüentes encontrado em inscrições ou nos túmulos.

Existem mais de mil inscrições em pedras dedicadas às "Matronas" ou "Mães Tríplices" germânicas; no centro dos seus templos sempre existia uma fonte representando a Fonte da Criação. A reverência às fontes remonta ao período Neolítico e em muitas delas foram encontradas, posteriormente, fragmentos de estatuetas femininas, destruídas pelos cristãos. As "Matronas" ou "Mães Tríplices" eram as reminiscências dos arquétipos das Mães Criadoras do passado europeu, personificadas pelas Matriarcas das tribos, enquanto as "Mães e Mulheres das Florestas" permaneceram como Huldre Folk, o povo da deusa nórdica Huldra (ou Holda).

"Kalevala", a grande epopéia finlandesa (transcrita no século XIX por Elias Lönnrot, a partir do enorme trabalho de colecionar canções e poemas antigos) descreve a formação do mundo pela deusa Ilmatar, "Senhora do Ar", que flutuava no mar e foi fecundada pelo vento. Ajudada pela "Mãe-Pássaro", Ilmatar criou a Terra, o Sol, a Lua, as estrelas, aliando dessa forma, no mito, imagens existentes em outras culturas antigas (a Mãe Cósmica pondo o ovo primordial da criação e o arquétipo das "Mães-Pássaro").

Para as tribos siberianas os poderes procriativos pertenciam à "Mãe Celeste", depois equiparada com Maria, enquanto o fogo celeste era o domínio da "Mãe, Mulher ou Anciã do Fogo". Para os mongóis o "Pai do Fogo" era o ferro; a Mãe, a pedra, e da sua fricção nascia a vida.

No entanto, apesar das inúmeras citações e nomes de deusas nos textos escandinavos, bálticos e germânicos e do grande número de crenças e superstições em relação a seres sobrenaturais do sexo feminino, há poucas informações a respeito dos seus cultos, cerimônias e rituais.

Entre pesquisadores, historiadores e escritores existem controvérsias a respeito da existência — ou não — de uma única Mãe Ancestral, cultuada sob diferentes nomes e títulos, ou se existiam diferentes categorias de divindades, dependendo das funções e atividades a elas atribuídas.

A dificuldade para se chegar a um consenso científico, filosófico e metafísico deve-se à escassez de textos antigos e às transcrições e interpretações tendenciosas ou distorcidas feitas por historiadores cristãos, a maioria deles monges. Eles imprimiram seus preconceitos misóginos e puritanos aos textos originais, omitindo tudo o que pudesse ser "nocivo para a alma cristã", como ritos de fertilidade, rituais femininos, participação de mulheres nos cultos e cerimônias e o domínio que elas tinham das artes oraculares, proféticas e curativas.

Os textos antigos considerados clássicos são as *Eddas*, sendo que *Edda* significa bisavó, equivalente de Erda ou Mãe Terra. A criação do mundo é descrita no poema "Völuspa" intitulado "As Profecias — ou a Visão — da Grande *Vala* (profetisa)", possivelmente escrito em torno do ano 1000. As *Eddas* em versos (*Older Edda*) são baseadas em fontes orais e anônimas provenientes de lendas nórdicas e germânicas, coletadas em torno do ano 700. As *Eddas* em prosa (*Younger Eddas*) foram escritas por Snorri Sturluson no século XIII, usando material proveniente do século IX. Porém, mesmo nessas obras existem poucas informações sobre cultos femininos e as descrições das deusas são sucintas. A ênfase recai sobre as figuras e mitos dos deuses e heróis, resultando em uma literatura centrada nos temas da guerra e da conquista, que serviu como base para os poemas e epopéias do período viking e diminuiu consideravelmente o valor e o interesse por temas relacionados ao feminino.

Somente no século XX as contribuições de antropólogas, arqueólogas, historiadoras e escritoras, como as valiosas obras de Marija Gimbutas, os livros de Hilda Davidson, Merlin Stone e os trabalhos de Freya Aswynn, Jenny Blain, Linda Welch, Monica Sjöo, bem como as práticas de *seidhr* do grupo Hrafnar, conduzido pela escritora e pesquisadora Diana Paxson e seus inúmeros artigos, lançaram novas luzes sobre a importância dos arquétipos divinos femininos e dos seus cultos, nos antigos países nórdicos.

O culto da Deusa floresceu durante o período Paleolítico e Neolítico nas diversas culturas da área chamada por Marija Gimbutas de "Europa Antiga", que se estendia dos Pirineus até a Rússia e de Malta e Creta até a Escandinávia. Essas sociedades antigas eram matrifocais, pacíficas e estáveis; reverenciavam as manifestações da Deusa em toda a Natureza (céu, Lua, Sol, estrelas, chuva, neve, terra, mar, águas, montanhas, florestas, plantas, grutas, animais) e honravam suas representantes na Terra, as mulheres. A divinização das forças da Natureza deu origem às divindades Vanir, consideradas "as doadoras das coisas boas" (fertilidade, amor, sexo, vida, sabedoria).

Existem evidências arqueológicas e antropológicas sobre a permanência do culto arcaico das divindades Vanir, das Disir, Matronas e dos Land Vættir, os espíritos da Natureza, semelhantes ao "Povo das Fadas" celta *(Little People)* durante a Idade do Bronze, até a chegada das tribos nômades e guerreiras vindas das estepes siberianas, no início da Idade do Ferro (400 a.C.). O mundo pacífico dos adoradores dos Vanir foi dominado pela cobiça e violência dos conquistadores indo-europeus, cujo panteão formado por "Senhores do Céu, dos Raios, dos Trovões e das Batalhas" foi se sobrepondo às divindades autóctones que regiam a terra, as forças da Natureza, a fertilidade e a sexualidade. Porém, apesar da concorrência dos deuses celestes, as deusas nativas preservaram seu posto e mantiveram sua autoridade. Diferentemente das deusas gregas — cultuadas principalmente por mulheres —, as nórdicas eram reverenciadas também pelos guerreiros por estarem "presentes" no campo de batalha, enfraquecendo os inimigos e conferindo vitórias aos seus escolhidos, conduzindo exércitos e inspirando os heróis. Os reis as invocavam para proteger suas dinastias, os poetas e contadores de histórias dedicavam-lhe odes e louvores pedindo sua intervenção e auxílio nos afazeres humanos, no bem-estar das comunidades e na defesa contra inimigos e cataclismos naturais. Foi assim que o arquétipo das deusas permaneceu atuante e poderoso, mesmo no reinado de guerreiros e heróis, além de continuar a ser o centro das súplicas e oferendas dos agricultores, dos caçadores, dos navegantes, dos pescadores, dos comerciantes e principalmente das mulheres.

É importante lembrar a divisão de atribuições entre homens e mulheres nas sociedades nórdicas, para compreender como o culto das deusas permaneceu até mesmo após a cristianização, que foi mais tardia na Escandinávia do que no resto da Europa. Até os séculos X–XII, a Islândia, a Noruega e a Suécia mantiveram-se "pagãs" e seus camponeses e mulheres preservaram as antigas práticas e tradições até o século XIX.

As mulheres nórdicas assumiam todas as atividades que lhes permitiam permanecer próximas das crianças e da casa, incluindo o cuidado com os animais e as lavouras, o artesanato (fiagem, tecelagem, cerâmica, couro), a cura dos doentes, a coleta de ervas medicinais, os ritos de passagem femininos (menarca, gravidez, parto, menopausa), os cuidados com os velhos e os moribundos, bem como os ritos funerários e o culto dos ancestrais. Essas atividades em conjunto criavam laços entre as mulheres, que juntas faziam os rituais, as oferendas e cerimônias, fosse com objetivos exclusivamente ligados à sua condição feminina, fosse em benefício de toda a comunidade (para melhorar as condições do tempo, favorecer a colheita, fortalecer os guerreiros, vencer os inimigos, defender suas casas e famílias, cuidar dos feridos, conduzir a alma dos mortos para o reino de Hel). Fazia parte do cotidiano mágico feminino a arte de "tecer" encantamentos e atributos de poder, força, coragem e proteção na tessitura das roupas dos guerreiros, nos estandartes das tribos, bem como realizar a magia dos nós e das tranças de fios para unir casais, curar doentes e proteger crianças. Era conhecida a habilidade das mulheres escandinavas para curar feridas com ervas e encantamentos, curar com a imposição de mãos e usar "pedras de cura" nos partos e nas doenças. Os homens participavam de certos rituais (como na celebração das colheitas ou nos ritos funerários) e em outras oportunidades eles reverenciavam individualmente as deusas, visando benefícios pessoais (sucesso na caça e na pesca, nas batalhas, nas vinganças, nos objetivos políticos, em viagens, no mar, na cura das doenças, para defesa e proteção) ou buscavam orientação e ajuda consultando videntes, profetisas, xamãs, curandeiras.

O culto às deusas também tinha uma importância política, pois seus poderes eram invocados para garantir a permanência e a popularidade dos reis. Existem registros detalhados da devoção de certos reis, que dedicavam templos, estátuas e homenagens às suas "madrinhas" e protetoras. Posteriormente, o lugar dessas deusas responsáveis pelas dinastias reais e as vitórias nos combates foi outorgado a Odin, Frey, Thor e Tyr. Além de buscar o apoio divino para seu domínio, os reis precisavam garantir a fertilidade da terra para não correrem o risco de serem depostos ou sacrificados, caso as colheitas fossem minguadas ou perdidas. Para isso eles participavam do "casamento sagrado", um rito de fertilidade presente em várias culturas antigas, no qual a sacerdotisa representando a Deusa da Terra se unia ao rei, para lhe transmitir o dom da prosperidade, a soberania e o poder de governar bem o seu povo.

Uma classificação interessante dos papéis atribuídos às deusas nórdicas é descrita por Hilda Davidson, no seu livro *Roles of the Northern Goddesses*. Como as funções das deusas muitas vezes se sobrepunham, pelo fato de não serem arquétipos "especializados", regentes apenas de um setor da vida humana, essa classificação facilita a compreensão da multiplicidade de nomes e títulos divinos, e os apresenta de modo ordenado, segundo as áreas da sua atuação. São elas:

1. **"A Senhora dos Animais"**, cuja regência estendeu-se depois para o gado, os animais domésticos, as florestas, as árvores, os caçadores, os lenhadores e os viajantes.
2. **"A Senhora dos Grãos"**, título que inclui as deusas regentes da fertilidade das mulheres, os seus "ciclos de sangue", o casamento, a procriação, o parto, o cuidado com as crianças e a terra (arar, semear, colher, preservar, evitar pragas, seca e granizo). Desse grupo faziam parte as "Matronas" ou "Mães".
3. **"A Senhora do Fuso e do Tear"**, que regia as atividades domésticas e artesanais, bem como o destino e o desenvolvimento da vida (como as Nornes e as Disir). Fiar e tecer eram considerados atos mágicos, usados não somente para fins utilitários, mas também para criar, amarrar e entrelaçar na tessitura ou na trama dos fios e nós, encantamentos e poderes mágicos das runas.
4. **"A Senhora do Lar e da Lareira"** representava as Guardiãs: do fogo (comum e sagrado), da preparação da comida, da alimentação e nutrição, da proteção das crianças e mulheres (durante e depois do parto), da cura e da educação. Com o passar do tempo, algumas dessas deusas foram transformadas nos espíritos guardiães das pessoas e das casas (chamados *nissen*) e nas "fadas madrinhas".

5. **"A Senhora da Vida e da Morte"**, que inspirava temor e reverência, pois não era apenas a "Doadora", mas também a "Ceifadora" da vida. Além de reger a saúde e as ervas de cura, ela também cuidava dos moribundos, orientava as almas na sua passagem e era responsável pelos ritos funerários e pelo mundo dos mortos. Por ter o poder sobre o nascimento, a vida, a cura e a morte, o seu culto não era restrito às mulheres, mas extensivo aos homens, que também precisavam de sua proteção e auxílio.

Não existem descrições detalhadas sobre a forma pela qual se cultuavam as deusas. Sabe-se apenas que não havia um culto organizado, nem templos faustosos. As cerimônias eram simples, realizadas quando necessário, no âmbito familiar ou coletivo, por sacerdotes e sacerdotisas, nos plantios e nas colheitas; antes de caçadas, viagens ou guerras; e durante os períodos de seca, inundação, tempestades ou epidemias. As deusas muitas vezes eram reverenciadas em conjunto (como Matronas, Disir, Valquírias), além das homenagens e oferendas feitas para deusas específicas ou padroeiras locais. Havia rituais secretos para os pontos de transição na vida das mulheres, os chamados "Mistérios de Sangue", para os quais se realizavam "ritos de passagem". O equivalente masculino era a iniciação dos rapazes no mundo dos adultos ou sua consagração como guerreiros. Prevaleciam os ritos e rituais femininos em relação aos masculinos, por ser o universo das mulheres muito mais complexo, amplo e diversificado.

Como nas línguas escandinavas, bálticas e germânicas a Lua é do gênero masculino e regida por um deus auxiliado por uma mortal divinizada, não há relatos sobre cultos e rituais lunares, como existiam nas tradições dos povos mediterrâneos. Porém, existia um culto bem definido ao Sol, regido não por um Deus, mas por uma Deusa, pois a sobrevivência da vegetação e a própria vida humana dependiam da energia calorosa, generosa e nutriz de uma fonte divina feminina. Numerosas estatuetas femininas com símbolos solares foram encontradas nas escavações de residências e de pequenos altares, comprovando a existência de um culto solar doméstico e diário, realizado sempre por mulheres. Os povos nórdicos consideravam as mulheres como detentoras de poderes mágicos e de habilidades espirituais especiais, que lhes permitiam atuar como intermediárias entre os homens e as divindades.

Uma característica marcante das deusas nórdicas é sua função de "guardiãs dos limites e transições", existentes na Natureza, na vida das mulheres e entre os mundos. Eram elas os pilares que sustentavam e protegiam a vida e o crescimento (vegetal, animal, humano), que incentivavam e zelavam pela sexualidade, fertilidade, união, procriação, nascimento e morte. Elas assistiam à inevitável passagem de cada geração e zelavam pelo legado deixado aos descendentes, bem como eram responsáveis pela trajetória da alma entre uma vida e outra, pelo culto dos antepassados e pelos ritos funerários.

Para as mulheres, elas eram patronas, guardiãs e conselheiras em todos os acontecimentos significativos ao longo da vida e nos relacionamentos com os homens, com as crianças e com outras mulheres. Não somente as mulheres as reverenciavam e a elas recorriam em busca de auxílio, mas se tornavam suas representantes na transmissão de orientações e profecias, e na realização de rituais, encantamentos e curas (como *völva*, *gythia*, *seidhkona*, *spækona*, xamã, parteira ou curandeira).

O culto das deusas nórdicas levava em consideração todas as suas faces, como Nutridoras e Destruidoras, simbolizando as próprias manifestações da Natureza, as intempéries e os aspectos sombrios do ser humano. Eram "senhoras" das montanhas, dos lagos, dos rios e das fontes, mas também da neve, das tempestades e dos naufrágios. Essas características as definem como divindades Vanir, apesar de algumas delas serem descritas como pertencendo aos Æsir, o que confirma a combinação do panteão das tribos conquistadoras com o dos povos nativos, cuja tradição era centrada na reverência à terra e às forças da Natureza.

Com o passar do tempo, passou-se a dar ênfase cada vez maior ao culto e às oferendas para divindades masculinas, bem como aos valores guerreiros das tradições; porém, foram preservados os nomes e os mitos das deusas, mesmo que fragmentados ou minimizados.

O advento do cristianismo levou a uma perseguição intensa do princípio sagrado feminino. O seu papel na criação e manutenção da vida é omitido ou fragmentado nos mitos e nas sagas, fato que permitiu ao clero reduzir as antigas deusas a entidades menores ou seres da Natureza. Após a perseguição durante a Inquisição e a conseqüente proibição do seu culto, elas foram, aos poucos, relegadas ao esquecimento, permanecendo apenas no inconsciente coletivo, na memória ancestral, no folclore e nos contos de fadas.

Por ser a Tradição Nórdica eminentemente oral, o legado milenar foi se perdendo e sendo esquecido à medida que o povo foi convertido — à força — à nova fé e proibido de continuar suas antigas práticas e costumes. As mulheres foram desprovidas de modelos divinos femininos e obrigadas a aceitar a hierarquia masculina: espiritual, religiosa e social.

Atualmente, as práticas milenares e a sabedoria ancestral dos povos nórdicos estão sendo resgatadas e revitalizadas pelas pesquisadoras e divulgadoras da antiga fé. Mesmo que ainda prevaleça o sexo masculino na literatura, na formação e na condução dos grupos Odinistas e Asatrú, há um aumento gradativo no número de mulheres participantes ou estudiosas.

Há muito que fazer, pesquisar, escrever, praticar e divulgar, para que o atual renascimento da Tradição Nórdica seja fiel aos antigos valores de equilíbrio das polaridades e dos princípios divinos e humanos. Existem desafios a vencer dada a complexidade dos mitos, simbolismos, nomenclaturas e características; mas, se as mulheres atraídas pelos mistérios e poderes mágicos do tesouro nórdico despertarem sua Valquíria interior, com certeza poderão atravessar a Ponte do Arco-Íris e alcançar a morada das deusas.

Guiadas pela fé e a intuição, independentemente de sua origem ou herança cultural, mas sintonizadas com a riqueza natural, mitológica e mágica das terras nórdicas, cada vez mais mulheres contemporâneas vão poder abrir a mente e o espírito, invocar as Guardiãs e Matriarcas da Tradição e despertar as memórias dos antigos cultos e cerimônias da sacralidade feminina.

Quando divindades outrora poderosas não mais são reverenciadas ou homenageadas, sua essência não desaparece, mas se retrai e permanece oculta no inconsciente coletivo e no folclore. Ao serem novamente cultuadas e lembradas, elas voltam e atendem àqueles que as conhecem e invocam.

*"All that was lost will be found again,
In a new manner, in a new way."*

[Tudo o que foi perdido será resgatado,
de uma nova forma e maneira de ser.]

CAPÍTULO IX
RITUAIS RÚNICOS

*"Nove encantamentos eu aprendi
Com o filho notável de Bolthorn, pai de Bestla.
Tomei também um gole
Do elixir precioso de Odhroerir;
Assim tornei-me fértil para crescer e evoluir.
Dentro de mim palavras começaram a fluir,
Um encantamento foi trazendo outros para mim.
(...)
Runas gravadas no escudo do Deus Brilhante,
Nas rédeas do cavalo Madrugador,
Nos cascos do Onisciente,
Na roda que conduz a carruagem do Sol,
Nas mandíbulas de Sleipnir,
Nos trilhos do trenó,
Nas patas do urso polar,
Na língua de Bragi,
Nas garras do lobo,
No bico e nas asas da águia.
No final da ponte Bifrost,
Para soltar amarras
E abrir portais;
Sobre pedra, ouro ou prata
Nas ervas e no vinho.
No assento da feiticeira,
Na lâmina de Gungnir,
Nos seios de Grani,
Nas unhas das Nornes,
E no bico da coruja branca
Que voa na escuridão da noite."*

"Havamal"

Nos textos clássicos — históricos ou religiosos — não se encontram descrições precisas sobre a natureza dos rituais realizados pelos povos nórdicos. Fontes islandesas mencionam cerimônias da Roda do Ano e do calendário agrícola, mas essas festividades eram **exotéricas**; os rituais para *Blot* e *Sumbel* eram celebrados por um *gothi* ou *gythia*, na presença de toda a comunidade. Desconhecem-se as práticas **esotéricas**; sabe-se apenas que a magia nórdica era baseada no xamanismo siberiano e dos nativos sami, cuja tradição era principalmente oral, transmitida diretamente do mestre para o aprendiz.

Nos textos das *Eddas*, nas sagas e nos poemas épicos (como "Havamal"), há uma profusão de referências sobre o uso mágico das runas em encantamentos, com as mais diversas finalidades, e para a imantação de objetos e talismãs, porém sem detalhar os procedimentos.

Inspirados nesses textos e trazendo suas interpretações pessoais — condicionadas por convicções culturais, filosóficas, mágicas e vivenciais —, vários autores contemporâneos mencionam rituais semelhantes, inseridos no contexto oracular, cerimonial, mágico ou talismânico de suas obras.

Ao longo deste livro, descrevi e detalhei, de várias maneiras, conhecimentos teóricos e práticos indispensáveis para a realização de rituais. O Capítulo V enumera os preparativos necessários para a confecção, consagração e ativação do oráculo rúnico, válidos também para a preparação de talismãs. O Capítulo VII abrange a preparação magística do ambiente, dos objetos e — principalmente — do aspirante a *vitki*; enquanto o Capítulo VIII é dedicado às cerimônias das tradições mágicas. Porém, para realizar qualquer um dos procedimentos mencionados, é imprescindível que antes sejam assimilados os significados, atributos e efeitos mágicos das runas, amplamente descritos no Capítulo IV.

Neste último capítulo, irei descrever alguns rituais específicos, que tratam dos objetivos mais comuns de um *vitki, godhi, gythia* ou *erilaz* moderno, pautando-me em minhas vivências pessoais e nas práticas dos grupos femininos de estudos rúnicos dirigidos por mim. Quero lembrar que **a finalidade principal de qualquer ritual é proporcionar o substrato material para que o mago possa ativar e direcionar sua força de vontade para o propósito escolhido, amparado pelo conhecimento amplo e profundo e pela firmeza de sua intenção, agindo sempre de acordo com a ética mágica e com o devido respeito pelas leis do *wyrd*** (individual, coletivo, universal).

Os rituais que fazem parte deste capítulo são dirigidos aos praticantes solitários, mas também podem ser realizados em grupo — desde que haja um dirigente capacitado para criar uma egrégora grupal harmônica e que saiba lidar com possíveis interferências humanas ou espirituais.

Antes de começar os rituais, o praticante deverá realizar sua auto-iniciação (descrita a seguir) e aprofundar sua conexão com um "padrinho" ou "madrinha" espiritual. A escolha não segue preferências racionais, ela deve ser amparada na intenção e confirmada em sonhos, meditações ou mensagens. É bom lembrar que **é o Deus ou a Deusa que escolhe seu afilhado, e não o contrário.**

Após cada ritual, o mago deve anotar os elementos usados, as vivências e os resultados obtidos para poder avaliar seu desempenho, aprendendo permanentemente com suas próprias experiências. Assim ele pode criar novos rituais, com base em suas prioridades ou necessidades pessoais — mas sempre seguindo as diretrizes tradicionais.

AUTO–INICIAÇÃO E DEDICAÇÃO A UMA DIVINDADE

As cerimônias de iniciação xamânica dos povos nativos tinham como simbolismo o processo de morte e ressurreição mística e eram muitas vezes precedidas por sonhos significativos, doenças misteriosas ou estados extáticos. Essas experiências singulares assinalavam a "escolha" do candidato pelas forças sobrenaturais e o preparavam para as revelações e os encargos que essa escolha lhe traria, após a devida instrução pelos mestres nos mistérios teóricos e práticos da tradição. Esse tipo de iniciação não pode ser transmitido pelos livros, pois requer um profundo aprendizado oral, passado diretamente "do mestre para o discípulo", e uma ampla prática vivencial, ritualística e mágica.

Por isso, vou me limitar a indicar apenas etapas e procedimentos necessários a um ritual de auto-iniciação e dedicação a uma divindade. Por meio desse compromisso formal, o buscador assume e confirma sua responsabilidade pessoal perante os poderes espirituais e mágicos da Tradição nórdica.

Antes de selar ritualisticamente esse compromisso, o candidato deve reservar um tempo para se questionar acerca das razões de sua escolha e ter certeza de sua decisão. Recomendo uma avaliação sincera, que leve em consideração os itens abaixo assinalados, para só então começar a preparação (pessoal, do espaço, do ritual).

AUTO-AVALIAÇÃO

a) Qual minha real motivação? Estou sendo impelido pela curiosidade, a necessidade de afirmação pessoal ou pelo coração, que expressa o desejo de minha alma?

b) Vou me dedicar — de fato — ao estudo aprofundado da cultura e mitologia nórdica, bem como da teoria rúnica **antes** de começar alguma prática?

c) Cumprirei com honestidade e lealdade o antigo juramento de **"somente usar as runas para o bem de todos e do Todo, sem interferir no *wyrd* ou no livre-arbítrio de ninguém"**?

d) Comprometo-me a honrar a sacralidade e o poder mágico das runas, sem jamais usá-las para finalidades triviais, exibicionismo ou interesses egoístas?

e) Conheço os significados das runas e o simbolismo dos arquétipos divinos suficientemente bem para usar ou invocar seus poderes?

Apenas depois de ter certeza de sua verdadeira motivação, da leal e sincera intenção e do seu real conhecimento teórico, é que o praticante pode começar os preparativos para sua iniciação.

ESCOLHA DA DATA DA INICIAÇÃO

A escolha da data é pessoal, porém, podem ser levados em consideração os "tempos mágicos" mencionados no Capítulo VII. Além dessas antigas datas sagradas, o candidato pode se guiar por configurações planetárias propícias, conforme seu mapa astral, e escolher, por exemplo, seu "retorno solar", o início do Ano Novo zodiacal ou a transição de um estágio de sua vida para outro — realizando, assim, sua iniciação como um verdadeiro "rito de passagem".

ESCOLHA DO NOME RÚNICO

Para criar um nome rúnico que tenha uma vibração harmoniosa e que reforce o *önd* pessoal, usam-se runas adequadas e se combinam suas qualidades individuais. O nome rúnico é composto de duas partes, cada uma delas ligada a um período específico do ciclo do tempo, de acordo com a classificação do Adendo III.

A **primeira parte** é representada pela runa regente do "mês rúnico" (*halvmonad*, a metade de um mês solar) em que o candidato nasceu ou quando ele irá realizar sua iniciação.

A **segunda parte** corresponde à hora rúnica de seu nascimento ou ao horário do ritual. Combina-se, dessa maneira, o ciclo solar anual e diurno. O nome assim formado irá expressar qualidades especiais e canalizará os poderes das respectivas runas para a vida do iniciado.

É importante ressaltar que a combinação das runas deve compor nomes típicos dos países nórdicos, para preservar a egrégora sonora de sua tradição. Cito, como exemplo, o nome Siegrad — da junção das runas Sigel e Raidho — ou Ingeborg —, formado pelas runas Ing e Beorc. Obviamente deverão ser utilizadas todas as variantes dos nomes das runas, com o acréscimo de novas vogais para facilitar a pronúncia, ou usada a intuição para intercalar outras letras.

Mesmo que exista atualmente uma tendência entre os neófitos para assumir nomes de divindades, esse procedimento não é recomendável. Em todas as tradições antigas, os nomes sagrados eram invocados apenas em ocasiões e cerimônias especiais, com muito respeito e reverência. Com o passar do tempo, as pessoas tornaram-se irreverentes e os "nomes de guerra" e as alcunhas iniciáticas passaram a se basear em nomes sacros — antes apenas sussurrados, com veneração e temor, nos recintos dos templos e nos rituais.

ESCOLHA DO LUGAR

Para criar uma sintonia melhor com a antiga tradição, o ritual de iniciação deve ser ao ar livre, próximo ao mar, rio, lago, cachoeira, floresta, gruta ou montanha. O ideal seria fazer um retiro prévio, conforme foi descrito no item *Utiseta* (Capítulo VII) e passar algum tempo sozinho, em silêncio, introspecção e oração. Por mais poluído que esteja atualmente o meio ambiente, ainda podem ser encontrados, neste vasto país, lugares isolados, seguros e de boas vibrações.

Após finalizar a *Utiseta,* o candidato deve perambular pelo local escolhido para o ritual e procurar as runas na natureza. Se tiver paciência, perseverança e concentração, ele poderá encontrar todas as runas — no entrelaçamento de galhos e raízes, nos desenhos das rochas e pedras, nas asas das borboletas, no vôo dos pássaros ou na forma das nuvens. A ordem na qual elas vão "aparecer" é significativa e deve ser anotada para servir, depois, como tema de reflexão. Se, por acaso, algumas runas não puderem ser encontradas, sua ausência servirá como desafio e prenúncio de um teste, no aprendizado ou na vida, nos meses seguintes.

PREPARAÇÃO PESSOAL

Na semana que antecede a iniciação, é benéfica a purificação e a harmonização dos campos sutis com banhos de ervas e essências. Mencionarei, em seguida, algumas plantas, indicadas conforme suas correspondências planetárias, as divindades e os dias da semana; pode-se escolher uma, três ou seis das ervas citadas e uma essência. Deverão ser usadas quantidades iguais de cada erva (folhas, flores, cascas): para as frescas, usa-se a infusão (sem ferver); para as secas, a decocção (ferver durante três minutos). A essência (três, seis ou nove gotas) deve ser acrescentada quando o líquido estiver morno. O banho deve ser vertido vagarosamente sobre o corpo, depois de um banho de purificação com sal marinho (uma colher de sopa para cada litro de água).

Domingo: acácia, calêndula, camomila, dente-de-leão, giesta, girassol, hipericão, louro, visco. Essência de alecrim, canela, heliotrópio.
Segunda-feira: algas, artemísia, aveleira, avenca, bétula, faia, lírio, papoula, salgueiro. Essência de artemísia, erva-doce, lírio-do-vale.
Terça-feira: azevinho, borragem, carvalho, cinco-folhas, hera, hissopo, noz-moscada, saião, sálvia, tuberosa. Essência de jacinto, musgo de carvalho, noz-moscada.
Quarta-feira: álamo, cedro, faia, freixo, manjericão, poejo, salsa, segurelha, tomilho. Essência de hortelã, lavanda, orégano.
Quinta-feira: alfineiro, barba-de-bode, cardo-santo, castanheira, cominho, espinheiro, gengibre, hortelã-pimenta, tojo. Essência de cânfora, cravo, sândalo.
Sexta-feira: íris, jasmim, sabugueiro, macieira, madressilva, milfolhas, prímula, roseira, verbena. Essência de cardamomo, patchouli, rosas.
Sábado: cavalinha, cipreste, confrei, hera, junípero, pinheiro, teixo, tuia, verbasco, zimbro. Essência de benjoim, mirra, olíbano.

Antes do ritual de iniciação, é recomendável que o candidato tome um banho de mar, cachoeira, rio ou água de chuva. Passará, depois, em seus pontos de força (chakras), a essência da divindade à qual irá se dedicar e vestirá sua roupa ritual, defumada com fumaça de ervas e resinas.

Uma purificação mais sutil pode ser feita pela visualização do "banho" com os elementos: o vento passa do lado esquerdo para o direito do corpo; a areia dourada escorre de cima para baixo; o fogo se eleva de baixo para cima, e, por fim, a chuva prateada é trazida pelo vento da direita para esquerda (conforme descrito no ritual *Purificação Pessoal*). Pode-se cantarolar uma canção de conexão com os elementos da Tradição Nórdica, como neste exemplo (que pode ser seguido como tal ou modificado).

> *"Meus ossos e minha carne são a terra, a terra é meu corpo.*
> *Juntos somos um.*
> *Meu sopro é o ar e o ar é meu sopro.*
> *Juntos somos um.*
> *Meu poder é o fogo e o fogo é meu poder.*
> *Juntos somos um.*
> *Meus bloqueios derretem junto com o gelo.*
> *O gelo que derrete dissolve todos os bloqueios.*
> *Meu espírito é a luz e a luz está no meu espírito.*
> *Juntos somos um."*

PREPARAÇÃO DO AMBIENTE

Para criar um **espaço sagrado** (*Vé*), seguem-se as orientações gerais descritas no Capítulo VII. Uma vez escolhido o lugar, o primeiro passo é definir a posição do altar, a forma do espaço (círculo, retângulo, quadrado, losango) e o tipo de marcação. Procede-se, depois, à sua purificação e à escolha dos objetos que serão usados no ritual.

Se o ritual é ao **ar livre**, o **altar** pode ser representado por uma rocha, um tronco de árvore, um montinho de pedras ou folhas ou o próprio chão. Nesse caso, marca-se o espaço com corda, sal, giz, fubá, cristais, pedras ou galhos. No centro, colocam-se tigelas de barro ou cerâmica com sal marinho, água (ou cubos de gelo) e terra vegetal (ou areia), um galho verde (*teinn*), uma vela de cera de abelhas, um braseiro e um defumador feito de uma mistura de resinas e ervas (breu, mirra, benjoim, olíbano, pinheiro, cedro, manjericão, sálvia, alecrim). Para cobrir o altar, usa-se uma pele de animal ou um tecido rústico, sobre o qual são dispostos o *seax*, o *gandr*, a tigela para oferenda (*hlautbolli*), o chifre com hidromel, o caldeirão com ervas para queimar, o chocalho e os símbolos de poder do candidato (colar, pulseira, cristais, talismãs). Deixa-se um espaço central onde será colocado o jogo de runas (gravadas sobre rodelas, varetas de madeira ou pedras) na ordem do Futhark, mas marcando as direções cardeais desta forma: no Norte, Jera; no Leste, Berkano; no Sul, Dagaz; e no Oeste, Kenaz. Para um altar mais elaborado, é possível acrescentar objetos de poder das divindades que regem as direções cardeais:

- **Norte** — as Nornes e Odin: fios ou teia, a imagem de uma lança;
- **Leste** — Frigga e Tyr: fusos de fiar, espada ou o *seax*;
- **Sul** — Idunna e Thor: maçãs, martelo;
- **Oeste** — Freyja e Njord: colar de âmbar, machado.

Se o ritual for realizado em **ambiente fechado**, este deve ser previamente purificado, ter as paredes e o chão "varridos" com uma vassoura de galhos verdes, espargido com água com sal grosso e vinagre de maçã (uma colher de sopa de cada para cada litro de água) e defumado com algumas das ervas ou resinas citadas, queimadas em um braseiro. Para ficar em sintonia com a tradição original, deve-se evitar o uso de varetas de incenso, substituindo-as por misturas, feitas pelo próprio mago, de produtos naturais, triturados em um almofariz. O **altar** pode ser arrumado sobre uma mesinha de madeira, coberta por uma toalha de algodão, linho ou cânhamo, com espaço suficiente ao redor para que o praticante possa se movimentar. Mais importante do que o requinte do ambiente é sua privacidade, silêncio e pureza vibratória. Recomenda-se realizar um **ritual de banimento** logo após terminar a purificação, com exceção dos lugares bem vibrados da Natureza.

REALIZAÇÃO DO RITUAL

Consagração do Vé

Apontando o *gandr* para a cumbuca com água, afirme:

"Em nome de Hler, direciono o poder do önd com o meu gandr para consagrar esta água. Ká!"

Do mesmo modo, consagre o sal dizendo:

"Em nome de Audhumbla, consagro este sal e o ofereço para purificar este Vé. Ká!"

Acrescente nove pitadas de sal marinho à água e asperja-a com o galho verde, enquanto circula pelo *Vé* no sentido horário. Repita o procedimento com os outros elementos — a vela, o braseiro com o defumador aceso, a vasilha de barro com terra — primeiro consagrando-os com o *gandr*, depois circulando em torno do Vé e dizendo:

"Com [diga o elemento], eu purifico este Vé, afastando as energias negativas e o consagrando com a ajuda divina. Ká!"

Chamamento das forças espirituais

Voltado para o **Norte**, eleve a vasilha com terra junto com a runa Jera, falando em voz firme:

"*Eu invoco Rinda, a deusa da terra congelada, eu chamo o guardião Nordhri e o poder da runa Jera.*"

Prossiga, em sentido horário, segurando os elementos (o braseiro com o defumador, a vela, a tigela com água) e elevando as runas correspondentes a cada direção, dizendo:

— Para o **Leste**:
"*Eu invoco Kari, o deus do vento, eu chamo o guardião Austri e o poder da runa Ansuz.*"
— Para o **Sul**:
"*Eu invoco Loge, o deus do fogo, eu chamo o guardião Sudhri e o poder da runa Kenaz.*"
— Para o **Oeste**:
"*Eu invoco Hler, o deus da água, eu chamo o guardião Vestri e o poder da runa Laguz.*"
— No **centro** (ajoelhado, tocando o chão com o *gandr*):
"*Eu invoco Erda, a deusa ancestral da terra, eu invoco as deusas Nerthus, Fjorgyn, Jord e o poder de Yggdrasil. Peço a permissão e a bênção das Nornes para a realização deste ritual.*"
— Para **cima** (em pé, segurando uma imagem ou símbolo da divindade tutelar):
"*Eu invoco as divindades Æsir e Vanir, invoco o deus* [a quem você vai dedicar] *ou a deusa* [idem]. *Peço tua permissão para chamar-te de meu padrinho* [minha madrinha] *e tuas bênçãos para poder seguir o sagrado caminho da Tradição Nórdica. Hail* ("*Salve*") [diga o nome da divindade]."
— Para **baixo** (ajoelhado, de olhos fechados):
"*Peço a permissão e a proteção de Hel, a senhora do mundo subterrâneo, para este ritual de iniciação e dedicação em benefício de* [seu nome mágico]."

Cada vez que disser "Eu", você pode acrescentar seu nome rúnico, reforçando assim sua "identificação" com as direções e forças invocadas. No final, bata com o *gandr* no centro do altar nove vezes, em três séries de três batidas cada.

Observação: Invocar e evocar são modos diferentes de apelar para a presença de divindades ou seres espirituais. A **invocação** (usando meios externos como gestos e palavras ou internos como orações e meditações) é mais indicada quando o praticante almeja receber a energia de um determinado arquétipo dentro de sua estrutura psicoespiritual, para fundir-se com ela (ato sagrado chamado de *merging*, fusão), como acontece nas "canalizações" de mensagens, na "captação" de atributos ou nas incorporações. No entanto, **evoca-se** (por meio de recitações ou práticas cerimoniais) um deus, guardião ou protetor, chamando-o para que ele se faça presente no ritual ou na cerimônia. Nesse caso, porém, não ocorre uma fusão energética, como acontece nos "convites" para os guardiães das direções, os ancestrais ou os seres da Natureza. É importante conhecer a diferença e saber **como e quando invocar ou evocar,** evitando assim sobrecargas e sobreposições de diversas energias.

Criação do círculo rúnico

Seguindo a recomendação descrita no Capítulo VII, "cria-se", pela visualização, a barreira etérea de proteção, formada por uma cerca-viva de espinheiro, com aberturas para a passagem do *önd* nas direções cardeais. Em cima da muralha de espinhos, mentaliza-se uma faixa de energia azul fosforescente sobre a qual são plasmadas as runas. Segurando o *gandr* na mão direita (ou dominante) e girando em sentido horário, trace no ar as runas do Futhark na ordem certa, começando com Fehu, no Norte, e fechando o círculo com Dagaz, ao lado de Fehu. Visualize as runas sendo riscadas em vermelho-brilhante sobre uma faixa horizontal azulada, na altura do seu plexo solar. Após permanecer alguns momentos "fixando" essa imagem criada no campo astral, continue visualizando a esfera de luz brilhante azul englobando o *Vé*, acima e abaixo do chão, como se a faixa rúnica fosse uma "linha do equador".

Uma vez formada essa abóbada energética, imagine linhas que saem dos quatro pontos cardeais e se entrecruzam no centro do círculo, acima do altar, formando o símbolo sagrado da roda solar. Conectando-se com a imagem e a força de Yggdrasil, você plasma mentalmente a forma da runa Eihwaz em tamanho gigante, que passa por sua coluna como um eixo que irá alinhar todos seus centros energéticos. Continuando acima e abaixo do seu corpo, a forma etérea de Eihwaz atuará como um condutor fluídico, unindo os poderes cósmicos e telúricos e direcionando-os para a sua aura. Entoando o *galdr* de Eihwaz e fazendo sua *stadha*, fique em contemplação por alguns minutos, respirando profundamente e sentindo-se integrado com as energias dos nove mundos de Yggdrasil.

Após essa conexão, comece a perceber o *önd* fluindo das seis direções (as quatro direções cardeais, acima e abaixo) para si; encostando a base do *gandr* no umbigo, volte-se para cada quadrante para absorver o fluxo de *önd*. Depois de sentir-se impregnado com bastante *önd*, risque com o *gandr* os escudos de proteção nas seis direções. Esses "escudos" serão: para os homens, o martelo de Thor, em vermelho-vivo; para as mulheres, a estrela de seis pontas de Holda, em branco-brilhante. Para cada um dos seis portais, você deve dizer:

"Na direção [nome da direção] no reino de [nome do deus ou da deusa regente], o símbolo do [martelo ou estrela] protege este Vé."

Finaliza-se a criação do círculo sagrado, imaginando no centro, acima do altar, a presença de uma suástica (roda solar) girando e criando um vórtice de força ao reunir em si todas as energias ativadas.

Após colocar o *gandr* no altar, o candidato assume a *stadha* da runa Algiz e permanece nela, afirmando:

"Acima de mim, os poderes de Asgard; abaixo de mim, as raízes de Yggdrasil."

Permanecendo alguns momentos nessa postura, sinta o fluxo de energias multicoloridas passando por seus braços, enquanto uma vibração telúrica percorre seus pés e pernas. Abrindo as pernas para assumir a "postura da estrela", coloque as mãos sobre o ventre, unindo as pontas dos dedos sobre o vórtice magnético de energia vital (três dedos abaixo do umbigo) e percebendo a fusão de todas as energias no centro do seu corpo, e diga com firmeza:

"No centro estão os poderes de Midgard."

Assim, você integra em si mesmo os mundos superior, inferior e mediano, estando perfeitamente sintonizado com eles.

Consagração dos objetos mágicos

Os objetos mágicos (descritos no Capítulo VIII) devem ser previamente purificados com água e sal marinho (aspergida com um galho verde) e defumados com fumaça de ervas sagradas e resinas queimadas no braseiro, junto com uma pitada de sal marinho e outra de levedura (fermento biológico fresco ou seco). A purificação deve sempre preceder o ato da consagração, em que o candidato segura o objeto e invoca os poderes espirituais para imantá-lo e abençoá-lo.

Para consagrar o *gandr:*

"Peço as bênçãos de Frey, de Sol (ou Sunna) e dos Elfos Claros para imantar o gandr de [seu nome mágico] com seus poderes."

Para consagrar o *seax* e os objetos de metal (jóias):

"Peço que o deus Wielund, os Elfos Escuros e os Gnomos imantem este objeto de [seu nome mágico] com seus poderes mágicos e a energia da terra."

Para consagrar cristais e pedras (inclusive o colar):

"Ossos de Erda, morada dos míneros e gnomos, emprestai vosso poder para minha proteção e fortalecimento."

Para consagrar o jogo de runas:

Após ter oferecido três moedas para as Nornes em um rio, córrego, fonte ou nascente, e ter pedido sua bênção e permissão para usá-las, o candidato segura a bolsa com as runas e eleva-a, dizendo:

"Odin e Freyja, Senhores da Sabedoria e da Magia das Runas, peço-vos que vossos portais sejam abertos para [seu nome rúnico]. Peço que consagrais com vosso poder este oráculo, para que me sirva bem neste mundo e entre os outros mundos. Hail Odin, Hail Freyja."

Dedicação pessoal

Para esse ato, prepare uma oração pessoal e um compromisso de dedicação formal para a divindade (Deus ou Deusa) considerada patrona da iniciação, ou a quem você irá dedicar seu trabalho oracular, ritualístico ou mágico.

Após recitar sua dedicação com devoção e convicção (em prosa, ou ainda melhor, em versos, usando imagens e palavras adequadas), eleve o chifre com hidromel e faça os brindes cerimoniais tradicionais para os guardiães das direções, seus ancestrais (familiares ou espirituais) e as divindades. Depois de cada brinde, despeje um pouco do líquido na vasilha de oferendas, cujo conteúdo será entregue no final do ritual para a Mãe Terra. O último brinde será para você, agora **iniciado** (*vitki*), que tomará três goles (para os três mundos e seus níveis correspondentes — corpo, mente e espírito) e fará um selo ritual sobre a cabeça, o coração e o umbigo. Esse "selo" poderá ser na forma alternativa da runa Hagalaz (a estrela de Holda), do martelo de Thor, da suástica, do *trefot* ou do símbolo de poder de seu mentor, sendo visualizado como um sinete mágico luminoso, impresso na aura e lá permanecendo como símbolo de sua iniciação.

"Captação" dos atributos de uma divindade

Para poder "captar" atributos e qualidades de seus "padrinhos" espirituais (Deus ou Deusa), você deve primeiramente expandir sua aura, realizando um ritual de conexão com o mundo de Yggdrasil que serve como reino ou morada da respectiva divindade (Asgard, Vanaheim, Ljossalfheim, Hel). Se estiver a seu alcance, recomendo que voce tenha um objeto de poder ou símbolo mágico do Deus ou da Deusa, e use também as pedras, ervas, cores, runas e elementos associados (descritos nos respectivos verbetes do Capítulo III).

Com antecedência, desde que percebeu que foi escolhido como "afilhado", o mago deve se familiarizar com todas as características, atributos, imagens, símbolos e correspondências de seu padrinho ou madrinha, a ponto de poder visualizá-lo(a) perfeitamente, em qualquer momento, em qualquer situação.

Prática: no dia da iniciação, coloque no altar a imagem e a insígnia da divindade; depois de ter se dedicado a ela e selado seu compromisso, permaneça em introspecção por algum tempo, procurando estabelecer uma sintonia vibratória e um intercâmbio mental telepático, pedindo a permissão para o contato.

Com muito respeito e reverência, assuma depois a postura característica do Deus ou da Deusa (como aparece nas imagens ou em suas visões) e entoe nove vezes seu nome, absorvendo, na aura, essa vibração sonora e modulando intuitivamente os sons. Lentamente, fique em pé, com a coluna reta, e faça várias inspirações profundas, imaginando que, ao inspirar o *önd* do ambiente, você também está absorvendo os atributos da divindade. Continue com as respirações até sentir seu corpo vibrando e sua consciência se expandindo.

Concentre-se agora no nome e na imagem divina e permita que, a cada respiração, essas energias elevadas sejam absorvidas por seus vórtices energéticos. Visualize como elas se espalham para os corpos sutis e a aura, elevando a freqüência vibratória de todo seu ser.

Assuma novamente a postura do Deus ou da Deusa e acelere o ritmo de sua respiração, imaginando que a cada expiração a essência e a força divina estão criando ao seu redor um manto de proteção, luz e poder.

Entoe novamente o nome sagrado, modulando e vibrando os sons até perceber que sua voz é apenas o eco de uma sonoridade vinda do mundo sutil. Permaneça depois em silêncio e agradeça com o coração o dom da presença e bênção divinas.

Respire profundamente e visualize que, a cada expiração, a conexão esta sendo desfeita, as energias do Deus ou da Deusa sendo retiradas dos seus centros energéticos e da sua aura, até que sua consciência habitual retome o contato com o mundo material. Entoe três vezes seu nome profano e centre-se, tocando a terra e sacudindo pernas e braços.

Atenção: antes de realizar esse ritual, memorize muito bem as etapas para que não omita nada, nem vacile, ficando assim desnorteado.

Fechamento ritualístico

Agradeça a todas as forças invocadas na ordem inversa da sua invocação (divindades, guardiãs das direções, protetores). Desfaça a barreira fluídica de proteção, a esfera de energia azul e o cinturão rúnico, circulando em sentido anti-horário e atraindo seus poderes para o *gandr*. A energia remanescente será dissipada para o universo, devolvida para a terra, guardada no *gandr* ou puxada para você mesmo, por meio de três respirações profundas.

O *vitki* deve se "aterrar" (*grounding*) comendo algo salgado e tomando uma bebida quente (não-alcoólica, para que sua vibração não baixe). Convém evitar a exposição a energias dissonantes (ambientes, pessoas), dedicando o resto do dia à meditação, introspecção e orientação, com a ajuda do oráculo rúnico ou leituras apropriadas.

Oferenda

Antes de se retirar, o *vitki* deve ofertar a vasilha de oferenda com hidromel para Erda, a Mãe Terra. Após despejar respeitosamente a bebida ao pé de uma árvore, planta ou rocha, coloque também um pouco de manteiga (ou creme de leite), mel e gengibre (ralado ou em pó) para os seres elementais, bem como algo específico para seu padrinho ou sua madrinha espiritual e para seus ancestrais (como grãos, frutas, nozes, sementes, ovos, flores, pão, leite, cerveja, vinho, sidra ou suco de maçã). Além do substrato material, ofereça também sua gratidão, ajoelhando-se, tocando a terra e orando, com convicção e reconhecimento.

BANIMENTO

É importante diferenciar o ritual de banimento do ritual de abertura, pois, embora semelhantes quanto à transição do mundano para o sagrado, eles têm finalidades diferentes. As energias preexistentes de um determinado lugar ou espaço de trabalho são **banidas** (ou eliminadas), enquanto o mago **prepara** ("abre") esse mesmo espaço, harmonizando-o, no nível astral, antes de iniciar qualquer prática mágica. Tanto o ritual de abertura quanto o de banimento incluem gestos, invocações, sons e visualizações, preparados antecipadamente ou criados na hora, de acordo com a intuição ou inspiração do momento. A decisão de fazer ou não um ritual de abertura antes do ritual de banimento depende das características do lugar. No caso dos rituais realizados em locais sagrados (templos, círculos de menires, câmaras iniciáticas), é melhor não interferir nas energias já existentes ali, que se foram armazenando ao longo do tempo. Nesse caso, o mago deve purificar somente a si mesmo, sintonizando-se depois com as energias locais, antes de pedir permissão e abrir o ritual propriamente dito, valendo-se da egrégora energética existente. Em todos os outros casos, convém preparar a atmosfera com o ritual de banimento para eliminar as energias residuais das pessoas, cerimônias e formas astrais, que já existiam no local ou foram plasmadas durante atividades anteriores.

A **finalidade comum do banimento e da abertura** é preparar o mago e delimitar o ambiente de trabalho (ritual ou mágico), estabelecendo "fronteiras" sutis e transformando um cômodo ou recanto da Natureza em um lugar "sagrado", adequado para movimentar energias sutis e atrair a presença de entidades espirituais. Outra característica comum é a necessidade de um **fechamento ritualístico** ao término do trabalho mágico, que permita ao *vitki* se centrar antes de retornar às ocupações cotidianas, e possibilite a reabsorção do excesso de energia sutil criada ou movimentada durante o ritual.

Para favorecer tanto o ritual de banimento, quanto o de abertura, recomenda-se que o praticante siga as orientações enunciadas no Capítulo VII, referentes à preparação magística individual. Um mago bem preparado sabe perceber quando um ambiente está devidamente purificado; ele deve sentir uma atmosfera neutra, como a da terra recém-arada que aguarda a semeadura. Ele mesmo deve se sentir descontraído, seguro e abastecido de *önd*, que o sustentará durante o ritual.

São vários os métodos para **"limpar" energeticamente um lugar**: varrer as paredes e o chão com uma vassoura de galhos verdes, queimar resinas, aspergir ao redor água do mar ou circular no sentido anti-horário com uma tocha acesa (substituída, em espaços fechados, por uma vela ou lamparina). Qualquer que seja a técnica adotada, o local deve ser escolhido criteriosamente, delimitado fisicamente e, depois de purificado, consagrado conforme descrito no Capítulo VII, na seção sobre Preparação do ambiente.

Dentro do espaço (circular, quadrado, retangular, angular), risca-se no chão ou desenha-se com giz ou fubá uma estrela com seis pontas ou a forma alternativa da runa Hagalaz (o floco de neve, *Hexefuss*).

Começando no vértice da direção Norte, o mago deve **seguir em sentido anti-horário**, evocar as seis runas citadas a seguir, entoar seu *galdr*, riscar no ar seu traçado e visualizá-la na cor específica:

1. Ponta da direção Norte: runa Algiz, na cor dourada.
2. Segunda ponta: runa Tiwaz, em vermelho-vibrante.
3. Terceira ponta: runa Othala, em amarelo-vivo.
4. Quarta ponta: runa Isa, em branco-brilhante.
5. Quinta ponta: runa Ingwaz, em verde-intenso.
6. Sexta ponta: runa Berkano, em marrom-esverdeado.

Em seguida, o mago deve se concentrar no traçado do círculo (ou na forma geométrica escolhida para o espaço) e visualizar seu perímetro se expandir para cima e para baixo, até formar uma egrégora correspondente, cuja cor refletirá a cor pessoal do mago (descoberta em meditação ou escolhida pela intuição). Dentro dessa egrégora, ele mentaliza as runas traçadas, girando e eliminando, em seu rodopio, as energias existentes ou intrusas do local, enquanto "toca" cada ponta da estrela com seu *gandr*. Assim que a egrégora estiver fechada, o mago risca no ar, com o *gandr*, um "pilar" (traço vertical) afirmando: "*O pilar cósmico (Irminsul) foi criado.*"

Para reforçar a egrégora vibratória evocam-se as *fylgjür* correspondentes às seis runas, seguindo a mesma ordem. Para Algiz, o alce; Tiwaz, o lobo; Othala, o castor; Isa, o urso polar; Ingwaz, a coruja ou o javali; Berkano, a leitoa ou o ganso. A chamada será em forma de "pedido" (em versos ou cantado), ressaltando as qualidades do respectivo animal para proteger e fortalecer o mago.

Após preparado o ambiente, com essa poderosa cúpula de limpeza e proteção, o mago dá continuidade ao ritual propriamente dito. No final, após o fechamento ritualístico, ele deve desfazer a egrégora criada, agradecer e dispensar a presença das *fylgjür*, apagar as runas e desfazer a estrela na ordem inversa de sua criação, retirando a demarcação do espaço e deixando uma oferenda para os seres da Natureza e as entidades espirituais invocadas. Mesmo que o ritual tenha sido realizado em um ambiente fechado, a oferenda deve ser levada para um lugar de boas vibrações na Natureza (floresta, mar, rio, rochedos).

PURIFICAÇÃO PESSOAL

Nos casos em que não é necessário um ritual de banimento, o praticante pode usar um procedimento mais simples para a limpeza de seus próprios campos vibratórios (resíduos energéticos do intercâmbio com o mundo exterior, pensamentos e emoções negativas, conceitos limitantes, insegurança e dúvidas, mágoas, ressentimentos, medos) ou das interferências externas que possam prejudicar a sua atuação mágica (como formas-pensamento, "larvas" astrais, cargas energéticas).

Assumindo a *stadha* da runa Eihwaz e entoando seu *galdr*, imagine uma brisa fresca que passa por sua aura, limpando-a, vindo da esquerda para direita. Após uma pausa, em que você deve fazer nove respirações profundas, repita a *stadha* e o *galdr* de Eihwaz e visualize uma areia fina dourada escoando por sua aura, de cima para baixo, retirando qualquer impureza ou obstrução energética. Uma nova pausa de nove respirações, seguida da *stadha* e do *galdr* de Eihwaz e da visualização de chamas avermelhadas, que sobem das entranhas da terra e "queimam" os bloqueios existentes na aura e revitalizam os centros energéticos. Após mais uma pausa, repita o *galdr* e a *stadha* e faça a última visualização de uma chuva prateada, da direita para esquerda, que completará a purificação.

Feche o ritual com nove respirações; absorva os atributos de Eihwaz, enquanto entoa, pela última vez, seu *galdr*, e, assumida a *stadha*, sinta a firmeza, segurança e confiança decorrentes dessa conexão. Essa prática de purificação pode anteceder qualquer operação mágica, ritual ou cerimônia, bem como pode ser usada para limpar a aura após desavenças, conflitos ou exposição a pessoas ou energias densas, doentias ou maléficas.

CONEXÃO COM AS OITO DIREÇÕES

Na Tradição Nórdica, a divisão do ano e do espaço sagrado era óctupla (e não quádrupla, como na celta), portanto o círculo era dividido em oito setores chamados *airts*.

Recomenda-se a utilização do procedimento descrito a seguir antes de qualquer trabalho mágico, a fim de fortalecer psiquicamente o mago, favorecer a sintonia com as energias das direções e abrir sua percepção sutil. São estes os passos necessários:

1. Relaxe o corpo, acalme e aprofunde a respiração, esvaziando a mente dos pensamentos desnecessários.
2. Entoe o *galdr* da runa Raidho, primeiro em tom baixo e lento, depois aumentando a intensidade e rapidez, repetindo-o três vezes, enquanto é assumida a respectiva *stadha*.
3. Visualize, ao seu redor, um octógono, cujas pontas correspondem às quatro direções cardeais principais e às quatro intermediárias (N, NE, E, SE, S, SW, W, NW).
4. Volte-se para cada uma das direções entoando o *galdr* de Raidho, assumindo sua *stadha* e visualizando as seguintes cores (na mesma seqüência das direções): branco, vermelho, laranja, púrpura, amarelo, verde, azul, preto.

5. Em vez de branco, você pode mentalizar, na direção Norte, sua cor pessoal (da própria vibração, descoberta por intuição ou durante a meditação), que se tornará o seu canal cromático individual para a captação das energias invocadas.
6. Mantenha firme na mente o octógono ao seu redor — com as cores correspondentes às direções — e perceba como elas fluem, banhando e harmonizando sua aura, enquanto você afirma com convicção e segurança: "*Eu sou espírito, mente e matéria, harmonizado e integrado comigo mesmo e com o Todo*." Poderão ser acrescentadas algumas invocações específicas para atrair atributos das direções ou de uma determinada divindade.
7. Para finalizar, dê uma volta no sentido anti-horário, expressando sua gratidão e "apagando" com a mão as oito runas traçadas.

CONEXÃO COM OS NOVE MUNDOS DE YGGDRASIL

O propósito desse ritual é o fortalecimento da aura, que irá se tornar mais luminosa e visível para os seres espirituais de vários planos vibratórios, facilitando o contato com eles.

Antes de realizá-lo, é necessário realizar o ritual de banimento, depois da devida preparação pessoal e do ambiente de trabalho, conforme já descrito.

Faça algumas respirações profundas para relaxar e se acalmar. Centre-se e esvazie a mente dos pensamentos desnecessários. A runa Raidho será usada como catalisadora da conexão vibratória com os mundos. Para isso, assuma sua *stadha*, mentalize-a com firmeza, risque no ar sua forma e entoe seu *galdr* três vezes. A seguir, imagine-se dentro de um círculo formado por oito dos mundos de Yggdrasil, sendo que o nono — Midgard — será representado por você mesmo, conforme a figura abaixo.

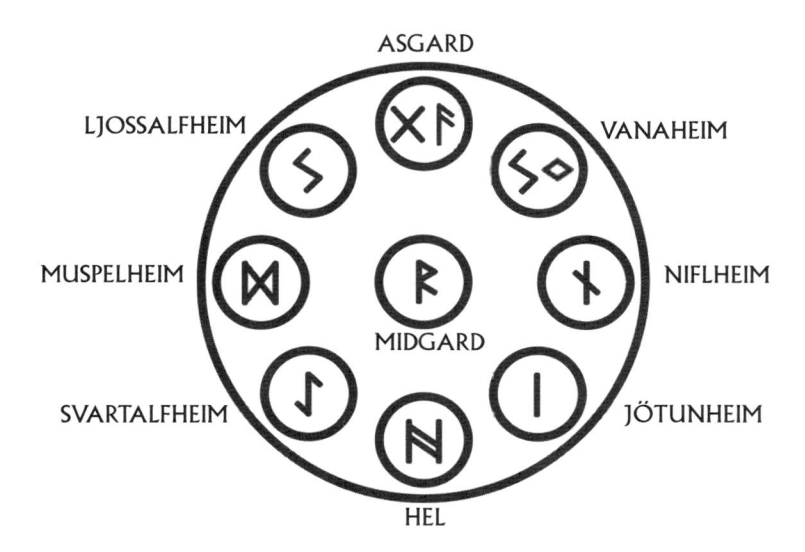

Conecte-se com os nomes, características e qualidades desses mundos e entoe os *galdrar* das runas que representam as "chaves" que abrem seus portais, seguindo em sentido horário.

1. *Asgard*: Gebo, Ansuz.
2. *Vanaheim*: Sowilo, Ingwaz.
3. *Niflheim*: Naudhiz.
4. *Jötunheim*: Isa.
5. *Hel*: Hagalaz.
6. *Svartalfheim*: Eihwaz.
7. *Muspelheim*: Dagaz.
8. *Ljossalfheim*: Sowilo.
9. *Midgard*: Raidho.

Comece voltando-se para a direção de Asgard e conecte-se com suas energias, atributos e arquétipos. Entoe os *galdrar* de Gebo e Ansuz e assuma suas *stödhur*, enquanto imagina que o portal desse mundo está se abrindo para sua passagem.

Gire um pouco até ficar "de frente" para Vanaheim e busque a sintonia com sua essência. As runas correspondentes são Sowilo e Ingwaz; assuma suas *stödhur* e entoe seus *galdrar*, percebendo a abertura desse portal.

Siga o mesmo procedimento para os outros mundos, entoando os *galdrar* correspondentes às runas citadas e ficando nas respectivas *stödhur*, seguindo o esquema da figura. Não prolongue demais a conexão, apenas o necessário para criar uma ponte de ligação, pela qual a energia correspondente fluirá até sua aura. Se precisar, comunique-se com um de seus habitantes, mas faça isso somente em casos de extrema necessidade. Geralmente, não é preciso um contato, basta uma conexão mental e energética.

Após estabelecida a ligação com todos os oito mundos, gire lentamente, em sentido anti-horário, visualizando os portais para os mundos se fechando, até que um outro ritual de conexão os abra novamente. Permaneça em silêncio por alguns momentos, visualize a runa Raidho, fique na sua stadha, entoe seu *galdr* e "volte" para Midgard, tocando a terra, movimentando o corpo e retomando a suas atividades habituais.

Depois de estabelecida essa sintonia inicial, você poderá se "deslocar" para um determinado mundo usando apenas as runas correspondentes, sem precisar passar por todos os outros mundos. A seqüência do ritual será a mesma.

PROTEÇÃO

Há várias maneiras para se criar um espaço mágico protegido de interferências energéticas ou astrais, prejudiciais ao trabalho a ser realizado. Na Tradição Nórdica, não se classificam as energias em "positivas" ou "negativas", mas sim em influências "necessárias" ou "desfavoráveis" a um determinado lugar ou momento, o que requer rituais de atração ou banimento. Para fins protetores, as "fórmulas" mais conhecidas são o **Ritual do Martelo**, que proporciona a mais poderosa proteção e isolamento; a **Estrela de Holda**, que cria a egrégora mais mágica, e o **Escudo de Algiz**, de função intermediária.

Os rituais serão descritos na ordem de sua complexidade, partindo do procedimento mais simples para o mais elaborado.

ESCUDO DE ALGIZ

Esse ritual simples e fácil de realizar dispensa qualquer preparação prévia ou objetos mágicos. Por isso, sugiro incorporá-lo à sua rotina diária e utilizá-lo antes de sair de casa, viajar, realizar qualquer tipo de encantamento, ritual, cerimônia, operação mágica ou nos desafios profissionais e emocionais.

Após alguns momentos de introspecção e algumas respirações profundas (para armazenar *önd*), assuma a *stadha* de Algiz e faça uma curta oração ou invocação, pedindo a proteção divina (ou de alguma divindade em particular). Depois, visualize seis escudos ao seu redor — à direita, à esquerda, à frente, atrás, acima e abaixo de você. O tamanho, formato e detalhes dos escudos não têm importância; você pode seguir a intuição para criá-los. É essencial que sejam metálicos e sobre eles esteja gravada a runa Algiz, em vermelho-flamejante. Você pode mentalizar a corrente de *önd* fluindo das seis direções citadas, ou visualizar grandes alces por trás dos escudos, conferindo-lhes força e resistência. Se quiser, imagine sua *Fylgja* ou Valquíria entregando-lhe — ou abençoando — os escudos. Durante a visualização, você pode recitar uma poesia ou cantar uma canção (que deverão ser memorizadas para serem repetidas sempre da mesma maneira) na qual afirma a manifestação da proteção, mencionando a presença dos escudos e das runas Algiz, como neste exemplo:

> "Algiz à minha frente, Algiz atrás de mim, Algiz à minha direita, Algiz à minha esquerda, Algiz acima de mim, Algiz abaixo de mim. Pelos poderes de [mencione o nome de um deus ou deusa que considere seu protetor], Algiz irá me proteger onde eu estiver, de qualquer energia, interferência ou presença prejudicial à minha vida, meu trabalho, minha saúde e meu bem-estar. Ká!"

Não é necessário voltar-se para as direções cardeais, mas permaneça por alguns momentos "vendo" e "sentindo" os escudos e as runas neles traçadas. Depois visualize as imagens esmaecendo, mas sabendo que sua atuação continuará ao longo do dia. Esse ritual deve ser praticado freqüentemente, de preferência no começo do dia ou de uma atividade mais intensa. O uso regular fortalece a aura e os campos sutis e aumenta o magnetismo pessoal, a concentração e o poder mágico.

Os magos mais experientes podem usar símbolos mais complexos, como os chamados "escudos cósmicos" (*Ægishjalmur*), formados a partir de cruzes com quatro ou oito braços iguais, em cujas pontas acrescentam-se runas Algiz. Esses sigilos mágicos (vide, no Capítulo VIII, a seção Sigilos Mágicos) conferem ao praticante uma proteção ampliada, tanto em meditações como em operações mágicas.

ESTRELA DE HOLDA (*Hexefuss, Hexestern*)

O primeiro passo dessa prática é a criação de uma barreira energética para demarcar o espaço destinado ao ritual, trabalho mágico ou prática xamânica. A barreira deve acompanhar a forma física do espaço escolhido e é constituída pela visualização de uma cerca-viva de arbustos espinhentos, com quatro aberturas que correspondem às direções cardeais. Se o trabalho exigir mais proteção, em vez de aberturas visualize filtros sutis, que impedem a penetração das energias ou entidades indesejáveis. Tanto nas frestas quanto nos filtros devem ser traçadas quatro estrelas da deusa Holda, na forma alternativa da runa Hagalaz (o floco de neve, a estrela da sorte).

Após uma breve introspecção e centramento por meio da respiração, comece a construção da cerca energética, aliando à visualização o traçado físico, com o uso do *gandr* ou do dedo indicador. O movimento começa e termina na direção Norte; ao percorrer lentamente — com os olhos e com o movimento da mão — o perímetro do espaço, crie pelo poder mental e pela força de vontade a cerca de espinhos, brilhante, em verde vivo, com frestas — ou filtros — nas quatro direções. Depois de criada a cerca, projete as quatro estrelas de Holda (*Hexefuss* ou floco de neve), na cor azul fosforescente, afirmando em voz alta a sua materialização: "*Estrela Sagrada de Holda* (ou "*Poderoso Hexefuss*") *proteja este lugar. Ká!*" Você pode acrescentar alguma oração ou invocação para reforçar a bênção da Deusa Holda, dedicando-lhe também uma oferenda especial (fios de linho, linhaça, aveia).

Esse ritual — não tão simples, mas fácil de fazer — potencializa qualquer atividade mágica, oracular ou meditativa, e cria uma egrégora protetora, além de atrair os atributos da deusa Holda e de seu poderoso séqüito de *Huldre folk*. Ele pode ser usado como uma prática habitual ou como a etapa inicial de um ritual específico, solitário ou coletivo, principalmente pelas mulheres, no lugar do "ritual do martelo", de características masculinas.

Para finalizar o ritual, desfaça a cerca no sentido inverso de sua plasmação, "apague" as runas com o movimento da mão e direcione a energia remanescente para a terra ou para o *gandr*. Recomendo que você pratique com empenho e dedicação a visualização da cerca-viva e das estrelas de Holda **antes** de fazer um ritual mais complexo, para ter a segurança e a eficiência necessárias, sem titubear, evitando assim "infiltrações" ou "vazamentos energéticos". É bom lembrar que a prática assídua é a chave do sucesso de qualquer procedimento mágico ou ritualístico.

MARTELO DE THOR (*Mjöllnir*)

Desde os tempos mais remotos, conhece-se o uso ritualístico do martelo para consagrar altares, espaços mágicos, moradias, barcos, armas, ferramentas, talismãs, bebidas, comidas, pessoas, animais, plantas ou eventos. Ele também está presente em rituais mais complexos, como os de abertura, iniciação, consagração e bênção.

O espaço deve ser purificado conforme descrito anteriormente. Após a devida preparação pessoal e sintonização energética, coloque no altar o chifre com hidromel, o *gandr*, o martelo consagrado e a vasilha de oferenda com um galho verde (vide, no capítulo VII, a seção sobre Objetos Mágicos) e siga os seguintes passos:

1. Segure o *gandr* na mão direita e vire-se para o Norte.
2. Invoque o Deus Thor e peça sua proteção e bênção.
3. Eleve o *gandr* e risque no ar o símbolo do martelo, visualizando o poder sagrado de *Mjöllnir* fluir e permanecer na forma riscada. Ao desenhar *Mjöllnir*, o movimento deve ser de cima para baixo e da esquerda para a direita, conforme o esquema abaixo:

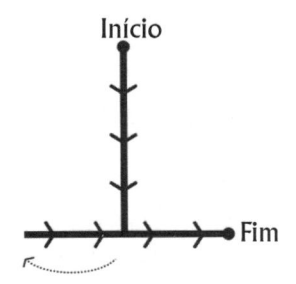

Depois, afirme em voz alta:

"Martelo (Mjöllnir) no Norte, proteja e consagre este [altar, espaço, objeto, pessoa]."

4. Vire-se para Leste e repita o gesto e a afirmação.
5. Continue, da mesma forma, para Sul, Oeste e, quando chegar novamente na direção Norte, eleve o *gandr* e trace a forma do martelo acima e depois abaixo de si, imaginando o símbolo pairando no espaço superior e se estendendo profundamente na terra sob seus pés. Afirme:

"Martelo (Mjöllnir) acima [abaixo] de mim, proteja e consagre este [altar, espaço, objeto, pessoa]."

6. Visualize os seis martelos fluídicos vibrando na cor vermelha nas seis direções mencionadas, criando uma poderosa egrégora de proteção, segurança e captação das energias benéficas das divindades, dos seres espirituais e da natureza, dos ancestrais e protetores individuais.
7. Eleve o chifre com hidromel, risque sobre ele o símbolo do martelo (com o *gandr* ou o dedo indicador) e mentalize sua força sendo absorvida pelo líquido.
8. Ofereça um pouco do hidromel (ou de outra bebida ritual, como vinho, cerveja, sidra) para o deus Thor, despejando-o na vasilha de oferenda.
9. Mergulhe o galho verde no líquido da vasilha e percorra, aspergindo o líquido, em todo o perímetro do espaço mágico e também sobre o objeto/pessoa a ser consagrada ou protegida. Se o espaço for muito grande, ou se houver várias pessoas para abençoar, o galho deve ser molhado quantas vezes for necessário, mas a tradição recomenda apenas três vezes.
10. Pronuncie palavras adequadas para a bênção feita em nome de Thor, percebendo uma energia luminosa irradiando do líquido e sendo absorvida pelo receptor.
11. Tome três goles do líquido do chifre e passe-o para o(s) participante(s). Se o chifre for pequeno, não deixe que ele fique vazio, mas preencha-o quando seu conteúdo estiver quase acabando (tradicionalmente, deve haver ainda cerca de um terço antes de enchê-lo novamente). O líquido restante deve ser despejado na vasilha de oferenda, e esta levada, no final do ritual, para algum lugar na Natureza, onde o conteúdo será oferecido ritualisticamente ao deus Thor, agradecendo-lhe pela proteção e força recebidas.
12. Para finalizar o ritual, volte-se novamente para Norte e expresse com convicção algumas palavras de gratidão para Thor. Eleve a mão — ou use seu *gandr* — para "apagar" os seis martelos fluídicos traçados, na ordem inversa em que foram plasmados. Recolha qualquer energia remanescente no seu *gandr* ou direcione-a para a terra, em benefício dos seres da Natureza.

O objeto consagrado nesse ritual deve ser guardado em um invólucro adequado, como uma bolsa de couro ou de tecido de algodão, pirogravado ou bordado com o símbolo do martelo.

ATIVAÇÃO DOS VÓRTICES ENERGÉTICOS

Denominados "rodas do corpo" pelos povos nórdicos, "caldeirões" pelos celtas e chakras pelos hindus, esses centros de força alinhados ao longo da coluna vertebral são aberturas para outra dimensão, por onde flui a energia proveniente do campo universal que depois escoa para os campos vibratórios da estrutura psicoespiritual humana. Apesar de corresponderem a determinados órgãos físicos, esses vórtices energéticos estão no duplo etéreo e se parecem com pequenas depressões circulares, de cujo centro flui continuadamente a corrente vital em forma de redemoinhos coloridos. Nas pessoas de menos evolução espiritual, o movimento "das rodas" é lento e suas cores são esmaecidas. O crescimento e a expansão espiritual aumentam o tamanho dos vórtices e o brilho torna-se vívido, permitindo uma maior absorção de energia cósmica, que induzirá ao pleno desenvolvimento das qualidades inatas existentes em todos os níveis evolutivos do ser humano. Quando alguma "roda" está enfraquecida, bloqueada ou distorcida, o fluxo energético é reduzido e aparecem distúrbios físicos, psíquicos ou espirituais.

Para o *vitki*, *godhi*, *gythia*, *erilaz*, *runester* ou iniciado rúnico, **a plena abertura e a ativação de seus centros energéticos são fundamentais para despertar e ampliar as qualidades específicas de cada um dos campos vibratórios** (descritos, no Capítulo VII, na seção sobre A estrutura psicofisicoespiritual do ser humano). Esse "despertar" das "rodas" de energia permite um melhor desempenho mental, psíquico, mágico e físico do iniciado, aumentando sua percepção sutil, o magnetismo pessoal, a força mental e a resistência física, e garantindo a eficiência no trabalho mágico e a proteção astral necessária para evitar "queimas" energéticas ou distúrbios fisiológicos.

Exercícios específicos como a *ioga*, o *tai-chi*, as respirações prânicas, a bioenergética, a reflexologia, a acupuntura, as meditações, as visualizações e a entoação de mantras aumentam a absorção de *önd* (prana), nutrindo e fortalecendo a estrutura dos vórtices energéticos. Acrescentando atributos rúnicos às visualizações (por meio de cores, de *galdrar* e *stödhur*), o aspirante a mago da Tradição Nórdica pode expandir sua energia vital e suas faculdades psicoespirituais. O exercício descrito a seguir é muito eficiente e, apesar de sua aparente complexidade, pode ser adotado como rotina diária.

Assuma uma postura confortável — pode ser sentado (com a coluna ereta, os pés juntos e descalços e as mãos sobre as coxas), deitado ou em pé —, feche os olhos e pratique durante algum tempo a respiração ritmada e profunda (expandindo o tórax, o diafragma e o abdômen). Quando se sentir relaxado, esvazie a mente das preocupações habituais e concentre-se nos nove centros energéticos seguintes da sua aura: topo da cabeça (coronário), entre as sobrancelhas (frontal), garganta (laríngeo), meio do peito (cardíaco), "boca do estômago" (solar), três dedos abaixo do umbigo (centro de força vital inata, vórtice do campo magnético, da energia *önd*, do equilíbrio e da vontade, chamado também *Hara* ou *Ming Men*), púbis (sexual), base da coluna (fundamental ou básico) e embaixo dos pés (telúrico). Comece a entoar o *galdr* da runa Sowilo (*sssssssss*, sibilante) e sinta sua energia rodopiando em círculos amarelos sobre todos os centros citados, vitalizando e despertando seus canais de recepção. Seguindo a ordem citada, mentalize, um por um, todos os vórtices, entoando os *galdrar* correspondentes e visualizando esferas coloridas sobre cada centro, e no meio a runa evocada vibrando em vermelho-vivo. Para esse exercício, as esferas e as runas associadas foram escolhidas em função da sintonia cromática. Mantenha a visualização da esfera e da runa até perceber uma sensação física no local (calor, formigamento, vibração, pressão). De cada esfera luminosa, será depois "puxado" um raio de sua respectiva cor e levado até o centro seguinte, interligando assim todos os vórtices.

Recapitulando: mentalize a localização física da "roda", entoe em seguida o *galdr* da runa correlata, visualize a esfera na cor correspondente sobre esse centro. No meio de cada "roda", trace mentalmente a forma da runa associada, sempre em vermelho. Após permanecer nessa visualização por alguns momentos, "puxe" um raio da cor da esfera para o vórtice seguinte, percorrendo assim todas as "rodas do corpo".

Segue a correspondência entre vórtices energéticos, runas e cores:

Vórtice coronário	Esfera branca matizada nas cores do arco-íris, raio branco	Runa Algiz
Vórtice frontal	Esfera índigo ou lilás	Runas Mannaz, Dagaz
Vórtice laríngeo	Esfera azul	Runas Ansuz, Os
Vórtice cardíaco	Esfera verde	Runas Laguz, Gebo, Wunjo
Vórtice solar	Esfera amarela	Runas Sowilo, Sol
Ponto de força magnética	Esfera laranja	Runas Uruz, Tiwaz
Vórtice sexual	Esfera vermelho-claro	Runas Fehu, Ingwaz
Vórtice básico	Esfera vermelho-escuro	Runas Othala, Raidho, Ac
Vórtice telúrico	Esfera marrom-esverdeado	Runas Berkano, Erda

Observação: Para o vórtice coronário, foi indicada apenas uma runa, mas para os outros há a possibilidade de escolha, levando-se em consideração os atributos das runas e a necessidade momentânea do mago.

Visualize e conscientize-se de todas as rodas girando e mesclando suas luzes para formar um envoltório energético ao redor do corpo. Esse envoltório divide-se em três faixas cromáticas: verde-escuro, no terço inferior; vermelha, no centro e tons dourados, no terço superior (esse "manto" colorido lhe dará poder e proteção sempre que o visualizar). Respire profundamente algumas vezes, concentrando-se no giro das rodas. Entoe o *galdr* sibilante de Sowilo mentalizando mais poder, depois entoe o *galdr* de Eihwaz e visualize (dessa vez na ordem inversa — de baixo para cima) todos os centros energéticos, alinhados ao longo da coluna, sendo percorridos por uma corrente de luz vermelho-dourado que o *galdr* de Eihwaz intensifica cada vez mais. Entoe novamente Sowilo para fortalecer o alinhamento e perceba o poder vermelho-dourado fluindo por todos os vórtices até alcançar o topo da cabeça, onde permanece por algum tempo até descer e chegar ao centro energético básico. Abra os braços e as pernas, levante a cabeça e mentalize os três mundos interligados, enquanto pronuncia em voz firme: "Asgard — Midgard — Hel", sentindo como se você fosse um intermediário entre esses três mundos. Permaneça sintonizado por alguns momentos e depois visualize a energia ígnea sendo recolhida e armazenada no seu vórtice básico. O escudo de poder e proteção permanecerá ao seu redor, mas as "rodas" vão retornar à intensidade e rotação costumeiras, para evitar hipersensibilidade ou projeções astrais posteriores.

Centre-se e toque o chão, abra os olhos devagar, movimente o corpo, coma algo salgado e volte lentamente para o mundo cotidiano.

ABERTURA E FECHAMENTO RITUALÍSTICO
(para *Blot*, *Sumbel*, ritos de passagem, rituais em geral)

Antes de começar qualquer operação mágica, ritual ou cerimônia, o mago deve providenciar sua **preparação pessoal**: purificação, proteção, alinhamento energético, centramento, harmonização, introspecção e reflexão sobre o seu objetivo e a seqüência que irá adotar durante o trabalho.

Em seguida, ele deve percorrer lentamente o local escolhido e verificar se existem resíduos energéticos, formas astrais e mentais ou vibrações incompatíveis com o seu objetivo. Caso afirmativo, ele realizará o **ritual de banimento** descrito anteriormente, continuando depois com a **abertura** propriamente dita (precedida da purificação do espaço, arrumação do altar e dos objetos mágicos).

Em rituais e cerimônias solenes ou públicas, o dirigente deve se vestir de acordo, utilizar seus símbolos e objetos de poder e contar com a ajuda de um ou mais auxiliares para as invocações e visualizações. Nesse caso, ele precisará adaptar o ritual citado a seguir, projetado para o praticante solitário.

Voltando-se para a direção Norte, faça algumas respirações profundas até se sentir completamente relaxado e tranqüilo. Segure o *gandr* — ou o *seax* — na mão dominante e trace a barreira fluídica seguindo o contorno do espaço físico, no sentido horário, enquanto imagina um raio de luz branco-azulada saindo da ponta do seu objeto de poder.

Após plasmar o "muro fluídico", vire-se novamente para o Norte e imagine a Estrela Polar brilhando acima da sua cabeça. Permaneça conectado a essa imagem, e depois de alguns instantes, trace no lado de dentro do muro fluídico, no sentido horário, todas as runas do Futhark Antigo, começando no Norte com Fehu e fechando com Dagaz, também no Norte. Esse "cinturão" rúnico deverá estar na altura do seu plexo solar, flutuando no ar, com as runas brilhando em vermelho-vivo sobre a faixa azul-fosforescente do muro. Enquanto estiver riscando as runas, você poderá entoar o *galdr* de cada uma delas, aliando a energia sonora à forma luminosa.

Assuma a posição da "estrela" (pés afastados, braços elevados e abertos em forma de **V**) e visualize, no centro do círculo de runas, uma cruz horizontal, eqüilateral, cujos braços toquem o cinturão rúnico e o centro fique no meio do altar (ou no seu plexo solar nos rituais em que o altar não ocupa a posição central).

Comece a visualizar uma esfera de luz azul cujo equador seja a faixa rúnica e que se eleva para cima e para baixo, englobando todo o espaço em uma cúpula luminosa. Do centro da cruz veja se elevando um eixo vertical (simbolizando o Pilar Cósmico ou a Árvore do Mundo), passando pelo centro do altar ou pela sua coluna, que irá sustentar e irradiar as energias provenientes das seis direções (as quatro direções cardeais, acima e abaixo). Sinta as energias fluindo e formando a esfera, depois abaixe os braços.

Quando perceber que a egrégora está firme, inicie o "Ritual do Martelo" (para os homens) ou da "Estrela de Holda" (para as mulheres). Em ambos os casos, para traçar o respectivo símbolo, encoste a ponta inferior do *gandr* no centro do peito ou no umbigo e, após impregná-lo com o poder da sua vontade, aponte-o para cada uma das direções, traçando o símbolo escolhido (martelo ou estrela) na cor vermelho ou branco-brilhante, respectivamente.

Para cada direção afirme em voz alta:

"Martelo de Thor [ou Estrela de Holda, Hexefuss] no Norte [Leste, Sul, Oeste, acima, abaixo], consagre e proteja este Vé!"

Assuma novamente a "postura da estrela" e entoe:

"Martelo de Thor [ou Estrela de Holda], consagre e proteja este Vé!"

Permaneça alguns minutos visualizando linhas luminosas (vermelhas para os martelos, brancas para as estrelas) saindo dos seis símbolos, entrecruzando-se no centro do campo de energia azul, cercado pela faixa de runas vermelhas. Concentre as energias do *Vé* cruzando os braços sobre o ventre, com a ponta dos dedos se tocando sobre o centro magnético da energia vital (*Hara*) e afirme:

"Acima de mim Asgard, abaixo de mim Hel, ao meu redor Midgard."

Sinta os fluxos de energia desses reinos se encontrando no seu centro. Respire profundamente três vezes.

Após essa abertura, inicie o ritual ou a cerimônia propriamente dita, acendendo as velas ou tochas colocadas nos pontos cardeais ou no centro do altar e colocando no braseiro, junto com as ervas sagradas e resinas, uma pitada de sal e outra de lêvedo de cerveja (fermento biológico fresco ou em pó).

Seguem-se as invocações (para os guardiães, os ancestrais, as divindades, os regentes das direções) e os procedimentos mágicos ou cerimoniais, de acordo com o objetivo (individual ou coletivo) ou a data festiva (*Blot*, *Sumbel*, rito de passagem).

Antes de encerrar o ritual, o mago deve decidir sobre **o destino que dará às runas** plasmadas no cinturão fluídico. Ele pode escolher entre as seguintes opções:

- Enviá-las para um determinado lugar ou ambiente que precise ser harmonizado ou energizado;
- Direcioná-las para reforçar ou completar os recursos magísticos utilizados durante o ritual;
- Captá-las e armazená-las em seu *gandr* ou *seax* para futuros trabalhos ou puxá-las para o seu centro de poder;
- Entregá-las simplesmente para a Mãe Terra, que lhes dará o devido fim.

Em todos os rituais iniciados com a abertura, deve-se fazer uma **finalização**, como a sugerida a seguir.

Volte-se para a direção Norte, assuma a *stadha* da runa Algiz e pronuncie uma oração preparada previamente, na qual você comunica o término do trabalho e oferece seus agradecimentos às forças espirituais invocadas.

Vire-se para cada uma das seis direções e apague os símbolos nelas traçados, com o *gandr* ou com a mão espalmada. Se a energia criada for atraída para você, coloque-se na postura da "estrela" e inspire profundamente seis vezes. A cada inspiração puxe os braços rapidamente, juntando as pontas dos dedos sobre seu centro de força (três dedos abaixo do umbigo) e visualizando a energia sendo captada e armazenada.

Apague as runas do cinturão na ordem inversa em que foram riscadas e desfaça a esfera luminosa — seja puxando-a para si, com um movimento rápido dos braços, seja abrindo-a, como uma cortina — e recolha as energias com o *gandr*, caminhando ao redor do espaço no sentido anti-horário.

Ao entregar o hidromel da vasilha de oferenda à Mãe Natureza, faça uma oração de gratidão também para os seres sobrenaturais e os ancestrais (da sua linhagem ou escolhidos por afinidade espiritual).

CONFECÇÃO E IMANTAÇÃO DE TALISMÃS

Os princípios básicos da magia talismânica foram descritos no Capítulo VIII. É importante relembrar que, a eficiência de um talismã rúnico depende do conhecimento teórico e da preparação psíquica, magística e espiritual do *vitki*, *runester*, *erilaz*, *godhi*, ou *gythia*. Todo talismã deve ser confeccionado e imantado de acordo com os postulados e as diretrizes do sistema rúnico, seguindo-se as etapas mencionadas a seguir com atenção e discernimento, sem pressa ou distrações. O *vitki* deve escolher criteriosamente o objetivo do talismã e ter plena consciência das responsabilidades que está assumindo. A não ser que ele tenha realmente atingido um nível elevado de preparação e expansão de consciência, não é recomendável que faça talismãs para outras pessoas, muito menos com fins comerciais. A filosofia e magia rúnica têm um código de ética rigoroso e é sempre bom lembrar que **há um preço a pagar por interferir no *wyrd* alheio, mesmo que seja com as melhores intenções**. Aqueles que detêm o conhecimento necessário para lidar com a verdadeira magia talismânica sabem como proceder e como se resguardar das conseqüências dos seus atos, pois estão cientes de que:

"É melhor não pedir do que ter que pagar depois,
Pois um presente sempre requer outro presente."

"Havamal"

ESCOLHA DO MATERIAL

Conforme citado no Capítulo VIII, os talismãs rúnicos podem ser confeccionados em madeira, osso, chifre, couro, pedra, metais, conchas, cerâmica, pergaminho ou cartolina.

O material tradicional é a madeira, retirada de um galho verde de uma árvore com atributos mágicos, cortada ritualisticamente, conforme descrito no capítulo V, na seção sobre a confecção do oráculo rúnico. Os outros materiais (chifre, osso, couro, metais) devem ser purificados antes de serem gravados, para que as vibrações residuais resultantes da sua manufatura e manuseio sejam eliminadas. No caso da cerâmica, as inscrições podem ser feitas sobre a argila antes de ela ser queimada ou pintadas posteriormente.

Os critérios da escolha são a disponibilidade e as habilidades do mago no manuseio das ferramentas usadas para fazer as inscrições, como a faca especial (*ristir*) ou o estilete para entalhar, o martelo, o cinzel, as brocas para gravar e os pincéis. Uma maneira mais prática e moderna consiste em usar o pirógrafo para gravar na madeira os símbolos previamente desenhados a lápis.

ESCOLHA DO FORMATO

Os formatos mais adequados para os talismãs em madeira são: retângulo, para varetas e placas; quadrado, oval ou circular, para plaquetas e rodelas; ou cilíndrico, usando segmentos naturais do galho. Uma forma rebuscada é o rombóide, que tem a vantagem de oferecer quatro superfícies (incluindo as laterais) para as inscrições mais complexas, além de ser mais confortável ao ser usado sobre o corpo (como pingente ou no bolso).

ESCOLHA DA INSCRIÇÃO

O principal requisito para uma "fórmula talismânica" é que ela contenha símbolos ou palavras (transcritas em runas) que descrevam o propósito ao qual se destina o talismã. Além dessa "declaração do objetivo", ela deve conter também uma "assinatura" — que represente a pessoa ou a condição que será alterada pela fórmula —, integrada com o poder da fórmula rúnica. Às vezes, substitui-se a assinatura pelo contato físico, como no caso dos talismãs usados diretamente no corpo (medalhões, anéis, pulseiras, tatuagens). **É importante meditar e refletir bastante antes de optar por uma construção simbólica**. Além do significado mágico, ela deve ter uma forma estética e harmoniosa, com uma boa distribuição entre as runas, outros símbolos mágicos e a assinatura. Deve-se usar ambos os lados do material: varetas, placas ou rodelas de madeira, discos, medalhões e anéis metálicos, pedras, lascas de osso e chifre, pedaços de abalone (madrepérola) ou tabletes de cerâmica.

Grava-se primeiro a "assinatura" no lado que ficará em contato com o corpo. Em outros tipos de talismã, inicia-se com a parte da inscrição que tem maior valor mágico. O número de runas escolhidas depende do propósito a que se destina o talismã. Dá-se preferência aos números mágicos da Tradição Nórdica e seus múltiplos (três, seis, oito, nove, doze, treze), mas desaconselha-se um número muito grande, para não sobrecarregar o talismã com excesso de energia. O importante é escolher as runas com sabedoria e formular a inscrição com calma e clareza, da maneira mais concisa e mágica possível.

PREPARAÇÃO

Após escolher o espaço adequado, a superfície de trabalho (mesa, bancada, prancheta), o dia da semana e a fase lunar mais propícios, tendo em vista a finalidade do talismã (consulte o Adendo), reúna todo o material que será utilizado na confecção e imantação do talismã, procedendo depois a sua purificação e limpeza vibratórias (conforme descrito no Capítulo VII, na seção sobre preparação do ambiente).

Além do substrato físico pronto, das ferramentas, do pigmento ou da tinta para colorir a inscrição, são necessários os seguintes itens:

— Noventa centímetros de cadarço de couro ou fio de sisal
— Um quadrado de pano preto de algodão ou linho de 30x30 cm
— Uma bolsinha de tecido ou couro para guardar o talismã
— A roupa cerimonial do mago e seus objetos de poder, imagens ou símbolos de sua divindade tutelar
— Uma vela de cera ou lamparina

— Um braseiro com ervas secas e resinas para queimar
— Uma vasilha com água e outras duas com sal marinho e terra (vegetal ou retirada de um lugar puro da Natureza).

Antes de confeccionar o talismã, faça a purificação ritualística de todos os objetos e do próprio ambiente. No final, vista sua roupa especial.

CONSAGRAÇÃO DO ESPAÇO E DOS OBJETOS

Para consagrar o espaço e os objetos, siga as orientações dadas no Capítulo VII na seção sobre a criação do espaço sagrado e do círculo rúnico. É necessário que você trabalhe sempre dentro de uma egrégora de proteção e vibração elevada, depois de feita a sua preparação. Após preparar um pequeno altar e antes da abertura ritualística, realize um ritual de proteção (incluindo ou não o banimento, dependendo das condições vibratórias do ambiente) e uma oração para as Nornes, Erda, Odin e Freyja, bem como para sua divindade tutelar, pedindo permissão, proteção e bênçãos.

GRAVAR E PINTAR A INSCRIÇÃO

Grave ou entalhe as runas escolhidas enquanto entoa seus *galdrar*. Visualize as correntes de *önd* celeste, telúrico e subterrâneo fluindo através dos seus centros de força em direção ao seu braço, mão e ferramenta, impregnando os caracteres rúnicos à medida que eles vão sendo impressos na matéria física. Convém fazer antes um esboço no papel (após ter meditado a respeito daquilo que quer gravar) e treinar um pouco antes de usar as ferramentas para evitar erros.

Para colorir, use pigmento vermelho natural (ocre, urucum ou resina "sangue-de-dragão", dissolvidos em óleo de linhaça), tintas acrílicas ou vernizes. Tradicionalmente, usava-se o próprio sangue. Você também pode seguir as recomendações contidas no Capítulo V, na seção sobre consagração do oráculo rúnico.

Passe o pigmento, a tinta ou o sangue cuidadosamente, com muita concentração, usando um pincel fino, um palito ou uma pena (de corvo, cisne, falcão, ganso, coruja). Para reforçar a impregnação do *önd* rúnico no talismã, entoe novamente os *galdrar* das runas contidas na fórmula, visualizando seus atributos. Preencha sua mente com a forma, o som, a cor, a qualidade e o efeito mágico da runa que está traçando. Imagine que você está impregnando sua energia no talismã; direcione sua intenção, vontade, emoção e toda a atenção para o objetivo. Visualize o padrão da sua forma-pensamento e o campo da sua intenção mágica sendo absorvidos pela estrutura molecular do substrato material na forma dos símbolos gravados e coloridos.

Finalize meditando sobre o propósito do talismã e as mudanças que ele provocará. Imagine como será sua vida quando atingir o objetivo impresso no talismã; veja-se agindo ou conseguindo a condição almejada com clareza, convicção e fé.

O "toque final" será dado quando você gravar duas linhas horizontais acima e abaixo da inscrição linear, unindo dessa maneira todas as energias rúnicas, combinadas em um único conjunto e campo de poder. Esse procedimento não será necessário no caso dos monogramas ou disposições radiais de runas (quando se usam cruzamentos de linhas com runas em suas extremidades). Finalize passando óleo de linhaça sobre o talismã de madeira, para fins estéticos e mágicos. É melhor não envernizar para não obstruir os poros da madeira.

No caso de talismãs feitos sobre pergaminho ou cartolina, a inscrição pode ser feita com caneta vermelha. Depois de pronto, dobre o papel três vezes (ou nove, dependendo do tamanho), embrulhe-o em um pedaço de tecido de algodão ou seda, amarre-o com barbante dando três nós e leve-o no bolso ou na bolsa. O pergaminho tradicional era feito de pele de animais; atualmente a pele pode ser substituída por papel-vegetal ou papel-manteiga. Esses tipos de talismãs servem apenas para certas operações mágicas, em situações emergenciais ou quando o mago não dispõe — no momento — de outros recursos. Como eles são ocasionais e de duração limitada, após um certo tempo é preciso "desmaterializá-los" para que liberem as energias neles contidas. "Apagam-se", então, os traçados no nível astral e entrega-se depois o papel queimado à Mãe Terra ou jogam-se as cinzas em um rio.

Além dos talismãs constituídos por uma camada de madeira, existe um tipo mais elaborado, no qual se cola, entre duas ou mais placas ou rodelas de madeira, uma placa metálica do mesmo diâmetro. Cria-se assim um "**coletor de önd**", que agrega, armazena e amplifica as energias rúnicas impressas em cada uma das placas que o compõem. Além de caracteres rúnicos, podem ser acrescentados símbolos ou sinetes mágicos, formando um bastão de camadas múltiplas, cujas inscrições visam um só objetivo. Deve-se ter muito cuidado, conhecimento e discernimento para escolher as runas individuais ou combiná-las em um monograma ou fórmula. É preciso observar não apenas se elas são compatíveis entre si, como se podem formar "runas ocultas", pelo seu cruzamento ou sobreposição. É esse o desafio e o mistério de "ler nas entrelinhas" e conhecer o poder criado pela junção de várias correntes rúnicas, que podem ser harmônicas, antagônicas, dissonantes ou nulas. São muitos os segredos que diferenciam o mago competente (que sabe proteger, fortalecer, apoiar, curar) do praticante bem intencionado, porém inexperiente, que — sem querer — pode prejudicar, atrasar, ferir ou adoecer, a si ou aos outros. **Somente a prática e o tempo vão permitir que o praticante da magia rúnica seja considerado — de fato — um mago ou mestre.**

IMANTAÇÃO (*FORMÁLI*)

Para definir o *orlög* (destino, propósito) do talismã, prepare uma "fórmula" (*formáli*) poética, com palavras cuidadosamente escolhidas por você ou recitando algum verso de um dos poemas ou sagas tradicionais. A "fórmula" deve ser concisa e fácil de memorizar, mas **afirmar** com firmeza e intensidade a finalidade para a qual foi criada. Use verbos no presente e imagens positivas que descrevam a manifestação do objetivo. Repita a *formáli* três vezes enquanto estiver impondo as mãos sobre o talismã.

INCUBAÇÃO (GESTAÇÃO)

Antes de "nascer" e ser consagrado, o talismã deve permanecer na escuridão por um período de "incubação" de nove horas, nove dias ou nove semanas. Para isso, embrulhe-o no pano preto e passe ao seu redor três, seis ou nove voltas do cadarço de couro (ou da corda de sisal). Ao criar esse envoltório escuro, você reproduz a gestação e o tempo necessário de concentração energética e crescimento mágico antes do nascimento. Imponha as mãos sobre o embrulho e pronuncie algumas palavras que resumam a intenção e o resultado desse procedimento, como, por exemplo: *"No ventre silencioso da noite (ou da deusa Nott), aguarde durante nove [horas, dias]. Durma, cresça, fortaleça-se e adquira poder, vigor e sabedoria."*

NASCIMENTO ("SAIR PARA A LUZ")

No prazo certo, desamarre e abra o embrulho, enquanto cantarola um verso de boas-vindas e a afirmação do ato de "sair da escuridão e do silêncio para a luz e a vida". Em seguida, sopre três vezes um sopro quente e demorado sobre o talismã, enquanto percebe e visualiza uma corrente intensa de *önd* (cósmico) e *hamingja* (pessoal) penetrando e vivificando o *tine*. Esse procedimento de "insuflar vida" a um talismã ou objeto mágico é uma das mais antigas e poderosas formas de magia simpática, encontrada em várias tradições e culturas do mundo.

Bata três vezes com o *gandr* ou o dedo indicador sobre o *tine* para "acordar" seu espírito e "movimentá-lo" na direção da missão que terá que cumprir.

BATISMO ("DAR O NOME")

Se quiser intensificar o potencial mágico do talismã, você deve nomeá-lo, escolhendo uma "alcunha" mágica que reflita sua missão. Os nórdicos usavam metáforas poéticas (*kennings*) que descreviam os atos mágicos que o *tine* iria realizar. Tradicionalmente, o nome era feminino, personificando a manifestação de uma Valquíria. O mago brasileiro pode usar sua intuição e imaginação para compor uma designação adequada, singela, porém poderosa, adequada ao objetivo do talismã. Posso citar como exemplo definições do tipo "Aquele que protege (cura, traz amor, prosperidade, força, vitória, sucesso, união, harmonia)".

Passe o *tine* sobre a fumaça de ervas e resinas queimadas no braseiro, salpique sobre ele alguns cristais de sal marinho, passando-o depois por três vezes (no sentido horário) ao redor da chama da vela ou da lamparina. Entoe uma frase que reflita o ato de despertar a chama sagrada do ser vivo em que foi transformado o material antes inanimado. Lembre-se de que, ao receber um *orlög* (definido pelo propósito da construção), o *tine* tornou-se *taufr*, não apenas um talismã inanimado, mas um ser vivo nascido após receber seu nome mágico.

Para isso, "batize-o" aspergindo sobre ele por três vezes gotas de água ou hidromel e afirmando:

> "Eu [nome iniciático] te batizo e te dou o nome de [...] para agir neste mundo e entre os mundos, com a bênção das Nornes, de Erda, Odin, Freyja e [nome da sua divindade titular]. Ká!"

A partir do batismo, o talismã será chamado sempre pelo seu nome, pois ele não mais é um objeto, mas um ser vivo.

CONSAGRAÇÃO

Crie uma nova *formáli* que resuma todos os aspectos da ação mágica do talismã. Para isso, você deve ter uma visão muito clara das suas funções nos vários níveis energéticos em que irá atuar. A nova fórmula deve conter também o "prazo de validade" do talismã (a duração da sua atuação). Caso não tenha certeza, afirme apenas *"até que o trabalho seja realizado"*.

Após ter pronunciado a *formáli* em voz alta, com palavras claras, concisas e categóricas, coloque o *taufr* sobre o altar na direção Norte e assuma a *stadha* de Algiz enquanto estiver falando. Depois, visualize as forças espirituais regentes da "missão" do talismã, seus aliados e sua divindade tutelar irradiando bênçãos, força e poder para ele. Ofereça o *taufr* ao céu, às quatro direções e à terra (tocando o chão ou uma vasilha de barro com terra). Finalize abençoando-o em nome das Nornes, de Erda, Odin, Freyja e da divindade regente, para que possa cumprir sua missão [não deixe de mencionar que missão é essa].

FIXAÇÃO

É necessário fixar o poder mágico contido na inscrição, ativado e amplificado durante o ritual. Para isso, trace com o *gandr* no sentido horário três círculos ao redor do talismã, visualizando a formação de uma esfera de energia luminosa que o engloba. Essa esfera irá resguardar a impregnação fluídica e mágica do *taufr*, permitindo sua projeção para o mundo exterior em busca do seu propósito. No entanto, ela será impermeável a qualquer interferência ou influência externa, repelindo as energias contrárias ou dissonantes.

FINALIZAÇÃO

Antes de "fechar" o ritual, guarde o *taufr* em um invólucro previamente preparado (bolsa de seda, linho, algodão, couro ou uma caixinha de madeira). Os talismãs que serão usados no corpo poderão ser pendurados em um cordão de metal, couro ou camurça, levados no bolso ou na bolsa ou presos na roupa. Ao ser retirado do corpo, o *taufr* deve ser colocado no altar ou sobre uma drusa de ametista ou cristais.

Após guardar o *taufr*, pronuncie palavras de agradecimento às forças invocadas, reafirme a manifestação do propósito para o qual se destina o talismã e realize o ritual de fechamento (descrito neste capítulo).

"MORTE" DOS TALISMÃS

Alguns talismãs (como os metálicos — usados como jóias — ou aqueles gravados sobre objetos, pedras, portas, carros, computadores ou utensílios) não têm data de validade nem precisam ser recarregados magicamente. Todavia, se perceber um enfraquecimento do seu potencial ou ação mágica, reforce-o, usando uma forma ritualística simplificada.

Outros talismãs, principalmente os confeccionados com fins de "atração" (amor, prosperidade, mudança, cura, sucesso), devem ser "liberados" de sua função, uma vez cumprido seu objetivo. Como o *taufr* é um ser vivo, sua "morte" deve ser realizada ritualisticamente, para que a força mágica nele armazenada seja redirecionada para a fonte (o *vitki*) ou para a Natureza.

Existem dois tipos de "ritos funerários" para a reabsorção da energia: a **cremação** (ato que faz o poder voltar para aura do *vitki* pelas correntes cósmicas) e o **enterro** (que direciona o poder pelas correntes ctônicas).

Um outro método consiste em **raspar** a inscrição rúnica dos talismãs de madeira e depois queimar ou enterrar as raspas. Nesse caso, o substrato material pode ser reutilizado para novas inscrições, depois de uma purificação e um período de "descanso".

Qualquer que seja a modalidade escolhida, o rito deve ser feito com seriedade e respeito, lembrando que o *taufr* era um ser vivo que cumpriu sua missão e está retornando para a fonte que o criou.

Os detalhes do "rito funerário" ficam a critério do *vitki*, mas devem incluir sempre um pequeno "discurso" de despedida e agradecimento pelos serviços prestados.

TALISMÃS ESPECIAIS

Talismãs ritualísticos

Em certos rituais, o *vitki* pode criar um símbolo complexo ou um monograma que descreva a operação mágica realizada. O substrato será o papel-vegetal ou a cartolina e as runas podem ser alinhadas, combinadas ou sobrepostas.

Se o *vitki* tiver um **objetivo pessoal** — uma mudança no seu estado de consciência ou nos seus padrões comportamentais —, ele colocará o talismã no altar para que possa contemplá-lo diariamente e fortalecer, assim, constantemente os vínculos com as forças mágicas por ele representadas.

Se o talismã visar **mudanças externas**, ele deve ser desintegrado após o ritual. Libera-se assim o poder mágico criado, movimentado e direcionado durante o ritual.

Talismãs etéreos

No Capítulo VII, os exercícios práticos de visualização descrevem as premissas básicas para a criação de talismãs etéreos. Quando tiver domínio sobre sua capacidade de plasmar mentalmente formas abstratas e de movimentá-las pela força da vontade, o *vitki* estará apto a criar talismãs no nível astral, realimentá-los enquanto for necessário e depois apagá-los quando não precisar mais deles.

Mesmo sendo uma maneira rápida e fácil de traçar runas, símbolos ou monogramas no espaço (sem precisar de substrato material e outras ferramentas além da imaginação, controle mental, equilíbrio psíquico e força de vontade), **os talismãs etéreos envolvem um grande dispêndio de energia física, mental, psíquica e mágica.** Por isso, recomendo que sejam usadas todas as medidas de proteção externa e alinhamento interno durante a projeção das formas mentais bem memorizadas, para sua posterior repetição.

Imagine um feixe de luz azul-fosforescente para traçar os símbolos no ar, declarando em voz alta o nome da runa ou do sinete mágico e a finalidade do talismã. Impregne em seguida nos sinais todo o poder mágico que é capaz de concentrar e projetar. Mantenha em mente o objetivo específico e invoque a bênção de uma determinada divindade ou entidade espiritual. Recarregue o talismã diariamente enquanto precisar dele.

Quando o objetivo for cumprido, apague o traçado e devolva as energias à sua origem. Se estiver em lugar diferente daquele em que criou o talismã, projete-se mentalmente para lá e apague as runas da mesma maneira como as traçou. Agradeça sempre pelo serviço prestado.

No caso de **monogramas**, é possível mentalizá-los já prontos ou visualizar as runas que o compõem, uma por uma, sendo combinadas ou sobrepostas pela força da sua vontade, até formar o monograma. Esse segundo método é mais difícil e requer muita prática e experiência.

Não existe uma ordem certa para riscar as runas, mas elas devem ser sempre apagadas na ordem inversa; por isso convém anotar a ordem em que foram criadas. Tradicionalmente, recitava-se um verso para cada runa, que definia aquilo que se esperava dela. No caso do monograma, compunha-se um pequeno poema que descrevia com metáforas o seu propósito geral.

O importante é sempre apagar os talismãs etéreos depois que o seu objetivo foi atingido, para evitar o escoamento das energias do mago.

RITOS DE PASSAGEM

Em alguns livros contemporâneos, encontram-se descrições e sugestões de "ritos de passagem" que fazem uso da simbologia mítica e espiritual da Tradição Nórdica.

É incontestável a existência desses rituais em todas as culturas e sociedades pagãs e nativas do período pré-cristão, e os povos nórdicos certamente não são uma exceção. No entanto, como não há registros ou referências precisas sobre a maneira como esses rituais eram realizados, os autores e praticantes modernos têm liberdade para idealizar cerimônias que marquem a "passagem" de uma pessoa para uma nova etapa da vida ou para outra condição social.

Em meu livro *O Legado da Deusa. Ritos de Passagem para Mulheres*, descrevi vários tipos de ritual com um enfoque predominantemente feminino. Porém, alguns deles podem ser adaptados e usados em cerimônias mistas, desde que sejam feitas as devidas adaptações para o contexto mitológico e ritualístico nórdico.

O escritor Edred Thorsson, em seu livro *Green Rûna*, menciona duas cerimônias pré-cristãs que eram realizadas pelo chefe de família ou clã, nove dias após o nascimento de uma criança. Chamadas de *Vatni Ausa* ("salpicar com água") e *Nafn Gefa* ("dar o nome"), destinavam-se a integrar o recém-nascido à família ou ao clã, depois de ter demonstrado sua força física sobrevivendo aos primeiros nove dias, considerados o teste do seu poder vital e espiritual. A intenção mágica desses rituais era auxiliar a reintegração do complexo energético ancestral *hamingja—fylgja* no novo membro da família. Os povos nórdicos acreditavam que apenas alguns poderes e capacidades transpessoais, bem como certas obrigações, "renasciam" em uma nova vida. O complexo sutil *hamingja—fylgja* se afastava da pessoa na sua morte, passando para outros níveis astrais (ou mundos), onde aguardava o nascimento da criança à qual se ligaria pelo ritual de *Vatni Ausa* e *Nafn Gefa*. Os antigos povos nórdicos davam o nome de um ancestral a seus filhos, escolhido antes ou logo depois do nascimento, por meio de sonhos, visões ou premonições tidos pelos pais, o chefe do clã ou o sacerdote/xamã. A criança era considerada a reencarnação do respectivo ancestral na linha familiar ou tribal, herdeira de suas habilidades e dons (*hamingja*), e de certas obrigações e desafios, embora tivesse uma personalidade original, formada pelo *hugr* (mente consciente), pelo *odhr* (inspiração) e pelo *önd* (energia vital). Competia ao novo ser combinar os poderes e dívidas do passado com as responsabilidades e possibilidades futuras, progredindo por meio de uma conduta correta, atos de heroísmo e conquista e aumentando a força do complexo *hamingja—fylgja*, que podia vir a ser o legado que deixaria a um descendente. Fortalecia-se, assim, o clã, formado pelos mortos e pelos vivos e considerado uma verdadeira "árvore das gerações", cujas raízes ancestrais forneciam nutrição contínua para o mundo dos mortos e os galhos propiciavam a energia permanente vinda do reino dos vivos.

Os praticantes que quiserem dar continuidade a essas crenças milenares podem realizar o "batismo" e a "nomeação" de seus filhos conforme o antigo rito de *Vatni Ausa* e *Nafn Gefa* e cumprir com suas responsabilidades perante os ancestrais, honrando seus nomes e perpetuando seu legado.

A adaptação dessas cerimônias é feita de acordo com as possibilidades, convicções e inspiração dos praticantes, mas sempre respeitando os arquétipos divinos e o procedimento ritualístico da tradição que lhes deram origem.

PALAVRAS FINAIS

A Tradição Nórdica ensina que, apesar dos séculos de abuso, degradação e desrespeito pelas suas leis e criaturas, a Natureza não perdeu a força espiritual, pois **"a espiritualidade é inerente à Natureza"**.

O mundo natural é habitado e consagrado pela presença permanente e eterna das divindades, dos espíritos e dos seres elementais. Somos parte da criação e assim devemos viver, agir e trabalhar, em sintonia e parceria com os ciclos naturais, evitando os efeitos desastrosos decorrentes da ignorância e da cobiça daqueles que querem subjugar e explorar a Natureza em prol de seus propósitos interesseiros e individualistas. Não podemos desfazer o mal que já foi feito, nem voltar ao passado, alimentando o saudosismo romântico da "vida simples e fácil dos nossos ancestrais". Em vez de querer fugir ou fantasiar a realidade — cotidiana, urbana, mecanicista, racional e consumista —, é preferível adotar atitudes positivas e maneiras criativas de se entrar em sintonia com as forças da Natureza e as energias sutis.

O ensinamento contido no sistema rúnico é baseado na premissa pagã da interação e complementação do espírito e da matéria. A dicotomia, e o conseqüente afastamento, do homem e do mundo natural surgiu com o cristianismo e foi reforçada pelas correntes humanistas, filosóficas e materialistas. O simbolismo da Tradição Nórdica não é pautado em conceitos filosóficos abstratos; ele está firmemente enraizado nas manifestações da Natureza que existem ao nosso redor. A personificação das forças naturais, representadas pelas divindades, é a descrição simplificada do processo de manifestação da energia cósmica no universo.

As imagens associadas às runas são imagens do hábitat natural e do cotidiano humano. Usando essas metáforas, os mestres da Tradição Nórdica preservaram e difundiram complexos conceitos metafísicos. **A Natureza é a expressão material da energia divina; as runas são manifestações da espiritualidade existente na Natureza, verdades eternas enraizadas na consciência**. O aprendizado e o uso das runas contribuem para a expansão da consciência, servindo como chaves arquetípicas de acesso aos níveis multidimensionais do universo — interno e externo —, que são repositórios de poderosas forças e eternas verdades.

Por terem sido ofertadas à humanidade como coroação do "sacrifício" do deus Odin, **as runas atuam como uma ponte entre os mundos visível e invisível, material e espiritual, humano e divino**. Por meio de mitos, arquétipos, runas e rituais, as habilidades ocultas, os dons esquecidos e a sabedoria ancestral podem ser resgatados e reintegrados, de forma mágica, na consciência atual, expandindo os horizontes além do mundo individual, humano e material. As runas auxiliam no reconhecimento e na integração das polaridades —

internas e externas, individuais e coletivas — e no fortalecimento das raízes espirituais, ampliando o raio de alcance das aspirações, criações e realizações, desde que alicerçadas no respeito e na conexão com as forças sutis da Natureza.

Atualmente, mesmo em lugares em que não se conheciam as runas, observa-se um interesse crescente por sua compreensão e seu uso. A sabedoria e a magia das runas podem ser resgatadas para melhorar nossa vida e a de todos os outros seres e níveis da criação. Porém, sua verdadeira essência não pode ser totalmente expressa em palavras: o verdadeiro iniciado, mago ou mestre rúnico deve continuar a busca para compreender e alcançar seu pleno poder e conhecimento mágico e espiritual.

Aqueles que se propõem a estudar e praticar os antigos mistérios nórdicos devem ter, permanentemente, na mente e no coração, a percepção de que todos nós — seres dos vários níveis da Criação — somos fios da teia da vida tecida pelas Nornes, as senhoras do *wyrd*. Ao reconhecer e aceitar nossa responsabilidade pela preservação e harmonização de Midgard, morada da humanidade e também das outras formas de vida que nele habitam, seremos dignos de nos considerarmos herdeiros e seguidores espirituais das verdades e dos poderes da antiga Tradição Nórdica, baseada no respeito, na lealdade e na reverência às divindades, à Terra, à família e ao indivíduo.

As runas são mapas que auxiliam o encontro consigo próprio e o resgate dos vínculos com o divino, indo além do intelecto em busca da unidade e da verdadeira essência espiritual. Citando as palavras de Edred Thorson, *"Os corvos estão voando, a hora está chegando. Busque as runas e torne-se quem você realmente é, pois as palavras já foram ditas"*.

> *"Terminei agora os cantos elevados,*
> *Aqui no palácio dos Seres Sagrados,*
> *Essenciais para os filhos da Terra,*
> *Desnecessários para elfos e gigantes.*
> *Hail para aquele que ensina,*
> *Hail para aquele que aprende o que foi dito*
> *E que saberá fazer bom uso deles..."*

Eddas — Runatals thaltr Odhins

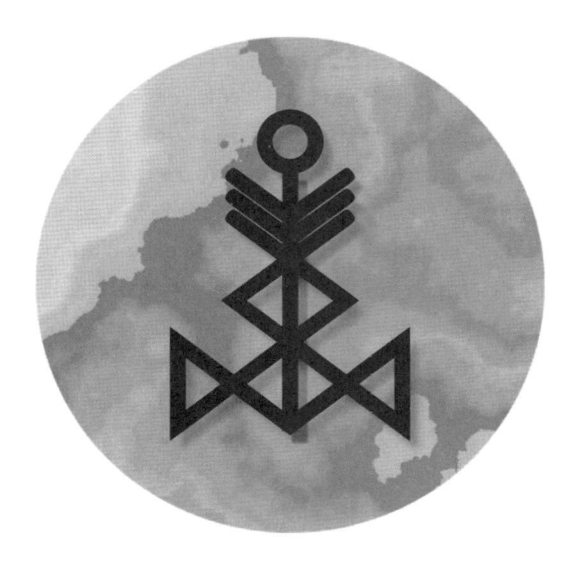

ADENDO — CORRESPONDÊNCIAS

I – AS DEUSAS E OS DEUSES ASSOCIADOS ÀS RUNAS

FEHU: Audhumbla, Erce, Freyja, Frigga, Fulla, Gullveig, Ostara, Nott, Walburga
Frey, Njord

URUZ: Audhumbla, Eir, Erce, Fjorgyn, Gefjon, Jord, Urdh
Thor

THURISAZ: Gerd, Rauni, Skadhi, Thrud
Loki, Thor

ANSUZ: Eir, Frigga, Gunnlud, Saga, Vor
Bragi, Mimir, Odin, Vili, Vé

RAIDHO: As Donzelas das Ondas, Bil, Frigga, Gna, Nehelennia, Nerthus, Ran, Sunna, Thrud, Valquírias
Ægir, Baldur, Bragi, Forseti, Frey, Heimdall, Odin, Thor

KENAZ: Fjorgyn, Freyja, Var, Walburga
Baldur, Heimdall, Loki, Wielund

GEBO: Freyja, Fulla, Gefjon, Hnoss, Idunna, Lofn, Sjofn, Snotra, Var
Forseti, Frey, Mimir, Odin, Tyr

WUNJO: Freyja, Hel, Hnoss, Lofn, Sjofn, Snotra, Var
Baldur, Forseti, Frey, Njord, Odin, Ullr

HAGALAZ: Hel, Holda, Mordgud, Nehelennia, Rinda, Skadhi, Urdh
Heimdall, Loki

NAUDHIZ: Holda, as Nornes — principalmente Skuld, Nott
Loki

ISA: Rana Neidda, Rinda, Skadhi, Verdandhi
Ymir

JERA: Erce, Fjorgyn, Freyja, Fulla, Idunna, Jord, Nerthus, Rana Neidda, Sif, Walburga
Baldur, Frey, Hodur, Thor

EIHWAZ: Frigga, Holda, Hel, Perchta, Skadhi
Njord, Odin, Ullr

PERDHRO: Berchta, Freyja, Frigga, Fulla, Nornes, Nott, Ran, Saga, Snotra
Ægir, Loki, Mani, Mimir

ALGIZ: Hlin, Nehelennia, Nerthus, Syn, Valquírias, Ziza
Alcis, Heimdall, Njord, Wielund, Ziu

SOWILO: Baduhenna, Barbet, Rana Neidda, Sunna, Sif
Baldur, Frey, Hodur, Thor, Tyr

TIWAZ: Frigga, Hlin, Hnoss, Nanna, Rana Neidda, Thorgerd Holgabrudr, Thrud, Var
Forseti, Tyr, Wielund

BERKANO: Berchta, Bil, Eir, Erda, Fjorgyn, Frigga, Gna, Idunna, Jord, Nerthus, Ostara, Rana Neidda, Sif, Sjofn, Walburga, Ziza

EHWAZ: Freyja, Gna, Horsa, Thorgerd Holgabrudr e Irpa, Thrud, Valquírias
Ægir, Alcis, Frey, Loki, Odin, Hengst, Wielund

MANNAZ:	Frigga, Gunnlud, Snotra, Saga
	Bragi, Heimdall, Mannaz, Mimir, Njord, Tyr
LAGUZ:	As Donzelas das Ondas, Bil, Eir, Nehelennia, Nerthus, Ran, Saga, Thrud, Vor
	Ægir, Baldur, Bragi, Mani, Mimir, Njord
INGWAZ:	Freyja, Frigga, Gerd, Ingun, Nerthus, Sif, Yngona
	Frey, Ingvi, Wielund
OTHALA:	Erce, Fjorgyn, Gefjon, Jord, Nerthus, Saga, Snotra, Var
	Mimir, Njord, Odin, Vili, Vé
DAGAZ:	Aarvak, Gerd, Ostara, Sunna, Syn, Thrud, Vor, Walburga
	Baldur, Heimdall, Loki, Mimir, Odin, Tyr
AC:	Freyja, Frigga, Gna, Holda, Nerthus, Ostara, Sif, Thrud
	Frey, Thor, Tiwaz, Ziu
AS (OS):	Hlin, Irpa, Saga, Thorgerd Holgabrudr, as Valquírias
	Irmin, Odin, Vili, Vé
YR:	Frigga, Hel, Hlin, Lofn, Nehelennia, Nornes, Nott, Skadhi, Syn, Thorgerd Holgabrudr
	Mani, Odin, Ullr, Vidar
IOR:	As Donzelas das Ondas, as deusas Hel, Ran, Skadhi, Thorgerd Holgabrudr
	Ægir, Loki, Njord, Thor
EAR:	Fjorgyn, Hel, Holda, Mordgud, Ran, Rind, Tuonetar
	Ægir, Irmin, Odin, Tiwaz, Tyr, Ullr
CWEORTH:	Einmyria, Eisa, Freyja, Gerd, Glut, Hnoss, Idunna, Imdr, Rind, Sjofn, Var, Walburga
	Baldur, Loge, Loki
CALC:	Nornes, Ran, Saga, Sjofn, Valquírias
	Bragi
STAN:	Erce, Erda, Fjorgyn, Hlodyn, Jord, Nerthus
GAR:	Thorgerd Holgabrudr e Irpa, Valquírias
	Odin, Thor, Tyr
WOLFSANGEL:	Hlin, Thorgerd Holgabrudr e Irpa, as Valquírias
	Loki, Odin, Tyr, Vidar
ERDA:	Erce, Erda, Fjorgyn, Gefjon, Hertha, Hlodyn, Jord, Nerthus, Perchta, Saga, Walburga
	Njord, Tiw
UL:	Eir, Skadhi, Thrud
	Ullr, Waldh
ZIU:	Baduhenna, Rauni, Sif, Skadhi, Thrud, Valquírias, Var, Ziza
	Tiwaz
SOL:	Beiwe, A Donzela do Sol, Rana Neidda, Rind, Si, Sif, Sol, Solntse, Sundy Mumy, Sunna, Tsi

II – CLASSIFICAÇÃO DAS DIVINDADES NÓRDICAS DE ACORDO COM SEUS ATRIBUTOS

A – PLANETAS E EVENTOS CELESTES

Alvorada:	Aarvak, Austrine, Eostre, Zorya
Arco-íris:	Paivatar, Valquírias
	Heimdall
Aurora Boreal:	Gerd, Valquírias
	Njord, Ullr
Céu:	Frigga, Ilmatar, Nott, Saule, Syn
	Baldur, Frey, Odin, Tyr
Estrelas:	Austrine, Nott, Saules Meita, Zorya
Lua:	Bil, Ilmatar
	Mani
Luz, dia:	Aarvak, Gerd, Paivatar, Rind, Sunna
	Baldur, Frey, Heimdall
Noite:	Nott, Tuonetar, Zorya
	Odin
Sol:	Beiwe, Beiwe Neidda, Holda, Ilmatar, Paivatar, Rind, Sol, Sunna, Sundy Mumy
	Baldur
Tempo:	Baduhenna, Berchta, Donzelas das Ondas, Donzelas-Cisne, Frigga, Holda, Rind, Sif, Thrud
Trovão:	Rauni, Valquírias
	Thor
Vento:	Berchta, Gna, Holda, Thrud, Valquírias
	Loki, Njord, Odin, Thor

B – ESTAÇÕES, DIREÇÕES E ELEMENTOS

Água:	Bil, Donzelas das Ondas, Freyja, Frigga, Gna, Havfru, Hnoss, Holda, Ilmatar, Lofn, Mere Ama, Mordgud, Nehelennia, Nerthus, Nixen, Nornes, Nott, Ran, Saga, Sjofn, Thorgerd Holgabrudr, Thrud, Vittra
	Ægir, Bragi, Frey, Heimdall, Kvasir, Loki, Mani, Mimir, Njord
Ar:	Berchta, Disir, Fjorgyn, Frigga, Gna, Holda, Nott, Saga, Snotra, Sunna, Syn, Thrud, Valquírias
	Baldur, Bragi, Forseti, Hermod, Loki, Njord, Odin, Thor
Chuva:	Holda, Thrud
	Frey, Thor
Éter:	Fylgja, Nornes, Vor
	Mimir
Fogo:	Fjorgyn, Freyja, Einmyria, Gerda, Hlin, Hlodin, Lofn, Sif, Sinmora, Sunna, Thrud, Var, Walburga
	Ægir, Baldur, Hermod, Loki, Wielund

Inverno:	Berchta, Holda, Rind, Skadhi
	Ullr
Leste:	Frigga
	Tyr
Morte:	Hel, Ran, Skadhi, Tuonetar
	Ægir, Loki, Njord, Odin
Mundo subterrâneo:	Hel, Mordgud, Saga, Tuonetar
	Frey, Heimdall, Loki, Mimir, Odin
Neve:	Berchta, Holda, Rind, Skadhi
	Ullr
Névoa:	Berchta, Donzelas-Cisne, Frigga, Holda, Valquírias
	Odin, Ullr
Oeste:	Freyja
	Njord
Orvalho:	Valquírias
Primavera:	Freyja, Frigga, Gerd, Idunna, Ostara, Rana Neidda, Rind, Walburga
Sul:	Rana Neidda, Sunna
	Thor
Terra:	Berchta, Disir, Eir, Erce, Erda, Fjo˙gyn, Freyja, Frigga, Fulla, Gefjon, Gerd, Gna, Hel, Hlodin, Idunna, Ilmatar, Jord, Nerthus, Sif, Snotra, Rana Neidda, Rind, Thorgerd Holgabrudr
	Frey, Kvasir, Loki, Odin, Ullr, Wielund
Verão:	Freyja, Frigga, Holda, Nerthus, Sif, Sunna
	Frey, Njord, Thor

C – NATUREZA

ANIMAIS

Abelha:	Thorgerd Holgabrudr
	Baldur, Frey, Loki
Águia:	Gna, Idunna, Lofn, Sunna, Var
	Baldur
Alce:	Rana Neidda, Skadhi
	Frey, Ullr
Andorinha:	Idunna
Aranha:	Frigga, Nornes
Baleia:	Donzelas das Ondas, Ran
	Ægir, Njord
Boi:	Nerthus
	Frey
Borboleta:	Donzelas das Ondas, Ostara
Cabra:	Berchta

Cão:	Hel, Nehelennia, Walburga
Carneiro:	Frigga
	Heimdall
Cavalo:	Bil, Disir, Gna, Hel, Nehelennia, Nerthus, Sunna, Thrud, Valquírias
	Baldur, Frey, Hermod, Loki, Wielund
Cegonha:	Gna
Cisne:	Donzelas-Cisne, Donzelas das Ondas, Sif, Sjofn, Valquírias
Corça:	Fjorgyn, Sif
Caracol:	Bil
	Mani
Coruja:	Bil, Frigga, Saga, Vor, Walburga
	Forseti, Mani
Corvo:	Hel, Valquírias, Vor
	Odin
Cuco:	Gna, Idunna, Sif
Dragão:	Sunna, Syn, Var
Esquilo:	Sif
Falcão:	Freyja, Frigga, Thrud
Foca:	Ran, Skadhi
	Ægir, Njord, Heimdall
Gado:	Gefjon, Nerthus, Sif, Thorgerd Holgabrudr, Walburga
	Frey
Galo:	Hel
	Baldur
Gaivota:	Donzelas das Ondas, Nehelennia, Ran
	Ægir, Njord
Ganso:	Berchta, Frigga, Holda, Ran
Garça:	Frigga
Gato:	Freyja
	Thor
Gavião:	Syn
Golfinho:	Ran
	Ægir, Heimdall
Javali:	Freyja, Frigga
	Frey
Joaninha:	Holda
Leão-marinho:	Ægir
Lebre:	Bil, Fjorgyn, Ostara, Sif
	Mani
Lince:	Freyja, Frigga
Lobo:	Bil, Hlin, Rind, Skadhi, Walburga
	Hermod, Loki, Odin
Lontra:	Sif, Sjofn

Mosca:	Loki
Onça:	Hlin
Pássaros:	Idunna
	Bragi
Peixes:	Akkruva, Mere Ama, Ran
	Ægir, Njord
Pomba:	Hnoss, Sjofn
Porca:	Frigga, Nerthus
Pulga:	Loki
Raposa:	Skadhi, Snotra
	Loki
Renas:	Rana Neidda
Salmão:	Saga
	Loki, Mimir
Selvagens:	Huldra, Thorgerd Holgabrudr
Serpente:	Hel, Sif
	Loki, Odin
Serpente-marinha:	Donzelas das Ondas
	Loki, Thor
Urso:	Berchta, Hlin, Rind, Skadhi
	Odin

VEGETAIS E OUTRAS FORÇAS

Álamo:	Rana Neidda
	Heimdall
Algas:	Donzelas das Ondas, Ran
	Ægir, Njord
Bétula:	Berchta, Eir, Frigga, Holda, Nerthus, Urdh
	Heimdall
Carvalho:	Freyja, Nerthus, Ninfas
	Frey, Forseti, Thor, Tyr
Espinhentas:	Hlin
	Loki, Thor
Freixo:	Askefruer, Frigga, Gefjon, Ninfas, Nornes, Ostara
	Frey, Heimdall, Mimir, Odin
Fruteiras:	Bushfrauen, Fjorgyn, Frigga, Fulla Gerd, Nerthus
	Bragi
Louro:	Sunna
	Baldur
Macieira:	Gna, Gerd, Freyja, Idunna, Saule
	Frey

Pinheiro:	Eir, Holda, Skadhi
	Frey, Ullr
Sabugueiro:	Berchta, Freyja, Holda, Var
	Bragi, Frey
Sorveira:	Nornes, Rauni
	Odin
Salgueiro:	Eir
	Heimdall, Mani, Mimir
Florestas:	Bushfrauen, Huldra, Mielikki, Senhoras Verdes, Tava Ajk, Thorgerd Holgabrudr, Vila, Walburga
Forças da Natureza:	Holda, Ran, Rauni, Thorgerd Holgabrudr, Thrud
	Ægir, Odin, Thor, Tyr
Plantas curativas:	Eir
Lagos, mares, oceanos:	Donzelas das Ondas, Mere Ama, Nehelennia, Ran
Rios, fontes:	Holda, Mere Ama, Mordgud, Nixen, Nornes, Saga
	Mimir
Teixo:	Frigga, Hel, Ninfas, Nornes, Syn
	Heimdall, Odin, Ullr
Vegetação:	Idunna, Nanna, Nerthus, Sif
	Frey

D – QUALIDADES

Abundância:	Erce, Freyja, Frigga, Fulla, Gefjon, Nerthus, Walburga
	Frey, Njord
Amor:	Freyja, Gerd, Gersemi, Hnoss, Sif, Sjofn
	Bragi, Frey
Beleza:	Freyja, Gefjon, Gerd, Gersemi, Hnoss, Sif, Sjofn, Thrud, Valquírias
	Baldur
Contratos, compromissos:	Var
	Forseti
Elevação espiritual:	Gna, Lofn
Eloqüência:	Saga
	Bragi, Odin
Fidelidade:	Frigga, Nanna
Inspiração:	Bil, Gunnlud, Nott, Saga
	Bragi, Kvasir, Odin
Intuição, percepção,	

sonhos:	Disir, Freyja, Gna, Lofn, Saga, Vor
	Heimdall
Lealdade:	Hermod
Magia, mistérios:	Donzelas-Cisne, Freyja, Fulla, Gerd, Hel, Holda, Idunna, Nott, Sif, Thorgerd Holgabrudr
	Heimdall, Loki, Odin
Paz:	Nerthus
	Forseti, Frey, Tyr
Relacionamentos:	Frigga, Lofn, Sjofn, Var
Renovação, renascimento:	Berchta, Fjorgyn, Idunna
	Baldur
Sabedoria:	Frigga, Saga, Snotra, Vor
	Bragi, Kvasir, Mimir, Odin
Sexualidade:	Eostre, Freyja, Gefjon, Hnoss, Idunna, Sif, Sjofn, Walburga
	Frey, Loki, Odin, Thor
Sorte:	Freyja, Holda, Thorgerd Holgabrudr
Tecelagem:	Berchta, Frigga, Holda, Nornes

E – SUSTENTAÇÃO E DESTRUIÇÃO DA VIDA

Agricultura:	Berchta, Fjorgyn, Gefjon, Jord, Nerthus, Rind, Sif, Ziza
Batalhas, guerras:	Freyja, Hel, Irpa, Skadhi, Thorgerd Holgabrudr, Valquírias
	Odin, Frey, Thor, Tyr
Cura:	Eir, Freyja, Thrud, Vila
	Baldur, Frey, Odin
Fertilidade:	Akkas, Berchta, Eostre, Erce, Fjorgyn, Freyja, Frigga, Gna, Nehelennia, Nerthus, Ostara, Sif, Valquírias
	Frey, Njord
Justiça:	Gefjon, Rind, Skadhi, Syn, Var, Vor
	Forseti, Tyr
Lar, família:	Akkas, Freyja, Frigga, Hertha, Hlin, Hlodyn, Nanna, Var, Vor
	Frey, Heimdall, Tyr
Maternidade, nascimento:	Frigga, Juks Akka, Madar Akka, Sar Akka, Uks Akka
Morte:	Hel, Holda, Ran, Skadhi, Tuonetar
	Ægir, Baldur, Loki, Odin, Njord
Proteção e defesa:	Disir, Donzelas das Ondas, Gefjon, Hlin (casais), Hlodyn, Holda (crianças), Juks Akka (crianças), Mere Ama (plantas e animais), Nehelennia, Ran (viagens), Syn (entradas), Thorgerd Holgabrudr (casas), Uks Akka (crianças)
	Ægir, Frey, Heimdall, Njord, Odin, Thor

Sabedoria:	Nornes, Saga
	Bragi, Odin
Viagens:	Donzelas das Ondas, Nehelennia, Nerthus, Ran, Valquírias
	Ægir, Heimdall, Njord, Odin, Thor
Viagens xamânicas:	Freyja, Hel, Valquírias
	Heimdall, Odin
Vigilância:	Disir, Hlin, Syn
	Heimdall, Odin, Thor
Vingança:	Skadhi
	Loki
Virilidade:	Frey

F – FASES DA VIDA

Jovens:	Eostre, Gefjon, Ostara, Sar Akka, Skuld, Valquírias
Mães criadoras e protetoras:	Berchta, Frigga, Gefjon, Hlin, Holda, Mader Akka, Nehelennia, Sar Akka, Sundy Mumy, Syn, Tuonetar, Verdandhi
Mães ancestrais:	Audhumbla, Disir, Erce, Erda, Fjorgyn, Hel, Hlodyn, Jord, Nerthus, Ziza
Anciãs:	Erda, Gullveig, Holda, Nott, Sar Akka, Saga, Urdh
Senhoras do Destino:	Nornes

A "Constelação de Frigga" (acompanhantes ou aspectos):
Eir, Fulla, Gefjon, Gna, Hlin, Lofn, Saga, Sjofn, Snotra, Syn, Var, Vor

III – CORRESPONDÊNCIAS DAS RUNAS

A – ELEMENTOS

Terra:	Fehu, Uruz, Naudhiz, Jera, Eihwaz, Berkano, Ehwaz, Ingwaz, Odhila, Ac, Yr, Ior, Ear, Calc, Stan, Gar, Wolfsangel, Erda
Ar/Éter:	Ansuz, Raidho, Gebo, Wunjo, Eihwaz, Peordh, Algiz, Sowilo, Tiwaz, Ehwaz, Mannaz, Dagaz, Os, Yr, Gar, Ul, Ziu
Água/Gelo:	Uruz, Hagalaz, Isa, Peordh, Eihwaz, Laguz, Ingwaz, Yr, Ior, Calc, Gar
Fogo:	Fehu, Thurisaz, Kenaz, Naudhiz, Eihwaz, Sowilo, Ingwaz, Dagaz, Ac, Yr, Cweorth, Gar, Ziu, Sol

B – DIAS DA SEMANA

Dia	Divindade	Runa	Árvore	Elemento
Domingo	Sunna/Baldur	Sowilo	Bétula	Fogo
Segunda	Mani/Bil	Laguz	Salgueiro	Água
Terça	Tyr	Tiwaz	Azevinho	Fogo
Quarta	Odin	Ansuz	Freixo	Ar
Quinta	Thor	Thurisaz	Carvalho	Fogo
Sexta	Freyja/Frigga	Peordh	Macieira	Terra
Sábado	Nerthus/Saga	Dagaz	Amieiro	Terra

C – DIREÇÕES

Direção	Runa Regente	Cor	Estação	Tempo	Elemento
Norte	Jera	Preto	Inverno	Frio	Gelo
Leste	Berkano	Vermelo	Primavera	Vento	Ar
Sul	Dagaz	Branco	Verão	Sol	Fogo
Oeste	Kenaz	Cinza	Outono	Chuva	Água
Centro	Gar	Azul	Todas	Parado	Terra

Direção	Divindade	Objeto de poder	Guardiães	Animais Totêmicos
Norte	Nornes/Odin	Fios, Teia/Lança	Rinda/Nordhri	Aranha/Corvo
Leste	Frigga/Tyr	Fuso, Roda de fiar/Espada	Kari/Austri	Falcão/Lobo
Sul	Idunna/Thor	Maçãs/Martelo	Loge/Sudhri	Andorinha/Bode
Oeste	Freyja/Njord	Colar/Machado	Hler/Vestri	Gato/Serpente-marinha
Centro	Erda	Globo terrestre	Land-vættir	Auroque (touro)

D – FASES DA LUA E RODA DO ANO

Lua nova & Yule (Solstício de Inverno):	Jera
Lua emergente & Disting:	Algiz
Lua crescente & Ostara (Equinócio de Primavera):	Berkano
Lua convexa & Walpurgis:	Laguz
Lua cheia & Midsommar (Solstício de Verão):	Jera
Lua disseminadora & Freyfaxi:	Thurisaz
Lua minguante & Höstblot (Equinócio de Outono):	Kenaz
Lua balsâmica, negra & Disablot:	Hagalaz

E – TEMPOS MÁGICOS

Runa	Horário Rúnico	Culminação	Início da "quinzena" rúnica (*halvmonad*)
Fehu	12:30 — 13:30	13:00	29 junho às 3h
Uruz	13:30 — 14:30	14:00	14 julho às 8h
Thurisaz	14:30 — 15:30	15:00	29 julho às 14h
Ansuz	15:30 — 16:30	16:00	13 agosto às 19h
Raidho	16:30 — 17:30	17:00	29 agosto à 0h
Kenaz	17:30 — 18:30	18:00	13 setembro às 6h
Gebo	18:30 — 19:30	19:00	28 setembro às 11h
Wunjo	19:30 — 20:30	20:00	13 outubro às 16h
Hagalaz	20:30 — 21:30	21:00	28 outubro às 22h
Naudhiz	21:30 — 22:30	22:00	13 novembro às 3h
Isa	22:30 — 23:30	23:00	28 novembro às 8h
Jera	23:30 — 00:30	00:00	13 dezembro às 14h
Eihwaz	0:30 — 1:30	01:00	28 dezembro às 19h
Peordh	1:30 — 2:30	02:00	13 janeiro à 1h
Algiz	2:30 — 3:30	03:00	28 janeiro às 5h
Sowilo	3:30 — 4:30	04:00	12 fevereiro às 10h
Tiwaz	4:30 — 5:30	05:00	27 fevereiro às 16h
Berkano	5:30 — 6:30	06:00	14 março às 21h
Ehwaz	6:30 — 7:30	07:00	30 março às 2h
Mannaz	7:30 — 8:30	08:00	14 abril às 7h
Laguz	8:30 — 9:30	09:00	29 abril às 12h
Ingwaz	9:30 — 10:30	10:00	14 maio às 18h
Othala	10:30 — 11:30	11:00	29 maio às 23h
Dagaz	11:30 — 12:30	12:00	14 junho às 4h

F – OS CAMINHOS ENTRE OS MUNDOS

Caminho	Runa
1. Midgard — Vanaheim	Fehu
2. Midgard — Ljossalfheim	Ansuz
3. Midgard — Niflheim	Thurisaz
4. Midgard — Muspelheim	Kenaz
5. Midgard — Jötunheim	Uruz
6. Midgard — Svartalfheim	Gebo
7. Asgard — Vanaheim	Berkano
8. Asgard — Ljossalfheim	Dagaz
9. Asgard — Niflheim	Tiwaz
10. Asgard — Muspelheim	Ehwaz
11. Asgard — Jötunheim	Mannaz
12. Vanaheim — Ljossalfheim	Laguz
13. Vanaheim — Svartalfheim	Ingwaz
14. Vanaheim — Hel	Jera
15. Ljossalfheim — Muspelheim	Wunjo
16. Ljossalfheim — Niflheim	Raidho
17. Ljossalfheim — Jötunheim	Algiz
18. Niflheim — Svartalfheim	Eihwaz
19. Niflheim — Hel	Peordh
20. Muspelheim — Svartalfheim	Sowilo
21. Muspelheim — Hel	Hagalaz
22. Jötunheim — Svartalfheim	Odhila
23. Jötunheim — Hel	Isa
24. Svartalfheim — Hel	Naudhiz

G – ÁREA DE ATUAÇÃO

Amor, sexualidade: Berkano, Fehu, Gebo, Ingwaz, Kenaz, Laguz, Peordh, Wunjo
Aprendizado, comunicação: Ansuz, As, Gebo, Kenaz, Mannaz
Fertilidade, gestação: Ac, Berkano, Ingwaz, Laguz
Mistérios: Calc, Peordh
Movimento, mudança: Ehwaz, Raidho
Novos começos: Dagaz, Fehu, Gar, Ingwaz, Jera, Kenaz
Prosperidade: Dagaz, Fehu, Jera, Odhila
Proteção: Algiz, Berkano, Ehwaz, Erda, Hagalaz, Odhila, Stan, Tiwaz, Yr, Wolfsangel

Saúde, vigor:	Berkano, Ehwaz, Eihwaz, Kenaz, Laguz, Sol, Sowilo, Tiwaz, Uruz
Sorte:	Algiz, Hagalaz, Peordh
Tenacidade:	Ac, Eihwaz, Naudhiz, Stan, Ul, Uruz
Transformação:	Dagaz, Cweorth, Hagalaz
Vitória, sucesso:	Dagaz, Kenaz, Sowilo, Thurisaz, Tiwaz, Ziu

GUIA DE PRONÚNCIA

As línguas nórdicas fazem parte do subgrupo germânico do tronco indo-europeu, subgrupo que se divide em ramo nórdico (islandês, faroense, norueguês, sueco, dinamarquês), ocidental (alemão, holandês, frísio, flamengo, inglês) e oriental (gótico). Dependendo da origem e do lugar, há variações na maneira de pronunciar as vogais e as consoantes, sendo o denominador comum os sons guturais e nasalados.

Além das vogais *a e i o u*, existem mais outras quatro, com a seguinte pronúncia: *å* = ô, *ä* = é (aberto), *ö* ou *ø* = ê (fechado), *y* = i; *æ* tem o som de é, *œ* de ó, *ey* de ei.

As consoantes se pronunciam de modo semelhante ao português, com algumas poucas diferenças: *j* = i; *h* = rr (aspirado, como na palavra "carro"); *th* e *dh*, como no inglês; *wh* = u; *rl* = dl; *rn* = dn; *pt* = ft; *nn* = dn (apenas após as vogais); *ng* = nasalizado; *s*, sempre sibilante, mesmo entre as vogais; *z*, como em "zero"; *k*, *q* = c.

Os artigos definidos são acrescentados no final da palavra (a exemplo de *ar* e *ur*), como em *galdr* → *galdrar*, *jötun* → *jötnar*, *stadha* → *stödhur*.

Os termos usados ao longo deste livro são, em sua maioria, suecos ou germânicos (às vezes, alguns equivalentes ingleses), citados na literatura.

Os dias da semana preservam a antiga relação com os luminares (Sol e Lua) e as divindades regentes, como ocorre nas línguas inglesa e alemã: domingo, *Söndag*, *Sonntag*; segunda-feira, *Måndag*, *Montag*; terça-feira, *Tisdag*, *Dienstag*; quarta-feira, *Onsdag*, *Mittwoch* ("dia do meio", única exceção devido à erradicação cristã do culto a Odin, regente desse dia); quinta-feira, *Torsdag*, *Donnerstag*; sexta-feira, *Fredag*, *Freitag*; sábado, *Lördag*, *Samstag* (dia da reunião).

Os nomes dos *Blots* se originam de vários idiomas, alguns deles tendo denominações equivalentes aos *Sabbats* celtas.

GLOSSÁRIO

Ægishjalmur: "Elmo Aterrorizante", sigilo mágico de proteção.
Ætt (plural: *Ættir*): um grupo, divisão ou família composto de oito unidades. Grupo de oito runas, uma das três famílias do Futhark.
Æsir: grupo de divindades regentes do céu, da sabedoria, dos raios e das batalhas.
Alfar: "elfos claros", espíritos brilhantes e sábios da natureza.
Alma: o corpo energético que serve como veículo para o espírito individualizado, para que possa se expressar e evoluir.
ALU: a "água da vida", o poder primal dos deuses, palavra mágica formada de três runas, prenúncio de boa sorte.
Armanen: escola rúnica moderna da Alemanha, que usa sistema de mesmo nome, constituído de 18 runas.
Arquétipo: figuras e símbolos que representam valores universais, presentes nas várias culturas. Padrões de comportamento que existem no inconsciente coletivo, desde a mais remota antigüidade.
Âsana: posturas corporais para obter equilíbrio e vitalidade (*ioga*).
Asatrú: "a fé dos *Ases*" ou "a lealdade aos deuses", nome da religião pagã oficial da Islândia pré-cristã; denominação dos grupos de vários países que seguem a religião nórdica.
Ases (plural de *Asa*): termo equivalente para deuses Æsir.
Asgard: a morada dos deuses Æsir, situada no nível mais elevado dos Nove Mundos de Yggdrasil.
Ask: o primeiro homem, criado a partir de um tronco de freixo pela tríade divina Odin, Vili e Vé.
Asynjur (plural de *Asynja*): termo equivalente para deusas Æsir.
Athem: o "sopro da vida", a energia vital absorvida pela respiração (vide *önd*).
Audhumbla: a "Vaca Sagrada", a força primeva feminina, geradora da vida na cosmologia nórdica. Seu nome significa "a nutridora".
Berserker: guerreiro nórdico capaz de se metamorfosear em urso ou lobo durante as batalhas, por meio de transe, projeção astral e uso de magia.
Bifrost: a ponte mítica do arco-íris que liga os três níveis dos Nove Mundos e brilha nas cores vermelho, verde, azul.

Blot (plural: *Blotar*): "sacrifício", cerimônia nórdica para invocar e agradecer às divindades, abençoando-se também as pessoas e objetos.
Bracteata: medalhão pequeno, redondo, de ouro ou prata, com figuras e símbolos.
Brisingamen: o colar mágico da deusa Freyja.
"Caça Selvagem": a busca das almas errantes ou dos espíritos perdidos, conduzida por Odin, Holda e as Valquírias.
Campo mórfico: teoria do cientista inglês Rupert Sheldrake sobre a existência de estruturas que se estendem no tempo e no espaço e que moldam a forma e o comportamento de todos os sistemas do mundo material.
Caos: estado não-organizado em que prevalecem forças desruptivas e no qual a energia não manifestada se movimenta de forma livre e desordenada.
Chakra: vórtice energético localizado no corpo etérico que recebe, absorve, projeta ou distribui energias sutis para o corpo físico.
Codex Regius: manuscrito do século XIII, compilado duzentos anos após a cristianização da Islândia.
Consagração: ritual que envolve a purificação, a dedicação e o direcionamento da energia para um fim ou objeto específico.
Deus, Deusa: personificações da inteligência invisível existente nas forças criadoras, formadoras e destruidoras da Natureza. Na Tradição Nórdica são divididos em Æsir e Vanir.
Disir ou ***Idises***: espíritos ancestrais da linhagem feminina.
Divinação: observação e descrição de padrões energéticos que estão em fase de manifestação ou desintegração.
Divindade: forma-pensamento criada pela mente coletiva de um grupo, povo ou cultura, dotada de poderes sobrenaturais e que depende da reverência contínua para não cair no esquecimento.
Dokkalfar: espíritos ancestrais da linhagem masculina.
Donnar: o equivalente teutônico do deus Thor.
Draupnir: o anel mágico de Odin que se reproduzia nove vezes a cada nona noite.
Eddas: duas coletâneas de antigos textos islandeses. A mais antiga — *Poetic* (*Elder*) *Edda* — é formada por poemas mitológicos e heróicos, originários do século IV, compilados por Sæmundr em 1270. A segunda é *Prose* (*Younger*) *Edda*, redigida por Snorri Sturluson em 1222, que foi acrescida de um manual de métrica poética, dos significados das metáforas e das descrições mais amplas dos mitos.
Einherjar: "a tropa dos escolhidos", espíritos dos guerreiros da elite que acompanharão Odin na última batalha do Ragnarök.
Embla: a primeira mulher, criada a partir de um tronco de olmo pela tríade divina Odin, Vili e Vé.
Erilaz (plural: *Eriloz*): mestre rúnico com atribuições sacerdotais.
Espírito: a essência inteligente incriada, que anima as formas de vida, invisível, mas cuja presença pode ser percebida.
Etin: equivalente de Jötun, ser gigante, dotado de força física e sabedoria.
Fensalir: o salão de Frigga situado em Asgard.
Folkvang: o salão de Freyja situado em Vanaheim.

Forma-pensamento: um padrão mental que, por sua repetição e duração, adquire forma própria, usando a energia astral.
Formáli: formulação de palavras ou símbolos usada para impregnar ações rituais com intenções mágicas.
Futhark: seqüência de runas em uma ordem fixa; nome do sistema rúnico formado dos valores fonéticos das primeiras seis runas.
Fylfot: suástica, símbolo mágico quádruplo de boa sorte, energia solar.
Fylgja (plural: *Fylgjur*): ser numinoso ligado a cada pessoa, que guarda os registros das ações passadas. Descrito como animal, ser do sexo oposto ou forma abstrata.
Galdr (plural: *Galdrar*): mantra, encantamento mágico que usa os sons correspondentes às runas.
Galdramyndir: "sinais mágicos", sinete mágico, físico ou etérico.
Galdrastafir: "varetas mágicas", inscrições mágicas em varetas.
Gandr: bastão mágico.
Ginungagap: o vazio primordial que existia antes da criação.
Give away: cerimônia dos nativos norte-americanos em que os participantes trocam entre si objetos que lhe pertenceram e que tiveram um significado especial na sua vida. A troca é acompanhada de histórias ligadas aos objetos, que se tornam símbolos de transformação recíproca e criam ressonâncias entre o doador e o receptor.
Gjoll: o rio escuro e gelado que cerca o reino de Hel.
Gnomos, anões: seres elementais telúricos, artesãos hábeis.
Godhi: sacerdote da Tradição Nórdica, chefe espiritual.
Gótico: idioma e povo desaparecido, que existiam na antiga Alemanha.
Gungnir: o nome da lança de Odin.
Gythia: sacerdotisa da Tradição Nórdica, a chefe espiritual de um clã ou comunidade.
Hagedisse ou Hægtessa: maga, feiticeira.
Hail, Hailsa: saudação tradicional nórdica, equivalente a "Salve!".
Hällristningar ou Hällristinger: símbolos pictográficos rupestres de significado religioso, provenientes da Idade do Ferro e do Bronze e encontrados em vários lugares da Europa.
Hamfarir: capacidade da metamorfose (*shapeshifting*).
Hamingja: "sorte" ou "anjo da guarda", força mágica dinâmica, transmitida de uma encarnação — ou indivíduo — para outra(o).
Havamal: "As palavras do Todo-Poderoso", poemas de *Poetic Edda*, narrado na primeira pessoa, supostamente por Odin, que descreve seu sacrifício, a obtenção e o poder mágico das runas.
Hel: "Mundo Subterrâneo", morada das almas à espera do renascimento, regido pela deusa de mesmo nome e situado no nível mais baixo de Yggdrasil.
Hexefuss: a "estrela de Holda", símbolo mágico de proteção, na forma alternativa da runa Hagalaz, considerada a raiz de todos os poderes e um portal entre os mundos.
Hidromel: bebida fermentada feita à base de água e mel de abelha, considerada "o néctar dos deuses", usada nas comemorações.
Hrafnar: "Os Corvos", grupo moderno centrado nas práticas xamânicas nativas dos povos nórdicos; realiza cerimônias, festivais e sessões de *seidhr* oracular e é dirigido pela escritora Diana Paxson.

Hugauga: "olho da mente", terceira visão.
Huginn: um dos dois corvos totêmicos de Odin, símbolo do poder mental, do intelecto.
Hugr ou *Hugh*: a parte cognitiva da alma, o intelecto, o raciocínio, a análise lógica.
Huldra folk: os elfos dos sabugueiros que acompanham as deusas Huldra e Holda.
Hvel: "roda", equivalente nórdico do chakra.
Hvergelmir: "o caldeirão borbulhante", uma das fontes situada sob a raiz inferior de Yggdrasil, de onde fluem as águas primais que se espalham em Midgard.
Hyde ou *Hamr*: corpo astral, duplo etérico que envolve o corpo físico e reproduz sua forma.
Irminsul: o "Eixo do Mundo" da tradição teutônica que liga o céu à terra; equivalente de Yggdrasil.
Jörmungand ou *Midgardsorm*: a "Serpente do Mundo", inimiga mortal do deus Thor.
Jötun (plural: *Jötnar*): seres sobrenaturais gigantes, oponentes dos deuses, personificam as forças primevas da Natureza (fogo, gelo e tempestade).
Jötunheim: morada dos gigantes, situada no nível mediano de Yggdrasil, junto a Midgard e Svartalfheim.
Ká: "que seja assim", expressão ritual empregada ao final das afirmações.
Kalevala: a epopéia nacional finlandesa, originária do século XII e composta de antigas baladas, canções líricas, poemas mitológicos e heróicos. Foi estruturada por Elias Lönnrot no século XVIII, sendo acrescida de textos medievais e cristãos.
Karma: a lei cósmica de "ação e reação" que determina as experiências e aprendizados individuais na sua evolução.
Kenning: metáfora poética usada pelos *skalds*.
Kona (plural: *Konur*): termo do norueguês arcaico que designa uma praticante feminina.
Labrys: antigo símbolo da Deusa que representa o renascimento. Descrito como um machado de duas lâminas ou uma borboleta, pode ser encontrado em várias tradições.
Land-vættir: espíritos ancestrais, guardiães da Natureza e da Terra.
Lif e *Lifthrasir*: o casal que irá sobreviver ao Ragnarök.
Lingam: representação do órgão sexual masculino no hinduísmo.
Ljossalfheim ou *Alfheim*: morada dos elfos claros, situado no mesmo nível que Asgard e Vanaheim, no plano mais elevado de Yggdrasil.
Lyke: corpo físico, o veículo que agrega os outros corpos sutis.
Madr: termo do norueguês arcaico que designa um praticante masculino.
Mægin: poder pessoal, diferente da força física, que garante boa sorte e sucesso.
Mandala: diagrama simétrico formado por símbolos concêntricos, utilizado para a prática da meditação.
Mara: espírito eqüino feminino que perturba o sono dos homens e produz pesadelos.
Midgard: o "Mundo Mediano", a Terra, morada da humanidade.
Minni: a parte refletiva da mente que guarda as memórias ancestrais e da vida atual; o subconsciente, a intuição, a imaginação.
Mistério: aquilo que transcende a mente racional e o intelecto; pode ser conhecido apenas pela experiência pessoal e direta do buscador.
Mjöllnir: o martelo sagrado de Thor.

Muninn: um dos dois corvos totêmicos de Odin, símbolo da memória ancestral, pessoal e transpessoal.

Muspelheim: o mundo do fogo e do calor situado no plano inferior de Yggdrasil, no mesmo nível que Hel e Niflheim.

Nidhogg: o dragão que rói permanentemente as raízes de Yggdrasil, visando sua destruição.

Nidhstang: "o poste da infâmia" utilizado nas maldições.

Niflheim: o mundo do frio, da névoa e da neve, situado acima da fonte Hvergelmir, no nível inferior de Yggdrasil e ao lado de Hel e Muspelheim.

Northumbria: antigo reino do norte da Inglaterra, atualmente parte de Lake District.

Numinoso: estado religioso da alma inspirado pelas qualidades transcendentais da divindade; o mundo das idéias puras.

Ödhr: o dom da inspiração, a centelha divina. Nome do enigmático cônjuge de Freyja.

Odinistas: grupos esotéricos que cultuam e se dedicam a Odin.

Odhroerir: o elixir da inspiração e do êxtase, preparado a partir do sangue de Kvasir, furtado por Odin da giganta Gunnlud.

Önd: a energia vital, a força espiritual básica do universo, o sopro da vida; equivalente de prana, *mana*, *athem*, *nwyvre*, orgone, pneuma, *chi*, *ki* e axé.

Ogham: antigo alfabeto celta, baseado nos nomes e atributos das árvores sagradas e formado por combinações de traços.

Orlög: as leis ou camadas primais que determinam o "agora", o presente que é determinado pelas ações passadas.

Ouroboros: a serpente que morde a própria cauda, antigo símbolo de sabedoria encontrado em várias culturas.

Pantáculo: (do latim *pan*, todo) talismã elaborado e complexo, contendo — ou não — um pentáculo associado a outros símbolos e inscrições, e criado especialmente para um objetivo ou pessoa.

Pentáculo: (do latim *penta*, cinco) símbolo de proteção composto por uma estrela de cinco pontas — o pentagrama —, dentro de um círculo.

Pranaiama: exercícios respiratórios que visam a absorção do prana (*ioga*).

Psicopompo: "condutor dos espíritos", um dos atributos do xamã.

Ragnarök: destruição cataclísmica do mundo, seguida pela regeneração e construção de um novo mundo.

Ratatosk: nome do esquilo mensageiro de Yggdrasil.

Ristir: lâmina pontuda utilizada para entalhar runas.

Ritual: método para converter pensamentos e intenções em ações simbólicas, destinadas a determinar à mente subconsciente que aja de acordo com as instruções da mente consciente.

Roda do Ano: mandala formada por oito celebrações pagãs que marcavam os solstícios, equinócios e festividades do calendário agrário.

Roda Solar: símbolo mágico de representação da jornada do Sol.

Runa: mistério, segredo oculto, sussurro, símbolo mágico.

Runester: estudioso e praticante dos mistérios rúnicos.

Sabbat: celebração celta da Roda do Ano, semelhante ao *Blot*.

Sal: "a sombra", a energia remanescente *post-mortem*.

Sami **ou *Saami*:** povo indígena da região ártica, os mais antigos habitantes do norte da Escandinávia, atualmente confinados na reserva de Sapmi. Detentores de arcaicos conhecimentos xamânicos.
***Seax*:** faca ritualística, equivalente ao athame ou punhal mágico.
***Seidhkona*:** praticante feminina da magia *seidhr*.
***Seidhmadr*:** praticante masculino da magia *seidhr*.
***Seidhr*:** prática de magia xamânica que proporciona transes, desdobramentos e projeções astrais para os mundos de Yggdrasil em busca da obtenção de presságios e da cura.
Self **ou *Sjalfr*:** o cerne do indivíduo que se fortalece e se expande por meio de ações externas e experiências interiores.
***Sigilo*:** representação simbólica de um princípio mágico.
***Símbolo*:** meio de troca de energias entre diferentes níveis ou planos da realidade; vínculo entre o objetivo e o subjetivo.
***Sinete mágico*:** selo com símbolos ou inscrições mágicas, gravado em baixo ou alto-relevo, destinado a marcar objetos sagrados ou pessoais.
***Skald*:** poeta escandinavo que compunha versos e canções originais.
***Sleipnir*:** cavalo mítico de oito patas, pertencente ao deus Odin, que o transportava entre os mundos e simbolizava o Tempo.
Spæcraft **ou *Spæ*:** comunicação com espíritos por meio da clarividência.
***Spækona*:** praticante feminina da magia *spæ*.
***Spæmadr*:** praticante masculino da magia *spæ*.
Stadha **(plural: *Stödhur*):** postura mágica que adota a forma de uma runa.
***Stadhagaldr*:** magia das posturas e dos sons rúnicos.
***Sumbel*:** comemoração festiva com brindes formais para as divindades, os ancestrais e os amigos, que pode — ou não — seguir-se ao *Blot*.
***Taufr*:** magia talismânica, talismã.
***Theals stool*:** cadeira com três pés utilizada pelos videntes.
***Thul*:** sacerdote, homem sábio, profeta, "aquele que canta os presságios".
***Thule*:** ilha mítica da pré-história, situada no extremo norte da Europa, supostamente habitada por uma raça superior, descendente direta dos deuses, e desaparecida em um cataclismo.
Thurs **(plural: *Thursar*):** gigante dotado de força física, muito velho, representação das forças da Natureza.
Trefot **ou *Triskelion*:** combinação de três runas Laguz ou de três triângulos entrelaçados, símbolo da tríade divina.
***Troll*:** seres elementares da Natureza, pouco amistosos, às vezes até maléficos.
***Troth*:** "fé, lealdade", caminho espiritual ou prática de magia cerimonial que segue os preceitos da religião ancestral nórdica, pré-cristã.
***Ulf*:** palavra mágica formada por três runas, símbolo do poder irresistível do lobo.
***Utiseta*:** prática xamânica nórdica, semelhante à *Vision Quest* ("Busca da Visão") dos índios norte-americanos.
***Valaskialf*:** o salão prateado de Odin, localizado em Asgard.
Valhala **ou *Val Halla*:** o salão principal de Odin, em Asgard, para onde as Valquírias conduzem os espíritos dos guerreiros mortos em combate.

Valknut: símbolo sagrado de Odin, formado por três triângulos entrelaçados. Antigo símbolo da tríade divina feminina.
Vanaheim: mundo habitado pelas divindades Vanir.
Vanir: grupo de divindades regentes da vida orgânica, da fertilidade, abundância e amor.
Vardlökkur: canção mágica entoada pelos participantes de uma sessão de *seidhr* para induzir o transe da vidente.
Vé: espaço sagrado, altar. Nome de um deus que representava o irmão de Odin ou uma de suas faces.
Vebond: postes e cordas que definem e fecham o *Vé*.
Viking: "aventureiro, explorador", termo que caracteriza um período da história escandinava do século VI ao XII.
Vingolf: salão das Asynjur em Asgard, supervisionado por Frigga.
Vision Quest ("Busca da Visão"): prática xamânica dos povos nativos norte-americanos na qual o buscador fica isolado, em jejum e contemplação, à espera de visões ou mensagens dos guias espirituais.
Vitki (plural: *Vitkar*): mago rúnico, "mestre das runas".
Völuspa: o primeiro e mais importante dos poemas mitológicos do *Poetic Edda*. Denominado "As Profecias — ou a Visão — da Grande Vala", descreve em sessenta estrofes a história do mundo, desde sua criação até a destruição no Ragnarök.
Völva **ou** ***Vala***: "mulher sábia", profetisa, vidente.
Weregild: ressarcimento material para retificar uma ação errada, um ato nefasto ou violento.
Wotan: equivalente teutônico do deus Odin.
Wyrd: a sorte ou o destino individual, a predestinação, a teia da causa e do efeito.
Xamã: pessoa com habilidades paranormais, capaz de explorar a realidade "não-comum" e perceber os processos energéticos sutis.
Yggdrasil: a "Árvore do Mundo" ou da "Vida", que representa a própria estrutura do cosmo e sustenta os Nove Mundos.
Yin/Yang: os princípios opostos e complementares da tradição taoísta, representação das energias feminina e masculina.
Ymir: o ser mítico primordial, o substrato do qual foi manifestada a vida, o ancestral dos gigantes e de alguns deuses.
Yoni: representação do órgão sexual feminino no hinduísmo.

BIBLIOGRAFIA

ASWYNN, Freya. *Leaves of Yggdrasil.* Saint Paul MN, Llewellyn Publications, 1990.
—————. *Northern Mysteries and Magick.* Saint Paul MN, Llewellyn Publications, 1998.
BARRET, Clive. *The Norse Tarot.* Londres, The Aquarian Press, 1989.
BILLINGTON, Sandra & GREEN, Miranda. *The Concept of the Goddess.* Londres, Routledge, 1996.
BLAIN, Jenny. *Nine Worlds of Seid-Magic.* Londres, Routledge, 2002.
BLUM, Ralph. *The Book of Rune Cards.* Nova York, St. Martin's Press, 1988.
BOLEN, Jean Shinoda. *O Anel de Poder.* São Paulo, Editora Cultrix, 1993.
BONNEFOY, Yves. *American, African and Old European Mythologies.* Chicago, The University Press, 1993.
CAVENDISH, Richard. *Mythology. An Illustrated Encyclopedia.* Nova York, Barnes & Noble, 1992.
CLARK, Anthony & Willis, Tony. *Runas.* São Paulo, Editora Pensamento, 1995.
CONWAY, D.J. *Lord of Light & Shadow.* Saint Paul MN, Llewellyn Publications, 1997.
—————. *Norse Magic.* Saint Paul MN, Llewellyn Publications, 1993.
—————. *Falcon Feather & Valkyrie Sword.* Saint Paul MN, Llewellyn Publications, 1995.
COOPER, Jason. *Esoteric Rune Magic.* Saint Paul MN, Llewellyn Publ., 1994.
—————. *Using the Runes.* Wellingborough, The Aquarian Press, 1986.
COOPER, J.C. *Dictionary of Symbolic & Mythological Animals.* Londres, Thorsons, 1992.
COTTERELL, Arthur. *Norse Mythology.* Nova York, Lorenz Books, 1999.
D'APREMOND, Anne Laure & Arnaud. *Runas.* Lisboa, Hugin Editores Ltda, 2001.
DAVIDSON, Hilda Ellis. *Gods and Myths of Northern Europe.* Londres, Penguin Books, 1964.
DAVIDSON, Hilda Ellis. *Myths and Symbols in Pagan Europe.* Syracuse University Press, 1988.
—————. *The Lost Beliefs of Northern Europe.* Londres, Routledge, 2001.
—————. *Roles of the Northern Goddess.* Nova York, Routledge, 1988
—————. *Scandinavian Mythology.* Feltham, Middlessex, Newnes Books, 1982.
DOLPHIN, Deon. *Rune Magic.* Hollywood CA, Newcastle Publishing, 1987.
EASON, Cassandra. *The Handbook of Ancient Wisdom.* Nova York, Sterling Publications, 1997.
—————. *Rune Divination for Today's Woman.* Berks, Foulsham, 1994.

ELIADE, Mircea. *O Xamanismo e as Técnicas Arcaicas do Êxtase.* São Paulo, Editora Martins Fontes, 1998.
EMMER, Susan Gitlin. *Lady of the Northern Light.* Freedom, The Crossing Press, 1993.
EVANS, Bergen. *Dictionary of Mythology.* Nova York, Dell Publishing, 1970.
FARRAR, Janet & Stewart. *O Deus dos Magos.* São Paulo, Editora Siciliano, 1993.
FITCH, Ed. *The Rites of Odin.* Saint Paul MN, Llewellyn Publications, 1990.
FLOREK, Reinhard. *Os Exercícios Mágicos das Runas.* Rio de Janeiro, Objetiva, 1991.
FAUR, Mirella. *O Anuário da Grande Mãe. Guia Prático de Rituais.* São Paulo, Editora Global Gaia, 2001.
——————. *O Legado da Deusa. Ritos de Passagem para Mulheres.* Rio de Janeiro, Editora Rosa dos Tempos, 2003.
FROUD, Brian & BERK, Ari. *The Runes of Elfland.* Nova York, Harry Abrams Publications, 2003.
GARTEN, Juan de. *Manual Prático de Adivinhação pelas Runas.* São Paulo, Editora Traço, 1989.
GARDENSTONE. *Germanische Magie.* Engerda, Arun, 2001.
GIMBUTAS, Marija. *The Language of the Goddess,* San Francisco, HarperCollins, 1989.
GUERBER H. A. *Myths of the Norsemen.* Nova York, Dover Publications, 1992.
GUNDARSSON, Kveldulf. *Teutonic Magic.* Saint Paul MN, Llewellyn Publications, 1990.
HARNER, Michael. *O Caminho do Xamã.* São Paulo, Editora Pensamento, 1995.
HAUGEN, Andrea. *The Ancient Fires of Midgard.* Alemanha, Hammer Heart, 2000.
HOWARD, Michael. *A Magia das Runas.* São Paulo, Hemus Editora Ltda, 1984.
——————. *The Runes and other Magical Alphabets.* Wellingborough, The Aquarian Press, 1978.
——————. *The Wisdom of the Runes.* Londres, Rider & Company, 1985.
HVEBERG, Harald. *Of Gods and Giants. Norse Mythology.* Oslo, Tano, 1986.
IMEL, Martha Ann & MEYERS, Dorothy. *Goddesses in World Mythology.* Oxford University Press, 1993.
JACKSON, Nigel & SILVER, Raven Wolf. *The Rune Mysteries.* Saint Paul MN, Llewellyn Publications, 1996.
KING, Bernard. *Elementos das Runas.* Rio de Janeiro, Ediouro, 1994.
KODRATOFF, Ives. *Nordic Magic Healing.* Flórida Universal Publications, 2003.
KVIDELAND, Reimuns & SEHMSDORF, K. Henning. *Scandinavian Folk Belief and Legend.* Minneapolis, University of Minnesota Press, 1988.
LINE, Julia & David. *Fortune Telling by Runes.* Wellingborough, The Aquarian Press, 1985.
LIST, Guido Von. *The Secret of the Runes.* Vermont, Destiny Books, 1988.
LURKER, Manfred. *Dicionário dos Deuses e Demônios.* São Paulo, Editora Martins Fontes, 1993.
MC GRATH, Sheena. *Asyniur. Women's Mysteries in the Northern Tradition.* Freshfields Berks, Capall Bann Publications, 1997.
MEADOWS, Kenneth. *Rune Power.* Shaftesbury, Dorset, Element Books, 1996.
MELVILLE, Francis. *The Book of Runes.* Nova York, Barron's, 2003.
MONAGHAN, Patricia. *The Book of Goddesses & Heroines.* Saint Paul MN, Llewellyn Publications, 1993.

OSBORN, Marijane & LONGLAND, Stella. *Rune Games.* Londres, Routledge & Kegan Paul, 1986.
PAGE R. *Anglo Saxon Runes and Magic.* Londres, British Archaeological Association, 1964.
PAXSON, Diana. Artigos publicados na revista *Sage Woman* e nos sites www.thetroth.org e www.hrafnar.org.
PENNICK, Nigel. *The Inner Mysteries of the Goths.* Freshfields Berks, Capall Bann Publications, 1995.
——————. *Runic Astrology.* Freshfields Berks, Capall Bann Publications, 1995.
——————. *Rune Magic.* Londres, The Aquarian Press, 1992.
——————. *The Haindl Runic Oracle.* Stanford, U.S. Games Systems Inc., 1998.
——————. *Jogos dos Deuses.* São Paulo, Editora Mercuryo, 1992.
PENNICK, Nigel & FIELD, Helen. *The Goddess Year.* Freshfields Berks, Capall Bann Publications, 1996.
PESCHEL, Lisa. *A Practical Guide to the Runes.* Saint Paul MN, Llewellyn Publications, 1998.
PETERSON, James M. *The Enchanted Alphabet.* Wellingborough, The Aquarian Press, 1988.
PHILIP, Neil. *O Livro Ilustrado dos Mitos.* São Paulo, Editora Marco Zero, 1997.
RAPHAELL, Katrina. *Transmissões Cristalinas.* São Paulo, Editora Pensamento, 1992.
RIFFARD, Pierre. *Dictionarul esoterismului.* Bucureste, Editura Nemira, 1998
SCHUMANN, Walter. *Edelsteine und Schmucksteine.* Munique, BLV Verlagsgesellschaft, 1976.
SJÖO, Monica. *The Norse Goddess.* Cornwall, Meyn Manwro Publications, 2000.
STONE, Merlin. *Ancient Mirrors of Womanhood.* Boston, Beacon Press, 1990.
SZABÓ, Zoltán. *Buch der Runen.* Saarbrüchen, Neue Erde, 2000.
THORSSON, Edred. *The Book of Troth.* Saint Paul MN, Llewellyn Publications, 1992.
——————. *Northern Magic.* Saint Paul MN, Llewellyn Publications, 1992.
——————. *Teutonic Magic.* Saint Paul MN, Publications, 1994.
——————. *At The Well of Wyrd. A Handbook of Runic Divination.* Maine, Samuel Weiser, 1988.
——————. *Futhark. A Handbook of Rune Magic.* Maine, Samuel Weiser, 1984.
——————. *Green Rûna.* Austin TX, Runa Raven Press, 1996.
——————. *Runelore. A Handbook of Esoteric Runology.* Maine, Samuel Weiser, 1987.
——————. *Rune Might. Secret Practices of the German Rune Magicians.* Saint Paul MN, Llewellyn Publications, 1994.
——————. *Rune Song.* Austin TX, Runa Raven Press, 1993.
TYSON, Donald. *Rune Magic.* Saint Paul MN, Llewellyn Publications, 1999.
UYLDERT, Mellie. *A Magia das Pedras Preciosas.* São Paulo, Editora Pensamento, 1993.
URDIZ, Gebu. *La Magia de las Runas.* Barcelona, Ediciones Martinez Roca, 1983.
VASARIAH. *Tratado Completo de Alta Magia. O Livro Secreto dos Grandes Pantáculos e Talismãs.* Bruno Bucccini Ed., Rio de Janeiro, 1970.
VOENIX. *Weltenesche, Eschenwelten. Das Germanishe Götterorakel.* Engerda, Arun, 1999.
WELCH, Lynda C. *Goddess of the North.* York Beach, Weiser Books, 2001.
WILLIS, Tony. *The Runic Workbook.* Wellingborough, The Aquarian Press, 1986.
ZINN, Herbert. *Rocks and Minerals.* Nova York, Golden Press, 1957.

ÍNDICE REMISSIVO

A

Ægishjalmar/Elmo Aterrorizante 397, 406, 411
Æsir/Ases 41, 46, 49, 54, 62
Ætt/Ættir 24, 141, 143
ALU 264, 300, 406, 479
Âmbar (colar) 143, 438, 496
Ancestrais (culto) 97, 106, 117, 275, 412, 428
Armanen 24, 27, 209, 256, 274, 479
Árvore do Mundo 82, 109, 112, 129, 139, 155, 184, 195, 198, 255, 277, 282, 320, 327, 361, 373, 388, 396, 415, 426, 453, 485
Asatrú 28, 36, 382, 387, 392, 395, 431, 479
Askr 40, 72, 233, 262, 342, 347
Asynja/Asynjur 44, 91, 479
Athem 341, 342, 343, 346, 350, 479
Audhumbla 31, 38, 40, 57, 95, 143-150, 176, 426, 439, 465
Auroque 81, 147-149, 474
Aurora boreal 89, 90, 104, 124, 125, 208, 467
Austri 39, 320, 371, 439, 474

B

Banhos 95, 96, 221, 224
Berserk/berserker 81, 368
Bestla 38, 56, 57, 83, 156, 433
Bifrost 43-50, 69, 70, 205-208, 232, 329, 362, 433, 479
Blot 26, 134, 271, 349, 383-385, 388, 390, 392, 396, 453, 480
Bor 38, 56, 57, 83
Brisingamen 60, 61, 98, 99, 168, 170, 324
Buri 38, 40, 57, 145, 156, 176

C

"Caça selvagem" 83, 106, 108, 127, 180, 324, 388, 390
Caldeirão 34, 64, 96, 166, 273-275, 378, 394, 410, 413, 426, 438
Chifre 81, 85, 157, 304, 377, 378, 383-385, 394, 438, 441, 449-450
Codex Regius 25, 35
Colheita 78, 92, 97, 117, 118, 190-194, 272, 326, 382, 392-396, 428
Concentração (práticas) 183, 496
Cremação 40, 272
Criação do mundo 31, 37, 40, 44, 83, 156, 299, 344, 427
Cruz rúnica 319
Cruz solar 31, 190, 191
Culto fálico 31
Cura (rituais) 123, 285, 349

D

Dag 35, 39, 113, 249
Delling 48, 59, 113
Deusas nórdicas:
    Aarvak 129
    Akkas 129
    Akkruva 129
    Askefruer 129
    Be we Neida 129, 289
    Berchta 91, 92, 100
    Bil 57, 75, 92, 121, 465, 474
    Bushfrauen 130
    Donzelas cisne 94, 206, 208, 238, 472
    Donzelas das ondas 94, 100, 114, 465, 472
    Eir 95, 100, 465, 472

Erce/Erda 37, 62, 96, 111, 283, 299, 300, 384, 389, 392, 411, 439, 443, 459, 465, 468
Fjorgyn 58, 83, 96, 111, 283, 350, 392, 419, 421, 439, 465
Freyja 32, 44, 51, 60-68, 73, 77, 78, 81-85, 97-99, 103, 107, 124, 131, 141, 309, 324, 333, 363, 366, 372, 376, 382, 389, 396, 408, 413-426, 438, 441, 457, 460, 465, 474,
Frigga 18, 44, 49, 65, 97, 99-106, 109-110, 116, 120, 121, 128, 295, 300, 303, 335, 344, 361, 372, 374, 376, 388-390, 392, 394, 396, 421, 438, 465, 474
Fulla 100, 102, 105, 465
Gefjon 100, 103, 105, 465
Gerd 57, 59, 68, 104, 465
Gersemi/Hnoss 78, 98, 107, 471
Gna 100, 104, 228, 465
Grid 57, 83, 130
Gullveig 82, 98, 130, 214, 414
Gunnlud 56, 57, 66, 82, 131, 465
Hel 33, 43, 44, 49, 57, 65, 74, 98, 101, 105-110, 175, 177, 180, 270, 300, 366, 376, 395, 417-429, 439, 442, 447, 452, 454, 465
Hlin 100, 106, 465
Holda 89, 91, 101, 108, 127, 270, 300, 322, 372, 376, 390, 394, 404, 406, 410, 427, 440, 454, 465
Horsel 131
Idunna 62, 73, 82, 92, 109, 389, 391, 438, 465
Ilmatar 131, 427, 467
Jord 56, 58, 84, 96, 111, 350, 392, 393, 406, 439, 465
Juks Akka 129, 132
Kaltes 132
Lofn 100, 110, 465
Maddar Akka 132
Mere Ama 132
Mielikki 133
Mordgud/Modgudr 133
Nanna 133
Nehelennia 33, 110, 392, 465
Nerthus 33, 45, 63, 67, 111, 128, 300, 366, 372, 376, 384, 388, 391-395, 426, 439, 465, 474
Nixen 134
Nornes 18, 44-47, 52, 82, 93, 100, 112, 137, 307-323, 361-377, 388, 408, 417, 426, 429, 438
Nott 39, 59, 113, 459, 465
Ostara/Eostre 134
Paivatar 134
Ran 56, 64, 94, 114, 465
Rana Neidda 115
Rauni 134
Rind 115
Saga 100, 116, 300, 346, 363, 395, 421, 465, 474
Sar Akka 135
Sif 61, 74, 86, 117, 287, 392, 465
Sigyn 74, 119
Sjofn 100, 118, 389, 392, 421, 465
Skadhi 56, 58, 77, 119, 363, 388, 395-396, 465
Snotra 100, 120, 465
Sunna 43, 44, 59, 120, 212, 289, 376, 388, 392, 441, 465, 474
Syn 100, 107, 121, 465
Tava Ajk/Vir Ava 135
Thorgerd Holgabrud/Irpa 122, 465
Thrud 123, 465
Tuonetar 135
Uks Akka 129, 136
Valquírias 44, 81, 94, 98-100, 124-125
Var 100, 125-126
Vittra 136
Vor 100, 126-127
Walpurga/Walburga 127-129, 390, 465
Ziza 137
Zoryas 137
Deuses nórdicos:
  Agir 64, 94, 114, 465
  Baldur 42, 44, 56, 65, 71-73, 77, 90, 119, 133, 363, 392, 395, 465
  Bragi 66, 109, 391, 465
  Forseti 66
  Frey 59, 61, 67, 97, 104, 141, 242, 333, 363, 366, 372, 391-396, 441, 465
  Heimdall/Rig 41, 43, 47, 50, 56, 69, 74, 77, 141, 208, 232, 329, 362-363, 366, 465
  Hermod 65, 71, 467
  Hodur 44, 65, 71, 90, 193, 213, 395
  Hoenir 40, 44, 62, 71, 76, 81, 176, 342, 347
  Kvasir 61, 62, 72, 76, 383, 467
  Loki 43, 44, 50, 57, 61, 65, 70, 71, 72-75, 85, 97, 103, 105, 117, 119, 251, 374, 414, 465
  Magni 43, 58, 75, 86, 89, 267
  Mani 39, 57, 75, 92, 120, 465, 474
  Mimir 46-48, 51, 62, 71, 72, 76, 82, 233, 323, 346-348, 426, 465
  Modi 43, 75, 86, 89
  Njord 56, 58, 62, 77-78, 119, 363, 366, 391, 393, 438, 465
  Odin/Wotan 19, 25, 33-47, 49, 51, 55-58, 61-62, 64-65, 72, 73-74, 76, 78-84, 88, 89, 92, 98-

100, 115, 116, 119, 124-125, 130-131, 139-140, 176, 214, 257, 300-303, 309, 323, 330, 342, 345-348, 350, 363, 366, 372, 375, 390-396, 406, 408, 410, 414, 438, 441, 457, 460, 463, 465, 474
Odr/Odhr 78, 462
Thor 25, 27, 35, 43, 47, 56-58, 73, 84-87, 117, 130, 363, 366, 372, 374, 378-379, 382-384, 392, 395, 408, 410, 438, 449-450, 454, 465, 474
Tyr/Teiwaz 33, 35, 43, 56, 79, 85, 87-88, 141, 215-219, 253, 317, 325, 333, 438, 465, 474
Ull/Ullr 77, 89, 119, 285, 363, 388, 396, 465
Vali 43, 44, 83, 90, 116, 363, 395
Vé 38-40, 55-57, 72, 81-83, 100, 176, 342, 348, 370-372, 406, 408, 438-440, 454, 465
Vidar 43, 44, 83, 90, 363
Vili 38-40, 55-57, 72, 81-83, 100, 176, 342, 348, 406, 408, 465
Wielund/Weland 90, 396, 441, 465
Diana Paxson 28, 41, 98, 347, 414, 428
Diário rúnico 298, 353
Dias brancos 91, 108
Disco solar 120, 199, 289, 409
Disir/Idises 33, 49, 60, 93, 98-100, 112, 351, 388, 393-396, 421, 428-430
Dokkalfar 60, 200, 275, 346, 351, 480
Dragão 28, 43, 46-52, 91, 106, 361, 366, 396
Draupnir 61, 65, 69, 71, 83, 104
Duplo etérico 343, 344

E

Edda 35, 37, 41, 42, 425, 427
Edred Thorsson 24, 28, 53, 72, 131, 296, 310, 314, 341, 348, 382, 399
Einherjar 43, 79, 81, 396
Elfos 30, 39, 48, 49, 54, 55, 58-61, 67, 155, 168, 172, 182, 190, 200, 235, 239, 242, 273, 275, 299, 328, 366, 388, 392-394, 441, 479
Elixir da inspiração/Odhroerir/sangue de Kvasir 61, 62, 72, 82, 131, 273, 378, 433, 483
Embla 40, 72, 157, 176, 233, 342, 347
Encantamentos 35, 46, 57, 76, 95-96, 101, 108-110, 123, 128-129, 142-143, 145, 155-159, 162, 171, 178, 180, 185, 199, 206, 216, 221, 223, 225, 228, 230, 235, 240, 242, 244, 249, 260, 262, 265, 278, 281, 283, 285, 290, 295, 341, 368, 379, 383, 390-391, 397-399, 401, 412-413, 420-423, 425, 429, 434
Erilaz 295, 304, 341, 358, 379, 434, 451, 457
Escudo de proteção 166, 209, 411

Espada 23, 34, 38, 43, 50, 68-70, 83-85, 87-91, 104, 299, 406, 438, 474
Espaço sagrado 122, 206, 244, 247, 324, 370-378, 438, 445, 457
Espinho/espinheiro 151-154, 372, 437, 440
Espírito 30, 38, 40, 51, 102, 140, 142, 157, 184, 188, 197, 214, 232, 251, 269, 295, 320, 340, 343, 369, 413, 424, 442, 446, 463, 480
Estrela de Holda/Hexefuss/Hexestern 322, 372, 379, 391, 404, 407, 448-449, 454, 481
Estrela polar 88, 89, 215, 322, 374, 426, 453
Etruscos 20
Eu superior 49, 148, 152, 169, 170, 178, 207, 209, 212, 293, 321, 328, 334, 343, 345, 347, 364
Exercícios respiratórios 157, 229, 302, 349, 350, 356, 360

F

Fenrir 43, 57, 73, 83, 87, 130
Fensalir 100, 121, 480
Fiar/fuso 18, 91, 92, 100, 108, 115, 120, 128, 134, 195, 218, 390, 429, 474
Fino-úgricos 45, 412
Flecha 24, 30, 61, 65, 71, 88, 123, 215, 264, 325, 383
Floco de neve 19, 108-109, 114, 116, 119, 177-180, 304, 372, 410, 444, 448
Fogo primordial 143, 145, 176, 272, 328, 496
Folkvang 363, 480
Fonte sagrada de Mimir 46, 48, 51, 70, 77, 82, 233, 426
Fonte sagrada de Urdh 46, 47, 50, 51, 112, 329, 362, 417, 420
Força vital 147-149, 153, 210, 217, 235, 299, 339, 346, 401, 451
Freya Aswynn 81, 86, 227, 328, 335, 363, 427
Frísia 23, 246, 256, 285
Futhark antigo 22, 24, 25, 137, 141-143, 254-257, 297, 320, 337, 373, 376, 453
Futhark novo 22-25, 209, 267, 274, 320
Futhork anglo-saxão 23, 141, 142, 157, 256-269
Futhork de Northumbria 23, 141, 142, 256, 270-278, 320
Fylfot 84, 121, 210, 212, 301, 392, 408, 410, 481
Fylgja/fylgjur 102, 106, 124, 203, 206, 228, 251, 270, 274, 343, 345-348, 351, 355-357, 364-369, 424, 448, 462, 467, 481

G

Galdr/galdrar 25, 141, 142, 262, 298, 300, 310, 341, 355, 357-359, 371, 372, 383, 397-400, 414, 423, 424, 440, 444-447, 451-453, 477, 481

Gallehus 34
Gandr/bastão mágico 371-373, 377, 383, 419, 438-444, 448-450, 453-455, 459, 460, 481
Gelo cósmico 40, 145, 147, 149, 179, 212
Gêmeos Celestes 32, 33, 227
Gibu Auja 151, 171, 404, 407
Gigantes/jötun, jötnar 31, 34, 38-45, 47, 50, 51, 54-58, 60, 64, 73-75, 84-86, 152, 154, 176, 186, 188, 214, 271, 328, 364, 366, 388, 395, 426, 477, 482
Ginungagap 37-40, 50, 481
Gjöll 270
Gnomos/anões 39, 55, 59, 60-62, 73, 74, 85, 87, 91, 97-99, 103, 117, 122, 123, 131, 164, 182, 244, 276, 376, 392, 441, 481
Godhi 295, 341, 379, 383, 434, 451, 455
Gótico 23, 89, 477
Grande Mãe 45, 100, 136, 145, 176, 203, 224, 326, 404
Granizo 18, 34, 39, 49, 177, 179, 429
Gullinbursti 61, 68
Gündestrup (caldeirão) 34
Gungnir 61, 83, 261, 277
Gythja 341, 430, 434, 451, 455

H

Hail 180, 372, 439, 441, 464
Hallristinger (escrita) 20
Hamingja 102, 206, 241, 246, 341, 343-348, 401, 459, 462, 481
Hamr 343-346, 351, 360, 368, 482
Havamal 24, 82, 139, 140, 293, 308, 402, 433-434, 455
Heavenly Star 406, 410
Helgrind 47
Hengst/Horsa 227, 465
Hexencraft 26
Hexenstar/Hexefuss 372, 379, 404, 407, 444, 448-449, 454, 481
Hidromel 30, 47, 58, 64, 66, 81, 85, 125, 297, 357, 377, 383-385, 393-395, 438, 441, 449, 455, 459, 481
Hler 64, 438, 439, 474
Hrafnar 28, 414-416, 428, 481
Huginn 72, 76, 83, 158, 231, 345, 348, 482
Hugr 72, 76, 83, 343-345, 348, 352, 462
Hvergelmir 38, 46, 106, 426, 482

I

Indo-europeu 29, 140, 477
Inscrições rúnicas 19, 20, 22, 25, 34, 35, 81, 255, 295, 300, 378, 409, 414
Inscrições rupestres 20, 29, 30, 31, 88, 121, 139, 242, 402, 426

Invocações 34, 54, 62, 76, 157, 178, 295, 309, 356, 377, 383-385, 389, 401, 409, 417, 422, 443, 446, 453, 454
Irminsul 47, 67, 155, 321, 373, 441

J

Jötun/jötnar 186, 188, 477, 482

K

Kalevala 134, 424, 427
Kari 439, 474

L

Labrys 189, 249-252, 404, 482
Lança 79-84, 130, 155, 261, 277, 362, 438, 474
Land-vættir 61, 172, 428, 474
Ley lines 149, 276, 357, 361, 370, 387
Loge 74, 271-272, 439, 474
Lua 28, 32, 39, 43, 75, 92, 101, 106, 131, 132, 199, 284, 301, 328, 389, 392, 394, 395-396, 427, 467, 474
Lyke 341, 343-344, 351, 368

M

Machado 30, 67, 78, 438, 474
Mægin 302, 346, 349, 350, 355, 384, 403, 417, 482
Mãe Terra 30, 32, 37, 53, 67, 96, 111, 132, 222, 283, 384, 393, 395, 406, 426, 442, 454
Martelo de Thor 25, 35, 73, 151, 300, 379, 383, 384, 440, 442, 449, 454
Matronas 33, 101, 427, 428-430
Meditação (tipos) 114, 166, 199, 204, 242, 252, 272, 317, 350, 354-368, 403, 416-419
Mente 40, 48, 50, 142, 157, 162, 167, 180, 213, 229-230, 232-233, 263, 294, 302, 313, 318, 339-341, 343-345, 350-369, 399, 404, 412-421, 424, 442, 445-446, 451, 457, 461-464, 480, 482
"Metas sêxtuplas" 382
Minni 72, 76, 343, 345-348, 351, 360, 482
Mito da Criação 31, 37, 40, 44, 83, 156, 299, 344, 427
Mjöllnir 410, 449, 450, 482
Modsognir 49, 366
Monica Sjöo 33, 40, 98, 426, 427
Morte 17, 29, 33-34, 38, 42, 44, 49, 52, 54, 65, 68, 71, 73, 79-83, 89, 93, 96, 97, 102, 106, 114, 119, 121, 128, 145, 148, 153, 189, 195-199, 204, 208, 211, 214, 222, 228, 236, 247, 269-272, 274, 332, 342, 344-348, 386, 392, 409, 430, 435, 460, 462, 468
Muninn 72, 76, 82, 158, 231, 345, 348, 483

N

Naglfari 50, 113
Nazismo 27, 35
"Noite da Mãe" 91, 101, 112, 259, 388
Nome rúnico 436, 439
Nordhri 39, 320, 371, 372, 439, 474
"Nove nobres virtudes" 296, 382
Números mágicos 374, 377, 456

O

Ödhr 342, 347, 348, 483
Odinistas (grupos) 15, 28, 36, 140, 434, 483
Oferenda 133, 170, 242, 298, 357, 362, 383, 384, 394, 417, 425, 438, 443, 445, 449-450, 455
Ogham 23, 270, 483
önd 145, 157, 262, 297-299, 302-303, 305, 308, 311, 317, 319, 322, 335, 343, 346-348, 350, 355, 358, 360-361, 368, 370-373, 376, 378, 387, 401, 403, 406-407, 409, 417, 421, 436, 438, 440, 442, 444, 448, 451, 457-459, 462, 483
Ondinas/sereias 114, 237
Orlög 18, 112, 401, 420, 421, 458, 459, 483
Orvalho 29, 39, 47, 113, 124, 208, 235, 237
Os Mundos de *Yggdrasil*:
    Alfheim/Ljossalfheim 39, 48, 58, 67, 239, 242, 482
    Asgard 43, 47-50, 52, 58, 63, 65, 70, 73, 79, 82, 84, 89, 214, 247, 314, 327, 340, 362, 366, 409, 419, 440, 447, 452, 454, 476, 479
    Hel/Nifelhel 33, 49, 52, 66, 71, 82, 105, 109, 127, 175, 180, 269, 314, 327-329, 361, 366, 417, 420, 422, 429, 439, 442, 447, 452, 454, 465, 476
    Jötunheim 38, 48, 51, 52, 177, 314, 327-329, 364, 366, 447, 476
    Midgard 38, 40, 43, 46-52, 58, 60, 83, 124, 314-315, 327-329, 344, 360, 363, 366, 384
    Muspelheim 37-40, 43, 48, 50, 55, 69, 145, 176, 254, 272, 314, 327-329, 364, 366, 378, 447, 476, 483
    Niflheim 37, 38, 40, 50, 176, 177, 184, 314, 327-329, 364, 366, 447, 476, 483
    Svartalfheim 39, 49, 59, 60, 314, 327-329, 364, 366, 447, 476
    Vanaheim 51, 63, 214, 314, 327-329, 364, 366, 419, 447, 476
Ouroboros 48, 254, 266, 410, 483

P

Persona 227, 347
Petróglifos 20, 25, 29, 31-33, 426
Pilar/Eixo Cósmico 47, 67, 155, 190, 192, 218, 261, 269, 321, 373, 412, 444, 453
Plêiades 89, 192, 374
Ponte do Arco-íris 43, 47, 69, 103, 166, 180, 205, 329, 363, 365, 409, 431
"Povo de Huldra" (Huldr Folk) 108, 190, 427
Princípio feminino 40, 42, 153, 176, 425
Projeção astral 51, 76, 105, 106, 127, 140, 226, 240, 264, 295, 341, 351, 353, 356, 364-368, 412-415, 479
Psicopompo 81, 83, 483

R

Ragnarök 37, 39, 42-45, 47, 50, 57, 58, 62, 65, 68-75, 81, 83, 86, 90, 92, 106, 109, 121, 145, 251, 253, 262, 348, 382, 480, 482, 483
Ratatosk 47, 483
Rigstula 41, 422
Risi 55
Roda das direções 320
Roda do Ano: 26, 29, 48, 95, 96, 127, 160, 163, 172, 218, 285, 325, 337, 341, 373, 379, 383, 386-387, 395, 409, 415, 434, 474, 483
    Disablot 93, 113, 386, 389, 390, 393, 394, 474
    Disting 93, 386, 389, 474
    Freyfaxi 190, 386, 392, 396, 474
    Höstblot 386, 393, 474
    Iul/Yule 66, 121, 250, 259, 285, 386, 388, 391-392, 393, 474
    Midsommar 66, 118, 190, 250, 386, 391-393, 474
    Ostara 59, 100, 134, 190, 250, 386, 388, 389-391, 396, 474
    outras datas festivas 390
    Walpurgis/Majfest 128, 190, 387, 390, 474
Roda rúnica 331
Roda solar 21, 25, 31, 66, 86, 121, 160, 210, 212, 304, 373, 379, 383, 386, 392, 407, 408, 410
Runas:
    Ac 257, 258-261, 405, 452, 466
    Aesc 23, 155, 257, 261-263
    Algiz 205-209, 215, 247, 252, 274, 300, 310, 315, 320, 326, 334, 383, 389, 401, 440, 444, 447, 448, 452-454, 465, 474
    Ansuz 23, 50, 155-162, 176, 257, 262, 300, 315, 334, 336, 357, 392, 404, 409, 425, 452, 465

Berkano 220-224, 253, 315, 334, 336, 390, 405, 409, 425, 438, 444, 447, 452, 465
Calc 273-275, 320, 405, 409, 466
Cweorth 271-273, 405, 406, 409, 466
Dagaz 249-254, 315, 326, 334, 337, 373, 392, 405-407, 409, 425, 438-440, 447, 452, 466
Ear 268-270, 272, 405, 410, 466
Ehwaz 225-230, 253, 315, 334, 336, 390, 405, 465, 475
Eihwaz 49, 195-199, 334, 336, 388, 395, 409, 440, 445, 447, 452, 465, 473, 475
Erda 282-283, 389, 390, 393, 406, 409, 410, 452, 466, 476
Fehu 143-146, 176, 315, 333, 335, 359, 364, 373, 392, 404, 409, 425, 440, 452, 465, 475
Gar 277, 279, 406, 407, 409, 466, 473
Gebo 50, 168-171, 176, 315, 334, 336, 366, 390, 403, 404, 406, 407, 409, 447, 452, 465, 475
Hagalaz 18, 19, 27, 177-181, 215, 322, 326, 334, 336, 366, 372, 391, 395, 403, 409, 442, 447, 448, 465, 474, 481
Ingwaz 51, 239-243, 257, 315, 334, 336, 366, 391, 405-407, 409, 444, 447, 452, 466, 475
Ior 266-268, 405, 409, 466
Isa 51, 186-190, 215, 315, 328, 334, 336, 361, 366, 388, 405, 407, 409, 425, 444, 447, 465, 475
Jera 48, 51, 190-194, 214, 215, 315, 326, 334, 336, 388, 393, 404, 406, 409, 425, 438, 465, 474
Kenaz 164-167, 176, 272, 315, 323, 326, 328, 334, 336, 371, 393, 404, 406, 409, 425, 438, 465
Laguz 227, 232, 234-239, 300, 315, 326, 334, 336, 390, 391, 404-406, 409-410, 425, 452, 466, 473
Mannaz 229-234, 253, 315, 334, 336, 391, 404, 405, 407, 409, 425, 452, 466, 475
Naudhiz 50, 182-185, 214, 272, 315, 328, 334, 336, 366, 395, 404-409, 425, 447, 465, 475
Os 23, 155, 157, 158, 257, 262, 405, 452, 465, 473
Othala/Odhila 244-248, 254, 315, 336, 391, 395, 405, 406, 444, 452, 466, 475
Peordh/Perdhro 200-205, 215, 255, 315, 334, 389, 391, 395, 404, 405, 409, 425, 473
Raidho 159-163, 176, 315, 328, 334, 336, 391, 395, 404, 406, 409, 425, 445-447, 452, 465
Sol (runa) 48, 212, 289-290, 388-389, 392, 406, 409, 465
Sowilo 48, 51, 210-215, 315, 328, 334, 336, 366, 388-389, 406, 409, 425, 447, 451-452, 465, 474
Stan 275-277, 405, 410, 466, 473
Thurisaz 151-157, 176, 326, 328, 334, 336, 392-393, 404, 409, 465, 473
Tiwaz 47, 215-220, 253, 287, 315, 389, 403-405, 409, 425, 444, 452, 465
Ul 89, 284-286, 406, 409, 466, 473
Uruz 112, 147-150, 176, 300, 315, 333, 336, 393, 404-407, 409, 425, 452, 465
Wolfsangel 280-282, 405-410, 466, 473
Wunjo 172-177, 315, 334, 336, 393, 395, 404-407, 409, 452, 465, 473
Yr 263-265, 320, 405, 409, 466, 473
Ziu 286-288, 406, 409, 465
Runa-mãe 18, 19, 179
Runas combinadas/bandrunar 402, 406
Runas complementares 270, 278, 279
Runester 295, 304, 341, 358, 379, 451, 455, 483

S

Sacrifício 19, 25, 47, 51, 56, 68, 70, 80, 82, 88, 140, 150, 168, 170, 214, 217, 246, 261, 299, 324, 330, 334, 366, 383, 384, 425, 463, 480
Sal (elemento) 38, 40, 145, 439, 483
Sami 20, 32, 40-41, 95, 115, 129, 130, 132, 135, 160, 349, 376, 412, 414, 423, 425, 434, 484
Saxnot 88
Seax 373, 376, 377, 438, 453, 454, 484
Seidhkona/seidhkönur 341, 379, 415, 416, 420, 430, 484
Seidhmadr 341, 416, 421, 484
Seidhr 28, 78, 82, 98-99, 268, 301, 341, 360, 413-419, 420, 428, 481, 484
Self 343-345
"Serpente do Mundo"/*Midgardsomr* 43, 48, 57, 73, 85, 266, 267, 482
Shapeshifting/metamorfose 102, 281, 344, 356, 368, 369, 412
Sigilo mágico 406
Sinete mágico 180, 281, 388-395, 442, 484
Sirius 88, 89, 374
Skidbladnir 61, 68
Skirnir 59, 69, 104
Skosgsfru 108
Sleipnir 73, 74, 82, 83, 174, 196, 227, 393-396, 410, 484
Snorri Sturluson 35, 58, 62, 72, 88, 95, 97, 427, 480
Sokkvabekk 363
Sol (astro) 20, 31-33, 39, 43-44, 48, 120, 130, 144,

176, 210-213, 289-290, 361, 386-389, 391-393, 406, 409, 426-430, 441, 474
Sopro vital 157, 342, 343, 346, 406
Spæ/spa 160, 198, 262, 268, 347, 349, 354, 415, 419, 420-422, 424, 484
Spæ wights 345, 347
Spakona/spakönur 341, 420
Stadha/stödhur 141, 298, 310, 358, 359, 383, 398-400, 445-448, 454, 460, 477
Storgoticism 26
Suástica 21, 27, 84, 86, 121, 170, 210, 212, 301, 379, 392, 408, 410
Subconsciente 49, 75, 126, 141, 153, 180, 188, 195, 199, 235, 301, 313, 321, 345, 482
Sudhri 39, 320, 371, 439, 474
Sumbel 26, 134, 191, 271, 341, 383, 385-388, 391, 434, 453, 484
Surt 38, 43, 50, 55, 58, 68, 145, 272, 366

T

Tácito 33, 34, 62, 111, 294, 296, 298, 304, 311, 420
Talismãs rúnicos 25, 34, 96, 107, 111, 125, 158, 171, 175, 180, 206, 216, 221, 225, 228, 230, 235, 240, 242, 244, 249, 260, 262, 265, 272, 283, 285, 290, 377, 379, 397, 401-403, 404, 407, 410, 455-462
Taufr 25, 295, 341, 397, 399, 400, 459-461
Tecer/teia 18, 141, 202, 288, 296, 303, 308, 339, 344, 418, 426, 429, 438, 464, 474
Tempo mágico 375, 391
Thing 87, 88, 371, 392
Thule 21, 27, 285, 484
Thulr 295, 305, 415
Thurs/thursar 38, 55, 85, 151, 484
Transe 411, 413-418, 420-422, 479
Trefot 83, 210, 301, 379, 408, 410, 442
Tribos germânicas 19, 88, 232
Trolls 39, 106, 186, 390, 394, 413

U

Uppsala 67, 80
Ursa Maior/Menor 33, 84, 137, 374, 423, 426, 436
Utiseta 30, 68, 354, 356-358, 375, 379

V

Vala 37, 83, 427
Valhaila 43, 49, 66, 79-83, 124, 269
Valknut 25, 83, 84, 301, 304, 314, 379, 485
Vanir/Vanes 30, 31, 51, 54, 59, 62-64, 68, 76, 78, 81, 130, 214, 328, 347, 366, 414, 428, 431, 439, 485
Vardlokur 125, 415
Varetas rúnicas 377
Vestri 39, 320, 371, 372, 439, 474
Viking 23-25, 34, 74, 85, 414, 426-427, 485
Vitki 124, 153, 295, 298, 305, 341, 346, 348, 358, 373, 375, 379, 397-402, 442, 451, 455, 461
Volüspa 37, 42, 44, 46, 60, 72, 427
Völva 46, 83, 131, 298, 305, 341-342, 346, 375, 395, 414, 419-421, 430

W

Wyrd 18, 19, 36, 52, 56, 112, 145, 170, 179, 202-204, 255, 288, 294, 308, 318, 322, 325, 328, 341, 347, 361, 397, 402, 412, 415, 420, 434, 464, 485

X

Xamã 47, 60, 73, 79, 81-84, 140, 158, 161, 344, 368, 412, 424, 426, 430, 462

Y

Ydalir 39, 198, 363
Yggdrasil 43-52, 69, 129, 140, 160, 177, 198, 261-264, 314, 326-327, 342, 354, 360, 364, 366, 368, 374, 396, 406, 408, 410, 415-417, 419, 420, 439-440, 446, 485
Ymir 38-41, 55-57, 59-60, 94, 156, 176, 426